德国马克与经济增长

Währungspolitik und Wirtschaftsentwicklung in Nachkriegsdeutschland

周　弘 (Zhou Hong)
彼得·荣根(Peter Jungen) / 主编
朱　民 (Zhu Min)

社会科学文献出版社
SOCIAL SCIENCES ACADEMIC PRESS (CHINA)

本书出版获得原文作者及出版机构授权，在此表示衷心感谢！

Die Herausgeber danken allen Verlagshäusern für Ihre Zustimmung, die jeweiligen Aufsätze in unserem Buch abzudrucken.

主编简介

周　弘　现任中国社会科学院学部委员、国际学部副主任、欧洲研究所所长。她同时是中国欧洲学会会长，并在中国一些学术机构兼职或任教。她还是一些国家部委的咨询专家。早年，周弘曾在世界银行、联合国开发计划署、联合国儿童基金会和世界卫生组织等国际机构担任过项目顾问。周弘从美国布兰代斯大学获得比较历史学硕士学位和博士学位，在中国社会科学院研究生院学习过现代西方哲学硕士课程，并从南京大学德语专业获得文学学士学位。

彼得·荣根（Peter Jungen）　科隆大学经济学硕士，彼得·荣根控股有限公司董事长、欧洲许多创业项目的合伙人或投资者。他是德国商业天使网络（BAND）的联合创始人兼主席（1998～2001），欧洲商业天使网络（EBAN）主席（2001～2004），纽约商业天使网络成员，北京中国商业天使网络（CBAN）创始董事，德意志银行顾问委员会董事，纽约爱乐乐团董事，纽约哥伦比亚大学国际顾问委员会成员，"辛迪加项目"主席，"新经济思维研究所"（INET）董事。1999年8月被授予联邦德国大十字勋章。2000年9月，被誉为塑造"新经济"未来的最重要人物之一。

朱　民　现任国际货币基金组织副总裁。之前，他担任中国人民银行副行长和中国银行副行长，曾在世界银行工作，也曾在约翰－霍普金斯大学和复旦大学教授经济学。朱民博士是世界经济论坛董事会董事，普林斯顿大学校董、复旦大学荣誉校董和芝加哥大学商学院全球指导委员会委员。朱民博士在约翰－霍普金斯大学获经济学硕士和博士学位，并从普林斯顿大学威尔逊公共国际事务学院获公共国际事务硕士学位，从复旦大学经济系获经济学学士学位。

序一

2010年深秋，柏林，雨夜。我参加由德国财政部长 Wolfgang Schäuble 博士主持、英国战略对话研究院（ISD）主办的“中欧战略对话”的研讨会。会议当天的晚餐设在德国著名的安联保险集团（Allianz SE）的新大楼内。餐后，主人邀请我们去他们顶层的会议厅喝咖啡或餐后酒。安联保险集团新大楼建在柏林市中心的巴黎广场一角，面对德国最为著名的勃兰登堡门。我在会议厅内随意地走动，突然发现会议厅的一角外有一个小巧而古典的阳台。试着打开落地玻璃的扉门，进入阳台，霎时，整个巴黎广场展现在我的眼前。细雨霏霏，广场被德国特有的橘黄色的路灯柔和地包裹着，灯光下细细的雨丝，微微飘落，沾湿了广场的花岗岩地面，裸露出岁月的流痕。前方，在柔柔的黄色闪灯和幽幽的蓝色映灯的烘托下，勃兰登堡门显得庄严而凝重。白色花岗岩的拱门在雨丝中更显得端重，展示着历史的沧桑，拱门顶上胜利女神和四驾马双重战车的铜铸雕塑十分沉稳，蹦踢的战马不再嘶鸣，高昂的战旗也无猎猎，但新古典主义风格的勃兰登堡门在灯光和夜色下充满了雄浑的张力。午夜时分，仅有的几个旅游者在广场徘徊，远处，暗暗的云层下，柏林城内不多的高楼，发着幽紫的灯闪。一切是那样的浑然，健沛，安详，静谧。

我静静地站在阳台的一角，任雨丝轻拂，任灯光漫漫，沉浸在这德国深秋的细雨和柏林午夜的静谧中，感受着时间的推移，历史的涌动。在一个小男孩的成长过程中，我一直对德国的历史着迷。是啊，古罗马东扩，柏林在沼泽地上的兴起，路德的宗教改革，腓特烈大帝的启蒙运动，普鲁士的军刀戈霍，战争，“一战”“二战”，经济恢复，德国统一……德国有太多的历史和感慨。此时此刻，这一切在这同样历史的勃兰登堡门前迷人地再现。

“朱民，你在想什么?”闻声回首，我的德国老朋友彼得·荣根先生正笑盈盈地走来。彼得·荣根先生是个传奇人物，他是商人，任过多个德国大公司的总裁，目前经营他自己设在科隆的全球投融资公司。他也是学者，对德国货币政策有深厚的了解和见地，还在美国哥伦比亚大学兼职。他更是社会活动家，多次担任德国各种商会的主席，多次担任德国和美国、德国和亚洲以及德国和中东等地的商会的职务，奔走于世界各地，穿梭于政府、商业和学术界之间。我没有回声，只是对他指了一下广场，彼得进入阳台，也立即被眼前的景色吸引住了。“好美!”他说。“好静。”我说。我们无言地站着。“好不容易啊!”也许是应景而发，也许是感到了我的感触，他低低地感慨。

“还记得我们上次讨论过的近代德国的货币政策和德国马克的国际化进程，有关文献的搜寻，以及我想把它翻译成中文的设想吗，彼得?”我突然对彼得说。“当然。”彼得迷惑地应道，不知道为什么我会突然从眼前的夜景中跳到这个问题。近年来，由于工作的原因和关注国际货币体系改革，我对近代德国的货币政策和德国马克的国际化进程非常入迷，只是苦于不懂德文，常为叹之。两个月前在华盛顿，我曾听彼得谈起过德国马克的升值过程，也提出请他搜寻和推荐文献，并有翻译成中文的初步设想。此时此刻，也许是环境的感染，关于把这方面的德国文献整理翻译成中文的想法变得如此的清晰和强烈。彼得的眼睛亮了，但德国式的谨慎又使他迟疑了一下。“我们要想一想细节。”他说。“这对弘扬德国经验，对目前全球金融危机后重新思考货币政策，对丰富人类经济学知识，以及对中国汇率改革的借鉴都会有意义。”我继续顺着我的思路说。更多的人发现了这个阳台，朝我们走来。我拉着彼得，回到室内，找了一张靠墙角的沙发，每人要了一杯珀特酒，细细琢磨起来。黎明时分，雨霁，我们穿过巴黎广场，回到下榻的同样充满历史传奇故事的 Adlon 酒店，在勃兰登堡门下相约各自起草一个提纲，再议。

2011 年 1 月，在大雪纷飞的瑞士小镇达沃斯，我们在参加世界经济论坛年会期间又一次见面。这次彼得对德国的有关文献进行了初步了解，还带了一包文件索引给我，居然还是德文。我对选编文献和译稿也提出了大纲和文献要求，居然基本吻合。我们大喜过望，击掌示信，决定启动项目。为了让项目落地，我们需要一个在国内的合作伙伴，我想到了中国社会科学院欧洲研究所的所长周弘博士。周弘所长精通德文、英文，长期从事欧洲研究，对德国非常熟悉。但是她愿意揽下这个额外又不讨好的活儿吗？我忐忑不安地拨通了她的电话。周弘所长明人快语，还未等我吞吞吐吐地解释完，她已经听明白了，说："这事有意义，我接了。"

战后德国的经济，经历了20世纪60年代欧共体的出现和合并，西欧其他国家因为"马歇尔计划"流动性较为宽松，但德国坚持推行独立和严谨的货币政策。20世纪70年代，石油冲击，德国经济增长也陷入低迷，但德国利用人力资源质量提前完成了经济结构的转型。1980年初，美国经济严重衰退，美国中长期国债收益率急剧上升，拉美出现债务危机，德国则通过货币政策缓解了马克的升值步伐。在过去的20年里，德国通过宏观经济金融政策调控，始终维持着德国的竞争能力，出口不断上升，经济稳健增长。当然这一切是德国政府综合了国际国内经济金融环境，运用多种政策调控的结果，而货币政策也是推动德国经济稳定增长的重要政策因素之一。

与日本著名的"广场协议"以及随后相关货币政策导致汇率大幅波动、经济增长长期衰退相比，战后德国同样经历了固定汇率时期（1952～1973年）和浮动汇率时期（1973～2000年），也经受了"广场协议"的影响，还经历了欧元区的货币联盟体制下的货币政策。德国坚持推行独立和稳健的货币政策，德国马克逐步升值和渐进国际化，无论是在布雷顿森林体系下，还是此后的欧洲货币体系（EMS），以及之后的欧元（EU）等各种国际大环境变动下，德国都较好地化解了战后崛起过程中遇到的内外均衡冲突问题，坚持维持德国的国际竞争能力。

本书就是把德国在这一方面和在这一时期的重要经验，德国当时具体实施的有关政策和操作工具，德国内部的有关辩论和政策制定过程中的重要文献，以及学者专家事后讨论总结的德国经验集中起来并翻译成中文。这在德国经济金融史的研究中也无先例。文史浩瀚，本书所选的文章大都是从过去50年来德国和国际金融机构有关讨论的文献、德国和国际上对德国货币政策和经济增长的研究和讨论的专著、论文集中选摘出来的。为节约篇幅，我们只能摘选我们认为是最为重要的部分，也是最精华的部分。我们希望本书能作为德国战后货币政策和经济增长研究的精粹文选，也希望本书得以为我国的货币政策和汇率改革提供借鉴。

虽然有电子邮件和全球电话会议作为沟通的工具，但三地合作的困难还是远远超出我的想象。我们三人都有各自繁忙的工作，又经常出差，很多时间在空中飞行，联系开个电话会议也有诸多不易。一次，在周弘出差欧洲期间，为了让彼得和周弘能见面讨论预算，我在华盛顿做秘书工作通过往返电邮安排会议。记得，直到会见当天凌晨5时才最终确认了安排，当时真是长吁一口气。合作是愉快的。在此，我要再次感谢周弘所长，她在已有的非常繁忙的工作之外，承担了本书所有的具体工作，组织翻译，校对，联系出版，化缘求资金，兢兢业业，任劳任怨。我要再次感谢彼得，他承担了文献的搜寻工作，对我在大纲中提出的要求，他总是尽力满足。我的思路在项目的进展中不断演化，大纲改了又改，我对文献要求的单子多次变动。彼得总是以他德国人特有的耐心和细致与我讨论，以他丰富的德国经验纠正我的误解，并认真地去寻索，一定要把最重要和最好的文献都收集到本书中去。

我要感谢我国前驻德国大使梅兆荣先生、中国社会科学院学部委员裘元伦先生等我国老一辈德国问题专家对项目的关心和指导。我要感谢管涛、马俊、钟伟、丁志杰和陈卫东五位货币政策和汇率改革问题专家也在自己繁忙的工作之余，对大纲提出了宝贵的意见。感谢管涛牵头协调五位专家对翻译的初稿在学术上进行了审阅。我要感谢我至今尚未谋面的中国社会科学院欧洲研究所经济室主任陈新博士和副主任熊厚博士牵头的具体项目小组和中国社会科学院欧洲研究所胡琨博士等翻译人员，是他们夜以继日地逐字逐句把德文翻译成中文又编撰成册。我要感谢出版社的编辑，是他们管理质量，控制成本，追时赶限，最终保质保量地把本书送到读者手里。没有上述这些同事的辛勤努力，本书的出版是不可想象的，他们是本书真正的主编。我也要感谢德意志银行北京分行的资金赞助以及《第一财经日报》杨燕青博士和中国工商银行国际副行政总裁王仲何博士的从中联络。正是这第一笔资金使得项目得以启动。

从勃兰登堡门深秋的雨夜到北京三月的阳春，我们终于为本书写完最后一个句号。掩卷，抬首，2008年开始的全球金融危机还在继续，全球金融市场仍然在持续动荡，对全球货币体系改革的讨论还在激辩，我国货币政策和汇率改革又一次进入世界金融政策舞台的中心。愿本书带给我们的读者一束小小的柔黄的德国灯闪。

朱　民

2012年2月于华盛顿

序二

2010年10月，G20集团在华盛顿召开每年例行的银行研讨会。在有关经济失衡与汇率发展的讨论中，我作了如下的简短发言。

（1）“二战”后所有持续的经济成功都为出口所推动。

（2）日本、德国以及韩国，如同今天的中国一样，都曾经面临其货币被根本性低估的指责。

（3）它们都面临要求其货币显著升值的压力。

（4）它们都抵制这样的建议。

（5）在20世纪五六十年代，他们由出口推动的国民经济的增长率与中国在最近10年或20年所表现的一样。

（6）当时，德国出现了激烈的讨论，绝大多数人反对任何形式的升值。时任经济部长的路德维希·艾哈德（Ludwig Erhard）不顾联邦总理阿登纳（Adenauer）、联邦银行、德国工业联邦联合会和银行业的反对，在1961年进行了首次升值。进一步的升值呼之欲出。

最终，联邦银行放弃了其最初反对德国马克升值的立场。它接受了德国马克的升值，以实现其稳定国内物价和控制通货膨胀的首要目标。

布雷顿森林体系崩溃后，德国马克开始了逐步升值。然而，这并没有阻碍对德国出口的需求，而是恰恰相反。持续的升值压力，促进了劳动生产率的提高，加速了创新，并改善了德国出口产业的竞争力。

20世纪60年代初，1美元可兑换4.2德国马克，到70年代，跌至1美元兑约1.4德国马克。从布雷顿森林体系崩溃至欧洲货币联盟（EMU）建立，这期间，德国马克兑西班牙比塞塔升值300%，兑希腊德拉克马升值

600%。如果货币贬值可以作为增强竞争力的措施，那么德国经济的经验则会使得这一点受人质疑。从德国的发展中得到的教训是：突然的升值可能是危险的，而持续且轻微的升值压力却可能大有裨益。总而言之，德国出口业在相当显著的货币升值趋势下能够存活，正是因为其劳动生产率受到这种压力的鞭策而得到促进。

因此，西方应该停止要求中国将其货币立刻升值。另外，中国领导人可借助于历史发展经验来研究，温和的升值压力可让中国经济变得更有效率。如此，中国经济可逐步从简单产品的竞争成长为提供高附加值产品。同时，中国将会看到，逐步的升值可提高劳动生产率，增强竞争力，并因此实现更优化的经济结构。中国过去 10 年或 15 年的经济表现类似于 20 世纪五六十年代的德国。与美国的贸易顺差对两者的经济增长都贡献颇大。当时，德国国内生产总值是美国国内生产总值的 10% ~15%，类似于 20 世纪初中国与美国经济规模的比例。

基于 G20 集团研讨会当时的讨论，朱民与我产生了一个想法，即把与德国马克升值相关的主要参与者当时及后来的出版物，以及历史学家的分析汇编成一套丛书。文章的选取首先要感谢科隆大学的托尼·皮伦肯珀尔（Toni Pierenkemper）教授。

我们希望通过本书推动符合中国及中国人民利益的建设性讨论。如果同时还能有助于中国用更加理智的方式解决世界贸易失衡问题，那更是求之不得。我们希望从中产生激烈的讨论，以推动在一个开放的市场经济中的货币政策、汇率政策以及无数企业决策之间复杂关系的研究。

感谢朱民，没有他的发起我们就无法开始；还有皮伦肯珀尔教授，没有他的指导和对文章的选取，我们的书将杂乱无章；以及周弘教授与中国社会科学院，他们的参与是我们项目实现的关键。

能参与这样一个项目，我很自豪。

彼得·荣根（Peter Jungen）

2012 年 2 月于科隆

序三

2011 年初的一个晚上，我意外地收到了朱民发自瑞士达沃斯的短信，要求和我通一次越洋电话。我认识朱民多年，初次碰面是在北京的一个国际研讨会上，相似的海外求学经历使我们不介自熟。朱民邀请我参加过几次由他组织的年会和研讨会，而我为中国社会科学院欧洲研究所的事务性工作所羁绊，参会次数寥寥，但每次到会必有令人振奋的收获。此后，朱民去了国际货币基金组织，偶尔的研讨也就终止了。此番远隔重洋的通话，究竟是出于何种紧急情况呢？

电话另一端，朱民热心的解说燃起我对德国当代史的一连串联想。德意志这个多难民族的曲折历程一一再现：中世纪后期那斑驳杂陈的德意志版图，冷战时期那东西隔离的德国地图，飘扬在欧盟 27 国旗帜中间的德国国旗和耸立在法兰克福的欧洲央行大厦……以及精准到每个细节的“德国制造”，被写入了欧盟“里斯本战略”的“社会市场经济”，集凝聚力和扩展力于一体的德国方式，享誉世界的德国组织能力，乃至两德统一旅途上的德国外交，欧元诞生过程中的德国马克……德国当代的历史充满了魅力和谜团。求知的巨大引力使我不可能有丝毫犹豫，这项研究一定要做，而且一定要做好。

必须承认，项目的启动有点迟缓。将一个好的想法变成一个好的项目，需要有思想上的沟通和认同，也需要从事琐碎的事务性工作。是《第一财经日报》的杨燕青女士第一个承诺帮助我们募捐。要特别感谢阿登纳基金会驻京办事处的新主任和老朋友魏特茂先生，他办事的速度和说话的速度都超乎常人。在他拿到我们提供的书单几个星期以后，我就开始收到寄自德国的整箱书籍和文件。这些珍贵的财富，令我们兴奋不已，几乎所有得知这个项目的长辈和朋友：梅兆荣大使、裘元伦先生、杨成绪大使、史明德大使、孙晓青研究员……都和我一样为之鼓舞。但是，跨越60多年的文献和史料浩如烟海，我们从何下手呢？

朱民提议举行一次三方会议，地点定在柏林，但是朱民临时有公务不能成行，因此柏林会议只好在彼得和我之间进行，而朱民则守候在华盛顿办公室的电话机旁。这次柏林会议的决定是突破性的：我们决定将庞大的“德国经验”设想分解成不同阶段实行，第一阶段的任务就是从浩瀚的德语文献中选取有关“二战”后德国货币政策与经济增长关系的关键文章翻译成中文。科隆大学的皮伦肯珀尔教授承担了筛选工作并撰写了导言，一个雄心勃勃的计划终于找到了一个着陆点。

朱民原计划参加2012年3月17日的北京发展论坛，我们据此调整了时间表，以确保第一步成果能够在北京发展论坛期间发布。留给我的时间很少了。从10月底我从欧洲回到北京到2012年2月底向出版社提交书稿，我要用这夹杂着各种年终会议和春节长假的4个月时间，完成筹资、组织翻译、校对、联系出版社等一系列工作。这时，同济大学德国中心郑春荣教授和他的团队、复旦大学丁纯教授和他的学生们的加盟成为一个关键性的利好因素，他们和欧洲研究所的团队兢兢业业地工作，而我的新助手、德国波恩大学地理系毕业的胡琨博士在翻译和联络方面都起到了不可替代的作用。我至今尚未谋面的管涛局长和他的团队，在第一时间提出了专业性的审读意见。一切都开始变得顺手起来，“德国经验”项目就如同朱民所言，真正“起飞”了。

朱民在序言中替我们感谢了几乎所有需要感谢的人，现代沟通工具的发达和多次越洋电话的成效显而易见。这里还要特别感谢中国社会科学院的李扬副院长，除了道义上的支持以外，他得知我的项目还有资金缺口，便慨然承诺帮助我解决后顾之忧。

朱民、彼得和我之间的合作十分愉快且卓有成效。令我吃惊的是，朱民远在万里之外，居然还能通过各种沟通工具，帮助我找到必要的联系和可能的资助者，而彼得则以德国人特有的严谨，反复核实这部书中的每个细节。作为经济学家，他们二人对这本书的选编起到了决定性的作用，而我和我的团队也在这次合作中获取了丰富的经济学知识，使劳动变成了享受。

掩卷之前我想到，这样一个开端可能会引起两个方向的学术发展：一是激发关于货币政策和经济增长之间关系的国际比较，将关于德国政策选择的研究扩展到更加宽阔的领域中去；二是启迪对于“二战”后德国历史的深层探讨，从经济、社会、政治、法律、外交等专业角度发掘德国历史脉络、破解德国统一的历史逻辑。我相信，有这么多人的关心、支持和努力工作，更加全面和深入的研究成果可以预期。

周　弘

2012 年 2 月于北京

德语版前言

——代中文再版序

奥特玛·伊辛（Otmar Issing）

严斯·魏德曼（Jens Weidmann）*

本书编者：伊辛教授先生，本书收录了您1973年关于货币政策的文章。当时的货币政策环境有何特别之处吗?

伊辛：20世纪70年代德国经济非常动荡。通货膨胀率一度超过7%。1973年3月，布雷顿森林固定汇率体系彻底崩溃。在德国马克与美元挂钩25年之后，联邦银行终于终止了对美元汇率的干预义务。联邦银行可以，也必须设计一个新的策略，以保证新形势下币值的稳定。为确保货币政策的一致性与连续性，货币供应量控制理念受到青睐。自1974年以来，联邦银行每年都以基础货币供应量增幅的形式公布货币供应量目标。借此也向公众表明，维持价格稳定在货币政策中占有首要地位。

本书编者：您本人之后担任过联邦银行及新成立的欧洲中央银行的首席经济学家，作为一个货币政策制定者，您是否能告诉我们，为何欧洲中央银行没有采纳货币供应量控制的策略?

伊辛：货币供应量控制理念的有效性取决于货币供应量与价格走势之间稳定的关系。对于德国来说，这种实证关系毫无疑问是成立的。但是对于新成立的共同货币区来说，无法确定这种稳定的关系在欧元引入之后是否会继续存在。就此而言，货币供应量控制理念很明显可能不适合新的欧洲货币政

---

* 奥特玛·伊辛（Otmar Issing），德国联邦银行及欧洲中央银行前首席经济学家；严斯·魏德曼（Jens Weidmann），德国联邦银行行长。译者为中国社会科学院欧洲研究所助理研究员胡琨。

策。当然，经验证明，货币因素可影响价格走势，如果忽略这一点，也是愚蠢的。

本书编者：因此您设计了“双管齐下”的策略？

伊辛：欧洲中央银行管理委员会1998年10月根据我的建议决定采用稳定导向的货币政策策略。这一策略包含两个基本要素：（1）价格稳定的定义，即具体弄清楚到底什么是物价稳定；（2）对价格稳定风险的广泛分析，不仅包括经济与财政发展带来的中短期通胀风险影响，还须关注货币供应量和信贷发展产生的中长期风险。原则上这一策略至今仍适用。

本书编者：魏德曼博士先生，为打消德国人对欧元的恐惧，联邦银行成为欧洲中央银行与欧元体系建构的典范。那么德国的稳定传统应当继续存在。联邦银行而今对欧洲中央银行政策的影响力还有多大呢？

魏德曼：“欧元作为稳定的货币”是欧洲央行货币政策的前提条件。这一制度安排自始至终都有效：欧元区共同货币政策的首要目标是中央银行的独立性与确保价格稳定。这两个原则，一方面源于许多国家惨痛的教训，在这些国家，央行被政治操纵，价格稳定的保障让位于其他目标；而另一方面则源于特别是德国与瑞士的正面经验。

伊辛先生提及20世纪70年代德国的高通胀。其他国家当时的通胀率比德国还要高很多。德国，也包括瑞士这十年的通胀率平均为5%，而英国为13%，意大利为14%，西班牙为15%。联邦德国有幸运的历史，从一开始就具有独立性，而其他国家的中央银行很晚才具有这样的地位。

20世纪70年代的货币政策实践也宣告尝试通过一定的高通胀来实现更高就业率的相机抉择货币政策的破产，而且当时学术上也已证明，所谓的“菲利普曲线”，即就业与价格稳定的目标冲突，值得商榷。中央银行可以承担各种各样的职责，但确保价格稳定仍是其能力范围内可作出的最大贡献。因此，不仅在欧洲，而且在世界范围内都已形成这一共识，即把货币政策委托给一个独立的、以确保价格稳定为主要目标的中央银行是明智的。

伊辛：当时一个重要的认识还包括预期的重要性。因为货币政策具有滞后效应，所以须进行前瞻性的操作。因此，对预期的调控也是重要的。通胀预期须被稳定控制在一个低水平。这是中央银行确保价格稳定的承诺可信的必要条件。如中央银行具有令人信服的策略，并且以透明和令人理解的方式公开，那么中央银行只有言行一致方能赢得信誉。

最后，当时也表明，如果财政政策对中央银行进行干预会产生多么可怕的后果。如果中央银行通过印钞来偿还政府债务，价格稳定将无法确保。从此，禁止政府货币融资也成为确保价格稳定的重要约束条件。

欧洲货币联盟在建立时考虑了过去这些教训，因而欧元体系是独立的、具有明确的授权，政府货币融资被禁止。很遗憾，处理此次危机的过程中，许多出台的政策已经很难说是符合《马斯特里赫特条约》精神的。

欧洲中央银行的独立性与价格稳定目标的首要地位已经被写入条约。但是，欧元体系仍然能独立决策吗？欧洲中央银行全方位的、救助政府及财政体系的危机应对措施难道不会损害其信誉吗？

魏德曼：实际上，“法理独立性”与“事实独立性”存在差别。政治家无法强迫独立的中央银行做什么，但是他们或者一部分公众可对中央银行施加巨大的压力，导致中央银行的活动空间受到限制。中央银行也可能主动置身于某一环境，从而成为自己决策或者市场的牺牲品。

在危机中，欧元体系被塑造成欧洲大地上唯一具有行动能力的行为主体，承受着作为“终极斗士”的巨大期望压力。一些危机应对措施导致其权限大为扩张，并模糊了货币政策与财政政策的界线。但如果中央银行履行准财政任务，而这一任务又听命于民主控制，那么其独立性迟早会受人质疑。而今就已经出现认为独立中央银行穷途末路的声音。如果货币受制于财政政策，那么长远看来，可信地保障价格稳定会日益困难。

本书编者：诺贝尔奖得主保罗·克鲁格曼（Paul Krugman）说：“通胀不是问题，而是解决方案。”国际货币基金组织首席经济学家奥利维尔·布兰查德（Olivier Blanchard）前不久建议提高通胀目标。德国人是否也许应该更放松些来看待货币贬值这个问题呢？

伊辛：一些经济学家如此轻率地支持更高通胀，这毫不令人惊讶。通胀会带来严重的经济问题：通胀扭曲相对价格机制，并因此损害市场经济重要的调控工具；通胀危及可持续的经济增长，而且，即使相对较低的物价涨幅也已被证明是威力巨大的财富再分配机器，而这种财富再分配并不为人所乐见。在通胀面前，让财富分配更平均的努力总是徒劳的。

支持更高通胀者用各种理由来为自己的观点辩解。一些人认为让政府高额债务实际贬值是走出债务危机的唯一可行方案。另一些人则希望货币政策在零利率下限处有更多的行动空间。如果中央银行无法再进一步降低利率，那么更高的通胀预期将会成为继续压低实际利率（名义利率减去预期通胀率）的杠杆，并因此推动货币政策的进一步扩张。

我认为这两种论点很危险。认为通胀预期如音量控制器那般可掌控的观念是幼稚的。您（指魏德曼）一位前任说得很漂亮："通胀就像牙膏，一旦挤出来，就很难再放回去。"

魏德曼：说这句俏皮话的是卡尔·奥托·珀赫尔（Karl Otto Pöhl)（曾任联邦银行行长——译者注）。而另一位联邦银行前行长奥特玛·埃明格尔（Otmar Emminger）则常说："谁跟通胀调情，通胀就会嫁给他。"我也同样认为前面提到的论点是危险的。货币政策的信誉是苦心经营的成就，不能被视为儿戏。此外，较高的通胀对于货币的购买力也会产生严重的后果。4%的通胀率就会导致货币在十年后贬值三分之一。

指责德国人是被20世纪20年代的恶性通胀吓破了胆，我认为是不妥当的。这一影响深远的事件确实被深深烙进了德国人的集体记忆中，但至少同样重要的还有德国马克给我们带来的正面经历。德国人深刻领会了稳定货币的价值。20世纪70年代我们所经历的场景，给予了我们合适的契机，以明确支持中央银行作为独立的、重点明确的价格稳定保障者的角色。

伊辛：德国"二战"后的货币史之所以是成功的，就是因为联邦银行可这样行使职权。这一教训我们应当牢记。

目　录

第一部分　当时背景下的升值讨论

第二部分　货币体系调整后主要人物的评估

第三部分 学者回顾及评估

Inhaltsverzeichnis

Beiträge aus dem aktuellen zeitgenössischen Kontext der Aufwertungsdebatte:

Sachverständigenrat zur Begutachtung der gesamtwirtschaftlichen Entwicklung
Sondergutachten "Binnenwirtschaftliche Stabilität und außenwirtschaftliches Gleichgewicht", 30. Juni 1969 Seite 1 – 15 Bundestags Drucksache V/4574
Bonner Universitäts Druckerei / 58

Otmar Emminger, Zahlungsbilanz-und währungspolitische Probleme des internationalen Kapitalverkehrs
in: Zeitschrift für das gesamte Kreditwesen 23 (1970), Seite 11 – 17
Fritz Knapp Verlag GmbH, Frankfurt a. M. / 75

Otmar Issing, Währungspolitik im Spannungsfeld wirtschaftlicher Zielkonflikte
in: Egon Tuchtfeld (Hg.), Soziale Marktwirtschaft im Wandel, Freiburg 1973 Seite 189 – 205 *Rombach Verlag, Freiburg i. Br.* / 85

Helmut Lipfert, Wechselkursflexibilität und außenwirtschaftliche Absicherung
in: Währungsstabilität in einer integrierten Welt, Stuttgart 1974 Seite 145 – 165 *Kohlhammer Verlag, Stuttgart* / 96

Einschätzungen des Hauptprotagonisten nach erfolgter Anpassung des Währungsregimes:

Otmar Emminger, Deutsche Geld-und Währungspolitik im Spannungsfeld zwischen innerem und äußerem Gleichgewicht (1948 – 1975)
in: Deutsche Bundesbank (Hg.): Währung und Wirtschaft in Deutschland 1876 – 1975, Franfkurt am Main 1976 Seite 485 – 554
Fritz Knapp Verlag GmbH, Frankfurt a. M. / 111

Otmar Emminger, Das DM-Dilemma der fünfziger Jahre: Europäische Inflationsdiskrepanzen
in: D-Mark, Dollar, Währungskrisen. Erinnerungen eines ehemaligen Bundesbankpräsidenten, Kap. 3, Stuttgart 1986 Seite 74 – 97 *Deutsche Verlags-Anstalt, Stuttgart* / 165

Einschätzungen von Wissenschaftlern aus zeitlicher Distanz:

Ernst Baltensperger, Geldpolitik bei wachsender Integration (1979 – 1996)

in: Deutsche Bundesbank (Hg.) Fünfzig Jahre Deutsche Mark.

Notenbank und Währung in Deutschland seit 1948,

München 1998 Seite 475 – 559 *Verlag C. H. Beck, München* / 345

Manfred J. M. Neumann, Geldwertstabilität: Bedrohung und Bewährung

in: Deutsche Bundesbank (Hg.) Fünfzig

Jahre Deutsche Mark. Notenbank und Währung in

Deutschland seit 1948 München 1998 Seite 309 – 346

Verlag C. H. Beck, München / 401

Ludger Lindlar, Das missverstandene Wirtschaftswunder

In: Westdeutschland und die westeuropäische Nachkriegsprosperität

Tübingen 1997 Seite 247 – 265 *J. C. B. Mohr (Paul Siebeck)* / 429

导论　联邦德国货币政策与经济增长（1948～2000年）[*]

托尼·皮伦肯珀尔（Toni Pierenkemper）[**]

1　绪论

20世纪50年代，联邦德国经济被整合入一种20世纪40年代中期以来由美国创建的，并愈来愈受多边主义及自由主义影响的国际体系。① 其发展始于1944年的布雷顿森林体系，尽管受到特别是欧洲伙伴的抵制，却不断扩展。此国际经济体系的核心是自由货币与贸易秩序，在这个秩序中，决定性因素为与美元挂钩的固定汇率制度。

两战期间的经验表明，缺乏一个全面的世界经济秩序，极容易导致国际经济的瓦解和各个国民经济体的衰退。"二战"结束后，这个缺失须绝对避免。②

2　战后世界贸易体系

1945年之后，美国开始了强有力的领导，并且不允许就赞成或反对自

---

* 原文标题为 Währungspolitik und Wirtschaftswachstum in Westdeutschland（1948－2000）。译者为中国社会科学院欧洲研究所助理研究员胡琨。

** 托尼·皮伦肯珀尔（Toni Pierenkemper），经济学家，1997～2010年任科隆大学经济与社会史系主任。

① Christoph Buchheim, Die Wiedereingliederung Westdeutschlands in die Weltwirtschaft 1945－1958, München 1990，第109～170页。

② Patricia Clavin, The World Economic Conference 1933. The Failure of British Internationalism, in: Journal of European Economic History, 20, 1991，第489～527页，对在传统体系的框架内获取解决方案的最后一次尝试进行了报道。热那亚会议（1922年与1927年）以来多次尝试，参见 Charles Kindleberger, Die Weltwirtschaftskrise 1929－1939, München 1973，第79～83页，und zur Konferenz von 1922 knapp Lothar Gall, Walter Rathenau: Porträt einer Epoche, München 2009，第234～241页。

由贸易问题进行讨论。仅需设计一个合适的金融架构，以实现和支持世界自由贸易。这或多或少给亚洲与欧洲的盟国、中立国以及战败国施加了轻微的压力。鉴于30年代汇率政策通过竞争性贬值（beggar your neighbour policy）成为了贸易政策工具，需要寻求一种可以在很大程度上遏制各个国家操纵汇率的机制。这就是汇率相互挂钩并且保持稳定（固定汇率），而国际资本可相对自由流动（货币可兑换性）。①

此外还确认，在此体系内所有货币须被一视同仁，为应对短期的货币失衡建立储备基金，并且通过临时的贷款机制来帮助消除失衡。这就是应体现在《布雷顿森林协定》中的，由美国大力推崇的基本信念。然而，设想的实际落实，各参与国则有不同的理解。

早在1939年9月，约翰·梅纳德·凯恩斯（John Maynard Keynes）就塑造战后世界经济向美国总统提交了第一份备忘录。1941年，他仔细阐明了其设想，并且建议一个计划（所谓的“凯恩斯计划”），建立一个使用一种人造货币（Bancor）的国际银行（Clearing Union）。此银行应用来应对国际贸易伙伴间的支付失衡，并支持其进行相应调整。相反，资本流动则应自始至终被严格控制，以防止资本外逃及其对汇率的影响。1943年，凯恩斯的建议成为英国政府在布雷顿森林谈判的立场。

同时，美国财政部工作人员哈里·德克斯特·怀特（Harry Dexter White）为战后经济与金融秩序的国际机制设计了一个计划，这个计划更多地考虑了美国的利益。这个所谓的“怀特计划”拟定，应建立一个国际稳定基金，以控制各国货币。不同货币之间的汇率应固定，并只有在此基金的首肯下方能改变。与此安排相呼应的是，现有的国际贸易壁垒应被取消。

这两个计划体现了两种不同的观点，即一方面主张通过一个中央基金进行严格的规制，另一方面则鼓吹灵活的银行政策。特别是美国人担心一个自由的银行政策可能会导致大量的人造货币（Bancor）流入美国，因为美元与黄金挂钩并受到追捧，会导致货币供应量相应膨胀，造成潜在的通胀压力。随后，在布雷顿森林的谈判中实现了这些立场间的妥协，因为双方原则上就建立一个尽可能自由的贸易与汇兑体系存有共识。由45个国家于1944年7月3～22日协商达成的协定，由以下几个部分组成：一是建立一个中央

① Umfassend dazu Harold James, Rambouillet, 15. November 1975. Die Globalisierung der Wirtschaft, München 1997, insb. 第44～66页。

储备基金（国际货币基金，英文缩写IMF，德语缩写IWF），各个成员国根据自己的经济实力按照比例存入款项，存款的25%是黄金，另外75%由本国货币构成；二是确定各个货币之间的平价（固定汇率体系），在这个体系中，不同货币的汇率只可在一个狭窄的幅度内浮动（±1%）；三是平价只可在结构性失衡出现时方能调整，但是规定幅度最多不能超过10%。如调整超过这个幅度，则基金有进行申诉的可能；四是通过一个“外汇短缺附加条款”来限制紧缺货币的补贴义务（作为对美元的保护），在短缺严重的情况下还可以额外实施流通限制；五是消除外汇交易的限制被表述为将来的任务，以促进国际贸易活动。

这个体系影响了战后几十年的世界经济。世界银行作为国际银行，是国际货币基金组织的配套机构，其应资助长期的投资计划。世界银行的前身“国际复兴与开发银行”，拥有100亿美元资金，这其中20%的资金须即刻存入。

在世界银行和国际货币基金组织之外，还应建立一个世界贸易组织，作为世界经济体系的第三个支柱。[①] 然而，旨在消除贸易壁垒，由美国政府在1945年12月启动，关于建立“国际贸易组织（ITO）”的倡议落空了。很明显，如同在1944年夏天的布雷顿森林体系一样，一个历史机遇再次被错过。之后，哈瓦那回合（Havanna Charta）与关贸总协定（GATT）提供了同样的机会，因此1947年10月在日内瓦举行的，有23个国家参与的关于取消贸易限制的谈判取得初步成果，这个成果导致关税壁垒的逐步实质性消除（参见后文）。

尽管还缺乏一个世界贸易组织，布雷顿森林体系还是在建立世界经济新秩序方面取得了成功，[②] 这个体系为保证国际经济合作创建了长期的法律和制度框架。当然，这个成功不是与生俱来的。参与者必须遵守约定的规则，并且在实践中接受考验。

然而，布雷顿森林体系从一开始就有天生的缺陷。社会主义国家即“第二世界”没有加入此协定。而在当初的计划中，苏联（USSR）却是

---

① Ludger Lindlar, Das Missverstandene Wirtschaftswunder. Westdeutschland und die Westeuropäische Nachkriegsprosperität, Tübingen 1997，第166～169页。

② Harold James, Rambouillet，第63页，Stephen a. Marglin und Juliet B. Schor (Hg.), The Golden Age of Capitalism. Reinterpreting the Postwar Experience, Oxford 1990，视布雷顿森林体系为目前世界上最成功的国际金融体系。

作为整个体系的关键角色被考虑的。其应该位于美国和英国（13 亿美元）之后，以 12 亿美元的额度占据基金第三大配额，并与中国一同作为国际货币基金组织执行董事会的成员，如此与联合国安全理事会五个常任理事国相对应。可是，社会主义国家不久建立了自己的对外经济组织“经济互助委员会”（COMECON，稍后是 RGW），以促进社会主义国家间的贸易。

国际货币基金组织所有成员国货币被平等看待的设想，也被证明是一个幻想。实际上，美元作为储备货币成了重要的角色。布雷顿森林体系也因此成为了“美元本位制”的体系。这在国际上就导致了货币政策问题，因为不同的国家以不同的方式应对美国的霸权。英国试图捍卫英镑作为美元之外第二储备货币的地位，而考虑到英镑的弱势，英国反对货币体系的广泛自由化。而法国则认为，本国因弱势的法郎而被排除在基金资源之外，故背离初始的约定，而保留了多重汇率制。德国则相反，他们支持美国的自由化政策，并且因其强势的货币而从美国霸权中获益。

一国货币的强弱，因此非常清晰地体现于战后的货币政策中。英国政府在 1946 年夏天曾经尝试恢复英镑的可兑换性，最后证明是失败的。英国外汇的大量流失迫使英国政府再次引入外汇管制。战后的“美元荒”随处可见，美国政府通过推动欧洲的各种积极性，来解决这个问题。

ERP 项目（“马歇尔计划”）提供了额外的资金，来填补欧洲的“美元荒”和避免国际收支失衡。此外，欧洲经济合作组织（OEEC，稍后改名为经济合作与发展组织即 OECD）协调欧洲国家之间的经济合作，而欧洲支付联盟（EZU）当时则致力于欧洲国家内部之间的收支平衡。[①] 所有这些措施事实上都对重建欧洲以及国际贸易自由化作出了巨大贡献。

早在 1949 年就出现了欧洲国家货币兑美元汇率的首次较大修正。一系列贬值纷至沓来：1949 年 9 月 19 日始于英国，英镑贬值 30%，随后斯堪的纳维亚国家的货币同样贬值 30%，法国为 22%，德国为 20%，比利时和葡萄牙为 13%。欧洲国家被证明在经济上仍然太弱小，不能符合布雷顿森林体系的要求。

然而，德国的形势不久就发生了变化。因为德国出口经济的成功，其货

---

① Volker Hentschel, Die Europäische Zahlungsunion und die deutsche Devisenkrisen 1951/52, in: Vierteljahrshefte zur Zeitgeschichte, 37, 1989, 第 715 ~ 758 页。

币不久后就陷入持续的升值压力。[①] 在联邦德国1950年借助欧洲支付同盟（EZU）的贷款克服了经济的流动性危机之后，联邦德国的外汇储备状况持续好转。外汇盈余显著增长，并导致联邦德国也能在1952年加入国际货币基金组织。在欧洲，联邦德国在其强势货币的基础之上成为自由化的先锋。在相关的项目中总能看到联邦德国的身影，从国际货币基金组织1957年取消进口配额，到1958年建立欧洲经济共同体（EWG）。欧洲经济共同体致力于除农产品之外的贸易自由化。

总之，"战后繁荣的黄金岁月"首先归功于布雷顿森林体系。这个体系建立了［不仅仅根据哈罗德·詹姆斯（Harold James）的说法］有目共睹的、最成功的国际货币体系；同时，这个货币体系的成功带来了贸易政策的进步，即进口配额的取消以及关税的降低，这导致了国际贸易史无前例的膨胀。

2.1　世界经济中的德国

早在"一战"以前，德国增长的财富中有很大一部分归功于强劲的出口经济。"德国制造"在世界市场上被认可，出口率（出口占国内生产总值的比率）在1910～1913年已高达17.5%。在两战期间，德国经济尤其受到世界经济瓦解的打击，德国出口率从14.9%（1925～1929），降到12%（1930～1934），再到仅6%（1935～1938）。即使在战后，出口在刚开始也仅占据德国经济很小的比例（1950年出口率为0.9%）。搭着"经济奇迹"的快车，德国出口经济才逐渐发展壮大起来，并在20世纪末以约30%的出口率达到世界出口之冠。[②] 在这期间，出口经济在国际上也扮演着景气与增长火车头的角色。世界出口，即世界贸易总量，也比产值增加快得多。

特别是OECD国家，在世界贸易中的份额连续保持在65%～75%。随着美国在世界贸易中重要性的丧失（从1947年的40%降至1993年的20%），远东的日本与中国则逐渐成长为新的竞争者。在欧洲内部，首先是联邦德国，其占世界贸易的份额明显增加。60年代开始，联邦德国明显

---

① Otmar Emminger, D-Mark, Dollar, Währungskrisen. Erinnerungen eines ehemaligen Bundesbankpräsidenten, Stuttgart 1986，第47～73页。

② Werner Abelshauser, Deutsche Wirtschaftsgeschichte seit 1945, München 2004，第219页。

超越了其欧洲竞争者（英国、法国、意大利），并通常能保持占世界贸易10%以上的份额。联邦德国在出口量方面与美国的差距明显缩小，并保持对日本的优势。[①]

2.2 增长的出口

特别是随着1958年欧洲经济共同体（EWG）的建立，西欧国家的整合以及欧洲国家间的货物贸易增长取得了长足的进步。联邦德国以特殊的方式从中受益，使得其出口占欧洲内部市场的份额从1958年的27%提高至1971年的40%。[②] 在欧洲经济共同体扩大后的1972年，此份额甚至上升到50%。对于德国经济来说，不断升高的出口远远超过同样增长强劲的进口。[③] 鉴于自身货币的坚挺，以不断增长的外汇形式出现的贸易盈余首先受到相当青睐，但长期如此却会导致国际货币体系的扭曲，因为德国的出超必然会导致其他地方产生（外贸）赤字，并使其货币走弱。

德国出口的地区分布表明，与战前出口重点在东欧的情况不同，1945年之后德国的外贸洪流方向已经转移至西方和海外其他国家。[④] 出口货物的品种结构也发生了明显变化。农产品和初级矿产品早已失去其重要性，而工业出口企业却越来越重要。德国出口品的加工度不断提高。不再是食品和原材料（煤），而是高附加值的化工、钢铁、机械车辆制造和电子工业产品等。

如此发展自然导致德国经济的外贸依存度不断增加。约20%的就业直接或间接地依赖于出口的繁荣。这个比例甚至在80年代达到几乎30%的高峰。自那以后，首先因为出口工业的合理化措施，而重新回落到约20%，但德国仍然还处于一个自由和繁荣的国际贸易（环境）中。[⑤]

如前面已经提到的，增长的贸易盈余极大地改善了德国的外汇储备形势。联邦德国直到50年代仍是个债务国，之后形势就发生了逆转。至1960

---

① Ludger Lindlar, Das missverstandene Wirtschaftswunder，第247页。

② 对欧洲一体化于德国国民经济持怀疑态度的观点见 Herbert Giersch, Karl-Heinz Paqué und Holger Schmieding, The Fading Miracle. Four Decades of Market Economy in Germany, Cambridge 1992，第116～124、166～172页。

③ Deutscher Bundestag（Hg.），Schlussbericht der Enquete-Kommission, Globalisierung der Weltwirtschaft, Opladen 2002，第54页。

④ Ludger Lindlar, Das missverstandene Wirtschaftswunder，第135页。

⑤ Werner Abelshauser, Deutsche Wirtschaftsgeschichte，第265页。

年，外汇储备净额就超过200亿马克，之后持续增长，[①] 并在1990年以超过5000亿马克的外汇储备达到首个高峰。[②] 这在世界上并不是普遍的现象，如与美国做比较，其恰恰相反，走的是一条从债权国到债务国的道路。而日本可能储存了比德国更多的外汇，目前中国也处在类似的形势下。

2.3　出口扩张的原因

世界经济1945年之后的自由化是战后繁荣的最重要原因之一。路德格尔·林德拉（Ludger Lindlar）认为，首先是世界范围内的增长结构性地惠及了德国出口，这是导致其出口扩张的关键因素。他不认可德国经济因劳动成本优势造成出口扩张的说法，也不认为汇率的变化有利于德国的出口。因为自70年代以来，德国相对单位劳动成本甚至长期处于其竞争国之上，而（马克）汇率亦自70年代以来不断相对其竞争货币升值。

林德拉从中得出结论：把联邦德国在50年代的出口扩张完全或者至少绝大部分归因为产品供应现象的观点，在实证上无法验证。价格竞争要素对于联邦德国占国际贸易比例的强力增长，只是次要的原因。本章的结论反驳了认为联邦德国经济的出口成功很大程度上源于单位劳动成本和出口价格有利增长的论调。第一，德国单位劳动成本在1950~1969年相对于竞争国家在总体趋势上保持稳定；第二，在出口价格上此点表现得更加明显；第三，可能被低估的联邦德国马克在50年代对于联邦德国占国际贸易份额的强力增长无太大影响。出口的迅猛增加源于以下因素的共同作用：主要进口国的经济快速发展，特别是西欧大陆国家；其贸易壁垒的取消以及联邦德国出口品中收入弹性较高的产品需求占绝大部分比例。联邦德国出口扩张最重要的原因是与西欧大陆国家的工业品贸易极其迅猛的增长。联邦德国经济在结构上处于一个有利的初始位置，可以从（战后）的经济繁荣中尽享增长效应。[③]

德国经济结构上的产品供应优势之所以能发挥，是因为国际贸易领域事

---

① 此形势对于在1953年的伦敦债务协定中减轻对德国战前债务的控制也是关键的。参见Hermann J. Abs, Entscheidungen 1949 – 1953. Die Entstehung des Londoner Schuldenabkommens, Mainz 1991。

② Jacob A. Frenkel und Morris Goldstein, Die internationale Rolle der Deutschen Mark, in: Deutsche Bundesbank (Hg.), Fünfzig Jahre Deutsche Mark. Notenbank und Währung in Deutschland seit 1948, 第723 – 771页, München 1998, 第737页。

③ Ludger Lindlar, Das missverstandene Wirtschaftswunder, 第283页。

实上达成的自由化向德国产品敞开了国际市场。因为在“二战”之后，国际间的贸易与清算仍存在大量的限制。而作为霸权领导力量的美国致力于全面的解除管制，并开创了一个世界经济繁荣的时期。在这之前，双边协议（贸易协定）主导着国际贸易。其中各种各样的价值与数量限制普遍存在，比如高额关税和外汇管制。

由于货币的不可兑换性以及普遍的外汇短缺（“美元荒”），因此 1945 年之后的货物贸易最初非常有限。因为 1945 年建立国际贸易组织（ITO）的尝试失败，人们于 1947 年在日内瓦在 GATT 框架内就降低关税和消除贸易壁垒进行了国际谈判，产生了四个核心原则，至今一直影响着 GATT 形形色色的谈判回合（多哈回合）。

第一，自由贸易原则。根据此原则，所有关税都应降低或者尽可能被废除。第二，普惠原则。根据此原则，所有参加谈判方都须取得进步。第三，对等原则。对方如降低关税，反过来己方亦须降低关税。第四，透明原则。以防止限制产品进口数量和秘密贸易保护的产生。在目前最新的谈判回合中，各方取得了令人瞩目的进步。其结果是 GATT 普遍减少关税的努力取得了极大成功。实际上，一个普遍低关税的体系被约定，从而明显修正了之前在两战期间在美国已推行的高关税政策，关税降到了历史水平的最低点。①

尽管如此，这个体系仍然不够完善。一是社会主义国家并没有参与到清除贸易壁垒的行动中来，这个问题随着 1990 年苏联解体、东欧剧变而被解决；二是许多发展中国家拒绝推动关税的减免（保护性关税）。尤其严重的是，贸易自由化只在工业国家之间的工业产品方面得到成功实现，农产品领域的保护倾向仍然占据优势。这便是世界贸易组织（WTO）谈判（多哈回合）目前主要的难点。无论是美国还是欧盟都不想接受开放的农产品市场，因为要是如此的话，本国的农业面对国际竞争将失去保护。此外，非关税贸易壁垒仍在惊人的范围内被施行（质量要求等），虽然这本是被禁止的。国际贸易的新问题也明显表现出来，比如环境保护和气候政策问题，或者服务业出口规则，知识产权保护等。

2.4 当前的问题：全球化

20 世纪 70 年代以来，国际贸易形势发生了明显变化。布雷顿森林体系

---

① Ludger Lindlar, Das missverstandene Wirtschaftswunder, 第 167 ~ 168 页至结论处。

的崩溃和灵活汇率的引入是发展的转折点。此外，由于世界市场上新产品供应者的加入（东南亚国家、中国，1990 年之后的东欧与印度），国际竞争的强度明显增加。同时，原材料特别是原油价格上涨拖累了世界经济。而且对于德国以及今天的欧洲来说，德国马克与欧元的强力升值亦是额外的负担。所有这些要素都常被归入关键词“全球化”的范畴。随着增长乏力与失业率的增加，工业国家面临极大的转型压力。①

标准化劳动密集型产品导致“贸易条件”在世界范围内发生了逆转。国际贸易货物要素价格均衡理论使得此类产品的生产商削减在工业国家的就业机会。在过去一些年，对于此挑战，德国的政策并不总是适当地做出了反应，如通过过度的加薪（如 Kluncker 回合）和社会福利扩展（70 年代的改革亢奋）。

结果就是投资活动减少（企业罢工）及全面的合理化投资，如此就导致就业岗位减少和不断增加的大量失业，最后形成名副其实的德国经济结构危机。②

此外，还有国际金融市场交易的爆炸式扩张，与可导致资源错配（如房地产危机）和严重金融危机的新型金融产品（如结构性贷款）的蔓延相结合。这些之所以有可能，是因为金融市场在贸易自由化的趋势下也几乎失去监管。③

然而，几乎完全自由的资本流动也可为资本的有效配置和宏观经济生产力的提高提供机会。相应的有效资本运用是经济面对未来转型成功（服务型社会）的前提条件，也为实现就业者没有严重收入损失的发展（据称“饥饿工资”）提供了可能。社会创新与技术进步一样不可或缺，比如雇员的有形资本积累、从业者的培训措施、传统行业的工资节制、社保系统融资

① Allgemein dazu C. Christian von Weizsäcker, Logik der Globalisierung, Göttingen 1999 und konkret: Kronberger Kreis (Hg.), Globalisierter Wettbewerb. Schicksal und Chance, Bad Homburg 1998.

② Hans-Werner Sinn, Ist Deutschland noch zu retten? München 2003 und die daran anschließende Diskussion u. a. durch Peter Bofinger, Wir sind besser, als wir Glauben. Wohlstand für alle, München 2005, Horst Siebert, Jenseits des Sozialen Marktes. Eine notwendige Neuorientierung der deutschen Politik, München 2005, Peter Bofinger, Ist der Markt noch zu retten? Warum wir jetzt einen starken Staat brauchen, Berlin 2009 und Carl-Ludwig Holtfrerich, Wo sind die Jobs? Eine Streitschrift für mehr Arbeit, München 2007.

③ Hans-Werner Sinn, Kasino Kapitalismus. Wie es zur Finanzkrise kam, und was jetzt zu tun ist, Berlin 2009.

方式的改变以及劳动力市场的灵活化。许多已经走上正轨，并且早已为成功的未来奠定了基石。然而，德国必须面对“要素价格均衡理论”（Heckscher-Ohlin）的严峻现实。根据此理论，贸易的固定（immobil）生产要素价格（工资、利率）也会趋同。德国在战后可长期从这个趋势中受益。新的挑战出现了，比如说大量国家过度的负债。[①]

联邦德国从1945年之后，由于货币低估而成为低工资国家，一直处于要素价格及工资向上调整的压力之下，这导致实际工资不断上涨的喜人景象。这个时期的牺牲者主要是美国工人，他们的就业受到威胁，有时会要求通过关税来保护美国工作岗位。70年代之后形势发生了变化，德国工资已经明显提高，市场上出现了较低工资的竞争者（日本，稍后是东南亚国家等）。因为在此期间，国际金融市场几乎已经实现了自由化，资本向看起来收益最大的地区流动，而这些地区原则上是低工资国家（比如东欧）。在过去的30年中，德国进行了全面的尝试，为维护劳动者的福利而消除要素价格均衡的影响。这些措施，比如超过均衡水平的加薪，或者国家管制（解聘保护、缩短工时等），只加剧了80年代以来的大量失业及企业停止投资。新的理念望眼欲穿！

3 货币问题

3.1 固定汇率时期（1952～1973）的货币政策

联邦德国早期（1948～1951）的货币疲软。1948年秋至1950年的物价上涨和失业率增加导致了贸易赤字（入超）和货币的进一步走弱。1950年12月，作为新成立的欧洲支付联盟（EZU）首个最大的赤字国，联邦德国获得了1200万美元的特别贷款，以应对其外汇收支平衡的恶化。同时德意志各邦银行（BDL，德国联邦银行的前身）大力收紧了贷款，即把贴现率从4%提高至6%。[②]

因此，出于对外经济考虑，在货币改革之后引入的扩张性货币政策被放

---

① Hans-Werner Sinn, Die Basar Ökonomie: Exportweltmeister oder Schlusslicht? Berlin 2005.

② Otmar Emminger, Deutsche Geld- und Währungspolitik im Spannungsfeld zwischen innerem und äußerem Gleichgewicht 1948 – 1975, in: Deutsche Bundesbank (Hg.), Währung und Wirtschaft in Deutschland 1876 – 1975, Frankfurt am Main 1976, 第485～554页。

弃，这个货币政策把贴现率从5%降低到4%，并把活期存款的最低准备金率从10%降低至5%。取而代之的是紧缩政策。1950年，对于联邦德国来说，内外币值之间首次出现了目标冲突，而且可能对之后的数年有所影响。当时，货币稳定与经常项目收支平衡是比充分就业更为优先的目标。随后的经济繁荣首先缓解了这些冲突：出口成功的不断增长扭转了经常项目收支，而（出口）盈余可被用来提前偿还《伦敦债务协议》规定的联邦德国债务。①

德意志各邦银行尝试在固定汇率体系中建立马克的稳定优势，并在20世纪50～60年代以引人瞩目的方式达到了目的。这被刻画为“货币政策麦卡锡主义战略”，② 并且可从相关国家不同的通货膨胀率中觉察出来。此种以出口为导向并且有意压制国内消费的货币政策，造成了相应的出口压力，外汇收益也增强了德国马克的行情，使得一种新货币的可兑换性出现成为可能。德意志各邦银行必须对其外汇盈余进行冲销干预，如此便限制了其对内的行动空间。

可见，货币政策对于对内稳定货币币值只有有限的效果，其任务则部分须由财政政策（国家财政盈余）来承担。奥托·弗莱德勒尔（Otto Pfleiderer），斯图加特州中央银行主席，早在1957年就把经常项目盈余称为德国“头号问题”。1957年，因贸易盈余产生的外汇流入首次因马克升值预期导致的投机狂潮而加剧。除25亿马克的外贸盈余外，联邦银行估计，1957年大概有32亿马克投机资金流入德国。然而，联邦政府在马克升值问题上有极大分歧。经济部长艾哈德（Erhard）及财政部长艾策尔（Etzel）赞同升值，而联邦总理阿登纳（Adenauer）和副总理布吕歇尔（Blücher）则坚决反对。③

德意志各邦银行（自1957年之后为德国联邦银行，BuBa）的货币政策从此进退维谷。美元储备在德国不断积累，而其他国家却又匮乏，并产生经常项目收支问题。这导致德国的贸易伙伴严厉批评德国的货币政策。另外，大量外汇的涌入导致德国国内货币供应量的激增，加剧了通货膨胀趋势。所谓的“输入型通胀”在60年代成为德国经济政策的长期话题。以汇率衡量

---

① Hermann J. Abs, Entscheidungen.

② So Carl-Ludwig Holtfrerich, Geldpolitik bei festen Wechselkursen (1948 - 1970), in: Deutsche Bundesbank (Hg.), Fünfzig Jahre, 第345～438页，此处第385页。

③ Otmar Emminger, Deutsche Geld- und Währungspolitik, 第493页。

的货币对外稳定和以物价水平衡量的货币对内稳定之间的目标冲突，在拒绝升值的情况下是不可避免的，其必然的结果便是输入通胀。鉴于多数不赞成（马克）升值，德国中央银行在1961年似乎愿意容忍调整型通货膨胀。但显然，鉴于币值对内稳定的目标，人们最终屈服了。[1] 1961年3月3日，德国政府积极行动，艾哈德让马克升值5%。这个汇率调整来得太晚并且力度太小，要避免随后的调整型通货膨胀，10%～15%的汇率调整是必需的。随后的"温和通货膨胀"，至60年代中期明显缓解了对内与对外币值稳定的紧张关系。[2]

20世纪60年代末期，之前的紧张关系再次出现。这次，因为美国持续的经常项目赤字（越南战争）而导致的美元疲软是投机性外汇资本流入德国的原因。1968年3月，美国取消黄金兑换义务，在货币性黄金价格之外出现了自由浮动的金价。[3]（在这种情况下）通过汇率调整来实现马克的对外经济保障[4]是显而易见的，因为在联邦德国出现了结构性外贸失衡。然而，联邦政府在经济部长席勒（Schiller）的升值意见面前再次拖延，于是马克升值发展为1969年选战的热议话题。直到新的社会自由政府（勃兰特/希尔，Brandt/Scheel）上台，才让马克升值9.3%。

1951～1970年流入（德国）的外汇储备对于联邦德国来说彻底成为其"备用发行银行"（奥特玛·埃明格尔，Otmar Emminger）。因为固定汇率，联邦银行失去了对货币供应量的控制，并且不支配货币升值的工具，这属于联邦政府的权限。无助的联邦银行充其量只能让（大家）注意到不断增长的外汇储备。这些外汇储备有时会被形形色色的汇率调整所减少。在这一时期，对于稳定的货币与经济政策来说，对外经济是门洞大开的。

3.2 灵活汇率时期（1973年至今）的货币政策

1973年秋，德国联邦银行从对美元的干预义务中解脱出来——布雷顿森林体系崩溃了。德国货币政策从此有了全新调整的可能性。在此之前，"跛足"的货币政策导致的不可控的货币激增使得（德国）货币供应量失去

---

① Carl-Ludwig Holtfrerich, Geldpolitik，第410页。

② Ausführlich dazu Otmar Emminger, D-Mark, Dollar，第78～84、120～129页及138～160页。

③ 同上，第172～210页。

④ 原文为 auβerwirtschaftliche Absicherung，意为"使国内经济形势及经济政策免于外部经济因素的不利影响"，本译著据此定义统一译为"对外经济保障"。——译者注。

控制。德国银行可以随意通过国内外银行进行融资。1973年新获得的自由使得联邦银行可以通过汇率变化来实施货币政策。从那以后，可通过调节货币供应量来保证价格水平稳定。

之前宏观经济经常出现失衡，是因为国家遵循就业目标就会妨碍币值稳定，比如国家为教育增加支出，如果没有联邦银行通过控制货币供应量来减轻通胀压力，就会导致货币膨胀。

货币政策的对外经济保障，外贸口大门的关闭，原则上有两种方式可以实现，即取消汇率挂钩，或者取消（货币）可兑换性并对外汇实行管制。在一个自由的世界经济秩序框架中，人们选择汇率的灵活化。1971年5月9日马克首先对美元汇率放开，1971年底回归新的固定平价。然而，如此的稳定看来却没有完全实现，额外的行政控制似乎不可避免。因此，1973年的3月19日，各国货币对美元的挂钩最终取消。[①]

在随后的时间里讨论的是，联邦银行应通过何种方式对货币供应量施加影响。各种可能性都被提到：贷款限额、确定银行流动性比率或者直接对货币供应量进行控制。最终，联邦银行做出了利于中期控制货币供应量的决定。在此基础之上，1973年的货币供应量增长缓慢。对于银行来讲，如同在固定汇率下通过将美元兑换为马克来无限度的融资，已不再可能。贴现率被提高至6%。总之，出发点是：联邦银行货币导向的政策对德国国民经济施加了稳定影响。此外，其遵循连续性的政策也有助于稳定经济主体的预期，为高昂的投资热情奠定了基础。

与对美元态度不同的是，欧洲国家尝试在欧洲国家内部继续保持固定的平价。这是为货币联盟这个远期目标做特别的准备。各种货币试验从此上路。1972年首先就"隧道中的蛇"[②]达成一致。1977年再次调整主导汇率，并引入欧洲货币单位（德语ERE，英语ECU）。最后，1978年成立欧洲货币体系（EWS）。欧洲货币从此被整合进一个固定汇率体系。然而，这个体系被证明并不稳定，因为各个国家因为失衡频繁加入与退出是必要的。因此，建立一个统一的货币被认为是可取的，这个设想此后通过欧元得到了实现。以价格稳定为目标，建立在货币供应量中期控制基础上的联邦银行货币

---

① Jürgen von Hagen, Geldpolitik auf neuen Wegen（1971－1978）, in：Deutsche Bundesbank（Hg.）, Fünfzig Jahre，第439～473页。

② 即蛇形浮动。——译者注。

政策，被许多欧洲国家央行视为典范，并最后被欧洲中央银行沿用。

德国联邦银行在控制货币供应量方面的成功不容置疑。固定汇率体系的终结最终导致联邦银行（BuBa）从此拥有通过货币调控经济的机会。在通过国家尤其是通过货币元素（货币供应量）来调控宏观经济发展成为现实之后，货币主义的兴起对这个新战略有决定性的贡献。[①]

新学说的咒语是，中央银行应该放弃短期政策，向长期导向的连续政策过渡，因为事实已经证明，这些短期政策不是完全适得其反，就是毫无用处。在德国关于联邦银行政策的讨论中出现了两种主要观点：第一种观点是中央银行货币供应量（基础货币）是否应该作为调控货币供应量的工具，如曼弗雷德·J. M. 诺曼（Manfred J. Neumann）所特别推崇的；第二种观点则是是否还应该影响银行流动性，吕迪格尔·珀尔（Rüdiger Pohl）鼓吹这种观点。在争论中最后就“流动性基数”目标达成了一致，这个概念同时兼顾了中央银行的“货币基数”和（商业）银行的流动性。在联邦德国，所有经济政策部门都多少开始逐渐追随联邦银行的货币主义路线，也包括1972～1973年之后的经济“五贤人”委员会。然而，实际寻求的货币主义货币供应量目标事实上大都没有实现。[②]

但是，联邦德国（货币主义政策）限制了通货膨胀，也培养出受人瞩目的“稳定文化”。鉴于对通货膨胀的抑制，1979～1996年联邦银行的政策似乎因此是个明显的成功。这个成功使得德国联邦银行在80～90年代成为世界上最成功的中央银行。它相对于联邦政府的独立性是保证其成功的重要前提条件，并使得其在欧洲货币联盟（EWU）框架下成为欧洲央行（EZB）的典范。

然而，还有一个问题在很大程度上仍然不受银行影响，即德国货币对外的稳定。在这几十年中，多次货币危机不断动摇世界经济，也对与国际紧密联系的德国国民经济有至关重要的影响。[③] 所有解决不稳定汇率困境的尝试都碰到两个根本问题。一方面，确定一个平衡汇率很难，比如说是参照购买力平价呢，还是其他决定性因素（资金流）。各种各样的模型尝试解答这个

---

① Rudolf Richter, Geldpolitik im Spiegel der wissenschaftlichen Diskussion, in: Deutsche Bundesbank (Hg.), Fünfzig Jahre, 第561～606页，特别是第580～584页。

② Jürgen von Hagen, Geldpolitik, 第463页, und insb. Ernst Baltensperger, Geldpolitik bei wachsender Integration (1979－1996), in Deutsche Bundesbank (Hg.), Fünfzig Jahre, 第475～559页。

③ 详见 Otmar Emminger, D-Mark, Dollar。

问题，但都不能给出明确的答案。另一方面，很难回答，怎样的中短期（汇率）偏差是可以接受的（目标区间）。如果这个幅度太大，则区间是多余的；如果太小，则很危险，因为会给投机以机会。

此外，关于国际货币体系的设计，世界上不同的国家有不同的利益诉求。开放的国民经济体比外贸依存度小的国民经济体对调控更有兴趣，原材料出口国与工业国又有不同的利益诉求。在对汇率稳定、资本自由和独立货币政策的期望之间，勾画出一个货币政策的“不可能三角”。

4　经济增长与就业

很明显，外贸经济与货币政策问题并没有从根本上损害德国经济令人印象深刻的再次崛起。1948～2000年国民经济与民众财富的增长至今都是空前绝后的。

4.1　“经济奇迹”中的增长

在克服了直接的战争创伤，并成功建立起了新的国家与经济秩序之后，在50年代的联邦德国，长期持续的经济复苏启动了。这很快被同时代的人稍带些误解地认为是“经济奇迹”。在经历过长时间的战争和战后的混乱之后，普遍的繁荣与稳定的经济增长却逐渐展开，在他们看来多少有些不寻常。这个经济增长首先表现在国民生产总值的增长上。国民生产总值在仅仅10年之内就翻了一番，从不到5000亿马克（1950年）到超过1万亿马克（1960年），再到2000年升至超过3万亿马克（不含民主德国）。

20世纪下半叶对于德国国民经济来说是不寻常的增长时期。国民生产总值史无前例的增长是过去几个时代国民经济发展的显著特征。然而，这个增长不是连续的，也就是说，不是以恒定的增长率，而是以显示出值得注意的景气周期而变化。①

1950～2000年很明显可以再划分为不同的时期。在20世纪70年代中期之前，（经济）增长率几乎都很高，保持在4%以上，虽然经济总体趋势走低。当时，即使在景气衰退时期，也最多是经济增长率为零，国民生产总值明显的萎缩并没有出现。直到1975年之后，增长率才开始正常化，即可

① 概况见 Werner Abelshauser, Deutsche Wirtschaftsgeschichte。

以观察到向长期增长趋势的调整。从此，经济增长停滞于每年约 2% 的水平，这个值明显低于景气繁荣时期，但是也明显高于景气衰退时期。

联邦德国早期的高增长率首先应归功于阿登纳政府的经济政策。大力促进私人资本积累是这个政策的重要方面。1948 年 7 月取消物价管制导致价格明显提高，使得企业获得高利润成为可能。国家通过税收促进这些利润的存留，以实现投资。这只有牺牲私人的消费才有可能实现。然而，通过税收体系进行收入再分配只能在有限度的规模内实现，因为并没有发生真正的财富再分配。因此，战争引起的不平等的收入与财富比仍保留下来，或者说，这种差距甚至继续拉大。相对于社会目标，增长目标占据绝对优先的位置。政府在社会市场经济理念的框架下，致力于符合市场的经济政策，而不对经济活动直接进行干预。

最初几年，主要是通过增加生产要素投入量，来实现粗放型增长。这也是完全可能的，因为有足够的闲置劳动力可供支配。战前的工艺还经常被使用。这种情况在 50 年代后期发生了变化，因为劳动力开始越来越短缺。于是就开始加强有形资本的投资，生产资本越来越密集，并因此提高了劳动生产率。

德国经济在 50 年代的复苏源于多个有利情况同时出现。其实现了内部的价格水平稳定，同时马克相对于美元被低估，以至于出口成为增长发动机。与如今一样，德国经济发展的景气周期深受外部经济影响。这归因于德国国民经济特殊的产品供应结构，其专注于资本货物和高端消费品的生产。在景气繁荣时，外国国民经济体对于这些商品的需求强劲。因此，德国出口增长，而出口导向的经济部门也增加了国民经济其他部门的需求。然而，出口导向也会带来一定的风险。出口商品换取外汇意味着国内商品数量减少，同时货币供应量增加。因此长期的出超（出口大于进口）会产生风险，即通货膨胀因外贸影响而升高。这种所谓的“输入型通胀”在 60 ~ 70 年代影响越来越大，如同我们看到的一样。

4.2 就业与失业

在联邦德国成立后，其经济形势绝不是安全的。货币与经济改革首先让这个年轻的国家面临不断上涨的物价和高失业率的压力。例如失业率在 1950 年明显高于 10%。尽管在接下来的年份中，因为来自奥得河东面的约 150 万名难民、逃亡者和被驱逐者，加上来自民主德国的难民潮（至 1961 年约为 310 万人），联邦德国的人口数量急剧增加，但是失业率却在持续大量减少。至于劳动力市场的发展，直到货币改革时才清楚地勾勒出劳动力市场的实际形势。[①] 因“被压抑的通胀”而无法觉察的失业率真相大白了。虽然1948年在Bi区（美英占领区）的就业人口增加了约130万人（11.9%），同时失业人口也增加了70万人。[②]

失业者从1954年的120万人减少到1961年的16.1万人，这让同时代的人感觉惊愕。奥托·乌里希（Otto Uhlig）认为，这个情况“是资本主义经济历史上从未出现过的”。[③] 据此，在联邦德国实现了充分就业，或者从另一个观点来看是“超饱和就业”。这个情况稳定持续了很多年，直到1966年。新的劳动力市场储备被开发，尤其是提高妇女的就业率。1950～1960年，从业妇女的人数从410万增加至680万（也就是说增加了约60%）。

此外，来自民主德国与东欧的百万德裔难民、逃亡者和被驱逐者也是劳动力市场储备的重要组成部分。在50年代初期，人们还没有发现，这些人积极性很高，其中一部分素质也高。1952年，瓦伦廷·齐布勒希特（Valentin Siebrecht）还指出，德裔被驱逐者和难民的内部发生了分化，因为他们中有完全劳动能力的人都被（劳动力市场）吸纳，而重伤者、无完全劳动能力者以及无技能者，其中特别是妇女，却剩了下来，这些人最多只能被称为“二线”劳动力储备。然而，这个担忧很快就烟消云散了，1300万名德裔难民、被驱逐者和逃亡者令人吃惊、毫无问题地融入了（联邦德国）。

德国劳动力市场更多的储备在1954年出现了。意大利政府为联邦德国提供了10万～20万意大利农业劳动者，以应对（联邦德国）渐渐感觉到的农业劳动力不足。这个缺口是明显的，虽然大量的德裔被驱逐者仍然生活在农村，但是他们正在不断地涌入工业中心地区。（意大利）政府的建议刺激了德国劳动部与劳工管理署，因为已经很长时间没有在德国实现充分就业了。然而，形势不久就发生了变化，1955年12月《德意招聘协定》签订，其规定了招聘（意大利劳动力）的程序与手续。招聘的规模起初做了严格限制。1953年有不到5万意大利人在联邦德国工作，主要在农业领域。直到60年

① Hans-Walter Schmuhl, Arbeitsmarktpolitik und Arbeitsverwaltung in Deutschland 1871 - 2002, Nürnberg 2003.

② Valentin Siebrecht, Arbeitsmarkt und Arbeitsmarktpolitik in der Nachkriegszeit, Stuttgart 1956，第73页。

③ Otto Uhlig, Arbeit - amtlich angeboten. Der Mensch auf seinem Markt, Stuttgart 1970，第298页。

代，外国劳工开始剧增，特别是当来自民主德国的难民狂潮因为柏林墙的修建而终止时。更多的协定被签订，联邦德国 1961 年与土耳其，1963 年与摩洛哥，1964 年与葡萄牙，1965 年与突尼斯和南斯拉夫分别签署了协定。

不断增长的外国劳工产生的问题起初并没有被觉察，或者说被忽视和美化了。但不久学术界便指出外国劳工的问题。[①] 三个理由被列出，第一，外国劳工的使用是现代化的阻碍因素。低素质的劳动力有利于简单劳动、计件工资和“三班倒”制度等的生产体系，并且延误经济的合理化与现代化。第二，外国劳工并没有起初看起来那样廉价，因为他们的涌入使得对基础设施的高投资成为必要，而这些都要由公共财政来负担（外部效应）。第三，外国劳工的返乡意愿低下甚至没有，以至于德国虽然不情愿，但是却慢慢在以这种方式成为移民国家。

20 世纪 60 年代中期出现了战后首次经济衰退，当时联邦德国的国民经济显现出之前未遇的危机现象。随着社会—自由联盟通过政府轮换掌握权力，新的经济政策上路。之前广泛传播的信念是：景气问题是过去的现象。这时人们清醒地意识到，这是一种异端。国家主动行动，以避免在未来出现景气振荡的设想却不断形成。从 1967 年开始，可被称为积极的景气政策时期。为了给国家主动调控宏观经济提供工具，通过了《稳定法》。这个时期总的来说，在经济政策领域，国家行动不断增强。然而，这些都不是专门针对劳动力市场。在全球调控的框架下更需要实现劳动力市场的稳定。60 年代末，看起来政府有能力稳定经济发展，因为经济再次复苏了。[②] 1973 年爆发的经济危机对劳动力市场也是重重一击。至 1975 年，失业率飙升至几乎 5%。联邦德国充分就业的黄金时代也就此结束了。

就劳动力市场来说，本可根据人口统计因素而预测到充分就业的终结，因为参照劳动潜力和增长机会的长期发展，预期未来几十年就业岗位将会不足。所有预测都表明，从 70 年代起，随着人口增长，联邦德国的失业率会明显升高，因为不断提高的劳动生产率导致国民经济的劳动潜力越来越难被发挥，所有通过增长来促进就业需求以及通过减少或终止外国劳工输入以限制劳动潜力的措施已经无法弥补可预见的就业缺口。

---

① Carl Föhl, Stabilisierung und Wachstum beim Einsatz von Gastarbeitern, in: Kyklos, 20, 1967, 第 119～146 页。

② Alexander Nützenadel, Stunde der Ökonomen. Wissenschaft, Politik und Expertenkultur in der Bundesrepublik 1949－1974, Göttingen 2005.

联邦德国的经济政策对于减少失业率一筹莫展。虽然国际比较研究表明，政府须对 OECD 国家不同的失业率负责。① 在发展过程中，其他欧洲国家也出现了一个经济吊诡，即经济发展与失业率攀升并存。很明显，在增长与失业率之间不存在权衡关系。菲利普斯曲线（Phillips-Kurve）已不再适用，根据此模型，在通货膨胀与失业率之间应存在权衡（trade-off）关系。显而易见，攀升的失业率通过一个纯粹的增长政策无法解决。

在此期间，投资对于减少失业率也没有明显的影响，增长与就业之间缺乏关联的问题被凸显出来。因为投资主要导致合理化，而不是增加就业需求。最后，国际市场的影响也无法被用来解释不同国家不同程度的失业。世界市场依存度与失业率之间也没有表现出实证性的系统关联。那是什么决定失业的规模呢？对就业难的程度负责的，最后就只能是政府的政策行动。这里提几个对劳动力市场发展有影响的要素，即充分就业目标的制度保证结合对失业者的救济，以及巨大的工会影响②。

在德国，发展的根本问题也导致了生产力和生产的瓦解。从 70 年代开始，生产降低到只能维持必要的就业规模。鉴于这个论断，把减少工作时间作为解决这个问题的方案，也就不足为怪了。国家、工会和雇主协会就落实“劳动力供应增量冻结”达成一致。也就是说，家庭、教育系统和养老保险被作为劳动力的中转站与终点站。③ 减少就业规模的相应建议是相当丰富的。④

在对“第一”劳动力市场施加影响的同时，还有扩张“第二”即“补助性”劳动力市场的要求被提出，比如扩展公共服务和靠公共机构财政盈余支持的 AB 措施。所有这些善意的建议都大大低估了这些措施的成本与负面影响。特别是缩短工时对于工资的影响以及税费的负担将导致

---

① Göran Therborn, Arbeitslosigkeit. Strategien und Politikansätze in den OECD Ländern, Hamburg 1985.

② In einer langfristigen Perspektive vgl. dazu Toni Pierenkemper, Der Auf- und Ausbau eines, Normalarbeitsverhältnisses “ in Deutschland im 19. und 20. Jahrhundert, in: Rolf Walter (Hg.), Geschichte der Arbeitsmärkte, 第 77～112 页, Stuttgart 2009。

③ Rolf G. Heinze und Wolfgang Streek, Institutionelle Modernisierung und Öffnung des Arbeitsmarktes. Für eine neue Beschäftigungspolitik, in: Jürgen Kocka und Claus Offe (Hg.), Geschichte und Zukunft der Arbeit, 第 234～261 页, Frankfurt am Main 2000。

④ Bernd Reissert, Fritz B. Scharpf und Ronald Schettkat, Eine Strategie zur Beseitigung der Massenarbeitslosigkeit, in: Aus Politik und Zeitgeschichte B 23/86, 7. Juni 1986, 第 3～21 页。

可以提供的有收益的工作位置缩减，即减少劳动力需求，问题因此会更加尖锐。①

在汉斯－维纳尔·辛（Hans-Werner Sinn）看来，缩短工时因此无非是“遮掩失业率和支撑劳动的卡特尔价格的措施”。而提高工资与削减产量也仅仅是同一块硬币的两面。早在60年代讨论雇员参与资本收入时，工会根据其评估而犯了一个决定性的错误，即不是决定共同参与，而是共同决定。通过参与权利而补偿降薪本应可以增强德国经济的竞争力，并有助于缓解失业问题。

5 愿景展望

随着过渡到灵活汇率及金融市场的自由化，德国国民经济开始了一个新纪元。20世纪70年代中期，不仅在德国，而且在世界范围内被认为是经济发展的重大变革时刻。在这之前，联邦德国国民生产总值的增长速度在大多数情况下处于长期趋势之上，而之后则常常达不到这个水平。这种发展完全符合以下假设，即工业化国民经济的长期经济增长遵循一个长期的趋势，②即使例如因为战争偏离这个趋势，也会很快回归到这个预定的长期增长路径。③从这个意义上来说，德国五六十年代的“经济奇迹”可被解读为德国国民经济的重建，同时通过高于平均水平的增长率来寻求和达到旧的增长趋势。④当然，除此之外还存在一系列促进增长的因素，特别是在德国重建市场经济关系以及同样有利于发展的世界经济扩张性的推动。

对于德国货币政策来说，70年代中期以来也出现了新的可能性。固定汇率的桎梏被打破，并且货币理论也取得了进步，导致德国联邦银行从此以

① Hans-Werner Sinn, Ist Deutschland noch zu retten? 第151～152，176页。

② 这种长期的潜在增长被估计为约2%，并且实际上归因为人力资本的积累。参见Christoph Buchheim, Industrielle Revolution. Langfristige Wirtschaftsentwicklung in Großbritannien, Europa und übersee, München 1994，第17页。

③ Franz Jánossy, Das Ende des Wirtschaftswunders. Erscheinung und Wesen der wirtschaftlichen Entwicklung, Frankfurt a. M. 1966.

④ Werner Abelshauser und Dietmar Petzina, Krise und Rekonstruktion: Zur Interpretation der gesamtwirtschaftlichen Entwicklung Deutschlands im 20. Jahrhundert, in: Wilhelm H. Schröder und Reinhard Spree (Hg.), Historische Konjunkturforschung, Stuttgart 1980，第75～114页。

货币主义理念，即控制货币供应量为货币政策的核心要素。[①]借此联邦银行尝试对德国国民经济施加稳定的影响，并同时通过货币供应量增长的连续性来稳定经济主体的预期。而这只在有限的范围内得到实现，因为每年规定的货币供应量目标在随后的大部分年份里没有能够达成，仅仅在1995年没有超标。控制货币供应量被证明是如此困难，因为银行对于中央银行货币供应的依赖虽然优先，但可从其他来源获得流动性。同时，金融行业以前所未有的方式扩张。新的、创新的金融产品在市场上泛滥，并成为引人注目的投机泡沫[②]的基础，他们的出现引发了21世纪初名副其实的金融危机，并导致第二次世界经济危机。[③]

战后的世界经济关系同时也明显促进了德国经济的复苏。这是否主要归因于劳动成本或汇率优势，或者更应该归功于国际贸易的普遍扩张，至今仍有争议。[④]但在70年代国际贸易的条件再次发生改变时，德国在适应这些新的关系方面碰到了困难。[⑤]门槛国家的加入、飙升的原料价格和德国马克汇率的上调加剧了国际竞争，使得德国出口经济面临调整压力。[⑥]国内的措施，比如社会福利的扩展、超过生产力提高幅度的加薪以及1989年后德国统一的成本进一步削弱了德国经济的国际竞争力，至千年之交，德国经济形势危如累卵。[⑦]

20世纪末，所有这些最终导致了投资活动的减少和必要的合理化投资放缓，以及危险的大规模失业。70年代中期以来，失业率的重新上升给德国经济带来沉重压力。[⑧]人们还抱有幻想，通过凯恩斯主义导向的经济政策

---

① Jürgen von Hagen, Geldpolitik auf neuen Wegen (1971 - 1978), in: Deutsche Bundesbank (Hg.), Fünfzig Jahre Deutsche Mark. Notenbank und Währung in Deutschland seit 1948, 第439～473页, München 1998.

② Toni Pierenkemper, Von der Tulpenkrise zum Finanzmarktkollaps. Das Allgemeine im Besonderen, in: Jahrbuch für Wirtschaftsgeschichte, 2011/1, 第139～159页。

③ Hans-Werner Sinn, Kasinokapitalismus. Wie es zur Finanzkrise kam, und was jetzt zu tun ist, Berlin 2009.

④ Ludger Lindlar, Das missverstandene Wirtschaftswunder. Westdeutschland und westeuropäische Nachkriegsprosperität, Tübingen 1997.

⑤ Hans-Werner Sinn, Die Basar-Ökonomie. Deutschland: Exportweltmeister oder Schlusslicht? Berlin 2005.

⑥ Sachverständigenrat zu Begutachtung der gesamtwirtschaftlichen Entwicklung, Unter Anpassungszwang. Jahresgutachten 1980/81, Stuttgart 1980.

⑦ Hans-Werner Sinn, Ist Deutschland noch zu retten?

⑧ Thomas Raithel und Thomas Schlemmer (Hg.), Die Rückkehr der Arbeitslosigkeit. Die Bundesrepublik Deutschland im europäischen Kontext 1973 - 1989, München 2009.

来克服经济的不稳定①，却很快就在现实中获得了教训。因此，充分就业的黄金岁月结束，超过10%的失业率也在联邦德国出现。②失业率在景气衰退危机中飙升，而在随后的景气复苏阶段却几乎不回落，以至于成为德国经济的结构性问题，而人口因素又让这个问题更加恶化。

6 结论

1948～2000年的联邦德国经济史生动地说明了一个被战争摧毁的国家如何重新崛起成为一个领先工业国，并在20世纪70年代中期以来如何成功适应全球化的挑战。

起初，德国经济陷于财政困境及高失业率。只有能够提供国际上需要的产品并为自己的重建赚取外汇，这两个问题才能被解决。毫不夸张地说，经济复苏本质上应完全归因于受过良好培训的劳动力。随着不断增长的出口成功，国际收支陷入失衡，并引发了在占支配地位的固定汇率体系中如何调整汇率的政策争论。反对升值者指明升值对增长和就业的影响，而赞同升值者则要求注意价格稳定的风险。

然而，情况却表明，货币谨慎的升值不仅不会对增长与就业带来严重后果，而且还会对经济产生有益的影响，强迫其持续面对国际市场的挑战并成功适应。这在中短期内完全也可能引发危机，但长期却显得较好。这并不是一个成功的经济与货币政策中最不可取的战略，因为德国成功战胜了2008年金融危机之后的第二次世界经济危机。

---

① Alexander Nützenadel, Stunde der Ökonomen. Wissenschaft, Politik und Expertenkultur in der Bundesrepublik 1949 - 1974, Göttingen 2005.

② Toni Pierenkemper, Kurze Geschichte der, Voll“-beschäftigung in Deutschland, in: Aus Politik und Zeitgeschichte, 2012/14.

第一部分

当时背景下的升值讨论

当前的经济问题[*]

皮尔·杰科普森（Per Jacobsson）[**]

今天我要讲讲当前的经济问题。我必须说讲之前我有些犹豫，因为我已经有10个月没来欧洲了，所以这次来自然主要以听为主。当然，我可以利用职务之便在国际清算银行（Bank for International Settlements）年会上见很多人，其中不少是老朋友，这是一个全面了解欧洲和世界的最佳场合。今天下午，我在那里又听到国际清算银行总裁霍尔特罗普博士（Dr. Holtrop）的演讲，他以相对乐观的基调勾画出世界工业国的经济形势。然而，他也指出，依然存在的一些危险的不均衡和企业发展趋势值得我们反思。我还未及全文阅读国际清算银行的报告，只是看了导言和结论，但我知道我将从中受益良多。

1960年世界经济的最大亮点当然是趋势和形势的多样化。西欧和日本经济欣欣向荣，美国经济活动放缓，非工业国由于原材料价格平均水平下降而总体上处境相当困难。

1　美国经济形势

让我从美国的情况谈起。1959年美国经济的上行趋势持续良好，然而钢铁行业的罢工在年底时令人心烦意乱。那些还记得1959年下半年乐观气

* 此为国际货币基金组织前总裁皮尔·杰科普森在巴塞尔经济金融研究中心（the Basle Centre for Economic and Financial Research）的演讲，原文出自IMF（1964）：International Monetary Problems 1957 - 1963. Washington，D. C.，第226～236页。译者为中国社会科学院欧洲研究所助理研究员孙艳。

** 皮尔·杰科普森（Per Jacobsson，1894～1963），经济学家，1956～1963年任国际货币基金组织（IMF）总裁。

氛的人一定知道，人们对即将到来的十年寄予厚望，并称其为“欣欣向荣的60年代”。结果事与愿违，美国商业活动随后不久就开始放缓，接踵而至的是产量下降，虽然规模不算太大，但也引起了人们的注意，同时失业率显著上升，但工厂和设备的私人投资仍保持在较高水平。从某种意义上说，这是一种奇怪的商业倒退。于是在美国掀起了关于这种倒退是否可以被称为“衰退”的有趣讨论。当然，这取决于如何来理解“衰退”。

那些认为存货转移和坚信典型繁荣及衰退特征的人，将自然认为1960年发生的经济放缓就是衰退。他们完全有权利这样理解。但我作为一个年轻人，从古斯塔夫·卡塞尔（Gustav Cassel）和其他人那里学到，繁荣和衰退（或像我们过去称为的“萧条”）的典型特征是关于工厂和设备投资的周期性变化。对于这些人而言，所谓“衰退”是指工厂和设备投资的显著增加反而导致这些投资下降的一种副作用。这次并没有发生上述所说的情况，不管如何定义近来的经济放缓，我们都有足够理由去弄清为什么我们遇到了如此特殊的经济倒退。

就我而言，我毫不犹豫地认为，这次经济放缓源于一种突如其来的情况，即价格将不会继续上涨，也不会有“爬行式通货膨胀”［或曰温和通胀（creeping inflation）］。美国企业家突然间不得不学习如何生活在无通胀时代。那并不是一件容易的事情。我们已经从各国发展经验中了解，通胀思维转变为价格稳定预期，需要一个调整期。我可以列举出五六个或者十几个这样的国家。美国经济刚刚经历这样的调整期。我从一些工业企业界领袖那里听说，他们现在对电子设备或其他领域产品的定价已经比1959年降低了5%～6%。在削减成本方面通常要花很大工夫。我还听说一个大型公共事业公司实现了其所有计划的投资项目，实际成本比预算低5%，如果投资达到5000万美元，节省的资金就相当可观。对于大部分制造业而言，降低价格已是大势所趋，这一点毋庸置疑。

2 价格与工资

在我们所说的“不上涨”的世界市场价格影响下，我不相信美国的价格还会大幅上涨，事实上有些价格可能甚至要下降。如果这种判断属实，那么即便是“爬行式通胀”的可能性也就相应排除。然而，我必须告诉大家，仍然有一些了不起的人不同意我的上述观点。今年3月5日，星期日，非常杰出而且广受尊重的麻省理工学院保罗·A. 萨缪尔森教授（Paul A. Samuelson）在“会见媒体”（Meet the Press）电视专访中谈了他个人的观点，认为如果官方价格指数控制在年增幅不超过1.5% ~2%将是令人满意的。我应该加上一句，他认为这种增幅将被质量的提高完全抵消。

从个人角度看，正如我所说的，我怀疑美国价格上涨是否还能保持在那样的水平，因为我认为它最终取决于来自海外低工资国家及欧洲国家的竞争情况。当然，世界历史的常识显示，世界价格主要取决于欧洲价格而非美国价格。众所周知，1931年就是如此，当时世界价格紧跟先令而非美国市场的价格。我认为今天我们又回到了那个情形。然而，令人吃惊的是，美国的经济学家们讲话时经常自以为美国可以通过本国政策自主决定价格走势。斯里科特教授（Slichter）直到去世时都这样认为。我却认为这是一种误解，是对现实形势的错误认识。

在“会见媒体”专访中，萨缪尔森教授直截了当地说出他为什么对年均价格增幅1.5% ~2%感到满意。他担心其他方案将导致停滞，因为在私人投资强劲增长时期，如果劳动力市场无松弛迹象，在集体谈判架构下必然形成一种趋势，即每一起工资谈判都将以偏高结果告终。

所以，通过这种方式我们回到成本问题。这个问题目前在美国和世界其他国家都引发了热烈讨论。这时候我们关心的是如何使已放缓的经济恢复增长加快并吸纳失业人口。大家都知道，当前美国真正可以被称为令人满意的情况只有两个。

一是国际收支平衡表中的赤字不见了，这一点我会在后面再说几句；二是企业活力的恢复。

企业要按价格轻微下滑而非上涨的新趋势进行调整的时期看起来已经结束，随着信贷大幅宽松政策出台，生产大幅回升，且前景良好。但这种经济回暖是否能降低高失业率呢？

毫无疑问，一定会有一些改善。但我们首先要认识到改善的情况将取决于工资水平。如果工资上涨，即便是适逢更加宽松的金融环境，也不会减轻失业压力。我可以补充一句，这与任何受人尊重的经济学理论都毫无二致，但显然更符合凯恩斯（Keynes）在《货币通论》（*General Theory*）中阐述的观点。我们经常会忘记，凯恩斯是以劳动力或工资单位来界定流动性的，他清晰地论证了一个观点，即在经济萧条时一旦工资上涨，即便流动性增加，失业率也不可能实质性下降。我想这一观点已经被最优秀的凯恩斯主义评论家深深领会，阿尔文·H. 汉森（Alvin H. Hansen）教授更在其著作《凯恩斯主义导论》（*A Guide to Keynes*）中进行了充分阐述。今年3月12日，《纽约时报》（*The New York Times*）刊登了汉森教授撰写的一篇有趣的文章，题为《呼唤双面经济学》（An Appeal for a Dual Economy）。他在文中一方面敦促扩大需求等举措，另一方面却给出如下警告：

> 一个危险的信号灯需要高高挂起。从这些大项目中激发出的日益增长的总需求，在没有产出和就业改善的情况下，很可能由于高成本和高工资而消失殆尽。这确实存在一个巨大的危险，很可能在总体上或局部爆发。对于当前政治生活而言，这是一个严酷的现实，不仅发生在我们自己的国家，而且已遍及整个自由世界。我们不能允许指令性价格和集体谈判工资契约夺走这个国家的就业和产出增长，因为我们精心设计了扩张性举措来实现这一增长目标。为此，肯尼迪总统任命了“劳工和管理政策顾问委员会”来致力于提升生产力，制定健全的工资政策和保持价格稳定性。

我认为汉森教授非常准确地道出了肯尼迪总统的“劳工和管理政策顾问委员会”（Advisory Committee on Labor and Management Policy）的作用。正如其名称所示——这是一个顾问委员会（an Advisory Committee），但其构成肯尼迪总统的试图更多引导美国生活的一部分。我认为，这得到美国大众的广泛认可。很显然政府不能寻求固定工资，然而政府可以创造条件，使人们更明了当前形势的需求。

我认为，当前美国的市场条件有利于缓和工资上涨。这不仅由于极度扩散的失业情况的存在——虽然失业在发挥作用——而且还由于自然会导致来自雇主们的更大阻力的利润收缩。在我看来，美国劳工开始将更多的注意力放在就业保障上，而不是加薪。由此产生了关于对工人进行再培训以及其他提高劳动力流动性的措施问题，在劳工组织强势时代，自动化和其他技术开发都是重要的方面。然而，工会会继续要求工资上涨——如此行事是他们的职责。那么，这就非常依赖雇主们对工资上涨发表的舆论以及进行阻挠的公众气氛。正如我们在许多国家所看到的，即使一个国家没有采纳一贯的官方工资政策，来自雇主的阻力仍会受到政府态度的影响。因此，我认为，有关这些问题的讨论和致力于创造一个有利的舆论和理解气氛的努力至关重要。

因此，我认为在这种情况下劳工和管理政策顾问委员会可以发挥非常积极的影响。每个国家的情况各有不同，所以，对制度的直接照搬照抄是不可能的，但这里确实存在其他国家应当谨慎考虑的创新问题；如果许多国家也计划建立某种解决受劳工管理政策影响的产业效率问题的体系，他们可以很睿智。

3 美国的国际收支

在美国，我们在最近的几周和几个月内看到商业活动复苏的迹象以及贸易收支的改善。在1960年间美国的出口已经可观地增加而进口却下降，因此，在贸易收支方面有一个基本的改善。今年的年平均贸易账户盈余额比1960年最后一个季度稍高一点，年平均出口额大约为200亿美元，进口大约是135亿美元，在贸易盈余上有65亿美元差额。随着来自投资和服务的净收入，经常项目结余因此达到超过一年90亿美元的比率——不错的成绩！这包括所有海外的军事支出、政府援助以及长期投资。而且随着美国商业活动的改善，如果利率能稍微坚挺且没有短期资金流出，那么似乎美国的国际收支就可能不会出现整体赤字，甚至还可能有少许的盈余。

毫无疑问，美国的出口受惠于欧洲的繁荣和国内经济的放缓，这曾经且仍然给予美国的产业部门在交货日期上的巨大优势。有些人认为，美国经济的复苏可能会在某种程度上逆转这些情况，但我个人并不期望任何突然逆转的发生……

特别是对拉丁美洲和其他地方的一些国家来说，美国进口的下降是一种困窘，这些国家转而向国际货币基金组织寻求帮助一点都不令人意外……在过去的一年，截至1961年4月30日，转向国际货币基金组织寻求资金帮助的21个国家几乎全都是工业欠发达国家。我并不是说，在他们全部或甚至大多数国家中，他们的困难仅仅来自去年的贸易状况。在几个国家中，困难是长期存在的而且还有其他原因。国际货币基金组织的安排包括为恢复或维持货币稳定的计划，而且在基金组织内我们非常感动如此多陷入困难境地的国家为掌握他们自己的问题所做的努力。他们显示了对抗和克服通货膨胀压力的巨大决心。

4 欧洲的经济增长

现在转向西欧，有人看到良好的商业条件、巨大的活力以及令人非常满意的企业精神。欧洲国家的经济高速增长是对他们自己和世界其他部分的一件幸事，包括不发达国家和美国，因为经济增长推动了进口增长。

但即使良好的经济状况也会产生问题。要决定什么样的货币政策是适当的并非易事。一方面，政府当局必须采取措施防止经济过热；另一方面，他们必须避免扰乱国际均衡。一般而言，在繁荣的情况下，他们会提高利率以对抗过度增长，但如果他们这样做，就会从海外吸引更多资金，从而可能进一步加剧增长。此种困境部分是由大西洋两岸经济发展趋势差异造成的。我认为这种情况以前也发生过，但不是以这么显著的方式发生的。我跟踪国际经济发展有 40 多年了，而且我从未因震惊于发生的新情况而停止手中的工作，但这确实是一个在教科书中找不到解决办法的情况，而且史无先例。我认为各国中央银行在应对中显示出了极大的灵活性，而且做好了准备权衡各种不同的考量。

上周我在英国，同样发现在工厂和设备方面，特别是制造业中的投资率，比战后任何一年都要高。这是一个非常令人鼓舞的迹象，因为过去我一直有点害怕战争遗留下来的沉重负担会影响这个国家的活力。当然，现在的任务是要为这种投资的持续性和增长的出口创造空间以改善国际收支。这种情况将我们拉回到消费和预算政策上。英国的上一个预算增加了税收——一些项目降低，其他的则增加——因此有 5.06 亿英镑的线上盈余，且在将所有政府投资支出纳入考虑后赤字总额只有 0.69 亿英镑，只是比来自社会保险基金和小额储蓄的现金收入略多。某些经济稳定因素被纳入预算，一旦这些因素被 7 月召开的议会通过，便可以用来减少消费。因此，已经采取了一些预算措施，其他的会在夏季实行。一个有趣的情况是，霍尔特罗普博士今天在其演讲中说，现在有一个趋势，即多依靠一点预算措施而不是只依靠货币政策来实现并维持经济均衡。

现在是一个货币可自由兑换、贸易歧视大大减少且几乎没有支付歧视的世界。这是一件好事。我认为，没有可兑换性，我们就不能实现世界贸易增长。但可兑换性也产生了某些问题——现在可以更容易地将资金从一个市场转移至另一个市场。资金流动是为了从利差和其他途径中获得利润。在可兑换系统中，这样的资金流动被看作一个几乎正常的要素——且通常不应产生多少困难。但这些资金流动可能经由异常的货币和有时候错误的观念而加剧。去年秋季和冬季发生了一次资金从美国外逃，部分原因是对贬值的恐惧，特别是在伦敦市场上黄金价格上升至近40美元而且有几个小时甚至超过40美元之后。那时我说，我不认为货币政策应由投机者的误判来决定。很快情况就明了了，美元依旧坚挺。

5 货币的稳定性

另一个事件是德国马克和荷兰盾币值重估。我不会质疑这一举动的价值问题——那是已经过去的历史。但我必须提到其带来的一些后果——由我一再认为是关于未来错误看法引致的资金流动。以我在基金组织中的地位，我当然听到人们在说什么，而且我也可观察到其行为的后果，并且我也尽我之所能告诉他们我认为正在发生什么。此时此刻，我乐于做如下经深思熟虑的评论。

在过去的3个月中，经济世界被货币进一步变化的谣言所困扰。这些谣言对我来说是完全没有根据的。然而，这些谣言对信心具有非常大的摧毁性，而且人们应当好好想想他们编造和传播这样的谣言会带来多大的危害。

我碰巧知道，在所有主要的金融中心，货币管理当局决心维持既有的平价。无论怎样，在有关货币调整的国际讨论下要出台新的计划，不管是币值重估、贬值、利润扩大或以任何其他方式，这样的谣言都没有根据。

我非常高兴地看到这个周末在巴塞尔，在中央银行对企业的态度和他们之间正在进行的有效合作方面的信心重树。信心和合作这两者是对国际货币基金组织的热情支持。

如我一般从一个国家到另一个地方旅行，我在价格水平上看到非常微小的差异——我相信在这方面我们正接近一个更为均衡的状态。我们有可自由兑换的货币，我们有一个符合我们共同利益的用于强化和巩固的系统，而且我相信我们这样做是可以成功的。西方世界的经济会显示出总体的强大活力和令人瞩目的投资率。并且，我认为我们有比以往更大的可能去克服我们必须面对的困难。

我们不应忘记，20世纪30年代的货币变化不是由通货膨胀而是由通货紧缩引起的——通过价格下降——并开始于欧洲之外，在被欧洲感知之前已在美国非常显著。我确信现在不存在与之相同的通货紧缩，经济系统不能容忍它，而且当然没有人想要它。美国政策的制定当然不是朝向那个方向的。

还有一个变化，现在国际货币基金组织内部有一个资源可观的援助制度，该制度能够在适当情况下提供帮助——而且正如你们所知，是建立在专为补救不均衡状况而设计的计划基础之上。我们还有更紧密的央行合作。我认为，虽然可能是偶然的，德国马克和荷兰盾币值重估有两个显著后果：

（1）在广泛的周期里人们对货币变化的后果已经深恶痛绝，以至于实际上更加坚定了维护目前平价的决心。

（2）各国中央银行——包括美国的联邦储备系统——已决定在信贷批准和外汇期货市场上开展更加紧密的合作。

与大多数人的看法相同，我认为可以也应该采取更进一步的步骤强化我们现有的体系。此想法当然涉及国际货币基金组织。即使基金组织现在运行非常流畅，也必须考虑未来会发生什么。基金组织应当处于这样的地位，即能够满足其所有成员的需求——无论大国还是小国——包括美国。如果它不能做到这一点，世界结构中就会出现严重的缺陷。在其现行的协定条款基础上，通过使用其借款权力来强化基金组织是可能的。但不要忘记过去各国央行间曾多次就稳定信贷做出安排。这些资源都还没有被使用过，不过他们是非常有用的。我认为一个人应该尽其所能摆脱官方缺乏国际清偿能力这个怪物。在私人领域我们有足够的流动资源，但正是由于私人组织中的大量流动性——产业和银行——我们需要在官方手中掌握更多资源以应对私人资本在国际流动中可能发起的攻击。如果我们能够成功消除缺乏国际清偿能力这个怪物，那么就更加肯定会把任何失衡的责任掷还给个别国家。这是一个经周密规划的政策，其确立不是为弱化而是为提高世界的金融责任。

正如我之前所说，西欧的工业国家及日本显示出极其强大的活力且只有非常微小的失业状况。同时，在这些国家内——也包括美国和加拿大——有很高的投资率。许多非工业国家也取得了很大进步。我们必须寻求建立使这些在许多方面来说非常有利的使发展能够持续的条件，并且我们必须提供对抗可能产生的倒退所带来的负担和压力。

40 多年间我目睹了大量的财富转移——我愿意相信我们正在为我们有能力面对的任何困难做适当的准备——我们在未来要遭遇的困难可能会很多。巴斯德（Pasteur）说，“好运偏爱有准备的头脑”。我认为好运也同样青睐有准备的制度和组织机构。我们的系统能够以多种方式得到加强，如通过在各个不同国家的行动或遵循实际方针采取国际措施。我相信，利用当前的机会为未来做好充分的准备符合我们所有人的利益。

国际货币基金组织与汇率政策*

奥特玛・埃明格尔（Otmar Emminger）**

人们当下频繁讨论国际货币会议，汇率必要的常规修正及其波动。这就提出一个问题：作为国际汇率关系官方监护人和裁判，国际货币基金组织（以下简称基金组织）在这个情况下适合扮演什么角色？基金组织诞生的首要目的是负责让汇率政策的理性游戏规则得到遵循，根据这个游戏规则，成员国须承担义务，寻求成员国之间汇率稳定以及有序的汇率关系，并避免纯粹为了竞争而贬值（《国际货币基金组织章程》第 3 篇第 1 条）。①

如果目前的这个汇率架构“错”了，基金组织现在有什么可能性来干预呢？通过签订货币基金协定，成员国在汇率政策方面需要承担何种义务？基金组织如何应对波动的汇率？

英美共同提议，把 1944 年布雷顿森林会议作为基金组织协定的基础，在汇率问题上为将来的基金组织确定了 4 个清楚且明确的原则（根据递交给布雷顿森林会议的美国政府说明文件引用）：

---

* 原文标题为 Internationaler Währungsfonds und Wechselkurspolitik. 出处为 Zeitschrift für das gesamte Kreditwesen，H. 18，1957，第 8 ~ 12 页。译者为中国社会科学院欧洲研究所助理研究员胡琨。

** 奥特玛・埃明格尔（Otmar Emminger，1911 ~ 1986），曾任职德国联邦银行前身德意志各邦银行（BdL），1977 ~ 1979 年任德国联邦银行行长。

① 然而，这个（与一些简单的描述相反）绝不是该国际机构的唯一或者只是最初目标。此外的同等目标还有自由的可兑换性（消除外汇壁垒和歧视，多边及自由的支付系统），以及通过国际收支贷款相互支持，以渡过临时的困境（章程第 4 篇第 1 条与第 5 篇）。

（1）不期望毫无根据地调整汇率，或者一国还拥有其他恢复国际收支平衡的手段时调整汇率。（2）不能长期维持和支持不能正确反映一国货币国际地位的汇率。（3）一国汇率的调整涉及他国的经济，因此只应根据他国建议实施。（4）一国对其本国货币汇率的关切优先，因此，除非得到其首肯，否则，不能调整其汇率。

1 国际货币基金组织没有动议权

不能违背一国意愿而调整其汇率。这是一个理所当然的原则，只要成员在为其货币汇率提供支持与辩护的国内经济与货币政策上拥有主权。这个原则在基金组织协定上以如下方式得到体现，即汇率只有可能在相关的成员国自身提议下方能被调整（第 5 篇第 4 条）。这意味着，动议通常须由成员提出，并进一步规定，基金组织绝不能正式建议一国调整其汇率以符合现状。然而，不排除非正式的咨询与建议，尤其是对目前汇率扭曲状况的调查和描述。对此，基金组织执行董事会前主席罗斯（Ivar Rooth）于 1955 年 5 月在圣加仑（St. Gallen）的一次演讲中说道："如果一国的经济形势变化导致一种货币的平价不对了，基金组织将对调整提供支持，以消除产生的结构性失衡。"

2 国际货币会议的问题

基金组织能主办正式讨论汇率关系的国际货币会议吗？先不管出于现实原因，就汇率调整召开一个公开会议的设想无论如何都几乎不可能会被严肃对待（除非国际汇率投机已经毫无束缚地被激起，以至于即使通过公开会议也无法再阻止），基金组织要想召开这样的会议，须事先获得全体成员国同意。至少站在基金组织的立场来看，违背哪怕个别主要成员国的意愿，这样的会议就毫无意义。众所周知，各国基本上都排斥就汇率问题举行这样或多或少公开的国际讨论。在这种情况下，我认为，基金组织在其年会或者其他公开活动中，将具体汇率问题写入日程，也几乎是不可能的。这个问题没有公开出现在基金组织今年的年会日程上，但这并不能阻碍在会上就世界经济国际收支失衡及其原因和后果进行一般讨论。当然，基金组织也不能就调整个别汇率提出具体的建议或决议。

3 国际货币基金组织原则下的国际合作

因此，如果不考虑稍后要涉及的特例，在汇率问题上基金组织表面比实际上要被动——这是承认主权以及一国对其本国汇率优先诉求的后果。但是，在前述的四个原则中不是明确地承认了在汇率问题上进行国际咨询和合作的必要性了吗？成员国有义务，在获得基金组织首肯下确定其初始平价，并且在任何一次汇率调整中须接受基金组织的咨询，如果汇率变化幅度超过初始平价的10%，还须得到基金组织的明确同意。实际上，那个时候人们相信，这些对于确保遵循上述四个原则来说已经足够。当在过去的十年中，十几次汇率调整按照基金组织这个咨询与批准的程序实施之后，可以确定，在汇率问题上一个满意的合作都没有实现。原因之一在于事务本身：因其固有特点，汇率调整不适合进行详细的多边讨论——除非人们容忍不受欢迎或者甚至危险的干扰，如同我们现在充分体验的一样。在通常情况下，汇率调整更须快速的决定，或者说，在夜间（或者最好的情况是在周末）进行，在这样短的时间里递交给基金组织并被讨论（自然，不排除之前严格保密的试探，这将成为规则）。

4 基金组织与不切实际的汇率之斗争

至今结果大多不理想的另一个原因是：虽然基金组织协定中规定的汇率调整批准程序可被用来阻止竞争性的过度贬值，却无法阻止成员长期坚持被高估的汇率。实际上，在布雷顿森林，人们相信（尽管开头引用的四个原则已经谈到了“不切实际的汇率”问题），如同30年代一样，主要的问题将是竞争性贬值，以“输出失业”。真正的问题却是，在战后持续的通货膨胀中被长期高估的货币。货币基金组织也在其工作中对这种不同的发展进行了分析（《1948年年度报告》，第22页：“目前情况实际上与成立基金组织时设想的完全相反……因此趋势是，维持汇率取代了贬值”）。根据协定条例的设计，如果对于消除结构性失衡是必需的，则允许汇率调整，并必须批准；因此，在这种情况下应调整汇率（《1949年年度报告》，第21页：“基金组织协定承认，在适当的情况下，汇率调整不仅能够，而且应该成为经济政策的工具”）。但是，对于不配合的国家，基金组织除了通过非正式的建议，没有任何可能让其贯彻其意图。

然而，在一定的形势下，当一国寻求贷款援助时，也就是说想“提取”基金时，基金组织为应对脱离现实的汇率，就要从强制存入的准备金中为其提供基金。对此，前述美国政府1944年的文件中提到：“如果基金组织不能强迫一国违背其意志接受某一个汇率或者调整汇率，那么基金组织无须向其提供资金，来支持基金组织认为不合适的汇率……基金组织不支持妨碍平衡恢复的汇率。”执行董事会现任主席杰科普森（Per Jacobsson）于今年4月在联合国经济与社会理事会的一次述职报告中立足于最早的四个原则阐述道：根据近年来修订的运行原则，一国只有提交一个均衡与有效的整顿计划，并且在这个计划中有希望在切合实际的汇率水平实现长期的币值稳定，才可考虑提取超过其份额50%的基金。在执行董事会提交给即将召开的理事会会议的《1957年年度报告》中，这个原则被再次明确提及和强调，也就是说，对于支持不切实际的汇率，（自动或者半自动的份额头寸权之外）没钱！事实上，这个原则在近年来几次针对成员国（尤其是南美洲）应用过，来促进调低其被高估的汇率，以符合其“真实价值”。

5 稳定对僵化

今天也还偶尔能听到，基金组织不计代价（包括牺牲国内或国际平衡）地拥护汇率不当的僵化。早在《1948年年度报告》（第22页等）中，基金组织就坚决予以反驳：“在任何时候这个观点都是不恰当的。基金组织协定很明确，根据关于汇率调控的条例，基金组织没有义务，以稳定的名义延续不再与经济真实面相符的汇率。”还有：“稳定意味着，如果必须的话，以正式的方式实施汇率的调整，以及杜绝纯粹由于竞争原因而进行的贬值……说不顾实际的经济形势而维持形式上的汇率稳定，是一句空话。”

6 波动的汇率

基于如此的现实状态，基金组织早在最初几年就宣称一些国家（如希腊、中国）自由浮动汇率的出现是不可避免的。在这些国家，国内形势导致对外币值稳定显得毫无希望。此外，在更多的情况下，在施行复杂的“多重”汇率体系的成员国，基金组织在暂时容忍一个或多个自由浮动汇率的情况下，致力于使这个体系简单化和统一（最近在智利、厄瓜多尔和哥伦比亚）。当然，在最近这些案例中，相关成员还正式与基金组织商定了稳定的平价汇率。

然而，基金组织对于完全自由浮动，并且没有确定其黄金平价的汇率的立场，受其章程约束。成员国与基金组织商定好平价汇率的成员，根据基金组织协定，只有可能在其向基金组织立即就新的平价汇率提出建议时，方可与旧的平价汇率脱钩（第 5 篇第 4 条）。此外，成员须负责，本国货币在其国内外汇市场上进行结算业务时，对外国货币的汇率只能在与基金组织约定的平价上下各 1% 的幅度内波动（第 3 篇第 4 条）。在许多其他规定中，基金组织都授予了一定的豁免权，但是对这两条规定却不允许有。基金组织不能正式批准完全自由的浮动汇率，以及相对平价汇率的波动幅度上下超过 1% 的浮动汇率。①

尽管存在这样的正式法律限制，但是基金组织还是找到了一个途径，可使得在特殊情况下，也能批准从固定平价汇率过渡到完全自由浮动汇率：自 1949 年以来是秘鲁，1950 年以来是加拿大，放弃了国际货币基金组织的平价，并实际上代之以一个没有官方限制浮动的，而实际上相当稳定的浮动汇率。数年之后，基金组织（正值秘鲁申请提款之际）甚至做出一个决定，得到基金组织实际同意而采用自由汇率的国家，可在符合其他前提条件的情况下在基金组织提款。

在加拿大的情况发生之际，执行董事会审查了基金组织对自由浮动汇率的立场，并从法律与程序的方面考虑得出以下结论（《1951 年年度报告》，第 40 页等）：

> 基金组织在面对偶尔出现过，并且将来也会出现的例外情况时，应持何种立场？根据协定条款，基金组织的各成员不能放弃其与基金组织商定的平价，除非其同时向基金组织提议新的平价。在上面提到的情况下，一国只能知会基金组织，其无法在基金组织规定的波动幅度内维持其汇率，因此暂时不能履行其根据第 4 条第 3 款和第 4b 款产生的义务。

① 似乎有一些悖论，即基金组织也从一开始就从正式法律上允许，在一个多边的汇率体系中同意自由浮动汇率，即使事实上几乎所有交易都是按自由浮动的汇率办理的。

一国得出结论，其不但无法维持当前的平价，也不能立即就新的平价提出建议，在这个情况下，基金组织可进行调查，如果得出结论，认为成员国的理由充分，则可确定这个情况，哪怕其不可批准这样的行动。基金组织须强调，放弃约定的平价或者在时间上延后提议新的平价，须是暂时的，并且，对于成员来说，在这个过渡期，基于其汇率规定与基金组织保持紧密联系，并且尝试尽快与基金组织就新的平价达成共识，是迫切的。无须其他措施，只要基金组织认为，相关成员国实施的措施理由充分。然而，如基金组织在任何时候得出结论，认为成员国的措施已不再合理，则其有义务告知并且决定，根据国际货币基金组织协定哪些措施是必要和可取的。

7 波动幅度的扩大

因此，在可能发生的就扩大成员受限制的汇率波动幅度的申请中，基金组织也须应用此程序。在这个情况下应注意到，即使《欧洲货币协定》生效，也绝不意味着，在幅度超过1%时就不需与基金组织交换意见。众所周知，《欧洲货币协定》是在1955年夏天由欧洲经济合作组织国家（OECD）为从欧洲支付联盟过渡到正式的美元可兑换体系做准备而签订的。虽然，与欧洲支付同盟协定相比，应用一个更大的波动幅度（或者完全自由浮动的汇率）在技术上更简单，但是却放任各个国家决定，是否或可能的话在多大程度上让其货币兑美元的汇率相比现在进行更大的浮动。对此，尚没有提供一个统一的多边规定。这样一个规定的实现甚至是极不可能的，因为各个国家的意见与利益在汇率体系问题上非常不同，并随着时间发展会有巨大的波动（参见英国官方立场从1954～1955年的鼓吹更大的波动幅度到今天完全拒绝）。即使通过《欧洲货币协定》，各个国家在这个问题上的决定也无法预料，因此协定在其前言中明确指出：“所有签约国的意图是，尽可能窄地并稳定地维持其货币汇率波动不能超过的界限”，欧洲经济合作组织理事会在与欧洲货币协定一起通过的决议中再次强调了基金会组织协定的目的与义务。

还须指出的是，在早期的所有讨论中（特别是《欧洲货币协定》签订之前的讨论，但也包括在基金组织框架下进行的技术讨论），波幅的扩大从没有被作为适时的升值或贬值，或者朝这个目标绕行的隐形替代品。如此的波幅扩大——如增至2%或3%——一直更多只是作为针对跨境资本投机的更佳防护，并因此作为降低相关国家外汇储备金波动的手段而被宣扬和讨论。

8 基金组织关于自由浮动汇率的表述

当其成员就背离国际货币基金协定中确定的原则而寻求其实际批准时，基金组织根据什么标准来判断？对此，基金组织自己表示（《1951 年年度报告》第 39 页）：“当然，存在这样的情况和例外，即一国认为，其在一定的时间内无法维持平价，或者其极不情愿准备接受关于特定汇率的决定带来的风险，特别当认为存在相当大的不确定因素时。”

在这个意义上，基金组织也作出了决定，当加拿大在 1950 年 9 月从固定平价过渡到自由浮动汇率时：“基金组织认识到导致加拿大采取行动的形势困境，并且注意到，加拿大政府致力于保持与基金组织交换意见，并且只要形势允许就会恢复固定平价。”

除对“正确”汇率的极度不确定这个理由之外，还有第二个可能的标准。如不履行汇率政策的正式义务越有利于实现基金组织其他目标，例如统一之前离散的汇率体系，消除汇率壁垒以及实现货币可兑换性，就更容易得到基金组织的接受或批准。因此，自由浮动的汇率或者更大的波动幅度也许不会被基金组织反对，如果形势是如此不确定，以至于不能立即确定一国的新汇率，或者通过与固定（通常因为各种情况早已不真实的）平价脱钩和过渡到临时自由浮动的汇率可促进基金组织其他目标的实现。

但是值得注意的是，基金组织即使在这些情况下，也不能正式明确和永久地接受对国际货币基金组织协定原则的背离，而是只能作为过渡到新的、稳定的汇率均衡体系的临时措施。

9 自由浮动汇率作为常规体系

上面陈述涉及基金组织对个别国家汇率措施的立场，这些措施源于特殊情况，并且基于特殊理由（并暂时）是合理的。但是，如何面对这样一个根本与普遍的问题：固定还是自由浮动的汇率？对此，受加拿大的案例以及由此引起的国际讨论推动，基金组织在其《1951 年年度报告》（第 36 页等）中进行了详细阐述。最重要的理由在下面给出，因为其至今没有丧失分量（不过其间兴许被进一步的经验与认识所补充）：

> （固定平价）体系并不仅仅因为其包含在国际货币基金协定中就被认为是好的。而应正确地说，是因为其体现了世界及经济在一个较长时期的经验成果，才被写入国际货币基金组织协定。没人会否认，维持现有的汇率有时会非常困难，确切地说，不是通过相关国家的国内经济政策，就是通过施加于该国的外部经济影响。尽管如此，一个引人注目的事实是，维持稳定的汇率一直都是所有国家不变的目标。即使那些实施浮动汇率政策的国家，一般说来，实际上在较长时期都让其汇率在一个小的范围内保持稳定。
>
> 那些鼓吹这样一个体系，即在这个体系中汇率应体现其“自然”的水平，并因此放任市场确定可稳定的汇率者，不过是尝试为一个非常复杂的问题给出一个简单的解决方案。一个货币，其汇率的“自然”平衡是不存在的。正确的汇率在任何情况下都取决于相关国家及与其有经济关系的国家之经济、财政和货币政策。如果一国的经济要适合当下的汇率，则须给予商品与服务的生产者、销售者以及购买者以时间，以让其适应这个汇率产生的新的成本关系。这意味着，短期看来，汇率的变化并不是，或仅仅是非常不充分的根本经济关系的标准。但是，这也意味着，当下的汇率是否“正确”这个问题，只可能在有足够的时间跨度下才能回答。在这个时间跨度下，才有可能对作为汇率调整反应的国际收支发展进行分析。除此之外，以前与浮动汇率相关的经验表明，大幅的汇率波动由大规模的投机资本流动所引起。因此，各国倾向于为把投机狂潮限制在最低限度而实施汇率调整。此外，值得注意的是，支持浮动汇率的理由普遍受以下假设影响，即主要货币作为浮动汇率的参考点保持稳定。
>
> 当相关国家由于国外或国内影响导致国际收支结构性变化出现时，汇率就变得不正确了，因此须适应新的形势。国际货币基金协定的条款有足够多的操作空间，来允许平价必要和合理的修正；当这样的调整按照协定中规定的程序进行时，所有国际贸易参与者的利益都会得到适当的考虑。在当前的形势下，有必要在基金组织中体现、扩展和改善，而不是损害国际合作的努力。通过建立基金组织，成员国认识到，任何国

家对于其他所有国家都负有责任，只有通过合作才有可能减少经济民族主义的弊端和保证繁荣的世界贸易的红利。

基于罗列的理由，浮动汇率体系并不是国际货币基金平价体系的合格替代选项。当然，存在这样的情况和例外，即一国认为，其在一定的时间内无法维持平价，或者极不情愿准备接受关于特定汇率的决定带来的风险，特别是当认为存在相当大的不确定因素时。但是在这种情况下，基金组织成员须认识到，当一国基于这个考虑而让其汇率自由浮动时，基金组织其他成员也会被波及。对于在国际贸易中位置相对不重要的国家来说，与其期望获得的经济红利相比，这样的考量可能并不重要。但是，这样的行动对于其他国家的期望产生的心理作用风险却总是存在，这些国家可能会被迫遵循同样的路径。在一个于国际贸易中占据领先地位的国家中（特别是如果其货币还是主要货币之一的话），分析这样的形势，则相对于其自身经济因此取得的成功，对其他国家的影响可能要重要得多。最后，如果许多货币的汇率可自由浮动，那么复杂的问题就会在所有国家出现，并会轻易发展成混乱的形势。

即使基金组织在进一步的发展中更加灵活地应对例外情况，还是可以认为，在基金组织，即其大多数成员国的基本立场中，对于上面引用的陈述不会做大的修改。也将仍然有一些国家，并不视基金组织协定的主要原则（尽可能稳定的汇率和尽可能广泛的货币可兑换性）为可取的最终目标。

升值讨论*

莱莫尔·卡尔斯滕斯（Reimer Carstens）**

1 引言

1.1 问题

1951~1961 年的 10 年间，德国与国外进行货物与服务贸易实现了约 500 亿马克的顺差。这个顺差一部分留在国内，导致联邦银行的黄金与外汇储备十年间就增加到约 300 亿马克（见表 2）。因此，自 1954 年以来，在联邦德国，人们先为外汇储备的增长而欢欣鼓舞，之后越来越为国际收支的发展担心。因国际收支赤字，1950 年还在讨论德国马克的贬值，4 年以后却开始讨论升值，并在 1957~1961 年达到高潮。门外汉和专家、实干家与理论家都参与了这场争论。通常看起来，好像鼓吹调整汇率的立场占据优势。然而，联邦政府和联邦银行定期重复申明反对升值，看起来德国马克的平价会一直维持到 1961 年 3 月 6 日的升值前。

本文尝试就 1961 年之前的货币政策争议经过进行系统的分析。埃明格尔（Emminger）① 于 1960 年秋，在联邦银行就通过扩大资本输出来实现国

---

* 本文为同名文章节选，原文出自 Reimer Carstens（1963）：Die Aufwertungsdebatte. Kieler Studien 63. Forschungsberichte des Institutes für Weltwirtschaft an der Universität Kiel. Tübingen. 译者为中国社会科学院欧洲研究所助理研究员胡琨。

** 莱莫尔·卡尔斯滕斯（Reimar Carstens），德国基尔经济研究所（IWK），德国经济“五贤人”委员会成员。

① O. Emminger, Die Herrschaft der Schlagworte in der jüngsten Währungspolitischen Diskussion.（Kieler Vorträge, N. F., 17）Kiel 1961，第 3 页。

际收支平衡的决定做出之后，表达的不值得“让整个关于升值还是不升值的讨论再次复活（这实在是一个讽刺）”的观点，在数月之后就被证明是错误的。关于货币政策的讨论从未终止。对于当下及未来，对最近的了解总是值得的。“当时的意见交锋”即使在1963年也不能被视为“过时的”。①

1.2 货币政策的任务

因为20世纪30年代金本位的崩溃和世界经济危机，产生了货币政策普遍的方向调整。在金本位时代，货币政策的核心任务就是保证汇率稳定。这可以通过确定货币单位的含金量，加上黄金的自由输出入来实现，对于价格与就业水平的波动影响则不被考虑。货币政策是明确的国际收支导向。

根据金本位的任务，“形成国民经济均衡”② 通常被称为货币政策的目标。因此就是说，应同时致力于充分就业、稳定的货币和平衡的国际收支。在这种情况下，还经常提到确保国民经济增长和公平的收入分配的重要意义。③

对于谁来为德国货币对内和对外的价值承担责任这个问题，人们在讨论德国《联邦银行法》时进行了深入的探讨。④ 最后，在《联邦银行法》第3条相当普通的一句话中把这个任务安排给了中央银行。⑤

“根据这部法律，联邦银行有权力借助货币政策权限规定经济中的货币流通与贷款供应，以保护货币，并且负责国内外银行间的收支业务。”因为委员会认为，对货币的负责不能完全由中央银行承担，故放弃确保货币购买力的明确义务。人们认为，这是联邦银行、联邦政府、立法机关及社会力量的共同任务。但是因为《联邦银行法》不适合从法律上确定政府和社会力

---

① E. Achterberg, Entgegen der herrschenden Meinung. Frankfurter Allgemeine Zeitung vom 2. Januar 1963.

② M. Rudin, Das Dilemma der autonomen Währungspolitik. Eine Studie der gegenwärtigen Währungssituation der Bundesrepublik Westdeutschland (Vereinigung für gesunde Währung Währungspolitische Aufsätze und Dokumente, No. 160) Zürich 1957. (Hektogr.)，第3页。

③ 参见 A. Jacobs, Die Allgemeinen Aufgaben der Währungspolitik. Vortrag gehalten am 9. Oktober 1957 anläβlich der Eröffnung des Auβenhandelsseminars im 3. Trimester 1957 des Kaufmännischen Verein “Union von 1801” in Bremen. (Hektogr)。Jacobs 就此认为，例如货币政策是经济政策中最具全球性的表达，因为经济生活的方方面面全部无差别地被涵盖。

④ 参见 Bericht des Abgeordneten Scharnberg der seinerzeit Vorsitzender des Ausschusses für Geld und Kredit war. Verhandlungen des Deutschen Bundestages, 2. Wahlperiode, Anlagen zu den stenographischen Berichten, Bd. 53 (1953), Drucksache 3603。

⑤ Gesetz über die Deutsche Bundesbank, Geschäftsbericht der Deutschen Bundesbank (im folgenden zitiert: Geschäftsbericht), 1957, Anlage 7，第121页（Hervorhebung von mir.）。

量的责任，因此人们认为，保护货币的普通表达（《联邦银行法》第 3 条）已足够，但缺乏“对内”货币保护的特别凸显。

同时被删去的还有在法律草案中仍包含的“对外”一词。[①] 这个修饰语被删去，是因为对外价值的确定由国际货币基金协定的批准书规定，这一权限掌握在联邦政府手中。联邦银行仅仅只是通过与联邦政府的行政协定（联邦银行行长为德国在国际货币基金组织的负责人）参与到汇率的确定与商讨中。

1.3 结论一

战后联邦德国经济发展的特征是国民生产总值的迅速增长（见表 1）。国民生产总值的各个组成部分——私人……（与）国家消费、总投资和国际收支结余——对这个增长过程的影响在各个时期都不同。[②]

表 1 1950～1961 年的联邦德国[a] 国民生产净产值[*]

年份	国民生产净产值				
	当年价格			1954 年不变价格	
	市场价格		要素成本	市场价格	
	十亿马克	1950 = 100	十亿马克		1950 = 100
1950	87.1	100	74.5	100.9	100
1951	106.7	122	90.3	112.6	112
1952	122.3	140	102.2	122.7	122
1953	132.1	152	110.6	132.5	131
1954	142.8	164	119.7	142.8	142
1955	163.5	188	137.5	160.1	159
1956	179.9	206	152.1	171.1	169
1957	195.3	224	165.8	180.1	178
1958	208.6	238	177.5	185.3	183
1959	227.1	257	192.2	198.2	194
1960[b]	254.7	291	216.4	215.6	214
1960[b,c]	259	298	220.2	219.1	217
1961[b,c]	284.1	326	240.8	230.2	228

注：a 不含萨尔州与柏林。b 临时结果。c 含萨尔州。

*出自“Wirtschaft und Statistik”，Stuttgart u. Mainz，N. F.，Jg. 12（1960），p. 139. – Statistisches Jahrbuch für die Bundesrepublik Deutschland，Stuttgart u. Mainz（im folgenden zitiert：Statistisches Jahrbuch），1961，第 544 页；1962，第 564 页。

---

① 参见 Rudin，a. a. O.，第 3 页。

② Schneider，Aspekte，a. a. O.，第 200，215 页。

国际收支结余的变化特别重要。战后初期，联邦德国国际收支还是显示赤字，这种状况持续到1950年，并在1949年达到高峰。从1950年开始，赤字开始缩减，并在1951年首次出现了盈余，直到1961年从未中断。国际收支出现盈余的关键是1957以来“贸易条件”的改善和货物商品贸易的发展，同时值得注意的是盟军部队支出的增加，这也反映在经常项目收支上。货物贸易顺差和向盟军部队提供的服务在1951～1960年总是远超服务收支（不含为盟军部队提供的服务）赤字，以至于每年在经常项目总收支中出现大量盈余。1958年经常项目收支盈余以约88亿德国马克达到了其迄今为止的最高水平。

表2　1950～1961年对外国[a]、西柏林、德国苏军占领区及东柏林的商品与服务销售额*

单位：百万德国马克

年份	销售额					
	当年价格			1954年不变价格		
	出口	进口	结余	出口	进口	结余
1950	11880	13055	-1175	14310	13296	1014
1951	19380	17109	2271	19192	14107	5085
1952	23140	19720	3420	22082	17498	4584
1953	26337	20878	5459	25922	20574	5348
1954	31766	26477	5289	31766	26477	5289
1955	37391	33208	4183	37130	32565	4565
1956	44705	38092	6613	43162	36617	6545
1957	53113	44393	8720	50087	42107	7980
1958	55289	46447	8842	52345	46463	5882
1959	61841	53384	8457	59497	55114	4383
1960[b]	70767	62772	7995	67293	64739	2554
1961[b]	74390	67090	7300	70080	70460	-380

注：a至1959年萨尔州也被计入外国。b临时结果。

*出自Statistisches Jahrbuch，1960，第551页；1962，第576页。

外汇汇率对于联邦德国外贸如此成功的复兴并没有产生特别积极的影响。首先，盟军在汇率事务上仍然保留了所有的决定权。[①] 因此1945年把

① 所有的汇率指示都以美元为基础。

汇率确定为10德国马克兑1美元。到货币改革前，就各个货币集团形成了一个多样化的汇率体系，通过这个体系对配额确定的收入与货物进行结算。在货币改革的过程中，汇率统一为3.33德国马克。这个汇率大概符合购买力平价。[①]

因为1949年9月19日英镑的贬值，对于联邦德国来说（如上面显示的），新的形势出现了。两天后，人们没有让马克贬值30.5%，而是20.6%，新的汇率为4.2。这个汇率被长期指责，并且，人们认为，我们的货币须更大幅度的贬值。然而朝鲜战争爆发之后却表明，“德国马克的新汇率是由幸运之手选定的”。[②] 于是，这个汇率一直保持到1961年3月。仅仅有两次背离了这一汇率。值得注意的是，一次涉及对巴西克鲁塞罗升值，另一次是对美元贬值。

相对于美元，首先松开了外汇管制。通过贬值，预期的国内对美元的更多需求被遏制。具体来说，设立了相当于出口商赚取的美元之40%的可自由贸易的进口权。如此才能进口那些原本不能放开的商品，但是只能以较低的汇率。通过缴纳约8%的贴水，进口商获得进口权以及因此必要的美元。这就导致了德国马克的部分贬值，因为出口商赚取更多。而同时，相对于官方汇率，进口商须多支付因此产生的相应贴水。但因为这个尝试对国际收支的较小影响，加之其他国家指责存在歧视，不久就放弃了。

1952年9月对巴西的汇率放开也同样意义不大。在巴西出现了“过度工业化、官僚化、通货膨胀和福利国家，导致了工作效率下降、农村人口流失、商品短缺、高额生产成本及出口减少”。当地由于物价飞涨和收入上涨产生了强劲的进口需求，导致德国结算额度超过了约定的摆动幅度1350万美元的7倍。于是，德意志各邦银行决定，不再按官方汇率接受克鲁塞罗，而是让自由市场定价。巴西出口商须向德国进口商出让利润。这仅导致了10%～12%的升值，因此出口商的马克利润减少，同时进口商则少支付相应的款项。即使德国货币相对巴西这样部分升值，从巴西的进口也没有增加，德国的外汇盈余因为出口的抑制而有所减少。

从这些不太成功的尝试出发，坚持现有的汇率成为联邦德国经济政策的信条。所以，关于马克升值的意见和建议总是被固执地反对。“联邦政府和

---

① Jacob, Gutachten, a. a. O., 第51页及续页。

② Wallich, a. a. O., 第240页。

联邦银行在联邦总理明确的同意之下宣布，关于德国马克升值的传言与猜测缺乏任何基础。人们记得，在1957年曾流传过一次类似的谣言，并被坚决的拒绝所击碎。”① 这个宣言通过联邦总理阿登纳（Adenauer）在科隆的“赖夫艾森大会”上的发言被强调②：“任何形式的马克升值都不被考虑，任何对此进行投机者都将失败。”联邦银行行长布莱辛（Blessing）表达了同样的意思③：“参照联邦政府和联邦银行1960年6月19日经过深思熟虑的宣言就已经足够，根据这个宣言，联邦政府和联邦银行会如1957年一样，在拒绝汇率调整上取得一致。这个宣言是明确的……我们在国际上应致力于在稳定汇率基础上货币政策、经济政策与财政政策的协调，如以前金本位时期一样，而不是为了其他目标调整汇率。对于我们紧要的是稳定，对外和对内的稳定。”

实际上，1951年以来，预算盈余政策与同样有紧缩效应的中央银行政策交替确保，在国民收入增长时期以及不断充分利用现有资源实现充分就业之前，价格水平相对外国发展保持相对稳定。如中央银行外汇储备的增加所表明，为了这个国内经济目标，国际收支平衡被完全牺牲了。这个政策首先引发了被外国指责为不良的债权人政策的螺旋过程，在这个过程中，人为压低的价格与收入增长导致联邦德国成为出口顺差国，而出口盈余又需要必要的对冲措施，以保证国内货币稳定。

1.4 结论二

概括说来，毫无疑问，德国经常项目和外汇收支盈余是由大量不同且相互之间常有关联的原因所导致。

然而，10年过去了，我们的盈余也许只是一个暂时的现象，对此我们不需有所行动，这样一个总是被反复提及的理由变得不再让人信服。这个强

① 《联邦政府新闻与信息署公报》，Bonn，1960，Nr. 111，Wieder abgedr. In：Deutsche Bundesbank，“Auszüge aus Presseartikeln”，Frankfurt am Main（im folgenden zitiert：“Auszüge aus Presseartikeln”），1960，Nr. 56，第1页。

② 《联邦政府新闻与信息署公报》，Bonn，1960，Nr. 111，Wieder abgedr. In：Deutsche Bundesbank，“Auszüge aus Presseartikeln”，Frankfurt am Main（im folgenden zitiert：“Auszüge aus Presseartikeln”），1960，Nr. 58，第1页。

③ 《联邦政府新闻与信息署公报》，Bonn，1960，Nr. 111，Wieder abgedr. In：Deutsche Bundesbank，“Auszüge aus Presseartikeln”，Frankfurt am Main（im folgenden zitiert：“Auszüge aus Presseartikeln”），1960，Nr. 57，第4页。

调外贸顺差暂时性、不确定性，或许甚至是偶然性特征的观点的追随者宣称，作为外汇盈余实际原因的国际收支盈余绝不是结构性的或者说由于其他理由不是长期的，因此，如这些被证明是不合适的，对此采取不可或很难逆转的根本措施则是完全错误的。为支持这个论断，对于外汇盈余出现的原因，以下理由被采用。

（1）外汇盈余的几乎一半来源于军队支付的美元。这个政治原因导致的收入必然不是永远的，是最大的不确定因素之一。如果突然停止了，则立即需要其他的商业盈余。我们如果着手从长远来看促进进口，但当进口减少，将是最致命的。

（2）贸易条件的发展突然逆转，也是同样的。如果贸易条件的发展不再利于德国，那么预计结余将会立即大幅减少。

（3）随着联邦国防军的组建，联邦德国工业也将慢慢承接军事装备订单。因此，其工业在外国市场上的竞争力可能也会很快降低。

（4）对于德国出口来说，严重的后果是世界范围内随时可能出现的经济衰退。主要由制成品构成的出口就会明显比我们必须依赖的，由原材料和食品构成的进口受到更大的影响。这个对出口和进口产生影响的不同严重程度可能会引发经常项目收支盈余的下滑，在最严重的情况下甚至会导致赤字。

因此，考虑到我们在赔偿、债务和重建德国几乎完全失去的外国资产方面巨大的外汇需求，针对目前产生积累的外汇盈余有所行动是最不明智的。当然，这并不是说，面对国内的物价上涨趋势无动于衷。

与这个关于我们外汇盈余“偶然性”特征的观点相反的意见则强调我们外贸形势的长期与结构性因素。这个群体的最重要理由如下。

（1）发展中国家的工业化努力是一个长期的过程，这个过程会产生对工业国资本货物的不断需求。在将来，联邦德国正好可以从中获益。[①]

（2）对通货膨胀趋势的抑制在外国大多低于德国。因此须考虑，在联邦德国，如同战后以及未来也一样的温和通货膨胀将导致与国外相比更微小的货币贬值。

（3）进口的增加相对滞后于出口的增长这个情况短期内发生改变，是不可预期的。

（4）只要所有债务偿清，那么，外汇将不可再通过这个阀门流入国外。

① 总出口的约30%为资本货物（机械与电子产品）。

因此，我们外汇形势未来的发展取决于各个决定性因素的分量，最经常被提及的就是上面列出的。就采用的应对措施做出的决定，取决于对其是暂时还是长期现象的判断。如果是长期的外汇盈余，则须做出有持续影响的根本性决定与措施安排，而如果是暂时的外汇盈余，则减少不良的副作用就已足够。

长期以来，官方的经济与货币政策局限于利用各种手段来与外汇盈余引起的通货膨胀影响做斗争，① 最后直到约 10 年之后，认为存在结构性失衡的观点才逐渐深入人心，并最终进行了升值。

1.5 结论三

概括至此涉及的理由，则升值引发的国际收支正常反应导致：

（1）过热的国内经济形势会被抑制；

（2）与温和通胀的斗争会简单；

（3）劳动力市场压力会减轻；

（4）外贸劳动生产率提高；

（5）国内供应形势得到改善；

（6）黄金与外汇流入被阻碍；

（7）国家财富增加；

（8）在外国看来，德国不再富裕；

（9）资本市场的整顿会简单；

（10）外国货币的地位得到改善。

然而，不得不提的是，升值不仅能以确定一个新平价的方式，也可以通过过渡到浮动汇率的形式来实现。

在自由浮动汇率下，长期的国际收支失衡可能从不会出现，因为汇率可随时适应外汇市场上变化的供求关系。对于联邦银行来说，则不须再承担义务，通过购买当下产生的外汇来增大货币供应量。德国马克的汇率则总是会变化，以使得国际收支平衡自动实现。输入性通胀的风险因此可永远被排除。

因此，在就德国盈余和国际货币政策的讨论中，这个理论上可令人信服

① 参见 Y. Hoose, Aufwertung-pro und contra. “Zeitschrift für das gesamte Kreditwesen”, Jg. 10 (1957)，第 462 页。

的最终解决国际货币问题（国际收支失衡和国际流动性的匮乏）的想法总是不断浮现。[①] 在一些赞同马克升值者看来，毫无疑问，过渡到浮动汇率实际上好过确定一个新平价。例如，鲁兹（Lutz）[②] 认为："如果我必须二选一，则出于大量理由会优先考虑浮动汇率的方法。"在另一个场合鲁兹就升值详细地讲道[③]："就汇率来说，政府通过马克升值原则上确定物价稳定优先于汇率稳定，对此我完全同意。这个措施是否足够有力，我现在不想评论，而且也还太早。我个人的观点甚至是更进一步（我始终持这个观点），即相对突然的贬值或者在目前情况下的升值，更偏爱浮动汇率，这个汇率在任何情况下都在一定的幅度内自由波动。德国政府在今年3月份承认币值优先于保持汇率稳定，我目前只涉及这个原则。"

这里不就浮动汇率的赞成和反对进行商讨。在此仅是确定，在学术讨论中汇率放开的想法似乎越来越有土壤。[④] 同时，在实际中，[⑤] 作为最终就引入自由浮动汇率进行决策的政府与中央银行行长们，[⑥] 则认为这个想法不现实，始终都持反对态度。因此，在近期不考虑替换布雷顿森林货币体系。

由于种种原因，升值反对者的表态并不是不可思议的；汇率调整"远不止意味着无声旋转某个货币技术螺丝"。[⑦] 整个经济部门的价格与赢利形势都会被决定性地影响。因此罗珀可（Röpke）认为，一些利益集团的抗拒颇可以理解，通过"对通胀的这种特殊形式的必要斗争，一个重要的、敏感的并且精心组织的集团利益，即出口工业和所有其他得益于高通胀经济的

---

① 参见 H. Lipfert，Der Wechselkurs-vom Standpunkt des Devisenhandels. "Zeitschrift für das gesamte Kreditwesen"，Jg. 10（1957），p. 598。-L. Blum，Zahlungsbilanzüberschüsse als Wechselkurs-Problem. 同上，第421页。

② Lutz，Das Problem，a. a. O.，第80页。

③ Lutz，Vorrang des Geldwertes，a. a. O.，第58页。

④ 参见 E. Sohmen，Fexible Exchange Rates. Theory und Controversy. Chicago，III.，1961. – I. E. Meade，The Future of International Trade and Payments. "The Three Banks Review" Edinburgh，London and Manchester，1961，No. 50，第15页及续页。– Hahn，Autonome Konjunktur-Politik，a. a. O.，第93页及续页。– M. Friedman The Case for Flexible Exchange Rates. In：Essays in Positive Economics. Chicago 1953. 第157页及续页。– F. Machlup，Die Pläne zur Reform des Internationalen Geldwesens.（Kieler Vorträge，N. F. 23）Kiel 1962，特别参见第55页及续页。

⑤ 参见 H. Möller，Flexible Wechselkurse-ein unrealistisches Rezept. "Der Volkswirt"，Jg. 15（1961），第1354页。

⑥ 参见同上第15；24页。美国财政部副部长罗萨（V. Roosa）描述自由浮动汇率的要求为"人们永远的玩具，而不需要为实际的货币政策负责。""Frankfurter Allgemeine Zeitung"，vom 31，Juli 1963。

⑦ Emminger，Die Herrschaft der Schlagworte，a. a. O.，第19页。

利益相关者的利益被损害了”。[1]

在第一组理由中，升值的反对者就反对升值提出了根本性的意见。[2]

背后的信念多半是，货币根本就不应被操控。因此人们认为，货币的对外价值在任何情况下须保持。联邦银行把汇率描述为“神圣不可侵犯之物”。[3]作为升值最热情的鼓吹者之一的罗珀可（Röpke）自己也把汇率调整描述为一个“不寻常，并且让任何正直的中央银行行长不快的武器”。[4] 对汇率调整的厌恶应该是金本位时代的历史遗迹。当时，各国的平衡只能通过价格与收入来实现。在随后的外汇管制与进口限制时代，汇率须总是保持这个习惯的想法被更加强化。直至今天，在这个特别对于外贸来说自由主义理念越来越得到认同的时代，“必须始终如此”的感受仍顽强地被保持下来。因此，埃明格尔[5]认为：“至少对于对世界经济有影响力的国家来说，汇率调整（或者汇率放开），不管从纯理论上来说被认为是好或者较差，不属于货币政策的普通工具；其更应是货币政策宝库中的无奈之举。”

持不同观点的理论家则把汇率调整赞美为提高价格最简单、最有效和最顺利的形式。[6] 实际上很难理解，为何恰恰汇率政策作为调整手段原则上应被放弃。“像资本市场极低的利率一样，德国马克的汇率是一个经济政策信条，是因为信条本身的缘故而被维护的”。[7]

当外汇储备的增长速度有一些减少，或者某个月或某一年外汇储备竟然减少时，也总是让升值反对者振奋。于是人们通常很快谈论国际收支发展的转向[8]并且相信猜想最终会被确认，即德国国际收支失衡只不过是或多或少偶然和暂时的现象。

---

① Röpke, D-Mark und Dollar, a. a. O.

② 重要的反对升值的理由汇总见 H. J. Abs, Der Wechselkurs, Kein Feld für Experimente. “Frankfurter Allgemeine Zeitung”, von 11. Juni 1960；《德意志报》中 87 篇反对升值的文章汇总见 H. Hellwig, Die Aufwertung der Deutschen Mark, Das umstrittene Experiment, Köln u. Stuttgart 1961。

③ Änderung des Wechselkurses der DM. “Monatsberichte”, Jg. 13 (1961), Nr. 3, 第 3 页。

④ Röpke, D-Mark und Dollar, a. a. O.

⑤ Emminger, Die Herrschaft der Schlagworte, a. a. O., 第 20 页。

⑥ R. Sannwald, J. Stohler, Wirtschaftliche Integration. Theoretische Voraussetzungen und Folgen eines europäischen Zusammenschlusses. Mit einem Geleitw. Von A. Coppe hrsg. Von H. W. Zimmermann (Veröffentlichungen der List Gesellschaft, Bd. 8). Basel u. Tübingen 1958, 第 153 页。

⑦ Deutscher Sparkasse-und Giroverband. “Frankfurter Allgemeine Zeitung”, vom 12. Mai 1960.

⑧ 参见 Der Wandel der Zahlungsbilanzsituation. “Monatsberichte”, 1959, Nr. 8, 第 3 页及续页。

在第二组理由中，升值反对者研究升值导致的可能以及一定可预料的不良副作用。一些人最终相信，须反对升值，因为存在更好的手段来改善德国国际收支平衡。所以我们最后一组理由是所谓替代解决方案。

2 反对升值的根本性意见

2.1 对储户的重要性

阿布斯（Abs）就反对升值提出一个有趣的理由。[①] “德国储户从马克升值中无法受益，除非人们从德国人有可能以其储蓄行为为代价而相比现在更便宜的出国旅游（节省的费用取决于德国马克升值的程度）的机会中看到可取的目标。”但是现在，如同我们所见到的一样，为了保持货币的对内价值，就应该实施升值，这对于储户来说有最重要意义。人们甚至可以说，1961 年的升值表明了经济政策目标排序的调整。货币对内价值的稳定明显被认为比其对外价值更重要。而之前绝不是这样。为追求国际收支平衡，人们完全忍受货币对内的持续贬值。在 1960 年秋还把扩大资本输出确定为货币政策的方向。不顾国内的高通胀，1960 年 11 月 10 日降低了再贴现率。这个政策随着升值而放弃。人们现在认为，保护储户比永远稳定的汇率更重要。人们显然记得，“根据法律，屈服于通货膨胀就是犯罪”。[②]

因此，储户是少数几个能从升值中直接获益的“利益集团”之一。这也特别清楚地显示出对升值的反应。[③] 因此，德国储户保护协会顾问委员会主席弗里兹·布奇考（Fritz Butschkau）博士在马克升值之际向联邦总理、联邦经济部长艾哈德（Erhard）、联邦财政部长艾策尔（Etzel）以及联邦银行行长布莱辛发送了一份电报称：“以全体储户的名义表示感谢和祝福！”公立信贷机构协会则表达了同样的意思，赞扬早就该进行的升值为“未来保证货币稳定的关键前提条件”。

在储蓄行为与出国旅游之间建立联系，也是非常不寻常的。人们假设，

---

① Abs, Der Wechselkurs, a. a. O.

② Röpke, D-Mark und Dollar, a. a. O.

③ 参见“Dank und Glückwunsch aller Sparer!”“Auszüge aus Presseartikeln”, 1961, Nr. 20, p. 3。- Im Interesse der Sparer. 同上。- Wirksame Hilfe für den deutschen Sparer. 同上。

一个家庭把他们可支配的收入用于消费与储蓄，那么这是完全正确的，即出国旅游增加的支出在当前的收入下只能以储蓄为代价。[①] 但是，因为德国人——如阿布斯所正确察觉的——“德国人相比现在能更便宜的出国旅游（节省的费用取决于德国马克升值的程度）”，在这个视角下可获得最大利益，而不是导致增加储蓄行为的负担，因为同样的旅行在升值后比以前需要更少的马克数额；差额可以额外被储蓄起来。

概括说来，我们得出结论，阿布斯反对升值的理由，即“德国储户从马克升值中无法受益”是站不住脚的，因为第一，至少部分阻止了以前的存款贬值，以及第二，由于出国旅游更加便宜可导致“储蓄行为”增加。

3 升值的不良副作用

3.1 对德国国内价格水平的影响

在第二组理由中，升值的各个不良副作用被描述为不可忍受的，人们因此拒绝汇率调整。因此，例如阿布斯对于以下问题，即是否可以假设，“升值将禁止对货币政策产生危险的工资与收入要求及过高价格的形成”，[②] 没有给出基于理论考虑而预期的正面答复。他更多是认为，[③] “根据国际经验，在我看来（价格水平的稳定）是完全不可能的。出口利润的削减和亏损可能会导致德国经济在国内销售中对价格形成的立场非常僵化。只要市场允许，就须考虑提高价格，或者停止本会进行的降价”。因此阿布斯相信，通过升值不会产生价格下降趋势，而是完全相反，会引发价格上涨，因为德国企业要通过国内业务的利润增加（通过提价）来弥补其国外业务的损失。博登（Boden）也表示了同样的意思，他认为，在广泛的领域——特别是工资和农产品价格——是政策上禁止降低的。“其他领域——整个依赖于出口的工业——将由于德国马克的升值而在实际上导致成本增加。此外，还有进一步增加成本的因素，即经济运行中的紊乱以及如此升值措施必然引起的持续不确定。与此相反，在我们看来，总的来说，降低价格的

① 先不考虑增加的消费支出也可通过资产以及贷款来支持。

② Abs, Der Wechselkurs, a. a. O.

③ Abs, Der Wechselkurs, a. a. O.

因素微不足道”①。

为检验这个升值导致物价上涨的理由，我们首先只考虑进口品的价格。在通常情况下，进口商品的马克价格将会降低，数量会相对增加。在完全弹性的进口需求下，以马克计算的价格保持不变，仅仅是进口数量增加。如果与此相反，进口产品的供应完全没有弹性，则不论以马克计算的价格还是数量都保持不变。

在通常情况下，至少长期看来更有可能的是，在升值之后，有更多数量的进口产品输入德国，并且以比以前便宜的价格出售。此外，涉及制成品，则可能的后果很容易被忽视。“与进口商品的提供者处于竞争关系的同类商品的国内生产商，在很多情况下也许要被迫降价，如果其想在与廉价的外国竞争中立于不败之地的话。”② 在国内市场上进口商品导致多大幅度的降价，同时完全取决于各个市场上的条件（弹性和行为方式）。

在升值情况下加剧的竞争会导致国内价格的降低，这个规则也自然存在例外，具体来说，取决于其各自的弹性与行为方式。所有从不被廉价外国竞争影响的纯粹国产商品首先属于这一类。符合这个标准的主要是服务业（医生、律师）、电力和水以及建筑业。此外，还有大量商品和服务的价格被制度性绑定，以至于廉价的外国竞争根本不被察觉。人们可以想到如交通费用和国家管制的农产品价格。固然，在这些领域，阿布斯所担心的价格上涨趋势将不会被察觉。

在其他市场，自然也只有在市场允许的情况下，如同阿布斯正确指出的，价格上涨才能得以实现。但是，这将意味着，在国内市场上，企业家至今不会接受市场允许的导致其不能（短期）利润最大化的价格。这是否正确，暂不讨论。无论如何，可以想象，在其他的目标下——比如致力于实现投入的自有资本的最小投资回报或其利息——升值将引发国内市场上的价格上涨，因为升值也许并不能改变企业的目标。然而，实际上，会导致利润增加的加价行为在升值后会比以前更困难，因为市场前提条件将先当不利。阿布斯自己在其文章中指明了增加的进口，特别是来自欧共体国家的进口的“风险”，并明确断定，升值不仅会导致国外市场，也会导致国内市场竞争

① H. C. Boden, Zweifelhafte Preiswirkungen einer Aufwertung der D-Mark. “Der Volkswirt”, Jg. 14 (1960), 第2235页。

② G, Lingnau, Nützt die Aufwertung dem Verbraucher? “Frankfurter Allgemeine Zeitung”, vom 23, März 1962.

的加剧。

因此，总的说来，因为升值导致国内普遍的价格上涨，这极不可能，更多可能是相反的情况。因为许多公司一定会尝试，通过在国内更大的销售来弥补出口的损失。此外，还须考虑（在通常情况下）更廉价的进口商品引发的更剧烈的竞争。除此之外，价格降低的效应还受益于成本方面的因素，因为国内生产需要的进口原料和半成品也相应变得廉价。正如我所知道的，由于这种一般无可争议的反通胀效应，如上面表明的，尤其须考虑升值，并且最终实施。

在升值之前，德国经济政策进退维谷；抑制国内经济形势发展的措施必然会导致进一步的国际收支盈余，国际收支盈余又使得有必要实施再一轮新的抑制措施。资本输出政策也陷入了与贷款限制政策同样灾难性的恶性循环中，因其对于出口极其显著的刺激作用而经常被归入出口促进措施。[①] 对资本输出理念，科列勒（Krelle）中肯地认为，钱“只是从右边口袋放入左边口袋。只要大多数商品在德国由于不正确的汇率而比在其他地方相对便宜，所有这些金额之后又会回流，如同水会重新在最低处汇集，如果人们不断得往斜坡上浇水”。[②]

因此，长期的温和通胀，如同国际收支的失衡一样，既不能通过联邦银行的限制政策，也不能通过国家或者国家扶持的资本输出来消除。人们想保持价格水平稳定，则基于市场解决德国国际收支问题的途径只剩下升值。

关于德国马克升值对国际收支和价格的影响，人们现在，可能以后也无法给出明确的判断。当然，这并不意味着，关于汇率调整成功或失败的思考是完全不可能的。[③] 国际收支的平衡和国际流动性更“好”的分配以及价格稳定的维持须被作为标准。升值可在1962年首次产生全面影响。

我们首先考察德国国际收支的发展（见表3）。可以注意到，贸易收支盈余1962年为35亿马克，实际上低于之前的年份。这是因为，出口仅仅增

---

① 参见 Bonn zahlt keine besondere “Exportbelohnung”。“Auszüge aus Presseartikeln”, 1960, Nr. 16, 第3页。其描述为：在更广泛的意义上，联邦德国给其贸易伙伴，首先是发展中国家的巩固，转岗和其他国家贷款也是出口促进措施，如果没有这个措施，德国的出口机会无疑会减少，德国出口今天的世界级地位也许根本不可能达到。

② W. Krelle, Aufwertung-der richtige Entschluβ. “Frankfurter Allgemeine Zeitung”, vom 17, März 1961.

③ 参见升值的影响，特别是 W. Gatz, Gründe und volkswirtschaftliche Wirkungen der D-Mark-Aufwertung. “Weltwirtschaftliches Archiv”, Bd. 90 (1963 I), 第379页及续页。

加了 4.9%，[1] 低于 1950 年以来历年（1958 年除外）的增长率（1960 年为 16.4%，1961 年为 6.3%），另外，进口的增长率以 11.6% 远远超过了上一年（3.8%）。其中制成品出口增长最快，增速达 20.2%。这里决定性的因素首先是大众收入的持续增长，以及马克升值和国内成本上升导致的进口商品的竞争力改善。[2]

从中央银行储备金的变化看，1962 年国际收支赤字值为 5.52 亿德国马克，1961 年为 19.28 亿德国马克，而 1960 年盈余是 80.07 亿德国马克。然而，外汇收支的变化在所有年份都强烈受短期资本往来结余震荡、特别交易以及贸易条件的变化影响（特别参见“投机年”1960 年的数值）。排除这些很大程度上暂时的影响，长期的发展趋势可更好地表现出来。归根结底，仅从“基本收支差额”（见表 3，基本收支差额）就能看出国际收支的发展。根据这个理念，1962 年的国际收支为 13 亿马克的逆差。因此，从 1950 年以来首次“不仅由于特殊付款和短期资本往来结算，而且由于更深层次的原

表 3 1958～1962 年国际收支结果概览*

单位：百万德国马克

收支项目	1958	1959	1960	1961	1962
A. 基本收支					
Ⅰ经常项目收支					
1. 贸易收支	4954	5361	5223	6615	3476
2. 服务收支	2880	1625	2200	-134	-990
3. 无偿服务收支	-1854	-2902	-2878	-3483	-3777
经常项目收支差额	5980	4084	4545	2998	-1291
Ⅱ长期资本往来（不含特别交易）	-1568	-2623	-157	-228	17
基本收支差额（Ⅰ+Ⅱ）	4412	1461	4388	2770	-1274
B. 资本往来中特别交易	-271	-1432	-269	-5327	480
C. 短期资本往来（不含特别交易）	-553	-2193	-2124	395	-51
经常项目与资本项目收支差额（A+B+C）	3588	-2164	6243	-2162	-845
D. 外汇收支与经常项目和资本项目收支之间无法解释的差额	-400	-40	1764	234	293
E. 汇率收支（德国联邦银行净储备金变化）	3188	-2204	8007	-1928	-552

注：*出自“Monatsberichte”，Jg. 15（1963），Nr. 1，p. 48。

① 文章中所有提到的数字来自“Monatsberichte”，Jg. 15（1963），No. 1，第 49 页及续页。

② “Monatsberichte”，Jg. 15（1963），Nr. 1，第 49 页。

因[1]”导致了国际收支赤字。因为国际收支发展的这个转折点（如月度数据清楚表明的那样，这个转折点在1961年中就应出现）主要源于贸易与服务收支的盈余减少，所以，在此可以很明显看到升值导致的预期效果。考虑到国际流动性适度的分配以及德国国际收支的平衡，因此，成功是显而易见的。“从国际收支角度看来，无论如何，马克升值5%已经足够，以便与其他已经存在的影响因素一起实现德国国际收支的充分正常化。”[2]

我们在观察价格水平的发展时注意到，[3] 在升值后的两年，所有重要指标的基本趋势都是继续上升。然而，人们不能从中就得出结论，升值对于价格水平没有影响。相反，应更合理地认为，没有升值则价格在许多领域的实际上涨幅度将会更大，[4] 因为升值导致了超幅的强劲进口，并削减了出口涨幅。

不管怎样，可以确定，升值后的两年经济发展有所放缓。当各个有扩张和紧缩效果的要素也都被证实，那么这个变化的所有原因则无法完全清楚地澄清[5]——“如同特别是经济变革，经常是非理性原因多于理性原因。毫无疑问，升值在其中扮演了一定的角色，具体来说，不仅因为其实际在抑制通胀的意义上通过突然让进口降价和让出口涨价改变了经济发展的重要数据，而且也因为其在心理上也是被这样评估的”。[6] 就升值的国内经济后果，联邦银行在其他方面认为，本身兼顾所有其他情况而得出的可证实的结论是，“德国马克的升值在对价格特别敏感的领域，相对迅速地对出口和进口产生了影响，其对进出口商品流通的影响导致了对相关产品国内价格的抑制”。[7]

---

① “Monatsberichte”, Jg. 15 (1963), Nr. 1, 第48页。

② Geschäftsbericht, 1961, 第74页。

③ 参见“Monatsberichte”, Jg. 15 (1963), Nr. 1, 第37页。

④ 参见 H. Roeper, Zwei Jahre nach der Aufwertung. “Frankfurter Allgemeine Zeitung”, vom 5. März 1963。

⑤ 参见 Geschäftsbericht, 1961, 第13页及续页。

⑥ 参见 Geschäftsbericht, 1961, 第13页及续页。

⑦ 参见 Geschäftsbericht, 1961, 第74页。

国内经济稳定与对外经济平衡*

经济“五贤人”委员会**

致联邦议院主席先生　　　　　　　　1969 年 7 月 11 日，波恩

根据 1967 年 6 月 8 日制定的关于成立专家委员会以评估宏观经济发展情况的法律第 6 章第 2 款，宏观经济发展评估专家咨询委员会于 1969 年 6 月 30 日向联邦政府提交了一份特别报告，题为《国内经济稳定与对外经济平衡》，现送去该报告。

另外我还附上迄今尚未发表过的 1968 年 7 月的特别报告，该报告由专家委员会于 1968 年 7 月 3 日向我提出，在场的有联邦经济部长先生、联邦财政部长先生和联邦银行行长先生。在同样范围内，又于 1968 年 10 月 10 日和 19 日同专家委员会进行了两次深入的讨论。参加讨论的联邦政府成员一致得出结论：德国马克的汇率不应改变。

基辛格

附录：国内经济稳定与对外经济平衡

1969 年 6 月 30 日特别报告

专家委员会应在其报告中说明宏观经济的状况和可以预见的发展。委员

---

* 本文为库尔特·乔治·基辛格（Kurt Georg Kiesinger）担任联邦德国总理（1966—1969）期间于 1969 年 7 月 11 日提交给联邦议会的经济“五贤人”委员会特别报告，报告原文标题为 Sondergutachten，Binnenwirtschaftiche Stabiliät und auβenwirtschaftliches Gleichgewicht，30，Juni 1969。译者为中华人民共和国外交部曹其宁。

** Sachverständigenrat zur Begutachtung der gesamtwirtschaftlichen Entwicklung，宏观经济发展评估专家咨询委员会。即经济“五贤人”委员会。——译者注。

会应当研究，如何在市场经济制度的框架内，在持续适度增长的条件下，同时保证物价稳定、高就业率和外贸平衡。

《专家委员会法》第 2 章第 1、2 节。

如果在个别领域内出现危及第 2 章第 2 节所定目标的动向，专家委员会必须追加一份报告。

《专家委员会法》第 6 章第 2 款第 1 节。

1 经济发展

（1）联邦德国经济正在蓬勃发展，超过了 1965 年的高度繁荣。在出口和投资的推动之下，多个月来几乎所有工业部门的需求都大大超过现有的生产能力。由于国内外过度需求而形成的提价余地，迄今并未被企业充分利用；如果再不及时采取对策，估计从 1969 年秋季起涨价将持续加快。尽管从税收方面采取代替升值的办法，经常项目收支中的盈余依然居高不下。即使大度地估算对外国的债务，结果还是存在盈余，这种盈余必须看成是国际收支结构性失衡的表现。因此，就事论事，关于德国马克升值的讨论有其道理。鉴于国外的成本和价格动向，这一讨论不会很快收场。总而言之，我们认为：在《促进经济稳定与增长法》中所提出的关于价格稳定与对外经济平衡的标准仍未达到；币值稳定性面临更大的危险；持续增长的目标迟早要受影响，这不是不可能。

（2）工业中的过度需求表现为多个月以来收到的订单超过了生产能力。单是 1968 年 11 ~ 12 月到 1969 年 3 ~ 4 月这段时间内，加工工业接受的订单（扣除季节因素）就增加了 15%，其中来自外国的订单甚至增加了 20%。尽管大量录用人员加班加点，生产仍赶不上需求。越来越多的企业认定自己的成品仓库太小；交货期越来越长；生产资料工业积压的订单又超过了 1965 年的最高水平。

（3）作为需求猛增的后果，1969 年第一季度工业实物生产能力的利用率就已超过了 1964 ~ 1965 年高度景气的任何时候。若不是劳动力短缺，尤其是专业人才的缺失，利用率肯定还会更高。各个劳动局在 5 月底时记录到了空前多的空置劳动岗位；但迄今为止还没有像上次高度景气时期那样多的厂商在抱怨劳动力急性短缺。本国的劳动力潜能已经基本枯竭。5 月份的失

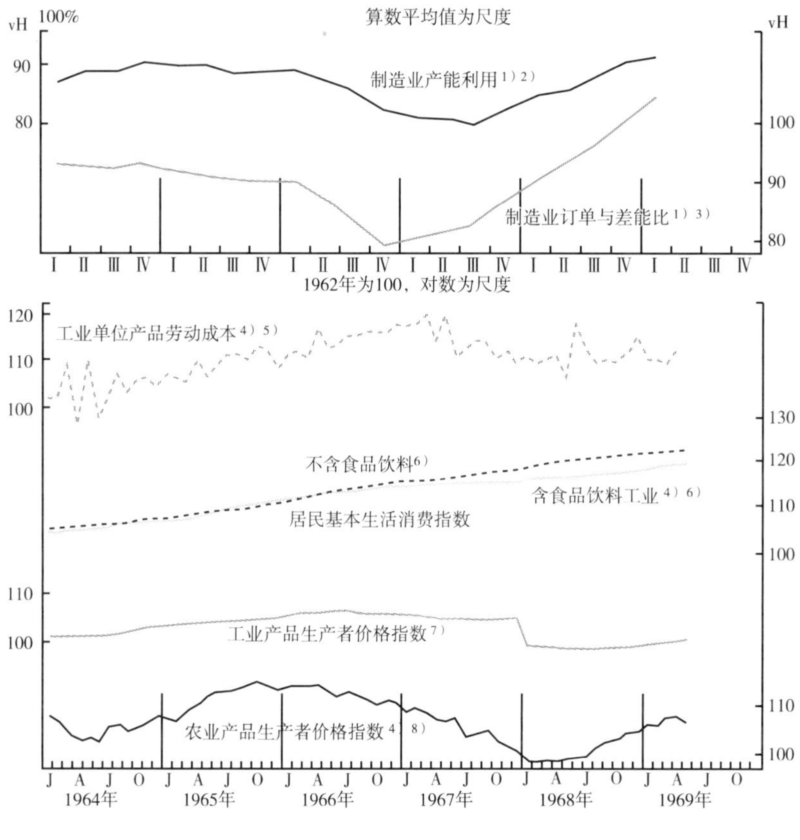

图1　经济周期形势

注：1）根据德国联邦银行的方法扣除季节因素。2）初始值来源：DIW。3）不含食品饮料工业。比值如此计算：$\frac{\text{差能利用（\%）}}{\text{工业净总产值}}$ × 订单（1962 年为 100）产能数据来源：DIW。4）扣除季节因素的月度数据，根据德国联邦银行的方法。5）不含能源与建筑行业。6）至 1967 年为累积营业税，1968 年后为增值税指数，不含食品饮料行业；月度数据根据联邦银行的方法扣除季节因素。7）不含水、电、气，未扣除季节因素的月度数据，至 1967 年为积累营业税，1968 年后不含扣除增值税。8）至 1967 年为所有非免税交易的累积营业税，1968 年后不含增值税。

业人数不多，与 1966 年春季持平，那是上一个周期中就业状况最好的时候。只有外国劳动力的供给还有余地：从 1968 年 3 月到 1969 年 3 月，外国劳动力的人数几乎增加了 30 万，达到 120 万，约为非独立就业者人数的 5.5%，时下则可能已超过了战后时期的最高纪录（130 万）。将来还要更多地估计到制造业生产能力的紧张。国内外前端供应商供货能力的局限性也会日益暴露，这将引起生产流程的失调，减弱劳动生产率的增长。

（4）1968年中以来，价格动向发生了变化。从1968年7月到1969年5月，消费品价格的年涨幅接近3%，工业品生产价格的年涨幅为2%，从而达到了上一个增长周期（1963～1966）的平均涨幅，但还没有达到1964～1965年高度繁荣之后的涨幅。居民消费价格从去年年中以来加速上涨，主要原因是食品涨价。房租涨价保持在多年以来通常的幅度以内。服务业价格则因前一阶段营业税改革中的过分调整而涨得较少，远远不符合较长期的趋势。工业品价格涨得也不多，低于生产价格动向所引起的预期。一部分原因是《对外经济保障措施法》（简称《保障法》）和重要货币的期货贴水［见后面的（12）］，另一部分原因是新的贸易方式的传播。但消费品价格之所以迄今为止总体上只是略有上涨，首先要归因于工业中的计件工资费用从1967年底以来其实一直未动，也就是说，实际收入的提高并没有超过很高的劳动生产率增长。

（5）对1969年下半年来说，在投资和出口继续高度繁荣，消费结构进一步升级的情况下，人们担心将有更多价格上涨。一方面，企业将会同意支付超出工资率表的附加工资，接受更高的协议工资要求；另一方面，劳动生产率的提高将放慢，以致成本压力加强。在经济政策保持现状的条件下，按照我们的估计，到本年底时消费品价格将比1968年底上涨3%以上。1969年的消费品价格水平将比1968年平均至少高出2.5%。

然而在这些百分比数字中，币值稳定性受威胁的程度并没有完全表现出来，因为这些数字指的是1969年的数字，而根据前几轮增长周期的经验，最大的涨价潮要到一个较晚的阶段才出现。本个周期内涨价潮被推迟的原因还有：这次的工资滞后历时特别长，许多企业在价格策略上表现谨慎（也是因为考虑到大选）。1969年没有出现的涨价，有可能1970年就会补上。从周期进程来看，估计本应于1970～1971年出现的涨价潮会来得更猛。由此得出结论：如果经济政策不抓紧出台预防措施，那这次就会和上个周期一样错失实现“稳定而不停滞”的时机。

（6）在汇率平价不变的情况下，尽管大量增加进口，1969年也做不到外贸平衡。所谓的“外部贡献”将高于而不是低于150亿马克，大约相当于国民生产总值的2.5%，而联邦政府中期争取的指标是1.5%。由于大多数欧洲国家和德国一样都处于高度景气之中，由于几乎所有伙伴国的成本和价格都涨得比我们厉害，人们普遍预料的美国抑制景气的措施也不会从根本上降低由外国造成的过度需求。

（7）从当前的订货状况看，现在就可以预料，生产能力直到今年底都将满负荷运转。所以我们估计，1969 年的实际国民生产总值将增长约 6%。

2 畸形发展和消除畸形发展的可能性

（8）专家委员会在 1968 年夏季曾警告对外经济防止畸形发展，但到了秋季畸形发展就急性发作，此后不断尖锐化，以至于国内的景气也越来越脱离经济政策的监督。《保障法》以及 1969 年春季采取的财政和信贷措施，虽然对外贸和国内经济的畸形发展有所抑制，但未能消除。由于几乎全世界都加快提高成本和价格，联邦德国经济界越来越可能贸然进行工资和价格调整。根据经验，跟随这种过度提升而来的就是景气受挫。从这个意义上说，持续增长的目标在将来也会遭遇危险。

2.1 代替升值及其后果

（9）联邦德国政府 1968 年 11 月采取税收措施来实现对外经济保障，以此代替货币升值。它提出的理由是：这一做法并非改变货币平价，而是一个可逆转的、有助于共同解决国际货币问题的步骤。然而，能让可逆转性发挥有利作用的局面却至今没有出现。世界经济状况和伙伴国的经济政策都没有大的变化，也没有对平价失衡做出多边调整。

（10）以 1968 年 11 月以前国内外之间形成的成本和价格失衡来衡量，代替升值的办法不足以恢复外贸平衡。首先，一些重要的领域，如由国家调节供需的农产品交易、服务业交流，包括全部旅行往来等都未纳入税收管理。其次，征税和免税的费率太低，按照专家委员会当时的看法，即使真正实行 4% 的升值，如不在国内加快提价，也不足以达到国际收支的平衡。

（11）征收出口税的费率（大多为 4%）显然是处在出口市场上提价余地的范围之内。从 1968 年 11 月到 1969 年 5 月，国内出口商协议的价格涨了 4.3%。也许由于国外景气活跃，成本和价格不断上涨，纵有《保障法》的调控，出口需求一路上升。《保障法》甚至有可能还引起了额外的出口需求，因为低税率和设置期限的做法令人期待出台更有效的、最终的措施。

《保障法》对进口商品平均减税 3.5%。而从 1968 年 11 月到 1969 年 5

月，外国商品购入价指数上升了2.7%，因此从统计数字来看，进口商品没有明显的降价。[1] 统计数字表明，进口价格出现超平均上涨的有食品（4.1%）、半成品（5.1%），出现较小上涨的有制成品（2.2%）。最后阶段的情况是，一部分商品价格下降，一部分商品的涨价被压下来。

（12）对改变平价的期待引起外汇期货市场行情跌落，这加强了《保障法》的抑价作用。这样，市场就部分地消弭了对马克价值的低估。[2] 外贸伙伴在签订有供货和付款期限的合同时，不得不注意到表现为期货马克提价的升值预期。例如，一名出口商从一项基于外汇的合同中可以获得一笔稳定的马克收益，只是要扣除期货贴水而已。另外，如果一名进口商，例如从一名出口商那里，获得便宜的期货债权，他就能得到相应的好处。从效果上看，这同签订基于马克的合同没有什么两样。[3]

如同真正的升值一样，期货外汇的降价也波及由国家调节供需的商品的外贸交易。但由于——和真正的升值不同——马克的干预价没有下降，有人就大规模地用便宜的期货法郎进口法国粮食，还提供给德国的干预机构。

（13）此外，只要企业指望，不要通过调整型通胀而是通过改变汇率，来纠正当前对外国的成本和价格失衡，那企业在其较长期的安排中也会注意到这点，例如在投资决策时，在工资谈判中做出让步时。

（14）由于人们依然认为《保障法》有缺陷，并且以一种出奇的坦诚和认真的态度对德国未来的币值政策展开讨论，德国马克一直是个被议论的话题。

加之，1969年4月底法国总统下台以后，对法郎贬值的揣测甚嚣尘上。后来又有一些领导人的言论似乎在暗示德国将改变态度，于是很快爆发了一场新的货币危机。尽管如此，德国政府于1969年5月9日仍决定坚持马克

---

① 进口商们把他们的债务折成马克，然后用便宜得多的期货外汇来偿还。这样，实际上的提价幅度比外国产品购入价格指数所显示的要小，该指数是指签订合同时商定的价格。

② 1968年11月初时美元债权的期货贴水还相当低，而到了1969年6月上半月，3个月期债权的贴水为1.5%，6个月期的为3%，12个月期的为5%。有可能贬值的货币，如法郎、英镑，期货贴水更高。一时的期货行情结构表明，国际上的利息差（它不仅仅表现出对改变汇率的期待）对短期期货贴水的限制要甚于对长期的，同时也表明，从长期看改变汇率的可能性比从短期看更大。德国马克在期货市场上的事实上的升值，对中期和较长期外贸合同的冲击要比对短期的更大。

③ 这里是说，外国的进口商必须考虑到马克期货加价。结果是，德国出口商的提价余地（以马克计算）相对较小；外国的出口商则得到升值了的期货债权，他可以给出一个扣除了期货加价的马克价。——译者注。

的平价。作为补充，5 月 14 日德国政府还决定请求立法机构取消《保障法》的期限。

（15）德国政府决定，不是通过升值来取代《保障法》，而是通过无限期延长《保障法》来取代升值。这一做法未能扩大外贸的活动余地，以采取措施来遏制国内的景气。这一决定有悖于联邦政府 1969 年 3 月还在重申的论点，即通过税收政策来克服结构性外贸失衡是不合适的。

这一决定意味着彻底背离一条原则，即必须以全球性的而不是选择性的手段来调控景气。它直截了当地撇开了欧共体伙伴们共同提出的目标，即要统一各国的增值税制度，并在国际层面上协调跨境货流的税率和税收分享率。① 这一决定让人担心会在国内外引起后续措施，以致干扰市场经济制度，影响跨国界的货物和资本的自由流动。②

2.2 反对升值的论据

（16）联邦政府在做 1969 年 5 月的决议时，看来以下论据起了关键作用：

——国际收支“结构性失衡”并不存在，因为德国联邦银行 1969 年 4 月中旬的净外汇储备不比 1961 年升值以后高；

——就算是存在“结构性失衡”，也不能在投机者的压力之下升值；

——如果说现在需要调整汇率，那也不是在“健康的”国家里，而是在“有病的”国家里；

---

① 在跨境服务交流中实行税收分享时，如果不搞外汇升值，而是片面地、最终地背弃目的地国原则，那么这也会造成对资源的误导，如旅游业这种生产力弱的行业就占便宜，增长型工业就吃亏。

② 不久以前的例子表明，如果不实施已经成为必要的汇率改变，会在国际贸易和资本交流中造成何种命令主义的干预：在联邦德国，从 1968 年 11 月底到 1969 年 2 月底，外国人只有经过许可才能在银行开立账户和获得利息。应联邦政府的申请，国家设立的进口和储藏点从 1969 年 5 月起被解除了从其他欧共体国家收购软小麦和大麦的任务，这样一来农业共同市场就被部分地取消了。在法国，搞了一阵外汇开放之后，1968 年底又恢复了外汇管制，并逐步加强。不顾欧洲委员会的反对，法国继续用特低利率贷款扶持出口业。在比利时，农业共同市场被部分取消；1969 年 4 月初对银行的国外存款设置上限。在意大利，1969 年 3 月底银行被要求在三个月之内全部抽回国外净存款。在英国，11 月危机以后，进口半成品、制成品的发票金额的一半被封存半年之久；在现有贷款上限范围内给出口贷款以优惠。在丹麦，1969 年 2 月底，商业银行被要求减少在国外的存款。1969 年 5 月货币危机以来，进口预付款必须经过许可。在美国，保护主义潮流加强。1969 年 1 月中，欧洲和日本的钢铁出口商就美国市场问题缔结了一项自我约束协定。美国政府试图把这种形式的世界贸易命令主义扩大到纺织业领域里去。

——升值无助于稳定币值。众所周知，1961 年升值以后物价涨得比以前更甚；

——用改变汇率的手段无法解决当前的货币政策问题，一个国家的货币一旦升值，就得不断升值；

——升值将给德国的农业造成不可忍受的负担。①

（17）关于第一个论据，单从外汇储备情况来看，是看不出结构性失衡的。就拿外汇储备的增长来说，央行系统之外的短期净国外债权，尤其是私人银行、企业和国家的短期净国外债权，都应当算作正式储备。按此算法，1969 年货币危机以前的流动性国外债权比 1961 年底时至少要高出 50 亿马克。②

判断是否存在对外经济失衡，关键是看国内经济的核心目标（如币值稳定性）是否受到来自外国的持续危害。

（18）关于第二个论点，即不能在投机者的压力之下升值，否则会有人发不义之财，损害纳税人的利益。这一说法忽略了以下情况：

——投机属于市场经济行为；

——是联邦政府自己给《保障法》设置期限从而助长了投机；

——因结构性失衡而仓促改变平价，几乎总是引起针对货币政策当局的片面的、毫无风险的投机行为；

——即使是通过国内涨价来恢复对外经济平衡，也会让投机者获利。

不妨设想一下，如果在 1969 年 5 月投机高潮时搞升值会付出多大代价，那就要考虑到以下几点：

——在投机浪潮之前，大约是 4 月中旬，联邦银行持有约 80 亿美元的净外汇储备。由于联邦银行用马克结算，一旦升值它必须对自己的外汇储备做一纠正性的估价。这样做就好比是为黄金和美元的购买力如实算一笔账。至于升值带来损失，那是谈不上的，因为由于外国的通胀演变，外汇储备的实际贬值已经形成了，而且还在继续下去。

---

① 反对升值的其他论据见 1968～1969 年度报告。

② 虽然此后我国的进口翻了一番，以致有人认为，现在我们的储备也要翻一番。但由于像联邦德国那样有着货币纪律的国家很少动用外汇储备，而且随时可以通过贷款途径获得国际流动资金，所以以上的看法是一种谬论。有人以为，一个国家必须有能力以外汇储备来支付好几个月的进口，似乎出口一下子瘫痪了，向外国贷款的一切可能也突然断绝了。这种观点是外汇管理乃至战时经济时代的产物，是对我们世界货币体系的性质的无知。

——随着投机潮的推进，到1969年5月9日为止，净外汇储备增加了约45亿美元。这里面不仅有指望从升值中获益而投入的钱，而且还有外国进口商的预付款，还有德国出口商为了应对升值风险在外国取得的贷款。也就是说，那都是为了避免升值在已经签单的外贸业务中给私人经济造成损失而达成的交易。此类交易起着一种缓冲器的作用，旨在应对突如其来的、能渗入到现有合约里去的升值。这些交易如同期货生意一样是一项保险，以防止“旧合同”被纳入升值范畴，做到更加柔和地适应新的汇率。

在升值之后，联邦银行会损失黄金和美元，而投机者则会抽回他们的钱以便从升值中获取外币利润。我们估计，这些钱的数量最多有20亿美元，每升值一个百分点联邦银行遭受至多2000万美元的损失。认为在投机高潮时实施升值有失妥当的论点，只是针对这些钱而言。

但是，如果人们要等上几个星期或几个月，直到投机的钱全部抽走才能实施不可避免的升值，那就不能忽视这一拖延给国民经济造成的损失。这些损失是指，要暂时放弃同外国换钱时更有利的平价，暂时放弃用国民财产做生产性投资所能带来的利益，更不用说提高币值稳定性在德国有着何等重要的社会政策意义。

（19）关于第三个论据，即认为不应该让盈余国升值，而是应该让亏损国贬值。这个论据的出发点是：币值稳定性是国际公认的准则，它迫使那些对这条准则违反得最多的国家行动起来。这一国际行规是想无需对外经济保障就使《稳定法》的准则可信，不管它多么值得欢迎，它在国际公约和国际合作实践中却都发挥不了作用。

德国的首要目标是币值稳定和经济适度增长，只有符合德国切身利益的事情才是关键，那就是通过升值消除盈余失衡。因为这样既可以从对外经济方面保障币值稳定，又可以调整过度的实际资本输出，有利于发展本国的生产能力。

升值使亏损国的境况得以改善，从而有助于消除汇率平价的扭曲，维持当前的世界货币体系。但如果只是德国马克单方面升值，那其他盈余国的生产者就会得到一种额外的（哪怕也许是暂时的）违反平衡的竞争优势。因为不能保证这些盈余国在马克升值以后自己也升值，而且现在的亏损国在德国马克升值以后可能自己再次过度贬值，所以从根本上说，集中调整要比单方面改变汇率更胜一筹。然而，要等到全世界都认识到这一点，不平衡性都已经僵化了，等于是拖延多年，末了只得选择对国内物价水平做通胀性适应。

至于有何比分阶段升值更灵活、更好的解决方案，下面在第（26）再谈。

（20）关于第四个论据，即认为升值的作用与其说是抑制物价，不如说是提高物价。如要认真对待此话，这一说法势必引出一个奇怪的结论，那就是一个国家只有通过贬值来保护自己免遭输入性通胀之害。有种观点说，进口商不仅在很短期间内，而且在较长时期内，都能够通过国内销售提价来抵消他们在国外生意中因升值而受到的损失。这种观点可以理解，但先要假定，眼下垄断程度已经如此之高，以至看来不该再把我国的经济制度标榜为市场经济了。

提到 1961 ~ 1962 年，人们很容易忽略，当时的升值不仅幅度太小，而且是在国内经济的工资和价格调整进程已经开足马力的时候方才出台。这就是说，当时走的是一条介于全面对外经济保障和调整型通胀之间的道路。因此，德国的居民消费价格水平 1961 ~ 1963 年还是升高了近 3%，就不足为奇了。要不是升值，当时的物价水平肯定升得更高。

1968 年 11 月，乃至 1969 年 5 月，情况都比 1961 年 3 月要好。直到不久以前，工资的提高没有大大超过宏观经济劳动生产率的增长。《保障法》也引起了人们的期待，即宁愿通过进一步的对外经济保障措施，而不是通过加快提价来全面适应外国的物价。

（21）关于第五个论据，即认为马克升值必然要引起后续升值。升值可以理解为赞同德国维持币值稳定的目标，从这个角度看这个观点是正确的。确实，一个国家要做到自己的物价稳定性超过世界上所有其他国家，它就必须不时地调节自己的货币平价，或者将汇率改为浮动汇率。① 但如果这个观点是要表明马克升值将在外国引起物价水平上涨，重新造成现在的成本和物价失衡，那么它就是错误的，因为它以为，外国的生产者存心要在世界市场上提出总是比德国出口商贵出不少的报价。

（22）关于第六个论据，即升值会减少德国农业的实际收入。这个观点短期看来不容否认。但要看到，在这一点上农业与其他参与进口竞争的行业的区别只在于，在许多产品上农业以折算单位（马克平价也不变）享受最

① 虽然专家委员会历来认为，突如其来的比价改变是一种不太令人满意的解决办法，但从近几个月的经验来看，预料之中的、时不时地升值，比之预料之外的、以前一直是中心议题的升值，所引起的干扰要少。一系列预料之中的、时不时的比价改变，其实就是一系列捆绑现货交易时的灵活期货交易。在现今的政治状况下，要走向一个期货和现货交易都比较灵活的体制，途中只有经过这一站。

低价，这是有保证的。升值以后这些最低价会自动减去整个升值率而降下来。可以这么说，这主要是在对外国造成普遍的成本和价格失衡的年月里，德国农业从消费品价格、工资，以及由国内市场决定的生产设备价格的相对稳定性中所得好处的翻版。一旦国内通过对普遍的成本和价格水平进行通胀性调整，消除了对外经济失衡，农业也就会失去这些好处。区别仅仅在于，一种情况是调整突如其来，另一种情况是调整在时间上被抻长。同时要假定，如若进行调整型通胀，不致出现由国家调节供需的物价的普遍上升。

如此看来，主要是个政策目的性问题，即是否要借助为时有限的调整来保护农业免受仓促上马的分阶段升值的不良后果之苦。最近也注意到，很少有人赞成通过提高食品的营业税率（包括许诺给农民的虚拟的减免预付税）来支持农业，因为这样做的话，升值的平抑物价和工资的作用会被相应削弱。另外，这样一种扶助德国农业的做法很不符合欧共体条约的精神，因为这种做法的目的是要把来自德国的农产品和来自其他欧共体国家的农产品区别对待，给德国的农产品以税收优惠。

2.3 摆在我们面前的几种选择

外贸担保措施

（23）宏观经济失衡的形式和程度表明，有必要尽快使马克的汇率适应市场的状况。改变汇率可以是一个与市场习惯一致的手段，用来减少经常项目收支顺差，直接打击国内的抬价行为；它还能为及时遏制国内需求的政策创造更多的余地，以改善持续增长的机遇。

（24）如果有了升值预期之后接着实施真正的升值，那么升值预期已经发生过的作用自然不可能再次发生。由于预先发生了作用，实施一次限制在预期范围内的马克升值，对进出口和物价都不会有大的后续影响。但如果联邦政府1969年5月的决议在市场上果然被视为最终决策，从而使正在起作用的升值期望化为乌有，[①] 那么到1969年秋季或冬季，就会如同没有替代方案就取消《保障法》一样，造成与贬值相似的效应。

（25）作为调整汇率的办法，舆论界首先议论的是马克的分阶段升值。这只是外贸保障多种形式中的一种。要做到持久稳定币值和不断发展经济，分

---

① 为了使预料之中的升值的前期效果不致衰减，升值预期必须不断得到证实，无论是通过市场的信号，还是通过关于货币政策的讨论。

阶段升值绝非最好的办法。只有当升值率不仅仅考虑到已经形成的不平衡，而且还赶在外国涨价之前确定下来，才能用分阶段升值来制止引进将来的提价。无论在当前形势下抢先升值的遏制景气作用多么值得欢迎，原则上应当考虑到，如采取这种策略，尤其是相隔很长时间屡次改变平价的做法，会把那些依赖外贸的行业推入冰火两重天的境地，竞争条件变得一会儿有利，一会儿不利。

（26）如果进一步考虑到，要确定升值率多高才足以消除现有的失衡是十分困难的（在多边调整的框架中困难也少不了），会有很多人主张，至少是暂时完全放开马克的汇率，把马克重新估值的事交给市场力量去管。浮动汇率有许多好处。对此，专家委员会在其第一份年度报告中曾做过部分阐明。不过，对它发挥作用的方式还存在偏见和误解。这些偏见和误解实际上是反对这一抉择，而且流传甚广。

（27）如果人们害怕汇率完全放开，也可以朝这个方向走，即扩大市场力量决定汇率的波动幅度，至于在当前情况下这个幅度应有多宽，则取决于下列几点：

——是否同时取消《保障法》；

——是否同时实行分阶段升值；

——在实行分阶段升值的同时，是否有其他国家不经事先协调就改变平价。

如果没有弥补性的分阶段升值而取消《保障法》，确定汇率的波动幅度应当伸得最宽，这样就相当接近了完全放开汇率。如果把扩大波幅和分阶段升值结合起来（同时取消《保障法》），那么幅度少拓宽一点也够了。不过应当达到这样的宽度，即要在一段时间里能抵消外国对我国币值稳定性的威胁。扩大波幅与分阶段升值相结合还有一个好处，即让多边调整的任务局限于就货币平价达成初步协议，而细致的协商则由市场来负责。这样，也可以在某种程度上和缓地顶住意料之外的其他货币汇率的改变。

（28）外国的成本和物价上涨如果长时间地快于德国，那么扩大汇率波幅给币值政策带来的活动余地就会很快用完。要是使汇率也浮动式地适应于市场体制，则可以避免上述情况。例如可以这样来实现柔和的适应：规定每天都要按照过去较长一段时期的平均现货牌价来确定货币平价（即所谓的“self-adjusting peg”，大致上是用这么一个国际上正在讨论的公式：当天的平价 =250 个前面的官方现货牌价记录的平均值）。一年之内最大的平价变动则是按汇率波幅以及进入公式的记录的数量来定。这样一种由公式掌控的平价调整，比专家委员会在其 1966 ~ 1967 年的年度报告中提交讨论的中期有保证的平价提升更富有弹性。与旨在有限地、悄悄地往上适应汇率的扩大波幅法相比，公式掌控的平价调整有一个优点，那就是它的自动机制。不言而喻，自动平价调整的公式可以成为国际协议的内容。

（29）如果人们既想保住现在的比价，又不想用适应性通胀来消除对外经济失衡，那么在市场经济制度的框架下只剩下一条路可走，即提高《保障法》的征、免税费率。这样做可以给贷款政策带来活动余地，以遏制国内的景气。不过这有个前提，那就是升值的期望已经消失。因为惟其如此，在同外国的关系中才能有更多的提息余地。即使宣布了提高保障费率不设期限，要做到也并不容易。不管怎么样，会有人提出反对采取营业税措施来克服结构性对外经济失衡，这种疑虑是有道理的。

（30）如果德国经欧共体同意，对第三国暂时降低关税水平，估计很快恢复对外经济平衡的希望也不大。这一措施不涉及出口，对来自欧共体国家的进口商品起不了抑价作用，结果各伙伴国不得不对来自德国的进口商品的源头进行检查。上述做法的效果充其量不过是把贸易分流而已。

没有即时对外经济保障的国内经济稳定政策

（31）德国政府通过其 1969 年 5 月 9 日的决议，暂时排除了改变马克比价的可能。如果就此止步，而且《保障法》所定的费率也提高得不到位，那就不得不承认，对外经济平衡是通过掏空马克的国内购买力才得以恢复的（除非一些重要的逆差国决定把自己的货币过度贬值）。试图单单用国内经济手段来应对迫在眉睫的涨价危险，不会取得持久效果。对外经济保障的有效措施如果只是推迟几个月，那就应当迅速采取有助于抑制国内景气的措施。由于《保障法》和升值期望还会在一段时间内提供某种对外的侧翼掩护，这种做法不会没有效果。

（32）由于升值期望造成高昂的汇率保障费用以及高额的国内外利息差，在真正的升值以前，主要是联邦银行的活动余地仍将受到限制。不过联邦银行还没有充分利用它的活动余地。外国的提息倾向加强了，国内利息水平很快跟上，但利息差距几乎没有缩小。联邦银行起先只是觉察到了这一动向，把贴现率从 4% 提高到 5%，它有可能进一步有限地提高国内利息，何况目前在外国，资金紧张的程度比市场提息所反映出来的更加严重。

但根据经验，信贷政策的刹车作用动起来是很慢的，尤其当银行——如同眼下那样——支付能力特别强的时候更是如此。此外，迅速而明显地减少流动资金储备的企图，可以通过货币进口加以抵制。

(33) 即使联邦银行有可能很快就明显压缩各银行的放贷额度，人们对这一做法的抑制景气效果也应持怀疑态度。现如今企业和公有经济都拥有大量自己的流动资金，他们在为计划内投资项目筹资时，已大大不如在以前各增长周期的可比阶段中那样有赖于银行贷款。[1]

因此，首先要考虑采取措施来直接限制投资者的流动资金及其所投项目的利润。这些措施必须尽可能快地奏效，并能（例如大幅度增值时）很快放缓或又被取消。

可以考虑把已经决定的一整套财政抑制措施的计划加以扩大，通过有期限地暂时中止递减折旧

以及/或者

暂时提高所谓的投资税；

以及/或者

对增加自愿的预付税款予以奖励；

以及/或者

对筹措投资准备金给予有期限的免税，条件是：一旦经济活动减弱，准备金可以取消；[2]

以及/或者

一切有义务缴纳附加税者都应认购生利或不生利的强制性公债；

以及/或者

把一切超出本年度预算的税务收入纳入经济协调储备金；

以及/或者

减少国内的政府订单，可以是削减或者延时，也可以是增加给外国的订单。[3]

(34) 尽管消费者需求的扩张目前还比较平静，但仍应采取预防性措施以加强私人家庭的储蓄愿望，无论是通过提高储蓄奖励，通过对申请消费者贷款设置障碍，通过商定工资合同中形成资产的工资部分，还是通过在公有

---

① 利润和税收增长了许多。外贸中的支付期限起了变化，在出口方面缩短了，在进口方面延长了。从更大的规模上看，预先付款像是按出口合同的要求而为之。

② 通过对设备种类的相应规定，人们可以确保长期的资本出口享受优惠。

③ 鉴于现有的价格失衡，外国的报价一般都比国内报价贵，现行的招标规定必须改得对外国供货商有利。如果选择就在于把资金归入一项景气平衡储备金，这样做不会给国民经济带来不利。

实物资产基础上提供有吸引力的资产名称。

（35）为了迅速扩大供给（也可以此反对哄抬物价），除了调整汇率之外再无令人相信的可能性。能为此稍有贡献的是，取消一切尚存的对进口数量的限制，包括取消一切为了保护德国竞争者的外国出口商自我约束协定。这些旨在进口自由化的措施不仅具有景气政策上的优点，而且还有结构政策上的优点，那就是促进结构改革。这一改革本来就值得欢迎，它在高度繁荣时期最容易做到，而且不会造成明显的磨损。

德国政府如果给所有的进口仓库一种有期限的特别折旧，就能减少经常项目收支中的盈余。

一旦发生新的货币危机时的紧急刹车

（36）由于1969年5月的政府决议在国内外继续被认为是可以逆转的，有可能在最近几个月内，特别是第6届联邦议院选举之后的几周之内，再次发生对德国马克的抢购。不能排除国际外汇市场几个星期都出现紧张的可能性。个别国家外汇储备可能受到严重损失，不得不对支付往来进行直接干预。如果外汇储备损失只是被一种不断的“回收”（recycling）所掩盖，那么现今世界货币体系的窘况可能不至于更加不明显。若要试图通过利用外贸法的一切手段来阻止资本流入，其后果可能是更加助长对升值的期望。此外，一种完美无缺的、排斥外汇的经济几乎不可能在短期内建立起来。

要避免这些困难，有一条肯定更加符合市场习惯的、即使是不寻常的道路可走：一俟外汇流入超过了预先与联邦政府商定的额度，联邦银行就停止外汇买卖，直至联邦政府重新决定升值还是不升值。这样投机者们将面临马克汇率暂时下降的风险。无论如何，这时候投机者对政府的压力要比去年11月或今年5月时大大减轻。这样一种解决办法无疑并不令人满意，因为人们担心，在政策上犹豫不决的阶段里会出现剧烈的行情动荡，以致如此被看好的、更灵活的汇率会在一段长时间内失去人们的信任。

（37）鉴于当前的景气状况，鉴于没有对外经济保障的抑制国内景气的做法少有成功而多有风险，鉴于对采用税收政策来进行外贸保障存在原则上的顾虑，专家委员会得出以下结论：《稳定和增长法》提出的目标——市场经济制度框架内的物价稳定、高就业率、外贸平衡、持续和适度的经济增长——只有在联邦政府决定调整货币汇率的情况下才能长期得到保障。

这个问题解决得越快，就越有希望在高度发挥国民经济能力的情况下达到持续的增长。

1968年7月特别报告[①]

（1）联邦德国的经济从1967年中以来一直处于适度兴旺之中，这一状况在今后若干个月份以及1969年都有可能继续下去。

（2）同专家委员会在其上一个年度报告中所描绘的同时实现《稳定和增长法》全部目标的抱负相比，需求的扩大还太弱。这表现在以下两个事实上。

a）许多人觉得，生产能力的利用率还是太低，其后果是：投资主要用于搞合理化（在原来地点），只有少量投资用于扩大生产（在新的地点）。这就减少了结构薄弱地区的机遇。

b）国内需求的空白——主要是消费方面，也在公共投资方面——出现了翻版，这就是说，经常项目收支中的盈余大大超过了对外经济平衡所要求的指标；出口业依然是繁荣的支柱；进口的增长额仍比我们的伙伴国所希望的要少。

（3）这意味着什么？对此我们还是认识不够：

——联邦银行不愿把资金给联邦政府，而是提供给了外国的央行和政府用于克服国际收支中的急性困难；

——国内产值较小，本来可以更大。实际产值较大一部分给了外国的投资者，而不是给了国内的消费者。

（4）人们努力通过扩大内需来消除外贸失衡，这是可想而知的，例如经济合作与开发组织（OECD）就推荐过这一疗法。但它孕育着国内物价上涨的危险，因而遭到所有把稳定币值当作首要目标的人的拒绝。

我们有理由期待，在这次第五个增长周期内，联邦德国经济要消除对外经济失衡，只有在国内实行适应性通胀或者升值——就像过去阿登纳政府在第三个增长周期的高峰时段所做的那样——虽说晚了一点，但除此之外没有别的办法。

（5）谁要是允诺今后两年实现币值稳定，就必须根据目前情况和可预见的国外发展趋势，考虑改变汇率的问题。只要政府营造或者允许相应的氛围，更多地促使联邦德国的企业家和储蓄者不要去外国而是在国内投资，决

---

① 此报告为专家委员会即经济“五贤人”委员会1968年7月3日的报告。

定升值的时刻也许可以略为推迟。但人为地恶化国内投资条件不啻违背适度增长的目标。令人怀疑地拖时间，要付出高昂的代价。

（6）许多反对升值的意见建立在一个幻想之上。人们以为，为了建立对外经济平衡，既不需要调整型通胀，也不需要相对恶化国内投资条件。人们还相信，持续的失衡对国际货币投机不会有影响，也不至于迫使其他国家搞贬值，这种贬值和升值一样都将触动我国出口商的地位。这些错误的希望把货币升值说成像一种可以避免的大害，而不是人们为了稳定而必须承受的小害。

（7）越是及早实施不可避免的汇率调整，私人经济的损失和错误投资就越少。因为越是长时间地令投资者们相信汇率不会改变，就会有越多的安排被误导，而一旦汇率还是变了，信用的丧失会更加严重。

这样就会出现危险：正如1961年时一样，升值同已经启动的调整型通胀碰在了一起，共同引起了新一轮的衰退。

（8）源于升值的抑制景气的作用可能在目前不受欢迎。如果决定从稳定政策方面进行预防，或者是1968年夏秋的国际形势迫使人们做出这样的汇率调整，那就必须同时在国内采取扩张性措施。所以要准备好既能促进私人消费，又能促进私人和公共投资的附加措施，无论是全球性的，地域性的，还是行业性的。不管采取什么紧急措施，联邦政府举新债的限额应当扩大。提高联邦政府举新债额度无非是升值以后减少给外国央行和政府贷款的翻版。国内景气越是发展，对补充性的扩张措施的需要就越小。

（9）一位委员认为，被专家委员会当作其忧虑的依据的那些重要观点，其根据并不充分，国内币值稳定和对外经济平衡之间进退两难的窘境在今后两年里不至于成为高度现实的问题。眼下这位委员和其他委员一致认为，预防行动是重要的。

（10）谁要是承诺，他在今后两年内，在国民生产总值适度增长的情况下，将优先解决国内币值稳定的问题；那么根据当前的状况，鉴于国外可预见的发展趋势，他就不可把汇率视为禁区。因此，他必须在目前形势下也把改变汇率问题放在眼里。

国际资本流动中的国际收支和货币政策问题[*]

奥特玛·埃明格尔（Otmar Emminger）[**]

我接下来所论述的内容将不包括国际资本流动中最重要的方面之一，也就是资本从发达工业国向发展中国家的流动。我之前的演讲者——来自世界银行的阿尔德维热尔德（Aldewereld）先生——已经就此进行了相关的阐述。我将主要关注资本流动的其他方面，以及与此相关的涉及国际收支和货币政策的一般性问题。

尽管面临种种壁垒和障碍，发达国家间的资本流动在过去的几年中仍然发展迅猛，这不仅仅体现在资本流动的广度上，在深度方面更是如此。不只是联邦德国，在其他许多国家，购买外国的证券产品和具有国际背景的投资权证已蔚然成风，由此导致的跨国间资本流动要以数十亿美元来计。即使这一风潮在一些国家会很快消失，但是对许多国家而言，对证券投资国际化和多元化的热情恐怕多半要继续持续下去，而不会很快退却。同时，银行对外国居民和跨国公司短期、中期以及长期信贷的作用也越来越重要，德国银行在 1968 年和 1969 年在这方面所扮演的角色尤为引人注目，而很长时间以来德国金融市场一直受到海外贷款人的青睐。此外，欧洲资本市场特别是欧洲货币市场的跳跃式发展将发达工业国之间的货币和资本往来规模带到了一个完全崭新的维度。如果要讨论资本流动的原因和后果，必须注意它的多面

---

* 原文标题 Zahlungsbilanz-und Währungspolitische Probleme des internationalen Kapitalverkehrs. 出自 Zeitrschirft für das gesamte Kreditwesen，H. 22，1970，第 12 ~ 17 页。译者为中国社会科学院欧洲研究所博士研究生赵柯。

** 奥特玛·埃明格尔（Otmar Emminger，1911 ~ 1986），曾任职德国联邦银行前身德意志各邦银行（BdL），1977 ~ 1979 年任德国联邦银行行长。

性，不能仅仅说利差能够决定或者不能决定资本的对外输出，或者简单说资本输出对资本输出国的出口和经常项目收支具有“回旋镖效应”。这是完全不同的情况，要看它们是具体涉及购买外国股份还是对外直接投资，是对发展项目的贷款还是对跨国公司的长期银行信贷等一系列因素。

1 德国对外直接投资的增长

过去对国际资本流动的讨论往往主要围绕着对外直接投资来进行，并且那时候这些讨论会很容易引发关于“美国威胁”的激烈争论。[①] 事实上从世界经济发展的角度来看，美国大量的对外投资具有特别重要的意义。但是就联邦德国的情况而言，对外直接投资只占其资本输出总量的一小部分。在德国资本输出达到高潮的1968～1969年，德国的对外直接投资（其超过了德国国际收支的顺差，也因此被更为精确地计算过）不超过德国全部长期资本输出总额的1/10，但是却不可小觑。德国对外投资的发展状况令人满意，自1968年末以来它已经超过了同期外国公司对联邦德国的新增投资。这意味着在对外投资方面，我们不再像以前一样只是行驶在“单行道”上，而是已经在“双行道”上了。在1970年的上半年，联邦德国对外直接投资在对外资本输出总额中的比重已经达到了1/5（主要原因在于其他形式的资本输出有所下降）。

单从数额上来说，国外发行的以德国马克计价的债券是德国资本输出增长更为强劲的决定因素，但是，在1968年它只占联邦德国所输出的长期资本总额的1/3，在1969年其份额不足1/5。在规模上，它在两个年度被德国对外的中长期银行信贷和购买国外股份和投资权证所超过。

在德国的资本输出中，中长期银行信贷和外国债券受制于当时德国和国外之间的利差，而不是首先取决于德国银行的流动性状况。此外，其他国家股市不断增长的（对德国资本的）吸引力也发挥着作用。这与美国资本输出的情况有很大不同：美国的资本输出主要源自政府对发展援助项目的政府贷款和（美国公司的）对外直接投资，而不是更多地出于对利率政策的反应，这种状况正如美国人在过去几年中所经历的一样。

① 指20世纪60年代由于美国大型跨国公司对西欧的大规模投资所引发的欧洲人当时对美国在经济上要侵略西欧的忧虑，不少欧洲人认为西欧和美国正在发生着一场静悄悄的“经济战”，这成了当时西欧学术界和政治决策层的一个热门话题。——译者注。

2 资本流动的“理想图景”

到底是什么决定跨境资本的流动？资本流动的后果是什么？从经济学的传统经典模型中可以导出一个“理想图景”类型，据此资本一般从资本丰富的国家流向资本缺乏的国家，从劳动生产率低的地方流向劳动生产率高的地方；资本流动主要由国家间的利差引起，这种利差一般被看作对国家间资本和生产效率差别的一种有效体现方式；在一个资本自由流动的国际体系中，各国的国际收支平衡将会更好地实现：顺差国通过资本输出，而逆差国通过资本输入。

但在现实中却是另外一种图景。我打算用几个例子来说明。比如意大利，很多年以来（1968～1969）意大利一直是西方世界中的第二大资本输出国，但是在实物贸易上——商品和劳务进出口——意大利长期以来一直是最大的顺差国，直到1970年被日本赶上。现在人们或许会说意大利面临着不同寻常的情况，比如资本流出等。但这只是问题的一面，事实上很多在意大利的小投资者认购了美国或者其他国际投资权证，同时富裕的意大利投资者直接或者通过瑞士的欧洲债券购买了美国公司的股票。意大利这个资本相对贫乏的国家却在帮助美国经济和美国股市融资。我们可以这么来说：水向山上流去了。

另一方面来看美国：两年来（也就是1968～1969年），这个世界上最富裕同时资本也最丰富的国家却同时成为实物和资本的净进口国。虽然在此期间美国大量资金投资海外并且承担了数十亿计的发展援助，但美国在经常项目下事实上没有给其他国家提供实物资本。从国际收支的角度看，美国主要通过吸引短期（1967～1969年之前）和长期的外国资本（购买美国公司的股票和美国发行的欧洲债券）来抵消其资本输出的后果。

自1969年初以来，美国的利率升至百年来的最高位，长期利率水平也是高位运行，但是利率政策并没有改善美国的资本账户状况。流向美国的长期资本（1968年不少于60亿美元）主要不是受利率控制，而是取决于纽约证券交易所和国际投资公司。就美国而言，如果说利差对于资本流入还有一些影响的话，那么它对于美国的长期资本输出几乎没有影响，这就必须通过直接干涉比如征收“利息平衡税”来影响资本流向。

美国的高利率政策主要是限制了短期资本流动。1968～1969年，美国银行的负债增加了135亿美元。但是，随着信贷政策的放松，这些钱又向相反的方向流动。如果考虑包括短期资本在内的所有形式的资本流动，可以看到美国的国际收支1969～1970年经历了一个不少于上百亿美元的大幅震荡（从1969年流入40亿美元到1970年流出90亿～100亿美元）。目前美国经常项目收支状况的变化与资本项目的频繁动荡比较起来，完全黯然失色。

3 德国的资本账户

资本账户突然大起大落的相似情形在联邦德国过去的几年中也曾出现。20世纪60年代初期，联邦德国还曾被视为“资本缺乏国家群体”中的一员，但是1968～1969年却成为头号的资本输出国，最近又丢掉了这个位置。研究一下整个发展过程是值得的。如果考虑包括短期资本和统计遗漏在内的所有形式的资本流动，下面的图景将呈现出来：1963～1966年的四年间，资本净流入大约是100亿马克，但是到了1967年资本流向突然变化，1967～1969年资本流出不少于300亿马克（投机性流入的资本也被1969年最后几个月的流出所抵消，并不影响整个资本流动的图景）。到了1970年资本流动方向又一次突然转变：继1969年资本净输出达到165亿马克之后，1970年的前9个月所有形式的资本净流入达到了135亿，到年底可能会达到160亿，这使得两年之内德国资本账户的震荡额度达到了320亿马克或者80亿～90亿美元。世界经济怎么能够承受资本供应在短期内如淋浴般呈现出“冷热交替浴”的情形？德国资本账户1969～1970年的震荡恰好与美国资本账户在另一个相反方向上的震荡相一致，特别是在短期资本流动方面（不仅短期资本，联邦德国自1967年以来长期资本的输出也出现不同寻常的震荡：长期资本的输出在1967年是32亿马克，1969年230亿马克，1970年20亿～35亿马克）。

只要短期资本来回这样往返流动，美国和德国的国际收支状况就会紧密联系在一起，欧洲货币市场是这种连接的体现。比如，类似通过美国银行向欧洲美元市场支付50亿美元短期资金这样的行为增加了资本流动的规模，这使得德国经济界所需要的高额信贷可以轻松地以令人满意的利率从欧洲货币市场获得；相反，德国经济界对欧洲货币市场的强大需求也可能加快了美国资本流出的进程。众所周知，德国经济界从欧洲美元市场获取信贷导致德国联邦银行从夏季以来被动地购买了大量的美元，资金从欧洲美元市场到最后转化为中央银行的官方储备，这一过程也相应地提高了美国国际收支的赤字规模。

4 更高的资本净输入

今年前9个月，联邦德国的长期资本交易余额仍然呈现净流出的状态，达到了48亿马克（在1970年第三季度由于国内流动性紧缺导致了微弱的长期资本净流入）。如果整体上资本项目余额中出现了我之前所阐述的资本净流入，这只能归结到短期资本的流入上。因为这些资本净流入几乎抵消了经常项目余额，实际上进入了联邦银行的外汇储备。几乎全部的外汇储备增加——在前9个月是140亿马克——来自资本的流入，截至9月底仅仅是银行和企业的短期外债就增加了180亿马克。我们目前外汇储备的1/3以上实际上是从外国借入的短期资本。

不断变化的利差只能部分地解释德国资本账户的这种大幅起落，但是利差的变化到底是什么引起的呢？联邦德国在1967年突然变成一个资本丰富的国家，目前的这种发展又意味着它突然变成了一个资本缺乏的国家？这显然是不可能的。如果我们从过去几年中宏观经济形势和货币政策的变化中寻找德国资本流动大幅震荡的原因，可能会更为接近事实。1968～1969年，联邦德国的流动性充裕而美国流动性缺乏，但是自1970年初以来形势发生了相反的变化，两国流动性的差异在相当大程度上解释了两个国家间资本往来的情况，当然这也不是全部原因所在。

5 资本流向何方？

在经历了过去几年（资本流动的）动荡之后，可以有些信心对德国未来资本流动的大致方向进行预测。德国将最终主要成为一个资本输出国吗？我认为是这样的。

有些人认为由于计划扩建基础设施而对资本的大量需求，与一项重要的资本输出项目之间存在冲突。或许这种想法是因为考虑到联邦德国国际收支的目标已经在欧共体最近公布的中期经济政策规划中确定下来了。据此，1971～1975年的5年中，联邦德国要将经常项目顺差控制在国民生产总值的0.2%以下，这意味着每年资本输出规模将有14亿～16亿马克。我怀疑这是否是一个现实的估计。根据这一估计，德国运用经常项目顺差提供给发展中国家的双边或者多边的资本援助就不可能实现，未来联邦德国的资本账户不可能由纸面上的数字决定，而是由市场的发展决定。我认为在放松限制性货币政策后——虽然不是立刻，但终归要进行——德国将主要成为一个资本输出国。

我也认为像德国这样一个发达工业国——是美国和日本之后第三大资本创造国——不可能不为世界上其他国家的资本供给作出贡献，不仅仅是纯金融的，而且也是涉及实际的商品和劳务生产型的资本供应。有趣的是，在之前提到的“欧共体中期经济政策规划”中，荷兰和意大利——这些与德国相比对资本更有需求的国家——的经常项目顺差平均达到国民生产总值的 0.8%，按照之前对德国的计算，这意味着一直会有年平均 55 亿 ~65 亿马克的资本输出。

6　国际收支的失衡

资本流动在国际收支平衡和国际收支平衡政策中扮演一个什么样的角色？它对于货币政策的独立性又意味着什么？

毫无疑问，重要国家间资本流动的剧烈震荡会导致国际收支和国际货币体系的不稳定。这一点随着 1959 年后大多数国家的货币实现自由兑换以及之后各国货币和资本市场之间的联系变得更为紧密，更为明显。对此，我只需指出那些大量的投机性资本流动所导致的后果即可说明。过去几年中与各种货币危机密切相关的投机性资本流动在整个国际支付体系中兴风作浪，同时作为平衡因素的非货币性资本流动也经常成为不平衡的因素。

这种剧烈变动的资本流动已经给各国的货币政策造成了很大的问题，而各国货币政策对此只能是穷于应付。自 1961 年以来，国际社会一直努力通过共同的融资机制来解决资本流动所带来的动荡。我举几个例子：十国集团与国际货币基金组织（IMF）的一般性信贷协定（约 60 亿美元）；多国中央银行、国际清算银行以及美联储之间的货币互换协议（目前 112 亿美元）；1966 年与 1968 年两个处理英国英镑债务所造成动荡的巴塞尔集团协议，等等；以及为解决投机性资本回流所达成的中央银行间点对点援助。几年前对英国的救助，就是国际货币援助机制在紧急情况下发挥作用的最为明显的例子：英国截至 1968 年底通过国家或者国际货币机构得到了不少于 80 亿美元的短期和中期外汇援助，其中超过一半被用来应付因为资本流动所引起的外汇短缺问题（这 80 亿美元是 1970 年英国所分配到的特别提款权的 20 倍！）。

各国央行和国际货币基金组织的“灭火行动”，就是仅仅通过货币援助的方法来解决燃眉之急。虽然这能暂时性地克服资本流动所引起的动荡，但是只要其根植于资本流动方面的原因还在，其所带来的持续性失衡就不能被彻底消除。过去在提供短期货币救助方面已经走得太远，目前深层次的失衡问题如何解决？通过利率政策可以部分地对失衡进行纠正，但是传统的通过利率政策恢复平衡的机制（逆差国提高利率，顺差国降低利率）不可能一劳永逸地解决问题。它只能非常有限地在长期方面——比如美国的经验所显示的——特别是对于对外直接投资有时能够起到作用，国外短期资金的流入会造成更多事后的麻烦而不是有持续性的援助。目前意大利的货币当局正在推行一项独特的措施来平衡资本流动所引起的后果。在其推动之下，意大利的公共机构和受公共机构影响的企业今年开始大规模地从国外借入中长期信贷，其总额在 1970 年全年可能达到 150 亿美元。由此，意大利有力地抵消了直到今年年中还在持续的私人部门资本外流的影响。众所周知，联邦德国在相反的问题上扮演着一个重要的角色。通过鼓励资本输出能够缓解长期持续顺差所带来的失衡吗？尤其是可以借此避免来自国外的输入型通货膨胀吗？这种困难——与“回旋镖”效应理论密切联系在一起——幸好目前并没有出现，所以我仅仅对此进行简单提及。

有些重要国家为了改善国际收支状况也直接地干涉（阻止）资本流动或者是有意鼓励资本流动，尤其是美国、英国和法国（自 1968 年的货币危机以来），这肯定是对 50 年代和 60 年代初期开始的资本账户开放进程一个令人遗憾的打击。但是，我们不应该忘记，今天资本流动的自由度要远大于当初布雷顿森林体系所设定的水平。布雷顿森林协定通过国际货币基金组织确保成员国在一定情况下有充分的自由实施资本管制，但国际货币基金组织的章程明确要求不得限制与实际商品和劳务贸易有关的资本流动。过去 20 年中，至少是发达国家的货币政策实践已经远离了国际货币基金组织章程所确定的宗旨了，在 OECD 和欧共体国家中已经有了促进资本流动自由化的相关法律规定。

7 资本流动的自由受到威胁？

当资本的自由流动给商品和劳务贸易带来现实性的问题或者需要加以限制，从而实现国内经济均衡之时，是否资本流动的自由仍应该或者能够继续保持？这个问题在国际讨论中还没有明确的答案。还有另外一个不同的问题是，在面临资本单向流动的冲击之时，在多大程度上应该和能够运用汇率的变动作为调节工具？需要注意的是，在最近关于放松国际汇率调节机制的讨论中，要求放宽汇率调整幅度的主张似乎赢得了越来越多的支持者，虽然这不是主要用来防范短期资本的冲击。在不久前国际货币基金组织哥本哈根年会上法国总理也对此表示了支持。此外，在关于国际汇率的讨论中反映出一种有趣的发展趋势。以前，人们反对汇率具有更大幅度弹性的一个主要论据是：这可能会损害国际资本流动；而今天，人们却认为针对难以约束的资本流动而推行具有限制效应的措施是有益的。

一个肯定的原因在于，不能把资本账户仅仅当作平衡国际收支的手段或者后果来对待。西门子的塔克（Tacke）先生一年前在这里指出，想让对外直接投资适应变化着的国际收支状况是毫无道理的。如同我之前已经谈到的，虽然面临种种融资困难，今年联邦德国的对外直接投资还是在持续增长。

资本流动应该最大限度地不受管制，这种自由应该得到充分的保证，联邦德国毫无疑问地支持这种主张。即使对所有欧共体国家来说，这一目标也是明确的：在经济货币联盟的过渡期结束后，成员国之间要保持完全的资本流动自由。应该也要设想——同时也是急切地希望——完全的资本流动自由不仅在欧共体内实现，对外同样如此，这意味着在欧共体统一市场保持对外资本流动自由的同时，其与第三国的资本往来不应该受到歧视性的限制。

8 民族国家的货币政策

现在我来讨论目前或许是国际货币与资本流动中最为现实的问题，也就是资本的跨境流动与民族国家的货币政策之间的相互关系。

在一个不同国家间货币可以自由兑换并且各国货币市场紧密相连的体系中，货币与资本从限制较多的市场流向限制较小的市场的危险和可能性一直存在。欧洲货币市场的发展所形成的一个规模大、流动性强的资产池，也就是那些所谓的“时刻准备出击”的各类资本，极大地限制了民族国家的货币政策，如同它们目前在我国货币体系处于信贷紧缩阶段所起的作用一样。我在这里就不再列举具体的细节，但是一些反映宏观环境的数据还是很有意思的。在今天的前 9 个月不少于 145 亿马克的短期资金流向了国民经济中的企业部门，这其中 55 亿马克属于可统计的短期融资，但是 90 亿马克却无法详细进行统计（国际收支平衡表中的遗漏），这主要反映了对外贸易中收支状况的变化。流入的这 145 亿马克与同期国内的信贷供应成明显的比例关系，同期德国银行对国内企业和个人的新增贷款为 290 亿马克。

国外的货币市场——或者简单说就是欧洲货币市场——不仅部分地取代了德国银行作为贷款提供者的角色，同时还发挥着一种替代中央银行的功能。因为来自国外的信贷需要通过央行兑换成本币，这相当于央行投放基础货币进入流通。欧洲货币市场通过这种方式事实上成为民族国家所辖领土外的一个重要的流动性来源，成为第二货币当局。今天几乎所有欧洲国家的银行与欧洲货币市场的连接都是处于受限制和受管制的状态，但是通过非银行机构来获取信贷确是一个监管空白。由此，毫无疑问联邦银行货币政策的效应会被推迟和减弱。那么联邦银行的限制措施——如同有时被评价的那样——会毫无作用吗？事实并非如此，联邦银行已经通过提高最少准备金把一部分可观测到的外来资金对冲掉了。这种信贷限制措施的使用也有它的界限：一部分企业可以直接在欧洲货币市场上进行借贷（其中的一些企业占据了在欧洲货币市场融资总额的绝大部分），此外也不能对所有的欧洲货币进行对冲，因为准备金的上升也会最终导致银行运营的困难。事实上融资环境整体上还是相对趋紧的，对于一些较大的企业同样如此，从 7 月份以来货币扩张的势头已经受到了遏制。我们可以断定：虽然面临重重障碍，联邦银行的限制信贷的措施还是取得了明显成效。

9　绕道进入欧洲货币市场

通过进入欧洲货币市场来避开信贷限制的做法，在很多方面给货币当局造成了困难。欧洲货币市场的“漏气”所导致的货币政策效应的延迟，使得稳定市场的政策往往不能及时发挥作用。那些受市场青睐，比大量的中小企业能够更为容易地绕开信贷限制措施的大企业不是个小问题。此外，业务范围受到限制的德国银行也不敌外国银行，在国内信贷市场上受到挤压。如果欧洲一体化继续深入，我们可能还会面临更为严峻的问题，特别是英国的加入将使得伦敦的欧洲货币市场进入欧共体。按照今天的发展模式，不受最低准备金和其他限制政策约束的伦敦欧洲马克市场将会越来越多地融入德国经济和公共生活，成为德国信贷机构过于强大的竞争者，而德国货币政策的失效也是可预期的后果。如果遵从传统的告诫：“人们只有先停下然后才会更好地协调货币政策”，那么风险将永远不可能从世界上消除。也许所有的这些会使我们走上这样一条道路：欧洲国家在货币事务方面的进一步联合，进而为在所有成员国的银行体系中或多或少实行统一的制度规范。这将是通向货币联盟道路上必须完成的任务。

在这篇短文中，欧洲货币市场以及由此所引发的资本流动问题的艰巨性不能一一详细说明。这个议题并不仅仅只有消极的一面，对于有些国家，比如瑞士，欧洲货币市场是备受欢迎的解决其国内流动性过剩的理想出口，弥补了其国内缺乏货币市场的弱点。这个总值超过 450 亿美元的市场在一些方面发展出了高端货币产品，不仅具有作为货币市场的技术完善性，同时也开发出了国际货币流动中一些高流动性金融工具。

这个过去十年发展起来的国际货币市场，同时包括最近兴起的国际债券市场，或许是一个通向理想中单一和自由货币世界的预备阶段。当然，这个欧洲货币市场暂时还是处于一种“游离于民族国家所辖领土之外的野生状态”，需要将其正确地整合进入国际体系之中。

经济政策目标冲突下的货币政策*

奥特玛·伊辛（Otmar Issing）**

1 变化的形势

直到20世纪60年代，联邦德国都是全世界货币稳定的重镇。鉴于世界范围内的通货膨胀趋势，相对于德国的“经济奇迹”，这个国家高度的物价稳定有时会更让人惊讶。对于这种突出的表现，人们很快有各种解释：联邦银行高度的独立性，企业与工会的“纪律”，但最主要的是20世纪两次通货膨胀的历史教训，以及由此引发的公众对于物价上涨的敏感，通常被认为是联邦德国通货膨胀水平几乎总是最低的重要原因。

所以，人们一般认为，在这个国家，因为民众不能容忍年通货膨胀率长期超过2%～3%，导致执政党不得不承认币值稳定的相应优先地位。通货膨胀率以前只要一达到或者短暂超过“临界线”，那么担忧，有时甚至是戏剧性的陈述，便无处不在。而今，当人们读到这些的时候，很难相信，所有这一切不过发生在几年以前。但是，在当前的联邦德国，[illegible]%～7%的年通货膨胀率看来差不多已得到广泛接受。在新的经济景气时期之初，人们已多次为目前完全不可想象的物价上涨做好了准备。令人感兴趣的主要问题是：是什么导致经济与货币政策面对这样的发展在很大程度上显得力不从心的？

---

* 原文标题为 Währungspolitik im Spannungsfeld wirtschaftspolitischer Zielkonflikte. 出自 Egon Tuchtfeld（Hrsg.）（1973）：Soziale Marktwirtschaft im Wandel. Rombach Freiburg im Breisgau. 第189～205页。译者为中国社会科学院欧洲研究所助理研究员胡琨。

** 奥特玛·伊辛（Otmar Issing），生于1936年，经济学家，1973年任维尔兹堡大学教授，1998～2006年任欧洲中央银行（EZB）董事会董事。

2 实际与假设的目标冲突

除了收入与财富的“公平”分配，1967 年 6 月 8 日的《经济稳定与增长促进法》第 1 条把物价稳定、高就业率、对外收支平衡以及适度的经济增长称为被普遍认可的宏观经济目标。对于要同时实现这些目标的要求，人们经过批判思考也许需这样理解：在碰到预期目标冲突时，出于各种考虑，不想从一开始就确定特定的优先目标。

关于目标的协调与冲突问题，已有如此众多的出版物讨论过，在此只想对物价稳定与其他目标之间的关系做一个简短的概述。此外，初步不考虑对外收支平衡目标。

2.1 币值稳定与经济增长的关系

在政治讨论中，高速甚至“适度”的增长与币值稳定目标间发生冲突的可能性或概率总是被大肆渲染。与此同时，研究得出结论，在最好的情况下，可以证明物价涨幅与经济实际增长之间没有相关性。1958 年，邦巴赫（Bombach）通过实证研究得出结论。这个结论至今仍然有效：“首先我们牢记，在各个国家，实际收入的长期提高与一般物价水平的增长间存在各种各样以及不断变化的关系。……我们从事实中进一步了解到，实际收入与物价水平的增长率常被认为存在正相关性，而这点无法证实。”①

人们甚至可以确定，舆论早已转向，如下观点抬头，即至少从长远看来，稳定的货币是实现满意的实际增长率的最佳基础。②

2.2 币值稳定与分配政策目标

分配政策目标首先主要包括收入分配的影响。人们看来普遍确信，在存在通胀趋势的时期，雇主可通过让工资相对物价滞后上涨来增大其在国民收

---

① G. Bombach：Quantitative und monetäre Aspekte des Wirtschaftswachstums. In：W. G. Hoffmann（Hrsg.）：Finanz-und Währungspolitische Bedingungen stetigen Wirtschaftswachstum（Schriften des Vereins für Socialpolitik，Neue Folge，Bd. 15）. Berlin 1959，第 203 页。

② 还可参见 K. Wieners：Geldpolitik und Wirtschaftswachstum，Freiburg 1969. Wieners 对许多国家紧缩货币政策与经济发展的相关性进行了研究。及早地启动紧缩货币政策对经济增长发挥有利影响。因此，经济政策上及时地刹车不仅（后文还要提到）可实现货币稳定与全就业的匹配，而且在这种和谐情况下也可考虑增长政策。

入中的比例，代价是雇员的利益；实证调查中却没法证实这个揣测。所以，事实表明，通货膨胀在美国对于收入分配几乎毫无影响，一项关于联邦德国1950～1969年的研究也显示相类似的结果。不过，因为养老金的调整相对工资增长滞后，所以对于退休者有一定的不利影响。[①]

然而，即使相对较低的通货膨胀率对于财富分配也有相当大的影响。这个观点是特别重要的。我们经济体系“承载能力”研究的框架显示，分配政策措施在与工资直接挂钩的领域的活动空间很小。因此，长期看来，只有通过逐步致力于更加均衡的财富分配才能实现相应的收入分配改善。

人们假设，这个假设对于联邦德国绝对适用，收入水平更低的人把其积蓄恰恰主要投资于货币性资产；而与此同时，收入更高的人，以及所有企业则必然地把其财富都转化为实物资产。因此，持续的通货膨胀趋势对宏观经济的财富分配将直接产生破坏性影响。[②]

简单思考一下就可以说明情况。假设所有权结构如下：企业只能通过向家庭举债来筹集纯投资资金。因此，从经济角度看，家庭是企业有形资产的所有者。只要币值稳定，这个情况就不会变化。然而，假设年通货膨胀率为5%，则货币性资产（不包括利息）的实际价值超过约14年就会缩水一半；同时，实物资产从总体来看，则可因相应的“通胀红利”而保值。

这个情况可通过图1表明：在时间点 t_1 货币性与有形资产的值为各100，企业新的投资与家庭纯储蓄等额；如此，至时间点 t_{14}，实物与货币性资产名义值翻番。从经济角度看，家庭自始至终都是企业所有有形资产的所有者。然而，假设每年5%的通货膨胀率给两种资产带来了上述结果，则实际看来，对于企业部门则是免除了阴影部分的债务。或者换一种说法：通货膨胀极大地剥夺了货币性资产所有者的财富。

这个阐述不仅有“学术意义”，而且也证明了联邦银行的一些考虑。在5%的通货膨胀下，总共2.5万亿德国马克的有形资产在一年内（1971年）因通货膨胀而产生不少于1250亿德国马克的增值！货币性资产的所有者持有的“名义货币”在当年可增加600亿德国马克，对于维持货币性资产在

① 参见 M. Ziercke, Inflation und Einkommensverteilung in der Bundesrepublik von 1950 - 1969. In: Jahrbuch für Sozialwissenschaft, Bd. 22 (1971), pp. 127 - 154。

② 约在1871年，主要由于国家通过《第三财富积累法》启动的促进措施，银行储蓄出现了一个新的高潮。储备占积累的财富的比例因此提高到了26.5%。低收入者积累了大量的货币性财富，而且是以利息相对较低的方式。参见 Deutsche Bundesbank, Monatsberichte, Mai 1972, p. 21。

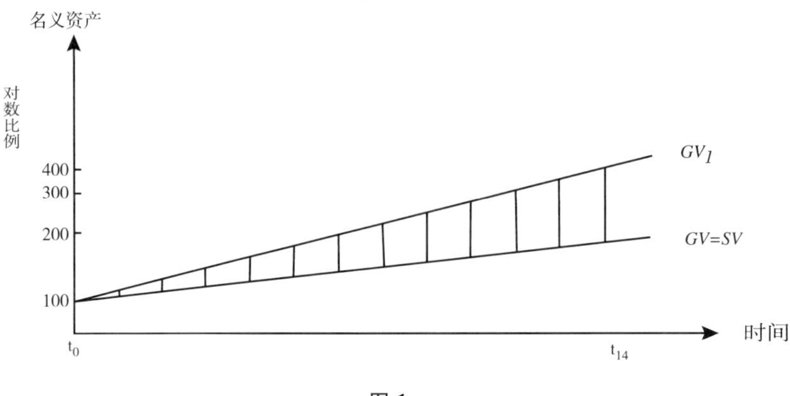

图 1

注：GV = SV：在币值稳定时，货币性资产与有形资产的增长；
GV_1：在年通货膨胀率 5% 的情况下，有形资产的增长。

整个国家财富中的比例来说，如此的储蓄甚至都是不够的。[①]

以下的数字可清楚地表明，由于投资，企业部门固定资产净增加值的增速低于持续储蓄导致的货币性资本增加，但是，非银行部门的所有货币性资产在 1971 年底只占可再生有形资产（按重置价格算）的 45%，与 1959 年底的水平一样。而在 1968 年底高通胀开始之前，这个比例曾升至 51%。这个结论还不包括通货膨胀导致的土地增值的影响。如果考虑这一点（实际上也是对的），那么货币性资产所有者的境况还要恶化。

总的来说，尽管存在高额的名义贷款，但是由于通胀产生的实际减债，这样的发展在任何情况下都导致企业部门债务减少。[②]

因此，即使通货膨胀处于被称为“不危险”的水平，也被证明是强力的再分配机器，确切地说，朝着与所有分配政策目标相反的方向。所有致力于均衡分配的努力在较大规模的持续通货膨胀面前都会变得无效。雇员积攒的货币性资产越多，则试图通过具有通胀效应的加薪来改善雇员状况的所有努力，越会被证明是错误的冒险。

---

① Deutsche Bundesbank：Geschäftsbericht für das Jahr 1971，第 27 页及续页。不过，关于联邦德国境内两者关系的详细研究得出结论，“企业有形资产本身不具对冲通货膨胀的能力”（H. Willgerodet，K. Bartel und V. Schillert：Vermögen für alle. Düsseldorf 1971，第 99 页）。然而，整个研究也显示（S. 第 69 页及续页），对于高收入者，储蓄在总资产中比重相对较小，而由收益率更高的投资形式以及可对冲通货膨胀的不动产占主导。

② Deutsche Bundesbank：Monatsbericht，März 1973，Entwicklung des Geldvermögens und der Verpflichtungen von 1950 bis 1971，insbesondere 第 25 及 30 页。

从我们经常闻及的假设出发，即我们经济制度的未来取决于分配领域，那么通货膨胀产生的危险就完全清楚了。

2.3 币值稳定与充分就业

我们先不管财政部长施密特（H. Schmidt）“5%的通货膨胀率强于5%的失业率”的表述是否涉及联邦德国的具体形势，但是这种表述也显示了，在经济与财政政策中可能始终有个念头挥之不去，即联邦德国也处于币值稳定与充分就业的“两难境地”。[①]

在一些国家如美国和英国，人们首先预设，菲利普斯曲线（Phillips-kurve）可恰当地描述这种冲突情况，而联邦德国至今绝对不具备这种特征。[②] 在这个国家，币值稳定与充分就业真正的冲突在过去只在极少的情况下——如果真有的话——出现。[③]

另外，根据大量关于菲利普斯曲线的批判研究，不得不怀疑，对于经济与货币政策来说，在不同程度的通货膨胀与就业率之间进行固定选择的可能性是否真的存在。在联邦德国，近年来的发展清楚地表明，关键的利益集团——工会、企业还有公共部门——多么迅速地就适应了一定的通货膨胀率，并作为其今后进行决策的基础。因此，今天的通货膨胀率是明天额外物价上涨的出发点；或者说，因为预期的影响，菲利普斯曲线向外移动，以至于经济与货币政策不能实现与当前通货膨胀率相对应的就业水平的持续稳定；通货膨胀须加速。

通过这个分析看来，社会实际上并不须被迫面对通货膨胀与就业率的各种组合做出选择。做出的选择决定更多是：获得当下以及近期通过更低的失业率产生的暂时收益，而在更远的将来会因更高的通货膨胀率而付出代价。

---

① 最后人们不禁要问，目前关于通货膨胀或者充分就业抉择的争执不过是引人瞩目的佯攻。人们接受这个观点，但仍然只在以下两种表述中进行选择：用大量的理论来“捍卫”通货膨胀，这些理论承认温和通胀的积极作用，大概是在“社会软化剂”的意义上，或者看作掩饰经济政策失灵的尝试。费城联邦储蓄银行进行“克服”温和通胀现象的信条是：“先是容忍，再是接受，最后是合理化”。摘录于 H. G. Koblitz：Einkommensverteilung und Inflation in kurzfristiger Analyse. Berlin 1971，第 77 页。

② 因此大概是 Hoffmann 认为，联邦德国在 1949～1966 年间，工资水平变化与价格水平（菲利普斯曲线最初的两个变量）之间不存在明显的相关性［W. G. Hoffmann：Die “Phillips-Kurve” in Deutschland. In：Kyklos，Vol. 22（1969），第 226 页及续页］。

③ 因此自然不认为，没有影响的 6%～7% 的短期通货膨胀率是源于每年物价适度上涨期的就业。

于是，社会的最优选择取决于时滞效应，通过这个延迟，经济让预期适应经验；也取决于社会的时间优先度，通过增加就业来兑现当下的收益和较快的通货膨胀下额外的成本。①

此外，在通货膨胀预期的背景下看来，各个政府总是做出通过收入政策措施来掩盖货币与财政政策失灵的尝试，尽管所有的经验都毫无例外地表明，如此努力的成功可能性微小。物价与工资冻结作为“临时紧急措施”引入，有持久化的趋势，并且因此会破坏市场经济；替代措施是取消对累积的物价与工资要求的压制，放开物价与工资要求。收入政策也无法为稳定的货币与财政政策提供有效和适应体制的替代品。②

3 “相对化币值稳定”的危险

鉴于这种相关性，人们不禁惊讶，“相对化币值稳定”目标在我们这里是那样迅速和想当然地被处处接受。从概念上可这样理解，即对绝对币值稳定进行实证的测定仅存在于完全统计意义上的范围，因为它可能忽略了品质的改善。因此，即使是在测定的基本生活费用价格指数涨幅略高于1%时，仍可被称为绝对的币值稳定。另外，以GDP价格指数为基础，则其中也包括“国家服务的（虚拟）价格”，这个价格本身每年会随着价格总指数而相应“通货膨胀”。

对于这个统计问题，联邦银行在其1965年提交给联邦财政法院的报告中认为：“一般来说，当‘中间’消费群体基本生活费用价格指数每年可能提高1%时，还不能视为币值下降，当指数提高至1%～2%，只能有限制地称之为币值下降的迹象。当然，超过这个界限……就可在消费者层面明显确定货币购买力的减小。”③

尽管一个类似的币值稳定目标的“统计相对化”占支配地位，但是，

① H. G. Johnson：Probleme der Effizienz der Geldpolitik. In：Kredit und Kapital，Jg. 1（1968），第149页。

② 即使“相对化”货币稳定政策与临时收入政策措施的“组合”也不能打破通胀预期。一个对经济顾问委员会报告的回复不认同以下考虑，即通过一个临时的物价与工资冻结可以降低通胀预期；E. L. Feige：The 1972 Report of the President's Council of Economic Advisers：Inflation and Unemployment. In：The American Economic Review，Vol. LXII，No. 4（September 1972），p. 511。

③ Deutsche Bundesbank：Monatsberichten，März 1968，第12页。

至今仍然作为“相对化的币值稳定”标签的价格上涨率早已超过了联邦银行设定的临界值。只要不是简单地认为，“相对币值稳定”就是应接受温和通胀和防止物价较快的上涨步伐，那么这个术语通常建立于在国际层面进行比较的基础之上：德国马克是“相对稳定的”，如果其货币贬值幅度或多或少地低于其他西方工业国家。

然而，人们接受这个“相对化的币值稳定”作为经济与货币政策目标，那么就有不可避免的风险，即仅通过“官方”宣布一定的通货膨胀率作为下限，就直截了当地为通货膨胀过程的加速提供了先决条件。国家经济政策公开承认不能掌控通货膨胀问题，从长远看来，必然会毁灭所有人对货币的幻想，并因此让通胀过程不可避免地加速。[①] 因此，在一个“暂时”的“相对货币稳定”目标的基础上，能否回归到一个绝对的币值稳定，似乎也是值得商榷的。因此，（绝对）稳定目标作为经济与货币政策的目标，其任务包含着巨大的政治—心理风险。[②]

这样的“相对化的币值稳定”，在相当程度上还是有不良的分配效应。因此，这个理念的支持者想出了一个解决方案：借助货币保值条款应可避免不良的分配效应。人们现在不需去指明那些与指数条款有关的负面经验，如在法国与芬兰。这是显而易见的，货币保值条款的实施（鉴于德国联邦银行严格的惯例也许首先需修改法律）必然会加速通货膨胀的过程。在西方工业国家，人们首先把通货膨胀过程理解为围绕社会产品实际比例进行的“集团斗争”的表现——正是在这个假设下，就业与币值稳定的任何目标冲突都是不可避免的——因此，货币保值条款（在一般实施中）意味着，由于价格上涨而针对任何形式的实际收入缩水采取的保值尝试。这最终意味着，因为一个集团（无论是多么微不足道）的要求而引发一个价格上涨过程，其他所有的

---

① 人们只要考虑 1971 年总量为 275 亿马克的大量存款，就不会小视通货膨胀加速带来的危险。

② 当然，人们继续坚持（绝对的）货币稳定作为目标，单纯的持续物价上涨长期来看必然会产生难以置信的影响。然而，在一个一贯的稳定理念框架内确定这一个目标，则是相应的稳定政策获得成功不可或缺的先决条件。没有这样的心理因素背景，“地租马克的奇迹”是无法解释的。Roberston 举了以下这个有趣的例子来说明金本位的“心理束缚”：“约翰内斯堡有个矿山主，他有一个玻璃假眼，当他离开工场，就把这个玻璃眼放到高处。只要这个眼睛的视线停留在工人身上，工人就会继续工作。但是，当有一天，一个最有勇气的工人走近这个半球，并用一个外翻的香烟盒盖住它，他和他的工友们接下来就会迅速跑掉和喝醉。如果金本位的所有外在特征都消亡了，那么事情就会如同这个故事一样发生。”D. H. Robertson：Das Geld. Wien 1935，2. Auflage，第 147 页。

“被保障”集团就会立即提出相应地提高其名义货币的要求，这样就会导致新的通货膨胀狂潮。最后，按照相应的指数条款，甚至最初引发整个价格上涨过程的集团也要被保障。因为经过其他集团的“防卫行为”，其提高的实际比例又重新退回原点——作为一个不断的过程中的环节，再一轮的价格飙升即将来临。

实际上货币价格条款的目标几乎不可能实现。因此，在实践中，在各种各样的要求自动匹配达成之前，一定的临界值必然总是会被超过——调控，例如对关键价格指数的调控——在这种情况下是不可或缺的。另外，在经济生活中有许多领域，在这些领域中，相对弱小的市场伙伴根本没有能力落实相应的指数保障。①

因此，作为本节分析的总结，可以确定：只有在乍一看时，屈服于温和通胀，如其在“相对化的货币稳定”公告中所表达的，似乎是“理性”的经济政策的一个真正基础。简而言之，把通货膨胀率固定在例如每年6%～7%的水平与遵循绝对币值稳定（在“统计学不安全”的界限内）的政策，至少是同样困难的。② 然而，当人们决定采用“相对化的币值稳定”政策，那么，任何阻挡“符合目标”的通货膨胀率加速的尝试，都要以接受相应的负面分配效应为前提条件。

4 稳定理念中中央银行的角色

长期以来，联邦德国在充分就业与币值稳定这两个目标之间不存在根本性的冲突。这个观点最终是以工会的行为为依据，在存在失业威胁的时期，

① 关于货币保值条款的问题，作者在即将发表的文章中进行了详细的研究。分析显示，收入领域的货币保值条款明显具有推动通货膨胀的特征。与此相反，通过保值条款，保护货币性资产的实际价值，其一定的促进稳定的特征是不可否认的，具体来说主要是，债务人因此无法获得通货膨胀带来的“实际减债”的红利，并且由于这个原因，贷款需求不会无限膨胀。

② “如果不能保证一个稳定的通货膨胀率，那么通货膨胀就会产生额外的风险。一定形式的合同，例如关于工资、利息、租金和养老金的，充其量还可以得到一个币值条款的保护。然而，这与企业须面对的许多风险无关。如果每个企业与个人都鉴于不确定的通胀预期而计算其风险溢价，则一些投资就不可能实现。理论上，在通货膨胀为零时这个说法也同样成立——通货膨胀可随时爆发。事实上这是一个谬论。哪里货币近似和长期稳定，则人们对其多少会有信心。而通货膨胀在5%或者15%或者115%则没有信心。”（H. C. Wallich：Inflation und Wirtschaftwachstum. In H. C. Wallich，H. Giersch，O. Pfleiderer：Wirtschaftswachstum durch Geldwertschwund? Schriftenreihe Steuerrecht und Steuerpolitik，Heft 11. Heidelberg 1971，第25页）。

他们经常在工资要求上保持克制。也可以这样说：迄今为止，联邦德国还几乎从来没有遭遇成本推进型通胀问题；成本推进因素只有在价格本来就已经上涨了一段时间之后才会出现。

因此，最后一次经济周期正好为一个错误的经济政策提供了一个范例。如果为经济繁荣降温的刹车努力失败，那么最理想的、最少的代价就是相应增加的通货膨胀率。实际上，代价远大于此。具体的失误是众所周知的，从推动通货膨胀的财政政策产生的滞后货币升值，到最后因为工资水平被抑制而毫不意外地导致了累积加薪要求。

从这个示范案例出发，可以发现在经济与货币政策理念中币值稳定的特殊重要性。实现中期尽可能高的币值稳定度的尝试，就可及早抑制经济周期，因为在现代工业国家中，价格刚性效应阻碍提升的价格再返回初始水平。另外，毫无节制的繁荣让充分就业面临特殊的风险，因此，充分就业和币值稳定这两个目标有着非常和谐的关系。这同样适用于分配问题，在这个问题上，经济政策在景气波动较剧烈的时期，几乎不可避免地要面对几乎无法解决的困难。

目前，中央银行在稳定理念中扮演关键角色。根据货币理论对于此问题的最新成果，就中央银行政策的改革提出以下两个要求：第一，力求货币政策的一定连续性；第二，货币政策更多集中于中央银行实际掌握，或者说在相应的前提条件下可以掌握的货币供应量。是否应该为了货币政策的连续性，而根据弗里德曼（Friedman）的建议禁止中央银行所有的“景气政策行为”？在当前讨论的水平下，按照学术标准，可能无法做出明确的决定。因此，对于联邦德国来说，一种“温和”的货币主义立场是现实的选项，即不仅进行公开市场业务，还通过存款准备金和再贴现政策兼顾短期因素。[①] 通过对早期指标的更多关注来改善推动经济政策的货币政策导向，以及通过一系列的配套措施——例如也针对贷款的存款准备金条例——来进一步缩短货币政策的时间滞后，无论如何看起来都是紧急的。[②]

---

① 参见 H. Müller und A. Woll：Neuere Vorschläge zur Geldpolitik und die Möglichkeit ihrer Verwirklichung in der Bundesrepublik Deutschland. InÖ D. Cassel，G. Gutmann und H. J. Thieme（Hrsg.）：25 Jahre Marktwirtschaft in der Bunedesrepublik Deutschland. Konzeption und Wirklichkeit. Stuttgart 1972，第 193 页及续页。

② 关于这样的组合——改善传统的货币政策以及嵌入弗里德曼的普遍约束力理念——参见 E. Dürr：Reform der Geldpolitik statt Konzertierter Aktion. In：E. Hoppmann（Hrsg.）：Konzentierte Aktion. Kritische Beiträge zu einem Experiment. Frankfurt 1971，第 171 页及续页。

另一点是因这个问题而起，即中央银行应关注哪些指标。近期，关于联邦银行的政策正好就这个问题进行了激烈的讨论。[①] 第一个条件是，货币当局应该选择由其可以掌握，而不是能够摆脱其控制的指标为指导。如经常发生的一样，当货币当局选定了利率或者当前的失业率作为直接的干预指标时，他们就会像方向指向了错误星球的飞船那样行事，不管它的控制系统多么敏锐与巧妙，飞船还是会偏离它的目标。而同样的事也会发生于货币当局。其可控制的各种其他指标中，最合适的货币政策控制指标有：汇率、由特定的指数定义的价格水平及某个层次的货币供应量（比如流通中现金加活期存款，或者再加上商业银行的定期存款或者再加其他的项目）。[②]

汇率导向则意味着在固定平价的情况下保证国际收支平衡，并因此与世界其他地区保持同步。货币政策对价格水平只能产生间接和滞后的影响，因此，货币供应量可以作为直接的基准指标。通过中央银行来控制货币供应量，一定要对传统政策工具做一些改进。但是，首先中央银行任何控制货币供应量的尝试都要以对外经济的保障为前提条件。就这个必要性，鉴于汗牛充栋的理论研究，尤其是根据过去惨痛的经历，有必要毫不吝言。人们必须指明将来“开放的对外经济漏洞”会产生的后果：短期内可偶尔在相应有利的对外经济关系中与《稳定法》[③] 第一条的目标相切合。然而，没有对外经济保障，这样的“成功”只能或多或少地随机维持。中长期导向的稳定政策理念的成败取决于对外经济保障。没人会低估阻碍这个条件落实的政策障碍。这种稳定政策的实施过程必然遭遇很多的失败，造成政治上的困境。然而，人们仅凭这种失败，就指责支持德国马克汇率浮动的建议是“办公桌方案”或“不现实”，是没有说服力的。

5 货币政策的首要地位

与“二战”后极大的期望相悖，财政政策没有能够在任何国家，在较

---

① 关于通货膨胀计划参见 M. Willms：Der Inflationsprozeβ in der Bundesrepublik und die Geldpolitik der Bundesbank. In：D. Cassel，G. Gutmann und H. J. Thieme（Hrsg.）：25 Jahre Marktwirtschaft in der Bundesrepublik Deutschland，a. A. O.，第 178 页及续页。

② M. Friedman：The Role of Monetary Policy. In：The American Economic Review，Vol. LVIII，No. 1（März 1968）. Deutsche übersetzung in：ders.：Die optimal Geldmenge und andere Essays. München 1970，第 153 页。

③ 此处指《经济稳定与增长促进法》。——译者注。

长的一段时期内发挥其在稳定政策中预定的主导角色。其阻碍是众所周知的。此外，货币主义学派的研究还显示，即使在理论上，作为稳定政策工具的财政政策的重要性程度也没有人们基于主流经济学理论而长期接受的那样高。①

这个结果不应成为灰心的理由，因为中央银行同时可成为发挥核心作用的机构。基于所有的经验，中央银行因其政治独立性最有可能、有能力远离日常的政治斗争而基于长期的考虑来进行决策。不仅在“社会市场经济”的框架主题下，而且在这种情况下也有机会引用欧肯（Walter Eucken）的观点。对于他来说，市场经济适用如下原则：“如果一定的币值稳定不能保证，那么所有落实竞争秩序的努力都是白费劲。因此，对于竞争秩序来说，货币政策占有首要地位。”② 稳定政策的特殊地位在于，在这个问题上的成败不“仅”关乎单个经济政策目标的实现好坏，而且长远看来，对于市场经济的维持有根本性的意义。如同社会市场经济建立初期的货币改革和借此对通货膨胀的抑制，货币的持续贬值对于这个秩序理念来说意味着缓慢而必然的终结。

---

① 可以确定，联邦德国 1967～1971 年的经济周期中，通过财政投放的货币占据明显的主导地位。M. J. M. Neumann：Zur relative Bedeutung fiskalischer und monetärer Impulse. In：WSI-Mitteilungen，1. Jahrgang，1973，第 14～25 页。

② W. Eucken：Grundsätze der Wirtschaftspolitik. Tübingen 1955，第 256 页。货币稳定优先意义上的货币政策这样的首要地位，也要以对中央银行相应的明确目标指标为前提条件。然而，众所周知，在联邦德国却不是这样。根据《联邦银行法》第 3 条，只是把联邦银行的任何不甚明确的目标定义为“保障”货币，并因此导致在国内经济和对外经济稳定之间进行的选择没有定论。在一个易于通货膨胀的环境中，则划定出一个广泛的活动框架。在这个框架中，中央银行根据《联邦银行法》第 12 条有义务“支持联邦政府的一般经济政策”。在这一点上，我们可以预设，在这个活动空间中，“魔幻四角”的目标也同样适用于货币政策。这个情况让人想起美国货币政策的不明确目标，Viner 恰当地描述为：“太多目标就是没有目标。”Hearing before the Subcommittee on General Credit Control and Debt Management of the Joint Committee on the Economic Report，Congress of the United States. Washington 1952，第 772 页。

汇率灵活性与对外经济保障*

赫尔穆特·利普菲尔德（Helmut Lipfert）**

1 引言

一国货币汇率的高低，反映其适应经济环境变化能力的程度。简而言之，被冠以“汇率机制”概念者，都是世界货币政策制定者激烈争论的对象。① 针对这个问题有两个紧密相连，却含义不同的方面。其中一个方面的观点是以下事实，即一国货币的汇率不单是该国有所行动或不作为的结果，也受其他国家的影响。汇率的这种多国特性在当前争议的问题上显得特别突出，即美国是应自己提供外汇储备，还是通过其他央行必要的干预来支持美元汇率。

汇率的设定也有国内方面的因素。只要汇率作为联系国内与国际经济的价格，就存在对国内经济产生货币与实体经济推动影响的可能性。这特别适用于外贸占国民生产总值比重高的国家。联邦德国作为外贸依存度高，并对

---

* 原文标题为 Wechselkursflexibilität und auβenwirtschaftliche Absicherung. 出自 Otto Veit et al. (1974), Währungsstabilität in einer integrierten Welt. Stuttgart. Berlin. Köln. Mainz, 第 143 ~ 165。译者为中国社会科学院欧洲研究所助理研究员胡琨及博士研究生史惠宁。

** 赫尔穆特·利普菲尔德（Helmut Lipfert, 1924 ~ 2008 年），经济学家及银行家，1962 年及 1976 年两次任汉堡大学教授，1966 ~ 1975 任莱茵票据交换所主席，1975 ~ 1982 任职巴黎欧洲工商管理学院（INSEAD/Paris）。

① 赞成与反对的意见，详见：IMF, The Role of Exchange Rates in the Adjustment of International Payment, A Report by the Executive Directors, Washington D. C., 1970 und: IMF, Reform of the International Monetary System, A Report by the Executive Directors to the Board of Governors, Washington, D. C., 1972。

通货膨胀相对敏感的国家，怎样应对国际价格传导是比就业波动输入问题更重要的问题。不同的汇率机制与阻止输入型通货膨胀之间的关联，是本文的主题。

本文主要说明的是，首先应该指出汇率灵活性是否或者在多大程度上能够避免购买力的不稳定蔓延到国内，其次是经济政策在这种相互关联中起到了怎样的作用。① 最后讨论的，也是早在十年前笔者就尝试的：在两种极端路线之间，即在固定汇率与完全灵活的货币兑换关系之间，找到一条折中的路线。②

2 概念解析

“输入型通货膨胀”③，被定义为国际因素对国内价格和成本的影响。仅这个定义本身已经揭示出，这种现象不是像人们长期所认为的那样，与国际收支盈余的存在相关。而是像一开始斯图则尔（Stützel）④ 所指出的，通货膨胀的动力能够完全独立于这种差额，而通过价格平衡机制的作用从国外蔓延到国内经济领域。关于收入和流动性效应的“输入型通货膨胀的国际收支理论”和关于直接国际价格关联⑤的“输入型通货膨胀的价格理论”，是当今普遍被接受的两种解释性的尝试。它可能的传导路径有：跨国公司的行为、工会的国际合作以及国际通货膨胀预期效应和示范效应（国际工资的倡导者）⑥。然而，这些说法至今不能被证明。

① Sohmen 指出，须严格区分以下两个问题，即在汇率灵活性下，是否可能不受国际价格影响，而通过适当的货币政策保持国内价格水平稳定？或如通货膨胀在外国肆虐，而国内的货币及其他经济政策完全保持不变，国内价格水平可否保持稳定？E. Sohmen, Die importierte Inflation bei festem und flexiblem Wechselkurs, Jahresbücher für NationalÖkonomie und Statistik, Bd182, 第 552 页。

② H. Lipfert, Wenn der Wechselkurs kein Tabu mehr ist, 载于 1964 年 5 月 28 日、29 日的《商业报》; Diskontpolitik mit dem Wechselkurs, 载于 1964 年 6 月 5 日、6 日的《商业报》。

③ 这个定义据我所知第一次是被 Röpke 所使用的。W. Röpke, Das Dilemma der importierten Inflation, in: Röpke, W., Gegen die Brandung. Zeugnisse eines Gelehrtenlebens unserer Zeit 出版人 A. Hunold, Erlenbach-Zürich-Stuttgart, 1959, 第 295 页及续页。

④ W. Stützel, Ist die shleichende Inflation durch monetäre Maβnahmen zu beeinflussen? in: Beihefte zur Konjunkturpolitik, 1960 年, Heft 7, 第 10 页。

⑤ G. Fels 运用这些名称, Der Internationale Preiszusammenhang, Schriftenreihe Annales Universitatis Saraviensis, Heft 46, Köln-Berlin-Bonn-München 1969.

⑥ The International Transmission of Inflation, in: OECD, Economic Outlook No. 13, July 1973。

与经济制度的划分体系相类似的是，汇率机制也被分为三种体系：一种是固定汇率，另一种是灵活汇率，以及作为第三种可能的“折中路线汇率体系”。正如它在《布雷顿森林协定》中约定的那样，固定汇率的特征是确定的外汇平价、央行的外汇市场干预义务，以及较小的汇率浮动区间。而灵活汇率完全不具备上述这些特征。折中路线的汇率体系或者说半灵活汇率体系，被认为是一种更快捷地改变外汇平价、与固定汇率相比具有更大浮动空间的体系。

3 固定汇率机制下的对外经济保障

3.1 通过收入效应的通货膨胀传导

输入型通货膨胀的国际收支理论，其关于收入的衍生理论是以凯恩斯主义为基础的。输入型通货膨胀的原因，是在经常项目对价格变动的正常反应的前提下，经常项目所产生的盈余，[①] 当国内通货膨胀率小于国外通货膨胀率时，这种盈余就会产生。外贸盈余的增加诱发了扩张性的乘数效应，这种效应在没有弹性的供给情况下会导致价格上涨。因为价格上涨的幅度依赖于国内货币供给的弹性，克拉莫尔（Cramer）[②] 和威斯特法尔（Westphal）[③] 对此做了合理解释：论点最终体现了收入理论与货币数量理论观点的结合。豪泽尔（Häuser）立场鲜明地持此观点，他力图证明收入效应的原因是出超，但得出的结论却是，出超造成的通货膨胀的大小最终取决于一部分输入的通货膨胀货币是否又被输出国外。[④]

3.2 通过货币效应的通货膨胀传导

货币数量理论的拥护者也得出同样的结论，国内货币供应量则是其解释

---

① 不同于自从 1971 年 10 月以来德国联邦银行的实践经验，即把贸易、服务业和资本收支整合为经常项目收支，此处只把货物与服务流通框架的交易理解为经常项目。

② P. Cramer, Der direkte internationale Preiszusammenhang. Ein Beitrag zur Theorie der importierten Inflation, Köln, 1971，第 9 页及续页。

③ U. Westphal, Die importierte Inflation bei festem und flexiblem Wechselkurs, Tübingen, 1968，第 9 页。

④ K. Häuser, Das Inflationselement in den Exportüberschüssen der Bundesrepublick Deutschland, in: Weltwirtschaftliches Archiv, Bd. 83, Hamburg（1959 Ⅱ），第 173 页。

国际价格传导过程的战略变量。[①] 传导路线如下：在出口盈余的状况下，从出口商处获得的外汇要比支付给进口商外汇多。出口商不能通过商业银行转让也不能向进口商转让的外汇便会流入中央银行的外汇储备中，因为央行必须用本国货币来买进这些外汇。每笔流入中央外汇储备的外汇都会导致额外的国内货币进入流通，但这些货币却没有相对应的国内货物供给，因为为出口而生产的货物已售往国外却没有进口同样多的货物。[②] 后果就是价格上涨。而价格上涨不能仅仅借助于传统的理论来进行解释；根据新数量理论的原理，[③] 可以解释流动性效应的通货膨胀效果。

一种与凯恩斯理论有显著区别的理论认为：流动性效应不仅可能通过经常项目的改善而产生，也可能因资本净输入引起。对于分析货币效应来说，仅是经常项目和资本项目差额的总和（即一般意义上讲的国际收支差额），就起到决定性作用。[④]

3.3 国际价格关联

在以“市场的价格拉平力”为核心的一种解释理论中，这些收支额度完全不重要。[⑤] 国际价格关联理论认为：“在竞争市场上，同样或者类似商品之间的价格差异不会持续存在……”其他贸易伙伴国的价格压力通过一个持续发挥作用的调整及平衡过程可传导至本国国内，这在一个统一的市场中相当典型。由于这种价格关联，与世界紧密联系的国家，比如联邦德国在国际收支平衡或赤字时，就会因输入通货膨胀而导致价格上涨。[⑥] 尤其自从经济“五贤人”委员会在 1976～1978 年的年度评估报告中片面地主张“国

---

① W. Röpke, a. a. O. S. 295 ff. -L. A. Hahn, Autonome Konjunkturpolitik und Wechselkurs-Stabilität. Geldtheoretische Betrachtungen zur Währungspolitik der Bank Deutscher Länder, Frankfurt, a. M., 1957, 第 11 页及续页。

② H. Lipfert, Einführung in die Währungspolitik, München, 1974, 第 312 页。

③ 参见 u. a. K. Brunner, Die Theorie der relativen Preise, des Geldes, des Outputs und der Beschäftigung, in: Kreidt und Kapital, 3. Jg., 1970, 第 1 页及续页。

④ K. Rose/D. Bender, Flexible Wechselkurse und Infationsimport, in: Jahresbücher für National Ökomomie und Statistik, Bd. 187, 1973, 第 482 页。

⑤ 这种理论首先是由 W. Stützel 提出的，同上，第 29 页，经济“五贤人”委员会稍后也持此观点。Expansion und Stabilität, Jahresgutacten 1966/67, Stuttgart-Mainz 1967, Ziff. 207, 208, 254ff（以下被援引为 JG 1966/67）。

⑥ 经济“五贤人”委员会，Stabilität im Wachstum, Jahresgutachten 1967/68, Ziff. 431, 429ff（以下被援引为 JG1967/68）。

内价格水平的发展……从中长期的角度看，几乎只由国际价格水平决定”[①]之后，这个对于输入型通货膨胀国际收支理论的拥护者来说充满挑衅的命题被激烈地争论。[②]

至今无可辩驳的是：直接国际价格关联是一种独立的机制；通过它，通货膨胀的趋势会由国外转入国内。为此要区分两种传导途径。价格的拉平一方面可通过出口及内销商品价格的调整实现；另外，如果进口商品在国外的价格上涨，也可以通过进口商品价格实现。[③][④] 价格联系是否紧密，一方面取决于市场的不完善程度，即交易中不同商品的占有份额的比例，另一方面在于对外贸易相互联系的紧密程度。[⑤]

随着对国际价格平衡机制作为通货膨胀传导直接路径这一观点得到普遍认同，输入型通货膨胀国际收支理论不再是主流。这个理论指出，价格上涨正是通过参与世界贸易的国家来传播，这种主张虽然可能过于片面，但它的合理性并没有消失。因为当货币供应量扩张时，价格变化会更容易和更快出现，也就是说，国际收支盈余的出现推动价格的变化。在这种情况下，在充分就业的前提下，价格与流动性效应就会共同起作用并且相互强化。当国际收支平衡或者出现赤字的情况下，就不会出现正向的流通性效应。按照国际收支理论就不可能输入通货膨胀，或者说，甚至可能输入通货紧缩。若一个国家面对外国价格上涨影响仍然可以置身度外，这只能归因于直接国际价格关联的作用。若承认这一点，则要对经济政策的角色进行重新思考。

3.4 经济政策的含义

根据输入型通货膨胀国际收支理论，货币供应量必须成为政策的目标变量，这种政策应对冲外贸引起的通货膨胀趋势。也就是说：国际收支盈余根

---

① 经济“五贤人”委员会，Stabilität im Wachstum，Jahresgutachten 1967/68，Ziff. 431，429ff（以下被援引为 JG1967/68），第 413 号。

② 概况见 H. Adebahr, Der direkte internationale Preiszusammenhang, Rückblick auf eine deutsche Diskussion, in：Zeitschrift für Wirtschafts-und Sozialwissenschaften, 92. Jg.，1972，第 675 页及续页。

③ 参见 OECD，同上，第 82 页。

④ 在进口商品价格上涨引起的成本提高效应上，50 年代中期做过经济方面的调查，参见 J. R. Parkinson, The Terms of Trade and the National Income 1950 – 2, in：Oxford Economic Papers, N. S.，Vol. 7（1955），第 177 页及续页。及 . C. R. Dow, Analysis of the Generation of Price Inflation, in：Oxford Economic Papers, N. S.，Vol. 8（1956），第 252 页及续页。

⑤ 参见 OECD，同上，第 83 页及续页。

本不应产生，或者外汇流入引起的国内货币供应量膨胀须通过相应的措施得到遏制。

这个政策的首要出发点是促进资本输出。这是一条联邦德国 1969 年就走过的路。针对这种平衡自身国际收支盈余的做法，有许多保留意见，在此就不一一列举了。[①] 哈恩（Hahn）的观点特别有启发性。他很早以前就指出：加强资本输出很有可能是搬起石头砸自己的脚，因为资本很可能被用来在资本输出国购买商品。[②] 因此博温特尔（Böventer）在 1961 年的时候就估计，在联邦德国引起对出口商品额外需求的输出资本，占资本输出的至少 1/4。[③] 因此，通过这种方式阻止输入型通货膨胀的尝试，成功机会微乎其微。

同样的，过去几年的经验证明，用传统的货币和财政政策手段试图限制货币供应量的尝试是很难成功的。这里不一一讨论所有问题，[④] 只列出结论：在固定汇率及货币可自由兑换的情况下，经济政策不能足够有效地影响货币供应量的对外经济因素。

当通货膨胀的推动力是通过国际价格关联直接传播到国内时，那么所有的货币数量理论和所有旨在避免经常项目顺差的办法就都会完全失灵。因此在固定汇率的体系中，“在一个较少考虑稳定的世界中，要想尝试稳定一国价格水平……只会弄巧成拙，并且付出巨大代价，除非从一开始就着眼于一种行之有效的对外经济保障”。[⑤]

对于如此行之有效的保障，灵活汇率制度可被视为适当的手段。因此须研究，完全自由浮动的汇率是否能够遏制或者至少抑制通货膨胀，无论是通过收入或流动性效应，还是通过直接国际价格关联。

---

① 参见 H. Willgerodt, Kapitalbilanz und Devisenströme, 载于《经济、社会和文化》A. Müller-Armack, 由 F. Greiβ 和 F. W. Meyer 出版发行，柏林，1961，第 459 页及续页。

② 参见同一作者其他文章 L. A. Hahn, Zahlungsbilanz und Kapitalexport, in: Zahlungsbilanz und Kapitalexport, in: Geld und Kredit, Währungspolitische und konjunkturtheoretische Betrachtung, Frankfurt a. M., 1960, 第 262 页及续页；同一作者，Kapitalausfuhr, Illusion und Wirklichkeit, 同上，第 137 页及续页。

③ 参见 E. V. Böventer, Der Einfluss der Aufwertung auf die deutsche Zahlungsbilanz. Eine quantitative Untersuchung, in: Weltwirtschaftliches Archiv, Bd. 87, 1961, 第 54 页及续页。

④ 总的问题在理论和实证上已被仔细研究过。参见 E. Dürr, Problem der Konjunkturpolitik, Freiburg/Breisgau, 1968, 第 139 页及续页。

⑤ Jahresgutachten 66/67 同上，第 257 号。

4 灵活汇率机制下的对外经济保障

4.1 收入效应的对冲作用

在一个汇率完全灵活的货币体系中，即在一个没有央行对外汇市场进行任何干预的体系中，经常项目的变化往往与资本项目的变化相同。当中央银行不干预的时候，外汇储备则保持不变。但外汇储备的不变意味着，经常项目与资本项目顺差必须为零。这种状况只可能在出超（入超）与净资本收支赤字（净资本收支盈余）相符的情况下才可能出现。灵活汇率虽然确保了国际收支的平衡，但不能确保经常项目的平衡（除非在边际情况下）。收入效应对于一个完全灵活的汇率体系也不能避免收入效应的影响。

当国外价格上涨时，随着当地加息政策和国内经常项目的正常（即在这种情况下是积极的）反应，国内外汇政策不采取任何措施来消除所产生的国内外利率差时，收入效应就会起作用。[①] 因为国外较高的利率能够导致国内更多的资本输出，以至于通过上述关系会使经常项目得到改善。经常项目的改善会引起国民收入增加。在资源被充分利用的情况下，通货膨胀就会输入国内。

4.2 流动性效应的对冲作用

相反，在灵活汇率体系下，通过流动性效应引发的输入型通货膨胀会被阻止。因为“根据定义”，导致国内货币供应量增加的国外外汇狂潮涌入不会出现。因此，首先那些推崇数量理论的学者把灵活汇率视为抵御通货膨胀输入的利器，也就不足为奇了，因为根据他们的观点，从国外流入的外汇是国外通货膨胀传导的唯一途径。[②]

4.3 国际价格关联和浮动汇率

通常认为，浮动汇率能够打破国际价格关联。这种源于购买力平价理论的观点建立在此种假设之上，即国内货币汇率会与外国价格水平同步上涨。

① K. Rose/D. Bender 做了具体分析，出处同上，第 482 页及续页。

② 出处同上，第 486 页。

正因为如此，国内外市场上的价格关联才会保持平稳，国外价格上升的输入才不会出现。然而，这种观点没有考虑，随着价格水平的变化，价格结构的变化不断深入，就会出现输入型通货膨胀的可能。事实上，汉森（Hansen）[①]和威斯特法尔[②]——虽然在他们的分析中没有纳入资本项目——已经证实，在外国通货膨胀的过程中，当以国外货币计价的进口商品及出口商品的竞争对手的价格不同步时，国内价格水平就会产生变动。[③] 然而，在这种情况下，国内外价格水平的关系明显不如在固定汇率下那样紧密。罗泽（Rose）和本德尔（Bender）沿用 Hansen-Westphal 的模式，并引入了受利率影响的资本流动，结果显示，直接价格效应是可能的。[④]

因此可断言：灵活汇率体系不能限制国际价格传导，哪怕传播通货膨胀的危险小于在固定汇率体系下。

4.4 灵活汇率下的经济政策

抛开相对优势不谈，自由浮动汇率下货币政策更大的有效性，被主导学者视为决定性的优势。他们可如此有创造性地设计货币政策，使一国不仅能减少，而且还能完全消除外国影响。[⑤] 这种论点的关键在于国际资本流动的影响方式。

资本输入增加了对本国货币的需求，即本国货币汇率会提升。在固定汇率体系下，中央银行基于干预义务须用本国货币购入外汇。这导致国内货币供应量的增加，诱发新一轮的货币扩张过程。在其他条件都不变的情况下，利率水平会降低，投资得到促进，从而导致国内货币总需求的增加。资本输入在灵活汇率体系中有相反的经济作用。因为更多的资本输入的出现，虽然也使本国货币汇率上涨，然而这种现象不会增加货币储备，而有利于进口，不利于出口。经常项目收支恶化，其额度正好与额外输入的资本相符。因为在这种体系中没有中央银行的干预，外汇更多的供

---

① B. Hansen, Inflation Problems in Small Countries (National Bank of Egypt 50th Anniversay, Commemoration Lectures), Kairo 1960.

② U. Westphal，出处同上。

③ 出处同上，第 85 页。

④ K. Rose/D. Bender.，出处同上，这里第 503 页及续页。

⑤ 这里参见灵活汇率的一个激进捍卫者最新公开的文章：H. Giersch, On the Desirable Degree of Flexibility of Exchange Rates, in: Weltwirtschaftliches Archiv, Bd. 109, 1973，第 191 页及续页和第 194 页。

给量只能通过外贸顺差减少来平衡。外贸地位的削弱最终会导致国民收入的减少。

灵活汇率系统的作用机制对货币政策是有利的，它借助反向提高利率来发挥作用。利率相对国际资本流动的弹性（在极端情况下为充分弹性）以及完全的可兑换性，会导致经常项目收支恶化，从而支持中央银行的价格政策考虑。此外，灵活汇率通过缩短内部时滞而提升货币政策措施的有效性。而在固定汇率中，货币政策在数月之后才开始发生作用。[①] 若汇率自由浮动，就可以理解为：货币政策的杠杆（通常是利率政策）会在一夜之间迅速起作用，如同流动资本对国家间利率差的反应那样敏捷。[②]

赞同灵活汇率，并且超越于这些优势之上的观点，说明了一个事实，即这样一个国内经济政策体系为实现各种隐藏的目标提供了完全自主性。一个有利于稳定的景气政策，只有在国外利率水平不会对国内价格和经济发展产生反作用时才可能实现。如果贸易与资本流动自由不是儿戏，那么只有一个汇率自由浮动的体系，才能杜绝在固定汇率与完全可兑换性情况下反复出现的国际性价格与经济发展联动。

5 半灵活汇率及其对外经济保障的适用性

5.1 作为汇率稳定性与经济政策自主性妥协折中道路的汇率体系

从第三部分和第四部分中理想的分析可以得出结论，即在对外经济保障方面，完全灵活汇率的模式值得推崇。出于经济的必要性考虑，企业在国际交易中要求核算基础尽可能稳定，即向固定汇率模式尽可能地靠拢。当这种“安全需要”不能被满足，可能出现固定汇率的大幅调整或者浮动汇率的大幅波动时，对于企业来说，汇率保障措施就显现了其必要性。这些措施出现的前提是货币体系内上述的其他经济主体的所谓投机行为。事实表明，对于实际经济政策来说，汇率保障需要和投机行为共同作用，会

① 参见 J. Kareken/R. M. Solow, Lags in Monetary Policy, in: Stablization Policies, ed. by Commission on Money and Credit, New York, 1963, 第1页及续页。

② E. Sohmen, Wechselkurs und Währungsordung, Tübingen, 1973, 第230页。

导致不受欢迎的近期和远期外汇流。不仅仅在固定汇率，而且在各种形式的浮动汇率下，会导致各个国民经济体外汇存底的巨大变动，不利于国际劳动分工。

同样可以想象，当下讨论中的表述，“固定但可调整的外汇平价”，符合所有的必要性与期望，即不会引发外汇和货币储备剧烈流动而可实现景气政策相对自主的经济政策，以及企业寻求的至少相对稳定的汇率。

长期以来，这个表述在学术和实践中已经得到充实，因此获得了较多的建议。讨论的重点在于，必须或能够导致汇兑平价调整的标准是什么。学术与实践模型通常设定建立在经济与数学基础之上的强制调整标准，如滑动外汇平价或在 1966～1967 年由经济“五贤人”委员会推荐的“中期保证外汇平价提升”。① 这些多少有些严厉的强制调整之所以必然会首先被建议，是因为在布雷顿森林体系中，对于政府来说，平价调整措施几乎毫无例外地意味着极其漫长的等待。然而，要认清的是，布雷顿森林体系（尽管它也是一个妥协的体系）不断被宣告为固定汇率体系，这对各国政府及中央银行有相应的心理和事实影响。

而当这种经过改革的、“固定但可调整的外汇平价”体系对所有国家都有约束力时，则最充分地为此提供了先决条件，即主管当局（即使不强制调整）有可能在必要的情况下心安理得地间或对平价进行微小和及时的调整。

5.2 作为折中路线的汇率体系具体特征的限制程度的灵活性

限制程度的灵活性就是在这个思路下“国内经济政策活动空间与汇率稳定要求”之间可以想象的折中方案。② 解决方案是，虽然坚持固定外汇平价的原则，但却赋予了外汇平价一种更大的灵活性，并在此基础上扩大其波动幅度。借此，汇率可在无须央行的干预下围绕平价震荡。③ 关键在于，国际货币基金组织的各成员国有义务，保证每十二个月平价的变化不超过商定的最大值（比如 3%）。在这种自我限制下，外贸的核算得以实现，投机的可能性受到限制。根据各经济政策要求，外汇平价可保持不变，也可进行小

---

① 参见 Jahresgutachten 66/67，出处同上，第 268 号。

② G. N. Halm, Die Vergrößerung der Bandbreite für Devisenkursschwankungen, Berlin, 1965，第 10 页。

③ 参见我的文章中 C 章中的以下论述，in：Kredit und Kapital. 3. Jg.，1970，第 279 页及续页。

于3%的调整。

参与这个体系的国家不再有显著的及不可控制的外汇汇率浮动。之前，他们要不就推动自主的经济政策，但是同时要忍受国际收支失衡的干扰；要不就是以外贸要求优先但是却要牺牲国内经济利益，现在，他们从这种困境中解脱出来。在波动幅度之内，汇率能够自由浮动。举个例子，若半年之后发现，汇率升高了1.5%，则可（但无须）让平价事后升值同样多。升值仅仅是种倾向性特征，因为只是波动幅度被改变，而市场汇率并不被改变。在这种情况下，固定平价体系中最棘手的正确测算升（贬）值幅度的问题就失去了其政策上的迫切性。平价调整就如同贴现政策一样，成为一种平常的货币政策手段。结构性的扭曲，比如货币低估导致工业过度依赖于出口市场，以旧的方式进行汇率调整，须面对可能快速破产的危险，而在限制程度的灵活性不知不觉的微小调整中则不会碰到这个问题。

限制程度的灵活性的一个重要的优势就在于，它能计算对外经济的外汇风险，并避免极端情况的出现。在这种情况中，要么因为外汇平价的变动而必须承受巨大损失的危险，要么为对外经济保障而须支付巨额费用（外汇市场上的外汇交换利率）。比如，在布雷顿森林体系中，进口商须考虑进口商品的涨价和汇率可能的巨大变动；货币体系改革后，他只需考虑外国的物价上涨，而这是他在相应的外国市场上通过常年活动可娴熟掌控的，比计算外汇风险要轻巧得多。

如此，总的国际收支平衡的大致实现，只取决于事务本身的发展规律。与此同时，在已经困难的出口市场上的销售会更加困难，而“轻松”的出口市场则因高估或通胀的货币而保持相对“太轻松”。与布雷顿森林体系中的大幅度灵活性相比，在限制程度的灵活性下，出口市场上销售困难的加剧更有连续性并更理性。

固定汇率体系下核算基础更确定，实践者与企业为这个论断提出的理由没有说服力，因为这只适用于“通常”时期。过去几年不断的外汇大投机已清楚表明，当前汇率不变的货币体系不能排除极端汇率波动带来的风险。与此相反，“小步”的外汇政策只有在极少特殊情况下才会引起外贸调整困难，尤其是企业必须在国际销售市场上应付材料和（或）人工上涨，而其涨幅，远远超过在限制程度的灵活性的框架内可实现的、相对较小的调整幅度。

在限制程度的灵活性机制下，国家间的货币与长期的资本流动、处于升值与贬值下的商品和服务的贸易，都可发生于与现在条件一样的外汇现金市场。一次汇率调整能对相关国家参与国际收支往来的各界产生影响，但这种影响通常要远远小于同样的变化发生于布雷顿森林体系所产生的影响，因为在固定汇率体系中，外汇平价更少调整，而导致最终产生更剧烈的震荡。

限制程度的灵活性对外汇期货市场有特别积极的影响。例如，转让一种有贬值危险的外汇投机期货时，只有当交割汇率还没有达到均衡汇率，即汇率下跌与汇率上涨的期望没有达到平衡时，才总是最合理的。在限制程度的灵活性中会有一个极端汇率，这个极端汇率与期货交割时处于最不利的情况下的现货价格估值相同。在期货交易中，交割期限没有到贬值可能出现的时刻，极端汇率就等同于在旧的平价基础上汇率波动的下限。如果交割期限超过了此临界点，即极端汇率低于平价允许调整的最大值（比如低3%），均衡汇率则处于当前汇率和极端汇率之间或与极端汇率一致（上述内容同样适用于一种受升值威胁的外汇）。在这样的状况下，投机就几乎或根本不值得。

外汇交换利率在这里所建议的灵活汇率体系中——由于保护限制——比在现实的汇率体系中要低得多。除此之外，每个参与外贸和资本交易的经济主体都可能以有限的、可以承受的以及一开始就可以预见的成本来使他的债权或债务得到保障。

通过限制平价调整的可能性就不会产生——有别于其他猜测——对国际资本市场再整合的不利因素。因为一方面按经验来说，长时期的固定汇率蕴含着非常惊人的货币风险；另一方面，灵活性程度的限制很大程度上抑制了购买与有升值潜力货币相关的有价证券的投机行为，以及大幅减少了投机客稍后提现带来的市场干扰危险。

5.3 限制程度与浮动汇率和对外经济保障

由于更大的灵活性，具体表现为连续的平价调整和更大波动幅度的可能性，对于一个希望建立价格稳定关系的国家来说，更容易摆脱国际通货膨胀趋势的影响。因为限制程度的灵活性几乎同样能像灵活汇率那样广泛地抑制通货膨胀的输入。[①] 货币政策的活动余地也被扩展。国内外的利率水平就不

① 参见第四章（Ⅳ）。

会像在布雷顿森林体系中那样环环相扣，当政府与中央银行有能力通过相应的外汇平价调整自主决定可能的紧缩政策下的对外经济边界，而不必费劲并且充满风险地触碰它时，货币政策又重新成为有效力的武器。外汇平价的必要的更正可能会相对较小，因此几乎不会产生干扰国际经济往来的不确定性。限定程度的灵活汇率体系在调整平价时表现出来的应变性，让其逐渐与完全自由浮动的汇率体系区分开来——在实践中，它是一个不稳定的世界中的立足点。

第二部分

货币体系调整后主要人物的评估

内外（经济）平衡冲突下的德国货币与汇率政策（1948～1975年）[*]

奥特玛·埃明格尔（Otmar Emminger）[**]

1 引言

20世纪50年代中期以来，德国稳定政策不断受到外部的破坏。在世界经济中举足轻重的其他国家，“输入型通货膨胀”都没有起到类似在联邦德国这样重要的作用。“输入型通货膨胀”这个概念本身与其附属概念“调整型通货膨胀”一样，首先都是在德国的货币讨论中，即自1954～1955年起发展成熟，然后进入国际语言的运用中去。稳定政策的“对外经济保障”，也成了德国货币政策的特殊元素，甚至写入了德国法律，即1967年的《促进稳定与经济增长法》第4章。

在很长时间里，与“输入型通货膨胀”作斗争给德国货币政策乃至德国稳定政策都留下了深深的印记。德国货币政策遭遇两难境地，不能同时胜任固定汇率下的国际收支平衡和内部稳定目标。凯恩斯（Keynes）在20年代就首次指出了这种“内外均衡”的两难，不过当时面临的主要情况是：一个国家（1925～1931年的英国）鉴于其汇率过高不得不奉行紧缩政策，而其内部经济形势却要求该国执行扩张性政策。战后，联邦德国成为与此相

* 原文标题 Deutsche Geld-und Währungspolitik im Spannungsfeld zwischen innerem und äuβerem Gleichtgewicht（1948－1975）。资料来源：Deutsche Bundesbank（Hrsg.）（1976）：Währung und Wirtschaft in Deutschland 1876－1975，Frankfurt a. M.，第485～554页。译者为同济大学德国研究所郑春荣教授与伍慧萍教授领导的团队及中国社会科学院欧洲研究所助理研究员孙艳。

** 奥特玛·埃明格尔（Otmar Emminger）（1911～1986），曾任职于德国联邦银行前身德意志各邦银行（BdL），1977～1979年任德国联邦银行行长。

反的两难的典型：在德国马克汇率固定的前提下出现持续的国际收支顺差，其影响与内部稳定之间产生冲突。

这一两难境地迫使中央银行——在1957年7月前是德意志各邦银行，之后是德国联邦银行——在货币政策中不断在内部币值稳定和考虑外部因素之间进行妥协。起初，中央银行领导人相信可以同时遵循“币值稳定”的对内目标货币购买力稳定和对外目标——在可自由兑换前提下保持汇率稳定。然而，结果迫使他们修正这一观点。

面对无法克服的冲突，中央银行必须优先考虑内部稳定。在德意志各邦银行1953年的业务报告中就已经强调，如果出现冲突情况，内部稳定具有优先权①。该银行解释道，固定汇率是“有意识地允许、甚至部分促进了”外汇涌入的流动性效果，由此“遵循了古典的金本位游戏规则”。但它立刻又补充道：“不过，只有在没有任何迹象表明内部金融稳定受到影响的情况下，才可以采取这一态度。”后来，在通常是痛苦的经历和艰难的争辩之后，事实表明，在某些情况下，只能在偏向国际收支平衡的通货膨胀政策和改变德国马克汇率调整之间进行选择。这时，后者就不可避免地被选择。

第一次考虑这个情况是在1961年的德国马克升值中。德国马克的首次升值清晰且毫不含糊地表明了对内币值稳定的优先性，并由此将通过货币升值实现内部稳定的对外经济保障原则引入了国际货币政策中。② 不过，刚开始只是作为最后的手段，即在所有其他可能性都已经穷尽之后。

然而，内外均衡冲突周期性反复重新出现，除了通货膨胀差异，即联邦德国和外国之间不同的通货膨胀水平以及经常项目收支领域结构性失衡之外，其他原因也日益显现。随着联邦德国日益频繁地加入国际货币往来，随着国际经济中可兑换货币的容量已经膨胀到巨大，从一种货币到另一种货币的流动——不管是出于利率原因还是由于对汇率变动的预期——都已成为新的大规模干扰因素。尤其是在1968～1973年，其他国家发展形势严峻之际，作为避险货币并拥有持续升值潜力的德国马克就成为了此种干扰的重点，日益成为当时被高估的美元的对立面。这样，德国货币政策不断被利

---

① 参见 Geschäftsbericht der Bank deutscher Länder（下文引用为“GB”）1953，第16页。

② 之前的一个例子，即1946年瑞典克朗的升值在国际上几乎未受注意，因为其升值趋势在1949年普遍的汇率调整中再度回转。另一个例子是加拿大。加拿大1950年起过渡到浮动汇率超过11年以上，以便屏蔽危及稳定的来自美国的资本流入。但这两个例子更多被视为紧密结合的邻国间的特殊情况而非典型。

率和货币原因造成的外部资金流入拉下马。这最终迫使德国在经过一些暂时的危机之后根本上放弃固定汇率，因为只有通过灵活汇率这个防御手段，才可能控制国际货币投机的危害效应。

1973年，中央银行解除了购买美元的义务，这不仅是德国也是国际货币政策的转折点。德国货币政策在很大程度上从持续来自外部的公开或者潜在的威胁中解放了出来，至少原则上消除了两难境地。危机导致德国马克被迫远离固定汇率平价，这在国际货币政策中成为所有主要货币普遍相对美元浮动的起始（即便是有些主要货币在这之前就已经个别地过渡到浮动汇率）。德国马克的两难——当然它最终几乎只是反映了普遍的美元危机——就是以这种方式为原则上采取固定汇兑平价的布雷顿森林体系的解体作出了自己的贡献。

接下来将描述国内外经济平衡之间的冲突发展，以及联邦德国货币政策对此的反应。同时，提出的问题是，内部稳定政策是如何通过1973年3月的汇率放开得到足够的对外经济保障的。

2　1959～1961年德国马克的两难境地

2.1　概要

突破两难境地的第一个尝试——正如开始已经提到的——是1961年德国马克的升值。德国货币政策在通往这一步的道路上走过了大相径庭的阶段。1948年4月货币改革后，联邦德国开始了对外货币政策的初步试探，不是作为贸易顺差国，而是逆差国。之后从1951～1961年，贸易和经常项目收支平衡表几乎不断地出现高额顺差。在这11年间，经常项目收支总共取得430亿德国马克的顺差，其中有超过320亿马克体现在外汇收支平衡表中，即外汇储备中。值得一提的是，以国民生产总值来衡量，这些年里的经常项目顺差比1973～1974年要高得多（见表1）。不过，形成的这些顺差到1954年为止还没有造成问题，主要是它没有与内部稳定政策之间产生冲突。直到1955～1957年，持续顺差才成为了问题，不仅是在国际上，对德国货币政策也是如此。当时，首度开展了关于内外部平衡要求之间冲突的公开讨论。这一讨论的最高潮是1957年夏季，讨论国际上对德国马克升值的投机。在1957年秋季至1959年夏季，全球经济形势趋于平静的过程中，所有困难又再度消失。这看起来印证了那些在1957年将两难境地视为暂时性问题的人们的判断，他们认为这个问题会慢慢地自行解决，就好像一开始普遍认为无法解决的全球性美元短缺问题自1958年起最终得到了自行解决，甚至转换到了它的相反面一样。但是，1960年就已经无比清楚地体现出来，德国的经常项目顺差事关“结构性”失衡，只能够在调整型通货膨胀和德国马克升值之间进行选择。联邦银行1960年夏季还试图通过紧缩货币政策的举措来履行其稳定币值的任务，很快就不得不在汹涌而至的大量外汇面前举手投降。这必然导致了接下来德国马克的首次升值。

表1　德意志联邦共和国经常项目收支余额与国民生产总值的比值

时间段(年)	经常项目收支余额（年度平均或者年度）		时间段(年)	经常项目收支余额（年度平均或者年度）	
	单位：十亿马克	占国民生产总值百分比		单位：十亿马克	占国民生产总值百分比
1952～1954	+3.3	2.1	1970～1972	+2.9	0.4
1955～1961	+4.4	1.7	1973～1974	+18.2	1.9
1962～1966	-1.2	-0.3	1975*	+10	1.0
1967～1969	+9.8	1.8			

注：*预估算。

2.2　1950～1951年由逆差国向顺差国的骤然转变

在1948年德国货币改革中，军事管制当局确定了德国马克的对外价值是3.33马克兑1美元，这看来符合当时的购买力平价。在1949年9月由英镑引领的普遍贬值浪潮中，英镑和若干其他欧洲货币兑美元贬值30.5%，德国马克贬值20.6%就足够了，这导致出现了新的4.20马克兑1美元的兑换平价。德国马克贬值幅度较小，除了经济原因之外，也还有要回归1933年以前使用的美元兑换平价的心理作用。几年以后，在国际货币基金组织登记德国马克的黄金兑换平价时，4.20马克的美元兑换平价也作为了基础，直到1961年都保持不变。

1950年夏季，随着一项创造就业计划的对外经济影响与朝鲜战争紧张引发的投机性商品储备同时出现，德国外汇收支状况骤然恶化。联邦德国在欧洲支付同盟（EZU）成立之后立刻成为这一新建货币组织的第一个大规模逆差案例，在1950年12月获得了——超出其欧洲支付同盟正常信贷额度以外的——1.2亿美元的特别信贷。出于内外经济的原因，德意志各邦银行大幅拧紧了信贷的螺母。1950年10月，贴现率由4%提高至在当时而言非常之高的6%，而且是在联邦总理阿登纳强烈反对的情况下。1951年2月起，下令直接恢复银行信贷总额。此外，由于外汇紧缺，1951年2月不得不临时取消了对欧洲经济合作组织（OEEC）各国的进口商品开放，甚至一度讨论过马克贬值的可能性，人们非常严肃地谈联邦德国的"结构性"国际收支逆差。[①] 随着1951年国际收支状况的转变，有关贬值的讨论也就瞬间终止了。

欧洲支付同盟董事会在提供特别信贷时提出的条件是执行一项整顿计划。该计划由国际货币专家皮尔·杰科普森（Per Jacobsson）和阿莱克·凯恩克劳斯（Alec Caimcross）建议，但在很大程度上是1950年11月由一个德国专家小组在中央银行代表的参与之下制定的。[②] 其中规定了货币、预算和税收政策的紧缩措施，这不仅为联邦德国的内部稳定，也为接下来的经常项目顺差奠定了基础。从1951年第二季度起，德国就已经在欧洲支付同盟中扭转了国际收支状况，以至于1951年5月底就已经得以提前偿还了特别信贷。1951年全年，联邦德国就取得了23亿马克的经常项目顺差（一年前还有4亿马克的逆差）。这是一直持续到1961年中期的经常项目顺差的开始。

2.3 联邦德国作为欧洲支付同盟内的"极端债权国"

自1952年起，联邦德国成为欧洲支付同盟内的极端顺差国。当欧洲支付同盟于1958年底解散之时，联邦德国在欧洲支付同盟结算中的（不是以黄金或美元提供担保的）信贷债权累计达到了45亿马克。不过，相对囊括了欧洲支付同盟及双边结算协议以外国家的美元区，联邦德国到欧洲支付同盟解散前通常却还保持贸易逆差。这一状况也一直持续到1956年，直到对美元区的开放度达到与欧洲支付同盟区开放度相当的程度。

与联邦德国在欧洲支付同盟内部极度顺差相对应的是以法国和英国为主的国家在欧洲支付同盟中极度逆差。这种两极分化的局面导致在欧洲支付同盟董事会和其他欧洲经济合作组织委员会中的多次特别磋商，它们向联邦德国提出了证明其是"善意债权人"（good creditor）的建议，主要目的在于减少特别出口补贴、开放进口、阻止资本流入、通过降低在当时而言相对较高

① GB 1951，第5页。

② 笔者参加了这个专家小组，在25年前开始参与中央银行货币政策的制定。

的利率水平来促进资本输出、提前偿还债务以及普遍实施更具扩张性的货币与财政政策。

事实上，联邦德国这段时间在许多领域都奉行了旨在减少国际收支顺差的政策，尤其只要相关措施有利于内部平衡，并可以缓解物价上升的压力。在这段时间里，几乎取消了所有出口促进措施。在开放进口方面，包括对美元区的开放，联邦德国在时间上早于其他国家。尤其值得一提的是1955年和1956年单方面的“经济形势政策方面的”关税下调，这主要是受国际收支政策驱动，同时也是对内部的物价上涨起到抑制作用。自1956年起，资本输出免除了所有外汇限制，这是1958年底正式宣布德国马克可自由兑换的前奏。

中央银行在货币政策中也考虑到了极端的国际收支顺差状况，只要这一点看起来与其稳定政策的一般义务保持一致。这两者在1952～1954年没有出现重大冲突。外汇储备的积累受到欢迎。“一个在建国之时没有任何国外债权的国家，当然首要必须努力重新创造出适当的外汇储备”。[①] 与外汇流入有关联的国内流动性的增长没有产生问题，因为鉴于低就业率，不威胁到平衡的强劲扩张看起来不仅是可能的，甚至是必需的。联邦经济部学术咨询委员会1953年7月明确建议，将信贷扩张作为消除德国国际收支顺差的有效工具。[②] 此外，1952～1956年联邦银行还冻结了联邦财政大笔盈余，即所谓的“联邦预算节余”。鉴于这一货币减量，外汇顺差扩张的作用在一段时间里看来正好是受欢迎的。最后，但同样重要的是，这是繁荣年代，强劲的实际增长与完全的价格稳定甚至是物价下跌同时出现。这种增长与物价稳定甚至是下跌的极佳结合，要归功于各种情况的同时发生：在朝鲜战争导致价格暴涨结束以后，国际市场价格再度回落，另外持续的进口自由化进一步加强了进口价格的回落。在普遍稳定的气候下，工会遵循温和的工资政策。这样一来，工资在1951～1954年保持在劳动生产率上升幅度以内，储蓄行为也出现非比寻常的快速上涨。而推动整体稳定增长的最初动力毫无疑问来自在欧洲支付同盟逆差压力下启动的货币与财政整顿计划。

鉴于各种情况的叠加，中央银行不难在货币政策尤其是利率政策上保持国际收支平衡。1950年10月大幅提高至6%的贴现率，自1952年5月起逐

① GB 1954，第7页。

② Gutachten des Wissenschaftlichen Beirats beim Bundesministerium für Wirtschaft über “Probleme der gegenwärtigen deutschen Zahlungsbilanzsituation”, Bundesanzeiger vom 28. Juli 1953, Ziffer 7.

步下调，在 1954 年 5 月调整至 3%。正如德意志各邦银行在 1954 年业务报告中自豪地提到的那样，这是“一个德国本世纪不曾有过的基准利率水平”。这些年里也下调了存款准备金率，放松了其他限制。这样，中央银行“不仅符合了国内货币政策形势，而且也完全遵循了旧有的、由国际收支决定的金本位制的游戏规则”。[①]

2.4 1954 ~ 1957 年两难境地的初步迹象

当各主要伙伴国受到通货膨胀型经济景气影响，外需也对德国经济强力推动时，形势发生了变化。在 1954 ~ 1956 年的 3 年中，德国工业的国外订单年平均增加了约 26%，而国内订单虽然总体受到出口景气的拉动，但年平均增幅只达到 15%。自 1954 年秋季起，价格气候也开始出现了明显的回暖。中央银行虽然还没有看到干预的必要，但已是“严阵以待”。

1954 年中期，在公共舆论中首次提出了一个问题，即顽固的德国顺差是否可能与国际货币基金组织（IWF）协定意义上的“结构性”失衡有关。但是，在当时价格近乎稳定且存在客观的增长空间的情况下，这个问题起初未得到响应。到接下去的几年中才有越来越多的迹象表明，这也许的确与内外平衡之间的原则性冲突相关。中央银行的代表也首度开腔谈到“真正的两难”[②]。

表 2 有关德国经济出口依赖性的数据

时间段	出口占国民生产总值百分比	工业订单总量 与上年相比的变化(%)	
		国内订单	国外订单
1952 ~ 1957	17.1	+9.1	+17.1
1958	19.4	-1.4	-3.3
1959	20.1	+24.2	+30.1
1960	20.7	+12.3	+13.2
1961 ~ 1966	19.8	+2.6	+4.8
1967	22.2	-1.8	+10.7
1968	22.9	+22.2	+18.2
1969	23.4	+19.6	+15.9

① GB 1954，第 20 页及第 21 页。

② 参见 O. Emminger：Währungspolitische Betrachtungen，Vortrag auf der Mitgliederversammlung des Ifo-Instituts am 6. Juni 1956. Berlin-München 1956，第 16 页。

续表

时间段	出口占国民生产总值百分比	工业订单总量与上年相比的变化(%)	
		国内订单	国外订单
1970	23.1	-0.8	-3.2
1971	22.9	-2.4	-0.1
1972 年上半年	22.7	+2.8	+1.1
1972 年下半年	22.9	+5.2	+18.8
1973	24.5	+6.2	+26.1
1974	30.1	-9.0	+4.0
1975 年上半年	28.9	-4.3	-20.7

从 1955 年起，德意志各邦银行在实现内外平衡方面碰到明显的困难。在 1955 年和 1956 年开始的经济形势过热中，它们虽然以飞快的速度提高了贴现率——开始是 1955 年 8 月从 3% 提高至 5.5%，其中极具争议的是 1956 年 5 月将贴现率从 5% 提高至 5.5%，几乎导致与联邦总理阿登纳（Adenau）的公开冲突（阿登纳科隆 Guenzenich 讲话，1956 年 5 月 2 日）。但中央银行也利用了第一个暂时得到的喘息之机，在 1956 年 9 月和 1957 年 1 月分两步将贴现率再度回调至 4.5%，同时明确宣布："此举并非意在刺激经济形势"，主要动机更多在于"降低联邦德国和外国之间的利率差，以这种方式为缩小国际收支顺差作贡献"。[①] 几乎在降低贴现率政策的同时，另一方面也尝试通过严格的流动性政策——出售公开市场证券、提高存款准备金及缩减再贴现额度——对冲外汇涌入的流动性效果。在后来的场合，联邦银行自己也说起自身政策的"独有的矛盾特征"。中央银行到 1957 年虽然"从未忽视对金融市场和利率增长的监控"，但是从 1956 年起还是以"不愉快"[②] 的心情审视日渐增长的外汇涌入及由此产生的危险。

尽管进行了缩小对国外利率差的尝试，也实施了禁止对国外存款付息的规定，但在 1957 年前九个月涌入的外汇之多还是空前的。因为在这段时间，国际上对于德国马克升值和其他欧洲货币贬值的投机达到高潮。外汇涌入源

① GB 1956，第 20 页。
② GB 1957，第 31 页。

于投机以及利率考虑，联邦银行当时估计其规模约为32亿马克，这一金额甚至超过了同期25亿马克“真正的”国际收支顺差①。这样，1957年首次出现了一个后来经常重复的现象，即投机性资金涌入超过“真正的”国际收支顺差。当然，这些投机性资金涌入不断扩大规模，直到1973年2～3月行将放开德国马克汇率之前达到高潮。

在1956年和1957年，尽管国内经济大规模扩张并开始出现物价上涨，经常项目和整体国际收支还是保持了强劲增长，这不可避免地导致人们广泛地就持续的国际收支顺差及其对内部平衡的意义进行原则性讨论。中央银行在1956年的业务报告中回顾说，考虑到过去的经验，对外经济的发展“恰恰是一种悖论”。②

在国际上紧张状态也日渐加剧。法国和英国自1951～1952年起就已经背负了相当的“过度通货膨胀”（见表3），尤其是法郎从1954年起就有贬值嫌疑。从1955～1956年起，这两个国家在欧洲支付同盟中的逆差头寸日益加剧，成为德国极端顺差的主要参照对象。这样，到了1957年，德国马克升值和法郎及英镑贬值预期的投机最终同时发生。

表3　通货膨胀的差异

以本国货币为单位的基本生活费用的增长（年度平均）（1950年＝100）					
国家 \ 年份	1957	1961	1965	1969	1972
联邦德国	115	123	138	151	173
美　　国	117	124	131	152	174
法　　国	136	178	208	243	287
英　　国	142	154	177	208	260
意 大 利	128	136	170	187	217

法郎在1957年8月12日事实上贬值了16.67%，这并未能终止外汇投机。8月20日德国联邦政府“所有关于马克有意升值的谣言都是毫无根据的”的正式辟谣同样未能奏效。直到9月最后一周，德国和英国发言人在国际货币基金组织华盛顿年会上就汇率形势发表了口径一致的安抚性声明，

① GB 1957，第29页。

② GB 1956，第7页。

且在之前不久刚刚以某种集体行动的方式，将英国贴现率从5%提高至7%，德国贴现率从4.5%降至4%。之后，货币形势才趋于平息。一部分投机资金在此之后重新流走。直到1958年底，在业已执政的戴高乐将军的权威之下，在使法郎第二次贬值达14.9%的同时实施了严厉的内部整顿计划，才使法国货币地位彻底巩固。

2.5 德方对1956~1957年对外经济两难境地的态度

德国主管当局在第一次德国马克对外价值危机中的态度值得更准确记录下来。当然，在这里仅仅追述公开的声明和公告是不够的。恰恰是在极其敏感的汇率问题上，政府和中央银行的正式代表在发表言论时必须尤其顾及对外汇市场可能造成的影响。①

联邦政府在马克两难境地尤其是升值问题上的判断是有分歧的。这一分歧持续到1961年2月，即一直持续到1961年3月德国马克升值前不久。主管货币政策的财政部长、联邦经济部长路德维希·艾哈德（Ludwig Erhard）教授从1956年起就主张通过马克升值解决两难境地，（从1957年起）联邦财政部长艾策尔（Etzel）也持同样观点。其他的政府成员，尤其是联邦总理阿登纳和副总理布吕歇尔（Blücher）在很长时间里受其顾问影响，都反对这一做法。

鉴于联邦政府内部意见相左，中央银行的态度起到更加重要的作用。在1956~1957年的升值讨论中，德意志各邦银行董事会和央行理事会中的大多数人都反对马克升值。1956年11月，一名董事会成员书面建议将德国马克升值最多6%，其间可以引入过渡期，在过渡期中扩大汇率的波动幅度，直至达到新的马克汇率。他的提议在董事会遭到了大多数人的反对。② 不

① 这尤其是对中央银行代表而言。有趣的是，1958~1969年担任德国联邦银行行长职务的卡尔·布莱辛（Karl Blessing）在1971年去世前不久一次接受采访时使劲抱怨道，他在1968年11月不得不违背自己（以及中央银行理事会大多数人）的信念对外宣布反对德国马克升值，以便不会对联邦政府已经做出的反对升值的决定带来较大损害。类似情况在1957~1973年中央银行理事会成员的许多次公开言论中都是如此。

② 州中央银行行长兼中央银行理事会成员约克·胡斯（York Hoose）在一篇文章中记载了中央银行理事会成员一些支持与反对升值的理由，参见 Aufwertung-Pro und Contra, in:“Zeitschrift für das gesamte Kreditwesen”, Heft 12 von 1957，亦可参见时任下萨克森州州中央银行副行长海因里希·伊尔姆勒（Heinrich Irmler）的文章：Die Zahlungsbilanz als aktuelles Währungspolitisches Problem, in:“Sparkasse”, 74. Jg., Heft 16 von 1957。笔者1956年11月撰写的支持升值的回忆录属于保密文件。

过，受到认可的是升值的一种必要替代方案，即更好地调整德国利率水平以适应国外利率水平。1957年1月和9月间纯粹因对外经济引起的贴现率降低就是其结果。

联邦经济部长艾哈德1957年4月再度尝试说服中央银行中反对马克升值的代言人、董事会主席沃克（Vocke）改变主意。这一努力失败之后，艾哈德回到了他以前就已经提过的建议，力主不执行孤立的马克升值，而是在欧洲层面实施协调一致的汇率调整，即汇率的“再联合”。联邦经济部学术咨询委员会1957年4月的一份（机密）鉴定报告对他十分有利，其中说道，虽然显露了升值迹象，但是马克单方面的升值必将在很大程度上使整个欧洲对美元区的外汇收支形势恶化；在欧洲直到当时为止从未成功地完全对美元区开放，更不必说实现一直在争取的对美元的自由兑换；德国马克兑美元实施孤立的升值不是理想的解决方案，在这里更加适宜的是将德国马克的升值与欧洲逆差国的货币贬值结合起来，而且重心放在贬值上[①]。欧洲经济合作组织也提供了类似的理由，认为其他国家的通胀型高度景气是对外经济失衡的原因之一。出于这些考虑，联邦政府在其1957年8月的拒绝表述中澄清：“鉴于所有的经济情况，德国马克兑美元比价无需改变。”当然，在当时的情况下，以与所有问题货币共同行动的方式追求汇率均衡，在当时的情况下只是空想。1957年就已出现的多方汇率调整持续了10年以上，并经历了一系列危机，包括1957年和1958年的两次法郎贬值、1961年的德国马克升值，以及1967年的英镑贬值。“汇率调整”因美元自1960年起也加入有调整嫌疑的货币行列而变得更加复杂。

马克升值支持者的主要论据有：持续国际收支顺差对国内物价和工资增长造成的通货膨胀影响；日益增长的出口负担给德国经济造成的结构性失衡；国际收支失衡对国际贸易与收支关系带来的干扰影响；堆积成山的外汇财富所造成的联邦德国特别“富裕”的假象。

马克升值反对者的反驳理由是：这里不涉及根本性、结构性失衡，因为顺差的若干原因都具有临时性特征，这里要算上对外贸易中极端有利的价格关系（“贸易条件指数”），它事实上在1957年当中已经再度恶化；此外包括来自驻军美元的外汇收入；最后还有若干欧洲通胀国家的需求拉动，这一

---

① 参见 Gutachten des Wissenschaftlichen Beirats beim Bundesministerium für Wirtschaft über “Die wirtschaftliche Problematik der deutschen Exportüberschüsse” vom 30. April 1957，Ziffer 26。

拉动最终会自然消除，而没有必要通过马克升值来减少。与此密切相关的是对于升值在全球——包括美元区——影响的担忧，联邦德国对于美元区根本上还是处于逆差。此外，反对者也指出了飞速增长的进口对未来德国国际收支带来的负担，用于赔偿的国际支付以及外债的偿还等。最后，巨大的经常项目顺差可以逐渐通过不断扩大德国国民经济的净资本输出得到均衡，而这被视为德国国际收支的“正常”结构。

在公开讨论中尤其令人印象深刻的口号是，不应为了治疗“患病货币”而对“健康货币”动手术。① 这个口号在后来的货币讨论中也被反对升值者不厌其烦地大书特书。不过，它也逐渐被另一种考虑所替代，即应当竭尽全力保护“健康货币”不受“生病货币”的传染。

2.6 1958～1959年内外经济的协调

那些认为1956～1957年的顺差问题是暂时性的人起初是对的。外国投机资金的流出导致从1957年11月至1958年2月，德国外汇储备出现六年以来的首次再度减少。基本国际收支，即经常项目和长期资本项目开始正常化，这主要是由于1957年夏季至1959年春季间的全球经济形势遇冷，加上若干逆差国消除通货膨胀的有效举措以及法郎的贬值支持，使得国外需求回落。这样，联邦银行在1957年业务报告中可以确认：“随着持续了很久的出口拉动力的消失……开创了新局面，迄今为止，几乎无法逾越的国内币值稳定与国际收支平衡目标之间的冲突得以消除。出口经济繁荣的冷却，拓宽了国内经济在不出现通货膨胀的情况下扩张的空间。”②

事实上，在物价走势上，自1955年中期起日益受到威胁的内部平衡重新实现。从1958年春季到1959年中期，受到苏伊士运河危机结束后国际市场价格大幅下跌的进一步支撑，国内物价和生活成本保持稳定，甚至稍有回落。

局势的缓和允许德国联邦银行继续维持降低利率的政策。随着1957年9月以来主要受外贸推动的贴现率降低，出台了其他降低利率的举措。而随着1959年1月贴现率从3%降至2.75%，贴现率降至德国中央银行历史上的最低点。这里仍然保留了对外经济的视角，不过由于国内经济形势疲软，

① 即便原则上支持改变汇率的人也始终对此印象深刻，例如，路德维希·艾哈德教授1957年8月9日在多特蒙德对媒体说：“给一个健康的经济动手术去治愈生病的经济是荒谬的。”

② GB 1957，第57页。

国内经济的视角日益受到关注。“内外经济利益紧密结合，尤其是没有保持国内经济的适度扩张，无疑会加大——如果不是使之毫无可能的话——克服国际收支政策问题的难度”。①

同时“在从组织上降低资本利率方面……取得了极大成功”。② 德国资本市场自1957年底开始蓬勃发展，而这在一两年以前还无人敢想。在1957年中期，长期利率即便是一手利率都超过了8%，而1959年初占主导地位的就已经是5%的证券类型（带完全税务负担）；1959年4月债券市场上的利率走势达到战后历史上绝无仅有的低点，一手利率为5.2%。其他信贷利率也出现类似的降低。

这样，不仅是银行的短期资本输出，自1958年中期起较长期资本的输出也开始兴旺起来。正如联邦银行所确定的那样，这打开了“不仅令联邦德国，也令世界经济满意的解决德国国际收支问题的前景”。③

那么，内外平衡达到了完美的和谐！1958年为什么成为联邦银行为数不多的“带着一定的满足”回望的年份也就不足为奇了。它同时着力渲染：在这一年，“经济也许比以往任何年份都更加接近著名的货币与经济政策目标设置的‘魔力三角’，即充分就业、物价稳定和国际收支平衡”。④

作为货币政策成功之年的巅峰，1958年底德国马克和其他欧洲货币开始过渡到自由兑换，同时欧洲支付同盟解散，美元区和欧洲支付同盟之间支付往来中的地区差异也随之消除。当然，联邦德国在过去几年中已经取缔了几乎所有的支付限制，以至于宣布自由兑换只是对很久之前就已达成事实的正式确认。

2.7 1961年德国马克升值之路

内外经济平衡的和谐在一年半之后的1959年就已经不复存在。1959年春季出现新的经济景气，起初开始于建筑业，然后通过国外需求的飞速增长和投资活动的复苏得到加强。供求关系日益紧张。1959年是战后历史上充

---

① GB 1958，第29页。

② GB 1958，第37页。

③ GB 1958，第3页。

④ GB 1958，第1页。根据意思来看，这一断定仅指1955年以来的实践，在1952～1954年间还根本没有说起内外经济目标之间的冲突。不过，当时“魔力三角”中的充分就业还没有达到。

分就业第一次向接近过度就业转变的一年。鉴于过热的危险日益显现，联邦银行自1959年9月起再次拧紧了信贷的螺母。从1959年1月起停留在德国银行史上的2.75%的最低水平贴现率，到1959年9月再次提高至3%，10月提高至4%。当然，紧缩路线的重心——这一点是公开宣布，以便不要把对国外的利率差距拉得太大——不在利率政策措施，而是在流动性政策措施上：存款准备金尤其是海外负债的准备金多次提高，再贴现额度缩减。

联邦银行一开始就清楚地认识到，信贷政策上的这一转变可能会将其引向内外经济重要性之间的冲突。货币政策路线的变化通过时任行长布莱辛的一个纲领性演讲公之于众。[①] 布莱辛明确指出，在新的、威胁到内部稳定的情况下，联邦银行“只有在不与其维护德国马克购买力的最高任务相抵触的情况下，才会考虑资本市场的情况和国际收支的情况”。

事实上，与货币对外稳定性之间的冲突隐患早已埋下，尽管国内经济强劲扩张——1959年国民生产总值实际增长7.3%，比一年前翻番，价格和工资领域也日益过热，仍感觉不到贸易收支顺差的明显减少。更有甚者，从1959年秋季末起，国际收支顺差甚至再度增长，再次出现了“国内经济形势过热和国际收支顺差持续保持高位甚至有所增长的悖论现象”[②]。马克再次出现两难境地，很快，联邦银行内部从1959年12月起就已经重新开始在幕后讨论德国马克可能升值，以便在对外经济方面保障内部稳定政策。

这种讨论一度陷入停顿。1960年中期，尽管对外经济没有保障，联邦银行仍旧尝试通过信贷政策“齐射”——提高贴现率至5%、提高存款准备金（包括国内负债的补充准备金）、缩减再贴现额度——来对抗价格上扬的趋势。这些措施通过禁止对国外存款付息的规定，以及避免绕开该禁令的附加规定得到补充。政府支持景气抑制计划：联邦与各州充裕的现金顺差在1959年10月到1960年7月间促使大约44亿马克的流动性回撤，税务容许的递减折旧率减小，退休准备金的税务政策以及住房建造的折旧率都有所改变，等等。在这之后不久的1960年8月，作为进一步的紧缩措施，联邦银行和各金融机构间达成一致，金融机构接收10亿马克两年期变现期票加入整个期限内的固定投资组合中（“布莱辛10亿期票”）。

1960年6月的信贷政策“齐射”是其发起者有意作为“最后的尝试”

---

① 这个演讲由于其信贷政策的意义，在1959年10月德国联邦银行月度报告中付印。

② GB 1960，第1页。

启用的，以检验在与国际资本自由流动的既定条件下，信贷政策究竟是否有机会在不改变对外经济状况的情况下迟滞景气膨胀，并胜任稳定的责任。他们清楚地知道，如果失败，只有汇率变动这一条出路。[①] 事实上，这一尝试的确以失败而告终，联邦银行的信贷政策措施因国外资金流入和德国经济界从国外贷款而流产。国内经济失衡并未缓解，而对外经济失衡却有所加剧。

此外，联邦德国和美国间利率差的不幸走势发挥了作用。美国在1959年下半年和联邦德国一样奉行了紧缩政策，联邦银行政策从而获得了求之不得的支持，使之能在1960年春季出于克服经济衰退的考虑让利率回落。1960年6月，纽约联邦储备银行和其他联邦储备银行的贴现率最终从4%降至3.5%，而且是在联邦银行将贴现率从4%提升至5%之后一周。联邦银行在回顾这一过程时称其为“悲惨的巧合”。[②] 一位美国作者称之为“近期货币史上最令人不快的巧合之一”。[③]

除了利率因素外，投机性资金也进入了联邦德国。如果说1957年的投机行为主要是发生在以德国马克为一方、法国和英国货币为另一方之间的话，现在美元则首次成为德国马克的对应方，不仅因为利率差，而且也出于对美元开始产生的不信任。事实上，两国货币的相对地位表现出令人不安的反差：在周期性提升的景气环境下，联邦德国持续出现国际收支高额顺差，而在美国，则看起来将演变成慢性的国际收支逆差，并伴随着经济衰退和相当规模的失业。1958年是美元国际地位的分水岭，当时认为的慢性“美元荒”骤然转变为一直持续到1973年的慢性“美元过剩”。与伦敦黄金投机热联系在一起，1960年10月出现了首次短暂的美元危机，人们自此怀疑美元与黄金的挂钩机制能否持久。[④]

无论如何，联邦银行的紧缩政策在1960年6月的“齐射”之后不久

① “联邦银行1960年中期的措施带有明显的实验性特征，我们事先就清楚地知道成功的前景不大，但是我们至少想要在提出一些困难且影响面大的建议之前，做到我们当时的权力所及。这在1961年3月随着升值成为了现实”（奥特玛·埃明格尔在“经济与社会科学学会社会政策协会”年会讨论发言，1964年9月。参见“Weltwirtschaftliche Probleme der Gegenwart”，hrsg. von Erich Schneider，1965，第101页）。

② GB 1960，第5页。

③ P. M. Boarman：Germany's Economic Dilemma，New Haven-London 1964，第217页。

④ 身处大选中的美国总统候选人约翰·F. 肯尼迪所发表的易被误解的言论在1960年10月和11月导致外汇和黄金市场的不安。

就已经被汹涌而入的外汇“拉下了马”。[①] 联邦银行吸取了教训。当10月政府通过一份高调的声明再次拒绝升值之时，联邦银行调转方向，从1960年11月起明确过渡到“与国际收支相适应的”货币政策。正值经济繁荣时分两步降低了贴现率，从5%降至1961年1月的3.5%。不过，考虑到国内物价上扬因素，直到1961年2月，联邦银行都未实施放松存款准备金和其他量化限制。

在回顾这一阶段时，联邦银行自己以“艰辛的两难境地”和“源于外经济状况的信贷政策的暂时失灵”加以描述。[②] 布莱辛在1962年10月的一次讲话中回顾指出：“对信贷总量的控制脱离了联邦银行的掌控。”

2.8 1960～1961年的升值讨论

联邦银行内部的升值讨论始于开始出现新失衡局面的较早阶段，即1959年底，是由笔者的一篇内部研究报告开启的。这一次，在此后持续整整一年的联邦银行董事会和中央银行理事会开展的辩论中，支持汇率调整的少数派比1956～1957年升值辩论期间要多得多。

支持和反对紧缩货币政策免受对外经济影响的理由，在很多方面都和第一个升值讨论中一样。有些人认为，顺差问题会和1958年类似，随着世界经济降温而自行解决。但也出现了新的观点。有多个方面建议通过外汇管制抵制不受欢迎的国外货币流入，即设立某种“消极外汇经营”或“外御性外汇管制”。[③] 政府和中央银行以有悖于刚刚引入的德国马克自由兑换、不足以应对经常项目失衡和在实践中几乎无法实施为由，拒绝了这一建议。

1959～1960年，旷日持久的讨论在一个问题上有所缓和，即德国慢性经常项目顺差在多大程度上可以通过有组织的或者利率差引发的资本输出得以对冲，而不会出现由新一轮出口扩张推动的“回旋镖”效应。中央银行理事会1960年8月有关对外经济失衡的机密意见书中，紧急提请政府考虑

① 参见 O. Emminger：Zwanzig Jahre deutsche Geldpolitik，Stuttgart 1968，第20页。

② GB（1960），S. 7. 几年后，荷兰中央银行行长在本行1965年业务报告中写了类似的话：“如果国内支出限制导致国际收支顺差，货币政策将变得无效。在这种情况下，国内流动性供应事实上就被外国接管了。”

③ 参见 C. Wagenhöfer（巴伐利亚州中央银行行长）：Währungspolitik in der Sozialen Marktwirtschaft，Vortrag vom 21. Februar 1e61（abgedruckt in：“Auszüge aus Presseartikeln” der Deutschen Bundesbank Nr. 17 vom 3. März 1961）。

对冲性资本输出。1960年，国外对德国国际收支顺差状况和德国稳定政策的看法，也明显比1957年更具批评性，从而加大了德国资本输出及其他资本支出的压力。这一压力在1961年2月美国政府致联邦政府“公正分摊国际负担”（burden sharing）[①] 的备忘录中达到顶峰，其中批评了联邦德国不断囤积黄金和其他外汇储备的行为，因为“国际社会由此而产生分裂”。国际收支失衡的根本性问题必须在长期稳定的基础上解决。“此外，鉴于顺差国的出口顺差，长期资本的输出——尤其是对发展中国家——应当至少与世界水平相当甚至超过这一水平。”[②]

事实上，联邦政府在国际收支顺差的压力下，于1960年夏末就着手制定使用公共资金的发展援助政策。此外，德国经济领导层在1960年11月决定通过以中长期贷款的形式为发展援助意向筹措15亿马克。人们更多地认为，这一“发展援助贷款”是经济界为避免升值所付出的代价。不过，在马克升值以后，联邦经济部长艾哈德竭力否认政府方面就该发展援助贷款的问题向经济界做出过任何相关承诺。[③]

1961年提供给发展援助的资金总数不低于40亿马克，来源于经济界的发展援助贷款、大众汽车股票的出售、其他资本市场工具，最终还有联邦和各州预算资金。完全有理由把1960年的顺差视为联邦德国系统性发展援助政策的助产士。

有关马克升值的官方意见形成经历了若干阶段。升值开始是被政府1960年6月的一份声明拒绝，当时人们还希望能控制国内经济形势，而在短短几周之后不得不承认这一希望落空时，对外经济的安全保障看来是不可避免的了。欧洲经济共同体（EWG）货币委员会1960年7月的一份欧共体委员会批准的机密备忘录也明确督促汇率变动。[④] 尽管如此，决策再

---

① Abgedruckt in “Auszüge aus Presseartikeln” der Deutschen Bundesbank Nr. 15 vom 24. Februar 1961.

② 慢性经常项目顺差应当由持久的净资本输出得到补偿的论点在很长时间里一直是美国政府政要青睐的观点。时任美国财政部副部长罗伯特·V. 罗萨（Roosa）就写道：“应当确信，工业化国家通过真正的资本输出对冲其出口顺差……也必须采用影响长期资本流动的方法作为国际收支平衡的重点之一。”（Movements of Long-Term Capital and the Adjustment Process, in：“Review of Economics and Statistics”, Vol. XLVI, May 1964, 第164页。）

③ 参见 Frankfurter Allgemeine Zeitung Nr. 56 vom 7. März 1961：Presse-Erklärung von Bundeswirtschaftsminister Ludwig Erhard zur Aufwertung der D-Mark（abgedruckt in：“Auszüge aus Presseartikeln” der Deutschen Bundesbank Nr. 19 vom 8. März 1961）。

④ 得到了笔者的同意，笔者当时任货币委员会副主席。

度搁置，主要是出于1960年9月国际货币基金组织年会上国际谈判和磋商形成的印象。与包括国际货币基金组织德国理事、联邦银行行长布莱辛在内的德国代表团的预期相反，那里没有对德国马克升值施加压力，这个话题在多数正式声明乃至机密会谈中被谨慎地避免了。这在很大程度上要归因于正处于影响力高峰的国际货币基金组织执行董事会主席皮尔·杰科普森（Per Jacobsson），他曾经在1961年之后也一直是马克升值的积极反对者。他最重要的论点是：战后通货膨胀已经逐渐平息，这在美国趋于平稳的物价走势中表现得十分明显；这样，联邦德国今后不再需要像迄今为止那样担心输入型通货膨胀；[①] 此外，德国国际收支会由于一系列新情况承受额外压力，在他眼里不仅有德国国内的情况——扩充军备、过度就业带来的工资通胀，还有对外经济状况如：偿还债务、国际“负担共担”等。不过，他更看重的是，联邦德国应当将其对世界经济完全有用的经常项目顺差，用来增加发展援助及向世界其他地区的其他资本支付，这些有朝一日也许是迫切需要的。[②]

国际货币基金组织德国理事、联邦银行行长布莱辛从华盛顿货币会议带回来的印象起到了非常关键的作用，使得1960年10月由阿登纳主持的一次波恩峰会上再次摒弃了汇率调整方案。[③] 联邦银行随后实施与国际收支相符的利率政策成为会议的唯一成果。向对外经济失衡的“投降”——不但外界普遍如此看待这一转变，联邦银行的代表也公开这样宣称——直接导致了德国马克的汇率调整。当联邦银行1961年2月底为使之前已经决定的贴现率产生市场效果而降低存款准备金时，联邦政府表示了对内部物价增长危险的忧虑。这是为数不多的联邦银行放松政策的决定遭遇了政府的公开阻力。物价趋势的日益激化，还有在国内经济过热面前显然变得无能为力的信贷政策，这些都最终迫使政府在对外经济方面采取行动。

---

① 杰科普森1960年当中多次向笔者口头表明的观点在他后来的许多公开言论中也反复出现，参见“Current Economic Problems”，Speech at the Basle Center for Economic and Financial Research，June 12，1961（abgedruckt in：“International Monetary Problems 1957 - 1963”，Selected Speeches of Per Jacobsson，Washington 1964，第228页及续页）。他在1963年2月的讲话中甚至认为必须警告通货紧缩的危险（参见同上，第317页）。

② 上述理由也摘选自杰科普森1961年9月13日致布莱辛的信件，皮尔·杰科普森关于联邦德国有必要进行资本输出的观点和1961年2月美国关于改善国际“负担分摊”的备忘录如出一辙。

③ 联邦政府1960年10月18日声明（参见“Auszüge aus Presseartikeln” der Deutschen Bundesbank Nr. 99 vom 22. Oktober 1960）。

1961年3月3日，在取得德国联邦银行同意的情况下，联邦政府将德国马克的对外汇率提高了5%，① 对美元挂钩汇率确定为4马克，而不再是4.2马克兑换1美元。对于此项决定的做出，联邦经济部长和联邦银行行长在公开声明中给出了下列最主要的理由：第一，1960年秋季对经济景气和物价上扬态势减弱所抱的希望落空了；相反，过度的工资要求刺激了自1961年初起物价再度上扬。第二，业已掌权的肯尼迪（Kennedy）政府的最新声明显现出，在美元参与下的多边汇率设计是不可期待的。第三，马克升值的投机没有终止，这不仅极大干扰了中央银行的政策，也干扰了国际外汇市场。第四，德国希望通过升值对解决国际收支问题作出自己的贡献。第五，从1959年秋季起"过度使用"了信贷政策工具的联邦银行从1960年11月起又不得不将其撤回，联邦政府对于存款准备金领域最新的放松决议"表示了顾虑"（布莱辛）。此外，联邦经济部强调声明，"联邦政府从行事的一开始就认可货币和物价稳定为其政策最高原则。如果它打算实现……这一承诺，则须毫不犹豫地也实施此类重要措施"。②

荷兰盾也和德国马克一道升值了5%。对此举给出的理由是，鉴于德国和荷兰经济之间的密切联系，有必要在德国货币升值之后走出这一步，以应对"通过德国对荷兰经济的拉动"而形成的日渐过热的危险。无论如何，如果没有升值，"不可能追求保障内外经济平衡的政策"。③

2.9 德国马克升值的影响

大多数货币专家一致认为，升值"不仅来得太晚，而且幅度也太小"。④ 这一观点开始也决定了外汇市场走势，投机货币流入在升值之后仍持续了一段时间，因为人们不是期待德国方面会有进一步的汇率举措，就是期待其他货币的汇率举措，尤其是有贬值嫌疑的英镑。对此，参加巴塞尔国际清算银行（BZZ）每月例会的各中央银行在1961年3月12日向公众发表了安抚性

① 官方公报中将升值幅度错误地写成了4.75%，但马克的升值幅度为5%，而美元兑马克的贬值幅度为4.76%。

② 有关马克升值各种声明的原文印在了德国联邦银行1961年3月8日第19号"新闻文章节选"中，联邦银行行长的声明在德国联邦银行1961年3月的月度报告中有了更加详细的描述。

③ 荷兰财政部长J. 齐尔斯特拉（J. Zijlstra）（目前是荷兰央行行长）1961年3月7日在荷兰国会所作声明（参见德国联邦银行1961年3月10日第20号"新闻文章节选"）。

④ 在升值规模问题上事先没有征求中央银行理事会的意见，更多是联邦总理、联邦经济部长、联邦财政部长和联邦银行行长磋商后确定的，是在支持者和反对者之间达成的妥协。

声明，指出了各大中央银行在外汇市场的密切合作，其背后的潜台词是相互承认货币互换工具，尤其有利于英国中央银行。这一声明被视作开启了欧洲中央银行合作新的、更加积极的时代。

联邦德国的投机资本流入从1961年中期起有所减弱，（不包括公共部门特别交易）长期资本流动在下半年出现逆差，1961年全年总的资本项目出现不少于40亿马克的逆差。当然这基于极高的特别交易，尤其是提前偿付战后债务之上。

不过，从1961年中期起经常项目收支就已正常化，1962年出现了自1950年以来的首次微弱逆差。后来的情况表明，尽管升值规模小，马克升值的影响还是非常可观的。根据国际货币基金组织专家的调查研究，[①] 与根据销售市场发展趋势可预计的规模相比，主要在12~18个月以内，马克升值还是导致德国出口缩减了大约10%。而在进口方面，虽然按照马克计算出现了预期的降价效应，但是对于进口量只有非常微小的作用。[②] 表4中可以看出，经常项目收支的正常化在1962~1966年整个五年期间一直持续，这一阶段经常项目甚至累积了近60亿马克的逆差，这要拜1964年中期至1966年中期极高的借方差额所赐。当然，这一正常化绝非单单归因于马克升值，也有其他影响因素，下节将深入阐述。

表4 联邦德国1957~1968年的国际收支

单位：十亿马克

头寸	年平均		1964年中期至1966年中期	1967年	1968年
	1957~1961年	1962~1966年			
A. 经常项目收支	+4.8	-1.2	-9.3	+10.0	+11.9
B. 私人资本流动(包括其余项目)	+0.9	+3.3	+9.5	-8.3	-4.7
C. 公共资本流动	-2.9	-1.5	-2.1	-1.9	-0.1
D. 经常项目总收支(德国联邦银行外汇收支=A+B+C)	+2.8	+0.6	-1.9	-0.1	+7.0

① 参见E. Spitäller：The 1961 Revaluations and Exports of Manufactures，in：International Monetary Fund："Staff Papers"，Vol. XVII No. 1，Washington 1970；此外还有：M. C. Deppler：Some Evidence on the Effects of Exchange Rate Changes on Trade，in：International Monetary Fund："Staff Papers"，Vol. XXI No. 3，Washington 1974。

② 与此相反，在1969年和1971年较大幅度的马克升值之后，即便是在几年以后也没有确定对德国出口造成了显著影响；反之，这些升值举措对于德国进口的影响是可观的。

3 1962～1967年：没有严重冲突的过渡时期

3.1 外部形势

在1962～1967年的6年间，虽然偶尔出现紧张状况，但在德国货币政策内外经济目标之间没有出现真正严重或是持久的冲突。因此，这段时间也没有“马克危机”。

这在一定程度上是令人惊奇的。因为这六年在世界经济尤其是国际货币关系中完全是一个跌宕起伏的阶段。在世界经济中，景气周期性地出现，繁荣期主要是在1963～1964年，萧条期在1965年春至1967年底的时间里，尤其是在1967年下半年，国际贸易较长时间以来首次近乎停滞。货币关系在1963年和1964年受到意大利、法国、荷兰和英国过快通胀的拖累，其中意大利在1964年上半年出现了真正的货币危机，从1964年秋季起一系列英镑危机接踵而至，最终在1967年11月以英镑贬值14.3%告终。接下来，美元/黄金危机愈演愈烈，这场危机最终在1968年3月以自由黄金市场和中央银行官方黄金交易的分离而告结束。

一系列原因促成了这些年马克方面的相对平静。

第一，1960～1965年美国商品经济领域稳定的影响。美国的物价只有小幅上升，无论如何都比包括联邦德国在内的所有其他主要工业国要小得多，消费品价格年平均只增长了1.3%，批发业价格保持稳定，单位产品的工资成本甚至有所回落（见图4）。美国的经常项目收支自1961年起有了显著改善，如果说国际总收支没有体现这一点，这也是因为美国资本输出同期出现了飞速上升（见表7）。如此，美国在这一时期没有在经常项目领域通过需求拉动输出价格通胀或者通货膨胀，但也许在货币领域输出了因经常项目无法覆盖的资本输出而导致的通货膨胀。

第二，在姗姗来迟的马克升值前飞速上升的成本推动型通胀在联邦德国还持续了相当长时间，到1962年才有所减弱。1963～1965年由于货币政策缺乏有效抑制又再度抬头，到1966年春季达到60年代的最高点。较前一年，1966年第一季度实际工资增幅约8.4%，同年4月份基本生活费用超过4.5%。1961年以后，在马克升值和成本推动型通胀持续的共同作用下，德国出口的竞争力减弱。德国占十国集团和瑞士工业品出口的份额在1951～1961年从

表 5 国际价格与成本比较，价格与工资指数

单位：本国货币，相对于头一年的变化为%

国家/国家集团	年均变化					1975 年上半年
	1952 ~ 1960	1961 ~ 1966	1967 ~ 1969	1970 ~ 1972	1973 ~ 1974	
	Ⅰ. 基本生活费用					
联邦德国	1.0	2.9	1.7	4.7	7.0	6.1
美国	1.5	1.5	4.1	4.5	8.6	10.3
三个欧洲工业国（法国、英国、意大利）*	3.5	3.8	3.8	6.2	12.3	18.4
	Ⅱ. 国民生产总值的价格指数					
联邦德国	2.2	3.6	2.1	7.0	6.3	9.6 **
美国	2.1	1.6	4.0	4.5	7.9	10.5
三个欧洲工业国（法国、英国、意大利）*	3.9	4.1	4.1	6.5	10.9	19.6
	Ⅲ. 工业单位产品劳动成本					
联邦德国	1.9	4.7	0.7	8.1	8.9	13.4
美国	1.7	-0.5	3.4	3.4	5.7	7.9
三个欧洲工业国（法国、英国、意大利）*		2.4 ***	2.7	8.6	13.4	

注：* 加权平均值。

** 国民生产总值通货紧缩率的强劲增长是基于德国出口价格的大幅提高。“国内使用”国民生产总值的价格指数同期仅增长了 6.6%。

*** 1962 ~ 1966 年的年平均变化。

10% 翻番至 20%，到 1965 年前再度小幅回落至 19%，到1970 ~ 1971 年才再次达到 20%。

第三，虽然从 1963 年中期到 1964 年中期之间德国经常项目收支和外汇收支显著活跃，但这只是暂时现象。1963 年，德国国际收支顺差增加了 27 亿马克，其中不少于 24 亿马克来自与其他欧共体国家的贸易，这些国家主要有意大利、法国和荷兰。不过，它们通过欧共体理事会 1964 年 4 月制裁且协调的一项紧缩政策，相对快速地再度控制了自身的过快扩张。这样一来，对德国出口商品的需求拉动又迅速消失了。

3.2 德国货币政策的反应

当时看起来比经常项目收支活跃化更危险的是资本收支的活跃化。主要是由于不断的资本流入，联邦银行在这一段经常项目收支没有持久失衡的时

间里，在货币政策方面还是感到受迫于对外经济的考虑。在马克升值前完成的、向与国际收支相适应的政策转变过程中，联邦银行从1960年11月到1961年5月将贴现率逐步从5%下调至3%，在这一低位一直维持到1965年1月，即将近四年时间。从1961年12月到1964年8月，国内存款准备金率也保持了不变，虽然这段时间里偶尔出现经济紧张形势。联邦银行在这段时间里反复声明，主要考虑到对外经济方面，即担心国外资金更强劲的涌入，没有再次进行信贷限制。

事实上，由于利率、税收、货币等各方面的原因，外国长期资本涌入联邦德国，这在1963～1964年加剧了国际收支紧张状况。1963年，国外长期私人净资本流入总计不低于33亿马克，即为经常项目顺差的很多倍，其中购买德国的固息证券起了很大作用。为了应对这一威胁稳定的资本流入，1964年3月宣布对外国人所持有的固息证券收益征收25%的赋税（“息税”），并于一年后实施。此后，流入量在1964年骤减。与此同时，为了保护货币政策不受影响，各金融机构也采取了若干措施应对不受欢迎的资本流入。

1964年中期，经常项目收支和总体国际收支都出现了根本转变。从那时起，国际收支出现了两年的逆差（见表4），这意味着联邦银行几年内免于对外经济的压迫。1965年初，它宣布“输入型通货膨胀”正式结束：“在输入型通货膨胀至少是暂时结束，德国价格和成本水平从此不再受它威胁之后，德国信贷和经济政策成为是否维持内部金融平衡并保持货币购买力稳定的决定因素。”①

1965年，经常项目甚至出现62亿马克的高额逆差，虽然部分由资本流入得到弥补，但仍造成了相当大的外汇流失。由此，“1965年的信贷政策比1964年更明显地处在一个典型的境地，即重建经济平衡的紧缩措施不仅服务于内部也要服务于对外经济关系。1965年没有出现以前某些经济阶段的自相矛盾，即内部的过量需求伴随着国际收支高额顺差，信贷政策面临根本无法克服的目标冲突”。②

1964～1967年的发展情况没有为任何严重的对外经济问题所累。如此，那时学界提出的引入浮动汇率或者经常性汇率调整体系的建议没有引起共鸣也就不难理解了。此类建议中，最值得注意的是由“宏观经济发展评估专

---

① GB 1964，第23页。

② GB 1965，第2页。

家咨询委员会”1964 年底在其首份年度评估报告中提出的。像一条贯穿报告全文的红线，其论点是，在一个较少考虑物价稳定的环境中，联邦德国只有实施更灵活的汇率政策，方可摆脱对其自身物价水平的通胀影响。两位知名国民经济专家的评估报告附件也支持了这一观点。① 联邦政府在向联邦议院提交的针对年度评估报告的书面表态中拒绝了这些提议，主要基于以下理由。第一，这一行为与国际义务相悖。第二，在有利于联邦德国马克的通胀差异下，马克将不断升值，这不可避免的汇率扭曲会导致投机资本流入。第三，如果说联邦德国是最重要的工业国中唯一努力保持稳定的国家，这种提法是错误的，联邦政府为此列举了欧共体 1964 年 4 月有关稳定政策的决议，称“它也是非常成功的”。由此，不应走向“国际孤立”之路，而应走稳定政策的国际合作之路。第四，最后一点在欧共体中尤为重要，因为在这里，固定汇率恰恰是“更紧密一体化的前提条件”。

联邦政府当时反对提高汇率灵活性的理由，令人更容易理解为什么联邦政府后来，在内部平衡和汇率稳定之间再次公开爆发目标冲突之时，在使用汇率工具保障稳定政策上迟疑了那么长时间。

当然，一开始并不存在这样的冲突。当 1964～1965 年再次出现通胀紧张的迹象时，同时伴随着日趋增长的——符合“正常模式”的——经常项目逆差。在货币政策上，内外经济动机作用方向一致。联邦银行从 1965 年 1 月起略微收紧了贴现规定，并分两步将贴现率从 3% 提高至 4%。在流动性政策方面，除了 1965 年 10 月减少再贴现额度这个不太重要的举措之外，没有实施其他措施。联邦银行在此主要听任 1965 年国际收支的高额逆差——“外部逆差的自我愈合力”——以及其他市场因素发挥促成流动性减少的作用。随着贴现率在 1966 年 5 月提高至 5%，紧缩政策达到高潮。1966 年第二季度，经济剧烈降温，并进入短暂的衰退期。1966～1967 年的经济衰退通常被归咎于联邦银行 1965～1966 年的紧缩货币政策。事实上，当时采取的货币政策措施就其本身而言是相对无力的，是国际收支逆差加上持久的成本推动型通胀，即赢利挤压这两者的组合，在更大程度发挥了经济制动器的作用。此外，联邦银行自 1966 年中期起就开始再度放松政策，即

① F. A. Lutz und E. Sohmen：Wie kann sich ein Land der importierten Inflation entziehen？Anhang zum Jahresgutachten 1964/65 des Sachverständigenrats zur Begutachtung der gesamtwirtschaftlichen Entwicklung.

通过让1966年中期出现的大量外汇顺差获得毫无限制的流动性，从而推动银行的流动性。[①] 自1967年1月起，联邦银行通过一系列降低贴现率和存款准备金的措施加大了松动力度，将贴现率重新降低至3%。

这里也不存在内外经济目标间的矛盾。因为无论是萧条的国内经济形势，还是自1966年中期起再度复活的经常项目高额顺差，都指向了扩张性信贷政策。从1967年夏季起，传统的两难境地发生逆转：美国和英国发起的国际利率提高产生了相反的、有利于国外的利率差，导致联邦德国出现强劲的货币和资本输出，加重了维持经济所必需的低利率水平的难度。再度增强的经常项目顺差由于资本流出被完全抵消。这样，总体国际收支在1967年保持平衡，到1968年才再度出现顺差（见表4）。

4　1968～1971年的马克危机

4.1　概要

1967年相对较轻且持续时间较短的经济衰退——这一年国民生产总值较前一年收缩了0.2%——在一段时间里导致物价回归稳定，这是自1958～1959年以来的第一次。稳定对价格和成本的作用如此之强，以至于1969年初工业产品价格甚至略低于1967年初。不过，从1969年中期起，这一代价换来的稳定在外部汹涌的通胀潮和由此引发的内部过热影响下迅速丧失。

1966～1968年的稳定措施使联邦德国信赖于国际物价与需求趋势（见表5）。因为正好在同一时间，即在1965年以后，美国的成本与价格稳定期结束了，越战和巨额的财政赤字导致了通货膨胀的爆发。在法国，1968年5月的骚乱导致工资爆炸和需求通胀，经历货币危机之后，在1969年8月迫使法国货币贬值11%。在英国，1967年11月英镑贬值之后国际收支疲软和需求拉动也还持续了一段时间，直到1969年才出现好转。

从1968年中期起对外经济关系日渐紧张，主要是相对于受贬值威胁的法郎和刚刚贬值但尚未稳定的英镑。一系列货币危机接踵而至，第一波危机

---

① 1966年底，货币政策的放松对外通过大幅降低存款准备金得以宣传。但是，从现有材料可以清楚地看到，联邦银行在几个月以前就已经有意识地接受外汇顺差带来的强劲流动性及由此开始的利率降低作为放松因素。此处亦参见GB 1966，第5页。

促使十国集团1968年11月在波恩召开货币会议，并导致德国马克通过出口税费和进口补贴实现“变相升值”。当然，这一变相升值未取得可持续的成功。从1969年春季起再次出现来自国外的大幅资金流入，由此也引发了保障对外经济的激烈讨论。这使得马克在——当然是在旷日持久的内政争斗之后——1969年9月联邦议院大选结束后出现了短时间的浮动，到10月底浮动结束，马克升值9.3%。

1969年以后，联邦德国对外经济失衡的性质发生了变化。利率差和投机性资金流取代物价和需求差异——在物价和需求通胀上，联邦德国从1970年初到1973年初几乎不再落后于国外——成为危机最重要的原因。经常项目失衡被货币领域的深度扭曲和干扰与进而由此引发的资本项目的扭曲和干扰所取代。造成这一局面的部分原因是剧烈变动的、相对于美国的利率和流动性差异。①

联邦德国的经常项目收支在1970～1971年基本恢复正常（见表6），但仍不断有大量新的外国资金涌入联邦德国，加剧了通胀的可能。这些流入自1971年3月起日益显现投机特征，最终在1971年5月迫使联邦银行不得不接纳，暂时关闭外汇市场，继而暂时解除了联邦银行的外汇购买义务。

表6 联邦德国1968～1975年的国际收支

单位：十亿马克

时间段	经常项目收支	资本收支（含其余项目）	国际总收支*
A. 1968～1969年货币危机			
1958年1月～1969年9月	+16.9	-2.1	+14.9
1969年10～12月	+2.4	-20.5	-18.1
1968年1月～1969年12月	+19.4	-22.6	-3.3
B. 1971年货币危机			
1970年1月～1971年5月	+5.6	+35.3	+40.9
1971年6～12月	+0.7	-3.3	-2.6
1970年1月～1971年12月	+6.3	+32.0	+38.3

① 对外经济失衡特征的这一变化事先已经为人所认识和阐述（参见“Demand Management-Globalsteuerung”，Symposium des Kieler Instituts für Weltwirtschaft vom Juli 1971；hrsg. von H. Giersch，Tübingen 1972，第73～103页）。

续表

时间段	经常项目收支	资本收支（含其余项目）	国际总收支*
C. 1972～1973年货币危机			
1972年1～7月	-0.1	+19.0	+18.9
1972年8月～1973年1月	+2.7	-6.4	-3.7
1973年2～3月	+1.5	+18.8	+20.3
1972年1月～1973年3月	+4.2	+31.4	+35.6
D. 自浮动开始起			
1973年4月～1975年9月	+40.7	-37.7	+3.0

注：*所有交易余额（反映联邦银行国外净资产变化，不包括汇率变动造成的价值修正，未分配特别提款权）。

德国马克就是这样开始了第一个较长的浮动汇率时期，它持续到1971年12月。其间，美国总统于1971年8月份取消了美元黄金自由兑换，结果，其他大部分主要货币也实行“浮动”。不过，当时普遍认为浮动只是向新的货币挂钩体制的过渡。新的汇率在1971年12月的华盛顿会议（“史密森协定”）上被确定下来。不过，汇率“重估”持续的时间仅略长于1年。1973年3月，在剧烈的外汇危机之后，挂钩体系再次破裂，这次是无限期的。

对于德国货币政策而言，1968～1971年接踵而来的货币危机意味着巨量、通常是密集出现的国外流动性涌入与暂时的由于大幅度外汇流出导致银行流动性收紧的平静期交替。作为如此繁复流动的结余，1968～1971年四年间留存大约350亿马克外汇净流入。① 联邦银行——经常是突如其来且无法预见地——反复陷入国内经济所必需的银行流动性短缺和外汇涌入流动性影响两者间的冲突中。就此而言，这个阶段信贷政策基本上沦为对外经济起伏的玩偶。

4.2 1968～1969年马克升值的斗争

中央银行理事会在1968年9月就已经决定致力于马克升值，以促进国际收支平衡。② 虽然当时内部物价稳定还没有受到直接威胁，但联邦德国和

① 不含特别提款权的分配，不包含1969年和1971年的升值带来的准备金余量的价值减少。

② 这一决议当时出于可以理解的原因保密。

国外之间价格增长的强烈反差（见表5），以及国外订单的爆炸性态势（见表2和图2）表明内外平衡之间行将出现冲突。更有甚者，1968年经常项目顺差就已经接近创纪录的高位，到1968年中期之前国际收支只是在坚持极低的利率和巨额资本输出的情况下才得以维持不稳定的平衡（见表4）。

1968年9月，联邦银行董事会向作为主管部长的联邦经济部长提议，通过升值来实施保障，但席勒（Schiller）部长拒绝了马克升值。自10月以来，糟糕的局面作为1968年5月法国骚乱的后果，导致越来越多的资金从那里转移到联邦德国，也引发了其他国家的投机活动。这在根本上是一场法郎—马克危机，一方面是对德国汇率调整的猜测日盛；另一方面，在11月前3周里，有价值超过90亿马克的外汇从法国和英国涌入联邦德国。与这一外汇流入相对应的是法国和英国中央银行高额的外汇损失。外汇市场从1968年11月20~22日关闭，这成为后来在货币危机中一系列外汇市场关闭行动的先例。同时，在波恩，德国经济部长主持召开了十国集团货币会议。联邦政府在头一天就已经通过决议（并且也在公报中发表），将决不屈服于马克升值的压力。恰恰相反，它决定到1970年3月前对出口征收4%的特别税，并对进口非农业产品实施相同比例的减税。这个单方面的步骤一方面错过了协调一致地进行马克升值和法郎贬值的机会，这是个原本存在的机会，双方央行之间的对话中已经进行了技术上的准备。① 当时就已经相当明确的是，德国马克的“变相升值”既不足以弥合不断扩大的国内外价格剪刀差，究其本质也不适合阻止对下一步“真正的”德国马克升值的投机。在波恩会议期间，德国联邦银行中央银行理事会就在致联邦政府的机密电传中强调指出了这一点，② 但这一警告徒劳无功。

接下来，无须多少诱因，就足以再度触发投机。一场巨大的投机潮自1969年4月底至5月9日汹涌而至：在这10天里流入了160多亿马克外汇，几乎比1968年11月多一倍。联邦银行1969年春曾为阻止日益加剧的价格推动而制定货币政策，也被这场流动性大潮彻底冲垮。5月初，联邦银行再度反复向联邦政府提出紧急劝诫，以通过有效的汇率措施替代“变相升

① 布莱辛谈波恩货币会议两天前与联邦政府进行的会谈（笔者参与了这些会谈，也参与了与法国中央银行的预备会谈）：“我对这些先生们说，如果我们同时行动，我口袋里已经准备了法国法郎的贬值。我也为升值作过努力。但这是不可能的。”引自 Leo Brawand：Wohin steuert die deutsche Wirtschaft? München 1971，第50页。

② 这份电报不久之后在波恩泄密，为公众所知。

值”。联邦内阁于5月9日再度拒绝这一提议，不过从那时起在这一问题上的态度就出现了很大的分歧（当时大联合政府的两个执政伙伴势不两立）。意见分歧始终穿插在公开讨论中，直到1969年9月29日的联邦议院大选——关于某个储备货币可能的汇率变动“在公开的集市上”辩论数月之久，这也是历史上绝无仅有的。

联邦银行尝试在这个“取消决定的中间阶段”奉行一方面稍微限制经济过热，另一方面不要过分刺激国外资金流再度流入的路线，多次提高存款准备金、削减再贴现额度、执行紧缩的公开市场政策，试图由此使1969年春季流入的流动性无害化。虽然成功地使银行机构做到了这一点，但对非银行机构却未能做到，1969年的前九个月，有不少于150亿马克新的流动性通过外汇顺差流向了这些机构。贴现与抵押贷款率也被逐步提高，1969年9月初贴现率终于达到了6%。这些政策之所以成为可能，是因为当时国际货币市场的利率在同期美国紧缩政策的影响下增幅要高得多。但是，这些货币政策措施不足以控制信贷扩张和经济过热。没有更好的对外经济保障，“信贷政策的螺母无法拧紧”。[①]

临近联邦议院大选前，1969年9月的第二轮投机潮再次导致外汇市场关闭。大选之后重新开放，但没有马上确定新的马克平价，因为必须等待新的联邦政府组成并做出决定。在短暂的自由浮动期之后，德国马克最终于1969年10月24日升值9.3%（新的美元估价：3.66马克取代之前的4马克）。这一升值幅度从数学角度来看完全弥补了价格差，因为它略高于1962～1968年——根据出口价格和工业生产价格计算——上涨的德国价格与国外价格之间形成的统计差距。这样，升值幅度对外汇市场总体是可信的。国际货币基金组织也声明德国的此举消除了全球汇率格局中的紧张状态。从攀升至42美元一盎司的市场黄金价格在1969年12月再次回归之前35美元的官方标价，也能看出当时的马克升值在多大程度上缓解世界货币形势。在这种全球货币趋于平静的背景下，1969年10～12月外汇重新流出联邦德国——总计180亿马克——远远超过之前9个月流入的结余。1969年全年外汇收支出现超过100亿马克的逆差；即便是1968年和1969年两年之和，仍然有超过30亿马克的逆差。纵观1968～1969年的资本项目收支（见表6），可以清楚地看到，在对国外利率和流动性差异逆转的情况下，资本流向的危

---

① GB 1969，第12页。

险逆转是多么令人恐怖。它在 1970 年也的确突然出现了。

首先，马克升值 9.3% 可以缓解国内物价上扬的希望从根本上落空了，原因在于升值过晚。当升值在经过漫长的内政斗争后最终实施之时，调整型通货膨胀已经全面铺开。经济过热释放了如此强劲的国内经济通胀压力，以至于无法单凭姗姗来迟的马克升值得到控制。这些力量中尤为严重的是成本推动型通胀，它随着 1969 年 9 月的工资爆炸完全失控。工业领域单位产品劳动成本——扣除劳动生产率进步因素的工资增长——在 1970 年激增至少 13%，而美国为 6%，主要西欧国家平均为 9%。这是联邦德国过去 20 年来最高的劳动成本增长。1968 ~ 1970 年原本只能通过及时升值避免的赢利与工资爆炸，开启了后来若干年联邦德国分配斗争根本性激化的进程。从稳定政策角度看，不得不为升值从 1968 年推迟到 1969 年末付出极其高昂的代价。无论如何，尽管经过升值，联邦德国的通货膨胀仍旧继续加速，在 1970 ~ 1972 年总体上达到，甚至一度超过类似其他国家的平均水平（见表 5）。直到 1973 年夏初，即进入普遍浮动制之后，德国马克才得以再次从国际通胀集团中解脱，回归通胀目标下限的位置。

马克的升值未能实现稳定效应，也与另外两个发展趋势相关。第一，1969 年以后，世界上其他地方继续保持高通胀趋势；如果事先认识到国外持续的通货膨胀，1969 年 10 月的马克升值原本应该幅度更大些。第二，联邦德国 1970 年间和 1971 年前几个月的信贷政策再度受挫于利率引起的资本涌入。由于 1969 年 10 月的马克升值未显现预期的抑制作用，鉴于持续的经济紧张局面和通胀趋势，联邦银行不得不试图继续奉行紧缩路线。做法是，在 1970 年 3 月将贴现率由 6% 提高至 7.5%，抵押贷款率由 9% 提高至 9.5%。然而，它从 1970 年 3 月起就不得不重新放松这一紧缩路线——不仅因为国际金融市场上利率快速下滑的压力——到 1971 年 4 月初贴现率再度回落至 5%，抵押贷款率回落至 6.5%。

4.3 国际利率差是 1970 ~ 1971 年对外经济失衡的主要原因

其间，联邦德国自然早已陷入国际利率剪刀差。如果说 1967 ~ 1969 年德国利率总体低于其他一些主要国家尤其是欧洲市场利率的话，那么这一情况在 1970 年发生了骤变，主要原因是美国利率政策的突然变化。美国在 1969 年通过大幅拧紧利率和流动性的螺母推高了一系列市场利率，这样一来，吸引了全球的短期和部分长期资金流向美国。1970 年初，美联储却急剧调整了货币政策方向，以应对迫在眉睫的经济衰退和高失业现象。而在大多数欧洲国家，为了应对通胀，仍旧坚持执行了相对紧缩的货币与利率政策。

这导致美国和欧洲之间的利率差发生转变。1970年1月，美国三个月国库券收益率还接近8%，而到1971年3月初就只有大约3.3%，远低于欧洲类似利率。资金和外汇流的转变是巨大的。在1968～1969年美国流动性困境期间，美国银行从外国吸纳了大约125亿美元的短期资金，其中多数是通过欧洲美元市场的中介而来，而1970年和1971年它们将这些资金完全回吐给国外。这些短期资金运动的转向，使得仅1969～1970年间美国国际收支差额就出现了不少于135亿美元的缩水（从27亿美元顺差到107亿美元逆差，见表7）。在1971年春季起，美国经常项目收支开始恶化后，1971年美国资金外流趋势进一步增强。

表7 美国国际收支

单位：十亿美元

项　　目1)	年平均				1969年	1970年	1971年	1972年	1973年
	1953～1957年	1958～1960年	1961～1965年	1966～1968年					
A. 经常项目收支2)	+0.1	-0.9	+2.6	-1.4	-3.9	-2.3	-6.3	-11.0	-1.2
B. 私人长期资本流动	-1.3	-2.1	-3.5	-1.5	-0.0	-1.4	-4.4	0.1	+0.2
C. 基本收支(A+B)	-1.2	-2.9	-0.9	-3.0	-3.9	-3.8	-10.6	-11.1	-1.0
D. 短期资本流动(含其余项目)	+0.1	-0.7	-0.9	+2.4	+6.7	-6.9	-19.8	+0.0	-4.3
E. 国际总收支(C+D)3)4)	-1.0	-3.6	-1.8	-0.5	+2.7	-10.7	-30.5	-11.1	-5.3

注：1）由于口径的区别，1960年以前从“私人长期资本流动”到“国际总收支”的项目与后来年份中的相应项目不具完全的可比性。

2）含政府交易（军事交易、对外援助、公共资本流动）。

3）1960年以前是流动性收支，1961年起是官方存款准备金交易。

4）不含特别提款权的分配。

大部分受利率和信心影响流出美国的资金都通过直接或间接的途径流入了联邦德国。1970年和1971年第一季度，联邦德国不得不分别接受了40%和45%流入十国集团的资金。当1971年3月起投机性涌入占据上风时，几乎所有从美国流出的资金（还有其他国家的投机资金）都流入了联邦德国：从4月和5月头几天直到开放马克汇率前，有约合60亿美元，① 其中在这段

① 其中联邦银行4月份通过期货交易购入的21亿美元计入了4月份的外汇涌入。

时间的最后三天就有约合 80 亿马克（20 多亿美元）。5 月 5 日外汇市场的暂时关闭以及马克汇率自 5 月 10 日的开放都是无法避免的结果。

联邦银行的货币政策着实被 1970 ~ 1971 年的这波春潮所冲垮。1970 年，虽然一年里没有投机资金流的货币危机，但是德国外汇收支还是收获了迄今年份最高的外汇顺差，即大约 220 亿马克。1971 年 1 ~ 5 月，又追加了额外的 190 亿马克（见表 6）。联邦银行的净国外债权从 1970 年初有限的 260 亿马克膨胀至 1971 年 5 月底的 680 亿马克以上，这当中经常项目顺差只有 55 亿马克，其余部分都来自资本流入，即德国国民经济的对外负债（“借得的外汇储备”）。同期，虽然国内通过联邦银行的措施（存款准备金政策等）和联邦政府的措施（经济协调储备金、经济发展补贴等）回笼了总共约 240 亿马克的流动资金，但还是不能避免各大银行的可支配流动性储备倍增，1971 年 5 月的货币供应量（根据广义货币 M_2 定义）比 12 个月以前增加了 17%。不仅是德国货币当局，还有美国信贷政策的流动性政策“冷热交替浴”，以及大批处于游离状态的美元往返投机活动，在很大程度上决定了德国的货币供应，也决定着德国稳定政策的成败。当时，在德国货币讨论中出现一个关键词，即为来自国际金融市场的“货币影子政府”。[①]

4.4 1971 年危机年的货币政策

1971 年 5 月导致外汇购买义务解除及马克汇率放开的货币危机在根本上是一场美元—马克危机，马克被挤迫到美元“对立面”或者“对手”的角色。不是这样的话，当时联邦德国原本没有理由失衡。因为在 1970 ~ 1971 年 5 月，联邦德国的经常项目没有结构性失衡，在 1969 年 10 月的马克升值以后也没有失去与国际价格增长的同步性。鉴于外部持续的资金流入，货币政策根本没有抗拒国际通货膨胀的可能，它只能消极接受以货币供应量的过度增长和名义总需求形式出现的调整型通货膨胀。

人们很快发现，1971 年 5 月的危机实际只是美元危机的前奏。在经过 8 月份取消美元的黄金自由兑换之后，美元危机最终导致 1971 年 12 月的美元

---

① 参见 O. Emminger：Zur Problematik der internationalen Geld-und Kapitalbewegungen，Ausführungen auf der 16. Kreditpolitischen Tagung，in：“Zeitschrift für das gesamte Kreditwesen”，November 1970：“国外金融市场不仅部分承担了德国银行贷款债权人的角色，而且也成为某种‘替代中央银行’……欧洲市场事实上已经成为了初级流动性的治外法权来源，成为了某种货币影子政府。”

贬值和汇率重估。在这一发展背景下，推测德国方面是否能够通过其他方式避免1971年4～5月美元—马克危机的尖锐化是徒劳的。1971年4月底，彼此的一些不慎表态可能将危机的爆发加速了几天或者几周。但正如后来的发展所显示的那样，危机无论如何是无法避免的。比较严肃的做法应该是追问：是否能够通过改善美国和德国（或者原本是欧洲）的货币政策协调，来阻止催生巨大的不利于稳定的资本流动的利率和流动性差异。这最多也就是在时间上推迟了不可逆转的大规模美元危机。除此之外，还存在真正的目标冲突：美国货币政策必须结合当时萧条的经济与就业形势来解读；由此导致的中央银行货币供应量［“货币流通基数（基础货币）”］在1970年6%以及次年7%的增幅，以及货币供应量（M_1）相应的增幅虽然高于20世纪60年代的平均值，但作为应对美国普遍的经济不景气还是可以理解的。但外汇的流入在其余工业国家——不仅由于美国货币政策，还由于乘数效应（外汇流入对货币流通基数的影响）——引发了货币供应量通胀性膨胀，1970年平均膨胀了10%，1971年平均膨胀了17%。至于在欧洲快速且广泛地下调利率以阻断美国银行资金回流到欧洲的做法，根本没有实际可能，另外也绝对不适合欧洲的经济形势。

联邦德国和欧共体自1971年初起集中讨论的另一个问题是，能否通过资本输入管制来应对通胀性资金流入。这里也讨论了能否按照比利时双轨模式，将外汇市场分割为基于固定汇率的商业领域和汇率自由浮动的金融（资本流动）领域。而在联邦德国，资本流入控制，尤其是双轨外汇市场只能在克服巨大的现实困难时方可生效，并且不能立即生效。除此以外，联邦政府尤其是主管这些问题的财政部长席勒教授也出于原则性考虑反对这一方法。在德国联邦银行中央银行理事会内部，1971年5月初在“放开汇率或资本输入管制”的问题上产生了深刻的意见分歧。当然，之后大规模全球美元危机的经验也充分体现，无法通过匆忙的、临时性的资本输入管制来应对当时的局面。不管怎样，在这一领域思想上的准备工作已经向前推动。以至于后来，即1972年和1973年，在某些领域至少可以阶段性地成功实施类似的防御措施。

德国汇率放开与欧共体的伙伴国之间保持协调一致，这尤其在政治上具有重大意义。联邦政府特别是联邦经济部长当时就已经试图寻求“对美元共同浮动作为最佳途径”。[①] 然而，这一努力在1971年5月由于各种原因而

① 席勒教授在1971年5月11日德国联邦议院就联邦政府货币政策措施所作的声明。

失败，主要是两个伙伴国，即法国和意大利，不敢将本国货币与坚挺且有升值嫌疑的德国马克挂钩（虽然在其货币与德国马克的汇率关系上明确向其提供了相应的安全距离空间）。只有荷兰与联邦德国类似，实施了本国货币的自由浮动。比利时和法国希望扩大双轨外汇市场，不隶属于欧共体的瑞士和奥地利在 1971 年 5 月提高了本国货币的固定汇率。在 1971 年 8 月取消了美元的黄金自由兑换之后，除了法国以外的几乎所有货币都多多少少过渡到了自由浮动。

1971 年 5 ~ 12 月马克汇率的放开，并未使得联邦银行在这段时间里，在国内货币政策方面获得完全的自由。虽然外部资金流入已经停止，联邦银行在 1971 年 6 ~ 8 月间甚至向外汇市场又投放了几十亿美元，但它在货币政策上还是不得不始终顾及国外的发展情况，“尤其是对正确汇率的影响”。[①] 因为在 8 月份美国关闭了黄金交易窗口以后，各个委员会——主要是在十国集团和经合组织国际收支委员会（第三工作小组）——开始就汇率新规则进行谈判，这将决定各国在寻求“正确”出发点的汇率讨论中的基本行为方式。事实表明，在这样的情况下，几乎没有哪个国家愿意让本国货币汇率完全听命于市场的力量。

无论如何，幸亏提前进入浮动机制，联邦德国得以在 1971 年的剩余时间里“免遭攻击”。下半年，从美国流出的美元数量超过了上半年，但现在流入的却是那些没有通过放开汇率及时进行自我保护的工业国。在 1971 年这一“美元危机之年”，美国国际收支逆差总共不低于 305 亿美元，其中有 260 亿流入十国集团（含瑞士），联邦德国根据年度结余“只”接受了大约 45 亿美元。如果说它 1971 年 5 月初之前是美国货币地震的震中，那么通过进入浮动机制，它一举摆脱了这一困境。国内货币趋势表现为货币供应量增速下降，并首先表现在虽然效应还不够充分的稳定作用方面，同时以德国马克计算的进口价格也有了显著回落。

如果要对从 1971 年 8 月取消黄金—美元标准到 1971 年 12 月的多边汇率调整期间国际货币的发展进行解读，这超出了本文的范围。此次“重估”的核心是通过艰难谈判，获得美元对所有主要货币的贬值。美元作为世界货币体系的储备货币不得对黄金贬值，这原本是美国人多年来捍卫的禁忌，而今被打破了。相对以前的黄金估价，美元贬值了 7.9%，其他若干货币有所

① GB 1971，第 16 页。

升值，其中德国马克升值4.6%。从最终结果来看，德国马克兑美元升值了13.6%，而对其余货币平均仅升值了近6%（见图1）。[①] 根据不同的计算方式，美元对其余货币加权平均贬值幅度在8.5%～9%。此外，重要的是，对兑换平价的浮动范围从以前的±1%放宽到目前的±2.25%，这首先是为了减轻应对破坏稳定的短期资本流动的难度。

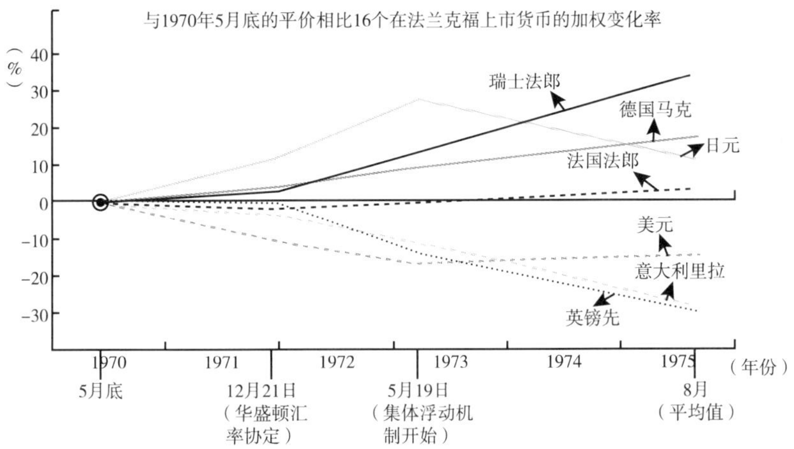

图1　1970年以来的汇率变化

资料来源：BBk。

5　从1971年的汇率调整到1973年的汇率放开

5.1　新的货币危机

1971年12月的汇率调整被证明是以无效的工具落实货币政策稳定化尝试。它既不能在国际上也不能在德国货币政策上兑现许下的承诺。在1973年1月底到3月初的投机货币动荡中，竭尽全力新建的货币平价大厦像纸糊的楼房一样坍塌了。就德国货币政策而言，没有感觉到华盛顿汇率调整带来的额外减负。相反，德国联邦银行在1972年业务报告中强

① 德国马克新的美元平价计算自1971年12月起为1美元兑3.2225马克（之前自1969年10月起：3.66马克）。

调指出，在重估头几个月就可以看出，“汇率新秩序给联邦德国对外经济带来的保障是如此之少……因此，货币政策的国内经济目标必须暂时押后”。[①] 1973 年 2 ~3 月的货币动荡最终使得所有的稳定货币政策尝试都成为泡影。

新鲜出炉的平价体系是怎么失灵的呢？分析这一点在今天仍有现实意义。因为在 1971 年底到 1973 年 3 月的 15 个月，在一个包含了诸如美元的国际货币的固定汇率的体系中，不同的困难就像在一部教学片中那样一字排开，它们至今仍具威胁并可能随时发作：美国和其他主要国家之间的利率差距，巨大的通胀与国际收支差异，最后还有对于主要货币平价普遍抱有的不信任。在一个很容易将货币流动潜力从一种货币传导到另一种货币并引发流动性巨幅上升的年代，固定汇率体系即便是消除了平价最严重的扭曲，也无法承受此种负荷。

在这里所观察的 1972 年初到 1973 年 3 月的时间段里，美国再度成为干扰性资本流动的主要来源。在这 15 个月中，美国国际收支逆差超过 210 亿美元，其中大约半数来源于经常项目逆差。在 1971 年 12 月汇率调整之后，马上出现资金大量从美国流向欧洲。出于国内经济原因，美国货币当局不顾捍卫新的美元估价，大幅放松了货币政策，由此启动了美国战后迄今最强劲的货币扩张——货币供应量 M_1 从 1971 年 12 月至 1972 年 12 月增加了 9%。[②]

1972 年 6 月，为通胀和国际收支困难所困的英镑爆发了信任危机，在短短几天之内导致大量资金撤出英国，直到英镑过渡到自由浮动。由此引发的骚动也蔓延到其他货币，尤其是美元，导致外汇市场暂时关闭，并迫使联邦银行从 1972 年 6 月中旬到 7 月中旬接纳总共相当于 47 亿美元或约合 150 亿马克的英镑和美元外汇。在德国外汇干预措施作用下，国际货币形势在下半年趋于平静，以至联邦银行从 1972 年 8 月至 1973 年 1 月得以重新向市场出售相当于超过 35 亿马克的外汇。之后的 1973 年底，在全球性美元信任危机的背景下，出现了第三波破坏稳定的资本流动。1973 年 1 月底到 3 月初的美元危机是固定货币平价的布雷顿森林体系下的最后一场货币危机。

---

① GB 1972，第 16 页。

② 联邦银行在 1971 年业务报告中将美国单方面的、着眼于国内经济的货币政策称为“多个不幸状况令人遗憾的组合”（第 46 页），这一货币政策阻止了通过吸收至少是部分 1971 年流出美元区的短期资金，渡过在 1971 年底美元贬值后美国经常项目收支中不可避免的“饥渴期”。而这样做足够符合欧洲参与多边汇率调整的意图。

5.2 德国货币政策的反应

干扰性资本流动的主要目的地是联邦德国。在危机四伏的平价体系“结束期”的15个月里，联邦德国不得不接受相当于360亿马克、大约120亿美元，其中最大部分是在1973年2～3月。这一次，德国经常项目顺差同样也只占外汇流入的极少部分（见表6）。然而，1972年下半年随着德国工业国外订单的迅猛增长，预告了经常项目收支领域新的爆炸性失衡，以至于如果不实施浮动机制，几乎可以肯定德国马克会在1973年出现新的升值危机（见图2）。但是，平价体系在1973年初崩溃的直接动因是无法抑制的、从一种货币到另一种的破坏性资本流动。

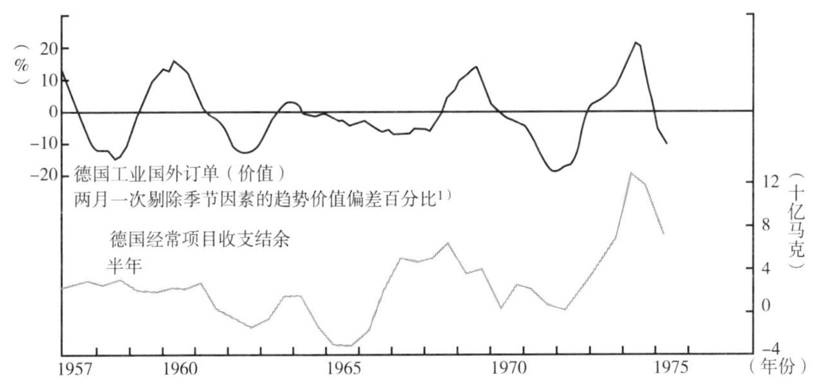

图2 国外订单与经常项目收支

注：1）结果经机动的三阶段平均值处理过。
资料来源：BBk。

和美国的货币政策不同，德国货币政策首先尝试通过着眼于对外经济的利率政策来支撑1971年底的汇率调整。出于对外经济原因，联邦银行的基准利率1971年12月第一次、1972年2月第二次下调，且将贴现率一直下调至3%的低点，以便尽可能多地排除外汇流入的利率动因。同时，联邦政府放弃了抵制引入获取国外信贷的现款押金规定。自1972年3月1日起实行了40%的现款押金率。这两项利率政策的组合的确暂时明显导致了资本流入的减少。

德国对于1972年6月英镑危机造成的外汇再次大量流入的反应是联邦银行和政府防御性措施的组合。联邦银行尝试通过提高存款准备金和缩减再贴现额度来吸收多余的流动性，并严格了现款押金制度。此外，联邦政府在1972年6月底基于《对外经济法》，规定了向外国人出售有固定利息的国内长期债券（这是当时比较推崇的在高息情况下拥有受追捧的德国马克的途径）的审批义务。由于引入这一措施之时，联邦政府内部出现了与时任联邦经济部长的席勒教授的冲突，他的辞职引发了——对于后续时期货币政策举足轻重的——联邦政府改组①。针对不受欢迎的外国资金流入的各种防御措施至少在一段时间里是有效的。较好的对外防护，加上1972年秋季欧洲市场的利率上升，特别是因这些因素的组合在1972年8月到1973年1月导致的外汇流出，都令联邦银行得以再次奉行较为紧缩的货币政策。这样，它从1972年10月至1973年1月分几步将贴现率提高至5%，抵押贷款率提高至7%。国内货币供应量扩张在接近1972年底时放慢，但1972年货币供应量（不仅包括 M_1，也包括 M_2）与前一年相比平均还是增加了14%，以至于货币供应量相对国民经济仍显过多，无法阻止物价上扬的再度加速。

5.3 1973年1~3月的大规模信任危机

当1973年1月底在全世界范围内出现针对货币平价的信任危机时，前面提到的防御性外汇管制措施最终被汹涌而至的国外资金冲垮。

推动这一危机的外部动力是国家层面的几项货币措施。其影响几乎无法让人相信：1973年1月22日，意大利宣布将里拉外汇市场分割为商业交易的固定汇率市场和资本交易的自由浮动市场，主要是为防止资金的持续流失。第二天，瑞士停止了美元干预，听任瑞士法郎汇率自由浮动。这两个事件，尤其是后者的影响显示出，尽管有1971年底的汇率调整，固定平价尤其是美元平价赖以支撑的信任基础是何等的脆弱。对动摇信任起到作用的还有，在此之前不久，世界媒体就已传播了关于美国的极端物价上涨和其他不利发展的消息。一周以后，不安气氛就蔓延至德国外汇市场。从1973年2月1~9日，即在外汇市场首次关闭之前，联邦银行不得不接受相当于186亿马克的59亿美元，虽然政府在这段时间里用尽一切严厉措施加强防御性外汇行政管制。

① 在瑞士不久以前大规模阻止寻求投资的避险资金，由此将这些避险资金引向德国马克之后，联邦银行引入了强制审批，联邦银行的作用在德国联邦银行1972年8月的月度报告第15~17页中有详细描述。

基于美国、日本和最重要的欧共体国家（主要是联邦德国和法国）之间非正式的三方协定，最后一次尝试通过调整平价来控制全世界范围内的外汇动荡：1973年2月12日，美元再次贬值10%，1972年4月创建欧洲货币联盟（“蛇形浮动体系”）的成员国确认保持自身主导利率不变，日元汇率自由浮动以便升值。

几周短暂的平静——联邦银行在这段时间得以再次将相当于28亿马克的10亿美元卖给市场——之后，2月底至3月初再次出现短暂但剧烈的外汇投机冲击。一开始主要波及荷兰盾，然后以最大冲击力席卷德国马克。1973年3月1日，联邦银行不得不购买相当于75亿马克的将近27亿美元，这是一家中央银行在一天以内买卖过的最高金额。紧接着，联邦德国和许多其他国家的外汇市场关闭，以便赢得主要在欧共体国家和美国之间（在“扩大了的十国集团”中）进行谈判的时间。

1971年5月失败的尝试现在获得了成功，欧洲货币联盟成员国各方一致同意实施对美元的共同浮动机制。为了减轻维持欧洲“蛇形浮动体系”的压力，联邦德国在集体浮动前的1973年3月再次将德国马克的中心利率提高3%。当然，这对于美元不再具有意义，其意义在于德国马克在“蛇形货币体系”中的地位。[①] 不过，自1973年3月19日起实施对美元及所有其他主要货币集体浮动的货币联盟不再包括两个最疲软的欧共体货币，即英国和意大利货币。因为如前所述，两者之前就已经实行独立的浮动，并由于其货币的疲软，继续实行这一汇率单独行动。

1973年3月1日，外汇暴跌潮后德国外汇市场被关闭，这意味着固定平价的布雷顿森林体系的终结。因为很明显，无论接下来几周的国际货币谈判结果如何，都再也不会以固定汇率进行美元干预，从而使联邦德国承担通胀风险。如果德国马克以及由此预期的整个欧洲货币联盟与固定平价体系脱钩，必将导致所有其他主要国家也会停止强制性的美元干预（只要这些货币还没有自由浮动）。无论是出于1973年2～3月的最近一次货币危机，还是出于之前实行固定平价所有年份的经验，联邦银行终止美元支持义务都是不可避免的结果，通货膨胀输入的规模和持续受到货币危机威胁这一现实变

① 由德国马克新的主导汇率和美元特别提款权平价计算得出的美元平价是1美元＝2.8158马克。自马克中心汇率在1973年6月再次升值以缓解“蛇形浮动体系”内部的张力以来，计算上的货币比例为1美元＝2.6690马克。

得难以忍受。回顾过去，不得不确认，实行对美元的集体浮动迟到了两年。如果在1971年5月就能够实现——它事实上受阻于一些欧共体国家的反对以及联邦德国政治上对这些国家的顾虑，那么世界货币体系和德国货币政策就能少经历一些危机和通胀。

在1973年1月底到3月初的5周时间里，联邦银行不得不接受不少于240亿马克的外汇结余，这对于内部货币循环的影响是灾难性的。在1973年前三个月，在扣除季节因素并根据年增长计折后，基础货币增加了12%，货币供应量 M_1 增加了16%，广义货币供应量M2甚至增加了28%。在周期性重复的货币危机时间里，即从1968年到1973年3月，联邦银行不得不接受相当于大约710亿马克的外汇盈余（见表6），并将这笔新产生的德国马克投入经济循环中，这导致内部货币流通出现无法承受的通胀趋势。两个原因导致通过货币政策紧缩措施对冲外汇潮对内部流动性施加影响的尝试落空。第一，联邦银行虽然能不断通过其他银行吸收，或以某种方式冻结通过外汇流入创造的过量流动性，但同时在非银行领域出现的流动性膨胀只能通过长期积极的制动政策才能被重新清除。第二，联邦银行如果缺少有效的对外经济保障，就无法长期坚持这种制动政策，因为它会不断刺激新的外汇流入，也就是说，这样的政策一定会弄巧成拙。

随着美元购买义务的取消，以及由此导致摆脱了美国和欧洲金融市场无穷尽的美元来源，德国货币政策也开始了全新的篇章。因为现在稳定政策在对外经济方面有了充足的安全保障，对内部货币供应的控制权重新——正如联邦银行法所规定的那样——回到了联邦银行的手中，挫败了投机性货币危机的锐气。

6 汇率放开能在多大程度上保障稳定政策？

6.1 重新赢得对货币供应的控制权

实际上自1973年3月1日确定在随后几天关闭德国外汇市场时起，联邦银行就已开始了“流动性政策的清理工作”。同一天晚上，中央银行理事会就做出决议，大幅提高存款准备金率，以冻结大约50亿马克的过量流动性，之前的措施就已经冻结了可观数量的流动性。1973年5月，它对贴现与抵押贷款率进行了两次调高，从 6 月 1 日起，贴现率达到 7%，抵押贷款率达到 9%。和联邦政府 1973 年 5 月的一项稳定计划以及联邦发行稳定债券以吸收过量流动性一起，这些措施成功地在很短时间内控制住了货币形势。当然，这是与在货币市场和银行进行的巨大努力，以及由此产生的非常高的临时利率分不开的。对货币供应量的影响是立竿见影的，之前增发的过量货币在很大程度上被吸收。1973 年 4～12 月，广义货币供应量（M_2）剔除季节因素并考虑年度增长幅折算后仅增加了近 10%（货币供应量 M_1 甚至有所回落，不过这与活、定期存款间的转换相关）。

对外经济保障下稳定新政最轰动的结果是，联邦德国从 1973 年春季起明显摆脱了国际通货膨胀的纠缠——从 1970 年到 1973 年初，它还被普遍的通胀趋势毫不留情地裹挟前行（见图 3）。这反驳了一国在全球通货膨胀中“不能单独实行稳定政策”这个多年来的宣传口号。联邦德国不仅自 1973 年春季以来物价上涨率明显低于国外，而且 1973 年秋季物价走势也首次明显表现出朝向稳定转折的真正迹象。当然，从 1973 年 10 月起的石油危机和 1974 年初错误的工资增长，又使德国稳定政策倒退了一至两年。

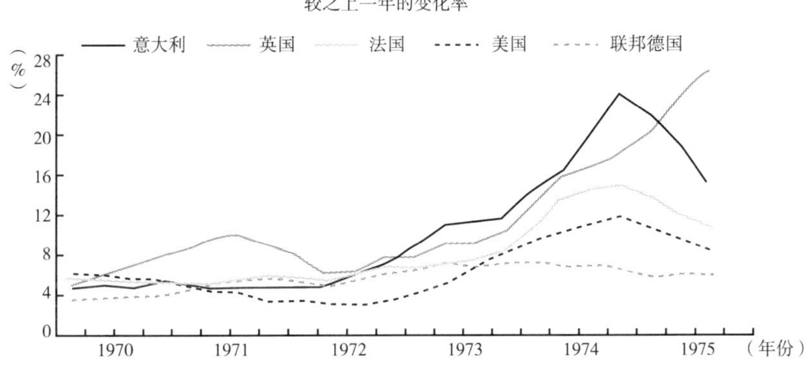

图 3　重要国家的基本生活费用支出

注：季度平均值。

资料来源：BBk。

汇率放开的另一个积极结果是，在接下来的时间里得以减少许多为了应对不乐于见到的外汇流入而采取的行政管制措施。在本篇报告完成之际，即 1975 年底，诸多此类为时势所迫引入的措施几乎都已经不再有效。即便是持续了很多年的特殊存款准备金率，以及禁止对国外存款付息的规定也都得以取消。

6.2 通过汇率放开所提供保障的限度

然而，自从1973年3月实施汇率浮动以来的经验也显示，自由浮动汇率的保障效果是有限度的。像联邦德国这样与世界经济的联系如此紧密的国民经济，不可能通过任何手段完全隔离世界经济的震荡和干扰。

虽然国际价格上涨——特别是在原材料领域的上涨——的直接传导经由自由浮动汇率得以缓冲，但是不能完全消除。从1972年初至1974年中期，国际原材料价格（据汉堡经济研究所的价格指数来）以美元计算上升了不低于188%，即便是德国马克此间对美元升值了26%，对其他货币平均升值了17%，也未能阻止联邦德国进口原材料的马克成本在这段时间里上涨了116%，进口制成品的成本上涨了18%。

尽管实施浮动汇率，国外需求的剧烈震荡还是不可避免地对极度依赖出口的德国经济产生冲击。德国经常项目顺差的绝对高位偏偏是在1973～1974年，即在德国马克浮动和大幅度升值之时达到的（见图2）。这样，有利于德国出口的需求落差比抑制出口的汇率落差产生更大影响。不过，如1972年下半年和1973年初来自国外的大量订单所显示的那样，1973～1974年出口繁荣的基础还是在固定汇率机制时打下的。无论如何，与以前汇率体系的关键区别在于，1973年和1974年的经常项目过大顺差在放开马克汇率制后不再导致不希望看到的外汇泛滥，以及通常随之而来的投机危机。另一方面，世界经济自1974年中期起出现衰退，全力冲击了德国出口，直到1975年夏季才在市场因素作用下马克兑美元汇率的下跌有所缓和。这样，浮动汇率只是在相当有限的范围内保护商品经济不受世界经济形势起伏的影响，但在很大程度上抵御了之前与之相关的货币冲击。

利率政策绝对没有通过汇率放开获得完全的自主权。与关于国际资本流动会通过浮动汇率受到强烈影响和窒息的普遍担忧相反，自最主要的货币实行浮动汇率之后，国际资本流动反而增加了。自从资本流动不再像以往那样被有关汇率变动的预期所扭曲，相对于在因货币危机变得反常的汇率挂钩体系中的作用，利率差作为资本从一个市场向另一个市场运动的动机影响反而更大了。而与以往不同的是，利率差更多是对汇率而非外汇储备产生影响。不愿让与外国暂时的利率差过度扭曲汇率，这种对汇率的考虑已经成为某些国家制定利率政策的决定性动机之一。[①] 这甚至在某种程度上成为美国的原则。在固定平价体制时它非常频繁地推行与国际收支背道而驰的利率政策，[②] 而自从浮动以来，对美元汇率的考虑有时会对其货币尤其是利率政策产生即使还是较为边缘的影响，[③] 而在美元本位下美国货币当局根本无须考虑对外国的利率差。

最后，联邦德国的对外经济安全保障也受到参加欧洲货币联盟（“蛇形浮动体系”）地区性汇率挂钩体系的限制。因为在这一地区性体系内部仍旧存在干预义务。无论如何，该货币联合的其他成员国——目前有欧共体国家比利时、卢森堡、丹麦、法国、荷兰以及联系国挪威和瑞典——占德国对外贸易总额的约40%。如果“蛇形浮动体系”中较大的成员国出现严重的货币差异，无论是由于差异巨大的通胀率还是出于对某个参加国货币的不信任，在这一平价联盟内部都可能出现极其严重的破坏性外汇流动。

1973年的经验体现了这一点：在1973年6～7月，通过对“蛇形浮动体系”货币的暂时性干预义务，近60亿马克流入联邦德国（这成了6月29日马克主导汇率再次提高5.5%的动因），在法郎动荡的背景下，1973年9月再次流入了大约40亿马克。这一流动随着法国采取的相应措施，包括将贴现率由9.5%上调至11%而转向。从1974年初起，虽然在“蛇形货币体系”内部偶尔还有较大幅度的资本流动，但对于联邦德国来说，至今都能实现国际收支基本平衡（见表8）。在货币联盟成员国努力加强协调货币、财政和国际收支政策的情况下，可以期待，该地区性汇率挂钩体系中的资本流动未来也会被控制在可承受限度内。此外，迄今为止的经验显示，“蛇形货币体系”内部在需要的情况下既不排除临时汇率变动（德国马克在1973年6月，荷兰盾在1973年9月，挪威克朗在1973年11月），也不排除暂时离开体系进行自由浮动（法郎在1974年1月到1975年7月）的可能性。

---

① 瑞士的情况可以参考现任瑞士国家银行行长弗里兹·罗伊特维勒（Fritz Leutwiler）1973年10月29日在法兰克福的一个报告：“自从瑞士法郎自由浮动以来，虽然外汇流入对中央银行的风险消除了，但是在美元汇率有时很低的情况下必须考虑到，由较高利率导致的外国资金流入原本还会迅速继续向上推高瑞士马克的汇率，而这一点考虑到经济因素是不再可取的。”

② 参见第502、521～523、527页及续页。

③ 参见美联储主席A. F. 伯恩斯1974年4月4日在众议院银行与货币委员会国际金融分委员会上的讲话：“在现有浮动机制下，执行扩张性政策之时比以往更需要小心从事。”美联储委员瓦利希也发表过类似言论（参见FAZ vom 29. Nov. 1975）。

表 8 联邦银行自 1973 年以来的储备变动*

单位：十亿马克

时间段	合计	“蛇形货币体系”中的干预**	其他外汇流动
1973 年 1～3 月	+19.9	-0.2	+20.1
4～5 月	-0.9	-0.6	-0.3
6～7 月	+8.5	+5.8	+2.7
8～9 月	+3.4	+4.3	-0.9
10～12 月	-4.5	-1.1	-3.4
1973 年 1～12 月	+26.4	+8.2	+18.2
1974 年 1 月	-2.5	+0.3	-2.8
2～6 月	+5.4	+4.1	+1.3
7～9 月	-6.4	-3.5	-2.9
10～12 月	+1.6	-0.7	+2.3
1974 年 1～12 月	-1.9	+0.2	-2.1
1975 年 1～3 月	+5.0		+5.0
4～9 月	-6.6	-1.8	-4.8
1975 年 1～9 月	-1.6	-1.8	+0.2

注：* 不含国外净资产项余额造成的价值修正。

** 法国从 1974 年 1 月 21 日到 1975 年 7 月 9 日未参加欧洲集体浮动机制。

7 总结与结束语

7.1 抵御输入型通货膨胀作为长期任务

回顾德国货币最近的 25 年可以看出，德国货币政策只在很少的时间里无须纠结于较大的对外经济失衡，或者在稳定政策中最小限度地受到对外经济平衡，尤其是国外的利率和流动性差异的掣肘和影响。① 货币政策只在 1952～1954 年，1958～1959 年中期，以及在 1965～1967 年完全不受此类胁迫。无论是 1958～1959 年还是 1965～1966 年，联邦银行都曾相信可以将“输入型通货膨胀”的终结记录在案，② 但每次结果都证明这不过只是喘息

① 亦参见 OECD：Monetary Policy in Germany，Paris 1973，第 94 页：“货币机关努力将货币供应引向希望的方向，这当中没有任何其他因素比国际收支尤其是资本流更甚。”

② 参见第 498 页和第 512 页。

间隙。最后，从 1968 年底到 1973 年春季，即直到实行自由汇率以前，除了极少的时间，货币政策一直受迫于事实上的或是潜在的——稳定型货币政策所担忧的外汇流入。

即便是那些从统计数字来看，在联邦德国和国外之间既没有值得一提的通货膨胀差异，也没有值得一提的经常项目收支差异的时期，事实上也都在很大程度上受到对外经济失衡的影响。对这一过程的简单描述是：德国货币政策不断采取特殊的稳定政策措施（“稳定政策努力”），以便防御迫在眉睫的或者遏制已经出现的通胀压力。此类例子有 1950～1951 年和 1959～1960 年的稳定措施，最终还有 1973 年，但却是在与美元脱钩而得到了保障之后。每次都由此形成了对国外的价格和需求差异，通常都在以后的年份中从根本上改善了联邦德国的国际收支状况。但由于这些案例中——除了 1973 年的形势不同——没有哪次是由稳定政策得到了及时且充足的对外经济保障，差异形成的经常项目顺差以及后来日益由纯粹货币原因造成的外汇流入，都不可避免地导致了调整型或补偿性通货膨胀。部分稳定优势由此再次丧失，稳定政策就这点而言被证明是弄巧成拙。上述概要可以看出，调整型通货膨胀在挂钩机制变动之前，在 1960～1961 年就已经蔓延开来，1969 年由于马克升值推迟而尤为明显，以至于接下来分别持续了数年之久，直到由此产生的成本推动型通货膨胀和通胀心态重新得到遏制。而实现这一点却尤其艰难，持续的时间尤其长，这是由于联邦银行的货币政策尤其是利率政策几乎一直必须考虑到对国外的差异，以避免刺激新的干扰性外汇流入。1961～1966 年的物价和成本推动型通货膨胀，以及 1969 年之后明显强得多的成本推动型通胀，在很大程度上都是联邦德国之前对外经济失衡的后发结果。

联邦德国遭遇了所有类型的输入型通货膨胀。

（1）国际价格上涨的直接传导（1950～1951 年朝鲜战争后的通货膨胀、1956～1957 年苏黎世运河危机时尤为明显，而最为极端的是在 1972～1974 年原料价格和油价飙升时）。

（2）国外需求涌入加剧的通胀，导致了经常项目顺差以及内部收入循环中的通货膨胀缺口（尤其明显的是在 50 年代中期、1960 年、1968～1969 年，最后是 1973～1974 年的某种以“浮动”加以缓解的形式）。

（3）国际收支顺差对内部流动性和货币供应的货币性扩张影响；国际收支顺差起初主要是经常项目顺差的伴生现象，而从 1970 年起则主要源于利率和信任因素造成的资金流入。

根据上文描述的经验，还可以补充另一种间接的通货膨胀传导形式：在强制性着眼国外的货币政策下，作为相对于国外的“平行通货膨胀”，即便是没有国际收支顺差，它也会发生。

7.2 抵御方案

德国的经济与货币政策尝试了所有抵御输入型通货膨胀的工具。

（1）通过限制内部需求来抵消国外的过量需求（通常被证明是“弄巧成拙”）。

（2）矛盾的货币政策，即紧缩的流动性政策与较低的利率相结合，以防御以利率为动因的资金流入（不伦不类）。

（3）补偿性资本输出（只有当其不是通过政府或中央银行的措施人为组织，而是市场形势发展使然时，这种方法才奏效）。

（4）外汇管制措施——从禁止付息、现款押金到资本流入的审批义务（有时成功，有时失败）。

（5）改变汇率平价（几乎总是太晚，幅度太小，以至无法阻止调整型通货膨胀，在最终效果上也无法阻止引发不稳定的巨大外汇流）。

1970～1973 年，德国货币政策面临一种“结构性”对外经济失衡的新形式，它集中于货币领域亦即资本项目收支。世界上最主要的货币和资本市场间的密切交流，银行体系的国际化，国际运作集团的资金流动，对每次利率刺激和货币传言都作出反应的巨量资金，最后还有国际贸易和收支往来的重要性较之国内贸易和收支往来大大增加，所有这些共同为此创造了条件。以致在固定汇率下，除美国以外几乎所有国家都随时可能被利率和货币因素所引发的来自国外的资本流动席卷。当然，一般情况下这种货币因素导致的大规模外汇流只流入那些国际收支——即便是在经常项目领域——令人信任的国家。

国际收支顺差对联邦德国货币体系的货币效应可以总结如下：1951～1973 年（包括 1973 年），联邦德国不得不总共（即计入偶尔的外汇流出）购买相当于 1120 亿马克的外国货币，其中主要是美元。[①] 在这 23 年时间里，外汇涌入所强制发生货币发行，即便货币交易量大幅提高（部分出于通胀因素），也还是远远超出了国内对货币发行的需求，无论是出于现金流通需求，还是由于经济增长而导致的银行存款准备金的增加。

---

① 不含马克升值所造成的国外净资产存量的减值。

当外汇流入导致的通货膨胀影响最终超出了可承受的范围，所有其他抵御措施都失灵之时，只剩下了“最后一招”：通过对美元的浮动来防护。1973 年春季过渡到自由浮动汇率首先应当理解为是抵御世界经济中威胁稳定的资金和资本流的措施。这一抵御措施的有效性体现在，从 1973 年起，尽管世界经济发生了巨大而彻底的变革，但却再没有出现严重的货币危机。而且，一些国家，尤其是联邦德国，得以减少原先的管制措施，特别是国家调控性质的措施。重新夺回对本国货币供应的主导权，这在过去和现在都是灵活汇率政策的首要功能。①②

有人说，与这种国家在稳定上的获益相对应的是浮动加强了国际通货膨胀。这里所指的是 1972 年底到 1974 年年中世界市场价格的爆炸性上扬。但这也许更多是某种“事后归因”式的论证。的确，1973 年的投机性汇率变动在一段时间里进一步加剧了已有的通胀气氛，但 1973～1974 年的价格暴涨——倘使不能归因于垄断性石油定价——在很大程度上要归因于之前的货币供应量的膨胀。③ 在 1970～1972 年的三年时间里，全球货币供应量增长了 38%，不含美国的主要工业国（十国集团）约为 51%。但 1970～1972 年的货币供应量爆炸在很大程度上都要归因于在强制性汇率支撑机制下，外汇流入迫使中央银行发行货币，而在流出国则最多出现银行货币的暂时减少，但大多数情况下根本不会出现货币流通的损失，更不用说那些 1970～1972 年经由自主发钞出现在欧洲货币市场上的几百亿马克外汇储备。④ 无论如何，在固定汇率下，每次投机性或者利率因素导致的货币从一种到另一种的资金流动都迫使中央银行相应地发行新钞，但却没有另一个国家相应的货币缩减与之对应。这种附有强制外汇干预义务的货币体系，在货币政策上的

① 对向“浮动”过渡，瑞士也持类似观点，参见 1974 年 10 月 19～20 日的“Neue Zürcher Zeitung”：“Wechselkurs-Floating-ein hoffnungsvolles Experiment”）：“灵活的汇率无疑扩大了国家当局奉行独立自主的货币政策的自由度。就瑞士而言，国家银行多年来首次夺回了对货币创造的控制……这一自由虽然肯定不是绝对的……但却降低了内在目标冲突的可能性，尤其是在内外经济稳定的价值上。”

② 此外，不言而喻，浮动汇率也能作为一种调节单个汇率相对水平（例如调整至某个既定的对国外的通胀落差）的弹性工具。

③ 国际货币基金组织总裁 J. 维特文（J. Witteveen）也持此观点。他 1975 年 10 月 28 日在法兰克福的一次讲话中说道：“（1970～1972 年）货币的过度膨胀也许助长了接下来的全球性经济繁荣和爆炸式通货膨胀。”

④ 在 1970 年初到 1973 年 3 月间，全球官方外汇储备增加了 860 亿马克，其中大约 550 亿马克源于美国的逆差，而其余则归于欧洲市场“自主”储备创造和其他来源。

“不对称性”在过去是世界通货膨胀的主要原因。随着取消强制性的美元干预义务，货币膨胀骤然回落。

过去几年中，越来越多的国家过渡到一种目标明确地控制货币供应量的货币政策，这对未来的汇率体系不无意义。为维持固定汇率而履行外汇市场干预义务，只需要买入或者卖出的外汇金额达到一定规模，便迟早会与上述货币供应量调控发生冲突。此外，内部货币供应量的稳定要求更灵活的利率政策。但根据过去数年的经验，世界经济主导国家较强的利率波动使固定汇率几乎不可能长期存续，甚至在现实中几乎无法实现的就货币政策中介指标进行国际协调的办法，也无法避免巨大的利差和外汇失衡。在这个意义上，或许就能理解国际货币基金组织 1975 年年度报告中的判断：出于国际收支平衡而在多个国家间有效协调货币政策，这不能被视为现实的近期目标。①

7.3　1973 年以前国际收支失衡的结构性原因

德国马克的汇率怎么会变得如此不当，以至于 5 次升值也无法保障对外经济平衡？另外，在这一阶段开始还是最卓越的“坚挺货币”美元，如何走到贬值货币这一地步的呢？

绝不能简单地在事后把万恶之源归结为：1949 年的贬值潮导致了在第一次确定马克的美元兑换平价时的错误。② 的确，在 1949 年以后，大约自 50 年代中期起就已经表明，德国马克在这一平价下被低估了。但是，在 1949 年首次确定平价时，绝不可能预见到德国外贸在 1951 年后超乎寻常的良好发展。从前文所述，1949 ~ 1951 年的货币发展可以得出这样的结论，1949 年确定汇率时，德国马克更多是被高估了，只是在后来的发展中才日益成长为被低估的货币。美元对外价值的表现则正好相反。③ 同样不符合实际的说法还有将 1949 年确定的平价归因于货币当局“单方面着眼于出口的基本态度”。④ 在 1948 ~ 1949 年的业务报告中，德意志各邦银行特别强调，

① IMF Annual Report for 1975，第 20 页。

② 持这种观点的包括 H. Ehrenberg：Zwischen Marx und Markt，Frankfurt am Main 1973，第 17 - 21 页。

③ 做出类似论断的还有通常对德国汇率政策持批判态度的作者弗朗茨·约阿希姆·克劳斯，参见他的论文 Zahlungsbilanz-Irrtümer，in：“Konjunkturpolitik”，Zeitschrift für angewandte Konjunkturforschung，7. Jg.，1961，第 158 ~ 159 页。

④ Ehrenberg：a. a. O.，第 21 页。

联邦德国在确定新的马克汇率时“有意放弃通过汇率为出口减负”。[①]

“通货膨胀差异”，即联邦德国和其他国家在价格和成本变化上的偏离，这个标准解释也不够充分。当然，在1952～1972年这段时间里，较之其他较大的欧洲国家，联邦德国在总体上的确有明显的稳定优势（见表3）。这种通货膨胀差异也不断在欧洲国际收支危机、货币危机和大幅汇率变化中发挥作用。

那么与美国相比情况如何呢？根据传统观点，前者在1973年前是世界性通货膨胀的主要源头。

如果从引发不稳定的外汇流的来源看，这种观点是对的。因为在1960～1969年这10年中，美国国际收支赤字约110亿美元，在1970年初到1973年3月平价体系崩溃这一时期内居然达630亿美元。这些美元流出美国几乎没有影响到美国的货币供应量，但中央银行的干预义务使接受国央行不得不相应发钞，在货币供应量上造成了多倍的通胀效果。但是，以通用的价格和成本指数衡量，平价体系崩溃前的20年不存在不利于美国的“通货膨胀落差”。只有比较两者货币供应量的增加，上述说法才可取，因为美国在这方面远远滞后于欧洲。[②]

如图4所示，联邦德国从长期来看在价格增长方面不见得比美国表现更好，在单位产品劳动成本方面甚至要差得多。与其他欧洲国家相比，美国的情况更是好得多。事实上，在某些时间段里，例如，从1960～1965年，也就是到越战升级及与此相关的通胀加速之前，美国在价格和成本方面都可谓是世界经济中的“稳定锚”。[③][④]

---

① GB 1948/1949，第34页；亦参见德意志各邦银行1949年9月的月度报告第1～2页。

② 从1952年到1972年，美国货币供应量 M_1 的增幅几乎没有超过实际国民生产总值的增幅，而联邦德国则几乎翻番。

③ 1964年9月，在国际货币基金组织东京年会上，当几个欧洲国家的部长——尤其是法国财政部长抱怨来自美国的输入型通货膨胀时（因为美国资本大量输出导致外汇从美国流向欧洲），美国财政部长愤怒地说：“我们目前在美国肯定没有通货膨胀，因此也不可能输出”，这是货币领域诸多跨大西洋误解之一。

④ 在这个币值相对稳定的时期，美国出现了一种有关未来国际收支发展的轰动性预测，载于布鲁金斯学会为肯尼迪政府“经济顾问委员会”撰写的关于“1968年的美国支付平衡”的报告中（hrsg. Walter S. Salant，Washington D. C.，1963）。该报告预测，基于某些非常可能的设想，1968年美国的基本收支（basic balance）至少会达到平衡，甚至有可能出现顺差。此外，报告还建议采用消极的国际收支政策，预言了20世纪60年代被热议的“benign neglect”，即善意忽视美国国际收支逆差。

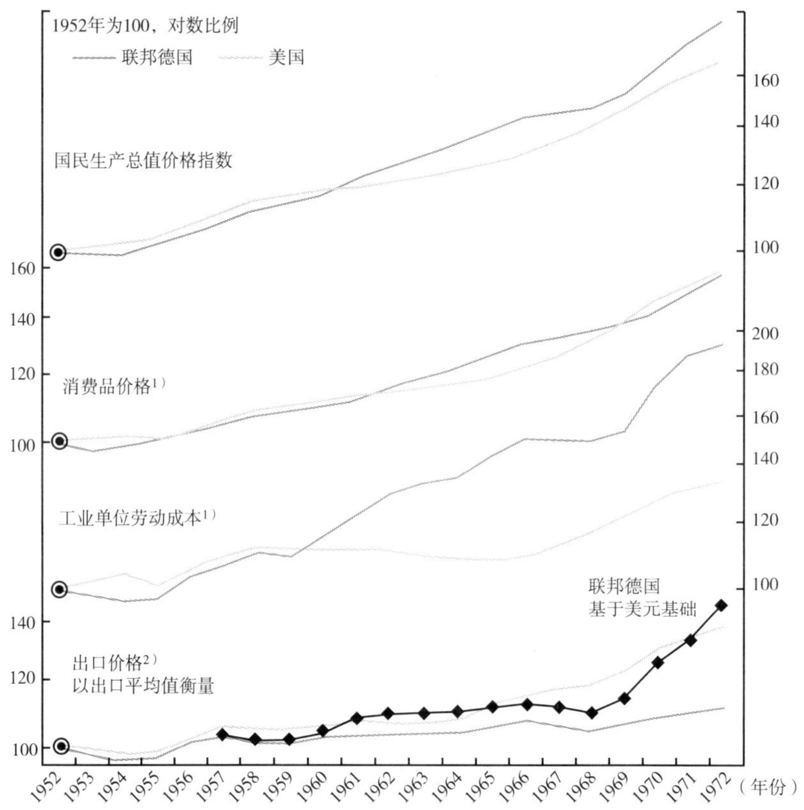

图 4 1952～1972 年联邦德国和美国的价格与成本变化

注：1）基于本国货币。2）联邦德国基于马克和美元。

资料来源：BBk。

当然，如果把美国出口价格（以“平均值”计）与联邦德国和其他几个欧洲国家相比较，情况便有所不同。如果撇开人们通常对出口价格指数可比性的怀疑，美国出口价格不同寻常的表现可能与美国对外经济的特点有关：外贸比重高的较小国家必须在其他国家日益激烈的价格竞争中保全自身，而美国工业界却大多做出了与此不同的反应，他们投资工资成本更低的欧洲工业国，不仅在那里服务出口市场，还服务一部分本地市场，他们没有（从本国基地）出口商品，而是把出口基地转移到国外。

不仅是工资差异，有利于美国经济的结构性流动性和利率差也促进了这种投资政策。美国经济源自战争年代，特别是战后初期，那个时期具有极高的流动性和结构性低利率。在许多欧洲国家，情况正好相反，作为 1948 年严格的货币改革的结果，联邦德国的流动性不足是最为极端的。由于这一落差和欧洲重建的发展机遇，同时也是作为建立共同市场的后果，从50年代末开始，无法从相应的经常项目顺差中取得平衡的美国经济产生了高额的结构性资本输出（见表7）。阻碍美国利率与国际收支平衡所要求的水平相适应的，是对国内经济尤其是建筑业领域的考虑。这样，美国的国际收支政策自1963年起日渐转移到通过引入利息平衡税以及对经济界和银行资本输出的指令性限制，以人为平衡利率差。[①] 直到1974年初，即实施浮动制并在美国和欧洲逐步实现利率和流动性水平的调整之后，美国在资本领域这些人为的平衡措施才被重新取消。

比结构性流动性和利率差更重要的是美国和欧洲工业国之间巨大的收入落差。按照当时的汇率折算，德国产业工人的平均小时工资在1950年仅为美国工业界平均水平的20%，1965年也才只有40%。随着德国劳动生产率水平日益接近美国，尤其是随着联邦德国在世界贸易中确立起强大地位，这样的收入落差不仅在成本，而且尤其在需求方面越来越难以容忍。按照1美元约合2.5马克的汇率基础计算，许多工业部门的德国工资水平（包括计入所有工资附加成本）均逐渐达到甚至部分超过美国标准。[②] 即便是考虑两个国家在这一时期之初绝对物价的不同，转变也是巨大的：粗略计算，联邦德国50年代初人均实际收入约为美国的1/3，1960年才近45%，而现在已经非常接近美国的实际收入。

这种历史维度的赶超过程也必定影响货币关系。为了拉近如今实现的联邦德国和美国收入水平间的差距，在不改变德国马克和美元比价关系的前提下，联邦德国的收入和物价水平势必会推高通货膨胀。在1961～1975年，将德国马克兑美元升值近70%[③]，显然是必需的。只有这样，才能在联邦德国不出现大规模通货膨胀的情况下完成调整过程。

无论是在流动性和利率差方面，还是在对美国的收入落差方面，对联邦德国与国外之间的“通货膨胀差异”的简述，都不能完全涵盖过去25年中深刻的结构调整，尤其难以涵盖德国对外贸易中的结构要素（如国际需求中有利于德国出口商品的结构性转移），或者是联邦德国国民经济更高结构

① 此外，美国人不断呼吁欧洲人应当从自己方面加强资本市场，降低利率水平。

② 根据第一国家城市银行（Monthly Economic Letter, April 1975，第14页）的估计，1974年德国工业界的小时工资约为美国的80%，劳动生产率为后者的82%。

③ 基于2.50马克的美元汇率。

层面上的资本形成（作为在财政上与经常项目顺差相对应的项目）。过去，所有这些因素对加强德国的对外经济地位——在固定汇率背景下也对加剧内外平衡的两难境地——发挥了作用。当然有理由认为，从现在起，有利于德国对外经济地位的结构性（或者说是当下的）转移已经成为历史。

7.4 联邦银行关于对外经济两难境地态度的尾注

本报告第一部分描述了对外经济两难境地的各个阶段，这应当有助于从相应的主导局面出发，更好地理解联邦银行及其负责人对这一两难境地的态度。这里主要指出以下几点。

联邦德国深刻而顽固的对外经济失衡本质难以立即辨认。那些对外经济趋于缓和的时期，在我们回顾时只能把它们归类为纯粹的“喘息间隙”，而它们在当时却经常被认为是两难境地的终极解决方案。1958～1959年开始持续了5年多的美国物价稳定经常被看作是输入型通货膨胀不再重要的新时代的开始，这种想法在新任命的联邦银行行长布莱辛1958年1月的就职演讲中就已经出现。几个月以后他说道：“人们曾经建议我们要么放弃汇率稳定，要么放弃物价稳定。就如今的世界而言，这两点都不在考虑之列。就我们所知，对内币值稳定和国际收支平衡之间的紧张关系不是持久现象。”[①]

货币升值，即顺差国自愿在拖累其出口经济的情况下采取的抵御措施，这个不同寻常的想法在观念上被接受也经历了痛苦的过程。[②] 此外，政府和中央银行很长时间里坚持认为，在通货膨胀引起国际收支失衡的情况下，通过反通胀政策（或者最终通过贬值）重建平衡主要是逆差国的事。政府和中央银行不愿意通过德国马克的过快升值减少对通胀国整顿其环境状况的压力。就有利于世界经济稳定自身而言，这完全是正确的看法。但实际上对联邦德国而言，这大都导致它输出稳定，输入通胀。

此外，在布雷顿森林体系的头20年里，固定汇率还罩有特殊的光环，人们尤其相信捍卫了它是遵守货币纪律（这一点只适用于逆差国，只适用于当捍卫货币平价享有高于其他目标的优先权时）。

最终，作为远远超过其他银行拥有最多美元储备的中央银行，联邦银行

---

① K. Blessing：Geldwert und Sparen，Ansprache vor dem Deutschen Sparkassentag in Köln am 20. Juni 1958，in：K. Blessing：Die Verteidigung des Geldwertes，Frankfurt 1960.

② 反之，将贬值作为结构性国际收支逆差迫使采取的措施，这一思想在战前时代就已经流行了。

维护现有货币体系的特殊责任得到认可，也因此出现了对将流向联邦银行的大量美元在美国货币当局兑换成黄金的恐惧（这些在1964年前曾偶尔小规模兑换成黄金），如此的话，在1971年8月之前很久就会导致美元自由兑换的终止以及布雷顿森林体系的解体。而德国货币政策不愿意承担这一责任。①

另一方面必须肯定，联邦银行及其行长布莱辛在1960～1961年只愿意将马克升值作为最后的手段，而同样是他，在1968年夏季完成了决定性的转向，从1968年9月起开始坚定地支持内部稳定政策的对外经济保障。在联邦银行的态度中可以区分一系列发展阶段：

（1）起初是沃克，后来布莱辛也一度坚信，可以同时达到对内和对外币值稳定（沃克于1957年5月23日说："我们不希望德国马克升值，我们不希望进入某些其他国家那样的通货膨胀路径。"布莱辛也有类似上述引言的讲话）。

（2）在1960～1961年的升值危机中，升值终于被作为稳定政策的"最后一招"正式接受（布莱辛1961年3月5日在宣布马克升值的记者招待会上说："联邦银行曾长期反对汇率调整。对于中央银行来说，货币平价体系是不可侵犯的事情，只有在所有其他手段都徒劳无益的情况下，方才容许改变"）。

（3）在整个60年代，关于终止布雷顿森林汇率体系的现实性日益迫切。为了说明这一点，请允许援引笔者1964年9月在社会政策学会年会上所作的原则性报告，其中阐述到，固定汇率体系只有在下列条件下方可运转（在需要的情况下可调整）：

"当储备货币国家通过内部稳定——币值与经济稳定——便于其他成员国维持固定汇率，而不致给自身内部稳定带来过于严重的紧张状态；

当固定汇率和内部经济目标之间可能的紧张状态通过密切合作以及国际收支政策上共同的游戏规则得以成功缓解；

当应对暂时性失衡的财政过度安排具有足够（但又不是过度的）弹性，

---

① 这里富有启示的是1971年春季对当时已经退休的前联邦银行行长布莱辛的一次采访，其中他在事后遗憾没有简单地将多出来的美元"无情地全部换成黄金"，而1967年还在关于美国军队部署的谈判压力下，对美国谈判代表麦克柯罗伊承诺，联邦银行在一段时间里不会将美元兑换（所谓的致美联储主席马丁先生的"布莱辛函件"）。参见 L. Brawand：a. a. O.，München 1971，第61页。

而对这种弹性的滥用被有效防止”。①

（4）几年以后可以清楚地看到，保证固定汇率体系运转的前两个前提条件不复存在。当 1968 年对外经济两难境地再度迫在眉睫之时，联邦银行已经从中吸取了教训。此外，就是同一个布莱辛，他在 1960 ~ 1961 年经过长时间犹豫才下定决心将马克平价变动 5%，到 1971 年初为了联邦德国持续保持稳定优势甚至考虑不断调整汇率：“如果每两年或三年出现结构性失衡，就必须相应改变马克汇率”，② 这在实践中必然会导向浮动汇率。

（5）事实上下一步就是通往灵活汇率。这一体系在 1971 年 5 月只是作为过渡体系引入，而在获得了 1972 ~ 1973 年经验后，在 1973 年初被作为唯一出路强力推行。在 1973 年 2 ~ 3 月的货币危机中，联邦银行从一开始就主张德国马克汇率放开，即支持终止与美元挂钩。它在 1974 年业务报告中如是评价现有经验：“回顾过去可以确信，在 1973 年 3 月终止强制性的与美元挂钩以及放开德国马克汇率不仅是形势所逼，而且在后来也证明了是内部稳定政策的保障性措施。”③

意义重大的是，国际货币基金组织——布雷顿森林体系固定平价机制的官方机构——如今也得出了类似的结论，在 1975 年年度报告中，它对 1973 年 3 月引入的汇率体系有如下评价：“总体来看，浮动汇率显然使世界经济得以克服一系列接踵而至的干扰，以及以对贸易和资本往来较少不利影响的方式来掌控不同国家的成本与价格发展趋势，如同在平价体系下曾经实现的一样。”④

---

① O. Emminger：Grundprobleme der internationalen Währungsordnung，a. a. O.，第 24 页。

② 参见 L. Brawand：. a. a. O.，第 59 页。

③ GB 1974，S. 58。联邦政府在 1975 年 1 月对宏观经济发展评估专家咨询委员会年度鉴定的意见书第 21 条中也有类似提法。

④ IMF Annual Report 1975，第 33 页。

20 世纪 50 年代德国马克的困境：欧洲通货膨胀的差异*

奥特玛·埃明格尔（Otmar Emminger）**

1 第一阶段：1952～1955 年

1951 年这个危机之年后，令人印象深刻的成就总结也有其相反的一面：它使联邦德国很快陷入了一个难处的货币困境。需求越是旺盛和国内物价越是稳定，同国外的距离就越大，来自国外的需求吸力和外汇盈余造成的德国信贷系统的流动性也就越强。中央银行越是想通过限制措施应对潜在的通胀影响，由于同国外的利率差异扩大而导致外国资金吸引到国内来的危险就越大。也就是说，国内经济的平衡将受到多重伤害，一方面是需求扩张和国外过高的物价，另一方面是信贷系统的过度流动性。还出现常常是无法解脱的困境，即致力于保持国内稳定的货币政策导致外部不平衡的加剧，从而面临来自外部的破坏性危险。

这一货币困境在 20 世纪 50 年代集中表现在同一些欧洲国家的关系上，特别是同法国和英国的关系上。从表 1 可以看出，这些国家走出朝鲜战争危机时相当程度上的通胀过度，且在此后的年代里也无法控制。除了物价差距之外，还有相当大的需求差距。50 年代中期就已经显示出，联邦德国如果坚持迄今的兑换平价，就不可能避免输入型通货膨胀。另外，通胀国

---

* 本文为 Otmar Emminger（1986）：D-Mark，Dollar，Währungskrisen. Stutgart. 第三章，原文标题为：Das DM-Dilemma der fünfziger Jahre：Europäische Inflationsdiskrepanzen. 译者为中华人民共和国原驻德大使梅兆荣。

** 奥特玛·埃明格尔（Otmar Emminger）（1911～1986），曾任职德国联邦银行前身德意志各邦银行（BdL），1977 至 1979 年任德国联邦银行行长。

家越来越陷入深刻的支付困难。这种困难迫使法国暂时全面取消进口自由化，迫使英国取消进口自由化。法国法郎从1954年起就被认为具有“贬值嫌疑”。

表1 欧洲通胀差异（按各国价格计算的消费价格变化）

	1950年=100				1960年=100			
	1952年	1954年	1956年	1960年	1962年	1966年	1968年	1970年
德国	110	108	113	122	105	119	122	130
法国	131	129	133	172	109	125	135	151
英国	119	125	137	149	108	124	132	149
美国	110	112	113	127	102	109	117	131

事情就是这样颠倒了过来：在朝鲜战争危机期间，联邦德国不得不作为极端逆差国在欧洲支付同盟（EZU）和欧洲经济合作组织（OECD）面前为自己辩白；几年以后，联邦德国在国际机构中就以极端顺差国坐在被告席上。人们争论，恢复力量均衡是否只应由逆差国来解决，还是也要由德国这个顺差国通过推行“善良债权人的政策”来解决。这一争论成为许多年来国际经济与货币讨论的持久议题。

早在前述1953年底基尔所作的报告中，我就已指出这样一种危险：“外汇储备积聚在顺差国，如果引发通胀趋势，就可导致不愉快的对国内平衡的干扰。”这是关于输入型通胀危险的最早暗示。不过，我也补充指出，当时还不构成现实危险。但从1955年起，由于国外需求的持续增加和外汇盈余的扩张效应，锅里的水就开始沸腾了。我们试图利用信贷政策手段“遏制对保持货币稳定来说危险的过度繁荣”。这种过度繁荣越来越危险，因为大约从1955年起，它导致了劳动力市场的过度就业，带来了种种有问题的后果，其中之一就是系统地开始从国外吸收外籍工人。

20世纪50年代，德国中央银行的货币政策受到对外经济发展的影响很大。为了缩短篇幅，我想以贴现政策的反反复复来证明这一点。虽然除了贴现率的变化之外，在相当程度上也实施了影响信贷机构流动性状况的措施，如改变最低准备金率、再贴现定额和公开市场政策。从发展趋势看，这些流动性政策的措施通常——虽然不总是这样——会朝着贴现政策的方向发生作用。当然，有时候会推行一种相互矛盾的货币政策：在最低准备金方面，通过实行限制性措施和再融资定额等来吸收多余的流动资金；同时保持低利率，以防止收入更多的外汇。在贴现的政策方面：德意志各邦银行重新松动了朝鲜战争危机时期推行的严格限制措施，贴现率从 6% 逐步降至 1954 年 5 月的 3%。信贷政策因此而大大减轻了压力，以至于这一时期的联邦预算出现了相当大的财政盈余，这主要是由于推迟了计划中的防务开支（谢费尔 Schäffer 的“联邦预算节余”）。通过这种方式，外汇储备盈余中相当部分流动资金的增加中止了，财政无意识地承担了一部分中央银行的任务。此外，很大一部分增加的流动资金由此而被吸收并变得无害，以后因货币改革而大大减少的国民经济的流动性重新回到了比较正常的水平。1951 年和 1954 年间的货币供应量（M_1）与国民收入的比例从 9% 上升到 19%！自然，这个比例略低于正常水平（1984 年约为 23%）。

2 第二阶段：1955 ~ 1956 年——阿登纳的“断头台演讲”

下一个阶段，即提高利息的阶段，始于 1955 年夏天。当时国内经济过热，特别是劳动力市场的紧张状况越来越危险，以至于中央银行不得不进行干预，尽管联邦财政部继续保持着国库盈余。从 1955 年 8 月开始，贴现率通过三个步骤从 3% 上升到 5.5%。1956 年 5 月，当贴现率从 4.5% 上升到 5.5% 时，中央银行与联邦总理阿登纳再次发生了尖锐的冲突。贴现率提升至 5.5%，是在联邦部长艾哈德（Erhard）和谢费尔在场的情况下，并得到他们的同意后才决定的，但看来未与阿登纳进行协调。阿登纳如此愤怒（他说：“我将追究艾哈德和谢费尔的责任！”），以至于几乎发生了一场内阁危机。阿登纳随后公开进行了尖锐的批评，他是在科隆市的戈尔泽恩民希（Gürzenich）向德国工业联邦协会作讲话时这样做的，该讲话以所谓的“断头台演讲”而载入中央银行的史册。阿登纳说：“德国经济景气遭到了一次沉重的打击，遭受打击的是那些弱者，包括小工业主、小农业主和小手工业者。总而言之，受重锤打击的是小人物，我为此感到极为悲伤。”他表示要同德意志各邦银行的中央银行理事会保持距离。为此，他受到了猛烈的抨击，他认识到德意志各邦银行的中央银行理事会是独立于联邦政府的（这非常不合他的心愿）。

1956 年 5 月贴现率的提高由于适度限制了流动资金而得到支持，其办法是减少银行的再贴现额。把贴现率提高一个百分点的一个重要动机，是因为人们已经恶意预测，由于联邦预算中的国库盈余，货币发行不久将中止，联邦预算节余的资金将重新流向经济。事实上，联邦财政部长谢费尔在1956年5月的中央银行理事会会议上作了说明，他认为不可能进一步积累国库盈余以继续为以后的防务支出做准备。公共项目的盈余已唤起了政治家们的贪欲。自1956年初起，一个议会委员会已经开始行动，为新的开支做决定并分配给社会。人们通常把这个委员会称作“蛋糕委员会”，因为它要切割和分发谢费尔积累起来的“蛋糕”。在中央银行理事会里讨论未来的财政预算发展时，特别是当期待已久的更高的防务开支将要实施时，谢费尔表示了很悲观的态度。实际情况是，联邦积累的国库储备于1956年9月达到了约75亿马克的高水平。在这之后，又开始直线走下坡路了。于是，昔日那种购买力的减弱被一种购买力的扩张所取代，其原因在于公共财政的赤字，但这种赤字不是通过信贷而是由之前已经冻结的国库储备支付的。

3 1956年底在升值问题上的第一个行动

尽管如此，早在1956年底，货币政策在对外经济顺差的压力下，又开始向较低的利率转变了。直到1959年中，这第三个阶段导致了战后最低的利率。在详细描述欧洲货币困境时期货币政策的第三个阶段之前，我必须简要地谈一下1956年和1957年的升值辩论以及1957年的货币危机。1956年期间，围绕赞成和反对马克升值这个问题，展开了热烈的讨论。当然，中央银行的领导成员不能公开地参加讨论，因为这会进一步加剧货币投机和推动破坏稳定的外汇资金流入。

不管怎样，我于1956年6月在慕尼黑经济研究所的一次会议上怀着极大的忧虑直截了当地指出，我们“正在以出口和外汇盈余从国外输入通货膨胀”。这一说法从此被普遍运用。不过，我在该讲话中没有公开主张升值，而是仅限于抵制促进资本输出、提前偿还债务以及减少出口激励等的可能性。我的这个报告又引起了沃克（W. Vocke）的反应。他反对我使用“输入型通胀”这个提法，要求我在付印时缓和一下这个“强烈”的措辞。我也照办了。但1956年6月7日的《南德意志报》仍然以“我们输入外国的通货膨胀”为标题，对我的这个报告进行了报道。在文献中，“输入型通货膨胀”这个概念大多被认为是威廉·勒普克（Wichelm Röpke）引入的，而且始于1956年底。

大约一年以后，沃克在一次报告中公开评论了“输入型通胀”这个概念。他如此不喜欢这个概念，以至于他说：人们总不能把过度出口造成的流动性过程称作“输入型通货膨胀”吧，不然的话人们就会把其等同于由于过多的进口导致高额国家赤字引起的通货膨胀一样。过多的出口盈余“虽然也会带来货币的增量，但这只是由黄金担保的可兑换性货币”，而在另一种情况下增加货币是建立在亏空与债务之上的。这两种如此不同的情况，可不能径直统称为“通货膨胀”。

虽然我在1956年下半年对外没有建议直接升值，但我至少在11月份试图在董事会内部就我们的货币困境促成一次深入的讨论。我向沃克提交了一份长达11页的关于《盈余状况和汇率政策》的内部备忘录。我在其中探讨了整个问题，也探讨了反对马克升值的因素，以及马克升值在当时的形势下可以在多大程度上防止稳定受到危害。我得出如下结论。

（1）为了内部的货币稳定，迟早将不可避免地要考虑马克升值。

（2）如是这种情况，那么就有重要的理由要求在进一步的损失酿成之前尽快调整汇率。

（3）在目前情况下，有许多理由说明，这样一种汇率调整不应是通过一种最终改变汇率平价的办法，而是在情况更好地得到澄清之前有意识地采取一种临时的方式，比如通过扩大波动幅度——尽可能立即提高马克汇率，使之接近于这种幅度的上限（关于波动的幅度，我建议为±6%~8%）。

我的这份备忘录捅了一个马蜂窝。我在附函中强烈地要求在董事会里讨论一下我的草案，并就此写道：“我冒昧地建议，在董事会里或者至少在特别关心这些问题的董事会成员中，即较小的范围内讨论一下我在附件中提出的问题。即使我建议的路线被否定，我认为，至少就德意志各邦银行对这个重要问题所持立场的原因完全弄清楚并统一认识，也是不可缺少的。”然而，这份在沃克看来是高度危险的文件却被塞进了他的保密柜。当我再次请求他把我的考虑提交董事会讨论时，他先是抗拒，理由是太危险了。我不得不强迫他同意讨论，我威胁说，否则我就绕过董事会把这个问题提交中央银行理事会会议讨论。之后，沃克勉强地让步了，并于1956年12月12日开了一次董事会的秘密会议。不出所料，马克升值的任何想法都被断然拒绝了。我完全孤立。反对者的主要论点如下。

（1）从我的陈述中可以看出，我自己也只是把该问题看作是暂时的；这也表现在我的建议里，不是确定固定的平价变化，而只是规定一个宽广的波动幅度。

（2）联邦银行不能单独改变平价，而必须事先同其他国家协调。决定性的是，其他国家，特别是主要逆差国对其平价有何打算。

（3）此外，可以认为，主要逆差国英国和法国在其逆差的压力下会采取调整措施，不论是在国内经济政策方面，还是在汇率方面。如果德国升值，就会减弱对这些国家的有益压力，这是不利的。

（4）最后，货币平价是人们不应动摇的固定基础，应该考虑别的平衡措施，比如进一步扩大进口、取消出口刺激和输出资本。

我认可前三个论点，特别是应该尽可能谋求同逆差国合作，取得协调一致的汇率解决办法，而且要把重点放在逆差国的货币贬值上。

对于第四个论点，即平价不可侵犯这个论点，我表示反对。我坚持认为，不能无所事事地听任内部稳定遭到危害以及劳动力市场过热。但我对董事会里终于能进行一次彻底的讨论已感到满足。我保证对外不再就升值问题发表“一般”观点。我还有点讥讽地补充说：“各位先生，你们既然不愿意纠正汇率，那么不管怎么样总得执行一种与支付清算相适应的货币政策，特别是利率政策吧！”使我感到惊讶的是，沃克与其他一些董事会成员立即改变了态度，答应尽快在中央银行理事会里致力于进一步降低贴现率。事实上，1957 年 1 月 10 日贴现率就从 5% 降到了 4.5%，这使外界感到不小的惊讶，因为在当时的情况下，外界绝没有预期会发生这样的事。艾哈德和米勒 - 阿玛克（Müller-Armack）对这次贴现率的降低提出了批评，说它“为时过早”。爱德华·沃尔夫（Eduard Wolf）在德意志各邦银行的月报上为这次降低贴现率做了详细说明，其中核心的一句话就是：“对降低贴现率起决定作用的是这样一个信念，即在当前的情况下，保持迄今的贴现率从国内经济角度看不是绝对必要的，而对外经济形势使人感到减少同外国的利率差异是完全可取的。”

事实上，那些期望减少我们过度盈余的人是正确的。对此，特别是两个情况起了作用：第一个是 1957 年世界经济开始冷却，其根源是美国经济乏力（1958 年美国温和的衰退），这导致原料价格下挫，对德国经济来说减弱了出口吸力。第二个松动是在欧洲，1957 年 8 月法国法郎事实上贬值了 16.75%，之后不久英国局势也缓和下来。但不是通过英镑贬值，而是由于内部实行了“休克疗法”。于是我国的货币困境以及内部货币稳定和外部平衡两个目标之间的冲突退居次要地位。直到 1959 年夏，当美国经济以及整个世界经济进入扩张阶段时，在我们面前，德国对外经济方面的顺差问题重新危险地出现。

尽管如此，由于未能及时地按规律进行调整，惊人的损失已开始出现：劳动力市场的过热带来持久的有害后果；工业结构片面地向出口倾斜；同欧洲伙伴国不断地发生争吵；逆差国采取保护主义的反击措施；外部世界夸大我国重新获得的“财富”，并相应地提出了占领费用和对外援助要求；等等。另外，物价开始上涨。从 1956 年至 1957 年末，物价上涨了 3%，而这发生在延续了多年的稳定时期之后。当时，人们——特别是沃克——把物价年增长 2% 普遍看作是通货膨胀的悄然开始而加以严厉谴责。

对物价上涨加剧的担心，也使联邦经济部长艾哈德感到不安。1957 年 4 月初，他通过阿尔弗莱德·米勒－阿玛克（他当时还是司长，后来任副部长）请我去波恩进行一次内部谈话。他显然已经听说我在中央银行里是率先主张尽快修正汇率的。参加这次谈话的——除了阿玛克之外——还有副部长韦斯特里克（Westrich）。艾哈德害怕物价继续加快上涨延续到秋天，毕竟 1957 年 9 月将举行联邦议会选举。我设法使艾哈德明白，如果不能促使沃克行长改变态度，要在董事会里和德意志各邦银行的中央银行理事会里作出赞成的决定是没有希望的。我通过一个偶然的机会听说，艾哈德于随后的周六上午驱车前往法兰克福去了沃克的私人寓所，同他进行了一次对外界完全保密的谈话。不出所料，他碰了一次壁。

但沃克紧接着向中央银行理事会的成员发了一封信的抄件，并称“该信是我出于某种原因写给联邦部长艾哈德先生和谢费尔先生的”（但他对这个“某种原因”始终保密）。在这封信里，他一一阐述了他为什么依然坚持反对马克升值的理由。他的第一个论点是：虽然德国马克与法国法郎的比例不相称，但与美元以及其他大多数货币的比例还是“对头的”。马克升值也会对美元发生作用并将导致新的混乱。整顿好自己的状况是逆差国的事。沃克的说明中使我感到非常吃惊的是，他断言德国物价发展的主要原因在于国内经济，只是在很小程度上受汇率影响。他绝望地指出：“驱动物价上涨的内部力量（尽管升值）或多或少将不停地继续起作用”，这就是说：货币供应量的通货膨胀扩张，因社会福利改革、“绿色计划”（农业）以及工资和薪酬的提高而人为地造成的收入膨胀。他也提到因财政节余减少而引起的物价驱动效应并得出结论：“汇率的变化通常只能暂时地影响价格和工资。”

读到这个论点，我立刻产生了某种反感情绪。因为沃克在这里完全无视了最近几年我们取得的经验，这个经验告诉我们，恰恰是由于对外经济失衡使我们一再束缚手脚，不能控制过度的流动性和“通货膨胀式的货币供应量扩张”，而升值可以大大地帮助我们进行这种控制。不管怎样，人们得到的印象是，沃克似乎把希望寄托于通过一种不可避免的调整性通胀来实现国际收支平衡。不过，他在之后不久作的一次报告中强调：“但是，我们不愿意看到两件事情，一方面我们不愿意德国马克升值，另一方面我们不愿意转向某些国家的通货膨胀路线。”沃克在他的回忆录中援引他后来的一次讲话中所运用到的一个相似说法：“我们决定能做两件事：通货膨胀和升值”，这是他“最后的哀鸣”。他还补充写道：“在两个核心问题上，在我被政府免职以后，我的看法是，我在任何情况下都要防止通货膨胀和升值。”而恰恰是他多年来延迟升值导致了通货膨胀，这一点我将在以后加以阐述。

4 皮尔·杰科普森（Per Jacobsson）令人费解的角色

沃克发给中央银行理事会成员的信件由于附上了皮尔·杰科普森的一封信的抄件而增加了一个特色。皮尔·杰科普森于1956年担任国际货币基金组织的总裁。杰科普森致沃克的这封信中写道：“我个人认为，升值不是正确的解决办法，因为它会给货币体系带来不确定因素，这种不确定因素很快就会证明是有害的，不仅对德国，而且对整个欧洲都是如此。此外，鉴于德国公共财政预算和德国需求量将发生变化，如果我们看不到德国国际收支很快将出现逆转，我将会感到奇怪。”接着，杰科普森建议采取某种辅助性措施，如提前偿还德国国外债务等。这里，皮尔·杰科普森第一次明确地采取了反对德国马克升值的路线。他坚持这一立场直到1961年，虽然这期间情况发生了变化，他为推迟早在1960年初就该实施的马克升值作出了贡献。国际货币基金组织从当时在汇率上的不灵活到今天不断促使他强调及时调整汇率的必要性，这是多么大的变化！

皮尔·杰科普森把希望主要寄托在通过德国采取扩张性政策来纠正不平衡，这可以从他1957年底在费城作的一篇演说中看得出来。他说：“在德国，货币供应量已经大大扩张（也许每年增加15%），其中很大程度上反映了工资的提高和社会福利优惠的增加。除此之外，公共部门已不再增加其国库储备，而是在减少其积累，以支付其预算赤字。联邦银行没有完全消除预算赤字和外汇盈余产生的扩张性效应。这些因素可能有助于减少德国支付清算的盈余。”杰科普森甚至进一步建议：由于德国了解继续取得——虽然比过去已有减少——大量外汇盈余，“德国当局有一切理由考虑采取什么样的信贷政策或者提供什么样的优惠，以尽可能地缓和对其他国家的压力”。杰科普森不喜欢任何汇率调整的态度是如此强烈，以至于他相当露骨地向联邦共和国建议，为了照顾逆差国而推行与支付结算相应的调整性通货膨胀。我领导下的中央银行总司在内部评论中把这一点看作是令人惊讶地偏离了杰科普森的通常态度而记录下来，因为“他在全世界是以反对任何形式的通货膨胀的不妥协斗士而著称的”。德国经济报刊也部分地对此作了批评性的表态。

1957 年上半年，联邦德国就赞成和反对德国马克升值问题展开了热烈讨论。反对升值的人不断地提出如下论点。

（1）健康人不需要治疗，必须治疗的是病人——这也是沃克提出的口号。

（2）孤立地升值马克也会改变同美元的关系，而与美元相比不存在结构性失衡。

（3）令人不安的德国盈余很可能只是一种暂时的现象。

涉及与美国的局部关系，只有在德国马克还没有达到与美元的可兑换性情况下，第二个论点才有意义。与美元的可兑换性直到 1958 年底才正式建立起来，因为当时必须等待其他的欧洲支付同盟国也愿意这样做。但事实上，德国马克早就达到了很大程度的可兑换性。特别是德国的盈余在欧洲支付同盟内已有了可观部分可以兑换成美元或黄金，因为经过欧洲支付同盟的“硬化”之后，从 1955 年起盈余额的 75% 已在欧洲支付同盟的每月结算中等同于美元或黄金，只有 1/4 可作为贷款提供。实际上，多年以来，不仅是德国积累的欧洲支付同盟余额，而且包括联邦德国的黄金和美元储备，几乎都在不断地增加，所以不再存在孤立地看待德国支付结余额同美国的关系的理由。

在德意志各邦银行的中央银行理事会里，1957 年头几个月也曾就赞成和反对马克升值问题进行过讨论，而在这之前几个月，沃克还非常害怕这种讨论。但是，当情况表明，董事会里几乎是一致地反对升值，而在中央银行理事会里也至多只有 2～3 票赞成升值时，沃克就不再反对这种讨论了。因为多数人的态度已明朗，这种讨论就被中央银行理事会的主席卡尔·贝恩纳德（Karl Bernard）宣布为“纯粹是作秀而已”。

艾哈德也注意到多数人的意见而改变了主意。他明白，如果反对中央银行的意见，要使联邦政府同意升值是没有一点希望的，因为联邦总理阿登纳和副总理布吕歇（Blücher）在其顾问们的影响下持坚决反对的态度。艾哈德意识到，长时间地讨论汇率问题而没有很快做出决定的前景，只会使情况变得更糟。虽然他于1957年5月在一篇发表在《金融时报》上的文章中原则赞成调整汇率，但到1957年6月他就采取了一种比较小心谨慎的立场。他在慕尼黑的一次讲话中说："任何关于马克升值的猜测只能会使欧洲病症更加严重。因此，这样一种步骤是不负责任的，不管从什么角度看这个问题。只有共同行动并向货币自由兑换过渡，才能导致良好的结局。"德意志各邦银行立即跟上，并于7月10日发表了如下一则内容的消息："德意志各邦银行的中央银行理事会在1957年7月10日的会议上讨论了公众中传播的关于德国马克升值的谣言，并根据最近联邦经济部长的表态宣布，这种谣言是没有根据的。"

5 1957年的欧洲货币紧张

1957年8月，法国屈服于其外汇逆差和国际投机的压力，把法郎事实上贬值16.23%。这使局势部分得到缓解。因为没有随之主动采取内部措施，1957年末法国不得不再次进行调整。但这足以使国际上的货币讨论和货币投机更多地转向其他"弱势"货币，即英镑。英镑面对信任危机特别容易受伤害。那个时候，它对整个英镑区来说还是一种重要的世界贸易货币和储备货币。因此，英国拖欠国外的（主要是英镑区）短期英镑债务，比它拥有的黄金和美元储备高出几倍。为了应对持续不断的货币谣言，联邦政府于1957年8月20日发表了一个公报，内容如下。

> 在联邦总理阿登纳的支持下，在德国联邦银行领导成员的在场下，联邦政府详尽地研讨了国际货币形势。讨论的中心是德国国际收支盈余的不断大幅度增长。对此，联邦内阁在一个正式的决议中指出：众所周知，德国马克的对外比值如同其他大多数货币的比值一样，是由其同美元的关系所决定的。德国马克兑美元的比价因其经济的全部实际情况而无须改变。所有关于德国马克打算升值的谣言是没有根据的。联邦政府和联邦银行将继续保持德国货币在国内外备受高度评价的稳定。

但对英镑受到的攻击，由于采取了两项进一步的措施才得以阻止。首先是通过英国的休克疗法，英国的贴现率在 1957 年 8 月突然由 5% 升至 7%，就是说，升到了 1920 年以来的最高贴现率（6% 或 7% 就已经破纪录，这是什么样的时代！）。此外，英国的国家财政是通过削减投资支出而治愈的。第二项措施是国际上协调一致的行动：我们把贴现率从 4.5% 降至 3%，之后不久在华盛顿举行的国际货币基金组织年会上，英国和德国的代表团发言人发表了经过协调的声明，表示双方反对任何关于纠正汇率的想法。对英国还额外提供了一些国际的特别贷款，所有这些都促使针对英镑的投机行动立即停了下来，英国在欧洲支付同盟内外的外汇数量重新恢复正常。

1957 年夏秋的英镑危机——尽管相对迅速而完美地得到解决——具有远远超出眼前的意义。这是因为，一种国际储备货币不可能过于频繁地经受这样的信任危机和虚脱现象，而不逐步丧失其作为储备货币的身份。英镑在这方面走过了一系列阶段：1961 年 3 月德国马克升值后英镑疲软，1967 年 9 月英镑贬值，1972 年 6 月英镑因疲软而单独浮动，最后是 1976 年底至 1977 年正式清理还留在英镑区的英镑储备。英镑地位在世界货币机制中的这种逐步削弱，是一个具有历史意义的过程。毕竟，在 19 世纪，至少直到第一次世界大战，英国还是一个明确无误的起领导作用的货币大国——从世界经济上看，当时还是“英国治下的和平”。

早在 20 世纪的 20 年代和 30 年代，英国的主要地位已在某种程度上有所丧失。这里只需提一下 1925 年英镑升值的失效和 1931 年英镑丧失金平价，以及与此相关联的向浮动汇率过渡。但第二次世界大战以后，英镑作为国际储备货币的作用在数量上离美元的作用不远。当然，英镑在质量上已经大大落后，因为根据布雷顿森林协定，只有美元因美国自愿承诺可以兑换黄金而在世界货币体系与黄金之间建立起联系，而英镑却不得不依靠美国的大量信贷支持并不断地旧病复发。当时出现了“英国病”这个时髦语。

第二次世界大战以后，英镑作为国际储备货币的优势地位削弱本来也只是一个时间问题。但值得注意的一个事实是，战后这个历史性过程是通过 1957 年和 1961 年的两次英镑危机而开始的。其中，英国货币的削弱和德国货币的强势对照起了关键作用。

6　沃克的货币政策原则

从德意志各邦银行过渡到德国联邦银行，也就是从 1948 年的《军政府法》过渡到德国《联邦银行法》，是在1957年8月1日完成的。这一过渡导致了德意志各邦银行两位主席即中央银行理事会主席卡尔·贝恩纳德和董事会主席威廉·沃克的离任。不过，他们两位直到1957年才最后离开职位，因为联邦政府确定的继任人布莱辛（Karl Blessing）——作为唯一的行长——要到1958年1月才能接任。事实上，沃克在1957年下半年就已经慢慢地退出他的职能，比如他没有参加1957年9月举行的国际货币基金组织和世界银行的年会。德国对当时货币问题特别是英镑问题的表态，已由当时的德国副行长汉斯·卡尔·冯·曼戈尔特－赖博尔特（Hans Karl von Mangoldt-Reiboldt）宣读。当时同英国人的谈判很大程度由我负责，这不仅是由于我在联邦银行所担任的职务，而且也因为我当时在国际货币基金组织中兼任德国理事（1953～1959年）。

曼戈尔特－赖博尔特同我之间没有任何意见分歧。遗憾的是我同沃克的关系不是这样。我们对如何最恰当地处理外部不平衡与内部稳定的冲突有着根本不同的见解。直到最后——他在1973年的回忆录中仍然是这样——沃克否认德国存在货币困境，否认内部稳定与外界平衡之间存在冲突。关于沃克对当时内部的货币问题所持的立场，我在董事会和中央银行理事会多次讨论之后，于1957年在我的个人笔记中作了以下总结。

沃克关于货币政策的基本提要。

（1）中央银行对三种发展没有影响力。

对国家支出，特别是军备支出（他只希望能够继续推迟这种支出）；

对不断增加的社会福利支出（特别是1956～1957年由阿登纳实施的强度退休金）；

对工资增长。

（2）不论这些独立于中央银行的因素是适度发展或者超出我们的预料，我们只要保持1%～2%的物价上涨就可以过得去，或者必须准备有更多的上涨率（1956年底至1957年底上涨了近3%）。

（3）我们也取决于世界市场价格，这是我们必须接受的。

（4）“归根结底，尽管信贷政策如此重要，我们仍有赖于政治因素，比如议会。”（原话）

当沃克于1957年年中从报刊上获悉，他将在新的《联邦银行法》生效以后被免去德意志各邦银行董事会主席职务后，他长时间愤怒不已。他感到自己成了反对马克升值的牺牲品。他在回忆录中就此写道：“艾哈德意识到，（德国的）光辉崛起只有在坚实的稳定的货币基础上才有可能。但这没有阻止他在我反对他的马克升值意图时免去我的联邦银行行长职务。”对于任何一个得以从近处观察当时情况的人来说，这不过是一种为自我安慰而量体裁衣的传奇故事而已。因为，第一，谁都知道，沃克的免职首先是阿登纳的决定。但联邦总理之所以要甩掉沃克绝不是因为升值问题，因为阿登纳自己当时也同样是坚决反对马克升值。阿登纳和沃克之间的关系多年来完全是因为别的原因才非常糟糕，这是众所周知的。第二，继任人卡尔·布莱辛当时也像沃克那样明确反对升值，这在他上任前是人尽皆知的。而且，他在 1958 年 1 月向中央银行理事会作上任演说时，在艾哈德在场的情况下，也明确地承认了这一点。第三，没有任何人——除了沃克——期望新法律规定两个主席职务合并之后，新的职务会由几近 72 岁的沃克来担任，而比他年轻 4 岁的同阿登纳有着较好关系的中央银行理事会主席会被甩在一边。1957 年年中，我们（没有沃克参加的董事会会议上）讨论了与阿登纳调整主席接班人相关的另外一个问题，即把副主席科恩纳克尔降职为普通委员，以便为阿登纳的妥协候选人特勒格尔（社民党人）腾出位置。

有许多证据——如艾哈德访问联邦银行、沃克在重要讨论会上的经历，或者同阿登纳一起出席内阁会议——说明，沃克同艾哈德尽管在升值问题上有意见分歧，两人的关系还是好于沃克与阿登纳的关系。当艾哈德 1958 年 1 月在中央银行理事会上送别沃克时，断言他和沃克在过去的年代里完全一致时，我的同事和我都感到非常惊讶。艾哈德说：“枢密顾问沃克先生，在这一时期（紧接着货币改革之后），我们之间的联系和友谊建立起来了。回过头来看，我们可以十分满意地指出，在这过去的 9 年半时间里，没有出现过任何问题，在联邦政府——特别是我个人——与中央银行理事会主席和德意志各邦银行行长之间，没有出现过值得一提的意见分歧或者出现过不同情况判断”。尽管艾哈德和沃克在升值问题上经常发生对立！

7 我的另一种经验世界

我在这里必须说明，我为什么如此早地——而且开始在董事会里完全处于孤立——主张马克升值或者至少就与此相关的问题进行认真的讨论。我来自一个完全不同的经验世界，而且是在两个方面。一是我早在战前就已多次深入地研究了汇率问题。第一次是我在做博士论文的时候。论文的题目是我在 1931 年底自己拟定的：《贴现政策或浮动的货币作为国际收支平衡的手段：以世界大战后英国的货币政策为例》。外部原因是 1931 年 9 月英国抛弃金平价。1932 ~ 1933 年期间，我在英国搜集了资料和观点，并于 1933 年末提交了博士论文。二是当我 1936 年应柏林经济形势研究所领导的要求，就如何通过一次性地贬值官方比价，取消帝国马克灾难性的多重汇率，包括各种各样的双边结算比价，作一个内部的秘密评估。无论如何，货币平价和汇率调整对我来说不是一个像战后头几年对沃克和其他某些人那样一个不可接触的禁区。对我来说，汇率从一开始就是一个可以调整的，必要时甚至是灵活的货币政策工具。早在 1938 年，我就在《世界经济档案》中评论弗莱德勒尔（O. Pfleiderer）一本书时写道："一种货币的外部价值的变化，恰恰是在危急形势下的现代景气政策（今天我会说"内外货币政策"）中不可缺少的武器。"

另外，由于我自 1949 年以来在国际货币和经济机构中的工作，我比我在董事会里的所有同事都更熟悉汇率的国际影响。正是在 50 年代，作为中央银行的代表（有时作为联邦德国的代表），在最重要的欧洲经济合作组织的委员会里和在欧洲支付同盟董事会里，以及也作为国际货币基金组织里任职多年的德国理事，我一直处在关于世界支付结构和货币平衡讨论的中心。我经历了外国如何因联邦德国长期保持盈余而以各种形势，并在多个阶段对德国施加压力，要求它推行"善良债权人"的政策。我也比大多数其他人更直接地体验到这种不平衡对整个世界经济造成的负面影响。但我有时在马克升值问题上所以先行一步，与我因自己的工作而过多地受到其他国家的压力无关，绝对没有关系。相反，我在国际机构中积极地抵制逆差国为促使联邦德国推行更具扩张性的—应读作通货膨胀式的—经济政策或单方面升值马克所做的各种直接或间接的努力。我在国际机构中也始终强烈地体现这样的观点，即首先是逆差国有义务执行更好的调整政策，因为它们内部缺少平衡。我也在中央银行业务报告的国际部分（直到 1977 年一直由我负责编写）非常坚定地反映这一观点。对于特殊信贷的申请，比如在欧洲支付同盟内，如果不是伴随有效的内部治理措施，我始终予以拒绝，并且请他们注意我们 1950 ~ 1951 年的例子。

从 1953 年起，我一直强烈地致力于"硬化"欧洲支付同盟。当时我就把其看作是为以后过渡到与美元的可兑换性所做的重要准备之一。在做这些努力时，我得以依靠欧洲支付同盟董事会里担任多年德方主席（1952 ~ 1958）的冯·曼戈尔特 - 赖博尔特提供的出色合作。关于向可兑换性过渡问题，自 1954 年起就在国际机构里经常进行谈判，同英国人也进行双边谈判。但直到其他关键国家，特别是法国和英国觉得能够这样做的时候，持续了很长时间。

在“硬化”欧洲支付同盟方面，德意志各邦银行或者德国联邦银行具有举足轻重的地位，因为我们从 1953 年起就是这些机构的遥遥领先的最大债权人，任何特殊行动的实施都不能没有联邦银行的参与。冯·曼戈尔特－赖博尔特和我一再利用这一特殊地位，借以推进“硬化”。顺便提一下，欧洲支付同盟的“硬化”在很大程度上促进了德国中央银行黄金储备的建设。“硬化”的意思是，日益增加的一部分国际收支余额根据负债国的选择，必须用黄金或者美元来偿还，其中黄金将按美元官价折算。对我们有利的还有，当时伦敦的黄金价格略微低于同美元的比价，所以债务国有兴趣把他们在欧洲支付同盟中的逆差通过转化为（从伦敦购进的）黄金来抵偿。1950 年 7 月欧洲支付同盟建立时，用硬通货或黄金来抵消的结算余额只占 1/4，从 1954 年起已上升至 50%，而从 1955 年起上升至 75%。因此，我国建立了可观的黄金储备，到 1958 年底欧洲支付同盟解散时，它已达到 120 亿马克，从而构成了联邦银行今天拥有的黄金储备的大部分。

使我感到遗憾的是，我不得不指出，沃克没有完全理解欧洲支付同盟当时的结算机制（虽然我多次就此向他说明）。他在回忆录里把我国黄金库存的建立以一种错误的方式作了如下描述：“设在巴塞尔的国际清算银行（BIZ）向我指出，希望我们接管它的一定数量的黄金。我们不能说不。障碍消除了。我离任时留下了 120 亿马克的黄金库存。”可见他一点也不知道，这批黄金实际上是由欧洲支付同盟的债务国为了部分地抵偿他们的结算债务，而按照他们的意愿交付的，因为这对他们来说要比用美元来偿还还较有利。他直到最后也没有摆脱这样的想法，即我们为消除我国的外汇危机于 1950 年底从国际支付同盟得到的特殊信贷是由国际清算银行给我们的。他在离职以后的一次报告中，还以赞扬的态度回想起他以为是当时国际清算银行提供的外汇援助。实际上，1950 年的特殊贷款中没有一个芬尼是国际清算银行给的。相反，在为逆差国做月底结算时，贷款部分是这样解决的，即盈余国必须提供相应的贷款份额。此外，还有一笔由美国人提供的欧洲支付同盟的启动资金作为流动资金储备。

在升值问题上，以及总的在当时货币不平衡这个问题的范围内，对外我都代表了中央银行的官方路线。这是我们在内部讨论中一直明确地商定的，目的是不给有害的货币谣言和货币投机提供动力。此外，当时在中央银行理事会里有明确规定，所有成员在这个重要的问题上对外必须代表中央银行理事会多数的意见，即使他们在内部辩论中与不同的看法或者对多数决议投了反对票。

但我不能接受沃克在一个对我们的稳定性如此重要的问题上，居然不能容忍在内部和小范围内进行一次深入而坦率的讨论。因此，我迫使董事会讨论我 1956 年 11 月的备忘录，尽管我可以预见到其结果将是负面的。

由于同沃克有许多从 1953 年来就已显露出来并于 1956 年末大大激化的意见分歧，1957 年底他离任时我同他没有特别良好的私人关系。他直到生命结束时，对当时与我的分歧一直耿耿于怀。这常使我感到遗憾，因为我相对较早地进入德意志各邦银行的董事会应归功于他。1953 年就是他——找我当时的上司沃尔夫——亲自向中央银行理事会建议把我选入董事会。

1971年货币危机：德国马克成为美元的对手*

奥特玛·埃明格尔（Otmar Emminger）**

1　1970～1971年“流动性冷热交替浴”席卷下的德国货币政策

20世纪70年代初对于联邦德国的国际货币关系来说，意味着一个新纪元的开始。这个新纪元具体表现在两个方面：一方面马克与美元的关系问题从此开始凸显，马克与其他欧洲国家货币间偶然的冲突与之相比，则更多是显得无足轻重；另一方面，在马克与美元关系上，资本流动几乎一直是导致货币失衡的首要因素，而不是背后的通胀速度差异。这种通胀的差异，自20世纪50年代中期以来仅仅偶然出现过。1959～1966年，在所有的工业大国中，美国经济最稳定。这期间，美国无论是消费价格还是工资成本的增幅，都远远低于联邦德国的通货膨胀率，虽然德国那时已被视为“物价政策的模范国家”。并且，1958～1967年，美国的经常项目几乎也一直都小有盈余。尽管如此，从1958年开始，美元却不断地遭遇危机。这主要归因于美国的资本输出、对发展中国家的援助以及驻外军事开支，这些项目加起来已远远超过其微不足道的经常项目盈余。此外，支撑美元的黄金储备，也从1957年的248亿美元减少到1967年的148亿美元。直到20世纪60年代中

* 本文出自Otmar Emminger（1986）：D-Mark，Dollar，Währungskrisen，Stutgart，为该书第六章，原文标题为：D-Mark wird Gegenspieler des Dollars-Währungskrise 1971。译者为中国社会科学院欧洲研究所助理研究员胡琨。

** 奥特玛·埃明格尔（Otmar Emminger，1911～1986），曾任职德国联邦银行前身德意志各邦银行（BdL），1977～1979年任德国联邦银行行长。

期，美国这种抛售黄金的行为仍被视为货币黄金储备的有效再分配。但美国人还是希望把黄金储备流失维持在一定的限度内，故在 1963 年引入了利息平衡税，并稍后开始针对特定种类的资本输出实施限制。1968 年后，除资本输出外，不同程度的经常项目赤字开始出现，更增大了美元的压力。

作为欧洲最坚挺的货币，最迟从 20 世纪 70 年代初开始，德国马克便不由自主地成为了持续走弱的美元，以及来源于美国并充满极大变数的货币与资本流动的对手。1969 ~ 1970 年美国汇率政策突然逆转导致的货币政策“冷热交替浴”，则是典型的例子。1969 年，是美国实施贷款限制的一年，利率相对较高。1970 年初，在经济低迷的压力下，美国货币政策发生变化，利率急转直下。例如，三个月国债的收益率从 1970 年 1 月的几乎 8% 降到 1970 年 3 月的 3%。在实施贷款限制的 1968 ~ 1969 年，美国银行从国外银行，其中主要是欧洲的美元市场，获得了 125 亿美元的流动性，导致其短期债务飙升，仅美国银行的国外分支机构，短期债务就已超过 140 亿美元。1970 年初新的信贷政策实施后，相对昂贵的国外债务急速缩减，共有 130 亿美元重新回流到国际金融市场，其中相当一部分资金则直接或间接地流入了联邦德国。尽管即使没有此次投机也会有资金流入，但联邦德国 1970 年的外汇盈余创纪录地达到了 225 亿马克。这个势头一直保持到 1971 年 5 月，前五个月又有 195 亿马克流入。

1970 ~ 1971 年，德国联邦银行的货币政策正式被这股外汇洪流所席卷。其外汇储备净额从 1970 年初相对不多的 260 亿马克增加到 1971 年 5 月的 680 亿马克，翻了 1.5 倍。如此巨大的增长几乎完全源于资本流入，是“借来的外汇储备”。虽然同时在德国国内，通过联邦银行的存款准备金政策以及联邦政府的“经济协调储备金”和“经济发展补贴”等措施，总共冻结了约 240 亿马克流动性，但是仍不能阻挡银行可支配的流动性翻番，以及广义货币供应量 M_2 在 1971 年 5 月同比增幅超过 17%。这个时期德国的货币供应量和德国物价稳定政策的成败，不再仅取决于德国货币当局，还被源于美国信贷政策的流动性政策“冷热交替浴”及四处游荡的美元投机资金所决定。这个情况，被我形容为货币市场和美元流动的“货币影子政府”。

1971 年 2 月初，我在提交给联邦银行董事会的内部备忘录中写道：德国马克如果接下来有再次被低估的迹象，以至于不仅因为利率差异，而且还因为投机出现而导致资本流入，那么我们的信贷政策从一开始可能就毫无意义，可忽略不计。……这意味着，我们一旦察觉到马克被低估（以及随后的货币投机），就应该致力于让马克充分地升值，而这在欧洲经济共同体是相当困难的。

1971 年 3 月中旬，时机总算来临。此前，德国与美国及欧洲美元市场的利率和流动性差异，几乎完全主导了德国的资金流入。这期间，流入十国集团（美国除外）的美元，有 40% ~50% 流向了德国。此外，还有其他几个国家也吸收了相当数量的美元，但这些美元只有法国与英国能用得上，可被他们用来偿还在以前危机中产生的债务。1971 年 3 月之后，资金流入愈发显现出投机活动的特征，利率的影响持续走弱，说明市场对当前的汇率形势充满疑虑。而德国是投机活动的主要目标，因为德国马克被认为是最有升值潜力的货币。1971 年 5 月 5 日，在投机狂潮显然就要失控时，应我们的要求，德国外汇市场临时关闭，并于 5 月 10 日在放开汇率的条件下重新开放，换句话说，联邦银行按固定汇率购买美元的义务被解除。德国马克开始采用浮动汇率，直到 1971 年 12 月西方十国集团签署《史密森协定》，就重要货币的汇率调整重新达成一致。

对于德国来说，关键的诉求是能在 1971 年剩下的时间里通过解除外汇干预义务而让自己置身于令人不安的资本流动之外。这是汇率放开最重要的目标，实现得相当漂亮。1971 年 5 月 5 日至 1971 年底，从美国和欧洲美元市场流出的 170 亿美元，流往了其他国家，其中大部分被日本吸纳。最终，联邦银行在整个 1971 年只吸纳了约 45 亿美元，因为 1 ~5 月间流入的一部分美元在浮动汇率时期又以相对有利的价格在外汇市场上被重新脱手。整个 1971 年，除美国之外的十国集团总共吸纳了不少于 300 亿美元的外汇，得益于 5 月初及时与美元脱钩，流入德国的外汇只以 45 亿美元的金额而占相对较少的份额。如果考虑到，此次货币危机在 1971 年春天呈现“美元马克危机”的特征，这样的结果无疑令人惊讶。整个 1971 年，其他国家不断吸纳流入的美元，如日本外汇储备增加了 100 亿美元以上，而同时有约 80 亿美元流入英国，导致其公布的外汇储备增加了约 40 亿美元。日元至此第一次成为美元在国际货币舞台上的潜在对手。

2 1971 年 5 月美元强制购买义务的解除——联邦银行董事会的分裂

德国马克与美元平价的脱钩充满戏剧性。1971 年 3 月底出现的投机狂潮，在4月底与5月初因为一些“技术事故”而加剧：在汉堡举行的欧共体部长理事会会议就汇率问题的秘密讨论被媒体曝光，以及德国经济研究机构关于放开汇率的建议被不合时宜地公布。但这些只是压死骆驼的最后一根稻草。1971年4月底，我们与国际货币基金组织时任总裁施韦泽（Pierre-Paul Schweitzer）以及联邦经济部长席勒（Karl Schiller）在法兰克福的克朗伯格城堡共进晚餐，并随后进行了秘密会谈，参加会谈者对形势有完全不同的判断。

在一位同事的支持下，我尝试向施韦泽阐明，如果不解除对美元按照固定汇率的强制购买义务，即放开马克汇率，则几乎不可能阻挡住来势汹汹的投机浪潮。而联邦银行当时的行长克拉森（Karl Klasen）却持完全不同的看法。施韦泽本人则谨慎地保留观点，但如我所料，他对浮动汇率制表示出异议。这是可以理解的，因为货币危机即将来临的观点让他相当不适，在1970年10月的一次讲话中他还讲道：“世界货币形势从来没有像今天这样好。”因其明显的荒谬性，我当时立即记下：这是货币领域最惊人的误诊之一。

仅仅几天之后，我悲观的预言就实现了。4月与5月初，联邦银行投放了220亿马克，购进约60亿美元，而其中有超过20亿美元都是在5月份的前三个工作日所购入。5月5日星期三，联邦银行董事会在法兰克福召开会议，而当天外汇市场开张的第一个小时肯定就有12亿美元以固定的干预汇率涌入。联邦经济部长席勒表示将参加会议，并就货币危机进行商讨。但他没有准时到场，还在赶往法兰克福的路上，我们须等待他的答复，不然的话之前就会申请关闭外汇市场。因为联邦银行本身不具有这项职能，只能向联邦经济部提交相关的申请。待席勒一到，理所当然地立即达成了关闭外汇市场的决议。在等待经济部长到达的这段时间，又额外有不少于5亿的美元以被高估的固定汇率进入德国。

但真正有戏剧性的场面是接下来在联邦银行进行的讨论。讨论的焦点是到底应该放开汇率，还是管制资本输入？席勒赞同有限期地过渡到浮动汇率制，直到美元的命运尘埃落定。而在联邦董事会内部，以主席克拉森为代表的多数成员，却反对临时放开德国马克汇率，而更倾向于通过资本输入管制，即防御性外汇管制来阻挡资本破坏性的流入。在这个问题上，以我为首的董事会7名成员与大多数人的意见相左，而要求有期限的放开汇率。最后，联邦银行董事会以11票对7票做出决议，建议联邦政府根据《对外经济法》（AWG）第23条引入对资本输入的外汇管制措施，主要是禁止非银行机构获取外国贷款。自此，联邦银行董事会分裂为截然不同的两派，以主席为代表的多数派和以副主席为代表的少数派。但是，董事会大多数人可能已做好准备，如果其他欧洲国家特别是欧共体成员国也赞同的话，随时转变立场，同意浮动汇率制。

出于各种原因，克拉森反对放开汇率。一方面，他担心放开汇率会最终导致马克升值，早在 1969 年秋，即他上任之前就明确反对任何形式的马克升值；另一方面，他认为，有期限地过渡到浮动汇率制，会使我们违背国际义务，不仅是国际货币基金组织的平价规则，还有前不久欧共体达成的自 1971 年 6 月起减小欧共体内部货币汇率波动幅度的承诺。

我的主要观点是：抛开监管政策的考虑，《对外经济法》第 23 条的防御性外汇管制措施几乎不可能成功解决问题，因为目前的局势不单是源于德国马克对外币的利率差异，而是由于大家对作为世界货币体系储备货币的美元明显不信任，以及世界范围内对德国马克不断增加的需求。听从其他人的意见，只会导致货币危机，而且越在真正的解决方案面前迟疑不决，我们的经济形势就将会越严峻。此外，就如我在此后仍不断重复的，我还提到，德国马克而今已经身不由己地成了美元的对极，这是国际货币体系历史性的转折点，并席卷了我们的货币政策。要摆脱当下的困境，其实需要欧洲最重要的国家采取共同行动，而这在目前几乎是不可实现的。根据欧共体规定，只有到 1971 年 6 月 15 日，仍然未按照约定的幅度，在欧共体内部减小汇率波动，才可被视为违规；但欧共体国家各央行明确约定，在第一个“试验阶段”，各央行在紧急情况下可不受此规定约束。比较棘手的问题仅仅是如何解决与汇率放开相关联的农产品问题。我之前与比利时央行领导层进行过详细商谈，当联邦银行董事会就引入比利时双轨汇率体系进行讨论时，我持反对态度，认为其短期内绝不能实施，并且这不是目前危机的解决之道。

联邦经济部长席勒仍然站在联邦银行董事会多数成员的对立面，其在表决中赞成有期限的汇率放开。克拉森与席勒之前关系密切，这个矛盾让两人的私人关系产生了很大裂痕。此外，1971 年 5 月 5 日还因其他原因值得纪念：我们被邀下午去参加不久前逝世的联邦银行前主席布莱辛（Karl Blessing）的纪念活动。席勒作了纪念讲话，一些外国（如瑞士与法国）的中央银行主席也在场。1971 年 5 月 10 日星期一，外汇市场重新开放，德国马克的汇率也被放开，尽管联邦银行董事会在表决中多数不赞同。联邦政府，也就是席勒占了上风，因为联邦银行董事会多数成员根据《对外经济法》第 23 条做出的对资本输入实施外汇管制措施的建议，只能在联邦政府首肯下才可施行，而联邦政府支持其经济部长。外汇市场重新开放之前的星期四与星期五，众多小范围会议或内阁会议在波恩召开，形势就已经趋于明朗。通过席勒的努力，在布鲁塞尔举行的引人瞩目的马拉松式的欧共体部长会议上，欧共体对德国浮动汇率制的正式谅解被强行通过，最终，汇率放开的决议确定达成。

联邦政府与荷兰政府申请在 5 月 8 日星期六召开欧共体部长特别会议，以履行欧共体既定的关于做出汇率决策之前须进行事先磋商的承诺。并定于在随后的 5 月 9 日星期日召开联邦内阁特别会议，以达成最终决议。

部长理事会会议于星期六上午 10 点 30 分在布鲁塞尔开始，星期日上午 7 点结束，长达近 21 个小时，这是我参加的耗时最长的会议，会议主席为当时的法国财政部长吉斯卡尔·德斯坦（Giscard d'Estaing）。会议讨论的根本问题是：欧共体部长理事会是否应该同意过渡到临时的浮动汇率制？这个措施是否应该设置时间限制条件？以及是否同意在浮动汇率制结束后德国马克可能的升值，即调整平价。

席勒的主要目标是动员欧共体当时的六个成员国实施针对美元的共同浮动汇率，即联合浮动汇率制。他在开幕词中特别讲道："如此的行动有益于国内稳定措施的实施，并可为我们提供新的行动空间。同时，欧共体的机制亦不会受到损害，特别是农产品市场体系。"

我全力支持席勒。早在 1970 年 9 月，我在接受《商报》采访时就表示，长期看来，除了让德国马克与美元脱钩，并且尽可能与欧共体其他货币共同进退，没有其他适当的出路。因此，我首先尝试争取让自己在其他央行的朋友与熟人赞同这个观点，并在欧共体货币事务委员会（自 1958 年以来我一直担任其副主席）之前的一次工作会议上为联合浮动汇率制造势。但是，法国人与意大利人对于这种联合浮动汇率的抵触情绪无法克服。他们首先担心，与"坚挺"并且有可能升值的马克绑定会导致其货币相对其他货币过度升值。德斯坦原则上反对任何形式的浮动汇率制，哪怕设定时间期限。就如他在私人谈话中讲到的，其兴许会赞同马克立刻进行适度的升值，即孤立的平价调整，因为在他看来，这有利于法国的竞争力。但是席勒完全不考虑让马克立刻升值。当德斯坦问席勒"您到底为什么不这样做"时，席勒回答道："我们不做，是因为经济形势不稳定且不明朗，而明确的升值是不可逆的。"此外，席勒多次提到："我们不想确定下来，我们想要可逆的解决方案。”他仍然担心马克升值会导致如 1968 年秋季一样的经济急剧衰退。这个立场他还坚持了相当长的一段时间，而我从一开始就清楚，临时的浮动汇率必然最终会以马克对美元的永久升值收场。

经过无休止的漫长争论，还是在 5 月 9 日早达成妥协。最后声明包含以下几个要点。

（1）部长理事会判定，在成员国国际收支的当前以及未来可预见的发展形势下，没有必要调整平价。同时注意到，成员国政府决定维持其平价。

（2）考虑到过多的资本流入共同体一些国家，这些国家在特定情况下，可在一定期限内，增大其货币汇率相对目前平价的波动幅度，理事会对此表示理解。虽然在正常情况下，共同体内部的浮动汇率体系不利于其正常运作。

（3）此行动可通过适当的措施加强，以阻挡过多的资本流入，并抵消其对国内货币形势的影响。理事会须在 1971 年 7 月 1 日前就此进行商讨。

（4）为避免措施的单方面实施，以抵御其可能对农产品贸易带来的损害，理事会根据公约第 103 条立即颁行适当措施。

部长理事会的这个决议虽然不是对德国行动方案的正式批准，但对于席勒来说则无疑是宽恕令。感谢上帝，决议特意在一些要点上含糊其辞，这样一来，就可对其进行各式各样的解读。第 2 点中的“一定期限”，在法国看来即最多几周，而德国方面则更多时候认为是最少半年。在随后的数周与数月里，法国不断尝试向德国施加压力，让马克尽快回归固定平价。6 月，法国正式申明，在德国马克回归到之前的平价以前，法国不会参与货币与经济联盟的进一步扩大。之后不久，欧共体国家要就其在 1971 年 9 月召开的国际货币基金组织年会上的共同立场进行准备磋商，法国又把德国马克回归到固定平价设定为其参加磋商的前提条件。

第一点关于成员国货币的货币平价没有必要进行调整的决议，也是建立在“当前的以及未来可预见的发展形势”基础之上的。对于我和其他许多人来讲，最后“形势”会有变化是毋庸置疑的，而德国马克也将会强制升值。但是，“在当前形势下平价不变”，却是部长理事会做出共同决议必不可少的关键性前提条件。所以，那些认为这并不是最终决议的人，有时也会尽力证明这句话至少是句漂亮话。我也经常引用，但是总是加上保留条件“当前的形势”等。然而，却多次有人扬言：我明确预测汇率会回复到以前的平价，使得我不得不发表一个个人申明（1971 年 6 月 2 日的《联合经济服务》）对此进行澄清。此外，有观点认为汇率自由浮动的过程中，德国马克对美元获得的升值兴许会重新丧失，导致一部分投机资金以对我们相对有利的汇率快速出逃。至少在 1971 年年中之前，当席勒在比如联邦议会、采访以及联邦银行内部的私下交谈中反复引用决议的这个判定时，他是当真认为平价不会变化的。他总是不断显露出担心，怕马克升值会不合时宜地导致经济衰退。

我们借助 1971 年 5 月 10 日费力达成的欧共体妥协，安然无恙地坚持到最终解决方案出台之日。而对于席勒本人来说，结果却几乎可以称得上悲惨。因为他的“完美解决方案”，即欧共体货币对美元的联合浮动汇率制在当时没有得到贯彻（当 1973 年 3 月，即两年后，在我的参与下，欧共体货币集团联合浮动汇率制仍得以实现，但席勒那时早已不再是部长）。在我以及其他参会者看来，他之所以没能取得成功，肯定还与他和德斯坦之间在观点及性格上不可调和的矛盾有关。值得注意的是，1972 年 6 月底接任席勒的施密特（Helmut Schmidt）显然完全留意到这个德法两国在经济领域进行友好合作的障碍。继任经济与财政部长职位后，他以与德斯坦建立良好私人关系为第一要务，上任伊始就对巴黎进行了访问。如此建立的两人之间的亲密私人合作，后来在布鲁塞尔推动了许多欧共体决议的达成。两人后来分别担任各自政府的首脑，而这份友谊仍然延续。在 1971 年 5 月的德国马克危机之后，德法两国在汇率问题上不可调和的矛盾给两国货币关系投下了阴影。人们整月都在谈论德法两国在货币问题上的冲突，两国政府首脑蓬皮杜（Pompidou）与勃兰特（Brandt）举行多次会议都没能化解。

费力在布鲁塞尔达成妥协之后，接下来德国方面做了什么呢？5 月 9 日星期天，布鲁塞尔 21 个小时的马拉松会议一结束，克拉森就飞往波恩，参加在那里举行的联邦内阁特别会议。而我当天早上则飞往巴塞尔，参加各国央行领导与会的国际清算银行月会。尽管非常疲劳，我整个星期天都在向各国央行代表，尤其是没有参加布鲁塞尔会议的代表，阐述德国的形势以及我们下一步的计划。在巴塞尔召开的欧共体央行行长委员会同意，临时冻结关于减小欧共体内部货币汇率波动幅度的决议，并且再次强调，央行的美元储备只能投资于美国，而不是欧洲美元市场（那样只会造成破坏性的流动性过剩膨胀）。

联邦政府在 5 月 9 日作出一系列决议，拟通过一个反通货膨胀的国内经济方案来支持布鲁塞尔会议的成果。几天前，联邦银行董事会还以多数票通过了反对汇率放开的决议，现在该怎么办呢？内阁向联邦银行递交了一份请求，内容是“为能履行联邦银行根据《联邦银行法》第 3 条规定之法定任务（保障货币），以及根据《联邦银行法》第 12 条规定的支持联邦政府政策之义务，请求德国联邦银行，暂停对外汇市场一直以来的干预”。联邦银行除了服从联邦政府的意愿，别无选择。因为是否运用联邦银行董事会多数成员期望的《对外经济法》第 23 条（资本输入管制），是联邦政府的权限。

1971 年 5 月 11 日，在德国机械制造企业协会的会议上，克拉森这样向外界解释他为何转变立场：他反对放开德国马克汇率，是因为他担心马克在汇率放开期结束后会升值；此外，汇率放开也可能会违背国际条约。而如今这两种风险已被排除，因为部长理事会已在声明中明确不会升值，联邦政府也决议不会违背与欧共体及国际货币基金组织签订的条约。他在接下来的几个月中反复强调，在他看来，浮动汇率结束并回归旧的平价后，针对破坏性资金流动的对外经济屏障措施会不可避免地出现，并会被强化。事实上，联邦银行在 5 月 5 日前后的数周内，对所有可能实施的屏障措施都进行了考察与设想。一时间，克拉森不断向外透露，有意引入比利时的双轨外汇市场模式。

另外，克拉森的通过外汇管制来实现屏障的偏好也得到了部分经济界与银行界的支持。德国工业联邦协会（BDI）表态反对汇率放开；赫尔曼·约瑟夫·阿布斯（Hermann Josef Abs）[①] 则支持对获取外国贷款进行审批；德意志银行总裁弗兰兹·海因里希·乌里希（Franz Heinrich Ulrich）宣称，与放开汇率相比，《对外经济法》第 23 条无论如何都更可取。而欧洲委员会则非常坚定地反对任何浮动汇率制，并且希望通过资本管制的方式来解决整个问题，这也在意料之中。欧洲委员会建议，通过各国央行对欧洲美元市场进行更好的监管，对银行与经济部门获取外国贷款进行管制和限制；可能的话引入比利时的双轨外汇市场制度，即对货物和服务贸易实行固定汇率，而对资本流动实行自由汇率。

3 马克危机还是美元危机

这些想法与念头在几个月后全都烟消云散。1971 年 8 月，情况明显表明，这已经不是单纯的马克—美元投机危机，而是世界范围内深刻的美元危

① 德国著名私人银行家，曾任德意志银行总裁，时任德意志银行监事会主席。——译者注

机。1971年5月5日外汇市场关闭之前，根据表面现象，人们还可以称之为美元—马克危机。在1971年5月初，德国马克可以说是美国货币地震的震源。1970年初到1971年5月，联邦银行净流入外汇额约为410亿马克，而在这17个月中，德国经常项目盈余才55亿马克。涌入联邦德国的外汇狂潮主要源于庞大的资本流入（见表1）。

表1　资本流入作为主导要素（1970～1973年）

单位：十亿马克

	经常项目收支	资本账户收支（含余额）	国际收支
A. 1971年货币危机			
1970年1月至1971年5月	+5.6	+35.3	+40.9
1971年6月至1971年12月	+0.7	-3.3	-2.6
1970年1月至1971年12月	+6.3	+32.0	+38.3
B. 1972～1973年货币危机			
1972年1月至1972年7月	-0.1	+19.0	+18.9
1972年8月至1973年1月	+2.7	-6.4	-3.7
1973年2月至1973年3月	+1.5	+18.8	+20.3
1972年1月至1973年3月	+4.2	+31.4	+35.6
C. 1970年至1973年3月总计	+10.5	+63.4	+74.0

这些数字说明一切。它们清楚地表明，在1970～1971年的危机后面并不存在德国经常项目收支的结构性失衡。而在美国，经常项目收支从1971年第二季度才开始危险地恶化。在美国人看来，1971年5月之前货币危机的直接起因是失控的资本流动。而很大一部分资本的流动，是由于受到1969～1970年美国货币与利率政策的逆转影响所导致。在1971年春之后，则也受对美国不断减弱的信心所影响。

可这首先是个有争议的问题。美国人总是反复宣称，危机的主要责任在于德国马克。德国马克与美元的利率差异不是源于美国1970年初开始的利率下调，而更多是因为德国过高的利率。为缩小德国与其他国家的利率差异，我们早在1970年中就已经开始逐步下调我们的利率。再贴现率在1970年下半年分三步（7月、11月和12月）从7.5%下调至6%，市场利率也相应回调。而这根本上又是与我们国内稳定政策的要求背道而驰的。

1971年3月，在不断加剧的通货膨胀中，我们最终把再贴现率从6%下调至 5%；1971 年的第 1 个季度，居民基本生活费用价格指数上涨 4.1%，而 GDP 价格指数的增幅甚至达到了 7.1%。我们的内部稳定再一次受制于外部干扰！在这种情况下，物价在 1971 年接下来的日子里失控，则不足为怪。1971 年秋，居民基本生活费用价格指数的涨幅追平通货膨胀率，达到 6%，比同时期的美国市场还高 2%。

当然，美国人在 1971 年 5 月仍指责德国方面。1971 年 4 月底到 5 月初，德国媒体的“失言”是外汇投机狂潮恶化的原因，但这其实只是压死骆驼的最后一根稻草。1971 年 6 月，时任美国财政部副部长的保罗·沃尔克（Paul Volcker）在国会听证时还说道：“近期的危机不是美元外逃，而是涌向德国马克。”

美元的结构性疲软早已出现苗头，但以下的事件表明，美国在 1971 年 5 月和 6 月间仍然几乎没有意识到其负有责任。1971 年 5 月 4 日，即德国马克汇率放开的前一天，时任美国财政部长的约翰·康纳利（John Connally）强调，美国认为，没有必要或者不希望调整当前的货币平价体系。

而美国财政部主管货币事务的副部长沃尔克，在 1971 年 6 月仍然坚决反对任何调整美元汇率的想法。在 1971 年 5 月底于慕尼黑召开的一个国际银行业会议上，财政部长康纳利在其热情洋溢的闭幕词中满怀信心地说道：“我们不会贬值，我们不会调整美元兑黄金的比价。”当美元继续从美国和欧洲美元市场流入其他国家时，形势的发展很快让这些预言烟消云散了。

前述慕尼黑国际银行业会议，是由美国银行家协会组织的，于 1971 年 5 月 26～28 日召开，会议主题自然是货币危机及其影响。我就此做了一个发言，并且毫不讳言地清楚说道：“这不是德国马克危机，而是一个深刻的美元危机。”此外，我也援引了一位德高望重的参会者，即伯恩斯坦（E. Bernstein）的话，他曾任国际货币基金组织的经济顾问，并在不久前发表的文章中表述了同样的观点。我阐述了在我们看来 1971 年 5 月初货币危机的经过，并就此做了如下总结：“在近期的货币危机这部戏中，有众多参与演出者。第一，美国利率剧烈波动。第二，欧洲国家无力立即和完全地跟随美国利率的震荡。第三，利率差异与投机引起的资金流动导致欧洲‘美元池’不断膨胀。第四，投机的最后阶段出现一些‘技术事故’。第五，但并非最不重要的是，美国国际收支赤字可以说成为了持续的舞台背景。”

此外，我还得出如下结论：“在一个资本可相对自由地在工业国家中流动的世界经济体系中，面对一个拥有 500 亿美元流动资金的欧洲美元市场，美国货币政策的剧烈摇摆对于其他国家以及整个国际货币体系会带来过大的压力。其实，这是具有差异的伙伴之间一个货币共存问题。对于我们欧洲来说，与美元共存就好比与一只大象同坐一条船。即使它只是小心翼翼地向一侧探身，整条船也会陷入让人头晕目眩的摇晃中。”

我补充道：“更多的立足于财政政策，而不是货币政策，特别是利率政策，可作为解决问题的一个应对方案。主要国家间要进行经济政策的更好协调，同时国内财政政策与货币政策要更好地进行组合，即政策组合（Policy Mix），是非常重要的。只不过在现实中，这相当难落实。……我们应有毅力和耐心，致力于我们经济政策的更好协调，财政与货币工具的优化以及正确的组合运用。”

在当时的货币危机中，一些关键的因素开始显现，对于如何与“大象”美国相处，这些因素至今都仍极其重要：货币与资本流动对于美国国际收支以及美元的重要意义，以及财政与货币政策组合作为国际平衡前提条件的重要性。顺便提一下，把美元比作我们共同货币船上的大象，当时在国际上被报道，并且直至今日还总被引用。

4　1971年8月的尼克松冲击及其后果

1971年8月星期日夜，华盛顿来电话找我。是亚瑟·伯恩斯（Arthur Burns）从白宫打来的，他1970年末始任美联储主席（大致相当于德国联邦银行董事会主席）。因克拉森当时正在度假，无法联系上，所以他就给我打电话。伯恩斯告诉我，他刚从一个持续数日的会晤中返回，会晤在戴维营（Camp David）举行，尼克松总统与其最核心的经济政策幕僚（包括财政部长康纳利和主管货币问题的副部长沃尔克）制定了一个特别重要的新经济与货币政策。今晚，总统将在电视讲话中公布这个政策。伯恩斯把计划要点简单列举了一下，然后告诉我，沃尔克下周一下午将访问伦敦，届时会当面向欧洲重要国家，即英国、法国、意大利和联邦德国的代表口头陈述细节。于是我第二天飞往伦敦。我们与沃尔克以及美联储主管外贸事务的委员大卫·丹尼（Dewey Daane）在伦敦的美国大使馆会面。他们向我们详细描述了新政策，并就我们的一些问题做了回答。

1971年8月15日尼克松政策被公布，其主要针对三个问题，分别是失业、通货膨胀和国际投机对美元带来的压力。

（1）向国会提交创造就业机会的法律草案（通过税收优惠来创造就业机会）；降低机动车购置税等。

（2）实行 90 天的物价与工资冻结；设立物价监督委员会，监控冻结期结束后的物价与工资走势。

（3）“暂停”美元兑换黄金。为改善美国的国际贸易收支，对所有课税进口商品征收 10% 的附加税。这同样也是一个“临时”的措施，以保证美国的产品不被“不公平”的汇率损害；如美国对外贸易不再受到不公正待遇，则取消此附加税。

这一声惊雷，对世界经济产生了冲击，并被作为“尼克松冲击”写入世界货币史。美国政府将要实施整顿计划，早已被预见，因为 7 月份以来美元承受的压力不断加剧。这首先源于美国国会中由议员亨利·罗斯（Henry Reuβ）领导的委员会进行的磋商。在磋商中，汇率调整的必要性或者美元过渡到浮动汇率被完全公开地讨论。1971 年 8 月 7 日，罗斯委员会发布了他们的报告，报告称：美元币值被高估。仅仅外汇管制与更好的负担共担已不能解决问题。因此，汇率的重新调整是不可避免的。美国“黄金兑换窗口”须关闭。美元应该贬值或者过渡到浮动汇率制。

随后，世界外汇市场陷入极大不安，以至于美国政府须立即做出反应。一些中央银行，包括英国的中央银行，要求把美元兑换为黄金，或者要求为其美元储备保值。从 1971 年初到 1971 年 8 月 9 日，美国的黄金与外汇储备减少了 29 亿美元，其中黄金储备减少 7.6 亿美元。有趣的是，美国人当时必须动用其在国际货币基金组织中的所谓“黄金份额头寸权”，总额约 14 亿美元。美国因此成为了国际货币基金组织的债务人！这尤其意味着，国际货币基金组织一时不能接受其他债务国用美元偿还债务，因为美元是一种“疲软”且本身需要救助的货币。

世界货币体系一再受到 1971 年 8 月 15 日尼克松宣言的影响：停止美元兑换黄金导致美元黄金本位制结束。1944 年《布雷顿森林协定》签订后，只有美国根据国际货币基金组织章程第 4b 篇第 4 条宣布，各国中央银行可按官价（1 盎司黄金兑 35 美元）用美元向美国兑换黄金，以保持美元平价。尼克松宣告停止美元兑换黄金，理论上美元就如国际货币基金组织其他成员的货币一样，成为了一种普通的货币。根据国际货币基金组织当时的章程规定，美国有义务，通过外汇干预，维持美元对各国货币的平价在一定的微小幅度内波动。然而，他们没有这样做，而是干脆继续保持对美元汇率的消极态度。如果说，美元在1971年8月就过渡到浮动汇率制（如常被宣称的那样），这是不恰当的。更确切地说，是美国如以前一样，放任其他国家让本国货币兑美元汇率浮动，或者维持对美元的固定汇率，只是从1971年8月起美元不再具有可兑换性。

换个角度来看，尼克松宣言还对国际货币体系有其他影响：对所有课税进口商品征收10%的附加税，增大了其他重要货币对美元升值的压力。虽然，在尼克松宣言中，附加税的取消一般而言取决于美国贸易与国际收支的持续改善。但是，在美国看来，这项措施的主要贡献应在于修正“不公平”的汇率。因此，不考虑对于广大范围的进口来说（然而，美国出口不受影响），10%的附加税已经产生了美元贬值9%的效果；这个措施本身就是强制调整国际汇率的巧妙手段。

对于国际货币形势来说，第三个显著的影响是美国通过尼克松宣言正式承认了美国国际收支存在结构性失衡，换句话说，美元一直被高估了。美国财政部长康纳利在接下来的几个月中不知疲倦地反复陈述，美元和美国国际收支多年来处于结构性恶化的趋势中。美国领导人的脑海中发生了多么突然的变化啊！在1971年5、6月间康纳利与其他人还宣称：美元平价没有调整的必要。

尼克松新政策不仅仅是美国国内经济政策的转折点，也对国际货币体系产生了深刻的影响。最重要的是关闭美元兑换黄金窗口。在8月16日的伦敦会谈中，沃尔克就已经指出（之后也从其他渠道得知），在尼克松新政策的所有措施中这点最具争议。看起来，尤其是伯恩斯首先对此强烈反对。做出这个后果严重的决定，决定性的因素可能是前面已提到的情况，即有一个或多个欧洲国家央行之前申请为其美元储备保值。美国人担心，如果不关闭黄金窗口，美元黄金平价的不稳定持续下去会导致国际上对美国黄金储备的挤兑。

关闭美元兑黄金窗口这一措施应是暂时的，如沃尔克也在伦敦强调的一样。直到1972年春，美国货币政策官员，其中有康纳利与沃尔克，还谈道：这会持续一年，也许甚至两年，直到美元可以重新兑换黄金。由此可见他们自己也相信这项措施的临时性特性。1971年夏天开始，国际上开始讨论国际货币体系的改革，许多改革建议中都要求恢复美元的可兑换性。但从根本形势上看，不可能再恢复以前美元对黄金的可兑性。因为1971年底，各国中央银行的美元储备已达约600亿，而美国的黄金储备只有100亿美元出头。这种“美元泛滥”持续膨胀，到1977年底已达近2000亿美元。事实上，在尼克松冲击之前我们就很清楚，迟早要取消或者限制美元兑换黄金的义务。而如狂热的黄金追捧者雅克·列昂·吕夫（Jacques Léon Rueff）[①] 和黄金利益集团要求的那样，让黄金价格翻一倍或者两倍以恢复美元与黄金的可兑换性，则是不可接受的。除了黄金储备这样突然升值会带来通货膨胀压力，还有其他原因。此外，格海姆拉特·沃克（Geheimrat Vocke）[②] 等充满热情地建议，货币坚挺的国家可向美国出售巨额的长期黄金债券，但只要稍微仔细考虑一下就会发现，这是完全不现实的，并且不被任何一方接受，无论是美国还是“货币坚挺”的国家。其他形式的美元可兑性，例如美元兑换为特别提款权（尤其是欧洲国家要求，并在随后的数年里反复讨论），同样也碰到无法解决的困难。美国的特别提款权应从何而来？

主要是美国国民经济学家经常宣称，1971 年 8 月美元兑换黄金义务的取消，是布雷顿森林体系的终结。这并不完全确切。没错，这个措施致使国际货币基金组织成员的货币与黄金脱钩。导致美元黄金本位，以及从理论上来说，美元的特殊地位消亡。但是，与黄金挂钩只是布雷顿森林体系的一个方面，并且从来不是最重要的方面。而固定的货币平价则重要得多，并且只有在特定条件和国际货币基金组织监督下，才能进行调整。这个平价体系在 1971 年 8 月绝没有消亡。相反，各国通过 1971 年 12 月关于改革汇率的多边协议——《史密斯协定》（Smithsonian Agreement），在美元不可兑换黄金的情况下，煞费苦心地恢复这个体系。作为布雷顿森林体特征的平价体系直到 1973 年 3 月才崩溃，因为在面对不请自来的外国游资狂潮及其通胀影响时，固定平价越来越束手无策了。

此外，1971 年 8 月美国停止美元兑换黄金，并没有违反协议（尤其是法国方面经常宣称）。他们有权利终止 1941 年自愿承诺的黄金兑换义务，尤其是面对外国美元储备和美国黄金储备之间的失衡不断加剧时，别无其他选择。但根据国际货币基金组织章程，他们须以其他方式维持美元平价。

5 《史密斯协定》——国际协商下货币汇率平价的调整

在 1971 年 8 月 15 日的尼克松冲击下，几乎所有工业国家都放弃了通过

---

① 法国经济学家，货币与财政问题专家，法国科学院与法国道德与政治科学院成员。——译者注。

② 德国人，曾任德国各邦银行（联邦银行前身）董事会主席。——译者注。

干预美元市场来维持其先前的美元平价，而是过渡到有管理的浮动汇率制。如联邦德国、荷兰和加拿大从 1971 年 5 月就已开始实施；而日本仅仅拖延了几周时间实施这个措施，就不得不又吸纳了巨额的美元投机资金。工业国家中唯一的例外是法国，其坚持维持之前的美元平价（以强调其基本立场），并尝试通过加强外汇管制及引入双轨外汇市场来应对破坏性的外汇狂潮涌入。瑞士与奥地利则在 1970 年 5 月 10 日就已经让其货币升值。令人惊讶的是，1971 年 8 月汇率放开后，其他货币兑美元的迅速升值并没有出现。市场上各种货币的升值一直相对温和。在市场活动中，几乎所有货币相对美元的升值率都没有达到 1971 年 12 月事实上所约定的。也就是说，不存在浮动汇率制的“超调”。

尼克松在 8 月 15 日的讲话中强调，美元黄金平价的调整，即美元的正式贬值是不可能的。沃尔克在 8 月 16 日伦敦的会谈中也反复强调这一点。直到 1971 年 11 月底，美国方面相关事务的发言人也不断突出强调会坚持黄金平价。早在 1971 年 8 月 16 日的伦敦会谈中，我就对此提出了怀疑，但是当时没有足够的机会就此做进一步的阐述。因此，几天后我给沃尔克写了一封长信，在信中我陈述：不调整美元平价，即美元的黄金比价，要实现汇率理性与充分的改革，以及安定国际货币局势，就算可能也是极为困难的。因为，维持美元目前的黄金官价意味着，整个调整只能通过其他工业国家的货币相对美元和黄金升值来实现。

我阐述道，出于经济、政治及心理原因，让其他国家单独来承担所有压力是不可能的。那么最终由美国方面承认（同时国际货币基金组织正式确认），美元被高估，并且美国国际收支存在结构性失衡。根据国际通行规则，美国首先有责任采取必要的措施，包括调整汇率关系。在期望其他国家出于“负担共担”的精神调整各自的汇率之前，美国至少须自身进行相当程度的调整。我尝试以长年的经验让人理解政府让本国货币充分升值的困难，因为这会给本国出口工业带来一定压力。如果美国自身不进行任何的汇率调整，那么，让本国货币升值在许多国家看来是“不自然”和“不可接受”的。这也意味着，其他国家要接受本国货币对黄金急剧升值，也即其黄金储备贬值。我尤其想到法国，法国在戴高乐的领导下反对美国人的货币特权，他们一定没有准备好，自觉地通过本国货币对黄金升值来让自己积攒的黄金储备价值缩水。

针对调整美元黄金平价，美国方面出现了许多异议，不仅来自官方的政府发言人，也包括专家。主要的异议在于，黄金平价的调整须得到国会的批准，而这几乎是无法获得通过的；无论如何，这都要耗费大量的时间，而在这期间必然会出现投机狂潮。只有让其他国家货币升值才能快速成功。但这个反对声在 1971 年 9 月底烟消云散了。国会议员、收支问题委员会主席罗斯明确宣称：虽然他之前多次反对黄金平价的放开，但是受新形势影响，他的观点现在发生改变，赞成快速处理政府就此提出的议案。另一个异议是：美元被高估只是相对屈指可数的其他几个工业国家的货币，而不是国际货币基金组织其余的一百多个成员国的货币。因此，美元平价的普遍贬值不适用，而应该进行选择性的调整，即让被低估的相关货币升值。还有一个值得注意的反对声音，包括沃尔克也持这个观点。他们认为，长远看来，黄金在世界货币体系中的重要性应降低，因此，如果通过美元正式贬值而导致黄金升值的话，是一种退步。

以前美国人总是强调，也经常抱怨：美元作为世界储备和关键货币无法进行平价调整，因为这样做一方面会导致拥有美元储备的国家丧失信心，另一方面其他绝大部分国家可能也会随之调整本国货币平价；这样一来，美元的汇率实际上没有变化，只会导致了黄金价格的上涨。而当 1971 年 8 月，在许多方面看来，美元对其他重要货币的贬值有可能实现时，他们却首先固执地用牵强的理由来推诿。

这样拒绝美元正式贬值，在我看来，从一开始就是重要的战术失误。就如我在 1971 年 8 月 20 日给沃尔克的信中阐述的那样，直到当 12 月初美国政府决心下调美元的黄金平价时，汇率的一致调整才得以实现。但沃尔克显然是第一个准备好采取断然行动的人，也许是受我的信的一些影响，或者还是更多源于其在 1971 年 8 月至 12 月间冗长谈判中的个人体验。

这些谈判以多种形式和在多个委员会进行。更确切地说，在国际货币基金组织，在经济合作与发展组织（OECD）的不同委员会，在十国集团，在欧共体，在布鲁塞尔中央银行集团等。在大量的会议和会谈过程中，重点更多转移到了十国集团，这个团体由 10 个最重要的工业国家加上东道国瑞士组成。当时我忙得不可开交，因为我几乎参与了所有这些委员会，同时又作为代表团成员准备部长会议。9 月初，十国集团的部长向经济合作与发展组织国际收支委员会（第三工作组）提交特别委托，我当时担任此委员会主席，被直接委托筹备解决方案。这个委员会被要求提交一份关于“美国进行必要的国际收支调整的规模及其对于其他国家的影响”的意见报告。

这在战后货币史上是首次，也是唯一的一次，尝试通过多边的努力来实现主要货币之间及其与黄金之间汇率的改革。那就是尤其艾哈德（Ludwig Erhard）不断要求的“多边调整”，并全面涉及美元平价，即通过理性的考量尝试确定十国集团内所有国家的“正确”汇率。虽然这个多边汇率改革的结果没有维持很长时间，但是给我们的这个任务无论如何是紧张有趣的。因为这是货币史上空前绝后的实验，也许调查和谈判的一些细节会让人感兴趣。

在经合组织工作人员的协助下，我们对以下几个值进行了估计：第一，在去除其他特殊影响，特别是短期的景气影响后的美国国际收支（即所谓“去除景气影响因素后的国际收支”）的真实起始状况；第二，美国“基本收支平衡”（basic balance）实现必要或理想改善的规模；第三，实现这种改善必要的汇率修正幅度，确切地说首先是平均水平，然后是具体到每个主要伙伴国，这些国家的基本国际收支状况各不相同。此外，就美国与主要伙伴国资本收支的理想架构也很难达成一致。

美国方面估计，要实现基本国际收支必要的改善，每年约需 130 亿美元资金。在委员会其他大部分成员看来，这过于野心勃勃，也是不现实的。绝大多数成员倾向于 80 亿 ~ 90 亿美元的规模，以对基本国际收支进行必要的改善。然而，我们委员会成员也达成共识，即美元兑其他伙伴国货币平均的贬值幅度应在约 10%，这也符合美国当时的预期。这个 10% 的贬值，有多少应通过美元兑黄金的贬值，有多少应通过其他汇率平价的升值来实现，尤其是各个伙伴国间的不同份额应如何分摊，我们的委员会虽然就此进行过非正式的商谈，但还是把这些问题留给了十国集团的部长会议，让他们去进行“政治”谈判与决策。

1971 年底部长会议在罗马召开。我们在呈交的报告中也提到，汇率调整将在一个较长的时期内，也许长至两年，对贸易及经常项目收支产生全面影响；在这期间，美国的国际收支赤字仍会继续累积，须进行资助。同时，我还在报告中指出，国际收支调整的速度取决于美国物价与工资水平的涨幅继续低于其他工业国家通货膨胀率的程度。此外，在提交报告时，我强调，美国资本收支必要的正常化的前提条件是相应的货币政策。

无论如何，在这个如此复杂，并且牵涉不同国家利益的事务上能达成一致，是引人瞩目的。在 1971 年 9、10 月，全世界还有很多专家预计，如此共同努力寻求一个新的汇率架构，是不可能的事情。例如，1971 年 10 月，埃贡·索门（Egon Sohmen）在基尔举行的一个座谈会上说道："对于通过一个国际会议来重新确定货币平价，我完全不抱希望。"值得注意的还有另一个事实：对于美国国际收支进行必要的改善所需的资金，如前面提到的，当时有各种不同意见，但是都认为资金区间在每年 80 亿～130 亿美元之间。当人们用这些数字和意见来跟而今美国每年达 1000 亿～1150 亿美元的经常项目赤字做比较时，这些数字与意见就显得可笑了。

十国集团的部长会议于 1971 年 11 月 30 日至 12 月 1 日在罗马召开，轮值主席是美国财政部长康纳利。在会上，就汇率调整的具体谈判取得了突破。在之前的三次部长会议上，总是仅仅就一般的原则和问题进行讨论。在我们的报告提交后，此次会议首次就进行必要的汇率调整的具体数值进行了讨论。

我在罗马就经合组织第三工作组的商讨结果做报告，兼任国际清算银行（BIZ）行长的荷兰中央银行行长吉勒·齐尔斯特拉（Jelle Zijlstra）通过一份秘密报告进行了补充。在第三工作组和国际货币基金组织提供的一般数据基础上，他就主要货币的调整提出了具体建议。在一次核心成员间进行的严格保密的讨论中出现了轰动。康纳利突然反唇相讥，"如果美国让美元兑黄金贬值 10%，你们在你们的货币平价上如何反应？"尴尬的沉默持续了至少 10 分钟。对于这个转变，人们都没有准备。虽然欧洲人不断地督促美元对黄金正式贬值，但是他们考虑的最多是 5%～6% 的幅度。一些人（尤其是法国人与意大利人）而今考虑，在美元如此贬值的情况下，他们是否要让自己的货币兑黄金的平价降低几个百分点，以使得他们的货币对美元升值不至于太大。这首先让法国人很难堪。美国人让美元正式贬值的转变在公众中渐渐传开。但康纳利面对公众，坚决否认提供过这样的"选项"，他只是在讨论中提出一个纯粹的假设。

1971 年 12 月 13 日，美国总统尼克松与法国总统蓬皮杜在亚速尔群岛召开峰会，会晤轰动一时，并在这个问题上取得了进一步的突破。在此尼克松表露出真实的意图，表明只要一系列条件满足，美国实际上已经准备好把黄金的官价从每盎司 35 美元提高到每盎司 38 美元，相当于美元相对以前的黄金平价贬值 7.9%。不过，在十国集团下一次部长会晤之前，这个消息一直被严格封锁。

亚速尔峰会期间，尼克松身边不仅有康纳利，还有亨利·基辛格（Henry Kissinger）陪同。基辛格当时担任美国安全委员会主席，是总统最核心的幕僚。因此，又有一位新的演员走上了舞台，就如他自己承认的那样，他之前没有涉及过货币事务，是在对即将要商谈的事务没有详细的了解的情况下飞往亚速尔的。但是据传闻报道，他也在其中扮演了一个重要的角色。他催促尼克松尽快结束十国集团冗长的谈判，因为他首先担心康纳利那有点武断的谈判风格会给大西洋联盟带来危险的压力。显然，一些国家，可能特别是法国，通过外交途径提出了抗议。不管怎样，人们可以看到，在十国集团随后的会议中，康纳利处于一定的压力之下，要让谈判尽可能快地圆满收场。但是，如果如人们之后宣称的那样，认为基辛格在《史密斯协定》的准备工作扮演了主要角色，而财政部长康纳利只是完善细节，我认为这是站不住脚的。虽然康纳利有时候谈判风格粗俗，但是他还是给我留下了好的印象。根据我自己在不同专业委员会的经验，我清楚，面对这种罕见艰难的事务，只有这样的风格才能有机会成功。此外，康纳利的那一幕让我难忘：11 月 30 日晚上，在罗马的部长和央行行长们被邀请到玛达玛别墅（Villa Madama）参加宴会，康纳利作为十国集团主席致辞。他丝毫没有提及那些让我们忙碌了一整天的迫切问题，而是声情并茂地讲述，他是如何在前一天短暂参观罗马一些名胜古迹，从而人生第一次触碰到古罗马文化，以及这些经历给他留下了多么深刻的印象。

罗马会议结束时（在美法亚速尔峰会之前），我们就已经清楚，预计下一次十国集团会议是最后谈判。会议于 1971 年 12 月 17 日和 18 日在华盛顿召开，具体地点是史密斯学会那座正对那些世界著名博物馆的行政楼。这个会议有一些有纪念意义的细节须报道。但在这里，我只想对成果做一个回顾，这个成果是经过极其旷日持久的谈判才得以达成的。谈判中，在各个项目上都进行了争执，经常为了半个百分点而纠缠不休。

在这两天中，谈判多次无法进行下去（康纳利有一次威胁要无限期搁置）。大多数代表团与其政府保持着即时的电话联系，以便获得其政府就新汇率问题进行必要妥协的批准。日元的升值是关键问题，也是最大的障碍。日本拥有极大的贸易顺差，普遍认为，日本人须让日元不仅对美元，而且还要对其他货币进行最大限度的升值。他们带着受到严格限制的授权出现在华盛顿，并在最后关头才同意让日元向上做更大的调整。华盛顿会议后，日本藏相福田（Fukuda）说道，日本代表团被强迫接受日本兑美元升值 16.88% 是“日本战后遭遇的最大经济冲击”。此后不久，日本首相在电视上向公众兜售华盛顿会议的成果，他评论道：日本应该为它的货币在国际层面得到如此高的认可而自豪。

会议的主要成果是美元相对于其以前的黄金平价贬值 7.9%，也就是说，黄金官价从每盎司 35 美元涨至 38 美元。美元作为世界货币体系的关键货币不可贬值，这个美国人长年捍卫的禁忌，就此违背了。一系列其他货币相对其之前的黄金平价升值，例如德国马克相对于其 1971 年 5 月 1 日的平价升值 4.5%。德国马克相对于贬值的美元共升值 13.6%。

1960 年 10 月以来美元的汇率为 1 美元兑 3.66 德国马克，新的汇率为 1 美元兑 3.225 德国马克。英国和法国的货币继续维持其以前的黄金平价（从一开始就不应指望固执的法国人）。但是，由于美元的贬值，两国的货币毕竟还是相对于美元升值了 8.6%。意大利与瑞典甚至相对于其以前的黄金比价贬值 1%（见表 2）。

表 2　1971 年 12 月的汇率改革

单位：%

	新的中心汇率的变化		
	相对 1971 年 5 月 1 日的黄金平价	相对美元*	相对在法兰克福正式挂牌的 15 种货币
美元	-7.9	—	-9.8
西德马克	+4.6	+13.6	+4.5
日元	+7.7	+16.9	+12.6
法国法郎	0	+8.6	-1.4
英镑	0	+8.6	+0.4
意大利里拉	-1.0	+7.5	-2.0

注：*1971 年 5 月初对美元平价（德国马克兑美元：至 1971 年 5 月初为 1 美元兑 3.66 德国马克；1971 年 12 月后为 1 美元兑 3.225 德国马克）。

总的来说，也就是所有其他货币加权平均，美元（根据国际货币基金组织公式计算）贬值 9.5%；或者说，其他货币加权平均对以前的美元平价升值 10.5%。在美国关于会议结果的公报中，甚至认为其他工业国家加权平均升值约 12%。不过，没有把加拿大计入，因为加拿大没有确定新平价，而是继续让加拿大元的汇率浮动。

第二个谈判日的傍晚，在隆重的闭幕式中，尼克松总统带着随从与我们一起出现在媒体面前。然而，他擅自说出了那句后来常被人揶揄的话：取得的这个成果是“战后世界历史上最重要的货币协定”。他自己也说，这兴许显得夸张，但是如果与1944年《布雷顿森林协定》相比，这句话是有道理的。在美国当时的优势地位下，《布雷顿森林协定》的达成则轻易得多。

6 1971年12月汇率改革的影响

鉴于这个汇率调整的实际影响，人们当然须注意两个情况：第一，《史密斯协定》签订后，所有课税进口商品10%的附加税被立即取消，这个附加税已经起到了类似于美元部分贬值的效果。此外，美国政府用来保护其贸易与国际收支的保护性措施也被终止。第二，绝大部分涉及的货币，其升值造成的大部分影响，早已在1971年5月或者说8月以来的汇率向上浮动中释放出来。

人们能对这个结果满意吗？从初始的目的来看，是的。这是一个在正确方向上的多边协定的汇率调整。美国的保护性措施，以及因此继续滑向普遍的保护主义的风险被消除了。我们第三工作组建议美元应相对其他货币加权平均贬值约10%，这个调整目的几乎得到实现。但事后，康纳利毫不含糊地表示，他更倾向于美元更大一些的贬值率（或者说其他货币更大的平均升值率）。显然，他设定了一个高出几个百分点的目标，但却没可能再实现，因为到最后，尼克松总统，更确切地说基辛格在时间上束缚了他的手脚。

站在德国的立场，结果显得可以接受。然而，后来证明，德国马克相对美元升值13.5%是不够的。但是，德国马克相对美元的升值必须保持在日元对美元的升值幅度之下，因为当时所有人都认定，汇率扭曲的主要问题是日本和美元的关系。此外，这个升值率可能是当时德国谈判代表在联邦政府批准下能容许的最大限度了。在内阁中，似乎主要是当时的外交部长瓦尔特·希尔（Walter Scheel）阻挠在升值上继续妥协。但是，几星期之前，当德国马克对美元的升值还在9%～10%时，克拉森与席勒就公开抱怨外汇市场上“德国马克的过度调整”（克拉森：“我们必须摆脱10%的过度升值”；席勒：“我们必须寻求反映德国马克真实币值的汇率，相对于美元的升值率应该不高于8%”）。实际上，如果考虑美国10%的进口附加税以及其他的保护壁垒同时被取消，马克相对于美元13.5%的升值并不算很高。此外，在《史密斯协定》下，与以前相比，德国马克相对一系列欧洲重要货币甚至有所贬值。十国集团会议几星期后，美国财政部的一位高管表示：“在华盛顿的协定[①]中德国太顺利了。”这句话总体来说可能是没错的。

对于联邦德国来说，特别是在 1970 年 5 月就及早与摇摇欲坠的美元脱钩，证明是有利的：一方面，我们因此在当年剩下的时间里“摆脱舆论的批评”，并置身于进一步推动通货膨胀的资金狂潮之外——1971 年 5 ~ 12 月间甚至有几十亿美元资金从联邦德国流出。另一方面，在从旧汇率转到新汇率的过程中，德国经济因此获得了较长的过渡期。在一些专家看来，德国 1971 年 5 月过渡到浮动汇率制来抵御危机，对于整个货币体系来说是非常有用的行动。卡特政府时代的助理财政部长，华盛顿的彼得森国际经济研究所现任所长弗雷德·C. 伯格斯滕（Fred C. Bergsten）在 1972 年 5 月的一次讲话中说道：“德国为去年货币危机的解决作出了巨大贡献。德国在 1971 年 5 月过渡到浮动汇率制，导致了美元币值被高估问题的正确解决。”

1971 年整个一系列危机的结论是：会议和会谈，以及委员会和工作人员技术筹备工作上的巨大耗费，还有主要工业国家间进行合作与妥协出乎意料的决心，产生了这个成果。这个成果被尼克松总统赞誉为战后货币史的顶峰，虽然之后被证明为仅仅是个短暂的插曲。无疑，美国人长年捍卫的神圣不可触碰的美元黄金平价被最终打破。但是，大多数参与者当时最重要的关注点，即通过一次性的努力再次挽救布雷顿森林平价体系，在 15 个月之后的新一轮货币危机中破灭了。这样一来，只剩下工业国家对美元采取普遍浮动汇率制这条出路，也就是至今仍维持的货币秩序。

问题是：在整幕剧中国际货币基金组织到底扮演了什么样的角色？实际上，对国际货币体系正常运作，特别是汇率体系负责的机构正是国际货币基金组织！对于汇率改革其贡献是什么？

1971 年货币危机之初就已表明，国际货币基金组织是多么的置身世外。但是，1971 年 5 月德国马克带头开始放开汇率时，欧共体部长理事会以及布鲁塞尔的其他机构充当了重要角色。当德国政府就汇率放开向国际货币基金组织正式通报时，国际货币基金组织除了表示“理解”（不是同意！）和督促德国政府在事态进一步发展过程中紧密合作外，没有任何其他行动。事后基金组织可能轻松不少，因为通过放开德国马克至少暂时清除了一个迫在眉睫的麻烦点。

1971 年 8 月 15 日星期日尼克松总统宣布其新经济与货币政策，这个政

① 指《史密斯协定》。——译者注。

策至少废除了美元黄金本位，并且摧毁了当时的汇率结构，国际货币基金组织总裁施韦泽是在星期日下午很晚才从美国财政部一位年轻工作人员那里获悉此事的。他做得没错，在傍晚打开了电视机，因为总统将要宣布一个重要的经济与货币政策消息。在随后的几周中，施韦泽让自己不受美国人欢迎，因为他对外散布，在他看来美元的黄金平价需调整。在调查美国国际收支和重要汇率的必要调整时，虽然货币基金组织的工作人员提供了技术帮助，并且我所领导的经合组织国际收支委员会在为十国集团部长会议做准备时在一些要点上得到他们的支持，因为货币基金组织的技术评估也得出类似的结论。但除此之外，货币基金组织的工作没有任何特别的实质性意义。

相反，在签订华盛顿汇率协定时，在华盛顿会晤并且商定全部协议的是十国集团。不过，在华盛顿的部长会议召开之前的一天，十国集团的代表团一起会见了国际货币基金组织的执行董事会，就一系列技术与货币政策问题进行了讨论。但是，在十国集团会议结束后，进一步落实《华盛顿协定》时，基金组织才真正运作起来。新的汇率（不是被作为正式平价，而是作为临时中心汇率宣布）须归入国际货币基金组织正式的汇率架构中。十国集团还决定，从现在开始，相对新的汇率平价的波动幅度从以前的 ±1% 调整到 ±2.5%。因为这涉及修改国际货币基金组织的规则，所以须得到其采用并归入其总体系中。对于国际货币基金组织来说，只在一点上有宽广的新行动空间：十国集团在华盛顿决议，应尽快着手就国际货币体系的长期改革进行咨询，具体来说优先在国际货币基金组织的框架内展开。

这就是 1972 年夏天国际货币基金组织成立二十国委员会（Committee of Twenty）的出发点，这个委员会应进行为期两年且非常紧张的工作，为全面货币改革做准备。只是这里实际的成果也不多，因为在现实发展的主导下，特别是美元浮动汇率制不可避免的情况下，这些改革建议无法采用。

第三部分

学者回顾及评估

德国马克的国际角色[*]

雅各布·A. 弗兰克尔（Jacob A. Frenkel）
莫利斯·格德施坦因（Morris Goldstein）[**]

1 引言

当德国马克 1948 年在德国货币改革过程中被创造出来时，它的国际角色是微不足道的。由于战后不得不重建德国的货币体系，德国马克丝毫不具备那些人们通常认为国际货币所应具备的特征，以致它无法对当时占统治地位的储备货币（美元和英镑）构成竞争。同其他欧洲货币一样，德国马克的可兑换性（即便是为了经常项目交易）直到 20 世纪 50 年代末期才得以建立。国际货币基金组织的年度报告在 1972 年第一次将德国马克称为储备货币。

在它进入流通近 50 年后的今天，德国马克拥有了完全不同的国际地位。以大多数标准衡量，德国马克是位居第二的国际货币，它很长时间以来早已成为欧洲货币体系事实上的锚，而控制马克供应量和捍卫其外部价值的德国联邦银行则为未来欧洲经济与货币联盟的欧洲中央银行系统树立了样板。除此之外，被证明对德国马克战略性管理有效的制度框架远远超出欧洲范围对

---

* 原文标题 Die Internationale Rolle der deutschen Mark，出处：Deutsche Bundesbank（Hrsg.）（1998）；Fünfzig Jahre Deutsche Mark. Notenbank und Währung in Deutschland seit 1948，München，第 720～771 页。译者为同济大学德国研究所郑春荣教授与伍慧萍教授领导的团队。

** 雅各布·A. 弗兰克尔（Jacob A. Frenkel），生于 1943 年，芝加哥大学博士，银行家。莫利斯·格德施坦因（Morris Goldstein），经济学家，国际货币基金组织。

我们感谢弗雷德·C. 伯格斯滕（Fred C. Bergsten）和兰迪·海宁（Randy Henning）对本文的上一版作了有助益的评论，感谢（国际清算银行的）罗伯特·麦考雷（Robert McCauley）让我们查阅了他所掌握的数据，尤其感谢尼尔·卢娜（Neal Luna）出色的协助工作。

其他国家的思维方式和实践产生了重要影响。尤其被广泛接受的是独立的中央银行和以维持长期价格稳定为最高原则的货币政策目标所具备的优点。

本文分析、评估德国马克不断发展的国际作用。在第2节，我们简单归纳了那些标准，它们在文献中被推荐为一种货币进行国际使用的重要标准。第3节分析了如今德国马克比照这些标准的情况，并与其他重要国际货币，以及——在所掌握的数据允许的情况下——与过去时段进行比较。在第4节，我们超出衡量国际货币地位的传统尺度，介绍了联邦银行的货币政策对其他国家的思维方式和实践产生强烈影响的问题。第5节中包含了几个简略的结论。

2 国际货币使用的决定因素

为何某些货币在国际上远比另一些得到更广泛的使用，其原因解释是多层次的。一方面，货币的功能是多样的：作为交换媒介，作为计算单位及作为保值工具。另一方面，国家和私有部门都参与了货币的国际使用。而且，不仅市场力量影响着一种货币的扩散，国家在储备货币作用方面的效益和费用考虑也会对此产生影响。最后，还须顾及政治经济方面的观点。

目前有大量文献著述了某种货币国际使用的决定因素。[①] 根据我们对这些文献的理解，以下七个方面勾勒出了全貌：（1）对这种货币长期保持币值稳定的信任；（2）相关国家金融市场的开放度、深度、广度和活力；（3）这个国家的经济规模和政治重要性；（4）该国的外贸结构、所选择的汇率机制及其外债的币种构成；（5）投资组合考虑；（6）现有储备货币的历史优势连同各种货币功能的综合优势；（7）领导人的观点以及推动或阻碍货币的国际使用的政策措施和政策实践。我们将依序讨论这些因素。

---

① 参见 Ben-Bassat, Optimal Composition; Bergsten, Dilemmas; Bergsten, Impact of the Euro; Black, Transaction Costs; Deutsche Bundesbank, Gesamtwirtschaftliche Bestimmungsgründe; Deutsche Bundesbank, Rolle der D-Mark; Dooley/Lizondo/Mathieson, Currency Composition; Dornbusch, Exchange Risk; Eichengreen, Comments; Eichengreen/Frankel, SDR; Emminger, D-Mark; Frankel, Lingua Franca; Frenkel, International Linquidity; Frenkel/Goldstein, Macroeconomic Implications; Garber, Use of the Yen; Grassman, Fundamental Symmetry; Hale, Dollar; Hale, Yen; Heller/Knight, Reserve Currency Preferences; Kenen, Role of the Dollar; Krugman, Vehicle Currencies; Krugman, International Role; McCauley, Euro; McMahon, United Kingdom's Experience; Oppers, Trends; Page, Currency of Invoicing; Page, Choices; Rieke, Development; Sasaki, Promoting; Tavlas, International Use; Tavlas/Ozeki, Internationalization。

2.1 对长期币值稳定的信任

各经济主体对一种货币保持购买力的信任程度越高，这种货币就越能在国际层面发挥其三项货币功能。在这种意义上，文献中把平均通货膨胀率和通货膨胀率（在十年或更长的时间内）的波动幅度作为是否适合成为国际货币的关键指标进行强调是恰当的。[①] 货币的对外币值，即货币的名义汇率的长期变动状况，有时也被作为衡量这种信任的直接标尺，此时通常涉及货币作为储备货币的功能。由于主要货币间的名义汇率相对购买力平价（经劳动生产率差别校正）从长期看在一定程度上可靠达到了，以内部或外部的币值稳定性作为可信度指标进行衡量，通常会得出相仿的定性结论。[②]

此外，那些可能预示远期贬值或引起贬值投机的因素也会影响对一种货币的信赖。人们认为，高企的外债净值——在较小程度上，大规模的经常项目收支赤字——是对贬值的促动，并进而加剧其发生的可能性。[③] 就像特里芬悖论所说的那样，相对短期流动资产（尤其是国际货币储备）而言高企的或不断增加的短期（国家）负债一般被解读为对货币信任的威胁。最后，至少有一位作者论证，相对较大的外贸产业将妨碍该国货币成为储备货币。因为在此情况下往往存在强大的利益集团，它们对贬值怀有兴趣，以图人为地改善国际竞争力。[④]

2.2 金融市场的开放程度、深度、广度和活力

市场参与者感兴趣的是：金融交易能够不受限制地进行，金融交易的成本低廉，有大量的金融工具可供选择，以及交易伙伴值得信任，并通晓他们的特殊需求。那些能够相应提供各种金融服务的金融中心，促进其货币的国际使用。而那些在上述金融中心开展业务的金融机构则处于有利地位，以便向世界其他地区提供银行服务。

在传统上，资本流动限制和资本流动税被称作对某种货币的国际使用最主要的金融市场障碍，而如今，在这个金融市场自由化和资本账户可兑换性不断增加的时代，金融市场的“开放”更加随处可见。更确切地说，对于

① 参见 Kenen，Role of the Dollar 及 Tavlas，International Use。

② 参见实证研究：Obstfeld，International Currency Experience。

③ 参见 Eichengreen/Frankel，SDR 及 Frankel，Lingua Franca。

④ 参见 Hale，Dollar。

开放度缺乏的批评，越来越多地指向针对金融活动和金融产品的限制以及进入国内金融市场的那些公开和隐蔽的壁垒。其中也包括诸如国家对国外企业在国内市场上的金融创新所采取的保守态度。出于类似考虑，计入交易成本的不再仅是税费（如印花税、预扣税、增值税以及由银行最低准备金要求而产生的成本等），股票及定息债券的发行成本和经销商提成，而是还要包括支持交易的基础设施的质量（如支付和结算系统、资产组合管理和央行为国外央行储备管理提供的服务）。对金融市场的深度和广度尤其重要的是高流动性无息国库券（因为央行最青睐这种形式的储备）、良好的套期保值可能性，以及活跃且可普遍自由进入的债券回购交易市场。那些资本雄厚、跨国经营且能够提供丰富多彩个性化金融服务的大银行，也被认为对货币的国际传播具有促进作用。

2.3 经济规模和政治重要性

经济规模（通常以一个国家在全球实际产值和世界贸易中所占比重来衡量）对一种货币的国际使用来说，至少出于三个理由是十分重要的：相对于小国，大国对其货币天然地拥有更大的“需求基础”（尤其是由于在投资者的投资组合中，当地币的比重大大高于其他货币，即所谓的本国偏好）;[①] 国家越大，进出口商人就越可能以其本国货币成功交易（以此向其贸易伙伴转移货币风险）；并且最终一个大国对一种储备货币所带来的不利因素就不那么敏感，即剧烈波动的、以本国货币进行金融投资的需求可能对本国货币政策造成影响的风险。过去，我们通常可以观察到，世界上三个最大的经济体，它们的货币也在国际上得到最为广泛的使用。当美国和大英帝国的产出还至少占全球1/4时，它们的货币作为主要储备货币的地位曾是难以撼动的。过去25年，美国在全球生产总值中的比重逐渐下降，相对任何其他指标的变化，这更能解释美元国际影响力的不断萎缩。

政治因素扮演两方面的角色。一些观察者认为，一种关键货币必须为外国货币提供安全的储备可能，而这种安全性不可能不以军事实力和政治实力来保障。[②] 与此相关需要指出的是，英镑和美元占据统治地位的时代，正是

---

① 有关国际投资组合中的本国偏好的讨论，参见 Goldstein/Mussa，Integration。

② 参见诸如 Bergsten，Dilemmas。对此可以这样反驳，即令军事力量具备竞争力的必要努力可能会削弱一个国家的经济产出能力。因此，有些专家论述，和苏联之间的军备竞赛削弱了美国相对于日本和德国的经济竞争力。参见 Makin/Grassi，Introduction。

英国和美国的国家安全地位被认为是不可动摇的堡垒之时。对这种观点的一种更为综合的诠释是：当一个国家在国际舞台上拥有公认的政治和军事领导地位时，它就更容易实现其在经济领导权上的诉求。政治考量也时常影响一国的储备管理，并由此缓和关键货币过于突然的地位变化。最重要的例证是，“二战”以后20年里针对英镑所采取的一系列支持性措施（以应对英镑存款冻结问题和英国严重的经常项目赤字）。与此相类似，可以认为，美国在60年代末期利用其政治影响力，以限制其他货币替代美元，并拖延自由浮动机制的启动。

2.4 外贸结构、汇率机制的选择及其外债支付的货币组成

构建一国储备需求的模型，原则上存在两种方法：投资组合法（见下文），这种方法将货币储备的构成视为普通的投资组合问题（寻求一种在特定风险水平下提供最大收益的储备结构）；交易法，在这种方法中，货币组成决定于货币主管部门在外汇市场的活动（那些在外贸中、在外汇市场干预和外债偿还时交易成本最低的货币组合受到青睐）。

对单个国家的货币储备进行实证分析时（根据向国际货币基金组织提供的机密数据），研究人员偏爱使用交易成本法。这些研究最重要的结论是，如果某国货币的汇率与X国的货币绑定，如果与X国的双边贸易具有重要意义，如果其大部分外债由此种货币组成，那么X国货币将在该国的货币储备中占很大比重。① 尽管双边贸易模式和挂钩货币与工业国和发展中国家的货币储备量的相关度相同，但外债的货币组成似乎主要对发展中国家构成影响。

外贸结构不仅影响储备货币的选择，也影响外贸结算货币。实证研究在这里同样发现了一系列密切关联。以下三个方面被明确提及：原料贸易通常以美元结算（很小一部分以英镑和国际货币基金组织特别提款权结算）；在工业国和发展中国家之间的贸易中，一般要么使用参与贸易的工业国的货币，要么使用美元；工业国之间的贸易更多使用出口国的货币结算。② 这意味着，当相关国家同发展中国家的贸易量上升时，当原料在其外贸交易中比

---

① 参见 Dooley/Lizondo/Mathieson, Currency Composition 及 Heller/Knight, Reserve Currency Preferences。

② 参见 Grassman, Fundamental Symmetry; Page, Currency of Invoicing; Page, Choices of Invoicing; Magee/Rao, Vehicle and Nonvehicle Currencies; Tavlas, International Use。

重下降，以及工业制成品出口持续增长时，在其他条件不变的情况下，非美元储备货币会被越来越多地使用。

2.5 投资组合考虑

早期有关国际货币储备组成的实证研究（关于黄金储备和货币储备之间的比例，以及各种储备货币彼此间的比例）中，有许多均使用投资组合法。[①] 由于理念和数据方面的问题，随着时间的推移，这种方法很少再使用了。投资组合理论解释了如何将财富分摊到不同投资形式的净值，而外汇存量的数据却仅反映总值；根据这个理论，所有金融资产价值和负债都应被涵盖在内，而不仅限于货币储备；最后，照理应当对每个国家进行均值方差优化，而研究人员（他们无法从国际货币基金组织获得机密的国别数据）却不得不始终使用国家集团的数据。[②]

如果说对投资组合分析的结果总算得出了一种模式，那么，这一模式就在于，按照最优投资组合，1976～1985 年工业国非美元储备比例过低。而且有迹象表明，工业国当时比发展中国家偏离最佳货币储备投资组合更远。[③]

2.6 当前的（各种）储备货币的历史优势和不同货币功能之间的综合优势

根据一个被普遍接受的定义，国际货币是“一种国际性使用的货币，因为每个人都使用它”。[④] 这个概念中隐含了若干重要的经济学理念。根据“媒介货币”理论，只有当借助这种货币进行间接交换的成本低于两种非媒介货币间直接交换的成本时，才产生媒介货币。[⑤] 此外还有强有力的经验性证据，外汇市场的交易成本（现金与汇票的差价）与交易量呈反比关系。[⑥] 换言之，规模经济促使交易趋于集中使用一种货币。某一种货币的普及程度越高，单个买家或卖家就越有可能找到合适的货币交易方式，其寻找成本也

---

① 参见 Kouri/Braga de Macedo, Exchange Rates; Ben-Bassat, Optimal Composition; Healey, Regression Technique; Dornbusch, Exchange Risk。

② 参见 Dooley/Lizondo/Mathieson, Currency Composition。

③ 参见 Dooley/Lizondo/Mathieson, Currency Composition。

④ Frankel, Lingua Franca, 第 9 页。

⑤ 参见 Black, Transaction Costs; Chrystal, Theory; Krugman, Vehicle Currencies。

⑥ 参见 Black, Transaction Costs。

越低；一个指向同一个方向的观点是，一种货币已被使用越多，它也就更为人们所信赖。[①]

货币国际流通的规模优势还很可能通过不同货币功能间的综合优势得以加强。例如，如果大部分私人国际金融交易以美元进行，那么在外汇市场上国家就很有可能用美元进行干预，并以美元为外汇储备。如果国际贸易主要使用美元，那么各国就有动力将汇率与美元绑定。诸如此类，等等。

从这一论证中可以得出结论，一种获得了国际地位的货币，更容易借助某种“惯性”保持这种地位。相反，如果想摆脱这种货币，也会遇到某种惯性阻力，甚至于当那些使之获得此突出地位的特点随着时间的推移而逐渐消失后，情况仍然如此。[②]

这当然不意味着不可能进行这种变化。但只要那些对国际货币使用具有决定意义的变量在变化时没有超出某个临界尺度，该货币就具有优势，这种优势导致相当低的替代弹性。[③]

2.7 领导人的观点以及推动或阻碍某种货币国际使用的政策措施和政策实践

上述讨论得出的结论是，如果其他国家没有对某种货币的真正需求，那么这个国家就无法使其货币成为国际流通货币。但这并不排除，一个国家使其他国家的人不敢使用其货币，或者——另一种可能性——该国至少能略微推动其货币的国际使用。

一个国家采取上述两种态度中的哪一种，取决于其如何评估国际货币的成本和收益。至少有四种优势能对该国的上述评估产生积极影响。第一，只要外国人想以不计息的形式（以纸币的形式）保存他的货币，该国就能够获得铸币税收益。正如有关不同国际货币的第 3 节所示，外国保有的流动现金（作为本国不稳定货币的替代品）如此之大，以至于其贡献的铸币税收益不容小觑。第二，即使对他国债务以计息的形式存在，国际货币的地位也能够有助于实现低利率。一般说来，国际货币的地位能够减轻国际收支逆差

---

① 参见 Tavlas，International Use。

② 人们通常用标准电脑键盘来比拟这种情况。虽然显然可以设计一种比常规键盘效率更高的新键盘，但是，标准键盘的广泛使用和转向新设计所带来的过渡成本使这种更替成为不可能。

③ 另一个含义是，这里可能会出现稳定的多重平衡。

的融资问题。第三，当一种货币获得媒介货币的地位，可以将货币风险强加给贸易伙伴。第四，货币被作为国际货币使用，通常能够推动国际金融中心的形成，国内金融机构就能够在国际市场取得较大的份额。

鉴于这些潜在的优势，人们乍一眼可能会对一些国家（包括德国和日本）为何对其货币日益增长的国际使用持一种矛盾甚至是抵触态度感到惊奇。主要原因可能是不可预见性和失控。[①] 确切地说，这些国家担心的是：一旦那些外国人持有或相信能够持有相当大一部分该国的短期债务时，他们会做出什么反应。风险收益预期的变化既能刺激资金大量流入，也能诱发货币"逃离"，这将给货币政策控制，并进而给经济政策目标造成一系列破坏性后果。[②] 尽管在开放的资本市场上，本国民众的行为也会给货币带来压力，但人们认为，相对外国投资者，国家对本国民众更为了解，并更易影响他们的行为。

如果一个国家想阻止其货币的国际使用，它可以禁止外国金融机构参与某些金融市场业务，可以对资本输入征收公开或隐蔽的赋税，可以限制发行那些外国人尤其爱好持有的金融工具，可以约束本国公民的国际活动。每个选项都产生成本，而且有些并不十分有效。但是，人们仍然必须把可供选择的政策带来的预期成本和效益，同这些成本进行权衡。相反，那些愿意促进其货币国际使用的国家可以放开外汇和金融市场，并以富有吸引力和竞争力的条件，向外国人提供能引起他们兴趣的金融工具和良好的金融市场设施。

3 作为国际货币的德国马克

本章节我们将应用前面所概述的特点和标准，以评估当前德国马克作为国际货币的状况。一方面，我们将阐明德国经济绩效的某些方面（如通货膨胀率的走势和经济规模），它们是德国马克作为国际货币具备相对吸引力的基础；另一方面，我们将考察用于衡量一种货币进行国际使用的标准指标（即德国马克作为保值手段、作为计算单位和作为政府及私人部门支付手段的作用）。

---

① 参见 Henning，Currencies。

② 货币的国际使用能降低国际收支逆差的融资难度，但在同等程度上，某些国家可能就会因此缺乏调整动力，从长远来看，这可能会带来严重问题。

3.1 通货膨胀走势的国际比较

表1比较了23个工业国家1950～1995年通货膨胀率的平均值。在这个时间段里，德国的平均通货膨胀率在所有国家中最低（以消费价格指数计，低于2.9%）。另外两种主要储备货币——美元和日元——分别居第五和第八位。[①] 1950～1990年这四个十年中的任何一个十年，德国在通胀表上的排名都未曾低于第四位，而90年代前五年，德国下滑到了第十二位（尽管它的通货膨胀率仍然低于3.2%）。

五六十年代，美国成功地将其通货膨胀率控制在低水平上，而70年代它失去了币值稳定守护者的声誉，在八九十年代，它又恢复到较好水平（平均通货膨胀率从70年代时的超过7%降低到90年代3.5%左右的水平）。尽管如此，在过去30年中，它在工业国家中的排名仍然下降了。

表1　工业国家以消费价格的平均通胀率（ΔP）排列（1950～1995年）

1950～1959年	1960～1969年	1970～1979年	1980～1989年	1990～1995年	总计(1950～1995年)
国家(ΔP)	国家(ΔP)	国家(ΔP)	国家(ΔP)	国家(ΔP)	国家(ΔP)
冰岛 8.07	冰岛 10.82	冰岛 29.55	冰岛 39.16	希腊 15.06	冰岛 19.77
奥地利 6.77	西班牙 5.75	葡萄牙 17.14	希腊 19.49	葡萄牙 8.25	希腊 10.71
澳大利亚 6.51	日本 5.35	西班牙 14.39	葡萄牙 17.64	冰岛 5.59	葡萄牙 9.66
希腊 6.50	丹麦 5.34	爱尔兰 12.75	新西兰 11.86	西班牙 5.42	西班牙 8.67
西班牙 6.25	芬兰 5.05	英国 12.63	意大利 11.20	意大利 5.27	意大利 7.25
法国 6.17	荷兰 4.12	意大利 12.33	西班牙 10.25	瑞典 5.24	新西兰 7.22
芬兰 6.14	葡萄牙 4.02	希腊 12.31	爱尔兰 9.34	英国 4.42	爱尔兰 6.86
挪威 5.57	爱尔兰 4.00	新西兰 11.46	澳大利亚 8.41	瑞士 3.55	芬兰 6.66
新西兰 5.00	法国 3.87	芬兰 10.41	挪威 8.34	美国 3.50	英国 6.47
瑞典 4.42	瑞典 3.77	澳大利亚 9.83	瑞典 7.94	澳大利亚 3.30	澳大利亚 6.35
爱尔兰 3.86	意大利 3.62	丹麦 9.29	英国 7.43	奥地利 3.24	瑞典 6.05
丹麦 3.81	英国 3.53	日本 9.09	法国 7.38	德国 3.17	法国 6.04
荷兰 3.81	挪威 3.49	法国 8.90	芬兰 7.32	卢森堡 2.95	挪威 5.95
英国 3.51	奥地利 3.34	瑞典 8.57	丹麦 6.91	芬兰 2.83	丹麦 5.78
日本 3.04	新西兰 3.21	挪威 8.37	加拿大 6.51	新西兰 2.75	奥地利 4.78
意大利 3.02	瑞士 3.12	加拿大 7.38	美国 5.55	荷兰 2.70	日本 4.57

① 如果观察大宗商品价格指数而非消费价格指数，就更容易看出日本在战后时期对抗通胀所取得的成果。参见 Goldstein/Isard, Mechanismus。

续表

1950～1959 年	1960～1969 年	1970～1979 年	1980～1989 年	1990～1995 年	总计(1950～1995 年)
国家(ΔP)	国家(ΔP)	国家(ΔP)	国家(ΔP)	国家(ΔP)	国家(ΔP)
加拿大 2.41	比利时 2.66	比利时 7.13	比利时 4.90	加拿大 2.68	加拿大 4.44
卢森堡 2.07	加拿大 2.53	美国 7.10	卢森堡 4.72	挪威 2.67	荷兰 4.24
比利时 1.84	澳大利亚 2.46	荷兰 7.06	奥地利 3.84	爱尔兰 2.64	美国 4.11
美国 1.82	德国 2.39	卢森堡 6.50	瑞士 3.27	比利时 2.61	比利时 3.94
瑞士 1.14	美国 2.33	奥地利 6.10	德国 2.90	法国 2.42	卢森堡 3.75
德国 1.13	卢森堡 2.17	瑞士 4.98	荷兰 2.87	丹麦 2.08	瑞士 3.18
葡萄牙 0.68	希腊 1.95	德国 4.89	日本 2.53	日本 1.66	德国 2.87

资料来源：Internationaler Währungsfonds，International Financial Statistics，CD-ROM（September 1996）。

工业国家中，日本在过去 15 年里保持了最低的平均通货膨胀率。在 1950～1995 年的整个观察期内，在三个主要货币中日本只获得了第三的位置，这要归咎于它前 30 年在币值稳定方面业绩不佳。在较小的储备货币国家中，瑞士是币值稳定方面德国唯一的真正的竞争对手。直到 20 世纪 90 年代初期，瑞士不间断地保持了低通胀率国家的地位，这一成就使瑞士在过去 45 年里在所有工业国家中排名第二。①

由于德国和瑞士持续性的稳定政策上的成就，德国马克和瑞士法郎相对于其他竞争货币赢得了明显的优势，至少在某种意义上是如此，即对国际货币使用而言，其对内购买力的稳定具有重要意义。无论如何，日本在过去 15 年间在日元币值稳定方面获得了极高的信誉，而美国则为抹去对以往通膨后果的记忆付出了巨大努力。

3.2 双边名义汇率的发展

图 1 展示了 1950～1996 年德国马克对美元和日元的汇率走势。这段时间内，美元相对于德国马克贬值了 65%，即相当于德国马克相对美元升值了 180%。而日元则相对德国马克升值了 30%，即相当于马克相对日元贬值了 20%。马克对美元的升值几乎是一个不间断的过程，只有在 1980～1985 年里根总统任期内才出现过明显逆转。与此相对应的是，马克与日元的汇率

① 1950～1995 年，在所有工业国家中，德国在通货膨胀率变动方面的表现优异，瑞士次于德国居第二位。美国在通胀率变动方面居第六位，日本为第十四位。

走向呈现出两个明显不同的分阶段：德国马克先经历了一个 30 年的升值阶段，接着是几乎持续 20 年的贬值阶段，其中尤以 1993 ~ 1995 年年中最为剧烈。

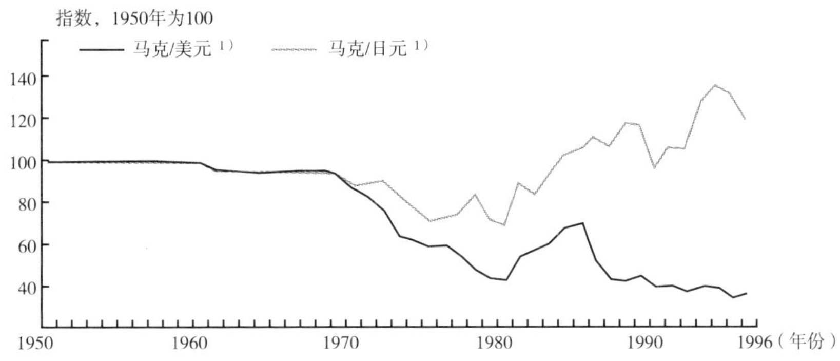

图 1　德国马克兑美元和日元的名义汇率

注：1）下行（上行）的曲线即表示马克的升值（贬值）。

资料来源：Internationaler Währungsfonds，International Financial Statistics，September 1996。

考察实际汇率而非名义汇率，或考察有效汇率而非双边汇率，这在很多情况下是有意义的。把利率与名义汇率的变化相结合也常常比只凭后者更具说服力。① 但可以这样认为，一种国际货币相对于其他国际货币在名义汇率上的大幅升值可以增强人们对前者的信任。从图 1 可以看出，在相对日元贬值（至少在最近 20 年）的同时，德国马克对美元却长时间大幅升值。

3.3　净债权国及净债务国地位

在重要工业国中，德国目前的海外净资产居第二位，只有日本的净债权大于德国。与此相反，美国在充当了数十年的净债权国后，从 20 世纪 80 年代初开始变身为净债务国，而且目前已成为世界上远超其他国家的、最大的净债务国。图 2 显示了关键货币国家海外净资产的发展情况（单位：十亿美元）。表 2 详尽地给出了 1950 ~ 1995 年德国海外债权和债务的增长情况。

表 2 的第三列也印证了，从 20 世纪 50 年代末起，德国相对其他国家获

① 如果观察过渡到一般浮动制（即 1973 年初）之后名义和实际汇率的变化，可以再次得出结论：马克的升值幅度不如日元，但大于美元。参见 Mussa 等，Improving。

得了净债权国地位，其中1990年的海外净债权达到峰值，超过5200亿德国马克。此后，两德统一导致的经常项目收支赤字（加上金融资产价值的变化），导致其净债权到1995年底时减少将近一半。① 相对国内生产总值，到1994年底，德国海外净资产量为日本的一半左右。

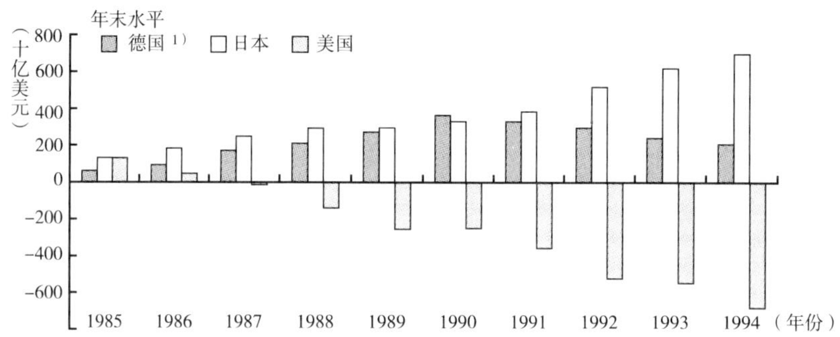

图2 重要工业国海外净资产*

注：1）1990年末起为统一后数据。

* 由于评估方法的差异，数据的可比性有限。

资料来源：Deutsche Bundesbank，Monatsbericht Januar 1996，第33页。

表2 德国海外债权与债务，年末余额

单位：十亿德国马克

年份	债权		债务		净债权
	所有货币	其中:德国马克	所有货币	其中:德国马克	
1950	3.9	—	8.6	—	-4.7
1955	21.4	—	24.0	—	-2.6
1960	63.4	—	40.1	—	23.3
1965	91.1	—	65.5	—	25.6
1970	186.2	—	126.9	—	59.3
1975	322.3	137.8	266.5	173.0	95.8
1980	502.7	241.6	438.9	339.6	63.8
1985	841.3	394.7	711.4	583.4	129.9
1990	1644.4	802.0	1122.2	918.0	522.2
1995	2381.6	1164.6	2136.2	1661.1	245.4

资料来源：Deutsche Bundesbank。

① 据估计，在1991年底至1995年年中期间，德国海外净资产头寸下降总额的约60%源于经常项目交易的赤字。参见Deutsche Bundesbank，Neuere Entwicklungen。

1946～1981 年，美国相对他国取得了广泛的债权国地位，在这 36 年中只有 7 年出现经常项目逆差。但从 1982 年开始，美国在长达 15 年的时间里不间断地出现经常项目赤字，并由此成为远超其他国家的世界最大债务国（1994 年底时，其净债务额超过 6800 亿美元），① 这一海外净债权债务状况的恶化导致美国的资产收益在 1994 年时首次出现负值。

如图 2 所示，在持续的经常项目入超（过去 20 年里，日本仅有两年出现经常项目赤字）影响下，日本的净债权（绝对值以及与国内生产总值的相对值）持续增长——尽管其海外货币性资产投资经常出现巨额贬值（这又与日元相对其他货币大幅升值有关）。

只要强有力的海外净债权债务地位能提高人们对这种国际货币长期保值的信心，日元和德国马克相对美元就具有优势。

3.4 国民经济规模

表 3 和图 3 显示了三种主要储备货币所对应三国国民经济相对规模的时点状况，其中表 3 说明了产值比重，图 3 则说明了贸易比重。

表 3 实际 GDP 与美国 GDP 的百分比值（以购买力平价加权计算，1985 年价格）

国别 \ 年份	1950	1960	1970	1980	1990	1995
德国	13. 20	20. 86	22. 21	21. 51	19. 57	22. 11
日本	9. 50	16. 16	29. 99	34. 96	39. 85	37. 37
法国	13. 30	15. 55	18. 72	18. 49	17. 10	17. 04
英国	20. 02	19. 48	16. 41	16. 43	16. 31	15. 73
美国	100. 00	100. 00	100. 00	100. 00	100. 00	100. 00

资料来源：国际货币基金组织的估算。

表 3 中，我们依据基于购买力平价的汇率，因为相比即时市场汇率，用它来比较实际产出更为恰当。可以看出，1995 年，德国的经济规模大约为美国经济的 1/5 强（22%），为日本经济的大约 60%；德国的产值超出法国约 30%，超出英国 40%。

① 此后，由于 1995 年的 1480 亿美元和 1996 年的 1650 亿美元的经常项目赤字，美国的净负债额进一步上升。

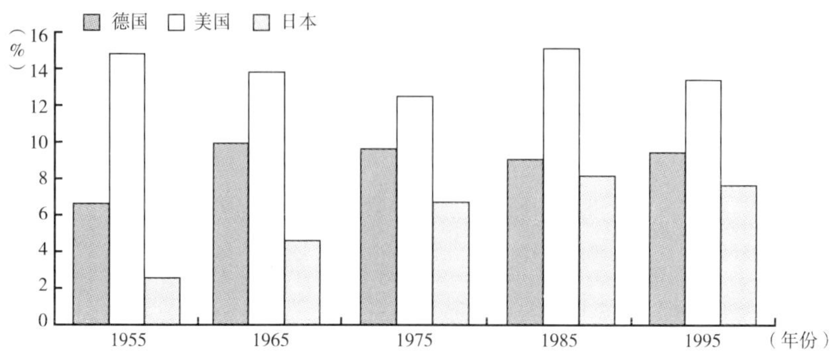

图 3　占世界贸易比重*

注：＊占世界贸易比重的定义为：一个国家的出口与进口之和同世界总出口与总进口之和的比。

资料来源：Internationaler Währungsfonds，International Financial Statistics，September 1996。

1950 年时，德国经济相当于美国经济的大约 13%，英国经济的 2/3，它与法国经济规模相当，超出日本经济约 1/3。后来的 45 年间，美国在这五个主要储备货币国家总产值中所占比重从大约 65% 降到略高于 50%。在同一时间段内，英国的比重大幅下降（从 13% 降至 8%），日本的比重是原先的三倍多（从 6% 上升到 19%），德国的比重略有上升（从 8.5% 上升到 11.5%），而法国的比重只有些微上升（从 8.5% 上升到 9%）。

观察这些国家在世界总产值中所占比重，可以得出下述结论：由于发展中国家的比重明显上升，除日本外，过去 30 年间，所有重要储备货币国家占世界总产值的比重都出现下降；美国在世界生产总值中的比重持续下降（根据基于购买力平价的汇率计算，由 27% 降至 21%）；德国的比重同样明显下降，尽管这个趋势被两德统一（无意外地）暂时打断；日本的比重大幅上升，英国则大幅下降；法国在世界生产总值中的比重也同样下降，但从百分数上看，下降幅度小于德国。

图 3 显示，1995 年德国在世界贸易（出口加进口）中所占比重约为 10%，是第二大贸易国（排在美国之后，但在日本之前）。德国在过去 40 年里成功地提高了其在世界贸易中的比重，而美国的比重有所下降，日本的比重则是原先的 3 倍。

正如我们在第 2 节所论述的，国民经济体的规模对其货币的国际使用产生积极影响。以这一标准衡量，德国马克相对美元（如果合并考虑在世界生产总值中所占比重和在世界贸易中所占比重）存在明显弱势，而相对日元的弱势较小。另一方面，德国国民经济的规模使德国马克相对于其他（除3大国之外）的储备货币具有优势。

3.5 金融市场的开放程度、深度和广度以及官方对货币国际使用的态度

鉴于大部分国内外金融机构能够进行资本进出口，德国金融市场的"开放"由来已久。尤其在过去12年里，外国人对德国金融市场的参与和德国人对国外金融市场的参与都大幅增长。与其他某些储备货币国家（美国、日本和法国）不同，德国避免了严重的银行危机。在过去25年中，德国的金融市场逐步走向自由化和现代化。随着欧洲各金融市场不断趋于融合，各金融中心在未来欧洲货币联盟中的竞争不断加剧，上述进程在90年代（法兰克福金融中心）被进一步加快了。与此同时，联邦银行原本对德国马克大规模国际使用所持的排斥态度，虽然缓慢但持久地转向为一种较少僵硬的态度。最近，那些以德国式的银行导向模式构建金融市场的国家和更偏向盎格鲁－撒克逊式证券导向路线的国家，在规则和业务实践方面都有趋同的迹象。[①]

然而，专业人士对下述观点持广泛共识：尽管存在某些赶超的趋势，但鉴于其自身作为储备货币国家的金融市场的状况，相对美国和英国，德国、日本仍处于劣势。[②] 在规模、流动性、透明度、市场融合度、对金融创新的接受度和投资银行的经验拥有量方面，纽约和伦敦较之法兰克福和东京更胜一筹。此外，在欧洲大陆内部，德国要面对来自法国的激烈竞争（其金融领域更早实现了现代化）。而德国过去在新的税收规定和金融市场调节规制方面的行动空间，有时也因资本流出到卢森堡而受到极大限制。虽然相比过去30年，如今德国的货币当局更重视其相对于其他欧洲金融中心所具备的竞争力，但它们对待那些可能削弱其货币控制力和可能限制其抑制通胀能力

---

① 关于此，在 Dziobek/Garrett，Convergence 中有所说明：在美国，阻碍全能型银行发展的法律障碍被逐步削弱（例如，有关各州间银行业务往来的规定变得越来越自由化，"超地区"银行不断发展，《格拉斯－斯蒂格尔法》也被逐步取消）；与此同时，德国的全能型银行收购海外投资公司，以建立证券领域的专门机构；不久前，德意志银行采纳了美国式的会计规则，而法兰克福引入了一系列有利于市场的改革，以提升其作为欧洲金融中心的吸引力。

② 参见诸如 Eichengreen/Frankel，SDR；Frankel，Lingua Franca；Häusler，Competitive Position；Japan Center for International Finance，Opinions and Strategies；Montgomery，Germany；Oppers，Trends；Sasaki，Promotion；Tavlas，International Use of Currencies。

的规则和市场操作手段仍然持谨慎态度。

德国联邦银行 1992 年的一项研究包含一张德国金融市场放松规制和自由化的年表。蒙哥马利（Montgomery）认为，德国金融市场的放松规制和自由化进程在整个 90 年代得以继续，可能还有所加速，主要体现在下述措施：建立期货和期权交易市场（德国期货交易所）；发展商业票据市场；明显降低活期存款、储蓄存款和定期存款的最低准备金比例；取消有价证券回购业务的最低准备金要求；取消对证券发行和交易征税，并简化对固定收益德国马克证券发行的批准程序；便利国外银行和非银行机构进入德国马克债券市场（包括授权外国银行在德国的下属银行和分支机构作为在德国的债券发行负责人）；颁布第二版《金融市场促进法》（主要取消了对公开货币市场基金的禁止，设立了联邦证券监管局，宣布内部交易非法，对有价证券信息披露做了更严格的规定）；一些德国股份公司实行国际会计标准；若干提高德国股市规模和流动性的措施（包括德国电信的历史性地私有化，地方股市的结构调整和集中化，增加了所允许的对德国投资和货币市场基金的投资形式；便利有价证券的借贷交易以及降低德国股票的最低面值限额）。过去 10 年中，有关外国人在德国金融市场（例如外国人对德国货币市场票据、固定收益有价证券和股票的持有量）和德国人在国外金融市场活动的指标，均显示出强劲的上升趋势。①

摘自佐佐木（Sasaki）的表 4 比较了 1994 年德国、日本和美国资本市场的规模，包括绝对值和与国内生产总值的比值。② 最引人注目的是美国市场规模与日本乃至德国市场规模的比较，甚至于在与国内生产总值的比值方面，美国市场相对德国和日本市场仍然十分巨大。尤其明显的是在收益曲线短端和在某些工具（如国库券）上的差异，这些工具由于其流动性和极低的风险度，成为国家外汇储备尤为青睐的投资方式。这些数字也印证了戈德斯登/穆萨（Goldstein/Mussa）对七国集团国家中许多市场参与者进行调查所得到的结果，即美国证券市场上国债的市场流动性高居各国之首，向下依次是日本的基准债券、德国的基准债券和法国的可替代债券（OAT 债券）。③

---

① 参见 Montgomery，Germany；Deutsche Bank，Neuere Entwicklungen 以及 Deutsche Bundesbank，Die Rolle der D-Mark。例如，1995 年底，外国投资者持有的马克总价值为 14390 亿马克，而 1990 年底为 7710 亿马克，80 年代初为 2680 亿马克；参见 Deutsche Bundesbank，Die Rolle der D-Mark。

② Sasaki，Promoting.

③ Goldstein/Mussa，Integration.

表 4 1994 年德国、美国和日本的资本市场规模

德国	短期资产				中长期资产							
	总额	隔夜资金	本票	国库券	总额	联邦债券	其他国家债券	地方债券	抵押债券	其他银行贷款	工业债券	海外债券
单位：十亿美元	323.1	298.9	10.9	13.2	1852.4	419.8	337.5	386.8	121.1	374.9	1.9	210.3
占 GDP 比重(%)	16.8	15.5	0.6	0.7	96.3	21.8	17.6	20.1	6.3	198.5	0.1	10.9

美国	短期资产						中长期资产					
	总额	证券回购业务	商业票据	存款证明	银行承兑汇票	国库券	总额	国债	联邦政府部门债券	地方债券	工业债券	海外债券
单位：十亿美元	2314.9	536.9	412.4	601.9	29.8	733.8	8427.6	3126.0	2149.3	955.8	2196.5	220.4
占 GDP 比重(%)	34.4	8.0	6.1	8.9	0.4	10.9	125.2	46.5	31.9	14.2	32.6	3.3

日本	短期资产								中长期资产						
	总额	隔夜资金	本票	存款证明	商业票据	国库券	海外票据	三个月拆借	总额	国债	地方债券	国家担保债券	银行债券	工业债券	海外债券
单位：十亿美元	1041.1	428.6	82.8	185.3	99.0	113.3	15.0	117.0	4227.3	2021.4	294.2	199.9	770.0	422.1	80.5
占 GDP 比重(%)	22.1	9.1	1.8	3.9	2.1	2.4	0.3	2.5	91.9	42.9	6.2	4.2	16.3	9.0	1.7

资料来源：Sasaki，Promoting。

摘自蒙哥马利的表5比较了七国集团国家（1994年）的股票交易额和市值（与1994年国内生产总值的比值）。[①] 德国在交易额上位列第五，在市值上位列第六，英国和美国排名领先。这里也显示出，德国有价证券市场的流动性小于其他某些重要的储备货币国家。很大一部分德国马克项下的交易活动在伦敦和卢森堡进行（如10年期的联邦期货在伦敦国际金融期货和期权交易所（LIFFE）的交投额大于法兰克福的德国期货交易所）。而前不久，德国最大的银行中有两家将其投资银行业务转移到了伦敦。从这些事实中也可看出德国金融市场面对的竞争压力。

表5 股票交易额和市值（1994年）* 占GDP比重

单位：%

国家	股票交易额	市值	国家	股票交易额	市值
德国	25.10	25.45	法国	46.29	34.13
美国	53.32	76.47	意大利	11.58	15.54
日本	24.43	73.18	加拿大	29.32	58.40
英国	90.71	115.41			

注：*股票交易额及市值针对的是国内企业所登记的股票。

资料来源：Montgomery，Germany。

为何法兰克福和东京相对纽约和伦敦处于劣势，对此进行的分析揭示出一系列原因。[②] 德国的影响因素有：最低准备金要求的范围和高低、对利息收入征收的预扣税、资本利得税、私人养老金保险机构作用有限、进步缓慢的证券信息公开规定和对内部交易的处罚、受过训练的从事投资银行和金融衍生品交易的从业人员的短缺，以及劳动力市场在一定程度上缺乏灵活性（如对加班和周末工作的限制）等。对于日本，专业作者和市场从业者最常提及的阻碍因素有：国家有限的国库券供应、对国债征收的交易税、对利息收入征收的预扣税、行政程序的低透明度、相对本国金融企业的不公平的竞争环境、日元外国债券（“武士”债券）相对较高的市场发行成本、过时的国债结算程序、新金融工具（尤其对衍生品）的冗长批准程序，以及日本

① Montgomery，Germany.

② 这里也表明，现有的金融中心拥有巨大优势：因为伦敦和纽约作为金融中心已经有很长的历史，金融业务在唯一一个地方的高度集中为其带来规模和综合优势，伦敦和纽约便得益于此。

银行在为外国中央银行提供服务上（例如为纽约联邦储备银行的可比较的优惠价格提供服务）的消极态度。[①]

货币当局对国际储备货币收益和成本的看法也同样会影响结果。[②] 德国货币当局（尤其在最近几年）虽然充分认识到成为重要金融中心所能带来的好处，但它们也知晓一个事实，德国在币值稳定方面日益提升的声誉也带来了外国对德国马克投资的巨大需求。它们将内部币值稳定列为首要目标，并担心德国马克的国际使用加强和有助于这种使用的资本市场放松规制会给货币政策带来过高的代价，尤其是当中央银行为应对通货膨胀而不得不限制贷款发放时就更是如此。[③]

20 世纪 60 年代后期和 70 年代初期，由于在固定汇率下缺乏货币政策协调，导致大量资本涌入，从而引发了上述担忧。流入的货币供应量如此之大，以致仅靠稳定措施已无法应对。[④] 1992 年和 1993 年欧洲货币体系危机期间，同样的问题再次出现，但这次只是在欧洲内部（而非在欧洲和美国之间）。[⑤] 其间，人们也曾反思：欧洲市场上以德国马克计价的投资（加之外国银行对德国经济政策目标的不敏感）可能会引发国内信贷紧缩；无存款

---

① 参见 Garber, Use of the Yen; Japan Center for International Finance, Options and Strategies; Sasaki, Promoting 及 Tavlas/Ozeki, Internationalization。

② 在日本，反对加强日元国际使用的想法主要涉及：货币偏好突然发生变化对汇率波动和出口商竞争力的影响，以及国内金融业全面放松规制将带来的结构调整的成本。在美国，人们很少就美元作为储备货币所带来的成本和收益进行讨论；60 年代末 70 年代初（在布雷顿森林体系崩溃的背景下，随着特别提款权的设立和二十国委员会会晤）人们曾进行过一轮这样的讨论，还有一次是在 70 年代后期（当时不得不为挽救美元设计了一揽子措施，在国际货币基金组织里掀起了一场有关“替代账户”的热烈讨论）；参见 Solomon, International Monetary System 及 James, International Monetary Cooperation。

③ 提特迈耶（Tietmeyer）作了这样的表述：“联邦银行始终注重不要让金融市场的改革动摇货币政策的基础。” Tietmeyer, Overview, 第 410 页。

④ 参见 Emminger, D-Mark 及 Rieke, Development of the D-Mark。根据 Tavlas, International Use of Currencies，对资本出口的控制在 50 年代被取消，而直到 70 年代末，人们还采取各种措施阻止资本流入。例如，对外国人的存款作高昂的最低准备金要求，以及在联邦银行和德国的各银行间存在一种无形的约定：只有德国的银行才能成为以德国马克计价的债券的银团牵头人。当然，70 年代初期向灵活汇率的转变更为根本性地解决了有关资本流入的问题。Issing, Experience 说明了，在 1950 ~ 1973 年这整个时间段内，海外资产的变动是中央银行货币供应量变动的决定性影响因素。此后，情况即发生了变化。最后的资本进口限制在 80 年代初被取消。参见 Freedman, Operating Procedures。

⑤ 参见 Tietmeyer, Overview 及 Goldstein 等, Exchange Rate Management。作为对欧洲货币体系危机的反应，联邦银行表示，它不接受有关在欧洲货币体系内部进行“无限干预”的义务。此外，欧洲货币体系指导汇率的波动幅度被大幅增加。

准备金要求的短期投资的增加使计税基础变小，而且会降低货币需求的可预测性；短期国债供应量的提高可能会增加货币紧缩措施的实施难度（因为这会使政府背负高昂的借款成本）；最后，简化具有巨大风险的金融工具和金融活动的审批程序最终会使货币当局陷入大规模的救援行动（这样也会同价格稳定目标的优先性形成冲突）。[①] 因此，人们始终认为，德国马克广泛的国际使用应该是金融稳定的副产品，而非一个与之竞争的目标。有趣的是，无论是在美国还是英国都不曾认为在内部稳定目标和货币的国际使用之间存在类似冲突。

到目前为止，我们始终专注于一个问题，即德国马克在多大程度上表现出了各种人们所期望的国际货币的特征。下面我们将分析几个实际国际货币使用的指标。

3.6 国际外汇储备官方存量的货币组成

官方外汇储备存量的货币组成是一项最能精确反映国际货币使用的指标。但相应的估算却受累于相当严重的估算误差，这主要出于三个原因：不是所有国家都定期向国际货币基金组织报告其外汇储备的货币组成（连拥有全球第二大外汇储备量的中国台湾地区也未报告）；[②] 由于金融衍生品爆炸性地增长，一家中央银行可以快速改变其货币构成（而这种变化并不体现在其资产负债表的数字上）；[③] 最终，这些数字在很大程度上取决于是以当前汇率还是以固定汇率进行估价，以及是否将欧洲货币体系国家的美元储备（1979 年被作为创建欧洲货币单位的基础）计入美元部分。[④] 此外，人们无法（至少以较短的周期）判断，某一种储备货币的实际存量是否符合理想存量（因为，拥有大量外汇储备的中央银行通常在为扶持弱势货币而进行的外汇市场干预后，立即大幅增加对这种货币的持有量）。

带着对这些局限性的认识，我们在表 6 中列出了艾其格林（Eichengreen）、奥伯斯（Oppers）和国际清算银行这三者的研究得出的关于官方外汇储备的

① 参见 Deutsche Bundesbank，Währungsreserven；Henning，Currencies and Policies；Häusler，Competitive Position；Issing，Experience 以及 Issing，Stability。

② Frankel，Lingua Franca 及 Oppers，Trends 报告称，中国台湾的外汇储备约为 930 亿美元。

③ 这一点参见 Garber，The Use of the Yen。

④ 参见 Oppers，Trends。如果对国际储备作更为宽泛的定义，即在官方外汇储备之外将黄金储备也计算在内，就会遇到额外的问题：美国以老的官方黄金价格来为其黄金储备计价（而非市场价格），这样，美国的实际储备就被大大低估了。

表 6　官方世界外汇储备组成（1979～1995 年）

(a) Eichengreen und Frankel, SDR 和 Internationaler Währungsfonds, Jahresbericht *

货币＼年份	1979	1980	1981	1982	1983	1984	1985	1986	1987	1988	1989	1990	1991	1992	1993	1994	1995
德国马克	10.9	12.5	11.5	10.8	9.5	10.3	12.2	11.2	11.3	12.4	15.5	15.4	13.8	12.0	12.7	12.9	12.5
美元	59.2	52.9	56.2	55.6	55.4	55.2	49.8	48.0	47.3	47.4	45.0	44.4	44.8	49.0	50.4	50.4	51.4
日元	3.0	3.5	3.5	3.6	4.0	4.7	6.4	6.1	5.9	6.1	6.3	7.2	7.7	7.0	7.1	7.4	6.5
英镑	1.7	2.5	1.9	2.1	2.1	2.5	2.6	2.0	1.9	2.2	2.2	2.8	3.0	2.9	2.8	3.1	3.1
法国法郎	1.2	1.4	1.3	1.2	0.8	0.9	1.0	0.6	0.7	0.9	1.2	2.1	2.4	2.1	2.0	1.9	1.7
欧洲货币单位	12.5	15.7	13.9	12.5	13.0	10.4	10.3	10.6	12.0	10.0	9.1	8.5	8.8	8.9	7.5	7.0	6.0
特别提款权	4.8	3.9	5.3	5.9	4.5	4.5	5.0	5.1	4.3	3.9	3.6	3.3	3.2	2.0	2.0	2.0	2.2

(b) Oppers, Trends **

比重，以当前汇率计价

货币＼年份	1980	1981	1982	1983	1984	1985	1986	1987	1988	1989	1990	1991	1992	1993	1994
德国马克	14.8	12.8	12.2	11.7	12.5	15.0	14.5	14.5	15.6	18.9	18.7	16.7	14.5	15.5	15.5
美元	69.4	70.8	69.9	70.0	69.01	63.9	65.9	66.1	63.3	58.9	56.0	58.2	62.7	63.3	63.1
日元	4.3	4.3	4.6	4.9	5.7	8.0	7.8	7.5	7.6	7.7	8.8	9.3	8.5	8.7	8.5
英镑	2.9	2.1	2.3	2.5	2.9	3.0	2.5	2.4	2.7	2.7	3.4	3.6	3.4	3.4	3.8
法国法郎	1.7	1.3	1.0	0.8	0.8	0.9	0.8	0.8	1.0	1.4	2.4	2.9	2.5	2.2	2.0
瑞士法郎	3.2	2.6	2.6	2.3	2.0	2.3	2.0	1.9	1.9	1.5	1.4	1.3	1.2	1.3	1.1
荷兰盾	1.3	1.1	1.1	0.8	0.7	1.0	1.1	1.2	1.1	1.1	1.1	1.1	0.6	0.6	0.5
其他	2.3	5.1	6.3	7.1	6.3	6.0	5.3	5.6	6.9	7.8	8.2	6.9	6.5	4.9	5.5

续表

比重，以 1994 年末的固定汇率计价

货币＼年份	1980	1981	1982	1983	1984	1985	1986	1987	1988	1989	1990	1991	1992	1993	1994
德国马克	17.2	16.5	16.0	17.0	19.7	19.7	16.4	14.5	17.0	19.4	17.7	16.1	14.6	16.6	15.5
美元	63.8	62.4	59.8	57.9	53.6	52.6	59.7	64.9	60.3	55.3	55.0	57.3	60.6	61.0	63.1
日元	8.1	8.3	9.3	9.4	11.2	13.2	11.3	9.1	9.1	10.4	11.6	11.5	10.2	9.4	8.5
英镑	1.7	1.5	1.9	2.2	3.0	2.7	2.4	2.0	2.2	2.5	2.7	3.0	3.4	3.4	3.8
法国法郎	1.3	1.2	1.1	1.0	1.1	1.0	0.9	0.8	1.1	1.5	2.2	2.7	2.5	2.4	2.0
瑞士法郎	3.9	3.2	3.4	3.2	3.1	3.0	2.3	1.9	2.1	1.7	1.4	1.3	1.3	1.4	1.1
荷兰盾	1.5	1.3	1.4	1.1	1.1	1.3	1.3	1.3	1.2	1.1	1.0	1.0	0.6	0.7	0.5
其他	2.4	5.6	7.2	8.2	7.3	6.5	5.7	5.6	7.1	8.1	8.3	6.9	6.7	5.0	5.5

（c）国际清算银行的估算***

货币＼年份	1981	1982	1983	1984	1985	1986	1987	1988	1989	1990	1991	1992	1993	1994	1995
德国马克	14.1	13.4	12.9	13.6	15.6	15.9	16.3	16.5	19.1	19.0	16.9	15.0	15.6	15.9	16.1
美元	69.6	68.7	69.6	68.3	63.4	64.6	63.7	62.6	58.4	54.8	56.2	60.9	61.4	60.7	61.4
日元	4.5	4.9	5.7	6.1	8.1	8.2	8.2	8.1	8.1	8.9	9.3	8.6	8.5	8.8	7.6

注：* 在外汇储备总额（包含年末时的特别提款权）中的%。

** 在外汇储备总额（包含年末时的特别提款权）中的%。美元在欧洲货币单位中的份额被加入美元储备。

*** 货币储备中的%。

货币组成的估算。[1] 艾其格林的研究基于全部外汇储备的数字，不包含欧洲货币单位储备中的美元保证金，并以当前汇率对外汇储备计价。奥伯斯则只关注外汇储备（即不含特别提款权），在美元储备外还计入了欧洲货币单位的美元保证金；货币储备以当前汇率和固定汇率（1994 年底）计价。国际清算银行的数字考虑了中国台湾的外汇储备和欧洲货币单位储备的美元保证金，并使用当前汇率计价，同时还给出了 1995 年的数字。

从表 6 和更早阶段外汇储备存量的一些孤立数字，可以明确地得出以下五个结论。第一，在所有估算中，美元都始终是占据主宰地位的储备货币，因为它在全部外汇储备存量中占到 1/2 ~ 2/3。第二，在所有估算中，德国马克和日元分列储备货币的第二和第三位，其中德国马克部分几乎是日元的 2 倍，约为美元的 1/4。接下来的序列为欧洲货币单位、英镑、特别提款权、法国法郎和瑞士法郎。第三，过去 25 年中，美元在储备货币中所占比重有缓慢但明显的下降，其中 70 年代下降幅度最大。在这段时间里，德国马克和日元从很低的起点开始，实现了缓慢但明显的上升。第四，在过去 15 年间，美元的比重只有微弱减少，大部分在 80 年代所下降的份额（1/2 ~ 3/4）又在 90 年代得以恢复；[2] 同一时间段内，德国马克的比重略微上升，而日元的升幅更大（但 90 年代日元比重又重新回落）。第五，过去 25 年中三大储备货币在世界外汇储备中所占比重的变化，与同期这几个国家在全球和经合组织实际经济产出中所占的比重基本吻合。

3.7 在他国对储备货币的私人需求

如果一个国家的货币极易贬值或币值波动剧烈，该国国民通常在储蓄和交易时使用一种较大的储备货币以规避风险。

由于不可能进行直接观察，要描述国外的外汇储备的规模是十分困难的。所以，比如说，尽管知道有多少现金流通于德国银行系统之外，但要在

① 参见 Eichengreen/Frankel, SDR; Oppers, Trends; Bank für Internationalen Zahlungsausgleich, 66. Jahresbericht。

② 关于 20 世纪 90 年代官方储备中美元比重升高的原因，相关分析主要强调了两个因素。第一，那些外汇储备增长最快的发展中国家将它们的汇率与美元绑定，并在外汇储备中保持较高的美元比重。参见 Bank für Internationalen Zahlungsausgleich, 66. Jahresbericht。第二，90 年代美元的疲软在其他工业国家引发了大规模推升美元的干预，导致这些国家外汇储备中美元存量的上升。参见 Frankel, Lingua Franca。上述两个因素可能足以超额弥补某几个亚洲国家抛售美元的后果，这些国家希望降低外汇储备中美元的比重，实现储备多样化。

这部分流通量中区分国内非银行机构和外国的份额是不可能的。为估算在国外流通的现金数量，人们使用了各种不同的方法：要么对比过去阶段或其他国家以获得结论，对于这些国家，可以判断，海外对其货币的需求相当低；要么使用货币需求函数进行计量经济学上的估算。① 例如，比较现金保有量与私人消费或国内生产总值的百分比的变动趋势，就能给出一个初步的提示：国外对美元和德国马克的需求有所增加。基于金融创新的原因（如非现金支付的增加），可以预计，现金保有量相对于消费和国内生产总值的比例会不断下降。事实上，法国和英国已经出现了这一趋势。与此相反，自70年代后半叶以来，上述比例在德国和美国都有所上升。② 而且，这种增加（至少在德国）仅限于大面值现钞（500马克和1000马克）。

通过研究国外现金保有量可以得出三个重要结论：第一，在海外现金交易中，美元和德国马克是两种使用最多的储备货币，其中在海外流通的美元总值很可能比德国马克高3倍左右；③ 第二，上述两种货币在海外流通的现金比重很“大”，大约占德国马克的30%～40%、美元的50%～70%；④ 第三，至少美元的海外需求在过去15年中呈上升趋势。⑤

3.8 国际金融投资的货币组成

市场参与者对某种储备货币的信任度越高，他们就越倾向于在其他条件不变的情况下，以该货币签订金融合同。所以，人们经常将欧洲货币存款、海外借款、海外银行贷款以及发展中国家长期债务的货币组成视作货币国际使用的指标。

大部分研究将这些国际金融投资项目分开研究。但是，国际清算银行的麦考利（McCauley）在最近的一项研究中归纳出一个时间顺序表（时期为1980～1995年），内容包括国际债券、银行对海外非银行机构的债务、对非银行机构的欧洲货币债务（从1984年起）和欧洲债券（从1989年起）。⑥除此之外，他还计算出三种主要货币在上述总数中各自所占的比例。表7中

① 参见Deutsche Bundesbank，D-Mark-Bargeldumlauf及Porter/Judson，Location of U. S. Currency。

② 参见Deutsche Bundesbank，D-Mark-Bargeldumlauf。

③ 参见Eichengreen/Frankel，SDR。另外两个人均货币持有量较高的国家是日本和瑞士，但关于这两个国家现金的海外持有比重，目前尚没有已知的估算。

④ 参见Deutsche Bundesbank，D-Mark-Bargeldumlauf及Oppers，Trends。

⑤ 参见Porter/Judson，Location of U. S. Currency。

⑥ 参见McCauley，Euro。

以五年为间隔列出了计算结果。1995 年底，美元在这些国际金融投资的比重约为 38%（明显低于在国际货币储备中的比重）；德国马克和日元的比重约为 15.5% 和 12%。有一个趋势值得注意，即 80 年代上半叶出现过上升的美元比重，此后出现了持续性的明显下降。① 日元的情况则与之相反，其比重在最近的 15 年中持续上升（1995 年几乎达 1980 年时的 4 倍）。至于德国马克，无法看出明显的发展趋势，其比重在这一时间段中基本在 12% 和 15% 之间变动。

表 7 国际金融投资*

货币（十亿美元）	1980 年	1985 年	1990 年	1995 年
德国马克	72.9	87.7	365.0	713.9
美元	280.4	671.8	1344.5	1743.8
日元	15.8	54.7	232.3	568.8
十国集团国家（仅欧洲）	118.4	178.2	838.7	1565.1
总额	492.4	1058.0	1986.9	4600.1
货币比重（%）				
德国马克	14.8	8.3	12.2	15.5
美元	56.9	63.5	45.0	37.9
日元	3.2	5.2	7.8	12.4

注：* 考虑在内的包括国际债券、对海外非银行机构的银行债务、对国内非银行机构的欧元货币债务（从 1984 年起）和欧元债券（从 1989 年起）。

资料来源：国际清算银行的估算。

如果越过衡量国际金融投资的尺度，观察它主要的组成部分，其他的一些研究则得出了下面的结论。② 美元在欧洲货币存款中所占比例，从 80 年代初的大约 3/4 下降到 90 年代中期的不足一半；德国马克和日元则又是位于第二和第三位（1994 年比例分别为 17% 和 5%）。外国银行贷款方面，美元以超过 80% 的份额充分表现了它的主宰地位，这一份额自 80 年代初以来几乎未发生变化；德国马克和日元的比重则表现出年度性的剧烈波动，

① 国际清算银行认为，1980～1995 年，美元在国际金融资产组成中比重的下降恰恰对应了同一时期美元在十国集团国家经济产值中比重的下滑。

② 参见 Eichengreen/Frankel，SDR；Oppers，Trends；Tavlas，International Use of Currencies 及 Internationaler Währungsfonds，International Capital Markets。

但通常明显低于它们在其他国际金融投资中的比例。最后，美元在海外借贷方面的优势最小，90 年代的平均比重只在 30% ~40%。在这一投资类别中，日元的比例一般高于德国马克，这反映出日元在发展中国家（尤其在东亚）长期债务方面的重要性日益增长。[①] 与在国际投资总额中的情况一样，过去 15 年中，德国马克在各个分项中的比重变化没有表现出明显的趋向性。

3.9 外汇市场上的交易量

外汇交易是世界上最大的金融市场，每天的平均交易额（1995 年 4 月）的规模估计为 1.2 万亿美元。表 8 给出了外汇交易中货币比例的汇总，数据源自国际清算银行最近的三组三年期调查。1995 年美元参与了全部交易的 83%，[②] 几乎与 1992 年的比例持平，但略低于 1989 年的 90%。[③] 在这里，德国马克和日元又以 37% 和 24%（1995 年）的比例分居第二和第三位。德国马克的比例自 1989 年起有明显上升，而此间日元的比例则稍有下降。在欧洲货币体系的货币中，法国法郎和一些小币种从英镑和瑞士法郎那里（可能也从德国马克那里）夺取了一些份额。新兴工业国家货币的交易量也有明显增加。[④]

关于交易的地理分布，表 8 显示：以 1995 年占交易量的 30% 以及前两次统计的 26% 和 27% 的份额，伦敦始终是占主导地位的交易地。位居其后的是所占份额分别为 16% 和 10% 的纽约和东京市场。美因河畔法兰克福出现在第七的位置（1992 年和 1995 年均是如此），在外汇交易中的份额约为 5%。

---

① 参见 Tavlas，International Use of Currencies 及 Sasaki，Promoting。值得注意的是，1995 年，发展中国家的新增债务明显从美元转向日元及德国马克。更确切地说，在新发放的贷款中日元的比重上升至 26%（1994 年为 13%），德国马克的比重上升至 10%（1994 年为 3%）。有关这一变化的原因分析参见 Internationaler Währungsfonds，International Capital Markets。

② 如表 8 的说明中所述，根据定义，比重的合计为 200%，因为在外汇市场的每笔交易中都有两种货币参与。

③ 由于外汇交易大多通过媒介货币结算，因此出于交易成本考虑，官方对外汇市场的干预也倾向于通过这些媒介货币结算。遗憾的是，有关外汇市场干预货币组成的数据缺乏完整性和实时性。Tavlas，International Use of Currencies 称，在欧洲货币体系内官方对外汇市场的干预中，美元的比重从 1979 ~1982 年间的大约 70%，下降为 1986 ~1987 年的 25%；同一时期，德国马克在欧洲货币体系干预中的比重从 24% 上升至 59%。

④ 参见 Internationaler Währungsfonds，International Capital Markets。

表 8 全球外汇市场交易总额*

单位：%

项目 \ 年份	1989	1992	1995
组成，按货币划分			
德国马克	27	40	37
美元	90	82	83
日元	27	23	24
英镑	15	14	10
法国法郎	2	4	8
瑞士法郎	10	9	7
其他货币	29	28	31
所有货币	200	200	200
组成，按国家/地区划分			
德国		5	5
美国	16	16	16
日本	15	11	10
英国	26	27	30
法国	3	3	4
瑞士	8	6	5
新加坡	8	7	7
中国香港	7	6	6

注：* 在计算不同货币的组成时，在使用上述货币结算的交易中，参与交易的各方都要计算，因为每笔交易都涉及两种货币，根据定义，比重的合计为 200%。每笔交易额所归属的国家是指交易开始时所在的国家，而非最终结算交易的国家。

资料来源：Internationaler Währungsfonds，International Capital Markets。

3.10 货币挂钩

在选择不同的汇率安排时，一些国家决定，将它们的货币以固定汇率与一个主要储备货币绑定。他们作此决定的原因可能是认为，以固定汇率作为货币政策的名义锚，要优于其他备选方案；也可能是认为，灵活汇率制度下的汇率波动对资源配置和对外贸易是有害的。另一些国家则得出这样的结论：固定汇率或强力控制浮动所带来的成本高于收益。

回顾国际货币基金组织成员国 1980～1996 年汇率安排的变化，会发现三个特点。第一，大多数将其汇率与一种单一货币绑定的国家依然选择美元；1996 年，所有货币中有 30% 以固定汇率（包括与一篮子货币挂钩）与美元绑定。[1] 第二，法国法郎——与其他几个货币国际使用的指标相反——处于第二位，而德国马克和日元则根本不在其列。如果考虑到德国的利率政策在欧洲所起的领导作用，以及欧洲货币体系的汇率机制对其成员国的货币政策所作出的限制，那么其他欧洲货币与德国马克之间事实上的联系比理论上要更紧密。与其相类似，日元对其他亚洲国家的汇率和货币政策的影响力，也大于根据汇率联系数字所作出的推测。[2] 尽管如此，没有与德国马克和日元正式的汇率挂钩还是令人吃惊的。第三，过去 15 年中，与美元或与其他某种单一币种挂钩的现象在总体上变得越来越少了，而（以这种或那种方式的）“灵活”汇率越来越常见。1980 年，41% 的国家以固定汇率将它们的汇率与美元绑定，1996 年时这个数字仅为 31%。更戏剧性的变化是：1980 年，国际货币基金组织的成员国有大约 1/4 采用灵活汇率，而 1996 年时已经超过一半。

3.11 国际贸易计价

与货币国际使用的其他指标相比，有关各种货币在国际贸易中用于计价和支付的数据缺乏完整性和即时性。然而，根据表 9 和表 10，我们可以就货币使用的全球模式，特别是就德国外贸的计价实践，得出三个重要的结论。

第一，让我们从美元入手，从这里来看，它又是最重要的计算单位和最重要的支付手段，因为它主宰了 1992 年将近一半（48%）的全球出口。表 9 还表明，德国马克轻松占据第二位（15%），大幅领先于法国法郎、英镑和日元（它们的份额都在 5% ~6%）。[3] 同样明显的是，只有美元和德国马克作为计价货币的权重，大于上述两国各自在世界贸易中的份额。

第二，观察 1980 ~ 1992 年的趋势，可以看出，美元的比例明显下降，从 1980 年（世界出口）的大约 56% 降到 1992 年的 48%。这一下降几乎都

---

① Frankel/Wei，Yen Bloc 称，在东亚国家选择汇率挂钩的货币篮子中，美元的比重通常高于日元。

② 参见 Frankel，Lingua Franca 及 Sasaki，Promoting。关于亚洲国家为何不把它们的货币与日元挂钩这个问题，通常有三种回答：这些国家贸易关系的多样性使它们选择与一篮子货币挂钩；这些国家至今能够控制通胀，而无须依靠一个名义上的、以汇率为导向的货币锚；以及，日元的升值趋势可能会通过相关费用削弱它们的竞争力。

③ 基于 Tavlas，International Use of Currencies 所分析的早期数据，可以预期，各国在进口计价中所占比重的排名将与出口的排序基本一致。

表 9 货币在国际贸易中的比重*

单位：%

货币	1980 年		1992 年	
	该货币在世界出口中的比重	货币比重与该国在世界贸易中的比重之比	该货币在世界出口中的比重	货币比重与该国在世界贸易中的比重之比
德国马克	13.6	1.4	15.3	1.4
美元	56.1	4.5	47.6	3.6
日元	2.1	0.3	4.8	0.6
英镑	6.5	1.1	5.7	1.0
法国法郎	6.2	0.9	6.3	1.0
意大利里拉	2.2	0.5	3.4	0.7
荷兰盾	2.6	0.7	2.8	0.8

注：* 在国际贸易中的比重显示了一个国家对世界贸易影响力的大小。因此，以美元为例，这一比重的定义为以美元计价的世界贸易所占比重：美国在世界贸易中的比重。

资料来源：Thygesen 等，Tripolar Regime。

发生在 1980～1987 年，根据蒂格森（Thygesen）等人的观点，这与石油输出国组织国家（几乎只以美元交易）出口货值的下降有关。① 在同样这 12 年内，德国马克的比例从 14% 微升到 15%，日元的比例在一个很低的起点上翻了一番还多，英镑和法国法郎的比例基本保持不变。塔夫拉斯（Tavlas）认为，如果不是发展中国家在德国外贸中的比例下滑的话（因为这些贸易通常以工业国货币计价），德国份额的升幅会更大。②

第三，如表 10 所示，德国大约 3/4 的出口和约一半的进口使用本国货币。此外，可以说，在外贸中，德国马克在出口中的使用逐步减少，但在进口中则逐步增加。蒂格森等人的著作中所归纳的七个工业国（美国、德国、日本、法国、英国、意大利和荷兰）的数据证明，外贸计价的德国模式被广泛应用，即本国货币通常在出口时比在进口时更多地被用作计价货币，而它在出口中的重要性逐步降低，但在进口中却逐步上升。③ 蒂格森的数据还显示，在被观察的七个工业国家中，只有美国比德国在进出口中更多地使用本国货币计价。尽管随着时间的推移，日本的计价方式与其他工业国的做法

① 参见 Thygesen 等，Tripolar Regime。

② Tavlas, International Use.

③ 但日本的表现是个例外，不符合这些趋势。参见 Thygesen 等，Tripolar Regime。

日趋类似，但它仍始终是一个例外：1992 年日本出口中美元计价份额略多于日元，但在进口中却是日元的 4 倍。

表 10　德国外贸中德国马克的比重*

单位：%

年份	出口	进口	年份	出口	进口
1980	82.5	43.0	1992	77.3	55.9
1985	79.5	47.8	1993	74.3	54.1
1990	77.0	54.3	1994	76.7	53.2
1991	77.5	55.4	1995	74.8	—

注：＊进口的比重以进口支付额计算得出；从 1990 年 7 月起，进口数据中也包含了新联邦州的进口。
资料来源：德国联邦银行的估算。

表 11 总结了讨论的结果，并根据十三项特征和指标对三种最主要储备货币进行了排序。由于这个对比排除了其他储备货币，故排名仅限一至三名。

表 11　国际货币使用的影响因素和指标*

影响因素/指标	德国	美国	日本
(1)源于当前状态的优势	2	1	3
(2)币值稳定	1	2	2
(3)双边名义汇率的变化	2	3	1
(4)国际净债权国及净债务国地位	2	3	1
(5)国民经济规模			
(a)实际产出(以购买力平价加权)	3	1	2
(b)对外贸易(出口加进口)	2	1	3
(6)金融市场(开放度、广度、深度、活力)	2	1	2
(7)领导人的观点	2	1	2
(8)在官方国际货币储备中的比重	2	1	3
(9)在国际金融投资中的比重(债券、对外国人的银行债务、欧洲货币债务、欧元债券)	2	1	3
(10)在海外的私人货币存量	2	1	3
(11)外汇市场交易额	2	1	3
(12)汇率安排、货币挂钩	2	1	2
(13)在国际贸易中的计价	2	1	3

注：＊1、2、3 表示三种主要货币的排名，1 表示国际使用最多或者最有利于对货币的国际使用。这个排名中没有考虑其他货币。

总的来说，这些特点和指标提供了强有力的证据证明：美元始终是遥遥领先的主导货币。依据多数标准，如今美元已不再像50年前、30年前甚至15年前那样强势，尽管依据几个关键指标，美元在90年代又出现了复兴的迹象。

如表11，德国马克无疑可被视为位居第二位的储备和投资货币。马克的这一突出的地位主要得益于它优异的抗通胀表现和德国的国际净债权国地位。基于德国国民经济的规模，德国马克对大多数其他储备货币都具有优势，但对美元以及（在过去的20年中）对日元不具优势。在官方外汇储备、海外私人货币存款、国际贸易计价和国际金融投资方面，德国马克的比重都明显高于日元。同日元一样，阻碍德国马克在国际上广泛使用的主要因素有：美元的历史性优势，金融领域深度、广度和活力的缺乏，以及货币当局的担忧——货币的重要国际地位可能与国家更高层面的经济政策目标发生冲突。

4 德国马克（和联邦银行）国际地位的其他方面

关于国际货币使用的传统指标尽管是有用的，但尚未呈现德国马克国际地位的全部作用领域。如果回想，货币的影响力与管理这种货币的机构是密不可分的，那么就能很好地估量德国马克在国外影响力的其他方面。根据1957年《德国联邦银行法》第3条，德国联邦银行协调“货币流通和经济的信贷供给，并以确保货币安全为目标”。① 如果我们接受这种更为广阔的视野，就能够看到至少三个德国马克发挥国际影响的重要领域。

第一，自80年代初以来，对那些参与欧洲货币体系汇率机制的国家而言，德国马克和联邦银行的货币政策在事实上成为它们的名义锚。那些以前高通胀的欧洲汇率机制成员国决定，在汇率机制内借助汇率挂钩的逐步强化，加强自身货币政策的纪律性。在这方面，它们期待联邦银行在货币政策方面发挥领导作用并确保稳定政策的可靠性。如今，通过本国国债利率与相应的德国马克利率差来衡量自己在货币稳定性上的进展，这在其他欧洲国家已十分常见。更加值得注意的是，德国联邦银行无疑为欧洲中央银行树立了榜样。② 本书中的另一篇文章将专门讨论德国马克在欧洲货币体系中的作用。

① 联邦银行也有义务为联邦政府的一般经济政策提供支持，但前提是这不会影响到其最重要的功能。参见 Issing，Unabhängigkeit der Notenbank。

② “联邦银行模式是马斯特里赫特条约相关规定，尤其是那些关于未来欧洲中央银行体系独立性规定背后的指导原则”。Issing，Unabhängigkeit der Notenbank，第9页。

第二，我们抛开欧洲框架，论及对中央银行独立性的推动，没有任何一家中央银行的影响力超过德国。德贝勒/费舍尔（Debelle/Fischer）叙述并分析了世界各地中央银行趋向更高独立性的趋势，并指出这一新的正统学说的三大解释因素：过去40年联邦银行和德国经济的成就，关于相机决策经济政策的通胀偏差的理论学术文献，以及中央银行独立性的实证研究。① 有意思的是，对于受规制的货币政策机制的实际可行性和可取性，联邦银行始终持保留意见。② 同时，它主张，应保护货币政策不受政治影响。

关于中央银行独立性，虽然有许多可选择的定义和标准，但对比其他国家，德国联邦银行通常被归入拥有最强政治独立性的中央银行之列（这里的政治独立性是指中央银行不受政治干预执行抗通胀路线的能力）。③

埃芬格/德哈恩（Eijffinger/De Haan）对关于中央银行独立性与经济增长之间的实证关联性的现有文献作了相当全面的综述。④ 他们的三个最重要结论值得一提：（1）从长期（10年及以上）来看，在中央银行的独立性和通胀率水平及变化之间存在着一种逆向关系；⑤（2）中央银行的独立性似乎与失业以及经济增长及其波动均无明显关联；⑥（3）出人意料的是，没有迹象表明，在经济衰退时，拥有中央银行独立性最高的国家比中央银行独立性较低的国家遭受更少的产出损失［事实上，甚至有证据表明，德国以及——在较小程度上——美国比其他拥有较少独立性中央银行的工业国遭受了更高的“牺牲率”（sacrifice ratios）——通胀率每降低一单位对应了更高的产出损失］⑦。总之，中央银行的独立性似乎带来了更好的总体经济成就

① Debelle/Fischer，Central Bank.

② 参见 Issing，Unabhängigkeit der Notenbank 及 Issing，Stability of Monetary。

③ Eijffinger/De Haan，Political Economy，区分为人事独立性、财政独立性和政治独立性，而政治独立性又分为目标独立性和工具独立性。亦参见 Grilli/Masciandaro/Tabellini，Political and Monetary 及 Cukierman，Central Bank Strategy。

④ Eijffinger/De Haan，Political Economy.

⑤ 中央银行独立性和通货膨胀之间的这种逆向关系对工业国和发展中国家同样适用。但 Eijffinger/De Haan 论证：在工业国，法定独立性是能很好说明央行自治性的指标，但在考察发展中国家时，应优先考虑其他表征，如中央银行行长的变动及中央银行的政治弱势。

⑥ 因为中央银行的独立性与通货膨胀率是逆相关的，但看不出会对经济增长产生明显的负面影响（至少在工业国是这样），因此有些作者将其称为“免费的午餐”（free lunch）。

⑦ 参见 Ball，Sacrifice Ratio 及 Debelle/Fischer，Central Bank。还没有关于不同国家的牺牲率差异的解释。但 Debelle/Fischer，Central Bank 论证：工业国面临着衰退的时长和深度及通胀率变动之间的权衡，把这种权衡交给并不经受政治压力的中央银行不是理想的选择，因此应当加强联邦银行对决策的责任性。Adenauer，Address 较早提出了对联邦银行独立性的批评。

（更低的通货膨胀率，且无明显的经济增长损失），但为何中央银行的信誉更多地作用于金融市场而非劳动力市场，这始终是个谜。

第三，联邦银行在确立货币政策目标方面也具有国际影响力。在过去十年里，越来越多的国家接受这一观点，即长期价格稳定应该是中央银行的主要目标。前不久，费舍尔分析了促使这第二个新的正统理论形成的因素。[①]根据他的观点，存在这样一种认同：通货膨胀与高昂的（经济和社会）成本紧密相关；经济计量学研究结果无法证明通胀和失业间存在长期的权衡关系，但短期的权衡是存在的；而且，两位数的通货膨胀率会影响经济增长。此外，人们还认可，大多数情况下，追求长期价格稳定（这里的价格稳定解读为：通胀率约为1% ~3%）为逆周期政策留出了足够的空间，而明确的数值化的通胀目标和透明的货币政策决策程序的框架，在最大程度上保证了：由货币扩张所带来的潜在的通胀后果不会被忽视。

估计没有任何一家货币发行银行会像德国联邦银行那样致力于把稳定价格作为最高目标。联邦银行的法律职责就是如此规定的，在它的货币供应量目标（自 1975 年）背后始终有一个明确的通胀目标。它虽然常常超出它的货币供应量和通胀目标，但德国在过去的 45 年中拥有全世界最低的通货膨胀率，这是一个事实。[②] 如第 3 节所述，当制度政策框架中的其他因素（如汇率制度、金融机构的监督、促进德国马克国际地位的自由化措施）即将威胁到保证价格稳定这一最高目标时，联邦银行总是作出有利于保证价格稳定的决策。在确定未来欧洲中央银行的规约时，德国领导人坚持，虽然应当明确提到充分就业和增长，但必须明白无误地说明，只有在与稳定价格这一基本目标不发生冲突的前提下，才能追求这些目标。

这里应该指出两个限制条件。首先，尽管稳定目标优先，但有明确的迹象表明，联邦银行在货币政策的决策中仍然受到现实经济状况的影响。尽管官方公开表述中不会提及，但数据表明，联邦银行曾不断试图借助逆周期的货币宽松政策降低经济衰退的频率和程度。克拉利达/格特勒（Clarida/Gertler）的一项最近的实证研究表明，联邦银行在多数情况下按照修正后的“泰勒规则”（据此，当预期通胀或预期实际产出相对于目标值出现升高时，

---

① Fischer, Central Banks.

② Clarida/Gertler, Bundesbank 及 Goldman Sachs, M_3-Target 中的数据表明，1975 ~1996 年间联邦银行大约每两年便有一年不能达到货币供应量和通胀目标。

就提高短期实际利率）调整隔夜拆借利率。事实上，克拉利达/格特勒认为，联邦银行在布雷顿森林体系崩溃后的政策和1987年以来美联储的做法之间存在明显的平行性。①

第四，无论在欧洲还是其他地方，过去几十年间与德国马克运作相关的政治观点并未都被其他国家所接受。因此必须指出，十国集团国家中的许多国家仍然坚信，鉴于意义重大的金融创新，以货币供应量作为货币政策的中期目标是可取的和可实施的；为保证对基础货币的充分稳定的需求，最低准备金要求是必要的；银行监督的主要责任不是由中央银行，而由其他机构承担，是一个明智的决定。② 此外，德国货币当局在不同时期受到——不仅来自欧洲内部，也来自大西洋彼岸的——严厉批评，因为它（据称）由于"对通货紧缩的偏好"而妨碍了欧洲的经济增长（它没有鉴于低增长率和产出不足而迅速降低利率）；因为它在德国统一之初没有再施加压力，以推动对德国马克的重新估值；还因为对于宏观经济政策国际协调的建议，它没有表现出更为开放的态度。③

5 最后说明

在本文中，我们试图弄清，是哪些因素使德国马克在50年内，从一种新生货币成为全球第二大储备和投资货币。最后，我们想就我们的分析对德国马克可能的继承者——欧元的意义，做简短的说明。

首先，基于对货币的国际使用产生影响的多种因素，欧元有着良好的前景，随着时间的推移将成为美元真正的竞争者。如果欧盟15国最终都获得欧洲货币联盟的成员资格，并将欧元作为自己的货币，那么由此而构成的货币区（以购买力平价为基础）将拥有几乎与美国相当的国内生产总值。欧洲中央银行的任务和章程以及与货币联盟稳定公约相关联的入盟条件，确立了相应的防护措施，以避免某种经济政策断送了人们对新货币长期价值的信任。如果能够保持币值稳定，那么东欧国家就自然会产生愿望，将它们的货

---

① Clarida/Gertler, Bundesbank.

② 参见 Freedman, Operating Procedures 及 Eijffinger/De Haan, Political Economy。

③ Bergsten/Henning, Global Economic Leadership 中有一个有关七国集团国家经济政策观点差异的讨论。尤其是对于德国统一后德国马克的升值，通常认为，德国多次主张这样的升值，但遭到了欧洲汇率机制内其他伙伴的阻挠，因为它们不愿意自己的货币贬值。

币与欧元挂钩。如果欧洲能够为固定收益证券，特别是为国库券建立起一个一体化的、巨大的、流通性良好的市场，就能够摆脱那些至今妨碍它进一步撼动美元主宰地位的不利因素。此外，前面提到的货币不同功能之间具有综合效应，这将使欧元在一个方面的使用惠及其在另一个方面的使用。

其次，这是一个反向论证：人们很容易低估历史的角色分配和惯性对中短期储备货币走势的影响；同样容易高估轻微的（中央银行）投资组合变化的影响和金融市场流动性的改善对重要货币汇率的影响。

最近的一些计算很有教益。艾其格林/弗兰克（Eichengreen/Frankel）对国民经济规模和货币在官方货币储备存量组成间的关系进行了研究。[①] 他们考察了一种假设情景，其中德国马克或欧元区和日元区（以购买力平价为基础）分别拥有同美国一样的实际国内生产总值，这三个货币区域的国内生产总值之和，占全球产出国内生产总值的一半（每个区占1/6）。他们估计，德国马克和日元在货币储备中的比例将明显升高（至28%和16%），但仍远赶不上美国（目前将保持在60%）的比例。在一个最近的经济计量分析中，[②] 笔者将各种货币储备的比例不仅与全球国内生产总值和世界出口的比例，也与它们各自的历史演进（使用滞后储备比例数据作为近似值）挂钩，并得出结论，历史惯性对美元的影响远比对德国马克和日元的要大。他同时认为，如果未来欧元的比例超过当前德国马克的比例，那增加的份额很可能来自对欧盟国家货币和较小储备货币的挤占，而非以美元为代价。

在对国际货币使用的巨大变化取决于强烈汇率变化的情景假设进行观察时，也同样应有所保留，并且应与现实数据进行比较。麦考利（McCauley）和怀特（White）对此进行了具有说服力的论证：随着欧洲市场固定收益债券流动性的改善，不仅欧洲债券的需求，而且其供给也会增加，从而缓和汇率的影响。[③] 此外，麦考利断言，国家债券的现有存量如此之大，以至于（官方领域）在美元和欧元间微小的投资组合的变化很可能不会引起汇率变化。根据这些估计，目前十国集团国家债务的存量约为10万亿美元。借助一个简单的投资组合模型，即：其中美元和欧元非完全替代；所有投资组合

---

① Eichengreen/Frankel, SDR.

② 参见 Eichengreen, Comments。

③ 参见 McCauley, Euro; McCauley/White, Euro。

根据汇率（而不是根据利率）进行调整；同时，以美元和欧元计价的国家债券数量各为3万亿美元，笔者得出结论，美元汇率只要微跌几个百分点，就可在投资组合发生重组——如将300亿美元换成欧元——之后建立起新的投资组合的平衡。

这些量化研究表明，只要美国的经济不陷入艰难且持久的危机，就很难设想国际货币使用会在短时间内发生非常巨大的变化。[①]

归根到底，潜在发展和发展实际不必一定是一致的。就像联邦银行在很多场合所论述的，货币政策的可信度不是能借来的，而是必须赢得的。欧洲中央银行将从零点起步。如果欧元要“像德国马克一样好”，并且，如果它要以币值稳定的信誉为基础向美元发起强力挑战的话，那它还任重而道远。

---

① 事实上，Eichengreen认为，美国国民经济规模变化对货币储备中美元比重的短期影响只有其长期影响的约1/10。参见Eichengreen，Comments。

固定汇率时期的货币政策（1948～1970年）*

卡尔－路德维希·霍尔特福理希
（Carl-Ludwig Holtfrerich）**

1 初始观点

罗伯特·蒙代尔（Robert Mundell）用模型理论证明了，开放经济中的货币政策有效性与汇率制度和国际资本流动的自由度相关。① 他指出，在资本自由流动和汇率固定的情况下，货币政策对国内增长和就业政策的影响小于对资本项目收支和经常项目收支的影响。与此对应，财政政策则对稳定国内经济发展较有效。由此，蒙代尔推断出：货币政策在固定汇率时期，应该完全专注于建立对外经济领域的平衡，或者建立另外一种希望实现的国际收支平衡状态，而财政政策则应该专注于确保国内经济平衡。② 他还断定，在浮动汇率下，货币政策和财政政策起的作用正好相反，因而它们的分工也应该互换。③

---

* 原文标题 Geldpolitik bei festen Wechselkursen（1948－1970年），出处：Deutsche Bundesbank（Hrsg.）（1998）；Fünfzig Jahre Deutsche Mark. Notenbank und Währung in Deutschland seit 1948, München，第347～438页。译者为同济大学德国研究所郑春荣教授与伍慧萍教授领导的团队。

** 卡尔－路德维希·霍尔特福理希（Carl-Ludwig Holtfrerich），生于1942年，经济学家及历史学家，至2007年任柏林自由大学教授。

① 参见 Mundell，Dynamics；Mundell，Use；Mundell，Capital。

② 斯沃博达也得出过同样结论。Monetary Policy。

③ 在四个常见的经济政策目标中，蒙代尔忽视了稳定价格这一目标。在三个最重要的经济政策领域中，他忽视了工资政策。他的忽视可能可以这样解释：他认为在自由化的世界经济中可交易货物领域的价格变化被国际价格环境预先设定了。作为凯恩斯主义的信奉者，蒙代尔认为，不可交易货物领域的价格变化对工资政策的依赖性比对货币政策的依赖性大。顺便说一下，德意志各邦银行/联邦银行直到70年代初（20世纪——译者注）也持同样观点，这在他们不断呼吁劳资对象遵守标准的行为中就体现出来了。

根据蒙代尔的理论，本研究需证明：早在20世纪50年代中期，随着德国马克过渡到事实的自由兑换，德意志各邦银行/联邦银行用于应对国内经济发展过热的紧缩货币政策屡屡宣告失败，除非这种货币政策考虑到对外经济因素，即将利率降低到其他几个最重要国家的水平之下，造成资本外流，这对国内经济景气的贡献比加息的作用要大。同样，还应看到，紧缩的货币政策不会影响经济发展，引发就业问题；国内经济景气的发展受财政政策、其他经济政策，包括工资政策的影响大于受货币政策的影响。

在固定汇率时期，不论是在经济增长、充分就业还是价格稳定方面，联邦德国经济政策目标的实现情况比这之后的时期要好得多（见表1）。[①] 这里就出现了这样一个问题：根据蒙代尔的理论，1969年前经济政策较好的效果和过去25年效果较差的经济政策，在多大程度上与政策搭配（policy mix）相关？在固定汇率时期，较为稳定的价格一方面源于世界范围较低的通胀水平，另一方面源于有利于稳定的工资政策。较高的经济增长率和较低的失业率必定特别归因于财政政策及对外经济发展，即持续较高的经常项目收支顺差和国际收支顺差，以及货币政策。

本研究还将证明：劳资双方在固定汇率时期——（除了在经济景气极端过热时期）——一直奉行工资和价格纪律，这样他们很清楚自己对维护价格稳定的责任。经济景气稳定政策大部分靠财政政策来实现，根据蒙代尔的理论，财政政策担负着经济增长和就业的责任。而货币政策只能在早期德国马克不可兑换的阶段起一些支持作用，之后，它在稳定国内经济方面基本没有发挥作用。[②] 中央银行理事会为了抑制景气而提高利率，理事会多次学习了蒙代尔总结的这个道理："在通货膨胀压力下的顺差国应该放松货币条件并提高税收（或者减缩国家开支）。"[③] 不过，央行理事会似乎在每一个下一次经济繁荣时期，又忘了这个道理。

---

① 这样的情况不仅出现在联邦德国，而且也或多或少地出现在其他OECD国家。参见Lindlar，Wirtschaftswunder。在联邦德国，1973～1997年间，年均经济增长率仅仅有2.1%，（每个就业人员的）年均劳动生产率增长率为1.9%。自1973年起，失业率不断增长，直到1997年再次达到11%，和1950年联邦德国"经济奇迹"开始前的状况一样。1970年是通货膨胀发展时期的起点。1970～1997年间，生活费开支年均上涨3.5%，这几乎是1952～1969年间平均增长率的1倍，虽然浮动汇率使得联邦德国的物价和单位劳动成本随着德国马克不断升值而和国际通货膨胀趋势挂钩。参见Lindlar/Holtfrerich，Geography，第233页。

② 因此在经济发展抑制政策需要的情况下，德意志各邦银行/联邦银行一直向财政政策的领导者寻求帮助。

③ 这是本人对蒙代尔的翻译。Use，第70页。

1970年前，联邦德国货币和流动性增长因为开放的对外经济而始终充裕，这对于当时的经济发展而言是件幸事。因为如此，在劳资双方相对遵守工资纪律的情况下，被当时人们称为“高度景气”的状态得以毫无阻碍地蓬勃发展，即经济和就业的高增长。这个情况出现在1952～1955年价格几乎绝对稳定的时期并非偶然，那时财政政策通过“联邦预算节余”（Juliusturm）发挥了最大的稳定作用。

总而言之，在固定汇率时期，三个最重要的政策领域之间的任务分工基本符合蒙代尔理论。货币政策和经济政策获得了相应的成功。

2 经济和货币发展概述

下面的表和图（见表1、表2、表3和图1、图2、图3、图4）显示了联邦德国经济和货币发展的几个重要数据。

3 货币政策的机构、目标和手段

正如每个中央银行，德国联邦银行在货币政策中的特殊作用不在于它影响力的范围，也不在于它的单独负责权。即使一个独立于政府的中央银行，其左右一国经济的货币政策能力也是有限的。因此，奥特玛·埃明格尔（Otmar Emminger）在1970年作出了一个准确的表述，他提出了“货币影子政府”之一的说法。[①] 因为，除了中央银行，在国内还有其他政治机构和私人团体，在国外还有他国的中央银行也参与其中活动。如果这些机构各自单独做出的决策对货币政策的影响可能大于联邦银行的决策，那么，这些和联邦银行相对的“货币影子政府”的共同作用肯定大于联邦银行。联邦银行如果想对货币政策产生大的影响，那么它的机会就在于：它是上述机构中唯一持之以恒地做出和国内货币政策目标一致决策的机构，而（尤其是）国家行为、企业和私人对货币政策的影响往往产生自那些并非根据货币政策目标而做出的决定。他们对货币政策的影响仅仅是一些副产品，这些影响在

---

① 参见Emminger，Zahlungsbilanz，第1072页和Emminger，D-Mark，第174和466页。当时是指来自国外的外汇流入，因为这些外汇流入，联邦银行失去了对德国国内信贷量和货币供应量的控制。

表 1　1950～1970 年一般经济发展情况

年份	基本生活费用变化率（%）	失业率（%）	实际经济增长率（%）	投资率（%）	单位时间劳动生产率增长率（%）	每小时毛工资增长率（%）	宏观经济的单位劳动成本增长率（%）	财政赤字/盈余				年底公共债务			
								联邦		全部公共财政		联邦		全部公共财政	
								单位：十亿马克	占 GDP 百分比	单位：十亿马克	占 GDP 百分比	单位：十亿马克	占 GDP 百分比	单位：十亿马克	占 GDP 百分比
1950		11.0		18.9				-1.0	-1.0	-0.5	-0.5	7.3	7.1	20.6	20.0
1951	7.7	10.4	10.9	18.9	6.8	14.9	8.8	0.0	0.0	+1.5	+1.2	8.2	6.5	22.4	17.7
1952	2.1	9.5	9.0	19.4	3.6	7.8	0.9	-0.5	-0.3	+1.0	+0.7	8.9	6.2	24.0	16.6
1953	-1.8	8.4	7.9	20.6	4.2	4.8	0.6	+1.5	+1.0	+3.0	+1.9	17.0	11.0	33.9	21.8
1954	0.2	7.6	7.5	21.5	5.4	2.6	0.6	+0.5	+0.3	+2.0	+1.2	20.1	12.0	38.7	23.2
1955	1.6	5.6	12.1	23.5	6.5	6.8	0.3	+2.0	+1.0	+3.0	+1.6	20.8	10.9	41.0	21.5
1956	2.5	4.4	6.9	23.7	3.7	9.9	3.1	+1.5	+0.7	+3.0	+1.4	20.6	9.8	42.0	19.9
1957	2.0	3.7	5.7	22.5	6.9	8.7	2.7	-2.0	-0.9	-0.5	-0.2	22.9	10.0	43.9	19.1
1958	2.2	3.7	3.5	22.7	4.0	6.8	4.0	-1.5	-0.6	-2.0	-0.8	23.4	9.5	46.5	18.9
1959	1.0	2.6	7.4	24.0	7.9	5.4	-1.0	-3.0	-1.1	-1.5	-0.6	25.1	9.3	49.6	18.4
1960	1.4	1.3	9.0	24.3	8.2	9.3	2.1	-1.0	-0.3	+3.0	+1.0	26.8	8.9	52.7	17.4
1961	2.3	0.8	5.6	25.2	4.9	10.3	6.9	+1.1	+0.3	+2.1	+0.6	25.9	7.8	57.1	17.2
1962	3.0	0.7	4.0	25.8	5.9	11.5	4.5	-1.2	-0.3	+0.2	+0.1	27.2	7.6	60.4	16.7
1963	3.0	0.8	3.4	25.6	5.6	7.5	3.4	-2.7	-0.7	-4.0	-1.0	30.1	7.9	67.1	17.5
1964	2.3	0.8	6.8	26.6	7.7	8.4	1.8	-1.0	-0.2	-5.2	-1.2	31.3	7.5	73.8	17.6
1965	3.4	0.7	5.7	26.2	4.5	9.8	4.3	-2.0	-0.4	-8.8	-1.9	33.0	7.2	83.7	18.2
1966	3.5	0.7	2.8	25.5	3.3	6.6	4.1	-2.4	-0.5	-7.5	-1.5	35.6	7.3	93.0	19.1
1967	1.4	2.1	-0.2	23.1	5.8	3.2	0.2	-8.5	-1.7	-15.9	-3.2	43.5	8.8	108.2	21.9
1968	1.5	1.5	6.3	22.4	5.8	4.4	0.8	-4.4	-0.8	-9.3	-1.7	47.2	8.9	117.1	22.0
1969	2.8	0.9	7.8	23.2	6.8	9.0	3.6	+0.8	+0.1	+1.3	+0.2	45.4	7.6	117.9	19.8
1970	3.7	0.7	6.0	25.5	3.1	13.9	11.6	-1.4	-0.2	-3.9	-0.6	47.3	7.0	125.9	18.6

资料来源：德意志联邦银行、专家委员会和联邦统计局。

表2　1949～1970年对外经济发展情况

年份	经常项目收支余额 单位:百万马克	资本项目收支余额 单位:百万马克		国外头寸 单位:十亿马克				
				德意志各邦银行/联邦银行			信贷机构	
		长期	短期	国外资产	其中黄金	国外负债	国外资产	国外负债
1949	-262	49	0	0.85		0.55	0.05	
1950	-323	488	149	1.08		1.82	0.38	
1951	2485	-79	-464	2.00	0.12	0.65	0.40	0.57
1952	2726	-357	363	4.97	0.59	0.38	0.21	0.82
1953	4148	-378	-320	8.37	1.37	0.05	0.25	1.45
1954	4015	-438	-268	11.50	2.63	0.17	0.38	1.63
1955	2676	-271	-369	13.29	3.86	0.14	0.54	1.92
1956	4986	-365	203	18.32	6.23	0.19	0.74	3.02
1957	6538	-390	-1265	24.06	10.60	0.72	1.40	3.61
1958	6628	-1437	-1292	27.03	10.96	0.39	2.05	3.47
1959	4824	-3629	-2769	25.20	10.93	0.45	5.06	4.11
1960	5612	-81	2353	33.34	12.29	0.62	4.41	5.39
1961	4033	-4053	-956	32.01	14.43	0.75	7.32	6.67

续表

年份	经常项目收支余额 单位：百万马克	资本项目收支余额 单位：百万马克		国外头寸 单位：十亿马克				
				德意志各邦银行/联邦银行			信贷机构	
		长期	短期	国外资产	其中黄金	国外负债	国外资产	国外负债
1962	-686	-183	-414	30.96	14.49	0.61	8.88	6.80
1963	1956	1806	-1186	33.53	15.14	0.46	10.36	7.69
1964	1586	-894	-431	34.28	16.73	0.78	12.48	8.50
1965	-5036	1137	2405	32.89	17.37	0.71	14.48	8.99
1966	1712	-342	343	34.70	16.91	0.62	16.23	9.03
1967	11428	-2930	-8918	35.09	16.65	1.17	24.01	10.37
1968	13187	-11201	5076	41.93	17.88	1.44	34.96	16.24
1969	8835	-23040	4361	28.05	14.70	1.46	49.56	23.15
1970	4783	-934	17647	51.73	14.34	3.55	52.79	33.45

注：经常项目收支余额和资本项目收支余额：

“-”表示赤字。

德意志各邦银行/联邦银行及信贷机构的国外寸头：

数据均取自年底。

资料来源：Deutsche Bundesbank，40 Jahre，第254页及续页。

资料来源：Deutsche Bundesbank，40 Jahre，第15、17和26页。

表3　1949～1970年货币发展情况

年份	基础货币，增长率(%)	M_3 货币供应量增长率(%)	货币市场利率(%)	资本市场利率(%)	商业银行给非银行机构的贷款增长率(%)	商业银行的可支配流动性单位:十亿马克
1949	16.5		3.24		95.2	0.3
1950	8.7	23.2	4.31	6.22	54.1	0.3
1951	15.4	21.3	6.01	6.39	25.9	1.3
1952	16.0	20.4	5.11	5.94	25.7	4.1
1953	10.3	19.3	3.57	6.11	24.5	5.1
1954	6.9	14.9	2.89	6.37	24.6	5.3
1955	10.1	12.1	3.16	6.10	19.5	5.7
1956	6.5	11.4	4.71	6.30	12.9	8.5
1957	10.8	16.1	3.96	7.10	10.8	14.2
1958	9.2	13.6	3.08	6.50	12.4	16.1
1959	7.8	16.1	2.70	5.80	18.6	17.4
1960	7.5	10.9	4.56	6.30	23.3	11.5
1961	11.6	14.8	2.93	5.90	15.2	14.7
1962	7.8	10.4	2.66	6.00	12.6	17.2
1963	8.1	9.9	3.00	6.10	12.3	17.4
1964	8.4	9.4	3.29	6.20	13.1	18.0
1965	9.0	10.6	4.10	6.80	12.8	15.6
1966	5.5	8.3	5.34	7.80	9.1	13.7
1967	6.7	12.0	3.35	7.00	10.3	24.9
1968	9.5	11.8	2.59	6.70	12.4	34.3
1969	9.4	9.4	4.81	7.00	14.8	31.0
1970	6.8	9.1	8.65	8.20	10.7	20.5

注：基础货币：

由1949年底至1960年底的数据计算得出。由于联邦银行不能提供1948～1959年基础货币的统计数据，所以1949～1960年用现金流动的增长率替代。上述数据之所以能够替代，是因为原本应该包括进去的存款准备金存款仅仅占现金流动的很少部分，而且还须以恒定的储备率将其计算在内，这样会限制这一因素的变动性。因此，该因素对增长率的影响较之现金流动量这一因素只是微乎其微的。

资料来源：1949～1960年：Deutsche Bundesbank，40 Jahre，第20页。从1961年起的数据源自德意志联邦银行。

M_3 货币供应量：

由1949年底至1960年底的数据计算得出。

资料来源：1949～1960年：Deutsche Bundesbank，40 Jahre，第16页。1950～1954年统计数字中储蓄存款缺少的部分由法定通知期限的储蓄存款补充，法定通知期限的存款视为占所有储蓄存款的2/3。这个比例和50年代后期法定通知期限的储蓄贷款在总储蓄存款中的比例相当。总储蓄存款数据来自：Bank Deutscher Länder，Statistisches Handbuch，第16页。

金融市场利率：

短期贷款利率，取年平均值。

资料来源：1950～1954年：Morawietz，Rentabilität und Risiko，第334页。从1955年起：Deutsche Bundesbank，40 Jahre，第207页。

商业银行给非银行机构的贷款：

资料来源：Deutsche Bundesbank，40 Jahre，第44页。

商业银行的可支配流动性：

1949～1957年为年底的数据。从1958年起为年平均值。

资料来源：德意志联邦银行。

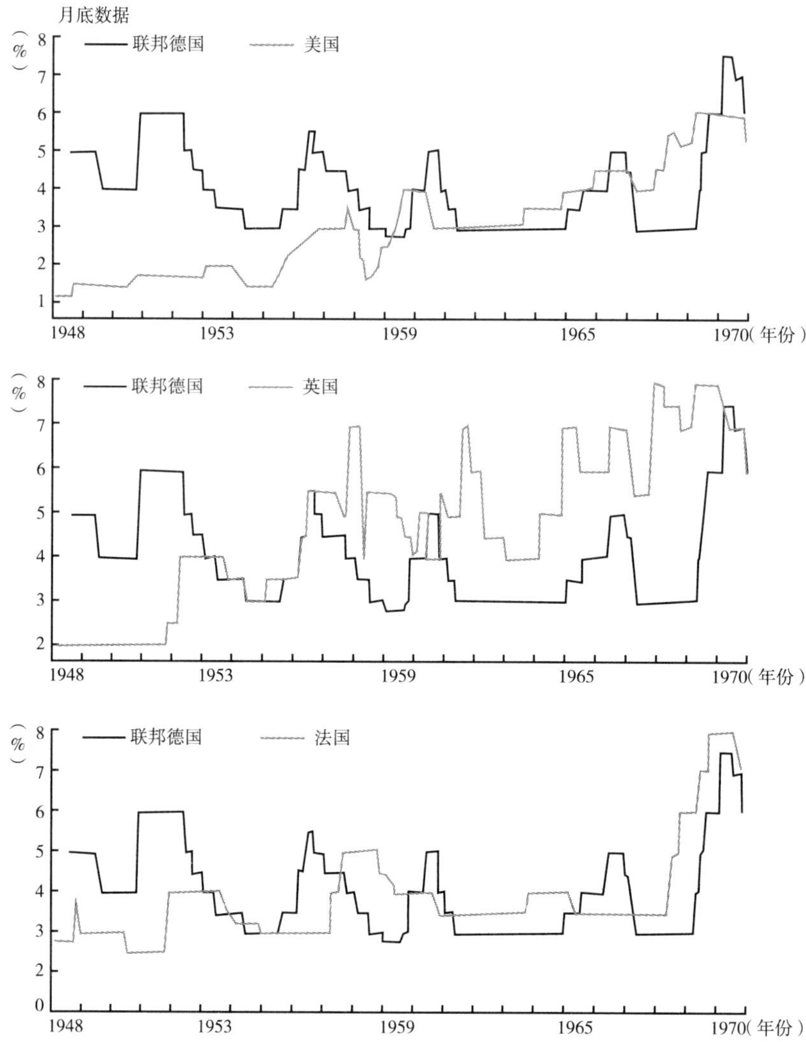

图1　贴现率的国际比较

资料来源：由德意志联邦银行根据不同资料来源计算得出（Federal Reserve Bulletin, Banque de France, Bank für Internationalen Zahlungsausgleich)。

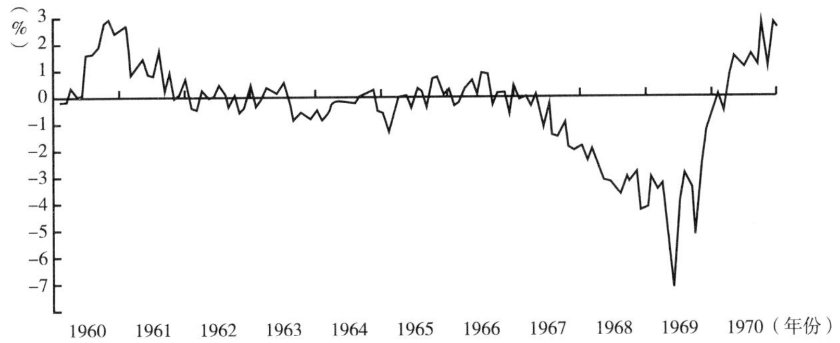

图 2　1960～1970 年联邦德国和美国隔夜拆借利率差异

注：联邦德国隔夜拆借利率高于美国，则表现为正数；反之则为负数。

资料来源：Deutsche Bundesbank。

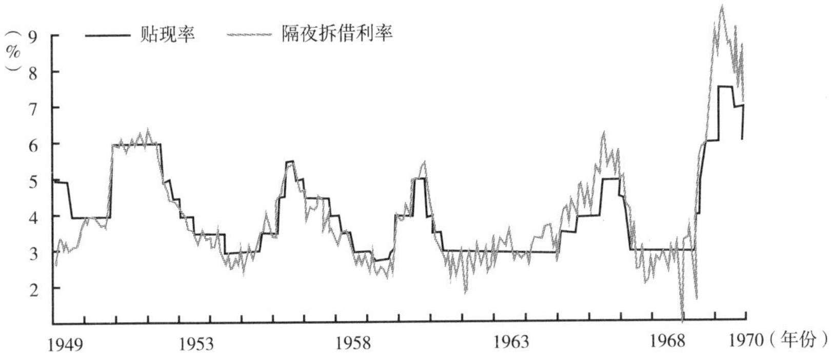

图 3　月平均隔夜拆借利率和贴现率

注：如果贴现率的调整发生于下半月，则计入下月。1949～1959 年隔夜拆借利率的平均值为每月最低和最高值的数学平均值，1960～1970 年则为整个月平均值。

资料来源：贴现率：Deutsche Bundesbank，40 Jahre Deutsche Mark，第 200 页。隔夜拆借利率：至 1954 年 12 月：Bank Deutscher Länder，Statistisches Handbuch，第 277 页；1955 年 1 月至 1959 年 11 月：德意志各邦银行/联邦银行的不同月报；1960 年 1 月起：联邦银行。

没有中央银行干预的情况下也会相互抵消。这种影响的分散性是这些机构代表不同利益的必然结果，因此中央银行就能够在其中起到主导作用。

盟军占领国制定了一部法律或者说一个规定，该法律促使 1948 年 3 月 1 日成立德意志各邦银行（BdL），它称，德意志各邦银行核心目的是：“稳定货币以及货币及信贷体系”，既没有直接也未间接提及经济政策的其他目标。

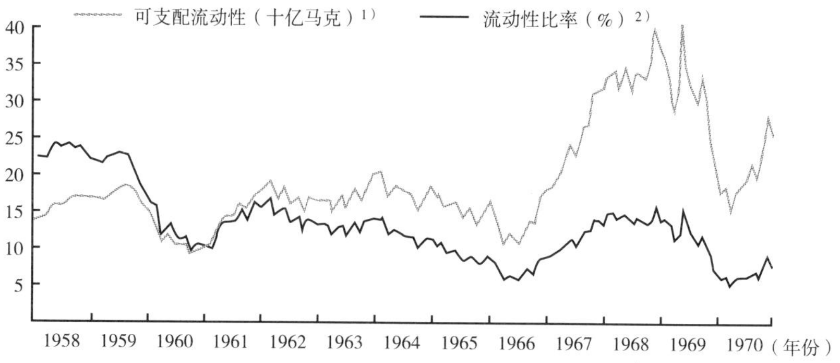

图 4　可支配流动性和流动性比率

注：1）国内货币证券、国外金融市场投资、未用尽的再贴现份额、扣除联邦银行抵押贷款后的顺差结存额（央行结存额/存款准备金要求）。

2）信贷机构的可支配流动性占总存款量的百分比（非银行和海外信贷机构的活期存款、定期存款和储蓄存款——不含期限在 4 年和 4 年以上的）。

资料来源：Deutsche Bundesbank。

德意志各邦银行被明确地赋予了中央银行的两个经典功能，即货币的守护者和信贷机构的“最后贷款人”（lender of last resort）。在后来的《联邦银行法》中没有再提及第二项功能。在这部法律的第 3 条中，联邦银行虽然被赋予了“负责进行国内的以及与国外的支付往来的银行业务”的任务，但是这项法律规定它的主要任务仅限于“货币的守护者”：它应该“本着稳定币值的目的调节货币流通和经济运行中的贷款供给”。在联邦议会货币和贷款委员会 1957 年 6 月 28 日的总结报告（他们正是以此向联邦议会提交了撰写完成的法律草案）中，针对第 3 条却特别强调规定：负责保护货币的除了联邦银行，还有“并且首先应该是联邦政府和立法者，还包括社会伙伴等”。①

在第 12 条里，虽然保证了联邦银行相对联邦政府指令的独立性，但是联邦银行同样有义务在“完成其任务的同时，支持联邦政府的一般经济政策”。②在 1967 年 6 月 8 日的所谓《稳定法》中，联邦银行的支持义务得以进一步

① 1956 年 10 月 18 日联邦政府向联邦议会提交了《德意志联邦银行法草案》。其中关于第 3 条的解释是，国内购买力的稳定性虽然“很重要”，但是尽管如此，其他目标（外国购买力的稳定性、充分就业、经济持续增长）也是联邦银行的重要目标。“因此有时候需要，在考虑所有情况的前提下，为了‘总体利益’或者‘国家的兴旺’而寻求最优的妥协。”然而政府和其他机构对实现经济政策目标和保障货币也承担着责任。“所以，所有相关负责机构包括中央银行的相互合作同这些机构各自的独立性同等重要。”

② 1957 年 7 月 26 日的《联邦银行法》。

具体化。该法律的第13条第3款规定：所有公权范围内的联邦直属的公共法人（联邦银行当属其中），“在其责任框架内，必须考虑第一条的目标”。第1条规定，经济和财政政策的措施应该在市场经济秩序框架内实现经济持续适度增长的同时，致力于价格水平的稳定、高就业率和对外经济平衡。[①]

基本上，固定汇率时期的货币政策有三个中间目标（或者说出发点）。第一，不同口径的从 M_1 到“广义的 M_3”的货币供应量，或者只是货币基数，即不含公共和私人非银行机构在央行存款的中央银行货币供应量（基础货币）。第二，可支配流动性。第三，利率及不同种类和期限的贷款的利率结构。最后一点对于联邦银行来说，同它如何影响可支配流动性的规模及结构紧密相关。

德意志各邦银行在德国战后重建时期（从1948年货币改革到1955～1957年达到充分就业的经济繁荣时期）的货币和信贷政策曾追求过的中间目标是：除了要将利率保持在尽可能低的水平（因为利率对投资行为，进而对经济发展和就业具有重要意义），首先要通过出口顺差来积累外汇储备，从而让马克从最初的国际弱货币变成强德国马克。在判断商业银行流动性状况时，德意志各邦银行一直到1958年只关注了其自身当前的货币存量现状（主要流动性，尤其是超额准备金），它那时候还未对潜在的基础货币（次流动性）和可支配流动性给予重视。

和今天我们熟悉的货币视角不同的是，德意志各邦银行还非常重视“货币供应量”的增长情况。它所指的“货币供应量”是银行系统以外的现金流动以及非银行机构的“30天内到期的银行存款”（=活期存款）。[②] 按照当时“货币供应量”的定义，它在1953年增长了近13%，德意志各邦银行认为这对价格稳定没有危险。当时的货币政策就有这样的特点：不仅不把30天以上的定期存款和储蓄存款计入“货币供应量”，而且认为它们对货币供应量及货币需求量有紧缩影响。[③] 当时的货币政策仅仅影响了经济增长（1953年：+8.3%，1954年：+7.7%）和就业，而与此同时1953年生活

① 1967年6月8日的《促进稳定和经济增长法》。

② 包括所有公共机构。当时“货币供应量”的定义和现在的 M_1 有区别。参见 Geschäftsbericht der Banke deutscher Länder für das Jahr 1953，第14页；Issing，Einführung，第9页。

③ 1953年“贷款机构长期的外来资金”达101.5亿马克，几乎和“整个银行系统贷款发放”的104.5亿马克的增长一样，因此贷款发放的大量增长给“货币供应量”带来的扩张性影响几乎就被抵消了。剩下的只有外汇流入（35亿马克）对“货币供应量”增长（33亿马克）的扩张性影响。如果按照今天 M_3 的定义对这个货币供应量的增长进行计算，那么如同前几年一样，货币守护者必然得出近20%的增幅（见表3）。

费开支下降了几乎 2%，1954 年则保持不变。

从 1958 年到 70 年代初，联邦银行货币政策最重要的中间目标是控制商业银行的“可支配流动性”。[①] 这个目标的基本出发点是，认为央行能够控制住商业银行的货币创造量，因而不是直接控制货币供应量，而是直接控制银行可支配流动资金储备的规模及其贷款发放能力。这样，央行就能间接影响国民经济的货币总需求。当时，联邦德国的中央银行控制的货币供应量中除了有商业银行的超额准备金（作为现有基础货币的自由部分），还包括可供商业银行随时额外动用的中央银行基础货币中的资产，也就是潜在的基础货币。之所以这样，是基于这样的经验，即只要商业银行尚不必须将基础货币存量作为其存款准备金，那么他们总会尽可能将基础货币供应量控制在低位，因为这些钱不会带来利息收入。[②]

商业银行自主发放贷款的活动余地及由此产生的货币创造的活动余地源自其“流动性比率”，即其可支配流动性和存款总量的比例（见图 4）。其中的困难在于，银行的自有流动资金储备的规模不仅受基础货币政策影响，还受市场因素影响，即现金持有量的变动、公共部门在央行的净存款、公共部门相对银行系统的金融市场负债，以及相对于国外的国内净外汇头寸。[③]

从 20 世纪 50 年代末到 70 年代初固定汇率制度结束，外国货币市场投资，即信贷机构的外汇存量属于决定可支配流动性的最大市场因素。它常常使得联邦银行对控制可支配流动性的努力孤立无援，尽管联邦银行对维持德国马克汇率有干预的责任。和外国货币市场投资相比，现金持有量的变动因素和其他两个市场因素都比较容易通过联邦银行的政策进行控制，因为这些因素要么更易计算，要么更易与其始作俑者进行协调。现金持有量的变动和工资总额的变动紧密相关，而工资总额的变动是通过增加就业人数，尤其是提高工资实现的。[④]

---

① Emminger, Zwanzig Jahre, 第 28 页。Emminger 在 1968 年 3 月谈到“中央银行流动性政策”的十年经验。对 1958 年初情况的直接证明在央行理事会的记录中无法找到。

② 这也是 1965 年联邦银行断言超额准备金“从 1949 年至今几乎没有任何意义”的原因。Deutsche Bundesbank, Methodische Erläuterungen, 第 30 页。在固定汇率时期，联邦银行认为可支配流动性包括：超额准备金，即商业银行的基础货币存量（=实际储备量）减去存款准备金要求；未用尽的再融资余隙，即在贴现率份额和抵押放款余隙；商业银行持有的用于联邦银行市场调控的国内金融市场证券以及商业银行持有的国外货币投资。

③ Deutsche Bundesbank, Institutionen, 第 20 页。

④ 从 20 世纪 60 年代中期起开始过渡到以非现金方式支付工资，这对上述联系产生了巨大影响。

1948～1970年，央行政策工具箱通过立法机构获得了三次彻底的新装备。1948年，德意志各邦银行通过西方盟军与货币改革相关的立法，获得了首批工具装备（德国第一次获得了存款准备金政策及公开市场政策的工具）。第二次新装备通过1957年的《联邦银行法》而得以实现（增加了公开市场政策和储蓄政策的可能性）。第三次对中央银行工具箱的增容是通过《稳定法》（1967年）之后的几项法律实现的，这几项法律让联邦银行能够防御对稳定有威胁的国外资金流入（对外国存款规定了100%的存款准备金率，无息存款）。[①]

4　1948～1970年的货币和信贷政策

在商业银行获得基础货币的纯国内来源中，在本节所观察的时期，联邦德国中央银行的票据信贷是最重要的，[②] 而抵押贷款则完全只起到了次要作用。[③] 正因为如此，加上抵押贷款率直到本节观察期末始终只比贴现率高1个百分点（除了少数例外），因此在本节将不再提及抵押贷款率的变化。

1952年5月1日引入的再贴现率份额的变动在此也不予考虑，因为它们几乎没被用到过。[④] 和后布雷顿森林体系时代相反的是：再贴现率份额当时只是个“空气数字”。这个说法是如今负责这一领域的联邦银行官员告诉我的。[⑤]

除了贴现率的利率政策工具，存款准备金政策、公开市场政策及外汇互换政策工具都很重要。[⑥] 银行的超额准备金和可支配流动性都与它们相联

---

① 参见 Stern/Münch/Hansmeyer，Gesetz，第203页。

② 中央银行贷给国内贷款机构的全部贷款中，票据贷款在1948年占88%，1958年占86%，1968年占86%。Deutsche Bundesbank，40 Jahre，第26页。

③ 1980年前还没有证券回购协议。

④ 它只有1952年和其后两年的年底被用到过，不过即便在当时也只在将近40%至50%之间。直到1969年和1970年货币发生波动，布雷顿森林体系开始解体时，它们的重要性才重新提高。到1970年1月底为77%，暂时成为最大值。此处数据根据联邦银行提供的月度时间序列中的数据计算而来。

⑤ 再贴现率份额的变动可能对个别信贷机构很重要，这些机构在他们份额的临界点开展业务。它们对贷款机构全体没有什么意义。

⑥ 在外汇互换交易中，联邦银行以现货将美元出售给信贷机构，同时按照一个固定汇率以期货形式将其购回。通常，远期汇率要低于现期汇率。在这样的情况下，联邦银行用“远期贴水”来支付汇率担保。如果联邦银行想特别促进货币出口，那么它会放弃远期贴水，并用票面值进行外汇互换交易，或者甚至提供一个高于现期汇率的远期汇率（=“Report”）。参见 Deutsche Bundesbank，Institutionen，第57页及续页。

系。因此，接下来本节要对它们给予特别的关注。

在为对外经济服务的政策工具中，德意志各邦银行/联邦银行在固定汇率时期无法使用其中最强有力的工具——汇率。这和联邦政府的职能有关。尽管如此，本节接下来要给予它充分关注，因为德国马克的汇率在联邦德国整个货币和对外经济政策中起着战略性作用。1951～1970年，由于联邦德国持续性的外汇顺差，德国马克的升值问题一直处在货币政策讨论的中心。

还有一个问题值得注意：央行理事会在货币政策上的决策是对什么情况做出的反应？紧缩措施是对对外经济赤字、国内物价上涨、工资过度增长、公共部门不够紧缩的财政政策或商业银行过高的超额准备金和可支配流动性做出的反应吗？宽松措施是出于对外经济的原因还是国内经济的原因？例如，是为了增加经济增长率或者就业、为了避免通货紧缩的价格走势、为了促进资本市场，还是为了帮助贷款机构走出流动性“瓶颈”（最后贷款人功能）？最后，对一个老问题的重新回答也非常重要：发行银行是通过变动贴现率来跟随受对外经济强烈影响的金融市场变化，还是它有能力控制金融市场的发展？

本节还将检验联邦银行货币政策的整体理念，即根据“流动性比率”来检验：把控制“可支配流动性”作为中间目标是否有意义，以及银行创造信贷和货币同它们的可支配流动性是否没有关系。

4.1　1948～1951年：货币疲软时期

依照美国人的愿望，西方占领国使得在货币改革筹备阶段建立的德意志各邦银行作为独立于各邦政府的机构而运作，但盟国银行委员会（ABC：Allied Bank Commission）对所有的重大货币政策的决策都留有批准权，并被授权对德意志各邦银行和央行理事会发布指示。①

在货币政策领域出现意见分歧时，特别是盟国银行委员会表示让步。威廉·沃克（Wilhelm Vocke）一直和盟国银行委员会保持着联系。该委员会和德意志各邦银行在同一幢大楼（Taunusanlage 4－6）内办公。沃克基本都能与委员会取得一致意见，而央行理事会主席卡尔·贝恩纳德（Karl Bernard）则更倾向于偶尔和他们针锋相对。德意志各邦银行董事会为所有

---

① 参见1948年3月1日颁布的《德意志各邦银行法》第二条。

重大货币政策决议做准备，沃克与他的手下原本可以在央行理事会中发挥更大的影响力，但是他在那里并不总能贯彻自己的想法。[①] 其原因主要是，沃克和盟国银行委员会持同样的观点：信贷政策在平静时期必须是顺应市场的，而不是指令性的，如果稳定受到威胁，则应用高息政策来回应。而各州央行的主席出于生产和就业政策的考虑更倾向于采用较低的贴现率。[②]

在1948年6月15～16日的会议上，还在货币改革之前，央行理事会在做出第一项货币政策决议时，就以它典型的方式偏离了盟军方面的期望和设想。虽然所有盟军国家在自己国家都按照当时占主导地位的凯恩斯主义观点实施廉价货币政策，例如纽约的联邦储备银行当时的贴现率只有1.25%（见图1），但他们却建议德国采用约8%的高贴现率。然而，央行理事会以总共13票中9票赞成的比例确定了5%的贴现率。和之后的贴现率一样，它同样适用于国库券贴现，并作为对公共部门和两区管理部门的短期信贷利率。

1948年6月15～16日，央行理事会还决定给各州央行发放一份关于贷款发放准则的通告。通告内容具有开创性，为随后经济重建时期的货币政策方针奠定了基础。通告中写道："货币改革能否成功主要取决于，金融机构是否有能力对贷款进行调控，使它们被用到最有利于国民经济的地方，也就是用于保证商品的流动和生产服务。"信贷机构无息存于各州中央银行的存款准备金率被确定为10%（对活期存款）和5%（对定期存款和储蓄存款）。[③]

1948年6月20日开始负责货币改革的人们，对联邦德国经济究竟需要多大的货币供应量方才合适没有把握。供应量过小会导致通货紧缩，从而抑制生产和就业；而过大的话，又将导致通货膨胀，从而再次动摇人们对新货

---

① 沃克在央行理事会的许多决议中未能赢得多数票，尤其是在贴现率政策方面。

② 因此沃克在盟军方面的银行专家中声望很高。例如从一名熟悉德国央行情况的英格兰银行工作人员的观察中就可看出这一点："实际上，央行董事会主席（沃克）做了所有的工作并且作了全部的决定，而理事会主席（贝恩纳德）却没干那么多事。"（BoE OV 34/92: Rootham, Note, 5.4.1950）。后来几年的实践表明，这个判断是错误的。

③ 央行理事会当时（贴现1%，抵押贷款2%）以及在整个德意志各邦银行时期都对贴现率和抵押贷款利率分别进行决策。这些决策也适用于各州央行和德意志各邦银行之间的业务往来，后者最终须为前者提供基础货币。各州央行也必须在德意志各邦银行存放存款准备金。所有这些比率由于联邦德国央行体系的两级制而一直存续至联邦银行成立，它们实际上只在各州央行和德意志各邦银行之间的利润分配中有作用，因此下文中将不再提及有关于此的决策。

币的信任。[①] 所以，他们行动时非常小心。当时无法估算私人家庭会对经济有怎样的需求，企业囤积的商品又有多少会被拿出来供应市场。另外，由于货币改革与减税政策捆绑，改革后公共部门的财政状况不确定，公共部门是否能够遵守法定赤字禁令也不得而知。[②]

“二战”前，德国经济中的 M_3 货币供应量占国民生产总值的至少 2/3。而现在，在估计国民生产总值为 450 亿马克的情况下，1948 年 7 月底投放的首批货币供应量少于 100 亿马克，其中包括提供给私人家庭、公共财政和企业的货币以及释放一半已转换的帝国马克旧币存款（即 5%）。[③] 尽管如此，物价仍强劲上涨，尤其是当 9 月份第二批总量近 10 亿马克的人头费发放之后。1948 年 6 ~ 10 月，基本生活费用涨幅达 14%，原材料价格涨幅更高。[④] 这使得盟军政府做出决定（1948 年 10 月 4 日的《关于金融业新秩序的第四项法案》），对于被冻结的已转换为德国马克的那一半银行存款，将其中的 2/10 完全释放，1/10 释放为中长期投资，剩余 7/10 全部涂销。[⑤] 通过货币转换，包括 10 月份的货币释放，总共以法律途径创造了约 130 亿马克的货币供应量（M_3 意义上）。[⑥] 另外，还要加上货币改革后由商业银行新发放的贷款而创造的货币供应量。贷给非银行机构的短期银行贷款从 1948 年 7 月底的 13 亿马克增长到 10 月底的 38 亿马克。[⑦]

1948 年秋季，强劲的价格上涨释放出信号，需要货币政策方面有所行动，

---

① 当时国民经济和统计部主任爱德华·沃尔夫（Eduard Wolf）于 1948 年 10 月 14 日的一份报告表明，德意志各邦银行对此也同样没有把握。因为有新的统计信息，沃尔夫在第二天为这份报告添加了长达四页的后记［IIA BBk B 3351 und 3402（Akten Wolf）］。

② 货币改革的转换法第 28 条中规定了公共财政的赤字禁令。参见 Harmening/Duden, Währungsgesetze，第 39 页。不过公共财政在央行系统中有大约 24 亿马克源自法定货币创造量的存款。但是它们会让其中多少存款进入流动领域，当时是未知的。

③ Geschäftsbericht der Bank deutscher Länder für die Jahre 1948 und 1949，第 4 页。

④ 每月数据参见 Wallich，Triebkräfte，第 72 页。一方面，公共部门因为出现财政亏空，于 7 月、8 月和 9 月将它们在中央银行的存款迅速注入流动；另一方面，消费者掀起了购买浪潮，他们的资金不仅源于流动收入，而且还源自货币转换后的储蓄存款。

⑤ 参见 Stucken，Geld-und Kreditpolitik，第 204 页。

⑥ 参见 Deutsche Bundesbank，Geld-und Bankwesen，第 25 页。

⑦ 参见 Geschäftsbericht der Bank deutscher Länder für die Jahre 1948 und 1949，第 5 页。之所以会有这么大的增容，很重要的原因是，1948 年 8 月 8 日，对传统上在德国银行信贷业务中占主导地位的账户透支许可的禁令失效。此前——尽管央行理事会反对——《关于金融业新秩序的第三项法案》（《转换法》）第 32 条原则上禁止信贷机构发放信贷，汇票信贷和给公共机构的信贷除外。

10月起，央行理事会先采取了防御性措施。[①] 它没有采取利率或者存款准备金政策方面的措施，而是规定各州央行特别严格遵守6月中旬制定的贷款发放准则，即加强选择性贷款监控。11月2~3日，央行理事会会议作出决议，只有在为外贸业务提供资金或为政府指令性存款服务时（“进口汇票和储备部门汇票”）[②]，才对银行承兑汇票予以再贴现。1948年11月16日，央行理事会也仅决定，除了已经实施的贷款准则之外，各州央行应当责成信贷机构，尽可能不让其贷款总量超过1948年10月31日的水平，以此来加强对信贷的直接控制。可以有例外，尤其是以促进出口为目的的例外情况。[③] 1948年12月1日还有一个决议生效：针对活期存款的存款准备金率从10%提高到15%，不过这只适用于位于有央行分行的地区的机构，而不适用于其他地区。

不过提高贴现率的提案在表决中未获成功，赞同者主张此举的必要性更多是出于心理原因或出于释放信号的目的。虽然盟国银行委员会的发言人英格拉姆（L. Ingram），不仅通过信件而且还亲自在央行理事会迫切建议提高贴现率，但11月2日的投票结果和两位主席的意愿相反，7比6未获通过，11月3日的投票结果甚至为8比5。[④] 11月6日，在盟国银行委员会的召集下，盟国银行委员会中美英两国的代表和德国政治家（其中有路德维希·艾哈德）专门与中央银行的两位中央银行主席进行会谈，坚决要求提高贴现率。11月14日，卢修斯·克雷（Lucius Clay）将军约见贝恩纳德，提醒他美国人希望看见提高贴现率的明确紧缩信号。可是，11月16日，在应盟国银行委员会要求进行的匿名表决中，贴现率提高的提案再次以7比6的票数被否决。[⑤] 央行理事会在1948年11月30日、12月1日和12月10日的会议上再次分别以7比6的投票结果否决了提高贴现率（建议提高3%）的提案。

反对者的理由是：（1）通过充足的信贷供给来刺激生产具有优先性；

---

① 1948年10月5日和19日央行理事会第19次和第20次会议的纪录（HA BBk B 330/Drs. 142）。

② 由此信贷机构不得不发放利率高出1%的抵押贷款。

③ 促进出口从一开始就是西方盟军一个特别的意愿。因为只有这样，他们的援助计划才会变得多余，西欧的经济重建才能成功。

④ 盟军银行理事会认为他们要求提高贴现率是有必要的，一方面可以赢得人们对新货币稳定性的信心，另一方面可以发出信号，表明德意志各邦银行坚决用稳定政策的经典手段来捍卫新货币。

⑤ 目前还不清楚的是，盟国银行委员会当时是否会强制性要求提高贴现率。这种情况没有发生，很可能就是因为盟国银行委员会中的法国代表的反对，央行理事会成员们在11月16日投票前获知了这一点。

(2) 贴现率提高会增加生产成本，从而进一步加剧通货膨胀；(3) 用提高贴现率来抑制信贷膨胀，其效果不如通过更严格的信贷准则来对贷款进行直接控制。当信贷机构在充足的流动性中如鱼得水，完全不依赖中央银行的再融资贷款时，① 上述第三点是有道理的。另外，到 1949 年底，信贷机构用于在货币市场获得再融资的隔夜资金拆借利率甚至远远低于贴现率（见图 3）。②

面对这么高的超额准备金，我们不得不质疑：为何央行理事会直至 12 月 1 日才提高存款准备金限额，而不是更早？为什么没有将其提高至 20% 的法定上限？如果这样，就可以控制过高的超额准备金，从而帮助他们的贴现率政策更好地发挥作用。从这个意义上说，1948 年下半年央行理事会没有用尽全部的可能来抑制银行引发通胀的信贷扩张。

德意志各邦银行在业务报告中陈述了央行理事会在抑制银行流动性上态度谨慎的原因：抑制流动性是无用的，因为“对于某些经济分支，由于还存在价格限定，它们还不能或者只能进行有限的自我融资，因此贷款是它们获得资金的唯一渠道，在任何情况下都不能阻碍经济领域中生产的发展”。③ 我们只能看到一种尽可能有选择性的信贷控制。这里首次清晰地表明了，央行理事会——在之后很多情况下都是这样——将生产政策放在稳定政策之前。

然而，1948 年底，通胀的发展趋势停止了，信贷膨胀速度减慢，价格开始下降。其负面效应则是，失业人数激增。货币改革刚开始的失业人数大约为 45 万人（失业率为 3.2%），1948 年底时没有超过 80 万人，可是到了 1949 年夏季和秋季，却大幅增加到 130 万人，1950 年 2 月再次激增至近 200 万人，失业率约为 13%。④

---

① 因为货币改革刚结束时，信贷机构的超额准备金约为其存款准备金限额的 50%（参见 Emmer, Monetary Policy, 第 55 页），1949 年 1 月时还只有 35%。1950 年 1 月，超额准备金还有 10%。直到 1950 年最后一个季度，在尚能解除的外汇危机爆发后，这一数据才下降为 3% ~4%，达到之后的正常值（据联邦银行资料）。提高贴现率只会促使银行提高贷款利率，因为利率调节会引发自动适应，但这并不会减少银行的信贷活动余地。

② 关于短期拆借市场在货币政策中的核心意义请参见 Bockelmann, Bundesbank, 第 53 页及续页。关于更详细的金融市场的内容，参见 Brehmer, Struktur。

③ Geschäftsbericht der Bank deutscher Länder für die Jahre 1948 und 1949, 第 6 页。

④ 这主要是民主德国难民大量涌入的结果，并造成了 1948 年 11 月 3 日取消工资停涨规定后工资增长缓慢。虽然工业生产在 1949 年增长了 25%，不过和 1948 年仅下半年就有 50% 的增长率相比，这就不算高了。参见 Ritschl, Währungsreform, 第 164 页及续页。Wallich, Triebkräfte, 第 77 页，言及“一个相对停滞时期”。增长也使原料进口大幅度增加，1949 年上半年过后，联邦德国在商业领域由出口顺差转为逆差，并于 1949 年 12 月达到峰值。具体数据参见 Geschäftsbericht der Bank deutscher Länder für die Jahre 1948 und 1949, 第 2 页及续页。

并非信贷政策上的决策导致了这种逆转，[①] 而是对外经济、财政政策以及个人的消费行为的改变带来了根本的变化。对外经济为稳定价格作出了贡献：1948 年底各原料市场价格回落，这主要是由于美国开始出现经济萧条。财政政策方面的贡献：货币改革后的前几个月，公共部门为了填补其财政赤字还必须动用央行系统账户里的初始资金，而到了 1948 年底，税收收入变得丰厚，以至于它们自 1948～1949 年的冬季开始，将财政盈余存在央行系统，从而使基础货币从货币循环中撤出。[②] 另外，马歇尔计划的启动和与其捆绑的“对等基金”（Counterpart Funds）（即德国的贷款接受者必须在央行系统存放相应额度的德国马克）产生了货币政策的紧缩效应。[③] 最后，还有一点也很重要，就是私人开始大量储蓄，从而使得消费需求的增幅减小。[④] 因为上述所有原因，银行信贷得以继续扩张，却没有推高物价。

通过各州央行来实施的信贷控制措施，几乎没有抑制银行信贷的扩张，因此这些措施于 1949 年 3 月 22 日被取消。但是直到 5 月份，央行理事会才决定实施进一步的宽松措施：取消对承兑信贷的限制；降低存款准备金率。1949 年 6 月 1 日前，央行分行所在地的活期存款的存款准备金率降到 12%，其余地区降到 9%。5 月 24 日，艾哈德参加了央行理事会的会议，会上他敦促“从心理因素方面再推动一下经济”，于是贴现率下调 0.5% 的决议以 10 票赞成，2 票反对，1 票弃权的结果得以通过。[⑤] 此后，7 月 12 日，理事会一致通过将贴现率进一步下调至 4% 的决议。在这两个决议中，考虑到即将面临的长期贷款发放，希望增强资本市场活力的意愿也起了一定作用。[⑥] 到

---

① Wallich 以预言家的口吻说：“信贷紧缩到底在其中起了怎样的作用，是仁者见仁智者见智的事。” Wallich，Triebkräfte，第 76 页。

② 德国公共部门在央行的储蓄从 1948 年底的 18 亿马克增加到 1949 年底的 33 亿马克。参见 Bank deutscher Länder，Handbuch，第 26 页。

③ 参见 Emmer，Monetary Policy，第 58 页。存款数额从 1949 年 11 月底的 770 万马克跃升至 12 月底的 10.28 亿马克。虽然到 1950 年 1 月底，这个数目又重新减半，但是此后又开始增长，从 1950 年 5 月起持续增长两年，并保持在 10 亿马克以上。参见 Bank deutscher Länder，Handbuch，第 26 页。盟军机关在央行系统的存款也有类似情况。随着德国支付占领开支的资金逐步增加，盟军机关的存款数从 1949 年 11 月底的 5 亿马克上升到一个月后约 11 亿马克，并在此后两年始终维持在这一水平。参见 Bank deutscher Länder，Handbuch，第 26 页。

④ 在以下资料里有关定期存款和储蓄存款发展的月度数据，但互相之间并不完全吻合：Bank deutscher Länder，Handbuch，第 109 页；Wallich，Triebkräfte，第 73、79 页。

⑤ Protokoll der 35. ZBR-Sitzung am 24. Mai 1949（HA BBk B 330/Drs. 142）。

⑥ 参见 Protokoll der 35. und 39. ZBR-Sitzung am 24. Mai und 12. Juli 1949（HA BBk B 330/Drs. 142）。

1949 年 9 月 1 日，理事会做出决定，将央行分行所在地的存款准备金率降到 10%，其余地区降到 8%。定期和储蓄存款的准备金率也首次发生变动，从 5% 下调到 4%。理事会之所以会全体一致通过这项决议，可以这样解释：8 月中旬，商业银行的超额准备金下降至其准备金规定额度的 7.1%；在当时经济景气的状况下，央行不希望看到货币市场的适应性行为和商业银行流动性撤销的情况。①

因此，甚至央行理事会本身也助长了随后再次出现的相对高企的超额准备金，而高超额准备金使央行的贴现政策总体而言对银行的流动性无足轻重。隔夜资金拆借利率仍然大大低于贴现率，贴现率虽然多次下调，却始终没有对银行的流动性起到扩张作用（见图 3）。因此，主要是放宽存款准备金的政策使银行得以将其对私人家庭和企业的短期贷款从 1949 年 3 月的 52 亿马克扩充到 1950 年 6 月的 110 亿马克。尽管如此，价格仍然继续下降，到朝鲜战争前夕又重新降至货币改革时的水平。假如央行理事会按照今天的模式实施生产潜能导向型的货币供应量政策，他们肯定就会错过经济增长和就业发展的大好时机。

1948 年最后一季度和 1949 年前四个月，信贷机构里也涌入了基础货币。这些货币来源于商业出口顺差而上缴给德意志各邦银行的外汇。② 这一流动性源泉后来枯竭了。尤其是刚成立的联邦德国从 1949 年 9 月起加入了由欧洲经济合作组织（OEEC）和马歇尔计划管理机构——经济合作总署（ECA）发起的第一个欧洲内部贸易开放计划以后，构建了大约 50% 的开放率，因此联邦德国比其他欧洲国家撤销贸易壁垒的速度更快。如今，为进口顺差提供资金降低了商业银行的流动性。商业银行因此被迫第一次大规模“走向中央银行”。直到 1949 年中旬，商业银行在央行的货币存款总量和他们的再融资债务基本平衡，在 12 亿马克到 16 亿马克之间摇摆。到 1949 年 11 月，再融资总额上升到将近 40 亿马克，并且一直到 1950 年 9 月都基本保持在这个水平，而基础货币存款却时而降至 10 亿马克以下。③ 德意志各邦银行首次“掌控”住了商业银行。1949 年至 1950 年冬季，虽然失业率很高，但是德意志各邦银行决定不再继续下调贴现率。“在他们的总体政策

---

① 参见 Protokoll der 41. ZBR-Sitzung am 30. /31. August 1949（HA BBk B 330/Drs. 142）。

② 参见 Wallich，Triebkräfte，第 73、79 页。

③ 参见 Geschäftsbericht der Bank deutscher Länder für die Jahre 1948 und 1949，第 8 页，及 für das Jahr 1950，第 3 页。

中，货币稳定和国际收支平衡要优先于充分就业”，亨利·瓦里西（Henry Wallich）总结说。[①] 不过，1949年8月，德意志各邦银行首次宣布用并不算多的3亿马克先期资助占领军政府和财经管理部门的一个小型创造就业计划的计划，专注于资助投资和出口领域，这笔资金明确是从预期收入中预支出来的。[②] 另外，1949年指责德意志各邦银行制造了通货紧缩的声音日渐强烈。面对指责，德意志各邦银行表示抗议并辩解称，央行和商业银行的信贷一直在增加。[③]

央行理事会没有继续下调贴现率和国际形势波动有关。波动的起点是1949年9月19日，英镑贬值30.5%。其他国家，如斯堪的纳维亚国家接受了这个贬值率，而德国马克却仅仅贬值20.6%，这意味着德国马克相对其他欧洲国家货币出现了事实上的升值。联邦政府和德意志各邦银行之所以选择较低的贬值率，是想避免国内的物价上涨。[④] 从货币贬值幅度更大的国家进口货物事实上让联邦德国的物价下降更多。央行理事会首次面临内部和外部平衡之间的目标矛盾。而1950年以后货币政策需要面对的形势特点却是恰好与此相反的局面。德意志各邦银行也认为，对国内经济而言，货币的束缚需要松绑，特别是1949年至1950年冬季工业生产出现萎缩。但是对外经济的赤字却不允许对货币松绑。必须“首先用一切手段拉动出口”，因为目前经济还是过多地以国内市场为导向，德意志各邦银行这样写道。这取决于能否“不采用闭关自守的方法”而重新达到收支平衡。[⑤] 这也符合盟军的期望和联邦政府的路线。联邦政府在1949年12月15日给欧洲经济合作组织的备忘录中对联邦德国未来的经济发展作出声明：“德国的经济政策将专注于振兴出口。”[⑥]

---

① Wallich，Triebkräfte，第82页。

② 参见 Protokoll der 41. ZBR-Sitzung am 30./31. August 1949（HA BBk B 330/Drs. 142）。还可参见 Giersch/Paqué/Schmieding，Miracle，第58页。

③ 参见 Geschäftsbericht der Bank deutscher Länder für die Jahre 1948 und 1949，第8页。Wallich很详细地讲述了各占领国对通货紧缩的不同担忧。参见 Wallich，Triebkräfte，第77～84页。

④ 参见1949年9月21日，贝恩纳德和沃克参加的内阁会议：Bundesarchiv，Kabinettsprotokolle，Bd. 1，第74页及续页和 das Wortprotokoll，第285页及续页。联邦德国不应该被视为英镑区。阿布斯认为货币贬值只有在25%时，德国出口工业的竞争力才不会受到威胁。

⑤ Geschäftsbericht der Bank deutscher Länder für die Jahre 1948 und 1949，第10、13页。

⑥ 翻译自盟军最高委员会在1950年2月7日对此事的表态［HA BBk B 330/2025〔Korrespondenz Vocke〕］。该备忘录也刊登在1950年2月20日的《新苏黎世报》上。联邦政府的回复也于1950年3月6日刊登于该报。此事背景参见 Hagemann，Konjunkturpolitik，第90页及续页。有关这场“备忘录之战”的概述以《德国的经济教条主义》为题发表在1950年3月11日的《经济学人》杂志。参见 Giersch/Paqué/Schmieding，Miracle，第59页及续页。

不过这样的声明没有让盟军满意，他们要看到实际行动。在 1959 年 2 月 7 日给联邦政府以及德意志各邦银行的回信中，盟军最高委员会对联邦德国的整个经济及货币政策作出了全盘否认的评价。[①] 在这样的压力下，联邦政府和德意志各邦银行准备起草另一份总额 9.5 亿马克（占国民生产总值 1%）的经济计划，以应对失业问题。内阁的经济委员会于 1950 年 2 月 8 日讨论了这一计划。其资金来源为德意志各邦银行的信贷援助——主要形式为预支未来收入的临时再融资承诺。[②]

创造就业计划的实施非常拖拉。1950 年 6 月底，所有已启动的创造就业计划仅仅从德意志各邦银行那里获得不到 3 亿马克的资金。[③] 1950 年 5 月，各州央行主席在多次内阁咨询会上始终对增加创造就业计划的资金表示抵触，即艾哈德所提议的：德意志各邦银行为联邦提供 10 亿马克的贷款，用于资助公共部门投资和对特定私人投资予以补助。此时，盟国银行委员会让联邦政府考虑，为了经济复苏和遏制轻微的通货紧缩趋势，是否不宜通过从“影子份额”中释放 35 亿马克（但仅限于资本投资目的）来提高货币供应量。[④] 通过从“影子份额”中释放货币，就有可能即使违背德意志各邦银行意愿也能提高货币供应量。相较于临时性地预支资金，盟军更倾向于让德意志各邦银行真实地创造信贷，即持久性地提高货币

① 盟军最高委员会委员不同意德国人悲观的经济预测，他们指责经济政策部门对升至 13% 的失业率漠不关心。而德国方面认为这个失业率是“结构性”因素导致的，所以不准备采取措施。盟军最高委员会委员要求制定经济计划，其中应包含源于国内资源的扩张性信贷政策措施，他们还坚决驳回了联邦政府的抗辩，后者认为仅通过增加马歇尔计划的援助金就能轻松满足这些措施的资金需求。

② 计划涉及较大的、较为长期的出口订单，对邮局、联邦铁路及其他交通设施，农业、工业、手工业企业的投资，还涉及造船业。另外还出台了一项总额为 26 亿马克的住房建设计划。这个计划最终由马歇尔计划出资，不过也要由德意志各邦银行以再贴现承诺的方式提供先期资金。1959 年 3 月 1 日，应阿登纳的愿望，央行理事会的总结咨询会在波恩举行，除了五位部长（财政部、经济部、难民部、“马歇尔计划”和劳动部），联邦总理阿登纳也首次亲自出席。Protokolle der 52. 53. und 54. ZBR-Sitzung am 9. /10. Februar, 22. /23. Februar und 1. März 1950（HA BBk B 330/Drs. 142）。

③ Geschäftsbericht der Bank deutscher Länder für das Jahr 1950，第 27 页，表 6，详细列出了德意志各邦银行需要资金的季度数据。Hentschel, Zahlungsunion，第 715 页，注释 2 给出的总数不正确，过低。

④ “影子份额”是指按照《货币转换法》第二条所规定的权利未实现的部分。该法律规定旧币存款普遍按照 10∶1 的比例转换（最终的实际转换比率为 10∶0.65），不过此外还有部分权利尚未兑现，即每 10 帝国马克的旧币存款还可以要求最高 1 德国马克的补充。将“影子份额”按照以上这个意义进行转换是通过 1953 年 7 月 14 日的《旧存款法》实现的。

供应量。[①] 盟军的威胁产生了效果：虽然德意志各邦银行一如既往拒绝给政府发放那逾10亿马克的贷款，沃克在给盟国银行委员会主席D. H. 麦克唐纳（D. H. Macdonald）的回复信中表示反对释放“影子份额”，但是却表明意愿将银行的信贷余地增容至艾哈德所期望的10亿马克，而且“是为了提高生产，降低失业率”。[②] 这与从“影子份额”中释放相应额度用于资本投资的作用是完全一样的。

1950年第二季度，经济又重新迈开步伐。尤其是出口增加和资本货物工业的繁荣对就业和生产的重新增长发挥了作用。[③] 1950年6月的失业人数与2月时的最高值相比减少了近45万人。内外平衡之间的矛盾在1950年6月25日朝鲜战争爆发前就已经被消除了。

朝鲜战争爆发后，“内部市场飞跃式扩大”。[④] 这本使创造就业计划成为多余，可偏偏在1950年下半年和1951年第一季度，该计划在德意志各邦银行的贷款需求量达到最大，净额达8.5亿马克。货币需求爆炸式扩张。此前曾再次变强的储蓄瞬间消失殆尽。在货币流动速度大幅提高的情况下，由于世界市场物价上扬，以及害怕战争对新货币造成影响，人们纷纷转向价格稳定的实物避险，因此国内需求增长强劲。[⑤] 由于储蓄行为停滞、囤积性购买和转向价格稳定的实物避险、朝鲜战争，再加上1950年4月减税决定产生的影响以及创造就业计划，这些因素造就了典型的凯恩斯模式的、国内需求拉动的经济繁荣。[⑥] 1950年下半年，工业生产增长了20%，而此前它在

---

① 参见die Kabinettssitzung vom 24. Februar 1950. in：Bundesarchiv，Kabinettsprotokolle，Bd. 2，第226页及续页。

② 这个建议写入了盟国银行委员会1950年5月4日的备忘录，由委员会的英国代表D. H. 麦克唐纳（D. H. Macdonald）连同1950年5月16日的信件一起转发给了德意志各邦银行。（HA BBk B330/2033，Korrespondenz Vocke，Bd. Ma）其中还有沃克1950年6月5日的回信。Hentschel，Erhard，第177页。描述了整个过程。

③ 参见Emmer，Monetary Policy，第60页。

④ Geschäftsbericht der Bank deutscher Länder für das Jahr 1950，第48页。

⑤ 需求之所以增强，是因为1950年4月决议把工资和所得税平均降低17%，该决议追溯至1950年1月生效，但已经上缴的多余税款到战争开始后退还。由于公共部门没有缩减开支，因而陷入赤字，从而对基础货币供应量及银行的流动性不再发挥紧缩性影响，而是扩张了对货币的总体需求。关于这些因素更详细的信息参见Geschäftsbericht der Bank deutscher Länder für das Jahr 1950，第6页及续页。Peter Temin，Korea boom，最近对联邦德国在朝鲜战争第一年出现（德国）“朝鲜战争繁荣”提出异议。他的质疑只有在这个意义上正确，即这种繁荣并非由出口引起的，观察经常项目收支即可明了。

⑥ 德意志各邦银行在其1950年的业务报告中就描述了（德国）“朝鲜战争繁荣”的原因。参见Geschäftsbericht der Bank deutscher Länder für das Jahr 1950，第6页及续页。

1949 年 11 月至 1950 年 4 月间停滞了整整半年（冬季开始时下降了 10%）。[①]（德国）“朝鲜战争繁荣”就是这样发生的。[②]

在战争的前三个月里，所有这些因素在基本生活费用方面继续发挥着通货膨胀的作用。[③] 1951 年上半年，基本生活费用上的通胀达到顶峰，之后开始减弱。1951 年 6 月的生活费用比 1950 年 12 月的水平高出 10.6%。[④] 德国国内原料及进口产品的价格和世界市场一样在战争爆发后立刻开始上涨。与 1950 年 6 月相比较，7 月就已经上涨了 2.5%，9 月上涨了 10%，12 月上涨了 17%，1951 年 3 月甚至上涨了 27%。[⑤] 随后价格的涨幅趋于缓和。这些现象说明，央行理事会在 1950 年下半年出于国内经济原因原本应当采取紧缩方针，然而对外经济方面的原因却促成了信贷政策方针的转变。

在经济部长艾哈德的倡议下，央行理事会于 1950 年 9 月中旬制定出第一项紧缩措施。[⑥] 10 月 1 日上调存款准备金率：央行分行所在地的活期存款准备金率从 10% 上调至 15%，其余地区从 8% 上调至 12%；定期存款准备金率从 4% 上调至 8%；为了促进储蓄资本的形成，储蓄存款准备金率不变。仍然还有很大的余地（最高可达 20%）没有被利用。

1950 年秋，对外经济形势愈发紧张，这和 1950 年 9 月 19 日正式成立欧洲支付同盟（EZU）相关。此前，美国国会批准了约定的美元援助用作欧洲支付同盟的启动资金，并追溯至 7 月 1 日起生效。[⑦] 按照约定，

---

① 参见 Statistisches Bundesamt，Statistisches Jahrbuch 1952，第 209 页。

② Giersch/Paqué/Schmieding，Miracle，第 62 页。用凯恩斯主义的观点来解释（德国）“朝鲜战争繁荣”是有道理的，而 Abelshauser 的观点“联邦德国经济首次感受到对外经济对经济增长的推动”，遭到 Temin，Korea boom 的驳斥。参见 Abelshauser，Wirtschaftsgeschichte，第 68 页。

③ 6～8 月甚至回落了 2%。9 月保持稳定。1950 年 10 月才开始慢慢回升，12 月的水平超出 8～9 月大约 2%，即又达到 1950 年 6 月的水平。参见 Statistisches Bundesamt，Statistisches Jahrbuch 1952，第 404 页。

④ 1950 年 6～12 月，每小时毛工资上涨了约 7.5%，之后半年上涨了大约 11.5%，也就是说在朝鲜战争的第一年里涨了约 20%。参见 Statistisches Bundesamt，Statistisches Jahrbuch 1952，第 412 页。

⑤ 参见 Geschäftsbericht der Bank deutscher Länder für das Jahr 1950，第 3 页。

⑥ “……我其实是非法地（因为中央银行独立于联邦政府。——作者注）让央行理事会在最后一次会议上作出提高存款准备金的决议”。艾哈德在 1950 年 9 月 23 日给阿登纳的信里写道。这封信刊载于 Ludwig-Erhard-Stiftung，Korea-Krise，第 191 页。艾哈德在 1950 年 12 月 6 日写给谢弗尔（Schäffer）的信里也表达了类似的意思；参见 Ludwig-Erhard-Stiftung，Korea-Krise，第 240 页。

⑦ 参见 Geschäftsbericht der Bank deutscher Länder für das Jahr 1950，第 53 页，及 Kaplan/Schleiminger，Payments Union，第 87 页。

联邦德国立刻开放了对欧洲支付同盟的进口，官方约定的开放度为60%，而1950年[①]最后一季度实际开放了77%。作为贸易开放先锋，联邦德国在欧洲支付同盟区内的贸易赤字越来越高，在外汇储备不足时，趋向了严重的外汇危机，而且1950年按计划提供的美元援助仅5亿美元，只有上一年援助资金总量的一半。[②] 造成对欧洲支付同盟赤字的另一个原因是，德国进口贸易的输入国进行了巨大的结构调整，从美国转变为欧洲支付同盟的国家，而德国出口贸易的输出国却发生了恰好相反的结构变化。[③] 这样，联邦德国的美元缺口逐渐转变为欧洲支付同盟成员国货币的不足。[④]

德意志各邦银行董事会——和艾哈德一样——不愿意通过限制，即以行政手段限制进口来改变对外贸易不平衡的状况，而是打算主要通过在短期以顺应市场的措施抑制进口，在长期增加出口的手段来克服这一问题。1950年10月7日，德意志各邦银行宣布，对于所有已发放的进口许可，如果在未来一周没有合同证明，则许可无效。在征得联邦政府同意后，央行理事会在1950年10月13日作出决定，从1950年10月16日起，在申请进口许可时，对申请的外汇数额重新实行50%的现金保证金义务，这即是顺应市场的限制进口措施。[⑤] 同时，银行承兑汇票的再贴现可能被限制在1950年10

① 参见 Geschäftsbericht der Bank deutscher Länder für das Jahr 1950，第52页。

② 参见 Geschäftsbericht der Bank deutscher Länder für das Jahr 1950，第46、51页。

③ 参见 Geschäftsbericht der Bank deutscher Länder für das Jahr 1950，第49页。同时出口商品的构成也趋于正常化。制成品出口所占比例从1949年的50%多增长到1959年的65%，重新接近战前78%的比例。Geschäftsbericht der Bank deutscher Länder für das Jahr 1950，第48页。

④ 然而这正是原本所希望的。1950年8月2日，艾哈德就在给沃克的信中强调，在朝鲜危机中，最重要是给加工工业提供充足的原料，“绝不能让这个领域出现任何物资匮乏现象”。Ludwig-Erhard-Stiftung，Korea-Krise，第183页。德意志各邦银行还有以下观点：为了加强外汇储备，德意志各邦银行感兴趣的是黄金和可兑换的美元，而非不可兑换的欧洲国家货币，因此要尽量利用欧洲的提款权，以进口重建出口经济所急需的原料半成品。所以，德意志各邦银行必须在争夺紧缺的美元的国际竞争中占据有利的起始位置。正是出于这个原因，德意志各邦银行认为要尽早扫清德国相对其他欧洲支付同盟国家的贸易壁垒，并有意识地冒了国际收支赤字的风险。参见 Dickhaus，Bundesbank，第79页及续页。后来的发展充分印证了当时的预期，即从长远来看，德国的出口能力和国际货币地位将会得以增强。

⑤ 现金保证金义务于1949年实施，1950年2月16日被取消。参见 Kühne，Regelungen，第62页和第104页及续页。现金保证金率从1950年12月23日起降低到25%，1951年1月5日起，对于供货期限较长的及受补贴的进口，现金保证金率甚至降低到5%。参见 Ludwig-Erhard-Stiftung，Korea-Krise，第390页。

月 12 日的水平，银行承兑汇票一般被用于进口融资。为长期刺激出口，德意志各邦银行和联邦政府除了采取各种出口促进措施，还实施普遍的信贷紧缩和紧缩性的财政政策，以此来抑制强劲的国内需求尤其是消费领域的需求，从而迫使经济界增加出口。

德意志各邦银行董事会和央行理事会中反对进一步收紧信贷政策的人敦促采取紧缩的财政政策。他们认为，不能仅用信贷政策手段来应对对外经济赤字，“除非，我们甘冒压制整体经济活动的风险”。①

但沃克和德意志各邦银行董事会也在致力于提高贴现率。关键性的会议于 1950 年 10 月 26 日召开。应阿登纳的要求，央行理事会破例将会议地点放在波恩的总理府（当时是在国王博物馆），阿登纳及其他联邦部长（路德维希·艾哈德、弗里兹·谢弗尔、食品和农业部长威廉·尼古拉斯）一同出席，央行理事会直面政府阵营。在政府中，对于由沃克提议并得到贝恩哈德支持的货币政策措施，存在着意见分歧，央行理事会中亦是如此。② 在这样的矛盾形势中，央行理事会抵抗住了阿登纳和谢弗尔的反对意见，将贴现率从 4% 提高到 6%。

当央行理事会发觉，银行通过普通汇票再融资绕开对银行承兑汇票总量的冻结，它于 1950 年 11 月 2 日作出决定，将商业银行的再融资总量缩减 10%（贴现和抵押），直至 1951 年 1 月 31 日。同时还规定，用于出口融资的银行承兑汇票不再计入被冻结的银行承兑汇票总量。③ 可是由于缩减再融资量的措施由各州央行实施，而各州央行在规定例外情况的活动余地时过于慷慨，使得上述措施未能达到目标。

---

① Wortprotokoll der 70. ZBR-Sitzung am 4. /5. Oktober 1950，引用自 Dickhaus，Bundesbank，第 90 页。即便在贴现率提高后，Otto Pfleiderer 仍持这一观点。参见 Wortprotokoll der 76. ZBR-Sitzung am 24. November 1950（HA BBk B 330/34）。参见 Dickhaus，Bundesbank，第 92 页。有些人担心，德国银行业不稳定，如果进一步紧缩信贷，将会导致如 1931 年的银行危机。Dickhaus，Bundesbank，第 91 页。当 1951 年冬季外汇危机发展到新一轮高潮时，他们的这种想法才发挥了作用。

② 德意志各邦银行希望将贴现率提高整整 2 个百分点，以替代限制贸易的措施来平衡国际收支。这个建议得到了经济部长艾哈德的支持。艾哈德政治生涯有赖于他在对外经济政策上也成功地推行了市场经济路线。而财政部长谢弗尔却认为，提高利率会增加联邦财政的负担，因为国家借入和持有债务的成本变高了。联邦总理阿登纳之前听取了银行家罗伯特·普费尔德蒙格斯（Robert Pferdmenges）的咨询意见，他从执政党派当选举机会的角度出发，对当时还很高的失业率颇感忧虑，并且认为提高利率会损害国内的经济景气。

③ 参见 Geschäftsbericht der Bank deutscher Länder für das Jahr 1950，第 96 页。

德意志各邦银行继续强调德国经济对进口的依赖，尤其是来自欧洲支付同盟地区的进口。因此，它并不希望采取限制进口的行政措施，因为进口有助于抑制（德国）“朝鲜战争繁荣”带来的物价上涨。德意志各邦银行董事会还寄希望于特殊信贷措施，希望借此在意见向左的央行理事会中贯彻自己的政策理念，即通过比其他国家更为紧缩的货币政策和更稳固的物价将德国经济导向出口，同时让德国马克坚挺，以此促进经济增长和就业。[①] 联邦政府在欧洲经济合作组织敦促下额外制定的出口促进措施（提高“德国出口信贷担保”、增加战后重建信贷机构的特殊条件的出口信贷、优先将原料配给给出口企业、减免税收等）和德意志各邦银行的一项自1951年1月1日起生效的措施（出口汇票不再按照德国的贴现率而一律按照出口对象国更低的贴现率买入），为这一战略提供了支持。[②] 德国货币政策以出口为导向，这在接下来的几年中被证明是非常成功的。

1950年11月，首批总额为1.2亿马克的欧洲支付同盟特别贷款以特定条件[③]发放给联邦政府。当中华人民共和国1950年11月底介入朝鲜战争后，外汇危机在1951年2月达到第二个高潮。新的形势要求有进一步的措施。央行理事会很有特点地既没有再次提高贴现率——这尤其是沃克所希望的——也没有提高存款准备金率。[④] 在直接信贷控制方面，银行更有责任在1951年5月前减少10亿马克的短期贷款量。这一政策由各州央行具体实施，对它们规定了减少信贷量的具体数额。这一政策最终被决定下来，是在联邦政府遵照央行理事会1951年2月中旬的建议中止了对欧洲支付同盟国

---

① 参见Dickhaus，Bundesbank，第93、98页。更多内容见下文。

② 参见联邦政府1950年11月27日写给欧洲经济合作组织的备忘录和后者在1951年5月19日关于“Durchführung der deutschen Programm zur überwindung der Zahlungsbilanzschwierigkeiten gegenüber der Europäischen ZahlungsUnion”的总结分析，刊载于Ludwig-Erhard-Stiftung，Korea-Krise，特别是第224页和第394页。

③ 有如下条件：严格执行德意志各邦银行已经决议通过、尚在规划的紧缩信贷措施，旨在在货物需求和有限的进口供应之间建立“有机的”平衡；采取税收措施，主要是抑制消费需求（提高营业税、取消税收优惠）、平衡国家财政，以及避免那些为赤字提供资金的政策；通过税收和信贷政策措施以及原料配置方面的优惠来促进出口；加强对外汇流动的监控，采取措施阻止纯粹投机性质的进口许可申请；制定切实可行的税率以促进资本形成；拒绝德国马克的贬值。参见Emminger，D-Mark，第52页及续页。

④ 央行理事会在1951年2月28日/3月1日的会议上拒绝了把贴现率提高至10%的提议。在此之前，联邦内阁在1951年2月27日的一次特别会议上以多数票表示反对提高贴现率；并且决定，如果贴现率真的被提高，内阁将公开表态反对。参见Auszug aus dem Protokoll der Kabinettssitzung，刊载于Ludwig-Erhard-Stiftung，Korea-Krise，第281页。

家出口开放之后。[①]

1951 年 2 月，当总额为 9100 多万马克的欧洲支付同盟特别贷款几乎被用尽时，约翰·麦克罗伊（John McCloy）在 1951 年 3 月 6 日给联邦总理阿登纳的信中表达了对艾哈德式自由经济政策的不信任，并要求采取指令式调控措施和优先供给权，类似美国通过 1950 年 9 月 8 日颁布的《国防生产法》（Defense Production Act）和 1950 年 12 月宣布全国紧急状态所采取的措施。"如果不根据所提建议立刻采取措施，那么很难指望美国政府继续提供美元援助以及帮助联邦政府获得必需的原料。"[②] 麦克罗伊提醒道，德意志各邦银行必须加强自己的外汇监控措施，这些措施"尚未充分落实"。他还主张重新上调申请出口许可时的向出口商收取的现金保证金，该保证金曾于 1950 年 12 月 23 日从 50% 降低为 25%。麦克罗伊还提示了以下措施："强调实施必要的信贷限制，从严批准贷款，以保证它们用于必要的投资和生产。"[③]

由于 1951 年 2 月德国外汇危机加剧，其他欧洲国家也产生这样的印象：危机的产生是因为德国紧缩措施执行不力，而这又归因于联邦德国中央银行体系的联邦制结构。1951 年 3 月 22 日，当《联邦银行法》的准备工作已经开始时，[④] 欧洲支付同盟董事会再一次提醒：必须立刻加强联邦德国的中央银行的权威性。[⑤] 这个指责的背景中包含沃克的经验：所有他建议的紧缩措施都曾被各州央行的行长们拒绝、拖延或者甚至在各州央行的辖区内被破坏。[⑥]

---

① 参见 Emminger, D-Mark，第 54 和第 57 页以及 1951 年 2 月 26 日沃克写给阿登纳的信件，刊载于 Ludwig-Erhard-Stiftung, Korea-Krise，第 275 页及续页。在信里，沃克宣布将缩减信贷，并"短期但大幅提高贴现率"。由于此时生活费用也大幅度上涨，自由市场经济政策的支持者们似乎失败了。艾哈德政治生涯在接下来几周里仿佛是在刀刃上。不仅反对派激烈抨击他，连阿登纳也和他保持距离。阿登纳在 1951 年 3 月 19 日给艾哈德的信中写道："您个人对目前经济领域的形势负有大部分责任。" Ludwig-Erhard-Stiftung, Korea-Krise，第 301 页及续页（Protokoll einer Bundestagssitzung zur Wirtschaftspolitik in der Koreakrise），第 341 页（阿登纳给艾哈德的信）。

② HA BBk B 330/3131，也刊载于 Ludwig-Erhard-Stiftung, Korea-Krise，第 284 页及续页，以及 Abelshauser, Ansätze，第 734 页及续页。

③ 阿登纳在 1951 年 3 月 27 日给麦克罗伊的回信中表示愿意充分配合，并同意加强各项行政监管措施，以促进对军备工业具有重要意义的出口，尤其要结合新的《经济保障法》。这封信刊载于 Ludwig-Erhard-Stiftung, Korea-Krise，第 347 页及续页，以及 Abelshauser, Ansätze，第 739 页及续页。

④ 关于联邦银行成立的历史参见 Hentschel, Entstehung，第 3 页及续页，第 79 页及续页。

⑤ 参见 Kaplan/Schleiminger, Payments Union，第 110 页。

⑥ 参见 Dickhaus, Bundesbank，第 92 页。

德国的国际收支状况很快好转，以至于德意志各邦银行于 1951 年中旬就已经宣布外汇危机结束，联邦政府从 1951 年 9 月 20 日起取消了对出口的现金保证金义务。1951 年 2 月，联邦德国不仅用完了他们在欧洲支付同盟中 3.2 亿马克的正常份额，而且还使用了 1.2 亿马克特别信贷中的一大部分。但从 3 月份起，它相对欧洲支付同盟国家有充足的盈余，因而在 1951 年 5 月提前 5 个月偿还了全部特别贷款，并且在年底还清了对欧洲支付同盟的全部债务。1951 年，德国总体而言实现了外贸收支平衡，并且出现经常性项目顺差。[①] 年底时，商业银行给企业和私人发放的短期贷款比上一年高出 20 亿马克，[②] 尽管央行理事会直到 1952 年 5 月底一直坚持较高的贴现率和存款准备金率，并且德意志各邦银行从 1951 年秋季起首次扩大了紧缩性公开市场操作的规模。[③]

4.2　1951～1956 年：货币政策和财政政策的重商主义

美国政府按照其“二战”期间的计划，在战后致力于构建一种自由的世界经济秩序，并且这种构建是在合作的国际环境中进行，而不是像在两次世界大战之间那样，在民族主义和霸权主义的国际环境中进行。由于纳粹计划经济和自给自足经济的教训（这两者以战争和货币崩溃收场），在德国，尤其是在弗赖堡学派的奥尔多自由主义内，开始孕育一种独特的市场经济理念。在这种理念中，国家以强有力的手段保证法律、竞争和社会秩序，除此之外，市场不受国家的行政干预。[④] 以这种精神为特色，国内的和对外的市场开放成为货币改革以来艾哈德经济政策最重要的原则。

这也是德意志各邦银行政策的主要诉求。与此相应，沃克玛尔・马特乌斯（Volkmar Muthesius）说：

---

① 1952 年 1 月，联邦政府又对欧洲支付同盟进口开放了 57%，三个月后这一比例被提高至 76%，高于外汇危机爆发前官方的开放度。参见 Geschäftsbericht der Bank deutscher Länder für das Jahr 1951，第 54 页及续页，及 Kaplan/Schleiminger，Payments Union，第 113 页；Emminger，Probleme der Korea-Krise，第 26 页及续页；Dickhaus，Bundesbank，第 99 页及续页。央行理事会所规定的 10 亿马克的信贷缩减在 1951 年 5 月底前完成了 83%，并在 10 月正式结束。由于银行过度扩张中长期贷款，信贷缩减的措施被阻断。参见 Dürr，Wirkungsanalyse，第 139 页及续页；Geiger/Ross，Banks，第 146 页及续页。

② Geschäftsbericht der Bank deutscher Länder für das Jahr 1951，第 20 页及续页。

③ 参见 Wallich，Triebkräfte，第 95 页；Geschäftsbericht der Bank deutscher Länder für das Jahr 1952，p. 14；Emmer，Monetary Policy，第 66 页及续页。

④ 参见 Nicholls，Freedom。

> 这一切也还完全不是“一种正确的经济”——他指的是1950年前后，当时的经济生活因国家计划性和强制性经济干预而比如今（1956年）更紧张、更拘束。威廉·沃克属于少数派，一直以来，他都看到规制货币政策所带来的干扰作用……由于沃克看出了强制经济与计划经济同货币体系中的干扰之间所存在的因果联系，所以也不难理解他的说法，即强制性经济和通货膨胀只不过是同一事物的两个方面而已。①

艾哈德在国内的开放步伐和货币改革相联系，尤其是放开了绝大部分物价，取消了绝大部分商品控制措施；而在外贸领域，1948年10月签订了首个欧洲内部开放协议后，外贸领域于1949年秋季被扩大，1950年7月1日成立了欧洲支付同盟后更是如此。可是这些开放步伐在1950～1951年的德国外汇危机中首先受挫。为了促进出口和遏制进口竞争，联邦政府和立法机构重新变为贸易重商主义的实践者。②

联邦德国实行的重商主义旨在形成出口顺差，并在初始不得不加强联邦德国必要的外汇储备，但鉴于长期追随的开放政策，这种重商主义必须使用不同于传统外贸政策上的重商主义或保护主义的手段。其出路在于一种在货币政策和财政政策方面的重商主义。其前提是一种不带黄金自动调节机制的固定汇率体系，即给自治货币政策以灵活度。这正是布雷顿森林体系所提供的，它为自己的货币创造稳定优势，却不改变汇率，从而使得国内货物比国外货物更具竞争力。

这一战略在20世纪50年代的实践中获得成功。这个成功不仅体现在德国1952～1961年马克升值期间的确实现了很高的经常项目收支顺差，还体现在当德国马克汇率稳定时，以国民生产平减物价指数衡量，德国的物价上

---

① 参见 Muthesius，Wilhelm Vocke 载于 Gesundes Geld，第14页。

② 1951年6月颁布的《促进出口的税收措施法》规定：对制成品出口减免个人所得税和公司所得税；对海外汇票免征汇票税；对外贸中的交通保险免征保险税；实行出口营业税返还，其中对制成品的返还率最高。1951年10月1日生效的首部《联邦德国关税税则法》以隐蔽的形式暗藏了很强的保护主义色彩。从价税根据产品的不同加工等级而逐级大幅度提高，即原料进口通常免关税，半成品的税率中等，在10%～20%之间，工业制成品的关税税率最高，在20%～35%之间。参见 Hölscher，Krisenmanagement，第38页。通过这一手段，有效关税税负逐级大幅增加。这些税则在关税同盟（GATT）和后来欧洲经济共同体（EWG）中逐步被取消，部分原因也是为了应对国内的通胀。艾哈德的竞争及对外经济政策路线在一开始就已预见到了这一点。参见 Erhard，Rückkehr sowie Buchheim，Wiedereingliederung

涨要比其他欧洲经济合作组织国家低一些，1950～1958 年间每年平均涨幅为3.4%，其他欧洲经济合作组织国家为5.5%。[①] 在德国储蓄银行及票据清算协会 1959 年年报中有更多相关记录，该年报在 1960 年有关马克升值讨论期间出版，其中提出必须清除联邦德国“货币保护主义”的要求，以保障国内经济方面的货币稳定。[②]

更具有决定意义的是，货币保护主义被德意志各邦银行，特别是沃克设计和规划为货币政策的长期战略。埃里克・K. 凯尔克鲁斯（Alec K. Cairncross）作为欧洲支付同盟专家在 1950 年称之为“沃克广为人知的通货紧缩偏好”。[③]

1949 年在实践中已经可以看出货币政策的出口导向。为了促进出口，央行理事会当时已经准备不再遵循正统的中央银行规则，即仅发放短期贷款，而是为之提供中长期的贷款。1949 年 9 月在决定贬值率时，国际竞争力因素起了重要作用。[④] 此外，同样很重要的是，要普遍实施相对紧缩的货币政策。1949 年 10 月 26～27 日，沃克在央行理事会会议上提出，“为了加强出口要对国内从严”。[⑤] 央行理事会主席贝恩纳德也这么认为。[⑥] 但央行理事会里的大多数人并不为之所动，他们的行动还完全以国内经济为导向，于 1949 年下调了贴现率和存款准备金率。不过联邦德国 4% 的贴现率始终高于盟军国家（见图 1）。在这个意义上，即便在这一时期，和国外相比，联邦德国实行的仍是紧缩的货币政策。

1950 年 6 月底，朝鲜战争爆发后，央行理事会的整体态度发生了明显改变。沃克和贝恩纳德意识到这是一个机会，可以实现他们运筹已久的战

---

① Giersch/Paqué/Schmieding，Miracle，第 109 页。

② Jahresbericht des Deutschen Sparkassen-und Giroverbandes für 1959，第 12 页。

③ 埃里克・K. 凯尔克鲁斯：关于受欧洲支付同盟委托的 1950 年 10 月 28 日至 11 月 3 日德国之行的报告，落款日期为 1950 年 11 月 9 日，载于 Ludwig-Erhard-Stiftung，Korea-Krise，第 208 页。起初，沃克并没有想到国内经济的通货紧缩，而想到一种汇率措施。早在 1948 年 8 月 17 日，即货币改革之后不久，他就鉴于联邦德国经济的国际竞争力在央行理事会上提出批评：盟军将马克汇率定得太高（30 美分 = 1 马克），不久后将有必要定为 20 美分，或者更低。Dickhaus，Bundesbank，第 74 页。

④ 参见 Dickhaus，Bundesbank，第 75 页及续页。前一句参见第 70 页。

⑤ 引自 Dickhaus，Bundesbank，第 70、114 页。

⑥ 石荷州州央行主席奥托・布克哈德（Otto Burkhart）在 1949 年 11 月 27～28 日的央行理事会会议上也赞同这个路线。他说“正是外贸的开放需要给国内物价施压”。引自 Dickhaus，Bundesbank，第 71 页。

略，即通过紧缩的货币政策抑制国内需求从而促进出口。[①] 1951 年到 1952 年 5 月 29 日，央行理事会不仅坚持 6% 的高贴现率，而且直到 1951 年 10 月都一直坚持同年 2 月作出的信贷减缩的决议，尽管外汇危机被迅速克服后负责马歇尔计划的部门 ECA（让·卡梯尔，Jean Cattier）[②] 和联邦私人银行协会（主席为罗伯特·普费尔德门格斯，Robert Pferdmenges）在 1951 年上半年就要求放松信贷紧缩。央行理事会持这一态度的主要原因是，除了还有必要继续稳定工资和物价外，他们认为限制信贷可以将国内经济需求保持在较低水平，从而形成出口压力，引导工业向国外市场发展。[③] 1951 年 5 月 17 日，朝鲜战争第一年物价上涨后，沃克对一群饶有兴趣的专家阐述道：

> 诚然，我国的价格上涨让我们很担心。但是，如果您将其和国外的价格水平及物价上涨相比，就会满意地发现，我们的价格一直保持在比他们低得多的水平。这就是我们的机遇，对我们的货币，尤其是出口至关重要。我们依赖出口增长，而这又有赖于我们将工资和价格维持在相对较低的水平……总之，让物价水平低于国外是中央银行各种工作的中心点，也是这些工作所取得的成就。可能还有些人心存顾虑，他们冲我们喊道：你们的紧缩过于严苛，如今已没有必要。[④]

一年后，德意志各邦银行 1951 年的业务报告明确了“将来的货币政策和经济发展政策还（必须）继续最大限度地考虑对外经济的形势”。“另外，

---

① 参见 Dickhaus，Bundesbank，第 93 页。几乎是同时，德意志各邦银行也将欧洲支付同盟的成立视为“德国出口经济的巨大机遇”；Dickhaus，Bundesbank，第 85 页及续页。瓦里西也断言了这一货币政策战略。参见 Wallich，Triebkräfte，第 80 页。艾哈德完全支持这一路线，他在 1950 年 8 月 2 日给沃克的信中写道：“当前的局势恰恰给德国对外经济提供了一个巨大的机遇。如果我们能通过内部纪律比其他国家更好地保持物价水平，长期来看，我们的出口能力会变强，我们的货币无论从内部而言还是与美元相比都将更加坚实和健康。”Ludwig-Erhard-Stiftung，Korea-Krise，第 183 页。

② 参见 Emminger，Probleme der Korea-Krise 及 Ludwig-Erhard-Stiftung，Korea-Krise，第 418 页及续页。

③ 参见 Dickhaus，Bundesbank，第 104 页及续页，及 Ludwig-Erhard-Stiftung，Korea-Krise，第 409 页（1951 年 6 月 30 日，沃克给联邦私人银行协会的回信）。

④ 1951 年 5 月 17 日，在《Zeitschrift für das gesamte Kreditwesen》杂志的第一次信贷政策会议上的报告，Vocke，Gesundes Geld，第 56 页。沃克后来成为德国马克升值的最坚决的反对者，这当然和货币政策的重金主义的战略是相符的。

无论如何必须增加联邦德国黄金和可支配外汇的持有量。”[①]

瓦里西（Wallich）1955年就已多次断言，联邦德国货币政策在国内经济的扩张措施方面表现谨慎，是为了在生产潜能上为出口创造“产能储备”。[②] 海尤·里瑟（Hajo Riese）在1990年说，联邦德国跟随“重商主义的直觉”，德意志各邦银行/联邦银行的战略最终没有以稳定价格为目标，而是（一言以蔽之）“寻求把德国马克的坚挺和对其价值的低估相结合”。[③] 他认为以下说法是个谎言：德国民众对通货膨胀的特殊恐惧是在德国实现相对更稳定的物价的主要动机。[④] 1955年，罗伯特·艾莫（Robert Emmer）就从他对德意志各邦银行货币政策的研究中得出结论：它远没有充分利用用来稳定价格的各种工具，它也始终遵循生产和外贸政策的目标，在出现矛盾时将促进外贸的优先性置于稳定价格和促进生产之前。[⑤]

另外，财政政策也为这种重商主义战略作出了重要贡献，特别是自朝鲜危机爆发以来。一方面，它提供了专门的税收优惠（1951年的《出口促进法》）和对出口信贷的担保（德国出口信贷担保）；另一方面，它通过财政盈余（联邦预算节余）发挥宏观经济方面的作用，因为财政盈余抑制了国内需求。此外，国有部门在1948～1960年间实现了44%的国民经济净储蓄率，这也为重商主义战略作出了巨大贡献。[⑥] 大力促进私人领域的储蓄也发挥了同样的作用。[⑦]

---

① Geschäftsbericht der Bank deutscher Länder für das Jahr 1951，第19页。

② 关于充分发挥资本和劳动力潜力的数据参见Giersch/Paqué/Schmieding，Miracle，第10页及续页。

③ Riese，Forschungsprojekt，第11、13页。赫尔舍（Hölscher）持类似观点，Entwicklungsmodell，第47页。他言及“借低估德国马克实施保护主义”的“战略”，但是该战略于1950～1951年外汇危机后才开始的。

④ 关于德国人惧怕通货膨胀的流行观点可详见Kennedy，Bundesbank，第6页及续页。与此相反，古德曼（Goodman）认为，德国相对更为稳定的价格并非由于对通货膨胀的恐惧以及由此而形成的社会共识，而是由于体制结构，特别是中央银行的独立性。参见Goodman，Sovereignty，第58、100页。

⑤ 参见Emmer，Monetary Policy，特别是第69页。

⑥ 参见Stolper/Roskamp，Planning，第388页。

⑦ 在德国当局的敦促下，1948年就已在《所得税法》第10条写入了对储蓄实行税收优惠。到1954年底，如果将收入在储蓄账户里定存3年，那么这笔收入的15%可被视为特殊支出。参见Jahresbericht des Deutschen Sparkassen-und Giroverbandes für 1954，第9页。1955年1月1日起，开始对享有税收优惠的存款实行最高限额，并延长了定存期限；1959年起，对存款不再以税收优惠形式，而是通过国家奖金来激励。1955年前，对储蓄的大力促进尤其抑制了国内需求。而美国出于一种颇具凯恩斯主义色彩的担忧，即害怕储蓄会对需求产生抑制，而实行了正好相反的政策，即从1945年起，对消费性贷款的利息支出免征所得税，以促进消费。

欧洲支付同盟成立之后，德国爆发了外汇危机。而欧洲支付同盟所发放的特别信贷捆绑了一系列条件，这就导致了德国通过紧缩的货币和财政政策来抑制国内需求，并通过信贷和税收政策措施来促进出口。当1951年2月外汇危机发展到高潮时，盟国驻德最高委员会在其1950年2月7日写给联邦政府的备忘录中要求，德国的经济政策不仅要在口头上，而且要有效地“专注于刺激出口”。[①] 之后，西方盟国不再放松他们所提出的这些想法。不仅沃克和贝恩纳德，而且央行理事会的大多数人都已经认识到这种货币政策重商主义战略的价值，从朝鲜危机开始，他们便遵循这一战略，不仅做得很成功，甚至有些过火。

在货币政策的战略决策之后，接下来将介绍（德国）“朝鲜战争繁荣”后“经济奇迹时期”的货币政策的战术决策。1952年，经济形势开始缓和。经常项目收支保持盈余，贸易条件从那时起由于进口价格的大幅度回落而明显好转。失业率起初还很高，1951～1952年之交大约为10%，一年之后也仍然如此。但是，投资率上升，经济增长率在1952年时保持在9%的高位（见表1）。由于失业率高企，此时仍然有人呼吁采取国内经济扩张措施，这种呼声主要来自工会和社民党阵营。[②] 他们的要求也针对德意志各邦银行，该银行从1951年秋开始，通过对证券的大规模公开市场业务（它于1949～1950年为了给创造就业计划和其他国家项目融资而购入这些证券），使紧缩政策在事实上变得更为严厉，并且由此在1952年6月前将11亿马克和银行流动性捆绑在一起。[③] 然而，这只能部分抵消银行通过向德意志各邦银行出售在出口顺差中获取的外汇而形成的流动性流入。

1952年4月30日，央行理事会决定首次放松信贷政策，决议于5月1日生效。此前，不论对存款准备金央行分支机构所在地还是其他地区，也不论准备金等级，均实行统一的存款准备金率，决议生效后将对此进行区分。这对较小的信贷机构而言意味着存款准备金率下调。在1952年9月1日和1953年2月1日又进一步明显下调了存款准备金。1952年5月

① HA BBk B 330/2025（Korrespondenz Vocke）。与此相关联的还有，盟国银行委员会（ABC）和沃克一起在1948～1949年要求德意志各邦银行采取比央行理事会所实施的更为紧缩的利率政策。如果这样，国内需求在当时就能更有力地被抑制，对出口的刺激也会更强。

② 参见Wallich，Triebkräfte，第93页。

③ 瓦里西却认为，这种公开市场的卖出行为并非出于紧缩目的，而仅仅是想甩掉不受欢迎的中央银行资产。参见：Wallich，Triebkräfte，第93页。

28日，央行理事会根据贝恩纳德的建议，以9比4的投票结果决定降低贴现率1个百分点至5%。此前已经确认：银行的信贷发放有所下降，并且已被货币资本超出；不断上升的外汇盈余已经导致金融市场的流动性增加。[①]

从1952年8月20日到1953年6月10日，央行理事会分三次下调贴现率，每次降低0.5个百分点，第三次降至3.5%。最后一次下调的背景是，货币市场由于经常项目收支顺差而呈现流动性逐步增强的趋势，而且货币改革以来的第二次税收改革恰在此时开始生效，所得税平均下调15%，以此增强经济繁荣期的国内经济需求。[②] 放松货币政策的动机是出于对外经济方面的考虑。在上一次利率调整时有意见认为，即便如此，联邦德国的利率相比其他国家仍然很高（见图1）。

1953年12月16日，央行理事会通过表决向自由兑换又迈出一步：将海外的“马克冻结账户”转为“开放的资本资产”（=“Libka-Mark”），此举将于1954年9月中旬实现。[③] 鉴于德国有很高的欧洲支付同盟顺差头寸，央行理事会于1954年3月31日一致建议，对1952年夏季信贷合同中总值约3.17亿马克的延期清偿贷款全部放开清偿。

1954年5月19日，央行理事会以9（包括两位主席）比2的投票结果，决定将贴现率下调0.5个百分点至3%，此举完全是因为考虑到外部货币形势。因为英格兰银行刚刚将贴现率降到了3%，如果德国不做出行动，将会使德国与其他国家之间出现巨大利差。但是“目前的经济不需要中央银行特别的经济政策支持”，[④] 因为即将于1954年2月16日开始实施的第三次税收改革已经提供了这种支持。通过这次“大规模”的税收改革，最高税率将从70%降至55%。[⑤]

从1951年到1956年9月“联邦预算节余”达到约75亿马克[⑥]的高位，期间几乎所有央行理事会会议都对以下情况做出正面评价：联邦实现了必须

---

① 在之后的会议上，由于考虑到伦敦债务谈判，央行理事会搁置了进一步放松货币政策的措施，因为不想造成德国支付能力过强的印象。

② 参见Ehrlicher，Finanzpolitik，第220页。

③ 参见Kühne，Regelungen，第412页。

④ Protokoll der 169. ZBR-Sitzung am 19. Mai 1954（HA BBk B 330/Drs. 142）。

⑤ 参见Ehrlicher，Finanzpolitik，第227页及续页。货币改革前，最高税率曾经高于100%，而最高的平均税率在94%左右。

⑥ 参见Emminger，D-Mark，第78页。

留存于央行系统的现金盈余，由此无须央行政策干预即可抵制经常项目收支顺差所造成的流动性增加的趋势。[①] 此外，当时不断大幅增加的储蓄存款也获得了积极评价。由于降低了银行的存款准备金义务，储蓄存款的增加起到与降低流动性相反的作用，因为它具有形成货币资本的特点，因而使银行得以同时大幅扩大短期信贷发放规模而不会威胁到价格的稳定。

资本市场政策的观点在对降低贴现率的论证中也起了一定作用。央行理事会不仅希望有一个没有被固定利率和税收优惠扭曲的资本市场，还希望有一个利率适宜的、有效的资本市场。央行理事会认为，较低的短期货币市场利率及由此形成的较低的储蓄存款利率，会增强私人货币持有者购买资本市场票据的兴趣；这样就能降低资本市场利率，并且在 1955 年 1 月 1 日第二部《资本市场促进法》失效后仍然把利率维持在较低水平。[②] 和以前对提高贴现率的谨慎态度一样，这反映了央行理事会在做决策时，不仅将维持比国外更稳定的价格作为目标，而且也兼顾生产政策目标。

德意志各邦银行在 1955 年 4 月公布的 1954 年业务报告中断言，1954 年“价格风向发生了明显转变”。[③] 报告说：同上一年相反，下半年的价格部分有所回升，原因是“受需求强劲增加的影响，还有部分原因是受各种世界市场价格的拉动，且工资的增长也开始逐渐显现”；因此，德意志各邦银行和联邦政府一起，对接下来的发展给予特别关注，“以便用他们可支配的资金来应对可能出现的严峻形势”。1955 年夏季，低于 5% 的失业率也实现了当时所定义的充分就业。[④] 工资的涨幅从 1951 年开始有所回落，但是在

---

① 这背后并没有经济政策方面的动机。联邦是考虑到将来的军备开支而只想创造现金储备，特别是在 1952 年 5 月 27 日六个煤钢联合体国家共同签署了有关建立欧洲防御共同体（EVG）的协议之后。对该协议的批准被拖延，最终因为法国议会的反对而在 1954 年宣告失败，这对联邦德国的经济稳定而言是件幸运的事。原本计划的军备开支因此在很久之后建设联邦国防军时才兑现。

② 关于《资本市场促进法》的作用及资本市场的发展参见 Borchardt, Pfandbriefmarkt，第 165 页及续页。

③ Geschäftsbericht der Banke deutscher Länder für das Jahr 1955，第 3 页。

④ 在 1955 年受联合国委托所作的一份关于充分就业的科学评估中，专家们定义的达到充分就业的标准是：具有劳动能力人中的失业率为 5%。参见 das Referat “Währungsstabilität in der vollbeschäftigten Wirtschaft” von Heinrich Irmier, Vizepräsident der LZB von Niedersachsen, auf der Fachtagung des Deutschen Raiffeisenverbandes e. V. in der Lochmühle bei Ahrweiler am 5. November 1956，原文第 6 页。部分出版在 Bank deutscher Länder, Auszüge aus Presseartikeln, Nr. 139 vom 21. Dezember 1956，第 2 页及续页。在英国，充分就业的目标被贝弗里奇（Lord Beveridge）雄心勃勃地定为 3%。

1955年又因此有所提高（见表1）。

不久之后情况就已发展到信贷政策以不同方式被收紧，而且完全是出于抑制经济过热，即出于国内经济的原因。而针对对外经济形势仍然呈现出高出口顺差和高外汇流入的特点，德意志各邦银行宣布，绝不在对外货币政策方面实行紧缩措施。[①] 因此，中央银行继续进行抓紧减少依然存在的外汇限制措施，并“热烈”欢迎联邦政府的计划，即进一步通过降低关税和其他进口鼓励措施来增加进口。这些对外经济方面的措施仅仅是针对经常项目收支，即为了减少经常项目顺差。银行最开始显然没有认识到，减少外汇限制，即向德国马克的可自由兑换靠拢，不仅能增加商品出口的活力，而且为外汇流入增加了新的来源，就是说通过资本项目收支。这是因为德国马克已经成为事实的可兑换货币，它相对稳定并且拥有强大的外汇储备，所以这会刺激外国资本在德国金融市场和资本市场上的积极活动。这点在接下来几年得到印证，并因此引发了有关德国马克升值的讨论。[②]

1955年5月，随着大规模的公开市场抛售，信贷政策的紧缩拉开序幕。1954年，德意志各邦银行进行公开市场操作所必要的货币市场证券已经用尽，于是它于1955年5月和联邦财政部长达成协议，用新旧货币转换中德意志各邦银行的3%补偿权与财政部长交换20亿马克的货币市场证券。在1955年7月的第一周，抛售变现的证券已经达到15亿马克的阶段性峰值。[③] 1955年，虽然商品进口增加了27%，经常项目收支中的出口顺差仍然高达27亿马克（少于1954年的40亿马克）。由于出口顺差产生的流动性流入要高得多，因此旨在抑制经济过热的公开市场业务远远不够，虽然从1955年6月起公共部门财务也开始实现现金盈余，并将其作为存款存入央行系统。公开市场操作和其他流动性削减措施使货币市场利率超过贴现率水平（见图3），因此商业银行又开始更多地利用在央行的再融资可能性，而这在过去几年基本上是不必要的。

1955年8月3日，央行理事会决定，用其他“可见的”措施来对“柔性的”、无声的公开市场政策进行补充。为了保持“适度”，避免“在进一

---

① Geschäftsbericht der Banke deutscher Länder für das Jahr 1955，第1页。

② 更详细的资料参见 Carstens，Aufwertungsdebatte 和 Kaufmann，Debate。

③ 其中仅有5亿马克用于削减银行的流动性，因为有近3亿马克的变现证券源于已经流动的联邦国库券，有超过6亿马克由公共机构以上缴补偿权的形式承担。

步的扩张中使经济繁荣和充分就业滑入危险的发展道路”，[①] 贴现率上调了0.5个百分点至3.5%，存款准备金率提高了1个百分点，银行流动性减少了5亿马克。在1955年10月12日的会议中，央行理事会制定了另一项缓和经济发展的措施，不再对所谓的“建筑汇票”进行再融资。“建筑汇票”是用于对建筑工程的过渡性融资的，但它并非原来意义上的贸易汇票。

从1955年秋季起，联邦政府意识到，不能在稳定政策上全部依赖德意志各邦银行。随着马克成为事实上的可自由兑换货币，德意志各邦银行的武器变钝了。1955年10月19日和1956年6月22日，艾哈德在联邦议会就联邦的经济政策责任发表了两个政府声明。财政部长谢费尔（Schäffer）从1955年秋季起，也在《关于联邦财政计划的一般说明》中表达了类似观点。[②]

尽管采取了货币紧缩措施，但在创纪录的12%的经济增长率下，原本需要抑制的信贷需求继续保持旺盛。1955年，商业银行的信贷总量增长了23%，与此相对的是银行流动性面临双重压力，一方面公共财政保持现金盈余，另一方面现金流动量强劲增长，这主要是因为大众收入的大幅增加。[③] 这导致了货币市场利率明显增加，大大超过3.5%的贴现率。[④] 相比较而言，较低的贴现率实际上刺激了商业银行最大限度地利用在央行系统负债的可能性。上半年，商业银行相对央行系统的再融资负债曾减少了近10亿马克，在下半年，又增加了23亿马克。对既定的再贴现份额的使用在1955～1956年之交达到最高值，超过45%，而在接下来的半年之所以略有回落，也仅仅是因为德意志各邦银行将所设定的额度提高了。1955年，德意志各邦银行的外汇净买入量为22亿马克，显然无法满足商业银行因信贷扩张而产生的流动性需求。

沃克和央行理事会完全知晓这些。沃克在1955年10月12日央行理事会会议上表示，鉴于货币市场的紧张形势，“我们的贴现率太低了”。但是，他认为，股市下跌和信贷市场收益率的增长替德意志各邦银行承担了“部分工作”。在11月23日的会议上，他还指出，是否提高贴现率还需观望。

① Geschäftsbericht der Banke deutscher Länder für das Jahr 1955，第17页。

② 参见 Dreiβig，Entwicklung，第738页。

③ 后者主要是因为工作岗位急剧增加，工资水平也大幅提高。

④ 短期拆借利率在1955年的最后几个月为0.25%～0.75%，3个月的拆借利率甚至比贴现率高出2.5个百分点以上。金融市场利率也因此大大超过8月份以来分多步上调的金融市场证券的出售费率。因此，1955年7月之后，德意志各邦银行的公开市场政策不再发挥紧缩作用。

按照他的观点，在未来走这一步的风险至少和实际提高贴现率的风险相当。此外，他还认为，联邦政府恰恰就有这样迫切的愿望，所以“我们目前不想做任何事情，就完全交由他们去实施（经济发展）计划吧”。[①]

虽然从 1955 年 8 月 3 日到 1956 年 3 月 7 日，德意志各邦银行没有改变他们最重要的再融资利率——贴现率，但对于商业银行而言，他们在货币市场上的获取流动性的成本大幅上升。鉴于经济的高速增长，央行理事会认为获取流动性的成本上升正是所期望的。但是，要想阻止商业银行 1955 年信贷增容 23%，这个还远远不够，商业银行当然将贴现率和金融市场利率之间的巨大差额视为丰厚年度盈利的来源。由于有《存款利率法规》，传统上视贴现率而定的银行存款的利率一直很低。虽然对于额定利息有规定的最高利率，但还存在较大的活动余地以适应金融市场的利率。[②] 银行的净息差发展势头尤为旺盛。[③]

央行理事会又一次没利用它的可能性，去更强有力地抑制信贷扩张和已经为其所断言的经济过热情况。央行理事会的可能性主要在于，采取更严厉的紧缩措施，阻止再融资信贷在 1955 年下半年增加 23 亿马克。鉴于德国马克已成为事实上的可自由兑换货币，即鉴于对外经济的开放性，国外流动性流入的增加可能会破坏上述紧缩措施的效果。这是央行理事会没有予以重视的另一个问题。

在央行理事会中，各种情况都显示 1955 年 8 月 3 日的贴现率上调幅度还不够。1955 年秋季以后，爱德华 · 沃尔夫（Eduard Wolf）在几乎所有会议上都报告说，贴现率低于货币市场利率，因此德意志各邦银行失去了和货币市场的联系。在 1956 年 1 月 11 日的央行理事会会议上，有几位成员赞成提高贴现率。沃尔夫说，“几年以来，经济在紧缩性财政政策的作用下遭受了购买力和流动性的下降”。“信贷政策最本质的任务并非通过上述财政政策，而越来越多地通过出于其他想法制定的财政政策来实现”。中央银行“必须满足不容推卸的（原文如此！）由公有资金流动导致的再融资需求，

① Wortprotokoll der 203. ZBR-Sitzung am 12. Oktober 1955（HA BBk B330/88）.

② 丢尔（Dürr）指出，额定利率有规律下调的幅度小于贴现率。参见 Dürr，Wirkungsanalyse，第 245、248 页。

③ 以德意志银行集团为例，这有助于其净利润从 880 万马克（1953 年）及 950 万马克（1954 年）到 1570 万马克（1955 年）和 2530 万马克（1956 年）的爆炸式增长。参见 Holtfrerich，Deutsche Bank，第 567 页。

因此（中央银行——译者注）被迫偏离自己的任务和目标扮演起救助者的角色；中央银行尽管持紧缩的基本态度，但其信贷似乎还是会被扩大，这已经造成了人们对中央银行政策有效性的错误解读”。[①]

在 1956 年 1 月 25 ~ 26 日的随后一次央行理事会会议上，提高贴现率的提议以 5 比 6 的表决结果未获通过。赞成者认为，“鉴于货币市场的形势，现行的贴现率已经‘不合时宜’和‘不顺应市场’了；如果中央银行不愿被操纵成为最廉价和最便利的取钱处，那么就需要修正贴现率。短缺但廉价的信贷是一个必然会与市场经济产生矛盾的原则，而且时间越长，矛盾越大”。反对提高贴现率的人（除了贝恩纳德，令人吃惊的是沃克也身处其中）认为，提高贴现率“虽然会受到部分银行的欢迎，因为这符合他们的利益，但无法获得经济界的普遍理解”。[②] 德国工业联邦协会（BDI）主席弗里兹·贝尔格（Fritz Berg）在 1955 年 12 月的公开讲话中指责德意志各邦银行 1955 年 8 月的紧缩信贷政策就已“给大好的经济发展以沉重的打击”。[③] 这里可以很清楚地看出，央行理事会那一时期进行利率政策决策时多么看重生产政策方面的看法和利益，它甚至会为此撇开那些从货币政策来看所必需的东西。虽然没有出现相应的危险，但它还是保持着“最后贷款人”的功能。

1956 年 2 月，平衡显然发生了改变。2 月 1 日，贝恩纳德书面邀请经济部长和财政部长参加 2 月 15 日的下一次央行理事会会议，因为提高银行利率的问题变得很紧急。15 号早上，由于下雪和霜冻，铁路交通受阻，两位部长不得不取消出席会议。因此央行理事会没有做出决议。接下来 1956 年 2 月 22 日的会议，两位部长再次受到邀请。早晨，谢费尔致电贝恩纳德，告知艾哈德正出访英国，因此“预先正式提出要求……延迟八天再作决议”。[④] 因此，贝恩纳德要求央行理事在 1956 年 3 月 7 日做出最终决议。在

① Protokoll der 210. ZBR-Sitzung am 11. Januar 1956（HA BBk B 330/Drs. 142）。1955 年最后一个季度，媒体多次批评德意志各邦银行的紧缩政策力度不够。

② Protokoll der 211. ZBR-Sitzung am 25. /26. Januar 1956（HA BBk B 330/Drs. 142）。关于沃克的观点：Wortprotokoll（HA BBK B 330/91）。

③ 央行理事会以一篇两页的特别新闻稿作为回应，在其中反驳了贝尔格的指责。Wortprotokoll der 209. ZBR-Sitzung am 21. Dezember 1955（HA BBk B 330/90）。在 1955 年 11 月 23 日的央行理事会上，已经出现“经济界及经济领域官员”冲着央行理事会成员发起“猛烈的连珠炮火”的场景。Wortprotokoll der 206. ZBR-Sitzung am 23. November 1955（HA BBk B 330/89）。

④ 整个过程的描写可见：Protokoll der 214. ZBR-Sitzung am 7. März 1956（HA BBk B 330/Drs. 142）。

这一天，央行理事的确做出了决定，将贴现率提高1个百分点至4.5%。不过德意志各邦银行的这一利率决策也仍然无法追上货币市场的利率涨幅，后者由于冬季流动性的持续紧张而大幅上涨。3月7日贴现率上调之后，短期资金的利率最多仍超出贴现率0.75%。信贷机构对央行系统的再融资负债于1956年3月相应增长到峰值，达近55亿马克，相比1955年底又增长了约10亿马克。之后，货币市场的形势有所缓和。隔夜拆借率停止上涨，到4月份重新回落到4.5%，与贴现率持平。

如何解释第一季度的紧张形势和之后的缓和呢？出于和上一年同样的原因，现金流动在1956年保持增加，这使商业银行在这一年的流动性减少12亿马克。德意志各邦银行的公开市场操作又使银行在1956年的前11个月减少了11亿马克的流动性。1956年第一季度，公共财政的盈余给信贷机构造成的流动性流失还很显著，但在接下来的时间里其重要性逐渐变小。随着"联邦预算节余"开始削减，而资金又没有被用在海外军备采购上，年底时联邦甚至还给银行增加了流动性。

不过第一季度之后货币市场形势转变的主要原因来自德意志各邦银行不得不买下的外汇盈余。德意志各邦银行断言："如果央行中公共存款的增加导致在1956年第一季度从银行抽走的资金，大大多于同时期因德意志各邦银行外汇结算而流入银行的资金，那么在接下来两个季度里外汇盈余就很快占据上风。"[①] 1956年，银行从这一来源获得59亿马克的流动性，而1955年只获得了22亿马克。在这两年中，上述结果几乎完全由经常项目顺差而非资本项目引起。这种情况从1957年起开始有所改变。

在货币市场缓和的阶段，由国内需求推动的经济过热的高潮已经过去，这从国内投资降温上就已能初窥端倪。1956年第二季度，国外需求的扩张成为拉动经济景气的火车头，在固定汇率体系中，国内信贷政策对它自然是束手无策。当然，紧缩措施无论如何可以逐渐抑制德国的进口需求，但这样，不被乐见的外汇盈余将日益成为银行流动性的来源，因此这只是弄巧成拙，与目标背道而驰。

恰恰在这个形势下，央行理事会采取了它最严厉的信贷紧缩措施。1956年5月18日，它决定继续上调贴现率1个百分点至5.5%。为了抑制繁荣的出口经济形势（1956年第二季度比上年同期增长了28%），现

---

① Geschäftsbericht der Banke deutscher Länder für das Jahr 1956，第44页。

在连国外票据、国外支票、外国人的德国马克承兑汇票和德意志各邦银行的出口汇票都仅以普通利率——而非像以往那样按照最低贴现率——收购。

对银行来说，进一步紧缩措施的后果是，在央行基准利率和货币市场利率之间进行利息套利变得无利可图。1955 年下半年和 1956 年第一季度，信贷机构在央行系统的再融资负债从大约 20 亿马克增加到 50 亿马克，几乎与此呈镜像对称的是，从 1956 年 5 月到 1957 年 3 月，上述负债又减少到 20 亿马克。加之前文提到的以公开市场操作抽取流动性，德意志各邦银行因此得以中和大部分外汇盈余所带来的流动性后果。

1956 年 5 月 18 日实施的严厉的紧缩措施格外受到艾哈德和谢费尔的称赞。他们最担心的是价格不稳定，并唯恐经济发展过热。他们把信贷政策决议视为自己波恩稳定计划的一部分。4 月份，在艾哈德（不包括经济内阁）的倡议下，"背着"阿登纳成立了"经济发展理事会"，旨在协调货币、财政与一般经济政策。该理事会的成员包括艾哈德、谢费尔和沃克。理事会还自己任命了非常重要的"部门领导委员会"。该委员会起初每个月开一次会，主要开展协调工作，也为经济方案服务。[①] 该经济方案是基于这样的认识：对外经济的发展限制了中央银行在国内经济方面的行动空间，经济发展政策应该更多地通过财政政策来实现。[②]

沃克在央行理事会会议上曾获得与会部长艾哈德和谢费尔（Schäffer）的赞同并付诸实施的信贷限制措施，不仅遭到了德国工业联邦协会主席贝尔格（Berg），而且还遭到了阿登纳的严词拒绝，因为后者害怕在 1957 年的大选年遭遇到严重的经济下滑（而这其实并未发生），还担心在眼下的竞选中失去德国工业界的支持。这种反对愈演愈烈，其高潮是：1956 年 5 月 23 日在科隆戈尔泽恩民希（Kölner Gürzenich）召开的德国工业联邦协会年度全体会议上，阿登纳和贝尔格异口同声对德意志各邦银行的紧缩性货

---

① 参见 Koerfer, Kampf, 第 110 页及续页。及 Hentschel, Erhard, 第 255 页及续页；Berger, Konjunkturpolitik, 第 220 页及续页。会议记录保存在科布伦茨的联邦档案馆，B102/1296 至 1298。德意志各邦银行的代表起初是沃尔夫（Wolf），财政部代表是厄夫特林（Oeftering），经济部代表为米勒 - 阿玛克（Müller-Armack）。

② 通常，部门领导委员会也会事先对央行理事会所计划的货币政策的决议进行讨论，而中央银行也可以在那里"悄悄地"提出它对财政政策的要求。经济发展理事会一直存续至 1967 年 6 月 8 日《稳定法》颁布，之后其职能被其他委员会接替。5 月 18 日贴现率上调的决议也曾事先在经济发展理事会中进行过讨论。

币政策表示反对。阿登纳批评说：“德国的经济遭到严重打击，最终挺不过去的是小企业。”①

央行理事会的决议让阿登纳更加坚定了无论如何不再让沃克担任中央银行主席的决心，眼前正加速将德意志各邦银行转变成德意志联邦银行的法律准备工作，这正好是一个时机。阿登纳还想无论如何要将中央银行从法兰克福迁至科隆，在靠近联邦政府的地方。1956年7月11日，内阁召开会议对《联邦银行法草案》进行咨询。阿登纳在会上说：“在选择联邦银行所在地时要注意，该银行的所作所为必须遵循正确的思想。德意志各邦银行目前的所在地造成了它的特行独立。联邦中央银行必须对政治气氛感同身受，而且银行就是应该顾及这种气氛。”②

1955年10月19日，也就是第一次上调贴现率两个月之后，艾哈德在一个政府声明中宣布了一套紧缩性经济发展方案。方案主要是呼吁劳资双方保持工资和价格的适度，以及呼吁地方政府裁减公共建筑项目订单。原本计划的更大规模的减税措施被延期。1955年12月8日和1956年1月20日，联邦议会通过了两部《经济发展政策的关税法规》。③ 1956年6月，联邦政府和德意志各邦银行协调后决定再迈进一步，实施第二套综合性的经济发展方案。第一套方案中的关税下调措施被延长至1957年12月。第三部《经济发展政策的关税法规》下调了大量工商业制成品的进口关税。④ 1956年6月19日，联邦政府决定进一步加大始于1954年的对美元区的贸易开放。⑤

---

① 引自 Koerfer, Kampf，第117页。

② Bundesarchiv, Kabinettsprotokolle, Bd. 9，第19页。这里（第102页及续页：Kabinettsitzung vom 24. August 1956 mit Bernard und Vocke）还可看到关于选址问题的其他讨论。德意志各邦银行主席们敦促把地址确定在美因河畔的法兰克福。在内阁会议上，他们还要求使社会保险机构也有义务将流动资金存入联邦银行，这个要求最终没有通过。

③ 农业和建筑业的生产资料和援助材料的关税税率在1956年6月前下调50%。对食品和低价值的投资货物的关税也将在规定期限内下调。参见 Berger, Konjunkturpolitik，第112页及续页。

④ 主要是在消费品领域，其关税被无期限下调最多25%。此前在1955年3月，同样出于经济发展政策的考虑，已经有700多个关税项目的税率下调了10%～35%。

⑤ 在这个经济方案中同样还规定了促进进口的税收措施，但是这些措施在1957年7月才得以实施。在国内经济方面，政府行动也很积极。1956年6月，政府取消了对所有投资资金10%的财务冻结，放弃对私人经济提供投资担保。央行理事会想限制企业投资的加速折旧的可能性，这个想法在波恩没有被通过。但是对储蓄的促进显著增加，以限制消费需求。波恩的一系列紧缩措施和降低所得税对经济政策的扩张作用正好相反。1956年10月5日颁布的一项法规中规定了降低个人所得税。参见 Berger, Konjunkturpolitik，第116页及续页。

1956 年，为抑制国内需求而采取的紧缩措施产生了与目标相反的效果。德意志各邦银行第一次用了“反常的”外贸发展这种说法。[①] 一般来说，由于联邦德国的经济发展即便在抑制措施下也依然景气——如同上一年，那么出口顺差本应在 1956 年也出现回落。可是实际情况正好相反。作为这种“反常”现象的原因，德意志各邦银行排除了它们的信贷紧缩政策和国内外价格的变动。因为在 1955 年秋季至 1956 年中旬的出口加速增长阶段，价格几乎没有发生变化。他们认为，德国出口的快速增加是德国重要贸易伙伴国出现与德国相当的投资热潮的结果之一。由于那些国家的供货能力有限，他们对投资货物的需求转向了在这一领域富有弹性的、在传统上就具有优势的德国经济。“没有哪个国家的出口像德国那样如此有利于经济发展。”[②]

在联邦政府的第二项经济抑制计划公布后不久，1956 年 6 月 7 日，央行理事会就发现了经济缓和的初步迹象，一方面主要是在原材料和投资货物领域，另一方面是外汇流入给银行带来了较大的流动性。两周后，这些现象变得更为明显。工业界用 8% 的利率发放债券就挤入了资本市场，因为这样的利息暂时地甚至低于某些银行的短期信贷。

8 月 22 日，董事会成员向央行理事会报告，形势继续向同一方向发展，物价变化和银行信贷发放明显趋稳，建筑业发展也有所回落，只有大众收入的增长以及由此所带来的消费需求的增长未曾止步。虽然工资大幅提高，但自 7 月起存款量却开始减少。这些整体情况在两周后得以证实，并且还发现，短期拆借利率已跌至贴现率以下，于是央行理事会在贝恩纳德建议下（与沃克的意见相左），鉴于工资和消费涨势不减，决定将贴现率下调 0.5 个百分点至 5%。虽然前面提到的国内经济因素在其中仍然起着主要作用，但有一个明确的判断，此举将缩小德国与国外的利差，从而使德国得以应对上述利差造成的国际货币流动所引发的干扰以及驳斥国际上可能出现的对德国利率政策的指责。[③] 此外，央行理事会还相信，下调贴现率所引发的心理上的连锁效应，可以重振受挫的储蓄意愿，并使得资本市场利率有所回落。

1957 年 1 月 8 日，经济部的“经济发展理事会”在基本政策部主管阿尔弗雷德·米勒·阿玛克的倡议和主持下召开部门领导会议，爱德华·沃尔

---

① Geschäftsbericht der Banke deutscher Länder für das Jahr 1956，第 7 页。

② Geschäftsbericht der Banke deutscher Länder für das Jahr 1956，第 8 页。

③ 参见 Protokoll der ZBR-Sitzung am 5. /6. September 1956，第 7 页（HA BBk B 330/Drs. 142），以及 Wortprotokoll（HA BBk B 330/96）。

夫参加了此次会议。米勒·阿玛克试图用以下说法阻止德意志各邦银行下调贴现率：消费的繁荣还没有消退，缓和的趋势仅仅是暂时的，特别是必须考虑军备开支的增加。沃尔夫、联邦经济部的资本市场部门和大部分时间亲自与会的艾哈德则持不同观点，他们认为，储蓄行为在年底已经重新有所增加。沃尔夫在 1957 年 1 月 9～10 日的央行理事会会议中报告了这一点。央行理事会赞同沃尔夫的观点，认为经济缓解的征候至少从 1956 年初秋就已显现，它以多数票（8 票赞成，3 票反对）表决通过——经联邦经济部和财政部听证且无异议，但是和沃克的意见相左——将贴现率下调 0.5 个百分点至 4.5%。[①] 之后，由于高企的经常项目收支顺差，金融市场的流动性大大增强。德意志各邦银行多次下调货币市场票据的费率，并力图通过公开市场业务降低银行流动性。

接下来的几个月里，仍然被视为高息政策的德意志各邦银行的方针遭到国外越来越强烈的反对。1957 年 7 月 10 日，当央行理事会应几位成员的建议再次详细讨论下调贴现率时，它受到欧洲经济合作组织理事会和欧洲支付同盟董事会德方成员汉斯·卡尔·冯·芒格尔特（Hans Karl von Mangoldt）的施压。[②] 他们认为德意志各邦银行的行为“不适应体制”，因为“如果换了我们，是不会让外汇流入产生让利率下调和物价上涨的后果”。他们还说，虽然联邦德国有国际收支顺差，但是德意志各邦银行却实施着紧缩的信贷政策。

在这次会议中，弗莱德勒尔（Pfleiderer）［赫尔穆特·施列辛格（Helmut Schlesinger）认为他对央行理事会“非常重要”，是“各州央行中唯一聪明的主席”，“能够与爱德华·沃尔夫抗衡”。[③]］作出了一个值得注意的判断：国际收支顺差是“首要问题”。不过和其他人一样，他也质疑是否能通过下调贴现率来抑制因付款条件（Terms of Payments）变动及其他原因造成的具有投机性的资本流入。沃尔夫还指出，德国利率的绝对水平不是关键，与国外的利率差才是。不过，由于国外的利率上调，利率差在过去几个月已经缩小。弗莱德勒尔认为，德国外汇储备的投资方式对国外，尤其是美国相对较低的利率的形成，起了促进作用。因为流入的美元外汇并未有效地从美国撤离，而

① 另外，它还通过缩短出口汇票买入期限来减少中央银行信贷对出口的扶持，2 月份它还减少了给出口信贷公司（AKA）的资金。

② Wortprotokoll der 249. ZBR-Sitzung am 10. Juli 1957（HA BBk B 330/104）。还参见 Kaplan/Schleiminger，Payments Union，第 260 页。

③ 1997 年 3 月 3 日作者对施列辛格的采访。

是以美国商业银行存款或美国国库债券的形式留在那里，联邦德国是它们最大的海外买家。这在收益政策上是正确的，但在货币政策上则不然。因为，联邦德国用这样的短期资本输出（即德国对欧洲支付同盟其他国家经常项目收支的顺差使黄金流入德国，而德国则用其在美国进行投资）促使美国形成了低利率并与德国保持很高的利率差。弗莱德勒尔建议，以黄金的形式持有大部分外汇储备。沃克基本同意他的观点。可能正是这次讨论导致了，1957 年联邦德国中央银行的黄金储备从 62 亿马克增加到 106 亿马克，增长了 71%。[①] 1957 年美国货币市场率的确持续高于德国，这对缓解对外经济问题发挥了作用。

还有另一个原因使弗莱德勒尔在这次会议上的发言引人关注。鉴于当时的对外经济形势，他要求“转换信贷政策工具——正如我们在前面几次信贷政策决策中逐步在做的那样。如果从整体上观察我们所作的决策，我们其实已经在一定程度上从利率政策转向了流动性政策”。[②] 他的意思是，德意志各邦银行从 1956 年 9 月起两次下调了贴现率，但却进一步收紧了流动性政策的措施。最重要的是公开市场政策：1956 年底，只向市场抛售了 14 亿马克的变现证券，1957 年 10 月底达到了 56 亿马克，即在 10 个月内削减了 42 亿马克的流动性。[③] 1957 年 4 月 10 日，央行理事会决定，1957 年 5 月 1 日提高国内存款的存款准备金率至 9% ~13%；对国外存款甚至提高到当时能够允许的最高值 20%，以削减商业银行的流动性。1957 年 9 月 1 日，将国外存款的存款准备金率甚至设定为 30%，这是 1957 年 7 月 30 日颁布的《联邦银行法》所允许的最高比例，而对可自由兑换的国外存款，从 1948 年起直到 1956 年春季始终都实施利息禁令。[④] 《联邦银行法》在 1957 年首次规定各州有义务把流动资金存入联邦银行，这样就通过存款政策形成了紧缩性的流动性政策效果，以此抵消由联邦议会“蛋糕委员会”削减“联邦预算节余”所造成的扩张性效果。再次下调贴现率则尚需等待。[⑤]

---

① 参见 Deutsche Bundesbank，40 Jahre，第 26 页。

② Wortprotokoll der 249. ZBR-Sitzung am 10. Juli 1957（HA BBk B 330/104）.

③ 参见 Geschäftsbericht der Banke deutscher Länder für das Jahr 1957，第 42 页及续页。接下来的数据也出自该报告。还参见 Berger，Konjunkturpolitik，第 49 页。

④ 参见 Deutsche Bundesbank，40 Jahre，第 190 页。

⑤ 1957 年 7 月 24 日，央行理事会曾考虑过采取这个措施，但是经过对各种意见彻底的、值得一读的斟酌，最终还是将其否决了。沃尔夫的报告颇有引导性，他说他参加了一次“经济发展理事会”的部门领导会议，与会者们赞成下调贴现率。参见 Protokoll der 250. ZBR-Sitzung am 24. Juli 1957（HA BBk B 330/Drs. 142）。

4.3 1956～1961年：左右为难的货币政策

由货币政策和财政政策的决策者以及劳资双方所造就的成功的稳定政策自1951年起，在国内价格基本稳定而国外通货膨胀高企的情况下实现了商品和服务业的收支顺差，并在1957年达到峰值（不算德国国内贸易），接近国民生产总值的3.7%（见表2）。再加上同样从1951开始的资本净流入（在1957年经过爆炸式增长达到当年国民生产总值的0.7%），由此带来的外汇流入使德意志各邦银行的外汇储备从1950年底的7亿马克膨胀到1957年的176亿马克。这相当于国民生产总值的7.6%、德国进口的55%以及现金流动量的102%。德意志各邦银行的国外资产总额1957年底甚至达到国民生产总值的10.4%、进口的75.4%和现金流动的139%。沃克时期还有另一个特点：黄金在外汇储备中的比重从1951年底的不到10%增加到1957年底的60%。在从1958年初开始的布莱辛（Blessing）时期里，这一比例一直徘徊在50%左右。[①]

顺差头寸持续增长的负面结果是，在美元短缺时期，德国国民经济从欧洲支付同盟的其他国家撤走外汇，因此削弱了这些国家为谋求实现欧洲货币自由兑换而建立起必要的外汇储备的能力。虽说联邦德国和其他欧洲支付同盟国家一样，和美元区的外贸也同样呈现逆差，但它用从欧洲支付同盟获得的顺差头寸将其抵消了，甚至还有盈余；而其他欧洲支付同盟国家却是逆差的叠加，即在对美元区逆差的基础上又增加了欧洲支付同盟的逆差，这一情况在法国和英国尤为明显。因此，上述国家除了“美元荒”，还要应对“德国马克短缺”。随着德意志各邦银行外汇储备中黄金份额的迅速增加，该银行开始同时削弱黄金担保及至美元在世界货币体系中作为主导货币的重要性。[②] 这是一个在接下来几年变得日益尖锐的问题，并在20世纪

---

① 所有数据都根据以下资料计算：Deutsche Bundesbank，40 Jahre，第5、20、26、255页。关于黄金在整个德意志各邦银行国外资产中所占的比例参见表2。沃克时期的外汇储备“黄金化”主要是由于欧洲支付同盟的“硬通货化”，即越来越多的双边逆差要求债务人根据其选择用黄金或者美元结算：欧洲支付同盟1950年7月之初，这一比例只有25%，1954年起为50%，1955年则达75%。由于这段时期伦敦市场的金价略低于官方的美元汇兑平价，因此德国的无法信贷化的顺差主要以黄金而非美金结算。参见Emminger，D-Mark，第95页及续页。

② 从1950年至1957年，美国现金流动的黄金担保比例从84%跌至74%。参见U. S. Bureau of the Census，Historical Statistics，第993、995页。

60 年代公开爆发。

自 1955 年 8 月 3 日央行理事会做出关于信贷紧缩的决策之后，人们就期望联邦德国作为顺差国能够通过将德国的物价更好地与欧洲支付同盟较高的平均通胀率协调，或者通过使德国马克升值，在货币政策方面为欧洲赤字国家的国际收支平衡作出更多贡献。当时，欧洲支付同盟董事会就批评了德国央行理事会的利率政策决策。当后者几次上调贴现率直至 5.5% 之后，前者于 1956 年 7 月指责“德国的政策完全以国内为导向，忽略了对外经济上的权衡”。[①] 在接下来的几年中，德意志各邦银行已经放松了利率政策，但在流动性政策方面，还是采取紧缩政策，主要包括公开市场政策以及于 5 月 1 日提高了存款准备金，因此来自国外的指责一直很激烈。在 1957 年 6 月 17 ~ 18 日召开的欧洲经济合作组织部长级会议上，由于德国极高的顺差头寸，德国的经济和货币政策遭到全面抨击，以至于联邦德国完全被孤立起来了。[②]

在这种情况下，总是商人和外汇交易者首先做出反应。出于对马克升值的投机，他们将马克的投机性投资存在德国的银行里——虽然 1948 年后商业银行不允许对这类投资付息，商界则对支付条件（Terms of Payment）进行相应的变更，即改变进出口业务的付款期限。[③]

德意志各邦银行/联邦银行的决策者们将稳定货币视为自己的法定使命，并且始终是双重意义上的稳定：在布雷顿森林体系的框架内对外维护德国马克的汇兑平价；同时对内保障价格稳定。他们对这一使命的解读是：如果出现冲突，保障国内经济的稳定，特别是价格稳定，比以国际收支平衡为导向的货币政策具有更高的优先性。德意志联邦银行在 1957 年初作出类似表态之后，[④] 它在 1960 年春季公开宣布：

---

① Bericht des dutschen EZU-Direktors von Mangoldt，in：Kaplan/Schleiminger，Payments Union，第 253 页。

② 其他国家以宣布德国马克在欧洲支付同盟内为“短缺货币”和对德国出口采取歧视性政策相威胁，要求德国为重新建立对外经济的平衡作出贡献，且立刻向欧洲支付同盟发放特殊信贷，以利于身陷外汇危机的法国。此外，还有几个国家建议“进一步扩张德国国内需求，同时采取压低物价的措施（大幅下调关税或者让货币升值）；另一些国家则建议大规模的公共及私人资本输出或者大规模偿还外债”。埃明格尔（Emminger）在 1957 年 6 月 26 日向央行理事会作了上述汇报。Protokoll der 248. ZBR-Sitzung am 26. Juni 1957（HA BBk B 330/Drs. 142）。

③ 参见 Kaplan/Schleiminger，Payments Union，第 255 页。

④ 参见 Geschäftsbericht der Bank deutscher Länder für 1956，第 8 页。

> 在面临对外经济考虑和保证内部货币价值这两者之间的选择时，毫无疑问，联邦银行会优先顾及后者，因为保证物价稳定对整个经济发展具有最根本的意义。而且，与滑入物价不断上涨的危险轨道所带来的后果相比，商业银行外汇流入重新增长可能带来的干扰要更容易控制和解决。[①]

只要海外赤字国家的货币不贬值，德国国际收支盈余就会给他们带来相应的通货紧缩压力。不仅如此，在同样情况下，德意志各邦银行/联邦银行为了保护德国马克的汇兑平价有进行干预的义务，联邦德国会因此自动出现通胀调整的压力。德国关于马克升值的讨论并不涉及将保障物价稳定的优先性转移到建立对外经济平衡上。赞成马克升值的人认为，升值对避免“输入型通货膨胀”的危险是必要的。因此，这场讨论所涉及的问题是用马克升值还是其他工具来维护物价稳定？国际货币基金组织章程所允许的改变汇兑平价的条件是否会发生，即是否会出现“结构性失衡”？

无论是沃克还是布莱辛领导下的德意志各邦银行/联邦银行反对每一个有关马克升值的建议。它认为，对外经济的平衡可以主要通过资本输出重新建立，并就此于1958年与L. 阿尔伯特·汉恩（L. Albert Hahn）展开了一场公开辩论。后者代表的是“回旋镖理论”，和中央银行的观点恰好相反。他认为，只要马克币值低估的状况持续存在，长期的资本输出便不能削减经常项目收支顺差，而会增强他国对德国出口产品的需求，这样就又增加了德国经常项目收支的顺差。[②] 1960年，汉恩认为，联邦银行在汇率稳定和价格稳定这两个目标之间是“左右为难”。[③]

早在1955年3月，当时欧洲支付同盟的协定将被延长，过渡到欧洲货币自由兑换的准备工作正在进行，联邦政府和德意志各邦银行就拒绝过英国的建议：将汇兑平价的波动幅度从+1%增加到+3%，以此增加汇率的灵活性。[④] 还有几

---

① Geschäftsbericht der Bank deutscher Länder für das Jahr 1959，第3页。

② 参见 Hahn，Kapitalausfuhr，p. 137。1958年9月18～19日召开的第31次央行理事会会议就汉恩（Hahn）的观点展开了深入的讨论。参见相应的记录（HA BBk B 330/Drs. 142）和 Kaufmann，Debate，第195页。

③ Hahn，Integration，第206页。

④ 参见 Kaufmann，Debate，第193页；Kaplan/Schleiminger，Payments Union，第218页及续页。1955年3月16日央行理事会第189次会议对此进行过讨论，德意志各邦银行最终予以拒绝。参见保密的央行理事会第189次会议补充记录（HA BBk，Nachlass Emminger N－2/243）。

个央行理事会成员甚至建议，如果波动幅度增加后英镑发生贬值，那么就将德国马克的汇率和英镑挂钩，一起贬值。第二年的7月3日，鉴于1956年7月17～19日将召开欧洲经济合作组织的下一次部长理事会会议，艾哈德在给当时英国的财政大臣哈罗德·麦美伦（Harold Macmillan）的信中建议，在由麦美伦召集的货币会议上考虑确定一个新的多边货币汇兑平价。艾哈德说，稳定的货币可以保留他们的汇兑平价，赤字国家货币则应贬值，这个比另一个理论上的替代方案有意义得多，即让价格水平稳定的国家的货币升值。1956年7月11日接受《金融时报》采访时，艾哈德补充说，如果赤字国家不希望降低他们的汇兑平价，那么他也愿意接受将平价的波动幅度扩大到+5%。这次，麦美伦为英国政府拒绝了艾哈德的汇率建议，因为当时人们认为英镑贬值将会危及英镑区的存续。[①]

期间在德国又发生了些什么呢，以至于联邦政府的各种意见团体不再拒绝德国马克事实上的升值？鉴于德国强大的出口经济，艾哈德认为，全面削减外贸配额，快速过渡到所有欧洲货币的自由兑换符合德国的国家利益。因而，他自1952年就开始宣传，应放开汇率，让法郎、英镑顺势贬值，而德国马克则在事实上升值。[②] 他这个想法不仅在国际组织中、欧洲支付同盟和国际货币基金组织遇阻，还遭到德意志各邦银行特别是沃克的反对。更糟的是，他无法在负责此事的联邦内阁中贯彻这一观点。在其经济政策及货币政策顾问罗伯特·普费尔德蒙格斯（Robert Pferdmenges）和赫尔曼·约瑟夫·阿布斯（Hermann Josef Abs）以及德国工业联邦协会主席弗里兹·贝尔格的影响下，阿登纳和沃克一样坚决抵制马克事实升值的建议。[③]

和艾哈德一样，联邦经济部学术咨询委员会原则上倾向于自由市场经济的解决方案，而非国家调控政策。它认为经常项目收支顺差是结构性的，并在1956年6月3日的专家意见书中称其为结构性失衡，认为有必要进行汇率调整。在这份意见书和之后1957年4月30日关于对外经济更为详尽的意

① 参见Kaplan/Schleiminger, Payments Union, 第257页及续页；Hentschel, Erhard, 第277页。Kaufmann, Debate, 第193页。

② 1952年底，艾哈德就曾建议，欧洲支付同盟货币的汇率在汇兑平价的+5%间波动，这样就能赢得更多伙伴国家加入货币的自由兑换。德意志各邦银行拒绝了这个建议。参见Protokoll der 135. ZBR-Sitzung am 17/18. Dezember 1952（HA BBk B 330/Drs. 142）和Hentschel, Erhard, 第192、276页。

③ 关于两位银行家和来自工业界的贝尔格施加的影响参见Koefer, Kampf, 特别是第85页及续页。

见书中，咨询委员会在升值问题上完全支持经济部长艾哈德。[①] 但根据它的观点不应该优先考虑单方面上调德国马克的平价，因为相对于美元区，经常项目不是顺差而是逆差。另外，面对少数几个债权国的是为数众多的债务国，因此只有通过不同的贬值度，才能在调整货币关系时实现必要的区分。沃克对其他货币贬值没有异议：货币出现问题，便要接受贬值，对健康的货币不需要采取这种手段。[②] 但因为咨询委员会认识到，与出现通胀问题的货币和不现实的平价挂钩会遭到传染，因此它持和沃克相反的观点：为了保障国内价格稳定，德国马克单方面升值可能是不可避免的。[③]

在德意志各邦银行董事会和央行理事会（从 1958 年起），埃明格尔就像一个异类，反对德意志各邦银行/联邦银行的升值立场。在 1956 年 6 月，他就在慕尼黑 Ifo 经济研究所的全体大会上说，联邦德国“将会经由出口顺差和外汇盈余输入国外的通胀”。他由此提出了之后普遍认可的“输入型通胀”这个概念，沃克很不喜欢这个概念。不过埃明格尔还未公开提出将德国马克升值作为应对措施，而仅仅说要促进资本输出、提前偿还债务、减少出口刺激等。[④]

在 1956 年 11 月 10 日的保密备忘录《德国顺差地位和汇率政策》中，埃明格尔已经清楚地看到了对内的和对外的货币稳定目标之间的矛盾。他表达了自己的观点：如果要保障国内的物价稳定，德国马克的升值是不可避免的。为减少由此带来的损失，他主张尽快改变汇率。他建议，将允许的美元

---

① 参见 Wissenschaftlicher Beirat，Gutachten 1948－1972，第 296 页及续页，第 333 页及续页。

② 参见 Kaufmann，Debate，第 196 页；Emminger，D-Mark，第 86 页。

③ 参见 Wissenschaftlicher Beirat，Gutachten 1948－1972，第 343 页。

④ 参见 Emminger，D-Mark，第 79 页，和 1956 年 6 月 7 日《南德意志报》上关于这次讲话的文章，题为《我们从国外输入通货膨胀》。当时还是下萨克森州央行副主席的海因里希·伊尔姆勒（Heinrich Irmler）是央行系统领导层首位公开主张“德国马克升值”的人，他是在 1956 年 11 月 5 日德国赖夫艾森协会的专业会议的一次讲话中提出这一观点。伊尔姆勒认为这是“真正的左右两难”。如果通过紧缩的信贷政策抑制了国内需求，使物价保持稳定，那么就会带来贸易和国际收支顺差不减反增的危险。原稿题为《充分就业的经济中的货币稳定》，登载于 HA BBk，Pressearchiv。其节选登载在 Deutsche Bundesbank，Auszüge aus Presseartikeln，Nr. 139 vom 21. Dezember 1956，第 2 页及续页，很典型的是没有关于德国马克升值的论述。第 4 页上仅仅只包括了这样的段落：根据形势分析，“可以逻辑地得出这样的结果，即欧洲赤字国家检视其汇率汇兑平价后，可能必须采取贬值措施。但是这个倾向至少在目前看来还不明显”。关于左右两难的类似描述也出现在 Geschäftsbericht der LZB von Niedersachsen für das Geschäftsjahr 1956，第 8 页及续页。其中写道：“紧缩政策（如果国外需求替代了受抑制的国内需求。作者注）在发挥作用时恰恰被自己抵消了。因此需要考虑的是，唯一可替代信贷涨价和信贷限制的就是改变德国马克的国际汇率。”

汇率波动幅度暂时从+1%放宽到+6%～+8%，同时立刻将马克汇率提高到上述范围的上限附近。①

直到埃明格尔威胁要把这份备忘录拿到央行理事会进行讨论之后，沃克才同意在1956年12月12日董事会的一次“保密会议”上对其进行讨论。埃明格尔在那次会议上依然完全孤立。虽然他承认，赤字国相对更愿意对平价进行全面的重新调整，但他坚持认为，为了保证国内稳定，可能必须单方面使德国马克升值。②

央行理事会在升值问题上的态度没有改变。1957年7月10日，它在媒体上发表声明：坊间流传的关于德国马克升值的谣言是毫无根据的，在这点上它与联邦经济部长保持一致。③ 1957年8月19～20日举行了内阁会议，两位中央银行主席与会，联邦政府公布了会议在此问题上的结论：“基于所有实际经济情况，无需改变马克对美元的平价。所有关于打算升值马克的传言都是毫无根据的。联邦政府和联邦银行将会继续保障德国货币在国内外均获得高度评价的稳定性。”④ 之后，针对马克升值的投机行为平息下来。

国际上的协调行动也在其中发挥了积极作用。法国中央银行上调了贴现率。英国将基本利率从5%提高到7%，并且和德国一起在1957年国际货币基金组织的秋季会议上共同发表正式声明，表示绝不可能改变平价。⑤ 央行理事会于9月18日一致同意将贴现率降低0.5%至4%。它想以此“以损失出口经济发展为代价促进国内经济发展，但不会对国内稳定造成持续性影响”。⑥ 从“持续性”这个词可推断出，央行理事会至少在一定程度上同意了已经开始了的适应性通胀。

1958年美国出现经济衰退，因而对外经济形势有所缓和。另外，法国曾经是欧洲外贸赤字最严重的国家，它从1957年8月起采取了外汇管制措施，⑦

---

① HA BBk，N2－1243.

② 参见Emminger，D-Mark，第79页及续页。1957年9月，埃明格尔第一次就汇率问题公开表态，他在一篇文章中发表了自己的观点：理论上，加拿大和秘鲁所实践的、得到国际货币基金组织容忍的浮动汇率，符合国际货币基金组织的章程。参见Emminger，Währungsfonds，第732页及续页。

③ 参见Protokoll der 249. ZBR-Sitzung am 10. Juli 1957（HA BBk B 330/Drs. 142）。

④ 参见Protokoll der 3. ZBR-Sitzung am 21./22. August 1957以及der 249. ZBR-Sitzung am 10. Juli 1957（HA BBk B 330/Drs. 142 und 143）。

⑤ 参见Kaplan/Schleiminger，Payments Union，第262页及续页。

⑥ 参见Protokoll der 5. ZBR-Sitzung am 18. September 1957（HA BBk B 330/Drs. 142）。

⑦ 参见Kaplan/Schleiminger，Payments Union，第263、276页。

采用了一种替代性手段将法郎贬值17%[①]（对进口征税，补贴出口），在1958年12月又改用法定贬值使法郎贬值15%，这些都有助于缓解对德国出口产品的需求。

所有贴现率下调都有很强的对外经济方面的动机。1956年9月5日、1957年1月10日和9月18日分别下调0.5个百分点，1958年1月16日、6月26日和最后一次于1959年1月8～9日分别下调0.25个百分点，直至创下2.75%这个“二战”后的新低，而各次投反对票的人依据的却都是国内经济原因。例如，1958年6月26日，央行理事会会议认为，在国外有下调贴现率的浪潮，因此德国也需要与此适应。[②] 1959年1月8～9日的央行理事会会议上，这一动机更为明显：在“过渡到完全自由兑换（1958年底）后，德国进一步降低利率水平是不可避免的”。[③] 除此之外，最主要是考虑到，通过降低隔夜拆借利率能增强资本市场的接纳意愿。事实上，1957～1959年随着利率的逐步降低，资本市场的确第一次出现了全面的繁荣。在国内经济方面，降低利率也很相宜。1958年的经济增长率回落至区区3.5%，失业率（3.7%）也在1958年停止下降，这在20世纪50年代还是首次出现（见表1）。

1959年和1960年，景气的浪潮再次席卷而来。经济增长率超越7.4%达到9.0%，失业率跌落2.6%回落至1.3%的过度就业水平。1959年的工资增长率为5.4%，仍然很缓慢，而1960年劳资双方对紧张的劳动力市场形势也作出了反应，不过是在经济繁荣的后期才出现大于9%的工资涨幅（见表1），这也是劳资双方行动的特点。

从1959年夏季起，央行理事会对经济过热发展表示很大的担忧，并看到了通胀的危险。它知道，由于对外经济方面的开放性，紧缩货币政策的作用有限，因此在自己采取利率措施之前就先要求联邦政府实行“反周期的”财政政策。1959年8月6日，布莱辛和副主席海因里希·特罗格（Heinrich Träger）致信艾哈德，并抄送给联邦总理及财政部长。信中指出，建筑业繁荣是经济繁荣的核心，提醒公共部门进行“反周期的”建筑行为，其中包括扩大对社会保障性住房的资助。这样就能避免采取可能使“联邦信贷投资发生问题”的信贷刹车措施，从而保住“经济繁荣”。[④]

① 参见 Emminger, D-Mark，第88页。

② 参见 Protokoll der 26. ZBR-Sitzung am 26. Juni 1958（HA BBk B 330/Drs. 142）。

③ 参见 Protokoll der 38. ZBR-Sitzung am 8. /9. Januar 1959（HA BBk B 330/Drs. 142）。

④ HA BBk N－2/243.

此后不久，货币政策又重新采取以国内经济为导向的措施，力图消除已经初露端倪的通货膨胀危险。除了其他紧缩措施，比如通过外汇互换政策促进货币出口，央行理事会于1959年9月3日将贴现率从2.75%提高到3%，10月22日提高到4%，1960年6月2日到5%。它发现，这样会因利率诱导刺激资本输入，令其再次开始对德国马克升值进行投机。它试图通过付息禁令抵御海外资金，为此，它需要并最终获得了联邦政府的同意。这相当于逆自由化，并重新歧视国际资金往来，而后者在1958年底随着正式过渡到自由兑换才刚刚得以开放。除了利率决策，央行理事会还在6月2日决定采取措施抑制银行流动性，主要是提高国内和国外存款的存款准备金，不过没有用足30%的法定上限。此外，它还决定实行积极的公开市场政策，在该政策框架内社会保险机构通过变现证券吸收了大笔资金证券，同时停止"布莱辛10亿期票"。①

1960年6月2日"齐射的信贷政策"② 失败，这个和一个星期后美国开始放宽此前一直紧缩的信贷政策也有关系（见图1和图2）。联邦银行称其为"悲剧性巧合"。③它的紧缩信贷政策因此"实际上被拉下了马"。④

受央行理事会委托，布莱辛于1960年9月1日给阿登纳本人写信［抄送给路德维希·艾哈德和弗兰茨·艾策尔（Franz Etzel）］。⑤ 信中说：再也没有可能仅凭信贷政策手段来有效地应对物价上涨；不仅必须毫不手软地限制公共开支的规模，而且更重要的是必须"通过税收和分摊费用"吸收掉经济领域充裕的流动性；由此可能增加的发展援助资金将可缓解外汇盈余的问题。⑥ 信中还提到，所有地方政府应该提供20亿～30亿马克的财政稳定资金（1960年国民生产总值：3030亿马克）。替代性方案是，调整型通货膨胀，或者是税收方面的替代性升值及德国马克的升值。

---

① "布莱辛10亿期票"指银行自由履行的义务，即将10亿马克作为变现期票先留存2年，而不是如常见的那样随时换成基础货币还给联邦银行。这种约定限制了银行的可支配流动性储备。联邦银行相应地放弃进一步提高存款准备金率。参见Schmölders, Geldpolitik，第263页。

② Emminger, D-Mark，第109页及续页。

③ Geschäftsbericht der Bank deutscher Länder für 1960，第5页。

④ Emminger, Zwanzig Jahre，第14页。

⑤ 参见HA BBk N-2/244。

⑥ 外汇盈余的小幅下降并非出于经济发展的原因，即经济繁荣，而是由于强劲增长的资本转移和资本输出。贸易收支顺差甚至还增加了（见表2）。

1959年12月，埃明格尔就已经在联邦银行将升值问题再次提到日程上。他在其1960年1月20日经修订的详细报告中称：这次，德国的顺差头寸并非源于欧洲国家的赤字，而是源于美国的国际收支赤字。由于这位"病人"无法调整其汇率，因此这次的问题不同于1956～1957年。他认为德国马克应该升值7.7%，从1美元兑4.40马克升到1美元兑3.90马克。[①]

由于以国内经济为导向的政策再次失利，央行理事会在1960年11月10日放弃了这一政策导向，并决定降低基准利率整整1个百分点，1961年1月19日又再次下调0.5个百分点至3.5%。[②]

1961年2月，当联邦银行准备实施进一步的放松措施时，和联邦政府产生了矛盾。在保密的事先商谈中，艾哈德和财政部长艾策尔都表示反对，并以正式否决相威胁。在本次冲突中，和以往情况不同的是，政府代表成为国内物价稳定的坚定捍卫者。艾哈德方面显然是打算通过德国马克升值来保障国内物价的稳定，但联邦银行却恰恰决心阻止马克升值。通过下调贴现率，它发出这样的基本信号：和它以前一直强调的优先目标相反，现在它将对外维护币值稳定作为优先目标，因为在国内稳定方面已经放弃挣扎，顺其自然了。显然它愿意接受德国马克升值的替代方案，即调整型通货膨胀。这样它就倒向国际货币基金组织执行总裁皮尔·杰科普森（Per Jacobsson）一边，后者在1956年起就主张这一战略。

艾哈德认识到，正如以前中央银行在它的官方声明中所言，政治家和民众认为维护国内货币稳定比保持德国马克汇兑平价更重要。因此，他采取攻势，于1961年2月20日在基民盟党团发表以下尖锐的声明："目前我们有这样的顺差，必须支付很多费用，而物价又不断上涨，这一切都拜联邦银行和布莱辛先生所赐。"艾哈德批评了1960年11月以来宽松的货币政策，并特别提出要阻止3月份下调存款准备金的打算。在1961年2月25日召开的特别会议上，央行理事会仍然决定下调存款准备金，哪怕是温和地下调。它认为，鉴于高额的资本输出（见表2），必须对银行所观察到的流动性减少进行弥补，并配合更积极的公开市场政策。在讨论中，央行理事会成员，主

① 参见HA BBk N－2/224。还参见Emminger, D-Mark, 第106页及续页。

② 艾哈德和他的副部长米勒·阿玛克出于时机和规模的原因反对第一次降息，不过仅仅是非正式的，因为心存顾虑，可能是因为这样会减轻对外经济给马克造成的升值压力，而马克升值又正是他们所期望的。对后面两次降息，波恩方面表达了更为强烈的反对，但联邦政府并未正式否决，否则该决议将被中止两周。

要是联邦银行副主席特罗格，对政府的批评做出了严厉的回击：

> 追求了、实现了而且保持着充分就业的政府必须实施积极、自觉的经济发展政策。它曾积极地实施过这样的政策，例如经济奇迹，但是在经济发展形势需要的时候，也必须反着实施。它现在没有这么做，这正是真正让我们左右为难的问题（而非升值问题）。……货币政策是经济政策的一块、一部分。[①]

布莱辛在艾哈德的批评之后接到多个来自基民盟阵营的指责电话。他向埃明格尔抱怨说："不论是所有的物价上涨问题，还是向美国人及其他国家支付费用的问题，现在都把责任推到我个人头上。政府想用这样的方式来摆脱干系。我不会陪他们玩。我要到老先生那里（阿登纳），把乌纱帽扔给他。"在埃明格尔的董事会的同事中，很久以来，伊尔姆勒和沃尔夫（自1960年初）都在升值问题上站在他这一边。[②] 他回答说："我不赞同波恩的方法。但是客观来说，我仍然还是坚持升值的立场，主要是，否则的话联邦银行就被逼到完全错误的一边，并继续损失威望。现在政府主张稳定，中央银行却好像并非如此，这是不应该的。我们无论如何必须从这样的局面中走出来。"[③]

在1960年10月18日的一次有关国际收支顺差和升值问题的会谈中，阿登纳对他的部长们艾哈德、艾策尔和海因里希·冯·布伦塔诺（Heinrich von Brentano），以及联邦银行主席布莱辛说："在联邦大选（1961年9月）之前，我不想再听到任何关于升值的话。"于是，根本就没有进行升值问题正（艾哈德）、反（布莱辛）两方之间的辩论。"大家态度完全一致，不同意马克升值"。[④] 联合公报的措辞很简单，艾哈德赞成升值的观点似乎被理解为是为了让外汇市场安心。会谈同意的事项有：美国政府所期望的援助计划资金，以及致力于实施符合经济发展的紧缩的财政政策，还有经济界将致

---

① Wortprotokoll der ZBR-Sondersitzung am 25. Februar 1961（HA BBk B 330/175 I）.

② 参见 Emminger，D-Mark，第108页。

③ 所有三处引言和事情的整个过程刊载在 Emminger，D-Mark。第122页及续页。

④ 这两处引言和整个过程刊载在 Emminger，D-Mark。第118页。据说1960年9月12日布莱辛在与财政部长就经济发展进行讨论时曾表示升值是必要的。参见 Hentschel，Erhard，第369页。最近据称已证实，Hentschel 在书中把部长 Heinrich Krone 的错误感觉当做原始出处标注了。

力于为稳定作出贡献。

一天以后，艾哈德告知纽约的《国际先驱论坛报》，他一如既往地支持德国马克升值。受其来自银行界的顾问阿布斯和普费尔德门格斯以及德国工业联邦协会（BDI）主席贝尔格的影响，阿登纳的印象中一直有以下反对马克升值的论据。第一，即便向上调整汇率，也会在历经两次货币改革后变得十分敏感的德国民众中引发对稳定性的担忧。他承担不起这样的后果，因为他想在下一次联邦大选中以稳定形势的保障者的形象推出他的政府。第二，西方邻国会将马克升值解读成德国方面的进攻性行为。第三，如果世界经济发展出现恶化，德国工业无力承担马克升值所带来的负担。①

1960年11月，为有助于在不升值的情况下稳定价格，德国工业联邦协会提出一项《五点计划》：（1）呼吁它的成员遵守价格纪律；（2）声明将承担义务，由工业企业认购第一步10亿马克，随后增至15亿马克的发展援助债券；（3）促进资本输出；（4）冻结在联邦银行的部分投资资金；（5）公共部门和建筑业之间签订“君子协议”，取消并非绝对必要的建筑计划。据说阿登纳曾向弗里茨·贝格尔保证不让马克升值，可是1961年3月3日，内阁决议马克全面升值5%，诺言未能兑现。因此，贝格尔中止了工业界每月向基民盟支付的10万马克。②

在1961年11月联邦大选时，基民盟不必再放弃来自工业界的竞选资助。因为，政府选择了较低的升值率，而不是像国际货币基金组织研究部门认为所必需的至少10%最好是15%的升值率。③ 这个选择相当地照顾到了工业界的利益，一点儿都没有造成贝格尔此前一直言及的灾难性后果。在1961年2月28日于总理府举行的有关内阁决议准备工作的关键性会议上，正是阿登纳挡住了大多数工业界所不乐见的建议。阿登纳聪明的顾问普费尔德门格斯用其对形势的新的判断为此铺平了道路。那时，阿登纳不再反对升值。很典型的是，最顽固的升值反对者阿布斯和贝尔格没有被邀请参加会议。和埃明格尔在1959年12月的设想一样，艾哈德想建议让马克升值7.7%，即从1美元兑4.20马克升到3.90马克。阿登纳说：“为什么搞得这么复杂，1美元兑4马克算起来要简单得多！我们得为和此事相关的人着

① 参见 Erhard For Revaluation of Currency，in：New York Hearald Tribune vom 20. Oktober 1960。

② 关于这段，参见 Kaufmann，Debate，第199页及续页。

③ 参见 James，Monetary Cooperation，第113页及续页。

想。”根据布莱辛描述，阿登纳还用下面的话否定了扩大平价波动幅度而非改变汇兑平价的设想：“这样，人们就会搞不清楚自己的处境……经济界必须能够部署。”①

布莱辛在此前一天就对升值提出了一个替代性建议，进行逆向外汇管制，以抑制短期境外资金。这个建议被认为是“胡说”而遭拒绝。现在连布莱辛也不得不考虑升值的必要性了：“我怀着沉重而抗拒的心情表示同意……”② 1961 年 3 月 3 日内阁正式做出决议后，央行理事会在下午也以多数票明确赞成升值，尽管它仅仅只是不得不表示，政府如法律所规定的那样，与联邦银行“取得一致”。央行理事会竭尽所能也未能阻止升值的决议，显然它担心联邦银行失去信誉。当联邦经济部长公开坚称升值是稳定政策必要的措施时，联邦银行的信誉受到了威胁。③

4.4 1961～1967 年：没有外部冲击的货币政策

1961 年 3 月德国马克升值 5% 被国内很多人认为升值太少。因此，资本市场上的紧张情绪在开始时还持续了一段时间。国际上做出了很多努力，以稳定外汇市场。最重要的中央银行的主席们于 1961 年 3 月 12 日在巴塞尔国际清算银行举行的例行会晤中声明：“绝不会再有另外的汇率变化。”④ 他们就短期的外汇互换基金，即外汇援助金，达成一致，未来当货币遭受压力时，将可以借助它来进行防护。⑤

---

① 这两处引言出自 Emminger，D-Mark，第 124 页及续页。

② 引言出自 Emminger，D-Mark，第 124 页。

③ 布莱辛及几乎整个央行理事会，和其之前的沃克一样，历经数年坚决反对德国马克升值。“对于中央银行来说——请理解我——货币的汇兑平价是件神圣不可侵犯的事，只有其他所有手段都无效时才能改变。”升值之后，布莱辛在和艾哈德一起参加的新闻发布会上解释了德意志各邦银行/联邦银行多年来反对升值的主要理由。Blessing，Kampf，p. 30。也刊载在德意志联邦银行 1961 年 3 月的月度报告里。1960 年 10 月 17～18 日在联邦银行董事会中，就是在 1960 年 10 月 18 日在阿登纳处召开的关于升值决议的关键性会议之前，布莱辛曾威胁说，如果马克升值就离职。1961 年 2 月 25 日的央行理事会会议上，他又说了一次。和他正好相反的是，艾哈德于 1961 年 2 月 20 日在基民盟议会党团中威胁，如果马克不升值就将离职。参见 Emminger，D-Mark，第 117 页及续页，第 123 页。James，Monetary Cooperation，第 114 页。在这两极之间，阿登纳在 2 月 28 日以“轻微升值”达成了妥协。

④ Emminger，D-Mark，第 129 页。

⑤ 在联邦银行的大力参与下，英国英镑汇率在 1961 年 7 月前通过这个援助机制获得总额 9.1 亿美元进行防御。7 月底，国际货币基金组织通过一项总额为 20 亿美元的中长期提款权为英镑提供援助。

差不多就在此时，对马克进一步升值的投机结束了。这也得益于联邦银行继续放宽其紧缩政策。在公开市场政策框架内，货币市场证券的费率进一步下调。[①] 1961 年 5 月 3 日，最终决定将贴现率降到区区 3%。在 1961 年 2 月、3 月和 4 月，国内存款的存款准备金率就已经降低了。1961 年 5 月 1 日以后，最高存款准备金率和 1960 年初以来的一样，不仅用在新增国外存款上，而且也用在存量存款上。然而，银行被允许将其在海外的银行存款和资本市场投资的存量从负有存款准备金义务的国外存款的结存量中扣除（补偿特权）。从 1961 年 5 月到 1962 年 6 月，联邦银行以前所未有的规模实施了外汇互换政策。[②] 这样它就促进了商业银行而非自己的外汇持有。这里所涉及的依然始终是抑制海外的流动性流入，它们因为美国较低的货币市场利率（见图 2）变得十分可观。无论如何，所有这些货币政策措施都是出于对外经济的原因。

在 1961 年下半年，资本项目收支（短期和长期）出现严重逆差。继 1960 年出现 23 亿马克顺差之后，1961 年结算时甚至出现了 50 亿马克的逆差，不过这其中也有提前偿还战后债务的因素。造成上述现象和转移支付赤字增加的另一个原因是，联邦德国发展援助项目的资金猛增至 40 亿马克。[③] 由于对外经济形势缓和，从 1962 年 2 月 1 日起，对国外存款的存款准备金率减半，重新低于国内存款的准备金率。

1962 年基本消除了和美国之间的利差（见图 2）。经常项目收支从 1961 年年中开始也趋于正常。1960 年 56 亿马克的顺差在 1961 年降到 40 亿马克，1962 年甚至出现 7 亿马克的轻微赤字（见表 2）。到 1966 年为止（包括 1966 年），没有再出现更大的顺差。在 1965 年经济繁荣期，甚至有 50 亿马克的赤字。这就说明，布莱辛于 1958 年 6 月和 1961 年 1 月在马克升值之前曾使用过的两个说法，即“国内货币稳定和国际收支平衡之间的张力”，或“内外平衡”之间的矛盾，已不复存在。[④] 这当然不是德国马克区区 5% 的

---

① 参见 Geschäftsbericht der Banke deutscher Länder für das Jahr 1960，第 47 页及续页。

② 参见 Müller，Politik，第 13 页。

③ 鉴于德国 1960 年大约 80 亿马克的国际收支顺差（外汇账户），以肯尼迪为总统的美国新一届政府于 1961 年 2 月要求德国进行明显的“责任分担”（burden sharing）即“国际负担的公平分担”。在这个意义上，埃明格尔将德国马克升值之前出现的顺差视为联邦德国“系统性发展援助政策的助产士”，是有道理的。参见 Emminger，D-Mark，第 114 页。

④ 1958 年 6 月 20 日在科隆的“德国储蓄银行日”所作的报告，刊载于 Blessing，Verteidigung，第 149 页；1961 年 1 月 23 日在米兰所作的报告，刊载于 Blessing，Kampf，第 20 页。他在这个报告上还说到信贷政策是“雅努斯（两面神）的头”：“一面脸向里，另一面脸向外”（第 26 页），以及“内部平衡对立于外部平衡的问题”（第 28 页及续页）。

升值所带来的结果，根据国际货币基金组织专家的计算，马克升值后德国出口比假设不升值的情况下减少了 10%。[1] 这在很大程度上也是因为升值实施得太晚，以致作为升值替代品的适应性通胀在此之前就已经全面开始了。1960～1962 年每年工资涨幅约为 10%，而其他工业国家，尤其是美国的工资成本增长要平缓得多。德国单位工资成本在三年里总共增长了 14%，而英国只增长了 8.6%，美国则下降了 2%。[2] 这种情况也体现在价格变动中。基本生活费用的涨幅从 1959 年的不到 1% 持续增长到 1962 年的 3%，并将这一增长水平一直保持到 1966 年（包括 1966 年）（见表 1）。

1963 年底至 1964 年初，投机性资本流入再次开始干扰对外经济的平衡，针对国外存款的存款准备金率从 1964 年 4 月 1 日起又提高到 30% 的上限，并在这个水平上几乎保持了 3 年。为了再次让“外汇前线”恢复平静，税收和指令性措施也为控制国际资本往来加了把力。美国行政机构在 1963 年宣布征收“利息平衡税”（Interest Equalization Tax），1964 年起回溯性生效。1965 年美国又对资本输出进行“自愿”控制，这在 1968 年成为义务。波恩的做法正好相反，为了防御资本输入，于 1964 年 3 月宣布《证券交易税法》，该法于 1965 年 3 月 27 日生效。根据这部法律，将向非德国居民拥有的德国发行人发行的固定收益证券征收 25% 的资本利得税。

联邦银行在若干年中容忍了温和通货膨胀，没有采取严厉的国内经济紧缩政策。布莱辛在 1962 年 4 月这样解释：“如果我们想享有一体化的好处，即大规模的对外贸易、自由的货币和资本往来以及由此带来的较高生活水平，那么我们也必须容忍一体化的缺点，即我们的行为必须兼顾国际收支……只有主要的伙伴国家都采取相应的紧缩信贷政策，国家的信贷政策才能有效对抗温和通货膨胀。”他承认，币值稳定的问题没有得到满意的解决。“但我仍抱希望，这个问题会被解决，也相信我们并非注定要有温和通胀……我们，中央银行，正枕戈待旦。”[3]

这个状况持续了几年。贴现率直到 1965 年初仍停留在 3%，未作改变。这意味着，信贷机构能从联邦银行获得实际利率为 0 或者几乎为 0 的再融

① 参见 Emminger, D-Mark，第 133 页。

② 参见 Emminger, D-Mark，第 165 页。

③ 1962 年 4 月 6 日在巴特克罗伊茨纳赫（Bad Kreuznach）召开的弗里德里希—瑙曼基金会（Friedrich Naumann Foundation）会议上所作的报告，刊载于 Blessing, Kampf，第 101 页及续页以及第 105 页及续页。

资。类似的情况只在朝鲜战争爆发后的第一年出现过，当时虽然大幅提高了贴现率，但再贴现率信贷的实际利率仍为负数。不过当时和现在（至少到1964年2月）一样，隔夜拆借利率几乎毫无例外地低于贴现率（见图3），这样，对于信贷机构而言，从私人货币市场再融资比在央行更便宜。这种情况在1964～1965年经济高度繁荣时发生了改变。联邦政府的选举大礼（主要是降税和提高社会支出）在1965年对这次经济繁荣作出了巨大贡献。当中央银行开始刹车时，联邦则踩足了油门，采取了顺周期的行为。联邦财政赤字从10亿马克增加到20亿马克，所有公共财政的赤字从国内生产总值的1.2%上升到1.9%（见表1）。从紧接着货币改革的经济繁荣以来，这是第一波不是依托出口，而是靠国内需求支撑的经济景气浪潮。其结果是，1964年下半年出现经常项目逆差，并在1965年出现了前面所提及的50亿马克逆差。由此产生的外汇流失使信贷机构的流动性大大减少。

隔夜拆借利率从1964年3月起普遍高于贴现率，即使贴现率于1965年1月21日提高到3.5%和1965年8月12日提高到4%之后仍是如此（见图3）。利率的这种变化趋势已存在了相当长的时间，不仅是出于国内经济原因，也符合对外经济的要求，因为当时为经常项目逆差。但贴现率提高后，实际贴现率仍然始终在零及零以下，因为1965年12月的生活费用开支比上年同期增长了4.2%。在这一时期，银行在联邦银行再融资比在私人货币市场更划算。相应的结果是，联邦银行再融资量在1963年底为19亿马克，1964年增加了20亿马克，1965年增加了16亿马克，1966年上半年又增加了26亿马克。[①]

工资涨幅是劳动生产率涨幅的2倍（见表1），1966年4月的基本生活费用开支比上年同期增长了4.5%，达到朝鲜战争以来最高值。上述这两点尤其让联邦银行感到担忧。另外，虽然其他财政的赤字在1966年略有回落，但是联邦财政的赤字却继续增加。央行理事会于1966年5月27日一致决定将贴现率进一步提高至5%。[②] 实际利率为零的再贴现信贷实质是对信贷机构的一种补贴，尽管这种补贴行将结束，但是央行理事会还未用尽其通过上调贴现率来抑制再融资需求的活动余地，因为隔夜拆借率直到年底还始

① 参见 Geschäftsbericht der Deutschen Bundesbank für das Jahr 1964，第44页，1965，第51页和 Geschäftsbericht der Deutschen Bundesbank für das Jahr 1966，第40页。

② 在此次央行理事会会议上，甚至有人建议将贴现率提高2个百分点（HA BBk B 330/431）。

终在市场利率之上（见图3）。但是，贴现率的上调又给联邦银行造成两难处境。显然，它中断了国内经济高速发展的热潮，尤其是因为资本市场利率也跟随贴现率作了相应上调：从1964年的6.2%提高到1965年的6.8%，1966年进一步提高到7.8%。[①] 1966年下半年，价格上涨也明显放缓。这一变化最终演变成1967年的一次小萧条，联邦德国经济第一次出现了轻微的负增长。

上文提及的最后一次贴现率上调引发了和波恩之间新的矛盾。不仅联邦政府，反对党社民党的经济政策发言人卡尔·席勒（Karl Schiller）和赫伯特·艾伦贝尔格（Herbert Ehrenberg）也指责了联邦银行的高利率政策，连平时大多站在联邦银行一边的各种经济协会和新闻界也提出了同样的批评。[②] 1966年11月，在总理艾哈德下台的几周前，联邦政府也公开要求联邦银行结束其紧缩方针。[③] 布莱辛后来承认，他在1966年“试图用蛮力将事情带入正常秩序”。[④] 有传言说，是布莱辛使艾哈德下台。[⑤] 作为大联盟政府总理库尔特·乔治·基辛格（Kurt Georg Kiesinger）1966年12月13日在联邦议会作就职演说时就要求尽快结束信贷紧缩。鉴于新政府尚未完成整顿财政和不利于稳定的工资上涨等遗留任务，央行理事会在此后1966年12月15日的会议上没有特别重视基辛格的要求和与会的新经济部长席勒降息的要求。虽然1966年12月1日它通过稍微下调国内存款的存款准备金释放了信号，但直到1967年1月5日才将贴现率下调0.5%，谨慎地迈出了调整利率的第一步。当时的表决结果是15票赞成，3票反对，2票弃权。它认为，为了不破坏人们对联邦银行的信任，必须谨慎行事。只有当财政和工资问题有所起色，国外利率也出现下降，才能进一步放宽政策，否则，流动性很可能会减少。这些就是进一步将贴现率下调1个百分点的建议遭拒的主要理由。[⑥] 在之后的几个月里又采取了进一步的放松措施，直至5月11日贴现率又重回3%，国内外存款的存款准备金率在9月1日降到历史最低点。1967年8月开始，联邦银行通过公开市场业务买入继续执行降息政策。

---

① 参见 Deutsche Bundesbank，40 Jahre，第207页。Umlaufrendite inländischer festverzinslicher Wertpapiere jeweis im Jahresdurchnitt。

② 参见 Caesar，Handlungsspielraum，第189页。

③ 参见 Holtfrerich，Relations，第146页。

④ Brawand，Wohin，第16页。

⑤ 参见 Wildenmann，Rolle，第14页。

⑥ 参见 Protokoll der 230. ZBR-Sitzung am 5. Januar 1967（HA BBk B 330/Drs. 142）。

在放松政策开始之初，联邦政府借助1966年12月匆匆颁布的《财政保障法》等手段，全力实施联邦银行敦促下的预算政策。席勒在1967年1月到7月想用靠赤字支撑的经济刺激计划促成“定制的繁荣”。他在1967年4月公开批评了这种迟缓的步伐，并反对再次任命布莱辛为联邦银行主席。此事在1967年有所拖延，但席勒最终落了空。[①]

席勒上述行为的原因还包括：1967年春，联邦银行拒绝了他为应对经济衰退制定的第二轮经济方案，联邦银行的立场得到了企业界支持，但遭到了工会方面的指责。最终联邦银行还是如对待第一轮经济方案那样，准备给予第二轮方案货币方面的支持，即提高银行的流动性，包括将离到期日最多不超过18个月的中期现金债券纳入货币市场调节范围。[②] 此时，在1967年6月8日召开的关于《稳定法》的总结讨论会上也出现争论。因为联邦政府虽然打算给联邦银行提供新的信贷政策工具，但它想根据（德国联邦银行）“双重钥匙原则”来共同决定如何使用这些工具。出于这个原因，联邦银行拒绝了提供给它的“信贷最高限额”工具。[③]

1967年，联邦德国经常项目收支出现强劲增长（见表3）。外汇大量涌入，以国外资产的形式持续充盈银行的流动性储备（见表2和表3），并且使联邦银行失去对此进行调控的可能。不过，1967年经常项目顺差最终还是通过资本输出被完全消除了。对此具有决定作用的是，德国利率水平较低而英美两国的利率不断上调，以致英镑在11月贬值14.3%。[④]

不过随着国内经济发展减速，经常项目收支出现了巨大的逆转：从1965年的－50亿马克增加到1966年全年的＋17亿马克。这还仅仅是拉开了顺差的序幕。1967年的顺差为114亿马克，1968年为132亿马克（见表2）。1966年下半年，就已有36亿马克的流动资金从这里流向银行。[⑤] 银行用其中的一半来减少其在联邦银行的再融资债务，剩余的则被他们用来增强自己的可支配流动性。随着经济的繁荣，银行的可支配流动性从1964年1月的200亿马克减少到1年以后的170亿马克，1966年1月减少到150亿马

① 参见Holtfrerich，Relations，第146页。

② 参见Oberhauser，Geld-und Kreditpolitik，第627页和Geschäftsbericht der Deutschen Bundesbank für das Jahr 1964，第44页。

③ 参见Stern/Münch/Hansmeyer，Gesetz，第370页。关于《稳定法》一般情况参见Abelshauer，Jahr，第163页及续页。

④ 参见Emminger，D-Mark，第137页。

⑤ 参见Geschäftsbericht der Deutschen Bundesbank für das Jahr 1966，第44页。

克，在 1966 年 6 月甚至萎缩至 110 亿马克。流动性比率，即信贷机构可支配流动性与存款之间的比值，相应地出现了更为剧烈的下降。从 1964 年 1 月的 13.9% 降至一年之后的 10.6%，1966 年 1 月降至 8.3%，并最终于 1966 年 6 月降至 5.8% 的最低点。1968 年 1 月，可支配流动性重新又增至 330 亿马克，流动比率上升到 14.9%（见图 4）[①]。银行主要以短期银行存款和国外货币市场投资的形式积累起上述流动性，联邦银行通过存款准备金义务的优惠（"补偿特权"）和制定相应的外汇互换率对此进行了补贴，其目的是中和流动性流入。对高额货币输出有决定性作用的却是联邦银行为应对 1967 年萧条而实行的强有力的宽松货币政策，而美国和英国则在此时上调了利率（见图 1 和图 2）。[②] 这个货币政策的扩张期也同时迎合了内部稳定和国际收支平衡的要求。

总而言之：控制可支配流动性的政策在 20 世纪 60 年代就已失败。因为虽然可支配流动性储备受到明显抑制，但事实上商业银行的信贷创造和（由此带来的）货币创造却在持续扩张。从 1964 年初到 1966 年上半年，每年的增长率在 13% ~14% 之间（见表 3）。[③] 货币政策的理念变成了施列辛格所说的"卖牛奶姑娘的账户（靠不住的打算——译者注）"。[④]

在这一时期，联邦银行业虽然完全有行动的空间，却没有及时、有效地使用其最重要的利率政策工具——贴现率，来保障国内经济的稳定，即应对温和通胀以及抑制经济的高速发展。1964 年春，随着经济开始高速发展，银行对联邦银行再融资信贷的需求十分旺盛，联邦银行放弃了使用贴现率这一首要的利率政策工具。另外，银行通过出售公开市场证券分别于 1964 年和 1965 年从联邦银行获得 22 亿和 19 亿马克的基础货币，对此联邦银行也坐视不管。[⑤] 它的紧缩措施仅仅用在抵制来自国外的流动性流入（最高存款

---

① 也参见 Geschäftsbericht der Deutschen Bundesbank für das Jahr 1966，第 41 页。

② 参见 Geschäftsbericht der Deutschen Bundesbank für das Jahr 1967，第 49 页及续页

③ 也参见 Geschäftsbericht der Deutschen Bundesbank für das Jahr 1966，第 46 页及续页。Narr-Lindner 在"Grenzen"一书中也断言这一时期的货币政策失败了。Kohler。

④ 1997 年 3 月 3 日作者对史勒辛格的访谈。埃明格尔在 1968 年就发现，联邦银行 1958 年以后流动性政策的经验就说明，"直到中央银行的流动性政策对信贷供给、货币流动和国民经济的整体需求发挥作用，有时候需要很长的刹车行程。中央银行的流动性政策与货币流动及整体需求之间没有直接的联系。他们更多的只是由一根弹性很强的橡皮筋联系在一起"。Emminger，Zwanzig Jahre，第 28 页。

⑤ 参见 Geschäftsbericht der Deutschen Bundesbank für das Jahr 1964，p. 44，和 Geschäftsbericht der Deutschen Bundesbank für das Jahr 1965，第 51 页。

准备金率，外汇互换政策），另外它还寄希望于《证券交易税法》在减少流动性方面的作用。在国内经济方面，联邦银行还局限于扮演央行这个传统角色，即充当国内信贷机构的“最后贷款人”。因此，它在一定程度上容许调整型通货膨胀。

和联邦政府一样，联邦银行拒绝给以国内经济为导向的稳定政策提供对外经济保障。为此，专家委员会在1964~1965年的首份年度意见书中曾建议过渡到浮动汇率。[①] 虽然从未这么具体表述过，但是一般认为对德国出口经济而言，每年3%的通货膨胀比每年马克升值3%要好（国际货币基金组织的专家们曾预先计算过1961年德国马克升值对出口经济的影响）。这个观点虽然的确不是出自布莱辛，但如果把他实行的政策当做他本人的观点，就揭示了这一点。稳定物价的目标已经不再具有绝对的优先性了。

4.5 1968~1970年：突破两难困境的尝试

1968年，情况发生了改变。在国内价格稳定、国外出现通胀趋势的情况下（美国：越南战争造成财政赤字，+4.1%；英国：1967年11月英镑贬值14.3%后，+4.9%；法国：1968年5月学生骚乱和紧接着的总罢工之后工资暴涨，+4.6%；日本：+5.5%），德国经常项目顺差继续增长。虽然长期资本输出强劲增长，但是短期资本项目收支却发生逆转，比上年增加140亿马克，出现大幅顺差。这是投机性货币流入，主要来源地是法国。

另外，作为布雷顿森林体系的锚货币的美元出现疲软。它的黄金担保变得非常薄弱，以至于1967年3月30日（在美国威胁从德国撤军之后）布莱辛在写给美国联邦储备委员会主席的信中保证，联邦银行将来不再打算将德国在美国财政部手里的美元兑换成黄金。这恰恰与弗莱德勒尔1957年发起的、沃克坚持实施的政策相反。1968年，联邦银行甚至宣布愿意购买5亿美元的美国财政部中期债券（“罗萨债券”），以利于缓解美国国际收支问题。[②] 1968年3月中旬，在黄金的投机性需求的压力之下，西方各国央行对

① 参见Sachverständigenrat, Jahresgutachten 1964/65，第132页及续页。关于联邦政府的决绝态度参见第146页及续页。埃明格尔也不赞同这个建议。参见Emminger, Währungspolitik，第75页及续页。

② 参见James, Monetary Cooperation，第192页。布莱辛1971年承认，此举助长了世界和联邦德国的通胀，他对此负有“个人责任”。参见Brawand, Wohin，第61页。

伦敦黄金市场的干预被迫停止，自由金价从那时起超过了美元兑黄金的平价。这样，国际货币体系所依托的黄金担保变得更为薄弱，这便是布雷顿森林体系解体的开端。

这回，央行理事会起初没有动用存款准备金工具来抵御来自国外的流动性流入。当外汇浪潮再次向联邦德国涌来时，联邦银行在 1968 年 9 月的第一周就要求联邦政府让德国马克升值，以给其稳定政策提供对外经济方面的保障。在央行理事会里，除了埃明格尔和伊尔姆勒（Irmler），连布莱辛也致力于让马克升值，他还说服了多数人同意升值的必要性。尽管专家委员会在一份秘密的特别意见书中建议升值，但是席勒称之为“荒谬”而加以拒绝。[1] 1968 年 11 月中旬，德法两国的央行主席在新一轮投机浪潮（仅从 11 月 1 日至 20 日，尽管通过外汇互换输出了 35 亿马克，但是联邦银行仍然不得不买进 86 亿马克的外汇）后商议好改变汇率，让疲软的法国法郎和坚挺的德国马克贬值/升值约 5%，但因席勒和经济部长弗兰茨·约瑟夫·施特劳斯（Franz Josef Strauβ）的反对而失败。随后，1968 年 11 月 20 日在波恩召开所谓十国集团货币会议不得不面对德国联邦政府仅实施“替代升值”的决定，即向出口征收 4% 的特别税，而对进口减免 4% 的税收。和 1961 年德国马克升值一样，这一措施不仅规模太小，而且它在很大程度上仅作用于贸易收支，而无法像正常货币升值那样整体性地作用于经常项目和资本项目收支。其他国家的财政部长和中央银行主席们都非常震惊。布莱辛愤怒地离开了货币会议，“因为他不愿继续听国外同事的谩骂”。[2] 之后替代他的埃明格尔认为这次会议“是我参加过的最令人不快的货币会议”。[3] 基辛格在电视上表示：“只要我还是联邦政府总理，就不会有马克升值。”[4] 基辛格直到 1969 年 9 月底在联邦大选中落败、结束总理任期，都没有改变这一立场，虽然他倾向于升值。

这次货币会议结束后一天，联邦银行受央行理事会委托给联邦总理和两位相关部长写了一封密信。此信后来被公开。联邦银行在信中表示，不赞同政府的官方声明说替代升值决定是在“和联邦银行保持高度一致的情况下”作出的。央行理事会认为替代升值“是一种替代性的解决方案，虽然方向

---

① 参见 Emminger，D-Mark，第 141 页。

② Baring，Machtwechsel，第 143 页。

③ Emminger，D-Mark，第 146 页。

④ 引自 Emminger，D-Mark，第 143 页。

正确，但是却似乎不合适用来长久消除目前货币的动荡”。[①] 社民党和基民盟/基社盟的党团理事会随后通过发言人赫尔穆特·施密特（Helmut Schmidt）和赖纳·巴策尔（Rainer Barzel）指责央行理事会“和自己的政府唱反调”，“在困难时刻背弃政府”。[②] 在这之后就产生了限制联邦银行的法定独立性的想法。[③]

在法国，戴高乐也拒绝法郎贬值。虽然十国集团答应给法国 20 亿美元的援助贷款，但是他还是规定了严格的外汇管制、进口配额和出口补贴。可是法郎最终还是在 1969 年 8 月初贬值了 11.1%。

货币会议结束后一天，为了抵御国外的货币流入，针对银行国外存款的增量的存款准备金 1968 年 12 月 1 日提高至 100%。[④] 1969 年 2 月 20 日，央行理事会以多数票做出决议，对政府施加影响，要求用超过 4% 的马克升值取代替代升值措施。它很清楚，每一项高速增长的经济所急需的国内紧缩政策都会被对外经济因素破坏。[⑤] 不过反过来，此间央行理事会中也有这样的观点，认为促使资本流出的低利率在当前起到的紧缩作用比高利率更大。联邦银行只能采用“非正常的”利率政策，才能对银行的流动性形势发挥紧缩作用。德国马克升值可以提高信贷价格从而抑制经济，在这次对马克汇率的冲击中，人们充分认识到了这种对外经济保障的必要性。

1969 年 3 月，内阁决定，只采取财政政策上的紧缩措施并开放出口，即冻结 18 亿马克的联邦支出，将税收增收的一部分用于偿还国外债务并且增加现有的进口配额。[⑥] 此后，央行理事会明确指出：“对外经济平衡”的目标任务与为维护货币平价而通过《稳定法》寻求的“物价稳定”的任务之间无法取得一致。要想保证国内经济稳定，无论通过财政手段还是货币手段，都需要消除对外经济的结构性失衡。

席勒在 3 月份摇身一变，也开始呼吁马克升值，因为他也认识到替代升

---

① Protokoll der 277. ZBR-Sitzung am 21. November 1968（HA BBk B 330/Drs. 142）.

② 引自 Emminger，D-Mark，p. 147。关于这部“三幕悲喜剧”也参见 Roeper，D-Mark，第 161 页及续页。

③ 参见 Caesar，Handlungsspielraum，第 190 页。

④ 这个之所以可能，是因为针对存量国外存款的存款准备金率还很低，所以整体平均值没有超过《联邦银行法》规定的存款准备金率上限。1969 年 7 月 22 日，《联邦银行法》修改后，允许对银行的增量国外存款实行 100% 的存款准备金率，不与现有的存款准备金率上限合并计算。

⑤ 参见 Emminger，D-Mark，第 150 页。

⑥ 参见 Roeper，D-Mark，第 164 页。

值措施的不足。[①] 他请求埃明格尔作为总理基辛格的老朋友说服其同意升值。埃明格尔找基辛格谈了，但没有取得预期效果。施特劳斯始终在反对升值的阵营中。他希望通过财政紧缩政策应对国内经济失衡，用提前向国外清偿债务来解决对外经济失衡。[②] 与此相反，席勒认为“社会对称”（Soziale Symmetrie）已陷入危险，因为公司的利润爆炸式增长——恰恰也是源自出口，而已经签订的2~3年期的长期劳资合同又非常克制，这就形成了引发社会矛盾的导火索。1969年9月，它真的以“疯狂罢工”的形式爆发了。

可直到9月28日联邦议会大选之后马克都没有升值。不过升值成为竞选的首要主题，也成为一个政党政策问题。社民党和自民党获得几乎所有经济学家和大部分民意的支持，联邦银行也成为其沉默的盟友，赞成将德国马克升值作为保护国内币值稳定的手段。在其余利益团体——尤其是德国工业联合会的支持下，基民盟/基社盟捍卫马克对外的稳定性。卡尔·克拉森（Karl Klasen）和威廉·沃克（Wilhelm Vocke）也公开反对德国马克升值。[③] 基民盟未能实现所追求的绝对多数，选民投票的结果促成了首个由社民党和自民党联合执政的联邦政府。

1969年4月16日，央行理事会开始实施紧缩性利率政策。马克升值的反对者施特劳斯也出席了会议，他没有提出异议。央行理事会将贴现率从3%提至4%，美国和其他国家的基本利率上调似乎为此创造了对外经济方面的行动空间。但5月初，新一轮投机浪潮向德国马克袭来。因此，1969年5月8日央行理事会会议再次向经济部长席勒提出让马克升值，他本来就对此持开放态度。财政部长施特劳斯告知理事会，他只是反对马克单方面升值，而不反对汇兑平价的多边调节。那几天里，央行理事会还讨论了关闭外汇市场的问题。6月1日和8月1日，对国内和国外存款的存款准备金率都作了上调。1969年6月19日和9月10日，央行理事会决定将贴现率进一步上调到5%和6%，旨在以此逼迫联邦政府让马克升值。[④] 不同寻常的是，这发生在9月28日大选前不久。鉴于内外经济的两难困境，央行理事会作

---

① 与此一致的有：Baring，Machtwechsel，p. 143；Emminger，D-Mark，第151页。

② 参见 Baring，Machtwechsel，第143页及续页。

③ Karl Klasen und Franz Heinrich Ulrich（两人都是德意志银行董事会成员），Leserbrief 刊载于 Börsenzeitung vom 15. Mai 1969，sowie Vocke，Wilhelm：Richtige Paritäten-eine Utopie，刊载于 Handelsbaltt vom 9. /10. Mai 1969。

④ 参见 Baring，Machtwechsel，第145页。在这个意义上可以说，联邦银行推动了坚持不升值的基辛格政府的下台。参见 Emminger，D-Mark，第168页续页。

出的几乎是一个对基民盟/基社盟不利的政治决定。

较之上调利率，另外两起事件对引发的下一次大规模货币危机产生的影响要强烈得多。1969年4月27日，戴高乐下台。1969年4月28日，施特劳斯在慕尼黑的演讲中透露，如果升值，幅度将不低于8%，并说他仅仅反对马克单独升值，而不反对多边汇率调整。在国外，特别是在英国媒体上，这被渲染成对升值必要性的肯定。[①] 1969年4月28日到5月9日，170亿马克的外汇流向联邦银行，是迄今最大的一次针对马克汇率的投机潮。席勒和布莱辛再次敦促升值。央行理事会在5月8日的会议中一致表决同意马克升值。内阁在和布莱辛、埃明格尔及伊尔姆勒进行了小范围的预先商谈后，于5月9日当着布莱辛的面决定"最终、明确和永久地"不让马克升值，政府发言人康纳德·阿勒斯（Conrad Ahlers，社民党）在记者们的笑声中如是说道。[②]

联邦政府不让马克升值，而只是出台了下列措施：提前清偿国外债务、清算联邦负债，并恢复征收偿还期限较晚的、依据《稳定法》在联邦银行被终止的经济协调储备金。这些措施和5月9日内阁做出的马克不升值决议共同作用，在开始时确实在一定程度上平息了投机行为：部分国外资金又重新流出德国。但联邦议会大选前夕，新一轮投机浪潮又开始了。在大选前三天，政府不敌联邦银行的催促，关闭了官方的外汇市场。大选结束后一天，市场才重新开放，但是政府暂时免除了联邦银行对美元的干预义务。[③] 美元的汇率在接下来的几周内下跌至3.70马克。在布兰特/希尔（Brandt/Scheel）的新政府上任后不久，马克平价升值9.3%，从1美元兑4.00马克升至1美元兑3.66马克，替代升值的措施同时被取消。由此，马克又重回布雷顿森林固定汇率体系。[④]

在这之后的几周内，有200多亿马克的国外投机资金从德国流出。这严

---

① 参见Emminger，D-Mark，第153页续页。联邦财政部将这一讲话的关键词刊载在Finanznachrichten，Nr. 97 vom 29. April 1969。

② 参见Baring，Machtwechsel，第145页；Emminger，D-Mark，p. 156。这一政策又一次迎合了德国工业联邦协会主席贝尔格和银行家阿布斯的意愿。在经济界重要的经理人中，德国工商联合会（DIHT）主席沃尔夫·冯·阿梅隆根（Wolff von Amerongen）是少数几个同意马克升值的人之一。

③ 国际货币基金组织赞同这一举动。但是欧共体委员会出于对共同（农业）市场的担忧而表示反对。它更倾向于实行适应性通胀。参见Emminger，D-Mark，第162页。

④ 这次不仅是荷兰，没有其他任何一个国家赞同马克升值。

重打击了联邦银行的外汇储备，它不得不在战后首次使用其在国际货币基金组织的储备份额。外汇流出也收紧了银行的流动性，这促使央行理事会采取了几项增加流动性的措施，包括降低存款准备金。但鉴于价格和工资的持续上涨，利率政策在开始时仍然保持紧缩。在“疯狂”的罢工浪潮后，需求拉动的通货膨胀演变成工资成本推动的通货膨胀，这种通胀在接下来的几年还将持续。埃明格尔认为这是升值太晚所造成，这个看法可能是正确的。[①]

由于1969年和1970年经常项目顺差大幅减少，1969年资本项目赤字创下历史新高，因此联邦银行也在对外经济方面为高币值马克的政策重新获得行动空间。12月4日，央行理事会迈出了非同寻常的一步，将证券抵押贷款利率提高到9%，1970年3月8日，将贴现率上调至7.5%，证券抵押贷款利率上调至9.5%，达到德国马克历史上从未有过的高点。

因为德国的高利率，1970年长期资本项目负债余额从上一年超过230亿马克减至不足10亿马克（见表2）。美国中央银行出于国内经济原因从高利率政策转为低利率政策。它将货币市场的收益率（3个月期国债）从1970年1月的8%降到1971年3月的3%。美国的银行因此在1970年将它们在欧洲美元市场高企的国外债务削减了130亿马克，由此将欧洲淹没在流动性中。其中的绝大部分作为短期资本流入联邦德国，1970年短期资本项目顺差达近180亿马克（见表2）。尽管央行理事会在下半年开始降息，联邦银行的国外资产在1970年仍几乎翻了一番。虽然央行理事会主要通过提高存款准备金成功地将银行的可支配流动性降低了1/3（见表3），从1969年5月到1970年5月甚至减少了一半还多，从410亿马克减至190亿马克。但是，商业银行的信贷发放仍然和上年一样继续扩张10%以上。主要是货币政策没能抑制住工资成本上涨，1970年每小时毛工资增长了约14%，首次达到1951年（德国）“朝鲜战争繁荣”时期的增长水平，单位劳动成本增长率达到了绝对创纪录的11.6%（见表1）。尽管如此，这种适应性通胀的水平还不足以让国际货币投资者失去投机马克升值的兴趣。下一轮的国际货币危机在1971年来临了。

联邦和其他公共部门没有在财政政策方面为稳定作出贡献。1970年各级财政从上一年的略有盈余滑向轻微赤字（见表1），尽管大幅的经济增长和此间已经超过3%的通胀使得税收收入超比例增长。公共服务部门的大幅

---

① 参见 Emminger，D-Mark，第166页。

工资上涨和社民党/自民党联合政府的扩张性社会政策使财政政策难以发挥稳定作用。联邦银行曾经终止在所得税上附加不可退还的经济发展附加税，现在又将其恢复，1970年联邦政府依据《稳定法》在抑制经济过热方面作出的贡献为22亿马克，这是远远不够的。[①]

5 结论

从1951年到1970年，银行流动性和货币供应量增长的最重要的源泉不是联邦德国中央银行，而是被奥特玛·埃明格尔称为“中央银行替代品”的国外外汇流入。基础货币从1950年底的114亿马克（当然经历了巨大的波动）增至1970年底的678亿马克，增长了564亿马克。其中的506亿马克，大约90%源自德意志各邦银行/联邦银行外汇储备和其他国外资产的增长。[②]

外汇流入在20世纪50年代主要源于经常项目收支。从20世纪50年代后半期开始，马克先是事实上的自由兑换，随后实现了正式自由兑换。在这种情况下，外汇流入除了来自经常项目还来自资本项目。由于这些外汇流入，1955年后中央银行采取的传统稳定政策方面的措施，不论它们是贴现率上调、存款准备金上调还是公开市场抛售，都不足以阻止温和通货膨胀。通过这些措施被锁定的流动性，或者被阻止的流动性增长和货币供应量增长，都被“中央银行替代品”过度所抵消了。假如德意志各邦银行/联邦银行为抵御外汇流入在20世纪50年代后半期就提高外国投资的存款准备金（从1957年5月1日起），并且大规模使用外汇互换政策工具，而不是使用通常的以国内经济为导向的紧缩货币政策工具（1955～1956年和1959～1960年），那么它就能从根本上解决稳定性的问题。在货币政策上，假如它考虑国际收支，而不是首先以国内经济为导向，之后又始终因国际收支的压力而难以奏效，那么它在20世纪50年代后半期以及之后的时间里能够在物价稳定方面取得比现在更大的成就。[③] 央行从1955年起就反复陷入两难困境，这是因为它在货币政

① 参见Deutsche Bundesbank，40 Jahre，第28页。

② 从以下数据中计算得出：Deutsche Bundesbank，40 Jahre，第20、28页及续页。基础货币＝现金流动＋国内信贷机构、国内企业以及私人在联邦银行的存款（包括1950年的“现款押金”计划“Bardepot”）。

③ 穆勒（Müller）就在其研究的结果中断定：在固定汇率下，“央行政策能够有效掌控资本往来的方向和规模”。不过他将自由兑换作为前提。参见Müller，Politik，第89页。

策工具的使用上出现了以国内经济为重的结构性导向错误。最行之有效的本应是及时、适度地让马克升值，但是中央银行没有使用这一工具的权限。1956～1957年和1959～1961年，央行理事会分别以全票和多数票表决反对使用马克升值的工具。上述现象揭示了中央银行的结构性导向错误，即将政策工具用在对付国内经济过热的症状，而没有用于解决对外经济方面的病因。

即便在沃克时期，在1955年德国马克事实的自由兑换开始前，德意志各邦银行尚有货币政策的政策空间，主要能够对国内经济发挥作用。但是联邦德国之所以获得了德意志各邦银行也力求的在国际上的经济稳定优势，以及由此实现的国际竞争优势，其首要原因并非当时为了保障国内经济稳定而实行的货币紧缩政策。虽然和国外尤其是和美国相比，德国的利率政策在国内经济方面仿佛是紧缩性的，但是和联邦德国经济增长率相比，这样的货币政策就不算紧缩了，除了在1950～1951年货币危机时期。在20世纪50年代，为联邦德国相对的物价稳定作出决定性贡献的经济政策上的行为人，不是央行理事会的成员，而是那些致力于大幅度提高劳动生产率的企业和劳资双方。他们在固定汇率体系中将联邦德国的单位劳动成本的增长保持在主要竞争国之下。[①] 还有联邦政府，它通过增加“联邦预算节余”在1956年9月减少了最高达75亿马克的流动性。这要大于德意志各邦银行从1950年底至1956年底通过提高存款准备金额度而减少的25亿马克，再加上在公开市场通过净抛售证券减少的9亿马克。[②]

因此，沃克对德意志各邦银行积累起的黄金储备感到骄傲，其实和古典重商主义者一样天真。央行理事会说已经控制住物价水平，但事实上，它在很长一段时间里面对货币供应量的增长几乎束手无策。央行理事会对“经济奇迹”的最大贡献在于，它没有将货币供应量的增长视为保证物价稳定的问题，而是依照自己生产政策的导向将其视为“经济繁荣”的润滑剂，当然，前提是劳资双方不要求相应提高单位劳动成本水平。[③]

1955年事实上的自由兑换开始之后，紧缩的货币政策主要通过提高联邦

---

① 参见Lindlar/Holtfrerich，Geography，第235页。

② 德意志各邦银行/联邦银行存款准备金提高的额度和公开市场抛售的总数是根据它1958年的月报的数据算出的。

③ 这符合弗拉斯贝克（Flassbeck）在《Geldwertstabilität》一书中（第30页）的说法：“增加就业不可或缺的是……超过名义工资增长率的货币需求的扩张。”还可参见Flassbeck，Preise。

德国经常项目顺差和资本项目顺差来影响对外经济，而这两种顺差对国内的货币供应量和流动性有扩张性作用。正因为这一点，1956 年前通过“联邦预算节余”形成的储备，在稳定政策上所发挥的作用，无法用 1956 年严厉的紧缩政策来替代。也正是因为这一点，1956 年开始了温和通货膨胀（见表 1）。

在布莱辛时期，基础货币的增加不再仅仅来自外汇顺差，至少在这一意义上可以说是出现了某种制度转变。1958 年底到 1969 年底，基础货币增加了 279 亿马克，而联邦银行的外汇储备和其他国外资产却几乎没有增长。这意味着国内的信贷机构和企业几乎将这一时期的外汇盈余全部用于货币和资本输出，也就是说，把他们资金的相应部分用于投资国外资产（见表 2，信贷机构）。央行理事会支持这一发展，一方面通过 3% 的低贴现率政策，从 1961 年 5 月到 1965 年 1 月，它一直将贴现率保持在这个水平，当然期间必须容忍温和的调整型通货膨胀；另一方面通过有目的地和信贷机构进行外汇互换交易。[①] 相比央行理事会其他工具在影响国内信贷和货币创造上所发挥的作用，这种货币政策理应获得更高的评价。

从 1969 年 3 月 20 日开始，3% 的贴现率被分步上调，到 1969 年 9 月 10 日上调至 6%。[②] 1960 ~ 1970 年的紧缩政策的问题表面看上去像是旧病复发，或体现了联邦银行在使用政策工具方面仍始终存在的结构性导向错误。其实，它和 1955 ~ 1956 年及 1959 ~ 1960 年相似的货币政策方针相比，存在本质的区别。这一次，央行理事会在事前就已表示应尽早使用货币政策中对重获得对外经济平衡最强有力的工具——德国马克升值，以取代上述紧缩政策。央行理事会想用紧缩政策——这次它完全知道不起任何作用——激化对外经济的被动形势，从而逼迫联邦政府迈出升值这一步。

当卡尔·克拉森 1970 年 1 月就任联邦银行主席时，他对联邦银行“稳定币值”的任务作了与其至今的继任者都不相同的解读。他认为经济增长

---

① 1968 年 11 月底和 1970 年 6 月中旬，联邦银行还在外汇市场上对美元进行所谓的“直接期货操作”（Outright-Terminoperationen）。值得注意的是，央行理事会极少关注通常的央行工具以外的工具，以至于外汇互换率不是由央行理事会确定，而是将权限交给了联邦银行董事会。

② 在这之后，贴现率在 1970 年 3 月 8 日进一步被上调至 7.5%，创下新高。不过，这次央行理事会这么做不仅仅是考虑到当时国内物价的大幅上涨，而且还考虑了当时的对外经济形势。马克升值后，近 200 亿马克的投机性货币又流出了德国。另外，“基本收支”，即经常项目和长期资本项目收支的总额在 1970 年上半年也还有很严重的逆差。参见 Geschäftsbericht der Deutschen Bundesbank für das Jahr 1970，第 87 页。

和币值稳定具有同样重要的意义。他提醒大家，不仅通货膨胀而且失业也曾经是德国人民的“心理创伤”。[①] 他宁愿将联邦银行描述成是“独立的”而不是“自治的”。这也可被视为一个迹象，表明克拉森还是希望在与联邦政府、联邦政府的财政政策及其他经济政策的合作和协调下追求稳定政策。

本文的主要结论是：在固定汇率时期，当工资政策相对温和时，货币政策和财政政策相互作用形成一个政策搭配（policy mix），它在——尤其是1956年前——紧缩的、谋求稳定的财政政策下，允许一种源于外汇顺差的扩张性货币政策，而不会威胁物价稳定的目标或者偏离这个目标太远。[②] 甚至贴现率上调也会起到扩张的作用，因为它造成了国际收支顺差。由于开放的对外经济，自1955年起，央行理事会就严重缺少政策空间去采取能有效应对国内经济发展过热的货币政策。即使在某时某地拥有了这种空间，它也没有充分利用。例如，在繁荣时期，它常常将贴现率保持在隔夜拆借利率以下（见图3），从而削弱了高隔夜拆借利率的紧缩作用。在国内存款的存款准备金方面，它也从未用足法律允许的20%～30%的上限，而且在整个时期都大大低于这个界限。[③] 这些行为说明，联邦银行专注于其最后贷款人的职能。

而财政政策在这一时期，当整体经济均衡受到威胁时，不仅承担了促进增长和就业的职责，还承担了维持价格稳定的职责。相反，德意志各邦银行/联邦银行在制定其货币政策时，不仅考虑了维持价格稳定，还考虑了生产政策的目标。经济政策的各个责任者及工具都相互帮助、共同合作。[④]

---

① 参见 Marsh，Bundesbank，第64页。

② 得出类似结论的有：Dürr，Wirkungsanalyse，第160页及续页。

③ 参见 Deutsche Bundesbank，40 Jahre，第186页及续页。

④ 当然，它们的合作并非一帆风顺。1971/72年，在联邦银行圈内也认为不同经济政策领域间的协调必要性是稳定政策成功的必要前提，当时虽然就货币供应量控制政策的可能性进行了讨论，但仍认为那些可能性值得怀疑。1971年7月，联邦银行在其月报中就与财政及其他经济政策在应对通过膨胀的合作问题表达了以下观点：“过去20年的经验也说明，信贷政策措施和目标方向相同的经济及财政政策，只有当它们没有被对外经济的影响抵消时，才能一起发挥作用，最终抑制过度增长、重新改善国民经济的平衡。”Deutsche Bundesbank，Längerfristige Entwicklung，第19页。1972年，海因里希·伊尔姆勒鉴于当时的高通胀率作出以下表述：“财政政策现在有特殊的任务，即在抵制通胀中，中和数量可观的财政盈余。”Imler，Conept，第160页。作为理由，他指出联邦银行在应对通胀中通过对外经济联系和发展设置了界限；另外，联邦银行也乐意于避免利率增长中的骤变。“如果避免货币供应数量上的波动只能以利率骤变作为代价的话，那么联邦银行估计会更倾向于保持利率的连续性。”

20 世纪 60 年代初期，财政和货币政策的责任者之间的分工发生了根本性变化。一方面，可以看到，“联邦政府不愿让稳定政策的政策取向限制其在财政政策上的行动空间，因而想把稳定价格水平的任务交给联邦银行独自承担”；[①] 另一方面，布雷顿森林体系崩溃后，联邦银行在制定货币政策上的行动空间大大增加，因为它不再有为保卫马克相对美元的固定平价的干预义务。联邦银行因此专注于利用其控制货币供应量的政策来应对通货膨胀。[②]

央行理事会在固定汇率期结束后不再犹豫，为了实现货币供应量目标而迅速拉高利率，此前由于对外经济的原因不允许它这样做。出于新的货币供应量理念，它现在不再考虑它曾出于生产政策的原因而认为有意义的、而且付诸实施的事物。有关于此，《联邦银行法》的重要评论员在 1973 年这样写道：

> 限制流动性和提高利率因限制某些投资而名声很差，因为正是那些投资能够快速提高劳动生产率从而能阻止物价普遍上涨。在这样的情况下（即在充分就业的情况下，在劳动生产率增长的框架里保持整体经济需求的增长，从而避免通货膨胀——作者注），如果说有什么金融措施可以被视为合适的话，那么就该强烈推荐去刺激储蓄资本的形成，而非阻碍实物资本的形成。[③]

现在再回头看开篇介绍的蒙代尔的理论，可以断言：直到固定汇率体系解体前，德意志各邦银行/联邦银行在外汇顺差的压力下被迫接受分配

---

① Woll/Vogl，Geldpolitik，第 145 页。还参见 Marsch，Bundesbank，第 37 页：“朝着最大限度稳定物价的方向重新解读《联邦银行法》是在临近布雷顿森林体系解体时才发生的，此时保证稳定汇率的义务已被迫失去了重要性。”

② 专家委员会在 1974～1975 年的年度意见书中曾建议了这一点（第 364 点及后几点）。货币政策应该进一步减轻财政政策反周期任务的负担。此后，财政政策的负责机构的确从这一工作领域撤出，从而转向实施一种持续至今的、以财政赤字为特点的扩张性方针。这体现在：联邦德国公共财政的整体负债占国民生产总值的百分比，从 1950 年到 70 年代后半期大多维持在 20% 以下，没有呈现增长的趋势（见表 1），而这个百分比从那时到现在几乎增加了 2 倍多。在类似时段里，其他工业国也同时出现了相似的结构突变。由此可得出结论：这一现象存在国际性原因，它正是布雷顿森林体系的解体。关于这一结构突变可以解释 70 年代全球范围内激烈的工资政策，可见：Holtfrerich，Wechselkurssystem。

③ Spindler/Becker/Starke，Bundesbank，第 21 页。

给它的角色，即货币政策完全以保证对外经济均衡为目的，而财政和工资政策——符合蒙代尔的理论——则为国内经济均衡（价格稳定、充分就业和经济增长）作出了巨大贡献。这正是1970年以前相对成功的经济政策的支柱。[①]

① 最近25年中，无论是货币政策还是财政政策、工资政策都不符合浮动汇率时期所需要的正好相反的角色分配。平均较高的通胀率、较低的经济增长率和至今不断增长的失业率，这些可以被看做1974年以来“新的”但却是经济政策中错误的任务分配的结果。参见Kloten/Ketterer/Vollmer，Stabilization，第392页，395；Kloten u. a.，Entwicklung，第77页及续页。另一个原因是70年代以来在货币、财政和工资政策的负责机构之间缺乏深入的合作。其症状是以前经济内阁几乎每个月都和联邦银行主席碰面进行讨论，可是1970年以后他们每年只开一次会，以商议联邦政府的年度经济报告。信息来自联邦总理府。

新道路上的货币政策（1971～1978年）*

于尔根·冯·哈根（Jürgen von Hagen）**

1 引言

20世纪60年代，对于德国来说，是一个新货币政策时代的开始。在德国马克与美元挂钩并且在很大程度上失去了对货币创造控制的25年之后，1973年3月，联邦银行从对美元的干预义务中解脱出来。因此，汇率政策对货币政策的束缚虽然没有被解除，但是强大并直接的对外压力却得到了缓解。这为货币政策铺设了新的道路。

在新的理念与策略形成之前，联邦银行首先需要在国内维护其作为货币政策领导机构的地位。回望过去，当德国联邦银行始终如一地利用其行动自由来发展新的货币供应量政策时，显得是那样轻巧。这个政策的特征是公布货币供应量目标。联邦银行是否坚定地致力于价格稳定与连续性货币政策的目标，而不是沉溺于试图按照凯恩斯模式短期调控景气呢？

进一步观察表明，这个想法太简单了。从许多方面来说，货币供应量政策在20世纪70年代作为一个试验，在决策层内部绝不是没有争议的。首次宣布一个货币供应量目标是通过尝试适度地放弃严格的稳定政策来实现的。在随后几年，货币政策的中期导向几乎不存在。最终，不禁给人这样一种印象，即货币供应量目标政策的幸存要归功于以下事实：在新的欧洲货币体系

---

* 原文标题为Geldpolitik auf neuen Wegen. 出处Deutsche Bundesbank（Hrsg.）（1998）：Fünzige Jahre Deutsche Mark. Notenbank und Währung in Deutschland seit 1948，München，第439－473页。译者为中国社会科学院欧洲研究所助理研究员胡琨及博士研究生史惠宁。

** 于尔根·冯·哈根（Jürgen von Hagen），生于1955年，经济学家，1996年始任波恩大学教授。

（EWS）启动之前不久放弃货币供应量目标，给人以联邦银行停止其稳定导向政策的印象。最后，联邦银行踏上这条最终被证明为正确的道路，到底是不慎失足跌入，还是自主走上的呢？

本文描绘了1971～1978年的发展状况。有机会研究德国联邦银行掌握的大量原始资料，使得阐述作为联邦银行中央银行理事会决策结果的货币政策成为可能。因此，一方面，产生了一幅主观的画面，即我们不给其他经济政策参与者以说话的余地；另一方面，则通过本文，让人们对塑造目前货币政策发挥作用的理由与疑问加以了解。按照尼汉斯（Niehans）的观点，货币政策最终是一种人为艺术。[①]因此，理解货币政策决策的动机属于对一个货币政策时代的理解。由此可以清楚地知道，无论是始终如一地坚持走新道路的画面，还是不小心失足跌入新道路的画面，都不符合货币政策的实际发展。

以下的分析把1971～1978年分为三个时期。1971年和1972年通货膨胀的失衡为开端；随后至1974年，则包括货币政策解放和货币稳定时期；最后，1975～1978年则是货币稳定政策新理念的形成阶段。我们的分析最终以欧洲货币体系的启动结束。

2 失衡中的无力：20世纪70年代初德国的货币政策

2.1 失衡中的联邦德国经济

20世纪70年代初，联邦共和国处于经济失衡时期。社会分配的冲突推动通货膨胀，而货币政策的行动能力则受到货币体系及中央银行行动可能性缺失的制约。

图1大概显示了这些年的经济走势。[②] 1970年和1971年的稳定伴随着高增长水平，之后的1972年，是一次新的增长。通货膨胀在1970年和1971年达到8%，在1972年降到5%，而在1974年又重新增长到7%。与此同时，充满着充分就业的景象。经济"五贤人"委员会称1970年的劳动力市场空无一人。[③]

高工资的要求反映出工会享有改善劳动者收入分配的权利。[④] 图1通过单

---

① 参见 Niehans, Theory，第336页。

② 增长与通货膨胀是根据实际国内生产总值的增长率和国内生产总值的指数来衡量的。

③ 参见 Sachverständigeuvat Jahresgutachten，1970/1971，第15页。

④ 参见 Deutscher Gewerkschaftsbund Entwicklungsmöglichkeiten。

位劳动成本的变化，也就是扣除生产力增长因素的工资增加，来阐明这一点。工会的工资政策得到勃兰特（Brandt）政府作出的充分就业保障支持。[①]特别是1971年，工资增长是推动物价上涨的一个重要原因。[②]怀着能够通过更高的价格来转移日益上涨的工资的希望，企业家们很少反对工会提出的要求。[③]

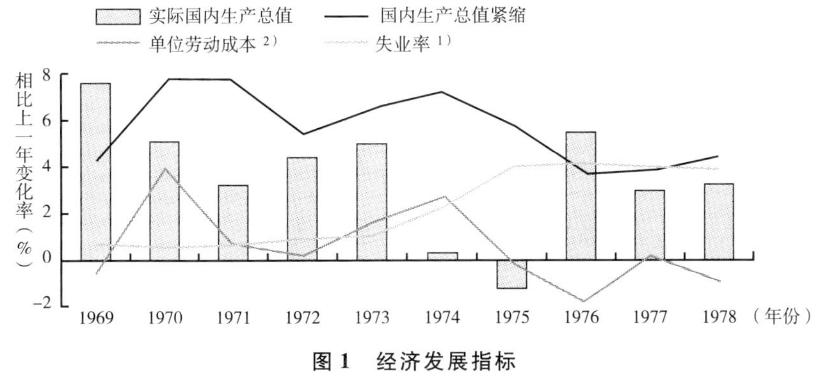

图1　经济发展指标

注：1）失业者占所有劳动人口的百分比。2）每单位国内生产总值劳动成本。

此外，国家对于社会产品日益增长的需求导致第二个分配冲突，这是众多改革的结果，也是社民党政府独立的目标，即增加政府收入。1969～1970年，国家的财政收支仍只占国内生产总值的约40%。随后的几年，支出所占的比重不断增加，并在1975年首次超过50%。扩张性的财政政策明显与遏制物价上涨而采取中立或紧缩财政政策的景气政策必要性相冲突。[④]

同样，当时的货币政策不能应对通货膨胀失衡。从1970年下半年开始，以货币供应量 M_1 或中央银行货币供应量[⑤]（基础货币）来衡量的货币扩张加剧（见图2）。[⑥]同时，银行对国内非银行机构的贷款发放不断膨胀。这两

① 参见 Sachverständigenrat Jahresgutachten 1970/1971，第48号及以下；Jahresgutachten 1970/1971，Ziff. 64ff.。

② 参见 Deutsche Bundesbank Jahresgutachten1970，第8页，以及 Deutsche Bundesbank，Geschäftsbericht 1971，第13页。

③ 参见 Sachverständigenrat，Jahresgutachten 1971/1972，Ziff. 64。

④ 景气推动为作为实际国家财政收支和不受景气影响的国家财政收支之差额，两者都基于国内生产总值。

⑤ 在德语文献中，Zentralbankgeldmenge（中央银行货币供应量）与 Geldbasis（基础货币）在绝大多数情况下通用。——译者注。

⑥ 货币供应量 M_1 是由现金加上国内非银行机构在信贷机构的活期存款组成。中央银行货币供应量则由现金加上国内非银行机构的活期存款、定期存款和储备金组成；除现金之外，其他各项都以其最低储备金率（1974年1月）来衡量。

方面的因素促成了货币加速贬值。这种不适当的货币膨胀印证了联邦银行中央银行理事会的断言：联邦银行在很大程度上已失去对货币创造的控制。

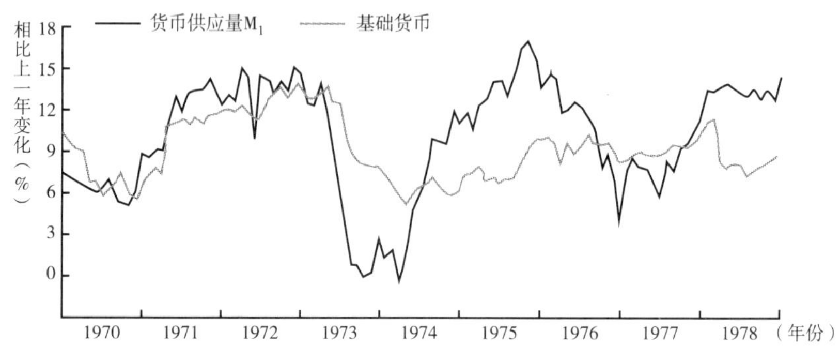

图 2 货币供应量的变化

资料来源：Deutsche Bundesbank。

2.2 德国联邦银行的货币理念

如果我们首先明了联邦银行货币政策理念的基本原理，就能更好地理解这个时期货币政策的困难与随后的发展。这个理念被总结为以下一系列原则：

（1）联邦银行的货币分析是对货币总量变化的观察，从这个意义上来说，是一种动态分析，而非像宏观经济学那样通常分析存量。[①]

（2）在货币分析框架内，货币总量变化被理解为一系列基本的市场发展的结果。

货币总量的变化 = 国内银行机构对非银行机构的信贷担保 +
联邦银行外汇储备量变化及银行境外净债权 -
国内非银行机构在国内信贷机构处货币资产变化 -
公共财政中央银行储备金 -
其他影响

货币分析的核心是国内信贷市场，这种思路不同于货币供应的凯恩斯主义模型，而是更接近货币主义模型。

（3）只要银行境外净债权及联邦银行外汇储备的增加不是被用来形成货币性资产，即被投资到其他的银行债务，或者出现在信贷担保的资产负债

① 参见 Brunner, Money Supply Process。

项目中，就会导致货币供应量膨胀。

（4）银行对基础货币的需求由最低储备金来确定。因为其涉及已有存款，则对基础货币的需求在任何时候都是外源性，基础货币的变化不会影响货币供应。这是与货币主义对货币供应分析的第二个区别。

2.3 货币政策的进退维谷

在这个理念中，联邦银行掌握着两种间接控制货币供应的方法。[①]在其确定存贷款基准利率的利率政策框架内，影响信贷市场利率，并因此借利率弹性影响信贷需求；在其流动性政策的框架内，影响了银行可支配流动性存量，即银行在中央银行的超额准备金及随时可转换成基础货币的银行资产。[②]流动性政策的立足点是这样一种设想，即银行追求可支配流动性与国内存款之间某种程度的稳定关系，即稳定的流动性比率。因此，充实或减少可支配流动性，会在一个时期之后导致信贷供应量的膨胀或降低。

20世纪70年代初，稳定的流动性比率理念被证明为不再合乎时宜。[③]1971年和1972年，在流动性比率相对较小或者下跌的情况下，出现了信贷和货币供应的急剧膨胀。联邦银行认识到，发展不稳定的原因在于，对于银行来说，可在国内外可运行的货币市场上充实其可支配流动性。

在其理念框架内，联邦银行能够在一定程度上致力于不同目标的利率与流动性政策。[④]只有当正向的利率差额引发的外汇狂潮涌入不会破坏流动性政策时，这样的区分才有可能。这就是1971年和1972年货币政策的进退维谷：货币和信贷的急剧膨胀需要明确的紧缩政策，与此同时，美国1970年

---

① 参见 Deutsche Bundesbank，Geschäftsbericht 1970，第19页及续页；Deutsche Bundesbank，Geschäftsbericht 1972，第26页及续页。

② 在20世纪60年代早期的条件下，银行的外汇存款以及没被利用的再贴现额度、由央行发行，保证可随时回购的货币市场债券以及闲置的抵押贷款额度。参见 Deutsche Bundesbank，Neubegrenzung，第47页及续页。

③ 参见 Deutsche Bundesbank，Geschäftsbericht 1970，第21页及续页。

④ 例如中央银行理事会1971年3月的决议，这个决议在降低银行贴现率的同时，又减少再贴现配额10%。这样的政策会让利率有走高的趋势：贴现率的降低有利于减少对美元的息差，而降低再贴现额度会使银行部门流动性减少，如此才能够保证其独立的稳定政策；参见 Deutsche Bundesbank，Geschäftsbericht 1971，第17页。Willms 和 Neumann 根据其实证研究得出结论，联邦银行在20世纪60年代，尽管汇率挂钩，但也能遵循独立的国内政策。参见 Willms，Controlling Money 和 Neumann，German Money Supply。与之相反，Alexander 和 Loef 通过实证研究得出，在对外经济失衡时期，联邦银行对基础货币的控制能力并不完善。参见 Alexander/Loef，Geldbasis。

初以来的扩张性政策使得降低利率是必要的。[①] 图 3 显示，20 世纪 70 年代初，德国货币市场的利率跟随美国利率急剧下调。贴现率和抵押贷款利率的下调与紧缩的流动性政策措施并举，却都不能充分限制货币供应量增加。[②] 1971 年初，货币升值的压力因投机性资本的流入愈发加强。图 4 显示，这种干预的程度是根据联邦银行境外净资产的月变化量与抵制升值压力所必需的基础货币量的关系来衡量的。

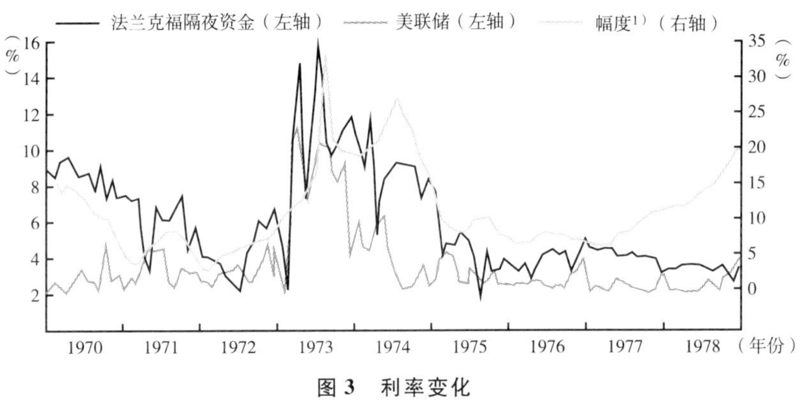

图 3 利率变化

注：1）每月中最高与最低隔夜拆借利率之差。
资料来源：笔者根据 Deutsche Bundesbank 资料整理计算。

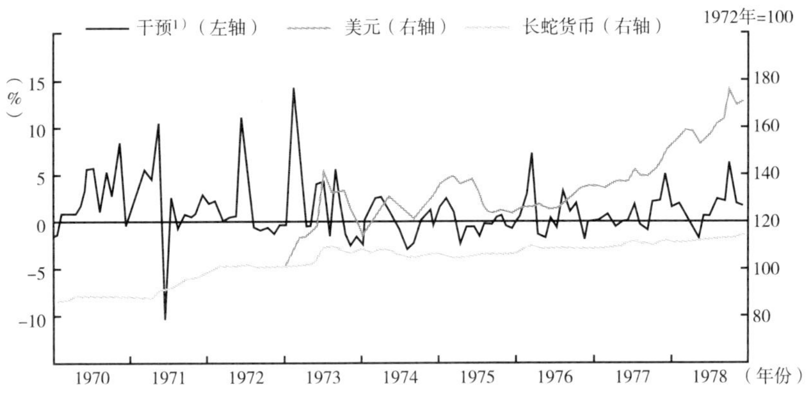

图 4 马克对外价值及联邦银行干预

注：1）联邦银行外国资产月度变动与基础货币之比。
资料来源：笔者根据 Deutsche Bundesbank 资料整理计算。

① 参见 Deutsche Bundesbank，Geschäftsbericht 1970，第 14 页及续页。

② 也可参见 Schlesinger，Geldpolitik 1967 - 1977。

之所以产生这样的困境，是因为货币政策的内外经济目标无法相互协调。联邦银行称之为“货币政策三角”，即国内经济紧缩货币政策的必要性、固定汇率和国际资本流动的自由化。[①]

鉴于上述问题，两个紧急问题摆在货币政策面前：第一，如何充分抵御外来的通胀压力；第二，鉴于对流动性比率的控制明显不再实用，联邦银行应该采取什么措施来控制货币膨胀。1973年和1974年发展的核心是如何回答这两个问题。

3 货币政策的解放

3.1 对外经济保障

对外经济保障原则上可通过两种途径实现，通过取消汇率挂钩或者限制德国马克可兑换性。中央银行理事会在20世纪70年代初对这个问题的看法不一。主席卡尔·克拉森（Karl Klasen）倾向于维持固定汇率，而鉴于德国出口经济的机会，又首先主张限制外汇交易。尽管因此会使人产生这样的印象，[②]即货币政策在走往国家控制的道路上。[③]

1971年5月初，德国的经济研究所和经济“五贤人”委员会建议取消汇率挂钩。经济“五贤人”委员会同时指出了资本交易管制的秩序政策问题。[④]经济部长卡尔·席勒（Karl Schiller）质疑了行政管制[⑤]的有效性，而公开赞成放开汇率。[⑥]在席勒1971年5月迫于中央银行理事会的压力关闭外汇市场之后，他又声明反对汇率随后放开：这与刚签订的建立欧洲货币联盟的协定相违背。美元问题必须与欧洲伙伴合作实施管制，才能解决。[⑦]放开汇率会导致货币升值，这种升值如果在与欧共体伙伴一致行动的框架内实

① 参见 Deutsche Bundesbank，Geschäftsbericht 1970，第22页。

② 参见 Hagelstein，Karl Schiller。

③ Klasen在Hamburger übersee-Club的演讲中也阐述了这个意思。参见 Klasen，Aktuelle Probleme。

④ 经济“五贤人”委员会在1971年5月6日写给联邦经济部长的信，载于：Sachverstädigenrat，Jahresbericht 1971/1972，Anhang IV。

⑤ 这也出现在由 Kannengießer 和 Barbier 汇编的言论中。参见 Kannengießer/Barbier，Karl Schiller.

⑥ Kannengießer，Professor.

⑦ 参见 Sachverständigenrat，Jahresbericht 1971/1972，Ziff. 237。

行，幅度会更小，对德国出口经济的伤害也会更小。

尽管如此，根据政府指令，5 月 9 日德国马克还是与美元脱钩了。联邦银行利用因此产生的行动空间而实行紧缩货币政策措施。但在 8 月时已显示，抵御通货膨胀并不占据最优先地位。当经济衰退的征兆加剧时，为刺激国内需求和阻止德国马克过快升值，中央银行理事会在 10 月 13 日下调了贴现率和最低储备金率。①

在 1971 年末回归固定汇率的准备阶段中，中央银行理事会主要就对外经济保障的两个措施进行了讨论：对外国人购买固定利率有价证券的批准义务以及一个新设立的义务，即如在国外获取贷款，则须在联邦银行无息存放一笔占这笔贷款额度一定比例的抵押金。直到 1971 年 12 月签订《史密森协定》之后，席勒才表示，准备向联邦政府提出符合联邦银行设想的抵押金建议。②这个义务在 1972 年 3 月 1 日以 40% 的比例第一次被引入。

当联邦银行在 1972 年初再次要求实施第一项的批准义务时，席勒与联邦银行的分歧也不断加剧。这导致席勒 1972 年 6 月的辞职，这点与其说是原因不如说是起因。6 月 29 日，政府做出了批准义务的规定，同时严格规定了抵押金义务。③席勒的接班人是时任财政部长的赫尔穆特·施密特（Helmut Schmidt），他对联邦银行行政控制的意愿持赞成态度。④然而，随着对行政控制的推动，联邦银行陷入了某种困境，因为行政控制的权限依有效的法律归联邦政府所有，而政府借此对货币政策会有更大的影响力。中央银行理事会要求从联邦政府得到实施控制的正式权限。针对这个要求，施密特提出了就这一事务在财政部和央行之间进行权限划分的设想。

1972 年，行政控制的无效性显示出来。⑤从 6 月以来，央行在明确地与财政部长取得一致的情况下，谨慎地采取了紧缩政策。在较短的时间间隔内

---

① Klasen 在 1971 年 11 月的讲话中强调，虽然经济必须“刹车”，但这种遏制不能片面。参见 Klasen，Aktuelle Probleme。

② Schiller 把这种准备与再贴现率单边降低的前提条件相联系。

③ 经济“五贤人”委员会以秩序政策问题的明确提示而做出直接回应。参见 1972 年 7 月 3 日的 Sondergutachten，载于：Sachverstängenrat，Jahresgutachten 1972/1973，Anhang IV。

④ 见 1972 年 9 月 22 日的 Börsenzeitung。

⑤ 经济“五贤人”委员会具体表述了银行和企业怎样迅速找到新的途径来规避行政控制。参见 Sachverständigenrat，Jahresgutachten 1972/1973，第 224 页及续页；还可参见 Schlesinger，Geldpolitik 1967 – 1977。

（10月9日、11月3日、12月1日、1月12日）不断提高贴现率，每次0.5个百分点，反映出对对外经济“防火墙”抗压性的谨慎探测。1973年初，美元再次陷入投机行为的攻击，这迫使联邦银行进行大幅干预（见图4）。1973年2月初，联邦银行董事会①建议关闭外汇市场。而政府却为了寻求欧洲范围内的解决方法，代之以加强资本交易管制。②中央理事会的反应则是对行政控制的态度急剧转变：绝大多数人都赞成暂时中止对美元的支持，同时声称，若实行更严格的控制既不实际也不会成功。③

与1971年初相比，财政部长的立场也有所转变。施密特强调货币政策的外交意义。④从政治角度看，好像德国的特立独行引发了与法国的危机。对此，出现了认为法国和英国能共同寻求欧洲解决方法的希望。施密特预见，在迈向欧洲经济和货币联盟的道路上，拥有独立的国内货币政策的可能性会遇到限制。联邦政府对联邦银行阻碍欧洲一体化提出了警告。⑤

1973年3月1日，美元危机加剧。上午，联邦银行被迫买入迄今数额仍不明的美元。紧接着在1973年3月2日与其他欧洲伙伴相互配合，关闭了外汇市场。当3月19日市场重新开放时，对美元的汇率挂钩被取消。

因此，联邦银行并不完全置身于货币政策的限制之外。蛇形的欧洲货币联盟始终存在，并在1972年作为计划设立的经济与货币联盟的预备阶段被派上用场。欧洲货币体系中的干预义务对联邦银行自主性的危害当然没有与美元挂钩那样大。⑥直到1976年，货币政策在对外经济方面没有出现更大的问题。⑦资本交易管制直到1974年末才几乎完全被联邦政府取缔。

---

① 原文为联邦政府董事会，结合上下文，应该是联邦银行董事会。——译者注。

② 这具体是通过缩减抵押金额度，最后将现金抵押率提高到100%，对外国人购买股票及在国外借贷实施批准义务。参见 Deutsche Bundesbank，Geschäftsbericht 1972，第16页及续页。

③ Emminger 报道，联邦银行主席 Klasen 由于疾病的原因不能参加2月初和3月举行的会议。但 Klasen 的态度仍是坚决反对开放汇率。参见 Emminger，D-Mark，第231页及续页。

④ 在 Schmidt 对联邦银行之后的批评中，他强调这样一个原则：货币政策，他论述道，也是一种外交，不能完全交由中央银行来决定。参见 Schmidt，Bürokraten 和 Schmidt，Kampf。

⑤ 不久之前，Schmidt 在一次报刊采访中指出，德国不想置身于欧共体通常的通胀速度之外。参见 Schmidt，Inflation erträglicher als Aufwertungsdruck，in：Frankfurter Allgemeine Zeitung，1973年1月27日。

⑥ 关于蛇形的规定参见 Deutsche Bundesbank，Geschäftsbericht 1971，第52页及续页。

⑦ 轻微的外贸压力在外汇储备增加与基础货币供应量增加的关系上更加明显。1967年和1973年外汇储备的增加超过了基础货币供应量增加的3倍，相对于此，联邦银行在1973年初到1977年末之间购入的外汇金额仅仅是基础货币增加数额的一半。

3.2 重新赢得货币控制

在对美元的干预义务中止之后所面临的问题是，怎样重新夺回对国内货币创造的控制。这个问题在中央银行理事会中的意见不一。一些成员倾向把国家控制置于市场经济理念之前。在1972年，联邦银行主张设立一个新的、应用于信贷发放增加的强制储备金。[①]实行贷款最高限额的建议则更加极端。按照此建议，联邦银行应对银行设置发放贷款的数量限制。[②]按照法国信贷监督模式（encadrement de credit）对信贷进行行政管理的路线已初现端倪。经济"五贤人"委员会在它1972/1973年度评估报告中发出紧急警告，切忌走上国家干预主义的道路。[③]与此相反，财政部长施密特却发出了对联邦银行的设想存有好感的信号[④]

联邦银行1973年转交给联邦政府的《联邦银行法》修正草案中含有这两个建议。它们都被纳入财政部的法律草案之中。根据法律草案，当然应该在"双重钥匙原则"的前提下，即在央行与财政部长的共同权限下，贷款最高限额才能被引入。因此导致联邦银行独立地位的削弱，以及稍后在欧共体各国央行之间就政策手段统一进行的谈判中，这个规定令人遗憾的结果，减少了其吸引力。

1973年年中，中央银行理事会在一次基本讨论中，把货币政策控制的三个理念依次进行了对比：最高贷款限额、特定流动性比率规定和对基础货币的直接控制。因可支配流动性需求的不稳定，强制性的流动性比率被摒弃。讨论草案揭示，对基础货币供应的控制是以取缔所有导致联邦银行被迫提供基础货币的自动机制为前提的。联邦银行完全有能力，充分准确地控制基础货币的供应量。在将来更有力的对外经济保障之下，联邦银行须理解其政策就是如何控制基础货币。鉴于这个问题，在理事会中考虑的是，联邦银行对此是否掌握必要的手段。讨论的结论表明，中央银行理事会多数成员在这时已经倾向于对基础货币供应实行更强有力的控制。[⑤]

---

① 它希望由此能够使信贷发放与最低储备金的联系更加紧密。参见 Deutsche Bundesbank, Geschäftsbericht 1972，第28页。在被动储备金方面，新的信贷发放与更高的最低储备金之间的关联只是间接的，因为在创造贷款过程中产生的存款不须留放在提供贷款的银行。

② 参见 Deutsche Bundesbank, Geschäftsbericht 1972，第28页。

③ 参见 Sachverständigenrat, Jahresgutachen1972/1973, Ziff. 397 ff.。

④ 参见 Börsenzeitung，1972年9月22日。

⑤ 在之后的中央银行理事会会议中多次涉及1月初达成的共识，即对货币供应施加更强有力的控制。

随着对外汇市场干预的中止，在3月份出现了新的情况。因为外汇不再直接被兑换为基础货币，则其就不能被计入可支配流动性。加上之前实施的信贷政策措施，导致银行可支配流动性几乎降为零。[①]由此，联邦银行获得了对基础货币供应的直接控制。对基础货币供应进行直接控制的决定适时而出。

联邦银行立即充分使用其政策可能性，以落实紧缩政策，并阻止新的可支配流动性出现。在3月份，法兰克福的个别隔夜拆借利率上涨到40%，中央银行理事会也没有做出放松的决定（见图3）。4月中，委员会判定，必须通过紧缩政策迫使银行限制贷款的发放。联邦政府赞成这种判断，同时传达了其自身观点，即在考虑对外经济活动余地的前提下，联邦银行应竭尽所能，来扭转通货膨胀趋势。

5月4日，联邦政府把贴现率提高到6%。5月中旬，董事会一位成员主张再次提高利率，因为在银行界还普遍存在这样的观点，即任何因信贷膨胀产生的基础货币需求，联邦银行都会满足。这个建议在5月末得到支持，其理由是，银行自动获得基础货币的信心必须被持续动摇。提高贴现率的同时，理事会于5月30日为利于特别抵押贷款而中止了抵押贷款，因为特别抵押贷款的总量可被联邦银行更好地掌控。[②]

联邦银行所致力于的货币膨胀减缓在1973年年中就已出现迹象（见图2）。从这个意义上讲，"在可支配流动性为零的情况下货币控制"的新政策不久就被证明是成功的。当然，这个政策不仅导致货币市场更高的利率水平，也导致短期利率更大的不稳定性（见图3）。隔夜拆借利率在2月份为2.4%，3月升至平均11%，4月份达到几乎15%；5月又跌落到7.4%，而6月又升高到将近16%。同时，市场上利息的摆动幅度，在3月份升到13个百分点，4月份升到28个百分点，8月份甚至升到33个百分点。这些不稳定因素使联邦银行迅速招致引起混乱和视银行系统的生存为儿戏的批评。[③]

新政策必须克服两个困难。联邦银行想直接控制基础货币，但同时想避免大的利率波动，就必须要么时刻准备迅速提供适当的流动性，要么就是能够在某种程度上预告经济所需的基础货币。前者需要在联邦银行认为适当

① 参见 Deutsche Bundesbank, Geschäftsbericht 1973，第3页。

② 内部人士之后称，联邦银行1973年初没有给银行充分的余地来获得基础货币这个事实，为其政策导向的改变，并是有效紧缩政策的前提条件。

③ 参见 Die Bundesbank spielt mit dem Feuer, in：Handelsblatt，1973年7月27日。

的、幅度更大的范围进行公开市场操作。而后者在实践中则被证明很难，因为基础货币需求可迅速并明显改变。

第二个问题是在直接控制基础货币和设立存款准备金（最低储备金）之间可能存在的矛盾：联邦银行若想直接控制基础货币，原则上它就必须允许整个银行业以及由此导致的各个银行无法履行其存款准备金义务。[①]与此相反的是中央银行理事会一些成员的观点，即央行不能责成银行履行存款准备金义务，如果其不去考虑，如何让这种履行至少在原则上是可能的。某个讨论草案指出，货币市场的高利率绝不能被简单地视为对银行低劣流动性规划的适当处罚。另一方面，银行无条件地履行最低准备金的要求必须被整合进货币政策的设计中。

然而，若联邦银行放弃对短期货币供应量的控制，而代之以关注基础货币的中长期发展，则存款准备金体系和积极货币政策调整之间的协调也是可能的。早在6月的一份讨论草案中就指出，强制银行走上由联邦银行确定的基础货币供应增长路径这一实际目标，是长期的状态；对基础货币季度性的和短期振荡的放任并不能对此造成妨碍。除此之外，对中期增长路径的控制也可通过价格，以及联邦银行的利率条件来实现。因此，对基础货币的控制——以联邦银行的措辞——成为“通过利率杠杆进行的间接控制”。

随后数年，作为联邦银行利率条件的汇总指标，货币市场利率越来越多地被作为联邦银行的基准值，成为焦点。[②]新理念最重要的前提条件是对外经济限制的广泛取消以及联邦银行不遵循单独的利率目标。

中央银行理事会的一些成员把1973年6月的新政策称为“货币基数的控制”，因此，1973年的工作报告也把其称为“对基础货币的直接控制”。[③] 这个观点由于三个原因而在联邦银行遭到反对：第一，因为这样会让人误解，联邦银行可直接控制基础货币，而这由于存款准备金的原因是被认为错误的；第二，控制基础货币的要求会导致难题，即如何确定适当的基础货币目标；第三，在联邦银行内外都存在这样的认识，即货币政策应该遵循货币供

① 参见 Dudler, Instrumente，第44页。

② 参见 Deutsche Bundesbank，Zentralbankgeldbedarf，第21页及续页。Von Hagen 稍后把这个程序描绘为对基础货币供应价格的调控。参见 von Hagen，Strategien。

③ 参见 Deutsche Bundesbank，Geschäftsbericht 1973，第4页。这种描述也符合经济“五贤人”委员会的解释。参见 Sachverständigenrat，Jahresgutachten 1973/1974，Ziff. 170，292。

应量中期目标，这个货币供应量应是非银行机构导向的，以确保价格长期稳定。[①] 1972年底，欧共体部长理事会建议成员国央行应设立货币供应量目标增长率，便是吸纳了这种设想。

然而，这个建议首先引发了对到底什么是"货币量"正确定义的追问，因为没有一个传统货币层次看起来正好适合进行货币控制。1973年末，中央银行理事会的一份草案提出，原则上只有能够反映不同流动性程度的存款的不同权重的货币层次，才能作为货币供应量。相反，简单的货币层次在汇率上升或下降时期会扭曲货币增长的真实状况。假设存款准备金率的分级可反映出不同的流动性程度，则通过最低准备金率计算出来的存款金额便可合计为新的货币供应量。中央银行货币供应量（基础货币），作为联邦银行新的货币层次诞生了。[②] 虽然流动性程度和最低准备金率之间关系的假设几乎不能实际被验证，但以下情况如事实一般被接受了，即现金流的极高比例会引发问题。在银行超额储备金少到可忽略不计时，这个新层次与货币基数一致，并且，只要存款准备金率不发生大的调整，则保持不变。[③]草案的明智之处就在于，对中央银行货币供应量（基础货币）的控制既能被中央银行理事会的那些希望控制货币基数的成员们所接受，也能被那些认为直接从数量上控制货币基数不可能、进而主张控制货币供应量的成员们所接受。无论如何，对基础货币的控制符合联邦银行自1973年3月推行的"可支配流动性为零情况下的货币控制"。[④]

3.3 公开市场政策的经验

新的控制理念需要手段。这个手段能灵活应对基础货币需求的振荡，而不会让货币创造的中期控制成为问题。联邦银行传统的控制手段在这已不适

① 参见 Friedman, Monetary Policy。

② 这种新的层次以前显然在国民经济学中因分析而被运用过。所以，人们在20世纪70年代初就内部称之为"虚拟的中央银行货币供应量"，它使储备金率变化的作用无法发挥。

③ 亦参见 Dudler, Instrumente。Neuman 指出，以恒定的储备金率计算基础货币，会夸大货币基数的振荡，如当下的储备金率低于假设。参见 Neumann, Konstrukte。

④ 因为这个阐述建议，新的基础货币同时作为货币基数（中央银行货币）和非银行层次（货币供应量）。它的双重含义常常是显而易见的，当联邦银行向公众把新的货币层次，即非银行货币层次作为货币供应量目标指标，也就是说作为货币基数来展示时。Deutsche Bundesbank, Geschäftsbericht 1975。它使联邦银行招致这样的批评：它运用了一个不符合通行的货币供应量或货币基数的概念来设置其目标范围。参见 Neuman, Konstruckte, 及 Caesar, Mindestreserve。

用，因为它给予银行过多的经营自主权，而频繁调整基准利率也不能实现足够的灵活性。

在公开讨论工具的改革时，建议首先来自联邦银行之外，即按照英美模式，主要通过公开市场业务来控制货币创造。①在联邦银行内部，这样的建议却遭到拒绝。个别联邦州的央行主席担心，这样的业务由于它空间上的聚集趋势，会导致联邦银行董事会相对于中央银行理事会愈发强势，并因此对联邦银行的决策程序进行相应修改。在董事会内部也存在疑虑，由于资本市场的狭窄，公开市场业务会导致巨大的利率浮动，从而使紧缩政策更加困难。

尽管存在这些疑虑，联邦银行还是从 1974 年 3 月起启动了更大的公开市场交易，以抑制因国家不断增长的信贷需求而提高的利率，而不是人为地让市场利率长期处于低位。理由为以下动机：担心联邦政府会通过利率补助来打击资本市场高利率的有效性，以及怀疑高利率会产生影响导致需求减少，还有就是高利率可推高成本和价格的考虑。更积极的开放市场政策应有助于联邦政府放弃在联邦银行进行现金借贷。1974 年初以来，现金借贷激增，被认为是对货币政策的干扰。国家债券在联邦银行资产结余表中的存量，1972 年末与 1973 年仅为 2000 万马克和 600 万德国马克，而到 1974 年 12 月增加了 48 倍。

1975 年 7 月初，联邦银行购买了价值 2 亿德国马克的债券。7 月，其债券组合增加了 9 倍。8 月中，中央银行理事会建议，应尽其所能地避免债券市场利率上涨。鉴于经济状况的不稳定，联邦政府建议抑制利率上涨，以使得其景气计划的成效不至于受到削弱。尽管有警告称，在人为设置的低利率下，联邦政府无法在资本市场融资，但干预政策还是被实施。

直到 1975 年夏末，联邦银行将其债券组合增加至 39 亿德国马克的最高水平。然而，鉴于其收益率越来越偏离实际价值，联邦政府在证券市场已无法获得新的信贷。在认识到资本市场利率水平最终上扬不可抑制的背景下，联邦政府最终在 10 月放弃了积极的公开市场政策。

---

① 参见 Deutsches Institut für Wirtschaftsforschung, Bundesbankgesetz, 第 206 页及续页，及 Sachverständigenrat, Jahresgutachen 1972/1973, Ziff. 400ff.; Jahresgutachten1974/1974, Ziff. 384 ff.。

放弃积极公开市场政策虽然对利率影响小于预期，[①]但从这个试验中认识到，鉴于可能的利率影响，联邦银行也很难摆脱内外部的压力，而为联邦政府创建优惠的利率条件。因此，随后的数年，联邦银行致力于通过形形色色的再融资衍生品来扩展其工具手段，包括在公开市场操作中签订回购协议，而无须担心出现如此的效应。[②]

4 货币稳定化政策

4.1 货币政策、财政政策与宏观经济稳定化

在20世纪50～60年代的德国，稳定政策是货币政策的首要任务。联邦银行利用其有限的行动空间，来贯彻其价格稳定的一贯政策。这个稳定化政策方向在1966年的经济衰退中首次失灵。政策上的反应是，《稳定与增长法》的出台，给予财政政策一种新的、灵活的手段来进行景气控制。1967年的经济繁荣看似证实了财政政策在景气控制中的领导权，这符合20世纪60年代的美国模式以及当时的知识氛围。如同经济部长席勒的至理名言所描述的一样："景气是我们的意志，而不是我们的命运！"

因为相对于货币政策，财政政策较少受到对外经济强制的影响，于是，20世纪70年代初，与通货膨胀的斗争就立足于财政政策对宏观经济需求控制下的抑制。[③]财政部长阿列克斯·穆勒（Alex Möller）认识到这点，并赞成削减财政。但当他不能在政府内阁中贯彻其意图时，于1971年5月辞职。同样，他的继任者席勒也失败了。这表明政府无法通过财政政策来克服过度需求和分配失衡。这里明显地显示出财政政策控制景气的政治非对称性：政府在需求较小时增加国家财政支出比在需求过剩时削减国家财政支出更容易。

政策上的出路在于，通过更有效的货币政策来减轻财政政策的压力。因此，政府在1973年1月18日的声明中正式把货币政策重新放于稳定政策的

---

① 参见Deutsche Bundesbank，Geschäftsbericht 1976，第18页。

② 参见Neumann/von Hagen，Germany，第316页及续页。

③ 参见Deutsche Bundesbank，Geschäftsbericht 1971，第25页。

首位。经济“五贤人”委员会在其1972～1973年度报告中，为保证价格稳定也要求更强有力的货币政策责任。[①]在中央银行理事会，这个任务分配却没有得到一致同意。一些成员认为，鉴于不同集团的分配斗争，应该立足于适当的收入政策；另一些成员则担心，若联邦银行承担更多的责任，则其他经济政策决策者就可逃避责任。因为紧缩货币政策，联邦银行会很容易陷入与联邦政府经济政策的冲突。尽管如此，自从联邦银行重新获得对货币创造的控制之后，其须更积极地实施稳定货币政策；而且还因为，按照其分析，财政政策在这个方面很难有所作为。

在1973年的工作报告中，联邦银行声明抵制通货膨胀是货币政策的基本方针，这与联邦政府的目标相符。[②] 1973年以来日益显著的景气衰退和秋季的石油价格危机，是货币政策和财政政策之间重新分配任务的契机。联邦银行在1974年的工作报告中声明，货币政策优先对价格稳定负责，而联邦政府应该消除经济结构的弊端。[③] 1974年夏，政府请求联邦银行，尽管生产停滞，失业率增加，但仍应坚持货币紧缩政策。在劳动力市场严峻的形势下，联邦政府计划实施就业措施。

4.2 1974～1978年的经济发展

在这10年的前几年中，抑制由加薪压力和过度需求引起的通货膨胀一直是首要任务。形势从1973年秋的石油危机之后发生了变化，因为日益激增的失业率问题迫在眉睫。图1显示，德国经济在货币紧缩和石油危机的共同影响下陷入衰退。[④]同时，失业率上升，自1975年以来一直保持在4%的水平上。[⑤] 1976年德国经济强劲复苏，但1977年和1978年实际国内生产总值增长率又滑落到3%。

直到经济萧条开始约一年后形势才变得明朗，通货膨胀率不断上升的趋

---

① 参见 Sachverständigenrat, Jahresgutachten 1972/1973, Ziff. 329 ff。经济“五贤人”委员会认为，政府在应对景气调控与提供公共产品之间的冲突上是失败的。然而，Claus Köhler 在其有重要意义的评估中反对财政政策的隐形弱化。他指出，直至1966年，德国一直缺乏一种积极的国家财政政策，是很遗憾的。

② 参见 Deutsche Bundesbank, Geschäftsbericht 1973，第45页。

③ 经济“五贤人”委员会对工作分配进行了更清晰的描绘：货币政策应该应关注价格稳定问题，并在1974年坚持紧缩政策，而财政政策须关注的是充分就业。

④ Neumann 分析了货币政策对经济萧条的影响。参见 Beitrag der Geldpolitik。

⑤ 参见 Deutsche Bundesbank, Geschäftsbericht 1973，第34页及续页。

势被抑制，联邦德国退出了工业国家通货膨胀的队伍。[①]然而，1975年后更具扩张性的货币政策被实施，1977年则发生了轻微的通胀，并在1978年显著加剧。

1976年末，德国马克首先相对美元开始再次升值（见图4），这普遍被视为是对德国出口经济的威胁。从1976年开始，联邦银行寻求以强力干预外汇市场来应对这个威胁；1976年主要在蛇形框架内，1977年和1978年则主要致力于支持美元。[②]

由于联邦政府力求通过额外的支出项目来防止石油危机对就业带来的冲击，所以继续实施扩张性财政政策。同时，国家的收支矛盾突出，致使负债率激增。因此，在1974～1976年，货币政策处于国家负债剧增的影响下。

4.3 货币供应量政策

通货膨胀回落体现了新货币调控的首次成功之后，不久又出现了另外两个问题：货币政策的长期理念，及货币政策如何应对日益明显的景气衰退。

货币政策连续化

中央银行理事会的一些成员强调，联邦银行必须遵循更加连续的、以价格水平稳定为首要目标的政策。早在1973年1月，一位成员就表明，应在与联邦政府协调的一般方针框架下，更连续地塑造货币政策。赫尔穆特·施列辛格（Helmut Schlesinger）同样要求，货币政策必须更加紧密地向经济中期发展方向看齐。[③]

1974年，经济"五贤人"委员会批评以前的货币紧缩让经济措手不及；1974年的高额工资要求和就业减少反映出劳资协议伙伴的期待有偏差。[④]为了避免这样的偏差，理事会在1974年秋建议，联邦银行应该公布货币供应量增长目标，作为对劳资协议伙伴的指导性帮助。联邦政府接纳了这个建议，其意图是让基础货币增长目标成为其景气计划的组成部分。

中期增长目标的构想明显符合基础货币控制理念，因此，这在联邦银行

① 参见 Deutsche Bundesbank，Geschäftsbericht 1974，第16页及续页。

② 参见 Pohl，Außenwirtschaftliche Komponente。

③ 参见 Mainert，Zentralbankgeldsteuerung。

④ 参见 Sachverständigenrat，Jahresgutacten 1974/1975，Ziff. 131，139 ff.，310。

并不新鲜。[①] 它早已被写入 1973 年的工作报告，其中这样写道：如 1973 年一样，联邦银行在 1974 年会努力控制基础货币，使货币和信贷总量的膨胀能与稳定导向的经济增长相一致。[②]

第一个货币供应量目标

1974 年中，放松货币政策以保障就业和经济增长的呼声越来越高，德国的经济研究所和经济“五贤人”委员会也加入其中。[③]联邦银行内部也出现了松动迹象。[④]然而问题是，如何放宽，才能不使公众和劳资协议伙伴产生这样的印象：即联邦银行放弃了其以稳定为导向的政策，并因此引发对再一轮通货膨胀新的期望。

公布货币供应量目标是出路：这是向公众发出虽然放宽，但不会让货币膨胀失控的信号的机会。中央银行理事会的主要立场是，在持续经济衰退的情况下，货币供应量目标的参照会有助于抵御要求货币过度膨胀的政治压力。最后，货币供应量目标也符合那些赞同连续政策者的意愿。关键是设置货币供应量目标的建议出于各种动机都是适当的，并因此是能够被多数票赞成通过的。

争议较少的是 8% 的目标增长率。基础货币 1974 年的增长率为 6% ，公布的 1975 年基础货币 8% 的增长率，貌似是发出有限宽松政策信号的可信途径。建议 1975 年的增长率为 8% ，基于两点考虑：第一，预告 1975 年实际增长率为 2% ，价格上涨为 6% 。8% 的目标符合一个客观的、切合名义国民生产总值预期增长的政策。第二，产能增长率 3% 以及不可避免的通货膨胀率为 5% 。这个目标同样切合以产能为导向的货币政策。因此，在货币政策方向理念上各执一端的中央银行理事会成员们在 8% 的目标增长率上可取得一致。

首先是对目标公布的疑虑。一些成员认为，货币政策的灵活性不能通过人为设置的障碍来加以限制。另外一些成员则表达了对货币供应量是否能够被充分控制的担忧。还有就是，名义国民生产总值与货币供应量之间的关系能否被精确地计算。在以下建议中妥协达成了，即在公布货币供应量目标时

① 参见 Bockelmann, Haupt-und Nebensachen。

② Deutsche Bundesbank, Geschäftsbericht 1973, 第 45 页。

③ 参见 Sachverständigenrat, Jahresgutachten1974/1975, Ziff. 246。

④ 参见 Bundesbank will Geldschleusen nicht bedingungslos öffnen, in: Handelablatt vom 31. 12. 1974。克拉森的立场参见 Steves, Bonner, Wünsche。

指明，在短期内国民生产总值增长与货币供应量增加没有密切的关联，这个8%的目标只是在目前看来，在稳定政策方面是合理的。借此，联邦银行保留了行动空间。①

受限制的连续性与合乎形势的货币政策

在确定目标增长率上各种观点的趋同，虽然有助于1974年末出台有利于货币供应量目标的决议，但却不能解决货币政策导向上的冲突。中央银行理事会迟早须在"受限制的连续性"与合乎形势的政策之间做出选择。"受限制的连续性"即货币供应量增长指向中期的增长趋势，而合乎形势的货币政策则首先考虑景气的振荡。②

在20世纪70年代，联邦银行可能没有采用第一个方案。这明显表现在货币供应量目标的推导上，即在国民生产总值的增长趋势之外，也考虑了利用率与货币流通速度预期的变化。这点从联邦银行把其货币供应量目标通常嵌入联邦政府的宏观经济目标计划中也可以看出。早在1975年的工作报告中，联邦银行写道："通过货币供应量目标来明显放松货币以刺激需求，并为更高的实际增长创造余地。"③奥特玛·埃明格尔（Otmar Emminger）在1975年初的采访中称，"联邦银行的宽松政策是为了提升景气"。④1976年的工作报告写道，"联邦银行和联邦政府致力于5%的实际增长率"。⑤1977年的工作报告最终把"强劲的经济增长和进一步抑制价格上涨"定义为目标。⑥而在1974年的工作报告中，还是把抑制通货膨胀作为货币政策的最高目标。⑦这个交锋中的首次胜利之后，货币政策的稳定导向及连续化再次退居幕后，取而代之的是调控景气的旧思路。

① 值得一提的是，理事会紧接着讨论了降息的可能性。鉴于进行适当的进一步降息的时间点不确定，等待政府通过稳定化计划的建议得以落实。1974年12月19日，与政府在议会通过景气促进计划的同时，降息被实施了。参见 Senkung des Diskontsatzes in der Bundesrepublik，in：Neue Zürcher Zeitung，1974年12月20日。

② 讨论草案在这些选项之外还添加了建立在弗里德曼货币供应规则模型基础上，而在实践中无足轻重的基于常年的极端稳定化。草案指出，早在确定1976年目标时，就应为其他目标引入受限制的连续化政策，而不是合乎形势的政策。

③ Deutsche Bundesbank，Geschäftsbericht 1975，第6页及续页。

④ Im Sommer die Tendenzwende——联邦银行副主席 Otmar Emminger 采访记，载于 Wirtschaftswoche，1975年2月21日。

⑤ Deutsche Budnesbank，Geschäftsbericht 1976，第23页。

⑥ Deutsche Bundesbank，Geschäftsbericht 1977，第33页。

⑦ 参见 Deutsche Bundesbank，Geschäftsbericht 1974，第1页。

货币供应量目标的首次经验

在1975年最初的几个月中，基础货币的增长起初符合预期目标，但在春季有所减少。早在4月，中央银行理事会的成员就建议，鉴于经济的不景气，应进一步降低央行利率，但却对在如此短的时间内是否能成功控制景气存有疑虑。这项措施的反对者指出，鉴于货币供应量目标，货币政策不应参照每月的经济数据，而是要遵循长期的目标。尽管如此，在4月末，联邦银行还是降低了抵押贷款利率，并在5月22日再次降低了抵押贷款利率和贴现率。在首次公布货币供应量目标的6个月后，贴现率降低2个百分点，抵押贷款利率降低3个百分点。

从1975年年中开始，联邦银行允许银行机构扩充其可支配流动性。根据过去的经验，如此必将削弱央行对基础货币的控制。8月中旬和9月中旬，贴现率和抵押贷款利率再次被调低。10月末，理事会报告，基础货币年增速比1974年加快了10%。为应对高失业率而降低基准利率的请求被中央银行理事会拒绝。在1975年的“指标月”即12月，年度基础货币增加约10%。第一年就以明显的超标而结束。

年末，中央银行理事会内就首次货币量目标的经验进行了讨论，勾画出一幅混合的正面图像。在公众中，货币供应量目标被普遍接受，并被理解为一种指导性帮助。这一年的发展过程显示，基础货币增长的振荡幅度很大，并不能被精确地控制。虽然实际国民生产总值不能达到预计的2%的增长率，但坚持遵循货币供应量目标是正确的，因为调低目标意味着顺周期的货币政策。在这个背景下，建议为1976年也确定货币供应量目标。不过，为了抑制短期的振荡，这个目标被表达为1976年相对1975年的平均货币存量的增长率。

12月中旬，在联邦政府也表达控制货币供应量的正面态度之后，中央银行理事会确定8%为平均目标。文献表明，仅仅5.5%的过程目标以及货币膨胀的明显放缓是符合这个目标的。

4.4 景气政策的支配——货币供应量政策的终结?

鉴于1976年初景气好转，联邦银行原则上又能关注货币供应量目标和通货膨胀率了。1976年在某种程度上首次成为货币供应量导向的试金石。一开始就显示，寻求的货币供应量增长放缓并没有出现。2月中旬，中央银行理事会拒绝通过降息来支持仍然不稳定的经济形势，并指出，这样的措施会阻碍货币供应量目标的遵循，更为困难。这个决定表明货币供应量目标的约束性效力，但进一步的发展却相反。早在4月初就显示，鉴于不断增加的可支配流动性，坚持目标受到威胁。理事会的绝大多数成员都持这个态度，但考虑到经济状况，直到5月初才针对措施做决定。

在对货币政策基本方针的近期讨论中，一些理事会成员进而要求货币政策的连续化。他们被反驳道：不能简单地忽视货币政策措施的短期影响。货币政策的灵活性是相对于其他经济政策手段的巨大优势。货币供应量目标不是不可改变的，而是可与经济发展相适应的。

直到秋季，在克服了经济形势的“夏季低迷”之后、当经济政策的考虑不复存在，并同时预示了工资政策的讨论加剧时，理事会越来越多的人已做好了遭遇货币供应量超标的准备。虽然这个时候对于实现整年的目标来说已经太迟，但对超标额度的控制有助于减小联邦银行可信度的损失，并给劳资双方发出联邦银行不受干扰地坚持稳定政策导向的信号。

1976年末，一份讨论草案向中央银行理事会强调，货币政策强烈的景气政策取向会动摇货币供应量目标的意义。然而理事会多数成员表明赞成继续执行货币供应量政策，因为这个政策被公众以及国际社会所认可。意见的分歧主要在于货币供应量导向的实质意义。一些成员认为，货币供应量目标是一种有益的纪律强制，并成为内部行动的尺度。但这种观点被其他成员质疑，他们认为，联邦银行必须更严格地坚持切合这个目标的要求，与这个目标拥有一定回旋余地的期望相左，即应在这个目标内控制景气过程。联邦银行对继续实行货币供应量目标政策感兴趣，因为如此可保持货币政策的连续性，而无须每日关注；联邦银行的独立性也因此得到增强。12月中旬，中央银行理事会同意设定1977年的平均目标值为8%，同时设定6%~7%的过程目标，进而要求货币膨胀的放缓。

然而，在1977年，景气再次成为焦点。当政府增长目标的失败显现时，联邦银行就不能再实施其原本寻求的货币紧缩政策。[①]直到秋季，在中央银行理事会，越来越多的人指明，再次超标会导致其可信度具有威胁的损失。货币政策被批评在1977年成为纯粹的利率政策，对此，货币供应量目标不再发挥任何作用。巨大的货币膨胀导致通货膨胀的可能性，这将给明年的货币政策带来问题。

---

① 德国联邦银行也指明，外贸影响和基础货币扭曲也是超标的原因。参见 Deutsche Bundesbank，Geschäftsbericht 1977，第1页及续页，以及第20页及续页。

在就 1978 年的货币供应量目标进行讨论的背景下，在中央银行理事会内关于货币政策导向的讨论再次被挑起。一份讨论草案指出，1975 年开始的试验阶段不能无限期地继续。联邦银行须自问，它是否想严格对待这个目标。该草案埋怨，平均目标约束力不强，因为这个结果一半受上年影响，而下半年则额外被年初几个月的政策所设定。同样，参照联邦政府的增长计划也有缺陷，因为它过于强调货币供应量和名义国民生产总值之间的平行关系，而这是与货币政策极大滞后性论断相矛盾的。草案最后建议，应对货币供应量设定超越一年的时间跨度目标。

在讨论中出现了各种针锋相对的意见。公历年适用于影响其他的年度决策，如工资谈判和财政预算决议。遵循联邦政府的目标计划会给公众发出一种信号，即货币供应量政策同样有联邦政府的参与。为保证货币政策手段在一年中有较大活动空间，中央银行理事会可设定一个留有 1 个百分点余地的平均目标，并辅之以第四季度一个幅度为 2 ~ 3 个百分点的过程目标。

12 月初，董事会一位成员坚决反对货币供应量政策。回顾 1977 年，更好的利率政策可通过及时降息让景气好转，改善外贸形势，甚至通过抵御国外资金输入实现联邦银行对货币膨胀更好的控制。联邦银行能够通过客观的数据摆脱政治压力并增强其独立性的设想，值得怀疑。最后，在确定货币供应量方面削减中央银行理事会的权限，是不可接受的。货币政策对于过程的决策，绝不能因为货币供应量目标就放弃。另一位成员强调，绝不能成为数字的奴隶。

尽管存在分歧，中央银行理事会还是在 12 月中旬再次制定了货币供应量目标。这个决议在很大程度上遵循 8% 的平均目标建议，以及在 5% ~ 7% 振荡的过程目标。如首个货币供应量目标一样，1977 年 12 月目标的出台同样应源于，中央银行理事会致力于让景气政策与对外经济导致的货币政策宽松不会在公众中产生联邦银行要放弃其稳定导向路线的印象。如果降低基准利率的同时放弃货币供应量目标，这很容易给人这样的印象，即好像联邦银行已放弃其连续性的货币政策。[①]

早在 1978 年初就发现基础货币再次过快增长。1978 年 6 月初，审查货

① 联邦银行在它 1977 年的工作报告中强调，1977 年未达成目标并不能被误解为稳定政策的导向被放弃。对 1978 年货币供应量目标的再次规定表明对基本方针的坚持；在货币供应量导向的政策框架内，因经济和外贸原因而短期地偏离这个方针是可预见的。参见 Deutsche Bundesbank，Geschäftsbericht 1977，第 20 页及续页。

币供应量目标成为中央银行理事会议程中单独一项。理事会宁愿以现金流的扭曲影响及汹涌的外汇流入作为公开理由来解释目标的偏离，也不愿采取临时调高目标或中止货币供应量政策的其他措施。①理事会强调，可容忍的目标偏离始终须放在经济形势背景下来看：若经济好转，并且再次出现剧烈的通货膨胀趋势，那么对货币供应量目标的偏离就须限制在一个更小的幅度内。

这个场景最终显现于1978年秋冬。12月，中央银行理事会被告知，目前几乎所有的经济领域都一片繁荣。在景气衰退被克服并又面临通货膨胀率的威胁之后，价格增长及货币供应量目标在中央银行理事会的考量中再次变得重要。

4.5 欧洲货币体系：货币供应量目标的救星

1978年外贸的发展欣欣向荣。一方面，国际上对美金信心的丧失导致德国马克大幅升值（见图4）。这种发展趋势使得在联邦银行内部出现了担忧，因为它必然会导致德国出口经济产生问题。另一方面，自从1977年秋季调整“蛇形集团”的主导汇率以来，对这个体系进行改革的迹象不断增多。央行之间进一步就相互财政援助做出规定及加强“长蛇”的对称性（也就是说，削弱体系中最坚挺的货币——德国马克的支配地位）首先在以中视角中被加以讨论，即协助让“长蛇”扩展到英国，并让意大利和法国重新加入。联邦银行一方面对扩展长蛇的远景表示欢迎，因为一个更大的联盟意味着德国马克面对来源于美元区的投机资本流入时压力会有所减轻。另外，它担心一个更大的联盟会导致共同的美元政策，而这最终意味着联邦银行为支持美元须进行更大的干预。

1978年6月，中央银行理事会讨论了“长蛇”继续发展的不同选项。一个新的设想是创立货币政策合作基金，在欧洲核算单位（欧洲货币单位前身）以及面对美元协同行动的基础上确定主导汇率。就此而言，由联邦总理施密特（Schmidt）和法国总统德斯坦（Giscard d'Estaing）于7月初在不来梅的欧共体峰会上发起建立欧洲货币体系，并不太令人吃惊。

① 参见Deutsche Bundesbank, Geldpolitische Maßnahmen，第5页及续页。早在1978年6月的月度报告中，联邦银行就指出无法解释的现金流变化扭曲了基础货币。参见Deutsche Bundesbank, Wirtschaftslage，第17页及续页。

紧接峰会的一系列事件超出了本文的框架。然而，对于我们的主题来说，欧洲货币体系的建立仍旧重要，因为其在很大程度上影响了中央银行理事会在货币供应量政策问题上的态度。当为1979年的货币供应量确定目标的建议在12月被讨论时，这是显而易见的。一些成员认为，现在是放弃这个早已因屡次超标而遭人嘲笑的政策的时候了。在联邦银行内外，货币供应量目标作为风向标都没有被认真对待。

而其他成员赞成保留货币供应量的目标主要出于两个原因。

第一，通货膨胀的再次出现是可预见的。货币供应量目标可促进更紧缩的货币政策路线。货币供应量目标在近几年没有被重视，是因为联邦银行始终遵循扩张性的政策，而这在1979年应调整。

第二，许多成员强调，在实行新的欧洲货币体系之初，明显放弃货币供应量导向会产生不利的信号影响。公众会获得这样的印象，即联邦银行鉴于新的对外经济限制而放弃其稳定价格的努力，这将激起通货膨胀的预期。在1977年仍尖锐批评货币供应量目标的一位董事会成员，也赞成这样的观点，即放弃1979年的货币供应量目标会在公众中产生恶劣的影响。其同样指出，货币供应量政策在国外享有很高的声誉。还有人建议，在欧洲货币体系建立之初，坚持货币供应量目标的实践是必要的，以给体系中的成员和公众传递一种信息，即欧洲在贯彻持续的稳定政策方面是兼容的。在表决中，中央银行理事会以压倒性票数赞成公布1979年的货币供应量目标。在公布目标时，这个政策的试验性特征比以往任何时候都被着重强调，并且，遵守目标的期望值被调低。

可以推测，若没有欧洲货币体系的建立，会发生什么。各种迹象表明，联邦银行可能在1978年末就会放弃其公布货币供应量目标的实践。经济景气长期不出现可使得这种可能性更大。另外，可以夸张地说，联邦银行只是鉴于欧洲货币体系才继续实施其货币供应量目标政策。还有许多其他不错的理由也支持这个观点。但一定程度的历史讽刺在于，引入会削弱中央银行货币政策活动空间的新的对外经济限制，却导致在中央银行理事会中货币供应量目标的支持者力量得到加强。

4.6 货币供应量政策：一种诠释

通常的货币政策教科书把货币供应量目标战略归入廷贝尔格最优经济政策范例（Tinbergensche Paradigma）。根据这个理论，经济政策决策者通过其手段的运用来使得目标函数最大化。这个目标函数包含价格稳定、就业和增长等目标可变量。在这个范例中，货币供应量政策成为经济政策任务的一个双层级解决方案：在第一个层面，从更宏观的目标入手计算货币供应量目标，在第二个层面，利用所有手段来遵循得出的目标，把货币供应量控制在其目标值内。货币供应量策略本身源于对宏观经济中景气干扰源头的权衡。①

作为对20世纪70年代联邦银行货币供应量政策的描述，这幅画面至少在两个重要维度上是错误的。

第一，是在货币政策的决策结构里。决策的双层级性，要求货币政策的考量集中于实现货币供应量目标。这种双层级性在中央银行理事会的讨论中无法显现。理事会同样很少抵制，让单个货币政策措施遵循短期就业政策目标，而不是首先（如同两层级性所必需的）通过货币供应量目标更新来反映当前的经济形势发展。取而代之的是，货币供应量目标在内部发挥紧缩功能，这在决策中或多或少是被强烈关注的。

尽管如此，联邦银行仍然致力于通过货币供应量目标向外发出稳定导向的信号。这在多大程度上能获得成功，还不能盖棺定论。1973年和1974年坚决的稳定化政策，以及在国际比较中联邦德国20世纪70年代相当低的通货膨胀率，完全能抑制通货膨胀预期。除此之外，至于货币供应量目标是否有预期的效果，不得而知。然而，鉴于货币供应量目标决策在内部缺乏约束力，在联邦银行也存在不小的疑虑，即货币政策目标是否真能履行其信号功能。

第二，一个最佳中央银行理事会作为这个时期正面范例的设想，是不适当的。目标函数的最佳化，意味着决策者会对各个目标进行权衡，以至于手段的使用可反映出冲突目标之间的妥协。货币供应量日渐呈现的超标会导致现有政策被逐渐放弃，哪怕在目标函数中其地位微不足道。此外，在条件不变时，在某个领域预期的目标实现的明显变化，会导致在其他目标领域，手段的使用明显向第一个目标的方向倾斜。1975～1978年的经验表明，中央银行理事会没有因此这样行动。

中央银行理事会的决策可被放在另一个范例中更好地理解。概括起来就是，只有当理由充分时，手段使用的变化才会发生。中央银行理事会的讨论总是反映出分析货币政策各种原因领域的努力，即把其归结为当前形势是否

① 此处参见 Brunner/Meltzer, Monetary Indicators; Friedman, Targets; Von Hagen, Strategien; Poole, Optimal Choise。

发生了变化。在作为本文研究对象的这个时期，这些原因领域通常包括经济发展、国际发展、货币和资本市场的发展以及价格增长。当在足够多原因领域中，当前的发展都指向同一个方向时，手段的调整才能实施。上述的1975年货币供应量目标确定的“原因趋同”则是一个生动的例子。若有充分的理由支持调整央行利率，哪怕这有悖于最佳货币政策的设想，则就须规定利率调整的幅度，幅度为50个或100个基点。

对中央银行理事会决策过程的分析表明，单个原因领域的重要性会随时间而明显改变。20世纪70年代初，价格增长曾是一个非常重要的领域，但在20世纪70年代中期其重要性降低，随之兴起的是就业发展。如同一位董事会成员有一次着重强调的那样，在对货币增长严格及中期的控制方面基本上被接受的规定面前，棘手的问题不断出现。当通胀率消退，同时其他经济问题出现时，这种扩张性增长的危险就会被低估。

在这个背景下，货币供应量目标还有一个额外的原因领域，其含蓄地强调价格增长的重要性。正如埃明格尔有一次也强调的那样，其作为过渡目标的特征即意味着，这个原因领域的重要性取决于通货膨胀率自身的重要性。尽管如此，货币供应量目标也不是多余的。其在决策过程中的重要性可能在于使价格稳定目标具体化，以及特别使其在短时间内反映出来。针对价格水平发展的当前具体决策的后果评估的不确定，以及货币政策决策相对于景气变动来说较长的时间跨度，促使价格稳定目标在货币政策的日常事务中被忽视。货币供应量目标是大有裨益的，因为针对货币膨胀，其当前决策的后果能更好和更快地被察觉。

通过分析也可理解，欧洲货币体系如何可成为货币供应量政策的救星。嵌入一个新的汇率联盟对联邦银行意味着再次失去对货币控制的危险，并因此产生最终新一轮通货膨胀的危险。因此，新的对外经济限制会导致价格稳定目标作为货币政策措施原因领域的加强；这同样适用于，当联邦银行面对拥有管理汇率体系权限的联邦政府时，最好能通过提示价格稳定目标来抗拒政治压力。价格稳定目标在中央银行理事会决策过程中的强化意味着货币供应量目标的强化。尤其是为支持较疲软的伙伴国货币而进行的干预，可尽快地在货币供应量增长上反映出来。因此，价格稳定目标可作为衡量货币体系兼容性的尺度。如此看来，欧洲货币体系不但推动了货币供应量目标的保留，而且这个政策的扩展催生了更加一致的潜力导向，即如联邦银行20世纪80年代所推行的“受限制的连续性”。

一体化进程中的货币政策（1979～1996年）*

恩斯特·巴尔腾施拜耳格（Ernst Baltensperger）**

1 导言

德国中央银行在1979～1996年接受了一系列的艰难挑战，它经常要面对来自国内外的激烈批评，其政策也备受争议。而根据政策目标的完成情况和所赢得的国际声誉的结果来看，其政策无疑是成功的，特别是与这一时期大多数国家的中央银行相比。这也体现在，因为德国联邦银行的模范作用，它在《马斯特里赫特条约》中成为构建欧洲中央银行的模型。在20世纪70年代布雷顿森林固定汇率体系瓦解后，这种政策先是被定义，然后逐步尝试和发展，描述和评估这一政策则是一件有意思的事情。

和前面文章所讨论的时段（1971～1978年）一样，1979～1996年的货币政策基本上是在浮动汇率的机制下制定的，即德国中央银行可以控制货币供应量增长，这与布雷顿森林体系时期是不同的。德国中央银行很早就决定，坚定地利用这一条件，使之服务于物价稳定（对内币值稳定）这一目标。为此，德国中央银行从一开始就采取遵循中期货币供应量的政策，从1975年开始采取公布每年的货币供应量目标的战略。这一战略一直执行到今天，尽管数十年来这种战略在国内外以及央行内部决策层不断被讨论和质疑过。

不同于1971～1978年这一阶段，1979年，潜力导向的货币供应量调控

---

* 原文标题为Geldpolitik bei wachsender Integration（1979－1996年）。出处：Deutsche Bundesbank（Hrsg.）（1998）；Fünfzig Jahre Deutsche Mark. Notenbank und Währung in Deutschland seit 1948，München，第475～559页。译者为江苏社会科学院徐清。

** 恩斯特·巴尔腾施拜耳格（Ernst Baltensperger），生于1942年，经济学家，伯尔尼大学教授。

战略经过之前的发展和试验，原则上在德国至少是暂时固定下来。从1979年开始，欧洲货币体系（EWG）成立，这一体系是一个国际协定，对于成员国的货币当局，也包括对德国中央银行来说意味着新的限制和干预义务。德国中央银行认为，在这一体系中成功地执行与贯彻稳定导向的货币供应量战略，而且也在不断地融入欧洲和世界金融市场。在构建欧洲货币体系并没有事先约定的情况下，德国中央银行事实上成为这一体系中居于主导地位的中央银行，德国马克也成为其锚货币。这一时期同时提供了许多证明中央银行独立性突出重要性的生动教材。只有在这种制度安排以及民众具有强烈的稳定意识的背景下，德国中央银行才能成功应对不时来自国内外政界的强大压力，保持其认为正确的稳定政策。这一时期也清晰地表明，在国际通货膨胀的环境下，物价稳定（对内币值稳定）和名义汇率稳定（对外币值稳定）这两个目标之间存在中长期不可调和的矛盾。

在这段时期，除欧洲货币体系的发展外，还发生了许多具有深远影响的国际经济事件。比如20世纪70年代末的第二次石油危机、20世纪80年代初期和中期的国际债务危机、20世纪80年代受美国货币和财政政策影响导致的美元汇率大幅震荡以及1987年秋天的股市下挫，这些事件都使德国和其他国家的货币政策面临棘手的调整和决策问题。这期间最后1/3的时间里，德国联邦银行还要面对一个德国自己面临特殊情况的挑战，即1990年两德统一带来的两德货币联盟。从20世纪90年代初期开始就越来越明朗的成立欧洲货币联盟计划也同样引发了根本性的后果。

在这一时期，德国联邦银行货币政策工具不断发展，一方面来源于学习使用这些工具的经验积累，另一方面来源于适应央行政策环境的改变，特别是银行和金融业的自由化、国际化和竞争的激烈化。具有重要作用的是建立灵活货币市场调控的适当工具手段，通过公开市场业务和与此相关的贴现与抵押贷款政策重要性逐步恢复，以及在此期间存款准备金政策的重新设计及重要性降低。

本文在描述德国中央银行政策时，根据货币政策方向及其环境的交替变化分为六个阶段（这种划分是迫不得已的，故有点随意）：1979~1981年（货币紧缩）；1982~1985年（宽松和正常化的货币政策）；1986~1989年（偏离目标以及缓慢回归紧缩）；1990~1991年（德国货币联盟）；1992~1994年（央行饱受国际批评：大幅偏离目标情况下的缓慢宽松）；1995~1996年（利率进一步下调情况下货币供应量增速的正常化）。

这个时期，每一个阶段都会阐述货币和汇率政策的概要，包括货币政策的环境和最重要的冲突领域，德国联邦银行目标的公布和实现，以及公共舆论对此的争议和评判。普遍关注的争议问题和具有重要意义的发展将会被分别进行阐述。在最后几个段落里，将对过去20几年德国货币政策分析产生的重要认知和经验进行总结，主要是对货币供应量目标战略的目的性和可实现性，这一政策的操作落实及其必要的手段工具，以及在这一时期的社会和制度环境下对联邦银行政策进行总体评价。

2 货币紧缩：1979～1981年

2.1 初始阶段的情况和经济环境

在初始阶段，即1979年，德国联邦银行面对的经济形势从今天来看是相当好的。德国实际国内生产总值在1978年增长约3.0%，1979年达到4.2%，同时生产满负荷运转，就业增长，失业下降（失业率为3.3%），投资强劲。稍微不利的则是物价上升和货币供应量增长。1978年物价上升加快，1979年达到年均4.1%，1979～1981年一直不断上升。这一情况其实并不令人吃惊，因为1978年开始的第二次石油危机导致石油价格暴涨，而此前几年的货币供应量也增长迅猛。特别是1978年中央银行货币供应量（即基础货币）实际增长率超过11%，明显高于央行原来制定的8%的目标，主要因为当时的货币政策是汇率导向的。但与其他国家，主要是美国，也包括法国、英国和意大利这些重要伙伴相比，德国的物价上涨幅度并不高，相反，和这些国家相比，稳定优势不断突出。

进口价格，特别是能源价格的大幅上升导致德国经常项目收支的逆转，在1979年出现了许多年来第一次经常项目的赤字。不断上升的通胀压力和经常项目的赤字化促使德国联邦银行大幅调整政策，直到1981年底都在执行强劲紧缩的货币政策。在1979年非常好的经济形势下，执行这一政策几乎没有问题，但在1980年和1981年紧缩政策的继续执行却须逐步面对经济增速放慢和经济景气变化的迹象。这不仅是世界范围内出现稳定化危机的后果，也是由德国联邦银行紧缩的货币政策所导致的。1980年德国国内生产总值实际只增长约1.0%，从第三季度开始就业下滑，失业率上升。1981年实际国内生产总值停滞不前，失业率上升到4.8%。1980年，联邦德国的经常项目赤字和前一年相比大幅上升到240亿马克（从数量上看，出口依然较为强劲）。对德国来说尤其重要的是，自1980年开始出现的马克疲软。1979年马克在国际上仍很强势，但 1980 年以来就大幅贬值，尤其是对美元和在欧洲货币体系内。直到 1981 年，对外经济状况才逐步改观，部分是因为干预政策所导致的结果。

在这个阶段，经常项目和汇率成为德国联邦银行最重要的补充目标，但在经济景气不断下滑时，会与拉升及刺激景气的政策产生矛盾，并引发央行内部和公众的相应讨论。与此相反，在这个阶段，对外经济导向的货币政策和物价稳定目标并不矛盾，因为在 1980 年平均通胀率达到 5.4%，1981 年达到 6.3% 时，要求执行紧缩的货币政策，如同马克升值所要求的那样。直到 1981 年底整个态势才出现转折，使德国联邦银行过渡到宽松的货币政策成为可能。

这个时期，德国联邦银行的政策明显将币值稳定和对外经济目标置于经济发展稳定目标之前。这是出于这样的正确认识，即实体经济的稳定从长期来看必须通过货币的稳定来实现。但不太明朗的是，德国联邦银行在多大程度上将对内或对外的货币价值作为居于主导地位的目标。一方面，央行始终强调价格稳定和反通胀的特别重要性并将此写入央行理事会内部的决议当中；另一方面，央行在这个阶段也经常以对外经济“调整强制”和稳定的考虑为其紧缩政策辩护，认为这是出于外贸调整和稳定的考虑。在央行理事会的讨论中也经常表现出这种矛盾。从最终效应来看，这个阶段无须争执，因为在这种条件下两个目标之间并不存在真正的矛盾。

1979～1981 年的公共财政极富扩张性，导致整顿财政的必要性不断上升。财政政策在此时不但没有配合央行，反而阻碍央行政策的实施。①

1979 年 3 月欧洲货币体系在平静中开始运行，之后从 1979 年 9 月就不断出现主导汇率的紧张和调整需求。从欧洲货币体系诞生的第一年就明显地看出，只有下定决心时刻准备调整主导汇率，才可能在国际通胀存在差异的背景下，鉴于欧洲货币体系要求的干预义务实现德国联邦银行自主的货币供应量政策。马克较为疲软的阶段，特别是 1980 年也在欧洲货币体系内部所显示的，起初对这一体系没有产生大的影响。直到 1981 年才通过马克升值实施较大的中心汇率调整。

2.2 德国联邦银行货币政策的具体内容

货币供应量目标及货币供应状况

德国联邦银行决心执行严格的、稳定导向的货币政策体现在：1979～

① 从这个方面来讲，同时期的美国财政政策更是如此。

1981 年与前些年相比明显地降低了预定的货币供应量增长速度。选择货币供应量目标的方法和之前（以及之后直至今天）基本上没有改变：首先估算生产潜能的增长，然后是（根据不同的初始情况）短期内不可避免的可接受的物价上涨率①（以及之后货币流通速度的季节变动性修正，在一些年份还包括对前期发展的修正）。货币的目标层次，即基础货币暂时保持不变。从 1979 年开始加入新的参数，即选择过程目标（从上年的第四季度到当年的第四季度，取代年平均目标）和确定目标区间（取代点目标），区间大小反映确定货币政策时的不确定因素，这样使央行可以根据经济发展状况和汇率变动决定是向上还是向下操作，这种方法德国联邦银行沿用至今。每年的 12 月央行将公布下一年的目标。每年年中都要对目标进行检查。

1979 年德国联邦银行就通过明显调低货币供应量目标发出了稳定的信号。在此后几年中逐步恢复制定目标区间：公布的 1979 年基础货币增幅为 6% ~9%，1980 年为 5% ~8%，1981 年为 4% ~7%。实际增长率 1979 年为 6%，1980 年为 5%，1981 年为 4%（见图 1）。实际增长率在这三年都处于公布区间的最小值。这反映央行对高通胀以及这三年中大多数时间里马克疲软和经常项目的担忧，起初还包括国内经济的过热。就此而言，实际的发展情况符合公布的计划。

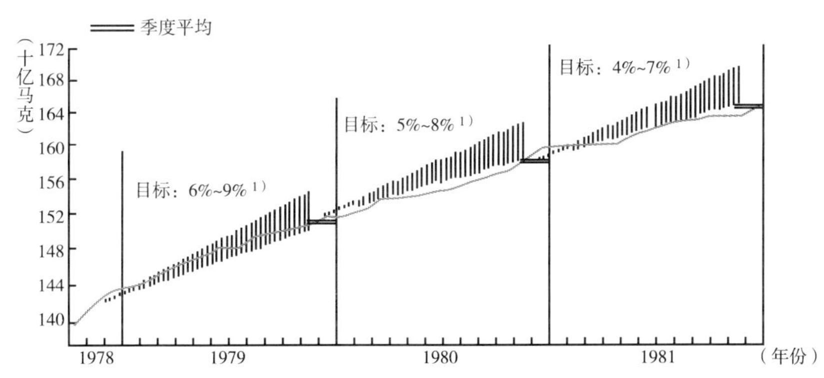

图 1　1979～1981 年货币供应量目标和实际的货币供应
（扣除季节因素、月度数据、对数比例）

注：1）上年第四季度（不含）至当年第四季度。

基础货币：现金流通（不包含信贷机构持有的国内纸币和硬币）加上银行法定存款准备金（不变的准备金率，根据 1974 年 1 月计算）。前些年第一季度到第四季度直到当年第四季度。

资料来源：Deutsche Bundesbank。

① 20 世纪 80 年代中期物价重新稳定后，这个参数由标准物价上涨率取代。

货币市场调控

德国联邦银行的货币调控是通过央行向货币市场提供基础货币这一影响来间接实现的。当1979年初基础货币供应量高速增长时，央行必须大幅提升利率，限制银行体系的流动性，一方面通过减少再贴现额度和提高存款准备金率，另一方面通过提高基准利率。贴现率从1979年初的3%逐步提高到1980年5月的7.5%，抵押贷款利率从开始的3.5%提高到1980年5月的9.5%，在1981年2月当一般抵押贷款取消后，特殊抵押贷款利率达12%。这其中大多数决策都经过了央行理事会的认真讨论。直到1981年下半年高利率水平才有所松动（见图2）。

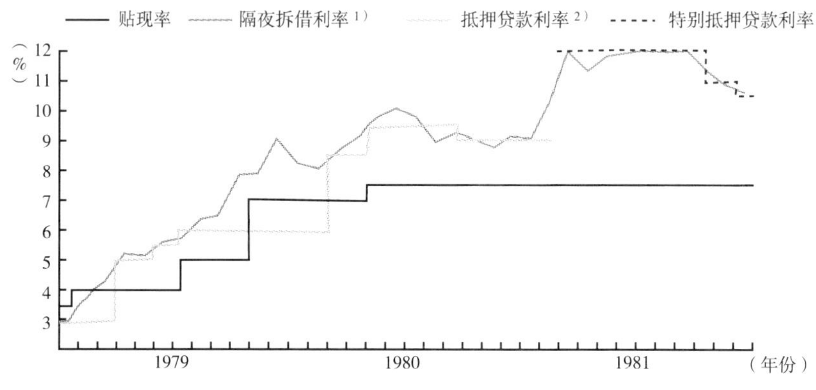

图2 1979～1981年基准利率和货币市场利率

注：1）月平均利率。2）特别抵押贷款从1981年1月20日至1982年5月6日。
资料来源：Deutsche Bundesbank。

隔夜拆借利率的大幅上升并没有导致长期利率的变动。市场对德国联邦银行政策（稳定和长期通胀预期）的信任使利率曲线平坦，甚至是负斜率的，这标志着反通胀的成功。

在这期间，精细化调控银行流动性的新技术越来越重要，包括外汇互换交易、公开市场上可交易的固定收益证券的回购交易，以及外汇回购交易。这些主要是公开市场的交易活动和传统的工具，比如贴现与抵押贷款政策或者最低准备金政策相比，它们赋予央行更加灵活的货币市场调控形式。特别对央行有利的是，其可以自由确定期限和条款。德国联邦银行在这个阶段寻求限制抵押贷款，并由新的、灵活的工具取代它。通过新工具的不断使用，调节隔夜拆借利率，使之逐渐成为重要的目标利率。官方的基准利率（贴现率和抵押贷款利率）的变动逐步成为主要承担释放信号的作用。

其他货币层次

不同定义的货币层次，其发展也不是同步的，特别是在短期和由于利率引致的在不同货币要素之间的变动。这一点也适用于 1979 ~ 1981 年。广义 M_3 和基础货币几乎同步增长，定义范围较窄的 M_1 和 M_2 的增长明显受到大幅上升的利率影响：M_1 增长较慢，1981 年甚至是负增长，M_2 增长快于基础货币（从活期存款变为定期存款）。

1981 年出现了一个在将来也不断出现的问题，并因此导致 M_3 从 1988 年开始成为调控目标。由于现金需求（约占基础货币的一半）停滞，基础货币上一季度增长缓慢，甚至是以低于目标区间下限的速度增长。央行认为这种情况低于"真正"的货币供应增速，或者夸大了央行政策的紧缩程度。由于这种或类似的特殊因素导致基础货币的指标质量受到影响，因此成为央行以后改变目标值和容忍度的理由。

1981 年末价格和工资压力逐渐减小，马克又成为强势的货币，不仅在欧洲货币体系内，而且对美元也同样如此，经常项目也得到明显改善。这三年的紧缩货币政策完全达到预期的效果。[①] 但经济状况下滑严重，有陷入衰退的可能。

2.3 对合适的紧缩程度的争论

1979 ~ 1981 年，在货币政策的选择上是否合适还是过于严格的问题上，发生了激烈争论。1979 年，德国国内对这一政策大体上是支持的，对高利率政策的批评主要来自国外，特别是美国[②]（对发动利率战争的指责主要是源于转移对美国自身经济政策问题的注意，并且在经济学上完全是无稽之谈）。而在 1980 年和 1981 年，经济形势越来越差，德国国内对这种过于严格的政策批评也多了起来。

这在反通胀和货币紧缩阶段是完全正常的，在其他阶段和其他国家也经常发生。讨论主要有两个方面。

一方面是对于货币政策适当紧缩度的激烈的实用主义的讨论，即与央行不同政策目标之间的权重相关。央行选择不同的目标，比如币值稳定、汇率稳定

① 1979 ~ 1996 年资本市场利息率、通胀和马克的对外价值变化情况参见图 13 和图 14。

② 具有巨大影响力的主要代表人物是美国众议院银行委员会主席亨利 · 罗斯。

或者持续经济发展，不同的专家会得出不同的意见和建议。

另一方面是通过讨论，从理论和制度的设想及原则角度来阐释和评价货币政策。遵循政策连续性程度是否适当？落实的政策是否满足中期的潜力导向？这些问题导致了对其他货币政策理念和战略及其与现实经济状况关系的争论，比如寻找“正确”的货币目标、目标区间（代替点目标）和多年度目标的意义、或者遵循货币供应量目标的合理工具。下面将就前面提到的这些问题进行简要的描述和评析。

货币政策的对外经济导向

1979～1981 年讨论的一个中心议题就是，在执行货币政策时需要在多大程度上考虑对外经济因素。特别是在 1980 年和 1981 年，这是德国经历的不论在历史上还是以后来说都很特殊的时期，即经常项目和马克的疲软。在这个阶段，强调景气调控作为货币政策优先目标的阵营指责德国联邦银行的政策过多考虑对外经济因素。他们认为，出于外贸和强势马克的考虑而制定高利率的政策太过严厉，并对经济发展是有害的。不过，这些人通常情况下都极度忽视低利率和货币供应量较快增长带来的通胀危险。① 1980 年，更多是在 1981 年，对德国联邦银行这方面的批评非常猛烈，这种批评在时任总理赫尔穆特·施密特（Helmut Schmidt）对央行的公开指责中达到顶峰。引人注目的是，这一争论被认为是对外经济导向（汇率或国际收支）和经济发展与劳动力市场稳定意义上的国内经济导向的交锋。央行所认为的优先目标——对内币值稳定——并没有受到应有的考虑。当时要求放松紧缩政策的呼声事后从这个角度来看是很难站得住脚的，因为直到 1981 年下半年德国的通胀率都很高，1981 年底到 1982 年初反通胀的初步成效才显现。德国联邦银行经常尝试用对外经济的理由（强势马克、经常项目平衡）来解释其政策，也在一定程度上引发了对这一问题的争论。

对 1979～1981 年央行紧缩政策的指责总体来说是不适当的，因为从政策的主要目标即反通胀角度来看，其效果是非常成功的。如果遵循前述批评的建议，就不可能或者不可能很快取得成功。在以价格稳定为主要目标以及 1979 年初的起始情况下，执行紧缩政策是行不通的。正确的观点是，只要

① 这方面最积极的批评者是哈根大学的吕迪格尔·珀尔（Rüdiger Pohl）。参见 Pohl, Bundesbank im Schlepptau。也包括德国一些经济研究机构。具有讽刺意味的是，珀尔和其他人在 1979～1981 年猛烈批评央行的外贸导向政策，但在后来外汇市场发生变化时（马克强势），又支持央行的外贸导向政策（见第 5 节）。

央行须对随后的景气衰退负责，那么并不是由于1979～1981年的高利率政策，而是之前的1977年和1978年过于扩张且过于关注汇率的货币政策造成的，其恶果现在必须要纠正。央行在这里显示出某种倾向性，即把1980年和1981年的物价上涨主要归因为外部因素，即石油和进口价格上涨及马克疲软所导致的结果，而对此采取行动。而央行自身在1977年和1978年的货币政策也是导致物价上涨的原因，这一点是无可辩驳的。

此外，还有一种批评的意见，他们支持央行将稳定物价作为优先目标，但要求货币政策在更大连续性及较少考虑汇率的情况下，更直接地遵循这个目标。[①] 如果1979年初引入多年度的目标，是否就能够迅速降低通胀预期，并因此使得调整过程在低通胀条件下顺利进行呢？可能吧。回头来看，人们必须清楚，央行在1979～1981年有效地保持了货币政策的连续性，并且非常明显地根据其对影响德国长期利率的影响，使通胀预期迅速稳定并降低下来。如果央行在1981年更快地转向宽松政策，1981年和1982年的经济下滑状况是否会减轻一些？可能吧。但要证明这一点很难，因为这次下滑并不只局限于联邦德国，而且幅度不是特别大，持续时间不是特别长。

1979～1981年这个时段与之前的1977年和1978年都明显地表明，汇率导向的货币政策会给央行其他目标带来风险。这并不是说从此都不要承担这一风险，但必须对此有清醒的认识。

货币供应量目标和货币的目标变量

德国联邦银行以调控货币供应量为目标的货币政策以及公布货币供应量目标值的理念，当时在德国和世界上赢得了广泛赞誉，但也一直存在争议。即使在1979～1981年，不论在公众当中还是在央行理事会，批评者存在这样的疑惑，在这样一个充满不确定因素的时代确定货币供应量目标值是否有意义。但在1979～1981年并没有出现得到广泛支持的批评。

相反，争议很大的则是合理的货币目标变量，特别是用央行推崇的基础货币，还是用 M_1 作为中间目标和指标变量。为此，基尔世界经济研究所还专门出版了一份报告。来自基尔的批评既针对央行过于紧缩的政策，也针对指标变量的选择。因为在高利率阶段狭义 M_1 和广义货币供应量（M_3 或基

① 这种批评来自基尔世界经济研究所（参见如 Trapp，Geldpolitik）以及 Manfred J. M. Neumann，Universität Bonn（参见如 Neumann，Geldmengenpolitik）和 Shadow European Economic Policy Committee，Europe.

础货币）相比将会下降，这是由于受到利率影响导致的活期存款向定期存款的变动，所以，观察 M_1 的变动给人产生的紧缩程度明显地高于观察基础货币的变动而产生的印象。这表明，任何货币变量在一定的条件下作为货币政策的指标值都会有缺点。但中长期来看，这种差异会明显消失。对于货币供应政策来说最核心的就是：通过对货币供应量增长趋势进行连贯分析来区分出价格水平上涨趋势的相应波动，从而确定价格体系的各类名义值。这一点原则上通过各种定义下的货币供应量都是可实现的。

目标区间

还有一些批评则是源于德国联邦银行过渡到应用目标区间。制定区间是基于以下设想，即央行需要一定的政策空间，来应对在目标制定时尚未出现的或很难准确预计的情况，这种情况可以是外汇和金融市场，可以是经济景气，也可以是价格方面的。在这个理念下，公布货币供应量目标可以起到向经济活动的参与者传递中央银行货币政策干预信息的作用，以此来影响和稳定他们的预期。同时，对央行来说也起到自我负责和辩护的责任（在偏离目标时）。鉴于对货币政策来说各种各样重要的不确定因素，区间的制定，使央行在实施其货币政策时具有必要的灵活性。特别是借此可以使货币政策有一定的调整空间，而无须轻易面对目标未达成的风险。在这个理念下，区间的大小反映了制定目标时不确定因素的多寡。起初，德国联邦银行制定的区间幅度为 3 个百分点，之后减为 2 个百分点。

这个理念的存亡取决于选定区间的幅度大小以及对其实际运作情况解释的说服力。自 1979 年引入这种方案及随后的几年中，观察家们指责，3% 的区间幅度使市场参与者难以形成预期，同时可能会回归秘密的货币政策。[①]不过，德国联邦银行从一开始，在公布目标区间时就致力于解释，在何种条件（特别是汇率和景气发展）下考虑遵循目标区间的上半区间或下半区间。1979～1981 年，央行很好地坚持这样做。就此而言，这种方法和公布有条件的点目标值[②]并没有实质性区别。在今天看来，在历经 20 年关于货币供应量目标的实践和学术讨论后，在面对众多央行政策环境的不确定因素时，有条件的目标公布理念（点或者区间目标方式），在正确应用的情况下，是没有问题和可成立的。

---

① 参见如 Neumann，Befeuerungen.

② 参见瑞士央行所采用的方法。

2.4 货币市场调控的新方式

在1979～1981年，德国联邦银行在发展货币市场调控工具方面取得了重要进展。通过引入公开市场政策工具，特别是证券回购交易（有回购协议的公开市场交易）以及贴现和抵押贷款政策随后的降级，开启了一个新的进程。最晚在20世纪80年代，公开市场政策工具取代了后者，成为供应和改变基础货币的主要手段。1980年时证券回购交易占基础货币创造的份额只有6%，到1989年达60%，20世纪90年代则超过70%。

德国联邦银行最低的再融资利率是贴现率，较低的贴现率隐含着对抵押贷款的补贴。商业银行对这类贷款很有兴趣。再贴现额度是央行不能直接影响的、潜在的基础货币，央行希望通过额度调整而让未被使用的再贴现额度尽可能的少。所以，贴现政策并不适合作为货币市场微调的积极工具。而且，贴现政策具有的补贴性质也与公平竞争的要求不一致。抵押贷款（央行发行的证券）传统上具有平衡货币市场应急需求的作用。从抵押贷款的初始理念出发，其在数量上不受限制，故其利率总是高于贴现率。在1979～1980年的紧缩时期，抵押贷款利率与短缺的货币市场关系不能立即和完全适应，因此低于隔夜拆借利率。所以受到商业银行的热捧，与其当初的功能相悖，而几乎成为商业银行的普通融资工具。央行因此决定对抵押贷款进行数额限制（抵押贷款额度），1981年甚至一度停止发放抵押贷款而发行较高利率的特殊抵押贷款。这种特殊抵押贷款的条件和额度并不明朗，因此，遭到商业银行的猛烈批评，指责其造成货币市场的不安和对其功能的损害。

作为对传统融资渠道限制的补充，以及在央行阻止贴现率和抵押贷款利率进一步提高的背景下，广泛提及的公开市场政策工具被引入。这是在德国之前的货币政策中从未起过重要作用的政策变量。

3 货币政策的松动与正常化：1982～1985年

3.1 货币政策的普遍趋势和政策环境

如果说1979～1981年的货币政策以紧缩和反通胀为标志，那么之后1982～1985年的货币政策则以宽松和正常化为特点，而且享受到之前几年执行物价稳定政策带来的好处。1982年的通胀率年均值还处于5.3%的高位，但之后持续下降，1983 年的均值为 3.4%，1984 年为 2.3%，1985 年为 2.2%。同时，资本市场利息率相应地从 1981 年 9 月最高水平的 11.3% 下降到 1986 年初的 6%。前些年的负斜率的利率曲线回归到较低的水平。

从 1982 年开始，德国的经常项目和外汇市场的情况也发生改变。由于能源价格下降、马克重新坚挺和德国国内景气下滑，1982 年德国经常项目收支多年来首次出超，并在之后几年急剧扩大。在外汇市场，马克再次明显坚挺，至少对欧洲其他货币是这样。只是美元还继续强劲并被高估，外汇和国际金融市场不时出现剧烈波动，而且受到国际债务危机的影响。

在国际经济发展显著下滑的同时，1982 年德国经济也受到打击，这对德国联邦银行来说有些出乎意料。1982 年的实际国内生产总值下降了 0.9%，就业下滑，失业率上升到 6.7%。央行在这种情况下将货币政策更多地转向支持经济回暖，在 1982 年和 1983 年初多次下调利率并放松流动性。通胀和通胀预期的重新形成，以及发生改变的对外经济关系使得这种措施可行，并且不会威胁稳定政策的继续执行和货币供应量目标。相反，伴随通胀减小而下调央行基准利率和资本市场利率是合理并且毫不迟疑的。

在经历 3 年的经济萧条后，1983 年经济开始逐步复苏，这或多或少和其他工业国家同步。实际国内生产总值在 1983 年增长 1.8%，但是就业市场形势仍然不好，失业率上升到 8.1%。1984 年和 1985 年，德国经济受到世界经济强劲增长和外需增加的影响而继续好转。实际国内生产总值 1984 年增长 2.8%，1985 年增长 2.0%，几乎达到估计的中期潜在增长。就业市场也从中获益，就业人数增加，但由于结构性原因，失业率依然保持在超过 8% 的高位。

央行的货币政策继续致力于保持币值稳定实现的成果。除了一些短暂的干扰外，从 1983 年初到 1985 年初，在几乎没有改变货币市场条件和有针对性的扩大货币供应的情况下，币值稳定的目标继续得以实现。1985 年，通胀率和长期利率保持低水平，央行按照市场利率的走势下调了其确定的央行基准利率。

欧洲货币体系在 1982～1985 年底发生多次震荡而需调整中心汇率，特别是在 1982 年和 1983 年，以及在一段平静之后的 1985 年夏天和 1986 年 4 月。欧洲货币体系的干预义务条例对于联邦银行控制德国货币供应量的能力来说是个深刻且长期的损害。

1982～1985 年德国的财政政策以引入和执行长期的调整巩固政策为标志，支出的增长和公共赤字都明显得到控制。和前一阶段不同，财政政策没有给货币政策的执行带来困难。而同期美国的情况却与此相反，财政赤字过高，并且缺乏解决这一问题的政治意愿。

3.2 央行具体的货币政策

货币供应量目标和货币供应情况

德国联邦银行在1982年和1983年分别制定了相同的基础货币增加速度，为4%～7%。在1984年则将上限下调了1个百分点而制定了一个小一些的目标区间为4%～6%。鉴于货币价值稳定取得的成效，在1985年又将目前区间下调为3%～5%。实际基础货币的增速在1982年为6%，1983年为7%，1984年为5%，1985年为5%（取整数）。这四年都完成了既定目标（见图3）。根据这些数据可以得出，这一阶段的货币政策是连续的和可信的。

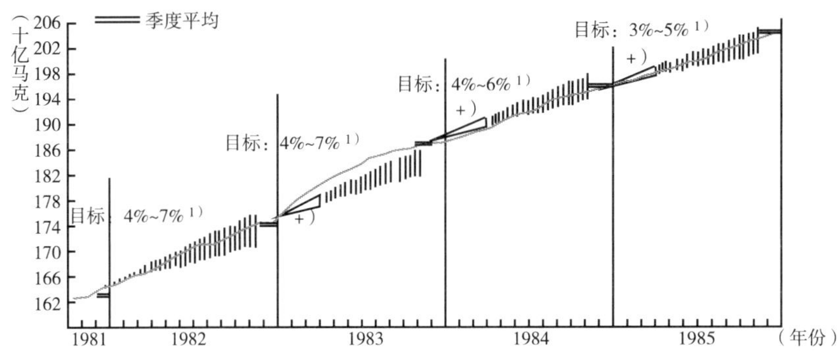

图3 1982～1985年货币供应量目标和实际的货币供应

（扣除季节因素、月度数据、对数比例）

注：1）上年第四季度（不含）至当年第四季度。

基础货币：现金流通（不包含信贷机构持有的国内纸币和硬币）加上银行法定存款准备金（不变的准备金率，根据1974年1月计算）。目标区间首次对1984年（事后对1983年）直到3月份没被画阴影，因为基础货币在两年交接时波动很大。前些年一季度到四季度直到当年第四季度。

资料来源：Deutsche Bundesbank。

制定正式目标的方法基本上和之前几年相比大体上保持不变。央行当时预计1982年和1983年生产能力增速约为2%，加上（有意低于在确定目标时可实现的通胀率）“不可避免”的物价上涨率3.5%。央行还公布，目标的确定是有条件的。3个百分点的区间是因为制定目标时不确定因素过高。经济形势的下滑促使央行在1982年和1983年根据其干预条件而追求目标区间的上半部。1983 年全年基础货币供应量都向上超出目前区间的范围，在年底时才正好处于目标区间的上限。

1984 年将目标区间压缩到 2 个百分点体现了银行在取得币值稳定的条件下对不确定性程度减轻的判断，以及出于 1983 年货币增速一直位于目标区间上限的考虑。1985 年下调整个目标区间则反映了通胀率下降。央行认为，继续执行的货币政策原则上没有变化，并且捍卫了已经实现的稳定成果。值得注意的是，在央行为 1985 年的目标陈述理由时，首次没有提到“不可避免”的通胀率概念。这个概念对不少观察家来说既不体面也容易产生误解。但在制定目标时仍然考虑类似的价格假设，方式是将目前简单估计的潜在增长率通过名义值表示出来。实际基础货币供应量增速在 1984 年位于目标区间的底部和中部，在 1985 年则位于上部。

货币市场调控的措施和公开市场政策工具的进一步发展

1982 年初德国联邦银行继续谨慎地实施 1981 年底以来的缓慢宽松政策。在年初的几个月分两步将特殊抵押贷款的利率从 10.5% 降到 9.5%，随后在 5 月份取消特殊抵押贷款，代之以 9% 利息率的一般抵押贷款。这一利率政策辅之以一种“试探性”的银行流动性微调，这一措施以马克的走势为导向，在短期可逆的基础上，通过公开市场业务的回购协议实现。1982 年年中，由于马克的暂时疲软，央行暂停降息。之后央行通过“粗略调控手段”（扩大再贴现额度、降低存款准备金）持续释放流动性，并将基准利率下调到 5% 或者 6%。货币市场情况借此继续缓和，下半年利率下降明显，隔夜拆借利率从年初的 12% 下降到年底的 6%（见图 4）。

1983 年初央行继续执行这一政策，在 3 月份下调基准利率到 4% 或 5%。货币供应量目标的暂时被逾越，以及马克疲软充足的流动性促使央行从 4 月份开始反向调控，并在 9 月份提高抵押贷款利率到 5.5%，最终使得货币供应量目标在 1983 年刚好能得以实现。

1984 年的流动性政策总体而言没有改变，货币供应增速按计划执行。年中时上调了贴现率，同时扩大了再贴现额度，使抵押贷款利率和货币市场利率进一步趋近，但对市场利率水平没有太大影响。

1984 年秋，德国联邦银行作了一个重要的并对将来有指导作用的决定，即更多地使用可逆证券回购交易工具来为银行体系提供基础货币。1985 年 2 月实施这一决定后，通过公开市场政策工具调控货币市场的方法取得决定性的发展，货币市场调控也变得更加灵活。抵押贷款在前些年紧缩的货币政策

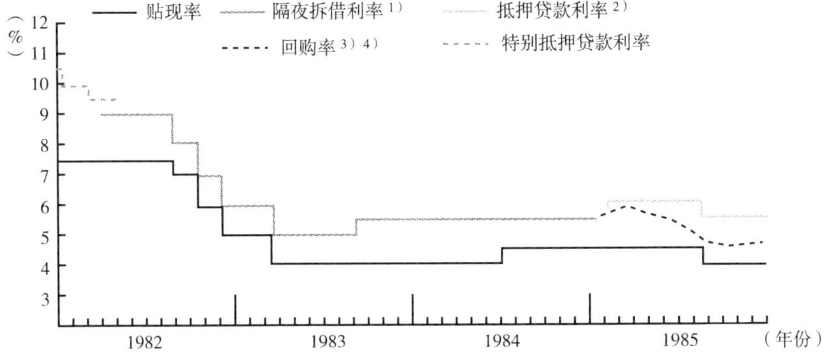

图4　1982～1985年基准利率、回购利率和货币市场利率

注：1）月平均。2）特别抵押贷款从1981年2月20日至1982年5月6日。3）一月期债券回购业务月平均利率、利率招标与数量招标。4）1985年后才出现。

资料来源：Deutsche Bundesbank。

时期被商业银行作为持续的、数量可观的再融资渠道，现在央行要使其回归原来临时特殊融资工具的作用。同时，央行希望借此放宽隔夜拆借利率和抵押贷款利率的紧密关联，同时使得在公开市场交易中其设定的条件下，在一定的差额内对短期货币市场利率产生影响成为可能。抵押贷款政策则不适用于这样的微调，因为抵押贷款利率不能每天小幅变化。此外，在公开市场交易上，每次微小的、短期的变化同样可被理解为货币政策方向的根本改变，这与基准利率调整相比，风险显得较小。在应用其调控工具时，为实现预定的调整，联邦银行的回购利率要略低于抵押贷款利率。为了不产生货币政策全面放松的印象，抵押贷款利率同时从5.5%上升到6%，并伴随着证券回购交易（取代长期抵押贷款）供给的扩张。通过这种改变，回购交易的利率①，或称回购利率，逐渐成为货币市场其他利率的重要指导性利率，尤其是隔夜拆借利率从此和回购利率十分接近。1985年初，通过央行这次调控技术的更新，使商业银行非常不安，它们抱怨政策的信号作用和货币市场条件的可预见性下降。但这主要是习惯问题。

从1985年春天开始，央行分几小步下调回购利率，使货币市场利率水平下降。1985年8月，央行通过分别下调贴现率和抵押贷款利率到4%和5.5%，使之与这一发展相适应。

---

① 确定的方法：要么利率一定（数量供给），要么分配率一定（利率供给）。

其他货币层次的发展

在1980年和1981年高利率时期，狭义的M_1因为利率导致活期存款向定期存款转移，而明显小于基础货币的增长。在1983～1985年利率水平下降时期，情况正相反：1983年M_1增长8%，1984年和1985年都增长5%。虽然时常大幅波动，但基础货币增速的偏差相对来说较小，使得基础货币供应量作为指标的质量并没有从根本上受到质疑。M_3也与基础货币差不多同步增长。

同时，央行在1983年仍然确定，基础货币作为货币政策的中间目标和指标的质量因为时常出现的特殊情况，特别是1983年初现金流通的不同寻常的增加，在一定阶段显得大打折扣。这种影响在1981年以及稍晚也曾出现，因其只是暂时的，故未对联邦银行的政策有所影响。

3.3 公开讨论中的货币政策

对货币政策紧缩程度的讨论在1982～1985年继续进行，其中不乏对德国联邦银行的猛烈批评，但总体来说比1980年和1981年的高利率阶段要平和许多，这说明从1981年底和1982年初引入的宽松政策受到普遍欢迎。在一些观察家看来，宽松政策还太迟缓和犹豫，但另一些人却在担心，随着马克重新坚挺和德国经常项目收支的改善，央行的货币政策会回归到景气导向、旧的反周期的货币政策。央行在1980年和1981年用对外经济因素来解释其紧缩政策，在对外经济情况好转后，原先致力于货币扩张政策的批评者利用这一点，要求央行必须实施支持经济发展和就业市场的货币政策。[①] 这些批评一部分与对货币供应量目标战略的排斥及代之以利率目标，或利率货币供应量组合目标的要求有关，一部分则与对因对潜在增长估计不足而导致的货币供应量目标制定过低有关。央行引以为豪的是，它们没有屈服于这些批评。只要通过比较其他国家的经济和就业形势，指责央行没有给实体经济的复苏提供足够的空间而导致经济增长缓慢、经济萧条和失业率上升（甚至新的世界经济危机）是无稽之谈。事实上，德国经济下滑既不是很严重，持续时间也不长，就业形势要好于那些同期执行宽松的、放任通胀的货币政策的国家，比如法国、英国或者意大利。和美国在这期间不稳定的货币政策导致的

① 特别是吕迪格尔·珀尔和工会向央行提出警告［参见如 Pohl（1982），Geldpolitik］，还有政治人物，比如卡尔·席勒（Karl Schiller）或赫尔穆特·施密特（Helmut Schmidt，前总理）。参见 Deutsches Institut für Wirtschaftsforschung（DIW），Zins im Schlepptau，及 DIW，Geldpolitik nicht wachstumsgerecht。

经济状况相比，德国的情况也要好些。

相反，在这个阶段，在对外经济的约束条件消失后，对央行会低估通胀风险，而回到积极的扩张性政策的担忧也是站不住脚的。虽然在1983年货币供应量暂时增长过快而超出目前区间上限，以致遭到崇尚稳定的观察家的猛烈批评，担心央行会再一次犯1978年的错误。[①] 央行很早就意识到这种危险，央行理事会的讨论也可以证明，在1983年当年就收紧了政策。虽然1983年秋的这一政策调整还是遭到经济“五贤人”委员会的批评，认为政策力度还不够，但可以确定的是，货币政策依然是稳定导向的，而且在接下来的两年当中都得以保持。回顾1982～1985年的央行政策，和当时在激烈讨论中预计的情况相比，政策取得了非常大的成功。总体而言，德国联邦银行在1982～1985年冷静并完美地延续了1979年为修正1975～1978年的错误而执行的紧缩政策，尽管面对来自各方的指责。为此，德国联邦银行值得褒奖。

当然，如果德国联邦银行在1975～1985年一直执行稳定的政策就更好了，即1975～1978年少一些扩张，1979～1982年少一些紧缩，就可能少一些对实体经济的干扰。错误发生在1975～1978年，特别是1978年。如果要消除对政策不稳定的指责，就需要把眼光投到这个阶段，而不是修正阶段，即1978～1981年，更不是巩固阶段，即1982～1985年。同时，人们在批评时应当注意到，央行在7年之后才从货币调控的新政策当中取得有限的经验，央行应对德国1978年的升值浪潮是非常困难的问题。

3.4 货币政策的新导向?

1985年，人们运用货币供应量目标的经验已有10年，观察家及央行自身[②]都需要对这些经验进行评估，并对货币政策战略进行新的思考。核心问题是，过去10年央行的政策是否真正符合其所阐述的潜力导向的货币政策理念。一个总被批评的方面是货币政策的连续性，以及央行应制定有约束性的多年货币供应量目标，而不只是一年。与此相关的原则还有对（过宽的）目标区间的拒绝和央行对货币供应量目标的“保留”。批评背后是众所周知的货币主义的主导思想，即央行应向公众尽可能用准确及可信的方式传递其

---

① 参见 Sachverständigenrat, Jahresgutachten 1983/84 或 Rheinisch-Westfälisches Institut für Wirtschaftsforschung, Geldausweitung。

② 1984年年度报告。也可参见 Schlesinger, Geldpolitik。

至少是中期的货币政策意图，以及通过选择符合经济发展趋势的、和物价稳定目标相容的货币供应量增长率来形成物价稳定和相应的物价预期确定感。批评者，比如曼弗里德·J. 诺曼（Manfred J. Neumann）或者尤尔根·普菲斯特尔（Jürgen Pfister），认为1985年在达到物价全面稳定的条件下，是重新确定货币政策方向的有利时机，使之向真正的中期导向的稳定政策过渡。① 在这样的政策里也就不需要“不可避免的”物价上涨率这个概念了（实际上是再通胀时期的雏形，在1985年已被央行放弃）。

制定多年目标的难度——从央行保留一年目标和其区间的解释看来——在于制定目标时货币供应量和价格之间所不能预见的重要关联会持续改变，比如流通速度或潜在增长。这些都要求货币政策具有适应性，特别是在跨越一定时间的情况下，才不至于发生错误。从长期来看，约束性目标及其遵守虽然有利于自我约束和创造可信度，但在自我约束和对趋势变化的适应力这两者之间须进行选择。客观地说，多年目标比年度目标更依赖于各类条件的变化。1985年以来，经验显示出这种灵活性的必要性，并逐渐被货币主义纳入其货币政策的框架之中。一个重要的问题就是，是否能够成功地将适应能力纳入决策机制当中，从而使灵活性和自我约束联系起来？② 没有足够的自我约束的灵活性同样会产生错误。在随后几年，即使德国联邦银行和许多其他国家的央行相比好得多，但是也不能完全避免这种危险。央行以价格稳定为责任的有条件的多年目标与年度目标，在效果及可信度上是否存在很大差别，这是令人怀疑的。重要的是，稳定意志坚定而可信的扎根，只能通过长期的相应行动和央行的独立性为前提才能实现。

4 超标和缓慢回归紧缩：1986～1989年

4.1 货币政策的普遍发展与环境

德国经济在1986～1989年继续保持了自1983年以来的上升势头，同时，其他工业国家也都处于类似的经济增长阶段。但是，在1986年和1987年，这个情况对于许多观察家及德国联邦银行来说还不明朗。德国联邦银行

① 参见 Neumann，Realtrendorientierung sowie Pfister，Geldpolitik。

② 参见 MaCallum，Monetray Policy 或 Meltzer，Stabilization。

仍将抵御景气风险列为其政策的重心。德国名义平均增长率在1983～1989年为2.5%，其中1988年达到峰值3.7%。就业增加，失业呈下降的趋势，但失业率由于结构原因和以前相比还处于超过7%的高位。在1988年和1989年，生产能力高负荷运转，并导致经济有过热的趋势。世界经济也高速增长，只有美国和英国经济在1989年开始停滞。起初，物价上升幅度在德国以及世界范围内都较小。1986年，德国的通胀率由于石油和进口价格下降而是负值（-0.2%），1987年和1988年，物价基本稳定。由于货币供应量迅速增长，强劲的内需和外需，生产能力储备的下降以及不断恶化的国际通胀环境，德国逐渐出现通胀趋势，1989年的通胀率上升到2.8%（工业国家平均为4.3%）。

1986年和1987年的通胀回归，导致国际上也包括德国的利率水平下降，利率曲线也变得陡峭。资本大量流入和马克的升值压力使德国联邦银行允许货币供应量快速增长。央行认为，因为马克强势和能源价格下降，目前通胀的威胁还很小。1987年秋的股市暴跌促使许多国家的央行为市场提供流动性，德国联邦银行也继续执行这一宽松的货币政策。直到1988年当人们清楚地看到，股市下跌并没有像开始时所担心的那样对世界经济增长产生影响，并且此时对通胀的担忧逐步增加，货币政策开始收紧，利率水平重新上升。德国联邦银行也对几次超标而形成的巨大货币"基数"担忧起来，并开始改变政策。1989年的货币政策则服务于预防性的通胀控制，并进一步收紧政策，央行利率被调高到1982年以来的最高水平（从1989年11月开始，利率曲线呈负斜率）。

1986～1989年，经常项目失衡明显加剧。德国经常项目盈余在这期间增加到在当时无法预料的程度（也是国际舆论批评的焦点，并要求德国采取刺激经济的措施）。与此同时，美国经常项目赤字大幅上升。外汇和金融市场经历着各种震荡，波动强烈。1986年和1987年总体来说马克走强，美元疲软；1988年和1989年初形势逆转；1989年下半年形势再次变化。

这个阶段还出现了强烈要求在货币和财政政策领域加强国际合作的呼声，这种意愿也体现在各种国际场合和文件中（比如1987年的《卢浮宫协议》）。但总体来说，这种意愿还停留在口头上，对外汇市场的干预手段没有起太大作用。对德国而言，加强国际合作多半意味着美国要求德国执行（更为）扩张性的货币政策。

欧洲货币体系在1986年和1987年时常经历动荡和再调整。1988年和

1989 年则相对平静。德国财政状况，主要是财政赤字，到 1989 年都明显改善，这是由于财政收入大幅增长（因为经济形势好），但财政支出上升也很快。对德国的货币和外汇政策以及整个德国的政策而言，在 1986 ~ 1989 年这个阶段末期已经出现更大的挑战：一方面是两德的货币联盟，另一方面则是加强资本市场融合以及组建欧洲货币联盟的计划。

4.2 联邦银行具体的货币政策

货币供应量目标和货币供应情况

1986 ~ 1989 年这个阶段的显著特点就是在前三年明显偏离了原来制定的货币供应量目标。另一个重要事件是央行的货币政策从 1988 年开始由 M_3 取代基础货币作为目标值。

1986 年央行制定的目标区间为 3.5% ~5.5%，这比前一年上升了半个百分点，反映出对潜在增长的预期。实体经济的强劲增长由此得到货币政策的支持。实际货币供应量增速几乎达到 8%，远远超出原来制定的目标。货币供应在全年都超出目标区间的上限（见图 5）。只在一个短暂的回落之后在下半年又快速上升，最快的一个月达到 8.1%。除基础货币外，其他货币

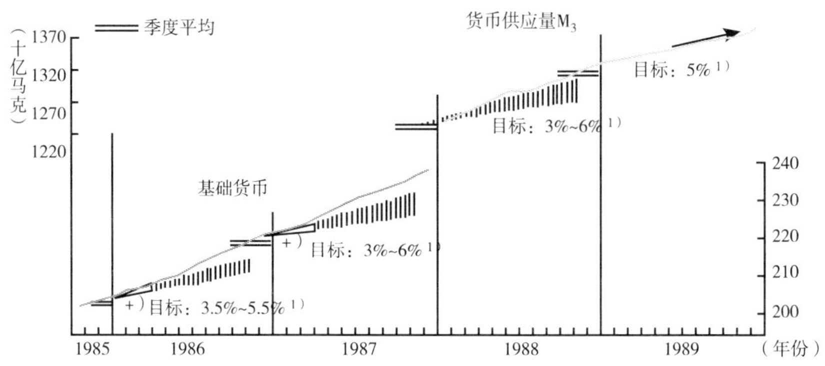

图 5　1986 ~ 1989 年货币供应量目标和实际的货币供应

（扣除季节因素、月度数据、对数比例）

注：1）上年第四季度（不含）至当年第四季度。

直到 1988 年基础货币：现金流通（不包含信贷机构持有的国内纸币和硬币）加上银行法定存款准备金（不变的准备金率，根据 1974 年 1 月计算）。从 1988 年开始 M_3：通过 5 天银行规定日计算，月底计算一半。目标区间直到 3 月份没有画阴影，因为基础货币在两年交接时波动很大。前些年一季度到四季度直到当年第四季度。

资料来源：Deutsche Bundesbank。

层次也表现出类似的情况。央行在1986年允许出现这样的扩张主要是出于对外经济（在外资大量流入的时候阻止货币升值的势头），和基于经济形势的考虑。在升值压力、能源价格下降和目前物价稳定的条件下，导致通胀风险的可能性非常小。但央行通过1978年和1979年的经验也知道，货币供应量和物价之间的联系虽然暂时通过货币升值效应和进口价格下降而被切断，但长期来看，这两者还是会发生关联。所以，央行开始担忧1987年初出现的货币过剩现象。

1987年的目标区间定为3%～6%，保持中值不变，但出于不确定因素的增加，区间大小扩大了一点。因为央行仍担忧经济发展前景，所以更多地考虑在目标区间的上半部分执行货币政策。实际最终使货币供应增速又一次超出目标区间上限的，仍然是出于对外经济因素的考虑。加之当年秋天又要应对10月份的股市暴跌，实际货币供应增速最终又达到8%。前几年的情况已经表明，由于基础货币中现金流通的比例很大，当前低利率时期的货币供应增速被高估了。M_3的实际增速是6.4%。出于这种考虑，从1988年开始，央行在基础货币（以及狭义货币M_1）和M_3之间优先将M_3作为目标。基于实际的潜在增长率2%，标准物价上涨率2%，并加上一个附加值0.5%，因为与名义生产潜能相比，长期来看，M_3的平均增速会高一些。央行通过计算这些数据，直到1988年1月才公布以M_3为目标的目标区间。保持3个百分点的区间大小不变，央行制定的目标区间为3%～6%，和前年一样。虽然1988年目标区间总体还是被超出，但实际7%的增速使得超标（和前一年相比）少很多。在上半年，货币供应扩张非常明显，这一势头随着央行的政策收紧（改变1987年的宽松政策）而得到遏制。接近1988年底，出于对可能征收利息税的不安，现金需求大幅增加。其他货币层次在1988年的增速都超过M_3。

连续三年偏离目标区间及其所带来的通胀风险使央行非常不安，并促使其明确收紧政策。1989年的M_3增速目标为5%，是1978年以来第一次（也是至今唯一一次）没有明确制定目标区间。央行计算实际潜在增长率为2%～2.5%，标准物价上涨率为2%，对M_3流通速度的下降赋予的附加值为0.5%，但央行不认为之前几年形成的货币泛滥现象会减少。

1989年5%目标的确实现了。不容置疑，原因主要在于央行的强烈紧缩政策（在这阶段其他西欧国家也一样）。同样起到作用的还包括放弃征收利息税，使得现金持有量和货币供应增速都正常化。欧洲投资大幅上升，促使央行引入“广义M_3”（即M_3＋欧洲投资和德国境内非银行机构持有的短期债券）的概念以及对其更多的关注。这个货币类型在1989年的增速为8%，增速比传统上定义的M_3快很多。

1989年底1990年初，央行深入研究前几年导致的货币过量现象，评估其对货币政策的重要性。这是否是货币需求不断上升的反映，或者只是一个暂时的，从而可能导致通胀的流动性偏好的改变？央行对正确评估欧洲投资及其流动特征也有疑问。央行对货币供应量导向的货币政策并没有动摇，因为实际上其他货币政策同样会出现这些问题。

货币市场调控的措施和调控工具的扩充

随着国际利率走势的发展，1986年初德国联邦银行下调回购利率和贴现率（抵押贷款利率直到1987年初保持不变）。之后，这一利率水平不论货币供应增速多快直到年底都保持大体不变。在1986年和1987年之交，随着大量流动性流入导致的马克升值压力，促使德国联邦银行通过减少再贴现额度和提高存款准备金率回笼了共120亿马克的资金。贴现率、抵押贷款利率和回购利率同时下调0.5%（这个政策从经济上看是有些相互抵触的，目的是为了发出这样的信号，即资金回笼政策并不意味着货币政策的收紧）。回购利率在1987年初处在约3.8%的水平（见图6）。

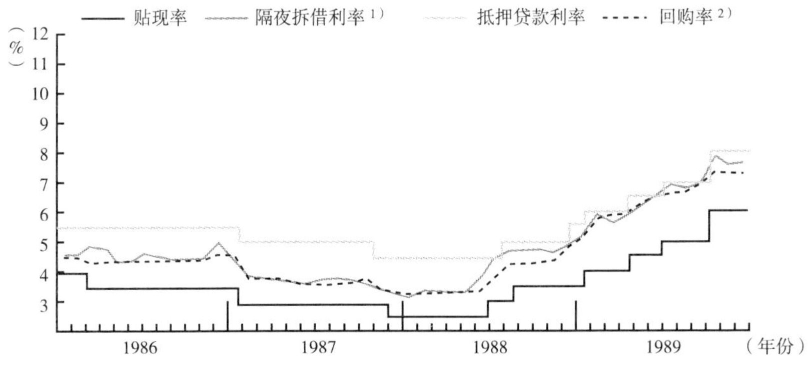

图6 1986～1989年基准利率、回购利率和货币市场利率

注：1）月平均。2）一月期债券回购业务平均率、数量招标与利率招标。
资料来源：Deutsche Bundesbank。

1987年金融市场的动荡和马克的升值压力再次促使央行下调其短期利率。同时美国调高利率使外汇市场平静下来（根据1987年2月的《卢浮宫协议》

稳定马克兑美元的比价）。美国央行紧缩政策导致市场暂时坚挺，回购利率在秋季相对向上攀升的市场利率作出了短暂的调整。这一态势在 1987 年 10 月的股市暴跌后停止。和其他国家的央行一样，德国联邦银行迅速采取有力措施保证提供足够的流动性，并再次降息：回购利率下调到 3.25%，抵押贷款利率下调到 4.5%，贴现率下调到 2.5%（达到历史最低水平）。

欧洲货币体系的震荡和《卢浮宫协议》确定的使弱势美元强劲起来的义务，迫使德国联邦银行在 1987 年底和 1988 年初加强了外汇市场的干预，并通过减少回购交易质押存量（达到三年来的最低水平）使额外产生的银行流动性回笼。为了避免灵活的货币市场调控政策受到这一工具的影响，央行在 1988 年 2 月决定长期减少再贴现额度以及作为其替代的回购交易。

1988 年上半年，央行利率保持在较低水平不变。从 1988 年年中开始又逐步调高回购利率和定期存款利率。首先收回 1987 年秋决定的宽松政策，然后就是真正的政策变化。回购利率从 1988 年年中的 3.25% 逐步调高到 1989 年底的 7.3%，为 1982 年以来的最高水平。这是央行对不断增加的对通胀的担忧的回应。对一些观察家来说，这些上调利率措施却令人吃惊。为了应付对利率过分的担忧，央行在这个阶段在回购交易中暂时改为固定利率的数量招标模式，使回购交易的利率比市场利率低一些（之后又将回到利率招标模式）。

1988 年下半年，德国联邦银行卖出大量外汇来支持马克，并扩大证券回购交易质押存量，使其重要性进一步加强。央行将发行方式变为美式的方法（与之前使用的荷兰式方法不同，得到的不是统一的，而且每人不同的报价）。回购利率和货币市场利率的联系更加紧密了。

在这个阶段，央行工具的一个重要新规涉及最低准备金。1986 年 5 月开始执行，1985 年 12 月就决定下调存款准备金率。这个举措并没有货币政策的意图，而是采纳商业银行的建议，增强德国金融机构的国际竞争力。这还只是这一进程的开端，以后存款准备金制度还将深刻改变，但并不改变其作为央行政策工具的作用。为了使存款准备金率下调的措施不被看成是宽松政策的信号，同时相应规模地下调了再贴现额度。

4.3 偏离目标是合理的?

公众对 1986～1989 年央行货币政策争议的焦点是 1986～1988 年偏离货币供应量目标以及由此产生的货币过量供应。这些问题是否威胁到央行的稳定目标，所以要尽早改变政策；或者并不是这样，情况是合理的？这个阶段对这个问题的争论在两方之间进行：一方将物价稳定清楚地作为货币政策的首要目标，另一方将调控经济和对外经济目标看得（至少）同样重要。后者[①]的理由介于完全拒绝货币供应量目标导向的货币政策和利用特殊因素解释经济的流动性偏好的变化这两者之间，并基于这样的事实，1986～1988 年物价上涨率的确很低。这些观察家面对其所认为的仍不稳定的经济形势明确反对货币政策收紧，相反还在 1986 年和 1987 年要求采取更宽松的措施。值得注意的是，这一派人现在突然赞成对外经济导向的货币政策，而这是他们在 1979～1981 年强烈反对的。

这一立场受到国际上特别是美国政界和新闻界类似理由的支持。这常导致对德国联邦银行的荒唐要求。比如在 1986 年 8 月或 1987 年秋美国时任财政部长詹姆斯·贝克（James Baker）认为《卢浮宫协议》没有得到遵守，指责德国联邦银行尽管偏离了货币供应量目标，但执行了通货紧缩的货币政策。他希望德国执行与当时美国通胀性的货币政策相适应的政策。1985 年之后出现的情况是一个典型的例子，可以看到在成功执行反通胀的货币政策后会出现怎样的情况。目前取得的物价稳定意味着对将来通胀风险的警告很难被听进去。

另外，稳定导向的经济学家强调货币供应量和物价之间的影响关系具有滞后性，并警告货币将来会贬值。[②] 因此，取得的物价稳定是以前阶段紧缩政策的成果，而现在偏离目标会在今后的物价走势中得到反映。

在央行理事会也经常进行这样的争论。实际的央行政策更多的是从经济发展和对外经济的角度出发，即使达不到持这种观点的代表人物所要求的那个程度。另一方面，从央行理事会内部的讨论来看，央行对可能的风险有清醒的认识。在 1988 年，主要是在 1989 年对政策有必要进行修正的认识得到了贯彻实施。

当然，回头来看是无法准确断定的，如果早一点转向紧缩政策，并在这个意义上使政策更为连续的话会产生怎样的效果。但可以肯定的是，货币过量的程度会小一些，1988 年之后的通胀也会减轻一些（甚至不会出现），1989 年和之后几年的政策急转弯就可以避免。鉴于世界范围的一直

---

① 主要代表 Pohl，现为经济“五贤人”委员会成员。参见 Pohl，Geldpolitische Konzeption。

② 见经济“五贤人”委员会 1986～1987 年和 1988～1989 年年度报告（珀尔为少数反对者）及 Neumann，Stabilität 或 Herz/Starbatty，Worte und Taten。

持续到 1989 年的强劲增长可以在事后很好地证明，对实体经济和就业市场的负面影响并没有那么大，甚至起到了平稳经济运行的作用。另一方面不容置疑的是，更为紧缩的政策会在国际争论中，不论在美国还是在欧洲货币体系的伙伴那里遭遇强烈（或更加强烈）的反对。在这一背景下对超出货币供应增速的目标的容忍是可以理解的。实际上在 1986 年和 1987 年存在着关于将来经济形势发展的很大的不确定因素，因此，央行和其他观察家是可以被谅解的，这种不确定因素在事后对于观察家来说总是可以被消除的。还要强调的是，如果联邦银行置于不那么不稳定的国际政策环境中（特别与美国有关），那么，毫无疑问，德国联邦银行执行连续的政策会容易得多。这种环境是任何一个中央银行，也包括德国联邦银行都不可能完全摆脱。[①]

4.4 货币目标变量的改变

前面已经提到，从 1988 年开始德国联邦银行用货币类型 M_3 代替基础货币作为目标和指标值。M_3 包含相同的组成部分，但权重不一样。根据德国联邦银行的定义，基础货币包括现金以及商业银行活期、定期和储蓄存款的存款准备金，这是通过 1974 年 1 月制定的准备金率计算得出的。而 M_3 包括全部银行存款。因此，M_3 很少受现金变化的影响。基础货币的优点在于其统计数据能够较早得到，以及央行直接对这一数值施加影响并对其负责。[②]

央行决定改用 M_3 的背景是：1987 年基础货币的指标夸大了货币供应的情况（之前和之后也都出现过这种情况）。现金在这个指标里成为干扰因素。由于当时的利率较低，加上市场对马克升值的预期，现金流通速度变快，现金在基础货币的比重在 1987 年底达到 52%。但现金在 M_3 中的比重在 1987 年底只有约 10%。在央行看来基础货币的优点与其对现金波动的强烈依赖性相比是微不足道的。

由基础货币改为 M_3 是完全有理由的，并得到支持的。长期来看，这一选择并不重要，优点和缺点主要在于这两个变量不同的短期指标特征。而货币供应增速过快的问题当然不是通过改变目标变量就能得到解决的。

① 大体来说，央行对 1987 年秋股市暴跌的反应是正确的。

② 这个理由使经济“五贤人”委员会在 1988 年以前就推崇基础货币供应量。

5 德国货币联盟：1990 ~1991 年

5.1 货币政策的基本发展和环境

1990 年和 1991 年对德国来说最重要的事情就是根据 1990 年 7 月 1 日的《国家条约》确定的两德政治和经济的统一。这对于德国的货币政策而言是战后 1948 年以来不曾有过的重要事件。德国马克成为统一后的德国唯一的法定货币，货币政策的所有职能都归属德国联邦银行。尽管德国联邦银行最初很犹豫，但在政府的主导下，马克的使用范围一下子扩大到原民主德国地区，这对德国联邦银行来说是一个特别的挑战。

这期间世界经济陷入明显的增长乏力阶段，首先是北美、英国和瑞典，然后是欧洲大陆，日本的情况还好。两德统一使德国暂时没有受到这一趋势的影响：联邦德国的实际国内生产总值在 1990 年高速增长，达到 5.7%，1991 年为 5.0%，就业增加，失业率下降，但同时物价也快速上升（1990 年的通胀率为 2.7%，1991 年达到 3.6%）。直到 1991 年下半年德国的经济形势才开始发生变化。

民主德国的情况则完全不同。艰难的结构转型和纳入市场经济体系的过程，加上传统的东部市场的消失、影响投资的许多障碍、要求加薪的呼声，导致大量人员失业和经济滑坡。直到 1991 年情况才出现一些好转。

这期间德国执行非常的扩张性财政政策，支出大幅增加，给民主德国大量的转移支付，财政赤字和国家负债上升明显，而之前的财政状况相对稳定。1991 年决定采取措施（团结税、提高间接税）遏制这一势头。

德国经济的高速增长和外国经济形势的下滑，导致的进口增加和出口减少使德国的经常项目出现转向，盈余在 1990 年大幅下降，1991 年则出现了巨额赤字。在欧洲货币体系中，马克在 1990 年保持稳定，并对美元保持强势，但 1991 年初出现了一些疲软（因为海湾战争导致美元走强），随后，1991 年夏再次走强。

各国经济形势的不同也使其货币政策大不一样。美国、加拿大和英国，之后还有欧洲大陆国家，由于经济形势不好而转向宽松政策，而德国（还有日本）则坚持紧缩政策。出于货币政策的不同，国际利率也发生相应的变化。德国和美国的利率差反了过来，在 1991 年特别是隔夜拆借领域出现较大差距。而在欧洲货币体系内利率水平却不断接近。1991年德国利率曲线斜率变得更大。

在欧共体内部要求合作、趋同和加快欧洲货币联盟进程的意愿再次加强。欧洲经济与货币联盟（WWU）的第一阶段于1990年7月1日生效，欧洲经货联盟随着《马斯特里赫特条约》的制定而进一步发展。英国于1990年加入欧洲货币体系，意大利放弃了给里拉制定更大的浮动空间。在事实上向货币联盟靠拢的设想在政界和金融市场造成很深的印象（后来被证明是草率的），外汇平价调整在将来会出于政治的考虑而被排除。德国联邦银行试图通过发出对草率放弃外汇平价调整的警告而阻止这一趋势，但没有成功。

1991年底德国出现经济衰退的危险，物价保持高位，工资上涨很快，财政状况吃紧，但民主德国经济开始缓慢向好发展。

5.2 央行具体的货币政策

货币使用范围的扩大和货币供应激增

从技术上来看，1990年7月1日在民主德国引入马克以及将民主德国的商业银行纳入德国联邦银行的政策并没有太大的问题。主要困难是货币使用范围的扩大，以及在这种情况下合理的货币供应的估计。对民主德国经济和居民货币需求以及商业银行的资金流行为在此时还缺乏正确的认识。央行因此还是首先按对联邦德国的政策以及按1990年联邦德国的货币供应来制定政策，但通过一个补充计算来涵盖货币使用范围扩大到了民主德国。

由于两德的货币联盟和法定的东、联邦德国货币比价，在1990年7月初为民主德国创造了以M_3定义的约为15%联邦德国货币供应量的马克存量（货币供应跳跃）。民主德国对货币的长期需求很难具体估计，但估计需求量较小。因为民主德国之前的流动性资产主要以现金形式持有，在其纳入联邦德国经济体系后，预计将主要换成高利息的投资，而不是M_3。此外，民主德国的商业银行有比长期以来预计的更多的超额准备金。民主德国的经济出于转型所导致膨胀的现金持有在一定程度上是可以预期的。这种变化过程的确也发生了，特别是从1990年底开始，民主德国经济对货币的长期补充需求在1991年初预计达到联邦德国货币供应量的10%。因而导致货币过量的程度约为5%。

就1991年而言，德国联邦银行对全德的货币供应进行计算，并制定了相应的货币供应量目标。非常明显的是，不确定因素的程度要大幅超过常规情况。

货币供应状况，货币供应量目标和货币市场调控

一个核心问题就是，出于两德统一而导致的不确定因素是否还是货币供应调控和货币供应量目标考虑的因素。德国联邦银行决定保持其现有的政策不变。在制定1990年的货币供应量目标时，央行强调了其政策连续性的考量（仅限于联邦德国），以及继续以前一年的目标和制定目标的理由为依据。在明确考虑区间方案后央行制定了 M_3 的增长区间为4% ~6%。

实际的货币供应增长在1990年是适度的，M_3 到达接近6%的增长从而符合了目标规定。"广义的 M_3" 却增长了约8%。货币资本形成同样很高。从年初到夏季 M_3 保持在区间下限，之后逐步增长，进而发展到区间上限（见图7）。这种趋势在1990年货币市场条件基本不变的情况下是可以实现的。贴现率在全年保持在6%，回购利率小幅上调，在年底达到约8.5%，抵押贷款利率在11月份从8%上调到8.5%（见图8）。

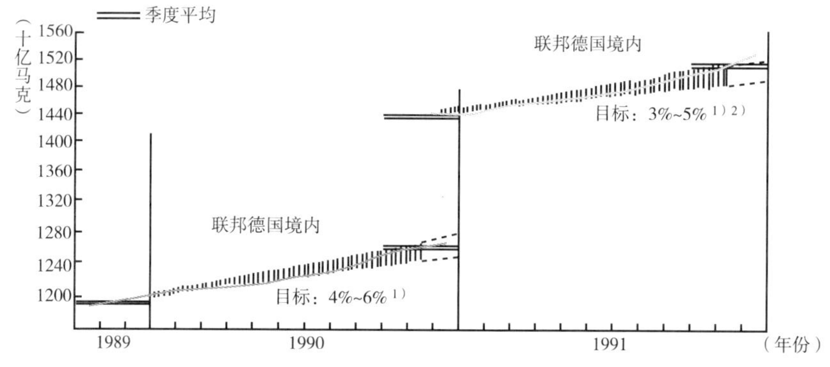

图7 1990 ~1991 年货币供应量目标和实际的货币供应
（扣除季节因素、月度数据、对数比例）

注：1）上年第四季度（不含）至当年第四季度。2）根据供应量目标在1991年7月前调整。

资料来源：Deutsche Bundesbank。

为1991年确定的货币供应量目标保持在4% ~6%，但这是对全德的 M_3 的目标，并在选择起始水平时考虑了统一导致的"货币供应跳跃"。由于兑换货币可能引起的流动性过多以及通胀风险，货币供应力求更多地保持在区间的下半部。

1990年底，联邦德国货币供应加快上升使央行在1991年初进一步上调利率：抵押贷款利率在2月份上调到9%，贴现率上调到6.5%，回购利率

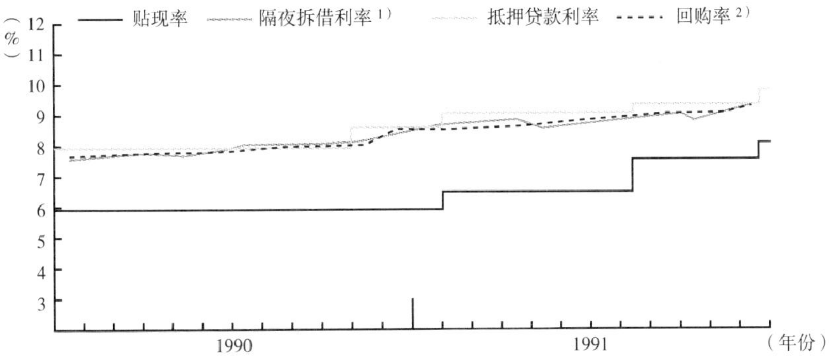

图 8　1990 ~ 1991 年基准利率、回购利率和货币市场利率

注：1）月平均。2）一月期债券回购业务月平均利率、数量招标与利率招标。

资料来源：Deutsche Bundesbank。

保持在 8.5% 不变。在 8 月份和 12 月份利率继续上调。不考虑之前曾有过的特别抵押贷款利率。两个存款利率在 1991 年底达到 8% 或 9.75% 的战后最高水平，回购利率也同样调整。面对货币供应加快和物价的上升，央行想通过此举防止物价的长期上升和不断增加的通胀预期。

1991 年民主德国货币持有具有资产组合调整的特征（将货币资金变为高利息的投资形式）。这导致民主德国的货币存量减少，沿着区间下限波动的全德货币供应量 M_3 的增速也下降。央行认为，这明显反映了民主德国货币需求的反向移动，并历史上首次在年中评估货币供应量目标时进行修正，将目标区间下调为 3% ~5% 。同时强调，其目标设想并没有根本改变，货币政策也没有改变。但此后 M_3 的增速加快，虽然利率保持高位，经济形势下滑。1991 年货币供应量增速为 5.2% ，基本完成了（修正后的）目标，但年底时增速大幅加快。特别是现金流通速度明显加快。可能的原因是在东欧一些国家也将马克和本国货币一起使用，以及重新讨论征收利息税。

5.3　鉴于统一导致的结构性变化，要继续货币供应量目标的政策吗?

鉴于德国统一引起的巨大不确定因素，在公众和央行内部都在考虑是否要继续货币供应量目标的政策。最主要的困难就是估计民主德国的货币需求和潜在增长速度。在这种背景下，一些批评人士要求进行过渡，在一定的调整期后执行实用主义的“即期”货币供应，而且不明确货币供应量目标值。

在央行理事会认真讨论后，决定仍然保持现有的年度货币供应量目标制度，这主要来自于央行保持货币政策连续性和向国内外释放稳定信号的思想。央行也知道推导合适的货币供应量目标的难度（因此在1991年首次在年中评估时重新确定目标区间）。如果放弃货币供应量目标，则有可能引发市场的误解，认为央行要偏离目前的稳定政策，或至少是执行稳定政策的决心弱化了。另一个原因是，原民主德国地区的经济总量还较小，发生重大偏差的风险也有限。回顾这些可以得出结论，在这个阶段货币供应量目标作为保持稳定的信号较好地发挥了作用，而且央行也有准备，根据新的信息在1991年年中进行适当的调整。①

5.4 公众的讨论和来自国际的批评

央行在1990年的政策总体而言受到欢迎，在国内这也包括1990年11月的利率上调和1991年的货币供应量目标。在11月份的一些讨论是针对货币市场的，当活期存款利率超过了抵押贷款利率而造成对基础货币市场调控的不理解。对抵押贷款需求的大幅增加也促使央行理事会讨论抵押贷款利率的灵活性，即抵押贷款利率自动与货币市场利率联系。虽然没有走这条路，但抵押贷款利率上调到8.5%。

对通胀的忧虑不断上升，加之财政政策的大幅扩张和国债的快速增加，促使央行在1991年采取进一步的利率措施。第一次是在2月份。这导致了对央行高利率政策的国际批评浪潮，不仅来自美国，也来自欧洲国家。不仅出现“自私的马克”，还有“打击货币联盟”的声音。还提出了要马克（因为统一导致的特殊问题）和欧洲货币体系脱钩的要求。还有来自德国政界的令人反感的言论，其中也包括德国总理赫尔穆特·科尔。德国联邦银行没有受到这些批评的影响并正确地强调，稳定政策不仅符合德国的利益，而且作为欧洲货币体系的基石保证了全欧洲的稳定和生存能力，并代表了国际利益。此外，它还非常正确地指出当时不怎么负责任的财政和工资政策。这在历史上又一次生动地表明，保持央行独立性的正确性，以及其对贯彻稳定导向的货币政策的不可或缺性。

物价在1991年（7月份联邦德国达4.9%）的加快上涨引来了对过去几年

① 1990年后货币关联的稳定参见 von Hagen, Monetray Union sowie Issing/Tödter, Geldmenge。

扩张的货币政策的批评，并要求采取紧缩步骤，[①] 但也有人对过度的收紧提出警告。[②] 央行事实上在年中下调了货币供应量目标，并采取了上调利率的措施。

6 德国联邦银行成为国际批评的焦点——在大幅超标中缓慢宽松：1992～1994年

6.1 货币政策的普遍趋势和环境

1992～1994年的德国和之前一样还在完成与民主德国的统一进程。在国际背景下，德国仍然处在一个特殊的境况。世界经济缓慢结束增长乏力阶段，并到1994年明显复苏，特别是英、美等国，而德国从1992年开始就结束了自1983年以来持续的并因为统一而延长的增长阶段。这种不同步的经济发展状况也造成货币政策的明显差别，并导致——特别是在1992年——德国和北美及欧洲的伙伴之间的紧张关系，以及国外对德国联邦银行前所未有的批评浪潮。和欧洲货币体系国家的争执主要来自前几年就已经确定的对外汇平价调整的缺失（事实上先处理货币联盟的设想）。这一幻想的破灭最终导致外汇市场激烈震荡，并几乎使欧洲货币体系解体。德国的货币政策还受到公共财政的过分要求（和其他国家类似）和过高的工资要求（部分的是受到经济形势影响，部分的是出于通胀的担忧）的拖累。

根据国内生产总值的增长率1.6%来看，工业国家的增长在1992年总体高于1991年，但依然增长缓慢。北美和欧洲的许多国家的货币政策都倾向于缓和以及刺激经济。德国经济发展势头虽然缓慢减弱，但全德国内生产总值仍增长2.2%（联邦德国为1.8%，民主德国为7.8%）。联邦德国的就业状况稳定，但工资和通胀压力很大。民主德国的就业形势恶化，因为民主德国的工资迅速向联邦德国看齐，以及传统的东欧出口市场的解体。1992年联邦德国的通胀率达到4.0%，民主德国为13.5%。德国的货币政策被迫紧缩，使物价稳定的目标继续保持。尽管如此，央行允许货币供应快速增长，并从1992年秋分步下调利率（“小步政策”）。资本市场利率下调，从1990年10月的最高值9.2%下降到1993年3月的6.5%。1993年的利率曲线还是负斜

① 参见Neumann，Bundesbank。

② 参见Sievert，Bundesbank及Pohl，Geldpolitik。

率的，1993 年就变成正斜率了。

1993 年世界经济增长放缓，许多国家财政状况依然严峻，但通胀形势好转，利率水平下降。美国经济增长最快，并导致经济过热倾向，1994 年初货币政策调整，利率呈现上升趋势，并接着传导到欧洲资本市场。

1992 年和 1993 年之交德国经济受到打击。1993 年德国国内生产总值下降 1.1%（联邦德国为 1.9%），工资上升明显，国外需求不大。联邦德国的失业率上升到 7.3%，通胀率下降到 4.5%，这主要是因为进口价格的下降。民主德国经济增长明显（8.9%），但就业市场行情仍然很差，劳动成本跳跃上升。由于国外较好的经济形势和较为温和的工资谈判结果，1994 年初开始形势明显好转：德国 1994 年实际国内生产总值超过预期而增长近 3%（联邦德国为 2.2%，民主德国为 9.9%），但由于结构原因，失业率仍然上升。通胀率下降到 3% 以下。

面对经济的下滑和过去几年紧缩政策的效果，1993 年德国的货币政策更多地致力于缓和以及降息，虽然当时物价上涨率依然很高。1994 年德国延续了这一政策，货币供应大幅增长。

德国这个阶段的财政政策以支出和国家赤字大幅增加为标志，尽管税费收入也增加了。对外经济方面，经常项目出现赤字，马克坚挺，美元总体疲软。

1992 年秋欧洲货币体系的动荡，迫使德国联邦银行出于干预的义务以史上最大规模买入外汇。在金融市场长期沉迷于类似货币联盟的幻觉之后，突然对维持固定的外汇平价产生了怀疑。在秋天的动荡后进行了 1987 年以来首次平价调整，使马克升值。英镑和里拉退出欧洲货币体系。尽管如此，1993 年外汇市场再次出现紧张和不安，导致全面的干预和新的平价调整。最终在 8 月份调宽浮动空间到 ±15%（几乎导致体系崩溃）。此后，虽然欧洲货币体系仍不稳定，但没有产生新的更大的问题。

6.2 央行具体的货币政策

货币供应量目标和货币供应量增长

1992～1994 年的货币供应状况以货币供应量的快速增长和大幅偏离目标为特征，特别是在 1992 年。对 1992 年央行制定的 M_3 增长目标为 3.5%～5.5%。比前一年小幅上升 0.5 个百分点是央行理事会对成员意见做出的平衡，有些成员出于经济的考虑和对 M_3 的“特殊影响”要求使区间上升一个百分点，有些成员则要求保持目标不变。标准的物价上涨率维持在 2%，反映了在当年高通胀的情况下保持稳定政策的雄心。在 1991 年底 M_3 的增速就很高，1992年全年仍保持高速，直到夏天达到约8.5%，在秋天欧洲货币体系的震荡下超过10%。全年增速则超过9%，是制定货币供应量目标几乎20年以来最大偏离目标的一次（见图9）。

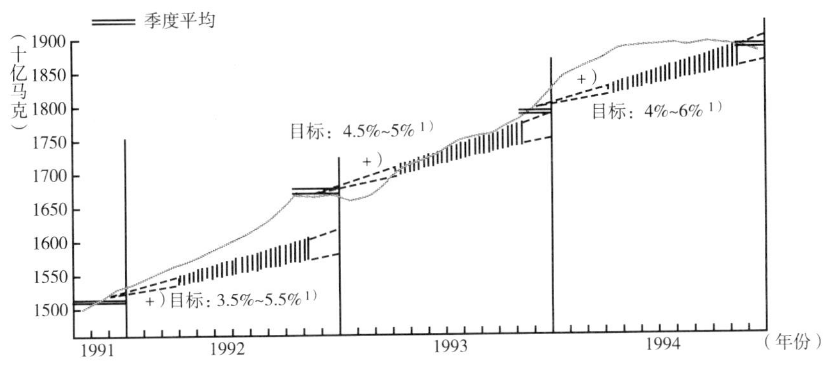

图9　1992～1994年货币供应量目标和实际的货币供应
（扣除季节因素、月度数据、对数比例）

注：1）上年第四季度至（不含）当年第四季度。2）目标区间直到3月份没有画阴影，因为M_3在两年交接时波动很大。前些年一季度到四季度直到当年第四季度。

资料来源：Deutsche Bundesbank。

央行容忍这一强劲货币扩张的原因不仅在于不想使（仍然好的）经济形势因为过度紧缩而受到拖累，最主要的是考虑外汇汇率情况和国际环境。1993年初计划征收的利息税也导致M_3大幅增加，因为这导致金融投资大量转变为现金持有或流入国外。负斜率的利率曲线和对将来利率走势的不确定性促使投资转向短期定期投资（主要是长期资金投资转向定期存款）。但非常清楚的是，货币供应的快速增长并不能主要归结于这些特殊因素（一般情况下只是短期产生影响）。其他货币类型在1992年的增速比M_3还要快。因此，对潜在的通胀风险并没有认识错误。

在这样的背景下，央行对1993年制定了M_3的目标区间为4.5%～6.5%。这是基于实际潜在增长为3%、标准通胀率为2%以及对M_3周转速度下降制定的补充值1%计算的。这与5%～7%的区间非常接近。由于前一年大幅偏离目标以及中期难以估计的特殊发展趋势，这次目标的制定非常困难。央行针对当前充足的货币供应确定一个减少值，使目标区间下降一些。央行希望通过这个目标来体现其针对目前5%的通胀率保持中期货币调控指向的稳定政策的意志。

1993 年的前几个月现金周转回落（1992 年底特殊情况结束），M_3 的情况相应正常化。1993 年全年的 M_3 增速为 7%，比上年略微下降，但仍处于高位，当中每个月的状况也不平衡。"广义 M_3" 也快速增长。

1994 年的目标区间与上年相比小幅下降到 4% ~6%。减少 0.5 个百分点是由于估计的潜力增速下降，其他推导目标的数据没有变化。实现这个新的目标同样很困难，因为前两年留下的过量货币还存在。1993 年底 1994 年初货币供应扩张再一次变快，部分是由于再次讨论征收利息税，也由于世界范围的利率上升导致的利率调高的预期，并引发对长期投资的观望态度和定期存款的增加（"流动性阻塞"）。央行认为这个因素将来会被纠正，所以继续执行现有的政策不变。事实上在 1994 年出现了这一修正，通过下调短期利率水平，以及息差的扩大，从而使长期投资更加有利。1994 年 M_3 的增速最终略低于 6%，多年来第一次实现了目标，但经济中的货币存量仍然很高（因为最初的起点很高），利率引起的定期存款下降，但 M_3 的其他组成部分的增速都很高。

货币市场调控

1992 年上半年央行的利率政策在物价不断上升的背景下保持紧缩，面对巨大的国际压力甚至更加收紧了。贴现率和抵押贷款利率保持在 8% 或 9.75% 不变，回购利率和货币市场利率小幅上升。在 7 月份评估货币供应量目标时出于货币供应的过快增长以及蕴含的通胀可能，贴现率上调到 8.75%，但回购利率和抵押贷款利率保持不变。央行同时申明，不会进一步紧缩政策，并容忍目前对货币供应量目标的偏离。在秋天，欧洲货币体系的动荡使情况改变。一方面欧洲货币体系的危机和干预义务导致由于支持性的买入造成史上最多的外汇流入，并迫使德国联邦银行通过回购交易和出售国债补偿性地使流动性回笼；另一方面德国联邦银行受到来自国际的要求降息的巨大压力。同时马克升值使物价上升势头得到遏制。德国联邦银行不需要从根本上改变其政策，就有能力走出降息的稳健的第一步。1992 年 9 月 15 日下调定期存款利率到 8.25% 或 9.5%，回购利率还逐步下调（见图 10）。

1993 年初货币供应扩张正常化，这部分是出于对之前过度上升的反应，财政和工资政策也进一步改善，马克坚挺使物价上升得到遏制，央行利用这一机会，从 1993 年 2 月开始进一步明显下调存款利率和回购利率：贴现率在 1993 年从 8.25% 下调到 5.75%，抵押贷款利率从 9.5% 下调到 6.75%，同时回购也下调了。因为物价上升势头只是缓慢被遏制，货币供应扩张仍然强劲，央行的降息过程是分多步小幅谨慎进行的（"小步政策"）。在降息阶

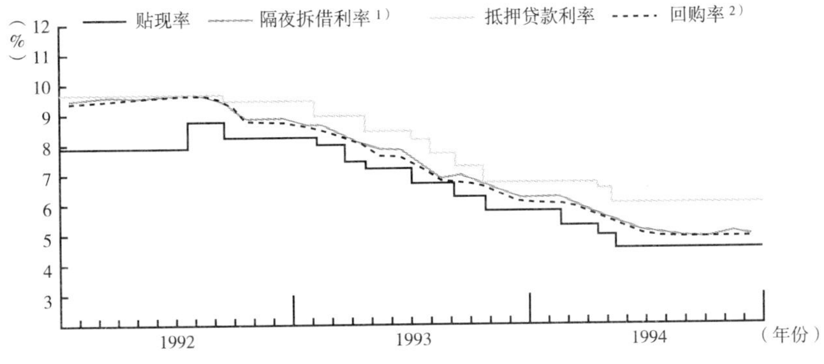

图 10　1992～1994 年基准利率、回购利率和货币市场利率

注：1）月平均。2）一月期，1992 年后两月期，债券回购业务月平均利率、数量招标与利率招标。

资料来源：Deutsche Bundesbank。

段，央行在每周的公开市场交易中优先使用利率招标的方法（测定降息的空间）。在非降息阶段则使用数量招标的方法。目的在于使降息过程的速度（不是过快的）符合过去紧缩政策引致的物价稳定过程。央行拒绝景气和汇率政策引发和推进的降息政策。但出于对经济形势、汇率稳定以及同欧洲与北美伙伴关系的担忧，央行同意提供较长的调整时间，以及为容忍偏离目标提供更多的空间。

1993 年 7 月欧洲货币体系的再次危机，使德国联邦银行的货币市场调控面临巨大困难，并迫使德国联邦银行再次支持性地买入大量外汇，以及进行补偿性的限定在货币供应增长范围内的公开市场交易。欧洲货币体系将区间范围扩大到 ±15% 为德国联邦银行重新获得货币政策的独立性提供了必要的前提。给其他国家也同样赋予了更大的自由。从秋天开始，货币市场调控就没有什么问题了。

直到 1994 年春天德国联邦银行都保持了利率方面的宽松政策，通胀也逐步减弱，但从 1993 年底和 1994 年初货币供应扩张再次加速。到 1994 年 5 月贴现率和抵押贷款利率分别下调到 4.5% 和 6%，回购利率也同样下调。因为央行把这阶段的货币供应加速看成是受到暂时的特殊因素影响，且“流动性阻塞”将来必会消失，所以仍然执行上年以来的政策不变。通过有意将长期和短期利率拉开差距（降低央行利率，提高资本市场利率），使短期投资转向长期投资，并遏制货币供应上升的速度。从 1994 年 5 月起，由于货币市场较为平静，央行保持利率不变，回购利率约为5%。在长期利率较高，利率曲线较陡的情况下，货币供应趋于正常，M_3 在年底果然回到目标区间。1995年初，M_3 明显回落，且低于目标区间下限，前些年造成的货币过量也减少了。

货币市场调控手段的修正

1993年2月，德国联邦银行对其流动性政策工具进行了修正。通过出售250亿马克所谓的流动性国债，使公开市场政策进一步扩展。这在法律上是德国无息国债，经济意义上是央行发行债券。这种债券不仅使商业银行，而且使非银行机构的流动性直接回笼，在回购时也用于创造流动性。但这种工具没有被真正贯彻实行，1994年就停止使用了。

与此相关，存款准备金制度被全面重新调整。这一调整在1993年3月和1994年3月分两步进行，并使存款准备金率明显降低。这符合德国商业银行早有的心愿，从而加强其国际竞争力和阻止规避存款准备金的行为。储蓄和定期存款的法定存款准备金率在1993年3月下调到2%，对活期存款则下调到5%。银行体系的存款准备金因此明显下降。虽然进行了调整，但央行仍将最低存款准备金作为重要的政策工具（创造对基础货币的稳定需求，起到货币市场流动性缓冲作用）。

6.3 偏离目标和“特殊因素”

1992～1994年对央行的批评来自两种不同的意见。一种意见认为央行的货币政策过于扩张，[①] 另一种意见则认为以货币供应量为导向的央行政策是错误的，并因此导致货币政策不必要的紧缩，因为货币流通的增长在当时并没有显现出通胀的风险。[②]

鉴于明显偏离目标，1992～1994年公众讨论的一个核心问题就是，这是否可以由“特殊因素”来解释并因此可以得到容忍，或者这是否反映货币政策缺乏稳定性和立场的坚定性，并由此显示出错误的状况和修正的需要。这也部分地提出了，至少是隐含的，对 M_3 作为货币供应量指标的质量的疑问。

央行反复强调各种特殊因素造成了实际货币供应量对原先目标的偏离。其中特别包括两德统一的效应、税收改变影响、欧洲货币体系动荡的后果和负斜率的利率曲线的效应。但估计这些特殊因素只产生暂时的影响，将来通

① 参见如 Scheide，Geldpolitik 及 Neumann，Deutsche Geldpolitik。

② 参见如 DIW，Verfehlte Geldpolitik。

过相反的发展态势会被抵消，所以对货币供应量和物价之间的关系不会产生长期影响。出于这种背景，央行反复正确地提出这样的问题，如何才能消除货币过量，并对货币过量可能导致通胀恶果非常忧虑。这与一些观察家不同，他们认为特殊因素的短暂性表明这个问题可以不通过货币政策调控而自行解决。央行非常小心和谨慎地处理这一问题，并同时照顾到经济形势发展、汇率和欧洲货币体系的伙伴，并将 1992 年产生的巨额过量货币一直带到 1994 年。这样央行容忍了由过量货币引发物价上涨的较大风险。

因此，非常清楚的是，1992 ~ 1994 年货币供应的过快扩张不能简单地归结于多次提到的特殊因素。当然，人们不能否认它们的作用，特别是在 1992 年（也在 1991 年）。但货币供应量的快速增长和偏离目标最终主要归结于选择和照顾了其他的目标（汇率稳定、支持经济发展、国际关系和敏感性、国内的政治压力）。

经济“五贤人”委员会在 1994 年秋出于上述考虑而建议将正常计算的货币供应量目标减去 2.5%，作为 1992 年出现的货币过量的补偿。央行并没有直接采纳该建议，但 1995 年的货币供应的确呈现了这种态势。

1992 ~ 1994 年的货币供应情况绝不是稳定政策的楷模。人们提出这样的问题，像经济“五贤人”委员会所要求的那样，货币供应量的发展路径平稳会使实体经济更加不稳定吗，正如现实中所出现的情况一样。这个阶段，特别是 1994 年的经验表明，赋予短期的、基于月份变化（比如年初）而估计的发展态势的太多意义是具有迷惑性的。央行对于 1994 年货币供应正常化的预期是完全正确的，在这种情况下没有出现迅速转向货币紧缩的情况。同时，1992 ~ 1994 年这个阶段也表明，央行在关注货币供应和物价情况的时候也非常关注其他目标，特别是利率的稳定性、景气状况、避免突然的变动，以及政界和公众的压力。

非常清楚的是，在过去几年轻视通胀风险，要求大幅和快速降息的意见没有道理，因为全德的通胀率毕竟上升到接近 5.5%。在 1992 年和 1993 年货币供应量更加快速上升时，1994 年下半年和 1995 年的回归和正常化并不十分明显。

7 利率继续下调，货币供应增速正常化：1995 ~ 1996 年

7.1 货币政策的普遍状况和环境

1995 年和 1996 年，世界经济的发展仍然以各国经济形势的明显差异为

特征，尤其是在欧洲和美国之间。美国经济在1995年经历了短暂的调整后在1996年继续了多年以来的强劲势头，就业和物价状况都很好。欧洲经济却在刚开始上升后又陷入停顿，就业状况恶化，生产发展缓慢。通胀率在各国都呈现回落趋势，并达到比较低的水平。

1995年和1996年德国经济与上年相比也增长乏力。1995年实际国内生产总值只增长了1.9%，1996年则更低，只有1.4%。就业市场状况也不好。物价上涨率却保持在低水平（1995年为1.8%，1996年为1.5%）。经济增长乏力是由于一段时间内马克升值的巨大压力（对美元、对部分欧洲货币，特别是里拉），国外需求的下降以及1995年初工资的大幅增长。德国的财政状况依然紧张，政府支出和转移支付、财政赤字都很高，有加强整合的必要。

资本市场上利率大幅下降，利率曲线正常化。欧洲一些国家在先加入货币联盟的条件下出现长期利率相对明显的国际趋同。欧洲货币体系中的汇率走势相对平静。

7.2 央行具体的货币政策

货币供应量目标和货币供应量增长

央行为1995年制定的M_3增速是4%～6%。推导这一目标值遇到许多困难和不确定因素。央行是基于生产潜能的增速2.75%，中期标准通胀率2%，以及为M_3流通速度下降而定的补充值1%来计算的。由于前几年货币供应大幅增长，将计算得到的5.75%下调到5%（±1%）。在1994年底1995年初，货币供应增长缓慢，甚至负增长，因此对于1995年来说，目标初始点相应较低，央行认为目标完全符合彻底消除货币过量的目的。

1995年初，央行担忧更多的是下一年货币的大幅扩张。实际货币供应情况非常不均匀，从趋势上看正好相反（见图11）。货币供应在1994年底就呈现下降，1995年初这种趋势更加明显。直到夏天时，货币供应由于大量的货币资本形成才小幅上升，在下半年才较快上升。1995年M_3只增长2.1%，超出目标区间下限。主要是短期定期存款增长缓慢。活期存款和储蓄存款却大幅增加。M_1增速为6.3%。由于初始阶段货币充足（前些年的货币过量），而在确定目标时不能完全预计到1994年以来准许的货币市场基金代替银行存款的现象，这表明货币需求曲线向下移动，央行不认为M_3超出区间下限表明对经济没有提供足够的流动性，并认为从多年的观察来看，

不论 M_3 还是 M_1 的增长都处于目前区间内，因此1995年低于目标下限不需要通过提高1996年的目标来补偿。

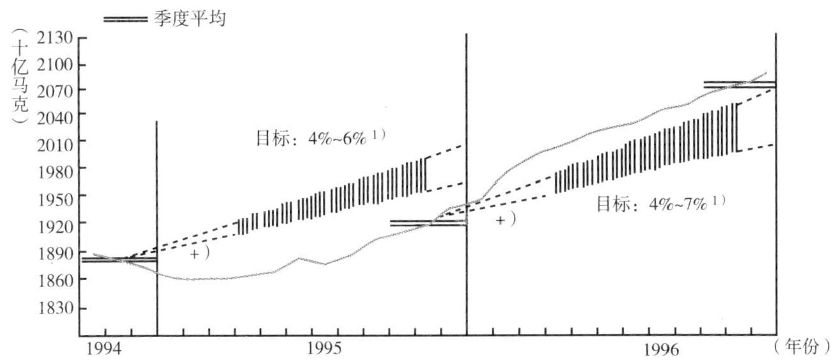

图11　1995～1996年货币供应量目标和实际的货币供应
（扣除季节因素、月度数据、对数比例）

注：1）上年第四季度（不含）至当年第四季度。2）目标区间直到3月份没有画阴影，因为 M_3 在两年交接时波动很大。前些年一季度到四季度直到当年第四季度。

资料来源：Deutsche Bundesbank。

对1996年制定了 M_3 增长4%～7%的目标，是基于预计的潜在增长率2.5%、标准通胀率2%以及流通速度补充值1%来计算的。区间的大小因为近来出现的短期货币供应的不稳定而扩大到3%。不仅经济“五贤人”委员会，还有其他经济研究机构在共同的报告中都对1996年的货币供应量目标提出建议，不要按惯例选择1995年第四季度 M_3 的实际值（平均值）作为初始值，而选择1995年确定的区间的中值，这样使初始值高一些。① 央行拒绝了这一建议，因为其认为这样会显现出货币供应大幅扩张并有可能造成不稳定的预期。但央行同意这种观点，1996年初的货币供应并没有过多。鉴于上年货币供应增速缓慢，央行通过向上扩大目标区间一个百分点表达其在1996年可以容忍货币供应快一些增长。1996年上半年货币供应增速的确快速上升，并超出目标区间上限，同时伴随着利率导致的从货币性资本投资向定期存款的转变。年中时央行确认了1996年的目标以及制定目标的假设条件，并表明其预期，即货币供应的扩张速度在当年由于投资方式转变的结束而正常化。货币供应增速的确在秋天时下降了一些，但最终8%的增速仍

① 见经济“五贤人”委员会1995～1996年年度报告。

然明显超出目标区间上限。同时再次出现的短期货币供应的不稳定性使央行再次强调，在一个较长阶段的中期货币供应扩张速度才是最重要的。

货币调控的手段

鉴于1995年货币供应以低于目标区间下限的速度缓慢增长、通胀率回落，以及经济形势的不稳定，央行决定分多个步骤大幅下调央行利率。贴现率从1995年初的4.5%下调到1996年4月的史上最低水平的2.5%，抵押贷款利率从6%下调到4.5%，回购利率从1995年初的4.85%下调到1996年初的3.3%，1996年8月甚至下调到3%（见图12）。在德国联邦银行放松利率的同时，其他欧洲国家的央行也采取相应的宽松政策。在央行下调利率的同时资本市场利率也下降了，即使没有同步下调短期利率，利率曲线也变得更为陡峭。德国利率水平在利率不断趋同的势头下仍在国际上处于末位。

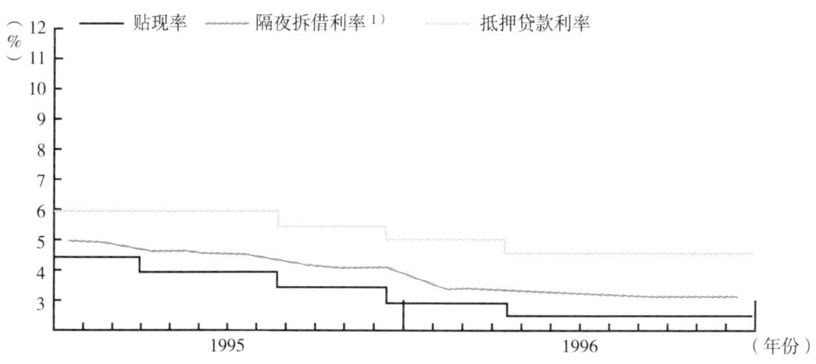

图12 1995～1996年基准利率、回购利率和货币市场利率

注：1）月平均。2）两月期债券回购业务月平均利率、数量招标与利率招标。
资料来源：Deutsche Bundesbank。

德国联邦银行在1995年夏做出决定，将1993年开始执行的法定存款准备金规则继续下去。对活期存款的存款准备金率再次下调（从5%调到2%），同样也针对储蓄存款（从2%调到1.5%），而对于定期存款则保持2%不变。

7.3 公众讨论中的货币政策

虽然1995年和1996年的货币政策以大幅降息为特征，但对于国内外有些一贯批评德国联邦银行的政策太严厉和阻碍就业的人来说，降息过程还是太长了，而且不够坚定。以致央行在这期间的政策依然时常受到批评，甚至是猛烈批评。即使每次降息都受到赞赏和欢迎，但随之而来的就是要求继续降息的呼声或继续批评的声音。与此相联系的是，对货币政策可以影响实体经济的幼稚想法以及对通胀和稳定风险的轻视。[①] 值得注意的是（主要在美国），有一种观点又重新有了市场，即小幅的通胀可以作为结构转型和经济增长的润滑剂。这种观点基于货币幻觉，并在六七十年代导致了之后数十年灾难性的通胀。

这个阶段对央行的批评更多的是针对货币供应量导向的政策。重要的政策咨询机构，包括经济“五贤人”委员会和其他重要的经济研究所都在这个问题上支持央行，这对央行起到了帮助作用。在1995年和1996年的政策中，央行重新表现出坚定性、连贯性以及在国内外经济形势紧张和景气下滑的情况下保持稳定的意志。

7.4 1997年和1998年的货币供应量目标

1996年底央行自确立货币供应量目标以来首次考虑制定为期两年的目标值。对下面两年央行制定了M_3增速为5%。又对1997年明确了目标区间为3.5%～6.5%。在1997年底再确定1998年的目标区间。和前些年一样，制定这样的目标值是基于实际潜在增长2%，标准通胀率1.5%～2%以及趋势性的流通速度下降1%而计算的。鉴于面前被低估的通胀风险和通过M_3（货币供应量“资产要素”的急剧增加）表现的过度的“支出性”流动性扩张的趋势，央行不认为1996年底出现的超出目标区间上限的情况会减轻。但制定比上年低一些的目标空间可以强调央行保持稳定的雄心。

制定两年期的目标一方面反映了近年来经常出现的M_3短期波动现象以及央行反复强调的货币政策的中期性。这也是由于这段时间的过渡阶段性质，到1999年初欧洲货币联盟就将成立。发出明确的稳定和政策连贯性的信号可以使市场对货币政策的不确定性尽可能地控制在一定程度。同时也使其他欧洲国家的央行以及之后的欧洲中央银行能够为自己政策的制定找到方向和共同点。因此，制定两年期的目标是坚定地执行现有政策的表现，而不

① 1995年持这一立场的人鉴于货币供应增速缓慢暂时倾向于加强货币供应量导向，当1996年货币扩张加强时又改变主张。

是对政策的改变。通过创造有利的初始条件，对将来制定欧洲货币联盟中的货币政策产生积极的影响。

8 德国联邦银行的货币政策战略：货币供应量目标是有意义的吗？

德国联邦银行20多年来执行潜力导向的货币供应调控政策。货币政策的这一战略是令人信服的吗？

8.1 带有一定保密性的连续性政策

德国联邦银行根据自己的理解，试图走一条实用的，介于严格执行规则的极端政策和完全保密政策之间的中间道路。这条道路被称为“带有一定保密性的连续性战略”。[①] 这样的道路自然受到来自两方的批评。一方面央行被指责为“教条的货币主义”，另一方面则被指责回到完全保密政策的旧格局。

按照连续性的思想，央行要：

——明确把币值稳定作为政策的优先目标；

——定期（每年）提前公布央行政策，既考虑到上一年的政策和执行情况，也要解释制定政策的原则；

——阐明所公布的改革以一定方式被偏离的条件；

——尽可能保持使用政策工具的连续性，避免突然改变政策，面向中期的央行行为。

要努力实现“有规律的”、连续的政策是为了向经济活动的参与者传递未来货币政策可靠与可信的信息，使有关货币的不确定性达到最小，利于预期的形成，以及家庭和企业的未来规划，并使之稳定。按照规则制定的、自我负责的政策可以避免时间衔接不紧密和可信性的问题，促使央行对其失误进行解释，使市场能轻松检验货币政策的纪律性。[②]

带有一定保密性的政策体现在，央行（几乎）总是将目标制定为目标

① Issing, Einführung, p. 286。基础货币供应政策的一般描述参见 Issing, Grundlagen der Geldmengenpolitik 或 König, Moetary Targeting。

② 参见如 Barro/Gordon, Rules 及 Blackburn/Christensen, Monetray Policy。

区间，有时区间还较大，还提出制定的条件和保留意见，使偏离公布的目标成为可能。央行认为这是非常必要的，因为必须对在制定目标时不可预见的货币变化情况和政策执行环境作出反应。事实上目标区间还有一个作用，即央行对目标值短期不能精确调控，而只能进行间接的中期调控。

德国联邦银行在基本思想上和其他许多国家的央行并没有根本上的不同。这种基本思想与今天在货币政策的学术研究上广为传播的观点是一致的，是理智的和站得住脚的，但却很少有人讨论货币政策的具体操作。德国联邦银行在这点上与其他国家的央行明显不同，德国联邦银行将物价稳定列为优先的目标，并在过去20年的政策中明确强调保持连续性和“规律性”。这就是与其他央行相比最明显的不同。

此外，与其他央行不同，德国联邦银行20年来将货币供应量作为公布和解释政策的指标。央行使用与货币政策传统的实践和理论上相符的两层（中间）目标战略。货币政策工具和最终目标之间短期经验关系的不确定性，包括导致的时滞，加上长期货币关系的相对稳定性和可信性，是这种中间目标战略的传统理由。对于中间目标，央行应选择其可以短期调控的，在中长期可以严格并可靠与最终目标关联的变量。

选择一种货币类型作为货币政策的中间目标和指标值来源于关于货币关系的数量理论，它和今天广泛使用的宏观经济和货币理论模型，而不只是狭义理解的货币主义理论相符合，并基于货币供应和物价趋势之间关系多年的经验总结。央行政策的优先目标除了物价稳定，还有货币政策真正能长期控制的其他变量的稳定。相反，央行一直认为，追求实体经济目标没有多大意义。因为央行只能对其产生短期的影响，长期来看，扩张性的货币政策起不到实际作用，而只能造成通货膨胀。

对这种货币政策战略的反对意见来自两个层面，一是基本理论的层面，另一个是具体执行和操作的层面。央行经常受到来自这两个层面的批评。

8.2 根本的反对意见和其他选择

央行总是受到这样的批评，应当使用其他的变量作为货币政策的指标和中间目标，特别是利率和汇率。认为调控经济是货币政策主要任务的人常常要求将利率作为货币政策的中间目标。但应当从根本上反对通过利率调控来影响经济的货币政策，因为这只能对实体经济产生暂时的效果。货币政策应当主要考虑物价水平的调控，因为其的确有能力这么做。而调控利率政策的主要缺点就是，和货币供应量相比没有与物价水平的固定关系。虽然理论上在给定的条件下，对每一种货币供应政策都可以制定相应的利率政策，反之亦然。但利率政策非常复杂，而且难以执行，要求降低长期利率一般首先要提高短期利率或者相反，而这对于政界和公众而言很难认识和理解。主要是利率，特别是长期利率受到预期和其他因素的影响。因此其作为货币政策的指标值很难解释，作为目标值很难调控。反对采用实际利率和利率曲线也是对的，在这两个变量和物价水平之间完全没有关联。

一国的货币汇率盯住另一个追求货币稳定的国家，并愿意输入其稳定，那么制定（名义）汇率目标则是完全合适的货币政策。[①] 而这种联系汇率必须以完全固定的、长期可信的形式延续下来，并隐含着完全放弃自己的货币政策自主权。因此这不适用于自己决定本国货币价值的国家，也不适用于像马克这样在汇率体系中具有主导作用的货币。汇率政策其实也是间接的货币供应量政策，但这只是被盯住货币所在国的货币供应量政策。作为货币政策的目标实际汇率是完全不合适的，如同利率目标一样，对物价水平起不到固定作用。

今天对货币供应政策的主要反对意见已不是对其他中间目标变量的偏好，而是鉴于现代金融市场的发展和国际化程度的加深，对货币供应量层次进行调控和解释的难度越来越大。尤其是来自其他国家的经验表明了这一点。比如美国和英国，由于金融市场以及工具的创新和发展，货币关系变得难以看清，以至于放弃了货币供应调控。在德国则体现在过去几年偏离目标和货币供应状况不稳定的情况下。优先被推荐的政策是由多个货币政策指标代替货币供应量，并直接指向通胀目标（通胀目标制[②]）。如果把通胀目标制理解为央行自动对实际或预期的通胀率偏离目标通胀率的情况作出反应，那么由于货币政策较长的传导路径和准确估计通胀率的较高难度，要正确使用政策工具是非常困难的。如果把通胀目标制理解为一个单级的货币政策，即央行在使用各种可利用信息的情况下，利用其政策工具直接调控通胀终极目标，那么这种政策首先是一种非专门性的，开放式的货币政策（“看着一切”），其包含了货币供应量政策之外的其他许多内容。

当然可以认为，理论上最优的货币政策要求利用所有的重要信息，所以

---

① 此处参见 Giavazzi/Pagano，Central Bank Credibility。

② 直接通胀战略，参见如 King，Inflation Targets 或 Fischer/Zurlinden，Geldpolitik。

只是基于唯一的观测值——货币供应量而制定的货币政策同样也是次优的。如果这一数值（货币供应量）对中长期目标变量（物价水平）的趋势起到决定性的作用，而且能谨慎应对由于不确定性、效果延迟和可信性动机引发的短期干扰，那么其仍是适当的，有可能也是最优的战略。

理论上最优的货币政策应当是根据与现实相关的规则，出于保持物价稳定性的责任对短期出现的干扰灵活应对。事实上总是存在短期灵活性与长期按规则行事的可信性之间的矛盾。“看着一切”战略要与完全保密的政策区分开来是非常困难的。货币供应政策虽然意味着放弃利用一些信息，但却能使自己的政策符合中长期目标，并使货币政策的纪律性增强，此外还加强透明度，在失误状况下必须解释说明。这一点教材与实践的区别并不明显。德国联邦银行和其他国家也使用货币供应量目标的央行除了关注货币供应量外，也关注影响目标变量的其他重要信息，只是关注的程度不一样。

像货币供应量这样的作为中间目标的政策工具必须要与实现既定的最终目标和民众的偏好相符合，因此确定可信的最终目标也能够产生纪律性效应。[①] 如果央行要使物价稳定目标真正让人相信，就需要把央行的威信与之紧密相连。货币供应量目标以及充分利用货币供应与物价的长期关系正好就能体现出央行的自我负责。

只要货币供应量、名义收入和物价水平之间的货币关系中长期可以观测到，并保持稳定，就像德国的经验数据表现的那样，[②] 那么就没有理由不继续这20年来中期货币供应的调控战略。尤其可以利用的是货币供应量对物价变化的预先指示特征。放弃这一战略就很容易被理解为放弃稳定政策，并使央行的信誉受损。央行的政策在基本原则上和至今的条件下是合理的和令人信服的，偏离这一政策的理由是站不住脚的。当然不能保证今后情况不会变化，这样的评估还能继续。

通胀目标制则被一些在反通胀方面毫无建树的国家使用着，过渡到使用通胀的目标都是为了发出政策转变的信号以及作为巩固物价稳定目标的方法。对德国而言，转变到通胀目标制的战略显然毫无意义。

---

① 参见如 King，Inflation Targets。

② 参见 Deutsche Bundesbank，Zusammenhang，第20页及续页；Deutsche Bundesbank，überprüfung，第19页及续页；Deutsche Bundesbank，Geldmengenziel 1996，第21页及续页；也可参见 Mökker/Jarchow，Umlaufsgeschwindigkeit。

8.3 反对货币政策的执行形式

虽然原则上同意遵循货币供应量调控导向的货币政策，但执行这一政策的具体细节问题还没有解决。央行也经常要忍受对这个问题的批评。争论的核心问题是央行选择怎样的货币层次作为指标值和中间目标，制定目标区间（代替目标值），在制定目标时指出的补充条件和导致的未知浮动空间，以及使用年度目标而不是跨年度目标。

从 1988 年以来，央行使用 M_3 作为指标值和中间目标，而之前则使用的是基础货币。这一改变的理由在第 4 节里面已经说过了，这里就省略了。但近年来 M_3 也被质疑。

M_3（和基础货币一样）包括定期和储蓄存款，这些主要具有资产和保值的特征，并不表现为支付手段。这种存款也有流动性的特质，也可以替代具有支付手段特征的存款。传统的货币理论将货币的支付手段功能置于最重要的地位，并关注于最能体现这一特征的货币层次，即包含现金和活期存款的 M_1。

央行则认为，M_1（以及 M_2）和 M_3 相比，更容易受到利率变动而导致的定期存款和其他形式存款之间变化的影响。使用 M_3 的主要理由则是经验的：在德国，从长期平均来看，M_3、全社会经济活动和物价之间的关系紧密且非常稳定。

但很久以来，特别是近些年，央行也承认，鉴于货币和金融市场的发展和国际化，M_3 的短期波动越来越难以解释和调控。央行在近几年更多地需要用特殊因素来解释货币供应状况的短期震荡，并容忍这些因素，因为它们对通货膨胀或通货紧缩的产生并不是决定性的。干扰因素的增多使 M_3 的核心作用短期内受到影响。货币供应调控的优点将更多地在中期体现出来。①

此外，M_3 的资产因素起重要作用。欧洲投资重要性的加强和货币市场基金的准入作为定期存款的替代使这种扭曲更加严重。央行因此从一段时间以来更多地关注扩大的货币层次（“广义 M_3”）。但这个指标离央行的直接调控还很远。而且这种存款对于支付手段的替代程度还不清楚。在这种情况下人们要问，是否应该使用狭义的货币层次，而不是将 M_3 扩大。

M_3 易受短期干扰的特点促使央行更多地强调政策是中期指向的。这个有益的回应，并接近货币主义者提出的面向长期的目标建议，即采用十多年

① Deutsche Bundesbank, Geschäftsbericht 1995，第 84 页。

目标代替年度目标。虽然央行在此前不久拒绝了该建议，因为在持续变化的货币基本关系情况下会导致失误。事实上长期目标可以避免这种风险，如果其无条件限定的话。但如果允许失误的限定条件和修正出现，比如流通速度发生改变，那这一点就不成立。即使在可以制定限定条件的且可以修正的多年目标时，货币政策的可信性也最终来自央行令人信服地解释和论证目标偏离和目标修正的能力。[①]

使用有限制条件的目标和（比较大的）目标区间受到货币主义者的批评，因为这为央行创造了秘密的政策空间。实践中目标区间所带来的问题是，如果充分利用目标区间，即通过移动下一个阶段的目标区间的初始点，会导致出现没有预先计划的增速出现（基数游移）。而跨年度目标在这点上是一个令人信服的目标。

在贯彻执行货币政策时选择正确的货币层次，以及在制定目标时的区间选择和补充条件，是德国和其他国家在讨论货币政策时的主要话题。事实上这些问题的确很重要，但其重要性是相对的。长期来看，所有货币层次的走势或多或少都是同步的，有时会不一样，但都显示出趋势性。对于货币政策而言，最重要的是货币层次体现出可信的发展势头，从而看出物价的走势。这在原则上选用任何一种货币层次都是可以的。

从更根本的层次可以确定，央行认真选用货币政策战略虽然是重要的，但最重要的还是在这种战略背后所体现出的保持稳定的意志。这又来自公众和政界对物价稳定会带来好处，而通胀和货币的不稳定会带来成本的固定的意识。这是稳定的货币战略以及其执行和贯彻的基础。货币供应量目标既是贯彻这一意志的工具，也是这一意志的反映。

9 德国联邦银行的政策工具

德国联邦银行调控货币供应量是对基础货币市场供应和需求条件的影响的间接调控。从央行对基础货币的供应，商业银行和其他经济活动参与者的需求，货币市场和金融、商品市场的互动，最终确定货币供应量和利率。央行对货币市场条件既能够通过基础货币调控来影响（在这种情况下，央行

① 一个使用跨年度货币供应量目标的例子，同时也体现出这方面的困难，参见瑞士央行自1990年以来的实践。

必须接受给定的货币市场利率及其波动），也可以通过调控货币市场利率来影响（在这种情况下，央行必须在选择货币市场利率后用基础货币满足市场的需求）。德国联邦银行从一开始就选择了第二种方法，即间接的货币供应量调控，包括控制基础货币，通过货币市场利率调控。[①] 出于这一目的，央行的主要政策工具是公开市场业务、再融资政策（贴现和抵押贷款政策）以及存款准备金政策。

自1979年以来，各种政策工具的构成、使用和相对重要性发生了巨大变化。这主要是因为一方面取得了多年来各种政策工具的使用经验，另一方面更重要的是金融市场和金融机构的不断发展（金融创新、自由化、全球化以及国际竞争压力的增大）。这一变化的主要特征是公开市场业务从不起眼的政策工具上升为起主导作用的央行提供基础货币的政策工具。贴现和抵押贷款政策以及存款准备金政策的重要性相对下降。[②]

9.1 公开市场业务

不同的央行政策工具各有不同的优点和缺点。公开市场业务之所以能够成为（德国和其他国家）央行最重要的货币政策工具，其主要优点在于其灵活性、可逆性，以及公开市场业务的主动权完全在央行手中。因为公开市场业务主要通过证券回购交易的形式招标（招标程序）进行，这样可以创造公平竞争的条件，对金融和经济体系的各个部分都不产生竞争扭曲和歧视性的影响，这是这个工具的重要作用。

1979年和1980年央行更多地使用这一工具也导致了对其“静悄悄”的特征的讨论。这被认为是其优点。与此相对应，传统的再融资和存款准备金政策因为“太喧嚣”而遭到批评。这主要是指通过这些工具对将来的预期产生巨大的影响。它们作为“粗略调控工具”主要起到强大的信号作用，并不特别适合短期的“微调”。和公开市场业务相比，再融资和存款准备金政策由于前面所列的理由（灵活性、可制定额度的、可逆性）并不太适合作为货币微调的工具，因此鉴于其较强的信号作用，不同大小的“声音”这个理由不怎么令人信服。一旦公开市场业务上升为重要的甚至是最重要的

① 瑞士央行提供了一个直接调控基础货币供应量的反例。比较其他调控方法，参见 von Hagen，Alternative Regimes。

② 政策工具的发展和使用，参见 Issing，Experience 及 Deutsche Bundesbank，Geldmengensteuerung，第61页及续页。

政策工具，那么它和其他工具一样，其目前和将来的使用都会被市场仔细关注，并引发市场的推测。德国的经验显然证明了这一点。

9.2 再融资政策

当 20 世纪 70 年代和 80 年代上半期大规模使用贴现和抵押贷款政策时，从 20 世纪 80 年代中期开始再融资贷款就保持在这一时期达到的水平，再融资限额被完全使用。再融资政策并不完全适合货币市场的微调，因为央行对尚有的再贴现额度的使用程度没有直接的影响力，而且一般不准备对再融资利率和额度进行经常的变动。后面这个问题可以通过将再融资利率和市场利率水平自动联系的机制解决，参照瑞士或加拿大央行的做法。但这违反了央行的意愿，将基准利率作为其政策的秘密工具，特别是在产生信号效应方面，同时也是对自己权力的确认。虽然央行理事会提出并讨论过使抵押贷款利率灵活化的意见，但最终没有被采纳。再融资政策的另一个问题是，在分配额度时很难保持公平。

抵押贷款政策的主要思想是在央行流动性出现短期“瓶颈”时起过渡作用。这一工具在数量上的重要性越来越低，即使如前面几节所描述的那样，这个工具时常偏离其原来的使用目的，并导致数量上暂时的上升。但它是央行执行作为“最后贷款人”功能必要的、不可或缺的政策工具。

9.3 存款准备金

存款准备金政策的优点是，能够将商业银行准备金和货币供应量之间的关系收紧，使商业银行不能挣脱提高存款准备金率所带来的直接的紧缩效果。但随着资本市场的国际化以及所导致的国际替代可能性的增加，特别是针对收益和增长不受存款准备金制度制约的欧洲市场，这一理由变得苍白了。因为存在规避的可能性，使存款准备金工具的效果大打折扣。而德国商业银行所承受的存款准备金制度的负担越来越成为德国银行和金融业的竞争劣势。商业银行方面早就并经常提出要取消这一政策。在经历了开始时的怀疑和观望后，央行在 1986 ~ 1995 年多次下调存款准备金率到很低的水平。但央行至今坚持把存款准备金这个工具作为公开市场业务的重要补充而保留下来。下调存款准备金率可以看成是为了长期保留这一工具，并与德国商业银行的竞争力相适应。德国联邦银行保持这一政策，并希望欧洲中央银行也保留的主要理由是，通过存款准备金制度可以隐含地保证银行体系对基础货币基本的稳定需求，来起到货币市场的缓冲功能，并由此实现货币市场利率的稳定。但存款准备金政策不再通过其利率的变动而作为积极调控货币市场的手段并由此导致其与基础货币不再关联。

存款准备金政策的基本意义和必要性在学术界和货币政策执行的实践中是有争议的。有观点认为，即使没有存款准备金，货币调控也能够保证质量地实现。在当前德国的存款准备金率保持在低水平的时候，这种讨论主要在学术界进行。作为安全性的措施，央行保留较低的存款准备金制度是完全有理由的。

受到存款准备金思想影响的还有对货币市场基金准入的讨论。央行开始时出于存款准备金基数减少的考虑而阻止货币市场基金准入，在 1993 年央行放弃阻止（保留怀疑态度）后，存款准备金工具的弱点进一步明显。

存款准备金重要性的降低使央行通过加强公开市场业务来补偿。由于国际化程度的加深和国际竞争的加剧，能够创造公平竞争效果的政策工具就会变强，特别是公开市场业务，而要通过规则来监管行为的政策工具就会弱化，正如存款准备金政策。

总体而言可以确定的是，德国联邦银行在过去 20 年确立了能很好发挥作用的、实用的政策工具，可以有效地、符合目标地贯彻其政策。

10　德国联邦银行是榜样吗？

德国联邦银行完全能被看成是过去 20 年很成功的央行之一，甚至是最成功的央行。在欧洲货币联盟中，德国联邦银行起到榜样作用，在《马斯特里赫特条约》中的欧洲中央银行是按照德国联邦银行的模式构建的。因此要讨论德国联邦银行是如何处理战略与现实的关系问题，其实现目标的程度以及处理不同目标之间的冲突。最后要对德国联邦银行实现其政策的独立性的重要性进行评价。

10.1　战略、实践政策以及目标冲突

德国联邦银行的政策致力于保持稳定，面向中期的货币供应政策总符合这一要求吗？或者这一政策只是一个“装饰品”，是央行实用主义和秘密政策的理论掩饰？货币供应量目标的反对者经常这么论证，央行根本不需要这

件“约束的外衣”，即便放弃它，其政策照样不会改变。[①] 支持货币供应量调控的货币主义者在很多时候也指责央行没有坚定地执行其公布的政策，在实践中又回到了秘密政策的旧风格中。[②] 他们要求央行保持其战略，在货币政策的实践中也要按战略来执行。

在德国过去20年的历史上总出现这样的情况，要用书本中严格定义的战略来诊断实践中对政策的偏离。这在实践中是不可想象的，因为货币政策在执行时会受到具体的政策环境、利益集团各式各样的强制和影响。央行会受到各种影响，即使在最优的制度环境下也不能够幸免，央行还要预防政策环境和其独立性遭到破坏。

评判德国联邦银行（还有其他国家的央行）实践中的政策的重要标准不是书本中严格定义的战略，更多的是这种战略的基本思想和政策的重要方向。和其他许多国家的央行相比，在比照实践中的操作和基本战略构想后，可以给德国联邦银行开出一份好的成绩单。20多年来，德国联邦银行在很大程度上保持了其政策的基本方向，即使在面对许多困难和暂时的混乱后也能又回到这一战略。德国联邦银行表现了坚持，而不像其他许多国家的央行那样急切地改变战略。德国联邦银行的成功也要归结于其保持了政策的相对稳定性。

对德国联邦银行实践政策的评价在有些领域分歧很大，在前面2～7节已经提过，这主要与货币政策的不同目标的权重有关。德国联邦银行始终将币值稳定作为优先目标，同时也考虑其他目标，比如均衡发展的经济、金融和外汇市场的稳定以及对外经济平衡，这些都是其政策重要的关注点。央行还强调，其政策不可能处于真空中，必须考虑到财政领域和劳资谈判的决策。

事实上的确有很多时候存在着这些影响和考量。除了一直存在的对经济发展状况的考量，还主要有对外经济发展的影响，尤其在1979～1981年马克疲软，经常项目出现赤字时，以及后来对外经济状况完全转变时。央行时常出于对外经济因素的考虑而采取影响汇率和利率的政策，这在一定程度上与货币供应量目标以及物价稳定目标是矛盾的。此外，由于欧洲货币体系规定的义务，央行还要经常干预外汇市场，最严重的时期是在1992年和1993年，此前也曾有过，这也给稳定政策造成了困难。

---

① 参见Bofinger，Real Target，将央行的货币供应量目标看成是宗教仪式。

② 参见Neumann，Geldmengenpolitik及Neumann，Realtrendorientierung。

央行对外经济导向的政策主要是作为保持稳定的工具，即避免出现突然的改变和不稳定。央行很清楚，在通胀的环境下，不可能同时保持物价和汇率的稳定。央行在这种情况下总是决定保持物价的稳定，虽然并不是每一次都那么坚定，像货币稳定目标所希望的那样，但和其他国家相比，还是非常明显和坚定的。在这一点上德国联邦银行应当得到赞赏。①

对经济发展状况的考虑也同样如此。德国联邦银行面对德国和国际上要求刺激消费的观察家的猛烈批评，还是保持了立场的坚定性，即使是那些认为央行过于关注汇率和利率的支持稳定的观察家也不否认这一点。在我们的分析期内，于 1980 年和 1981 年首次出现这种批评和压力，之后在 1986 ~ 1988 年以及德国统一后的 1991 ~ 1993 年都出现过。

德国联邦银行和其他国家央行一样，也要考虑财政政策的影响，有时情况还很困难。特别是 1990 年以后由于德国统一导致的财政状况紧张，使央行不能得到很多支持。大规模的财政支出和国家负债的上升带来了隐含的威胁，要求货币政策更为扩张来达到“平衡”，使融资更加容易，避免利率僵硬。在这种情况下要坚定地保持稳定的货币政策是非常困难的，但同时也是非常重要的，如果货币政策向财政政策妥协，即通过货币扩张来支持财政扩张，会导致财政政策灾难性的激励效应，使财政政策成为货币政策的主导。② 从这点来看，央行的独立性是非常重要的，可以使央行应对这一危险。

在德国还经常讨论工资对货币政策的影响以及货币政策对此的依赖。事实上的确是正确的，工资的快速增长对就业产生的影响会给央行的决策制造麻烦，要么通过货币支撑成本的上升，导致成本上升引发的通胀，要么不采取行动并听任暂时的就业率的下降。这是货币政策典型的困境。仅仅从这个角度看是不够的。“工资政策”对货币政策而言不是外部因素。提高工资的要求往往来源于对未来物价的预期。严格的以稳定为目标公布并执行的货币政策是使工资和物价相适应的最好方法。央行对此非常清楚，提前公布令人信服的货币供应量目标的优点就在于此。这一优点既可以在反通胀时期利用，比如 1979 ~ 1981 年或 1990 年之后，也可以在通胀率较低并防止通胀预期形成的阶段利用，比如 20 世纪 80 年代中期。

---

① 在 1979 ~ 1981 年，在央行理事会和董事会都有人将货币供应量目标主要看成是保持对外经济稳定的工具，即应对马克信任危机的工具，但其实对货币供应量目标本身十分怀疑。这种观点最终没有得到采纳。

② 货币政策和财政政策协调，见 Sargnet/Wallace，Unpleasant Arithmetic。

10.2 德国联邦银行实现目标的情况如何？

德国联邦银行自1979年以来的政策从实现目标的角度来讲是成功的吗？尤其在近几年，曾多次偏离目标，使人容易提出这样的问题。非常清楚的是，要做出评判要么和没有发生错误的理想情况比较，要么与其他国家央行的业绩比较。

在评价目标的实现情况时必须区分，是从货币政策的最终目标来看，还是与公布的货币供应量增速的中间目标相比较。与确定的货币供应量目标相比，目标的实现情况从统计上看既不差也不好：在1979～1996年的18个货币供应量目标中，有11次达到目标，7次偏离目标（1986年、1987年、1988年、1992年、1993年、1995年、1996年），其中有些年份偏离严重。如果从最终目标，即物价稳定的角度来看，实现目标的情况虽然不是非常好，但已经很不错了，尤其是与其他国家相比，而且没有对实体经济的发展产生严重的负面影响。德国通胀率及其波动情况长期以来都保持在相对较小的水平。[①]

人们可以这样认为，央行可信度的决定因素是实现最终目标的情况，偏离中间目标只起到很小的作用。但这也只是一个简单的想法，会导致人们对制定中间目标意义的质疑。在偏离目标时，不论是中间目标还是最终目标，对央行可信度来说最重要的是对此进行解释和论证，并表明在将来回到稳定政策的坚定决心，或者阐明在具体情况下偏离货币供应量的目标与实现物价稳定的最终目标并不矛盾。对于央行来说，偏离最终目标的程度越小越容易解释。从这个意义上看，实现最终目标才是最重要的。德国联邦银行在解释其政策方面总体而言是非常成功的，尽管处于充满挑战的时代，特别是德国1990年统一之后。

10.3 德国联邦银行的独立性

德国联邦银行的独立性对实现其政策有怎样的意义？德国联邦银行是世界上最具独立性的央行之一。德国联邦银行完全有理由获得这一声誉，而且考虑到了独立性的所有因素（听从政府指令的程度、拥有货币政策工具的程度、央行领导者的独立性程度）。非常清楚，在一个民主国家，央行的独

---

① 还有一个原因是，德国的金融市场不像美国和其他国家由于创新和结构变迁而导致不稳定和货币关联的改变，所以，可以至今保持货币供应量目标。

立性永远是相对的。央行独立性是法律赋予的，也可以通过法律收回。独立性可以使央行从政治中抽身而出，但也隐含了对政界和公众的明确责任，并以准确定义央行政策的任务为前提。

在央行独立性和货币稳定（物价稳定）之间具有明确的关联，这已被理论和经验数据所证明。① 同时从长期平均来看，要实现这一关联并不需要承担实体经济低速发展或实体经济变量波动性增加的成本。

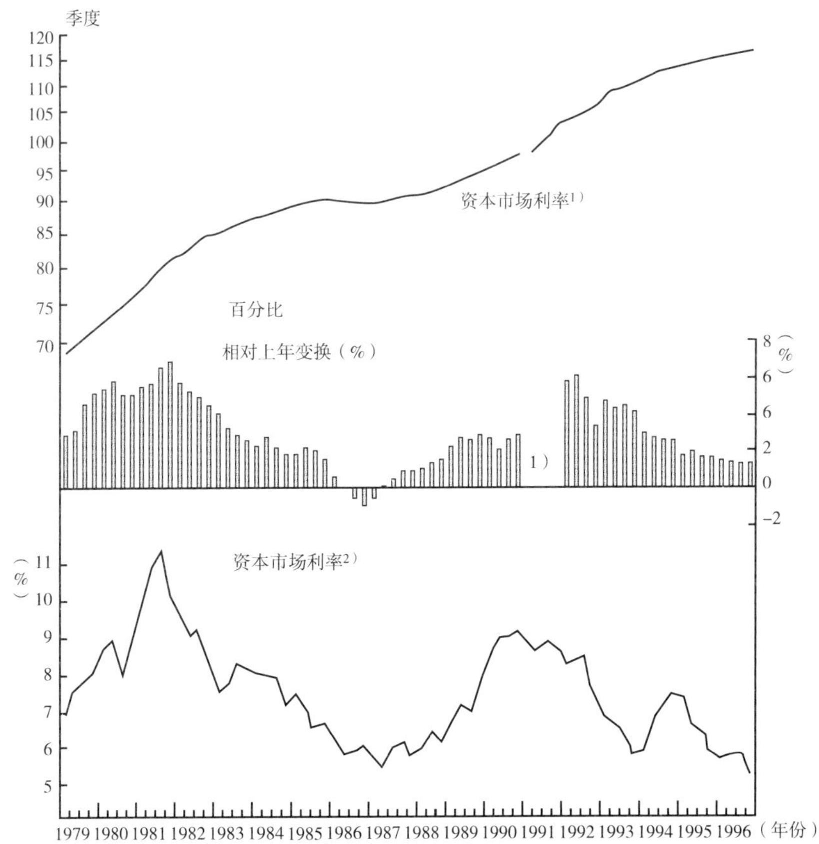

图 13　1979～1996 年物价走势和资本市场利率

（对数比例、居民基本生活消费价格指数、1991 年为 100、扣除季节因素）

注：1）1991 年含所有联邦州；2）国内活期利率。

资料来源：Deutsche Bundesbank。

① 参见 Cukierman，Central Bank Strategy 及 Alesina/Summers，Central Bank Independence。

1979年以来的德国货币政策生动地体现了央行独立性在实践中的重要性。毫无疑问，依附于政府的央行在这几个阶段内不可能贯彻其稳定政策，而德国联邦银行却做到了，比如1980～1981年、1986～1987年或者1991～1993年，而没有执行扩张性的，会带来通胀的政策。政府的代表也参加央行理事会的讨论，但常常支持扩张性的政策，并低估可能导致的通胀风险，而且他们一般都比央行更加倾向于屈从来自国外的要求执行扩张货币政策的压力。

央行独立性是创造央行可信度以及确保实施币值稳定政策的重要工具。因此它必须保留下来，将来的欧洲中央银行也应当如此，正如《马斯特里赫特条约》所规定的那样。独立性并不是绝对的。它不能完全顺利地、自动地创造可信度，因为独立性是由政治赋予的也可以收回的，而且

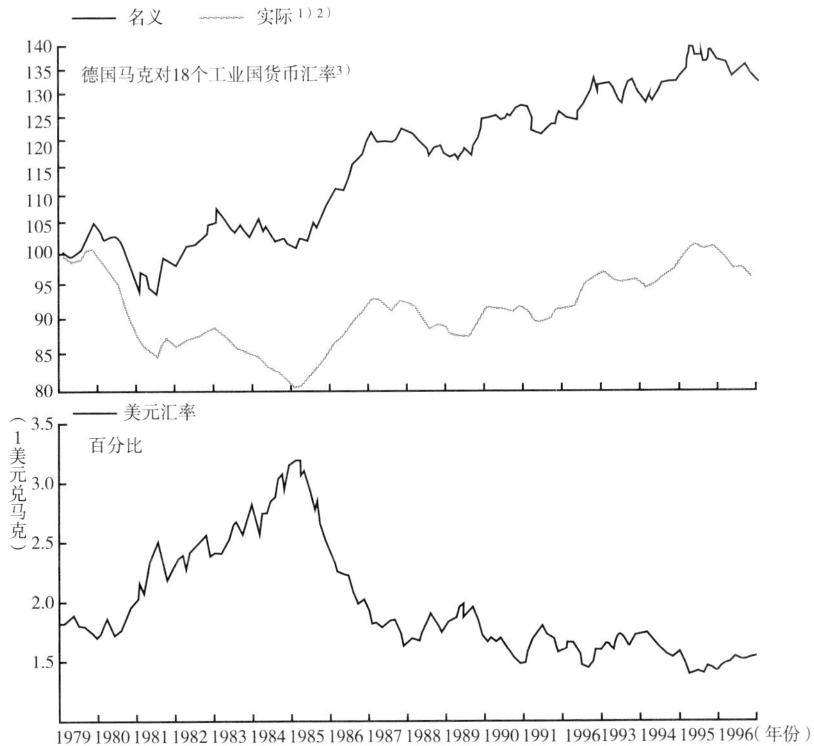

图14　1979～1996年马克对外价值和马克兑美元汇率

（对数比例、1979年为100）

注：1）扣除价格因素的汇率；2）季度；3）加权汇率。

资料来源：Deutsche Bundesbank。

在不同的“稳定文化”和通胀特点下，对独立性的解释和操作也是各式各样。可信度必须要由体制独立的央行经过很长时间才能赢得。关系到可信度的措施往往成本很高。独立性虽然不是充分的，但是必要的和基本的前提，使德国联邦银行，或者之后的欧洲中央银行能够继续起到货币政策的模范作用。

币值稳定：威胁与考验*

曼弗雷德·J. M. 诺曼（Manfred J. M·Neumann）**

"货币的根本问题是中央银行的独立性。"

——威廉·沃克（Wilhelm Vocke），德意志各邦银行董事会主席

1 币值保证作为市场经济的框架条件

货币购买力稳定的目标被从道德上证明。市场经济的秩序自由主义典范就是给予人类经济以秩序框架，以使其在自我负责的情况下，最大可能地达成个人自由与自我实现。其中包括私有制和开放的竞争。同时还包括购买力稳定的货币。只有这样的货币是"显著的自由"。① 正因为国家占据了创造货币的垄断地位，所以国家在国民劳动成果的交换中为国民提供购买力稳定的交换手段，具有核心的责任伦理意义。

币值稳定目标的地位也源于其对竞争秩序正常运作，以及归根到底对保障社会安全与和平的意义。低估货币稳定的政府将不能履行其职责。不稳定的、通货膨胀式的货币供应阻碍国民充分利用所拥有的资源创造财富的潜力。这会导致国民产生这种倾向，即在一个稳定的货币秩序中也不再有效率。

---

* 原文标题 Geldstabilität：Bedrohung und Bewährung。出处：Deutsche Bundesbank（Hrsg.）（1998）；Fünfzig Jahre Deutsche Mark. Notenbank und Währung in Deutschland seit 1948，München，第 309～346 页。译者为中国社会科学院欧洲研究所助理研究员胡琨。

** 曼弗雷德·J. M. 诺曼（Manfred J. M. Neumann），生于 1940 年，经济学家，德国联邦银行，1981 年始任波恩大学教授。

① Dostojevskij，Aufzeichnungen，第 29 页。

持续的货币贬值以各种各样的方式侵蚀财富。其只能与最严重的经济和社会事故相提并论。通货膨胀损害价格的信号与调节功能，因为其使得区分一般价格水平和相对价格的变化变得困难。通货膨胀会增加交易费用，因为其会导致合同期限缩短，并且在宏观经济层面不能实现货币行为的最优化。通货膨胀也会对投资和储蓄产生负面影响，因为在累进的收入税制度下其会提高边际税率和实际税负，并会增大实际收益实现的不确定性。

总之，通货膨胀不利于增长，并因此减少了那些由于个人不利条件或者劳动力市场准入限制而无法自谋生计者获得社会保障的可能性。通货膨胀也会对较低社会阶层的境况造成损害，倘若他们不知道如何抵御通胀。他们将承受过多的通胀税。①

2 国际比较中的德国马克购买力稳定

2.1 事实

过去的50年中，德国马克获得了国际上有口皆碑的稳定声誉。而实际上德国马克的国内购买力，按所有家庭基本生活费用价格指数测算，却不断走弱。1950年、1952年、1953年和1986年这几年是例外。德国马克特别的声誉源于其他货币购买力减少得更多，因此自20世纪60年代末始，总是不断出现有时甚至戏剧性的马克升值。

表1根据基本生活费用价格指数显示平均物价上涨率。1949～1996年德国物价水平平均每年上涨2.8%，略低于瑞士（3.1%），但大大低于其他工业国家。特别是在欧洲大国法国、英国和意大利，在过去的近50年，其居民基本生活费用上涨速度为德国的2倍以上，年平均达6%～7%。此外，表格中同时给出的标准偏差则显示，与其他国家整体比较德国的物价水平发展更平稳。

对德国货币政策在国际比较中令人印象深刻的结果进行评估时须考虑到，上面显示的数值夸大了实际价格上涨的程度。这是源于价格指数设计众所周知的问题。然而，夸大的程度几乎不会超过一个百分点。常见的假设，即价格上涨率测算出来为2%就意味着实际上涨率为0，② 是值得推敲的。

---

① Tietmeyer称之为“冰冷的剥夺”。参见Tietmeyer，Value，第38页。

② 在联邦银行1968年提交给联邦财政法院的一份报告中提到：“通常说来还不能判定为货币贬值，如果基本生活费用价格指数……每年升高约1%；并且也只能有限制地被视为货币贬值，如果指数每年升高1%～2%。”参见Deutsche Bundesbank，Geldentwertung，第72页

表 1　国际比较中的币值发展，居民基本生活费用价格指数：平均通货膨胀率*（括号中为标准偏差）

单位：%

整个时期/各个时期	德国	瑞士	美国	日本	法国	英国	意大利
1949～1996	2.8 (2.3)	3.1 (2.4)	4.1 (3.1)	4.4 (4.7)	5.9 (4.3)	6.6 (5.0)	7.0 (5.8)
1949～1959	1.1 (3.3)	1.1 (1.8)	2.1 (2.2)	2.9 (5.8)	6.2 (6.1)	4.3 (2.8)	2.7 (2.8)
1960～1972	2.9 (1.2)	3.7 (1.5)	2.8 (1.6)	5.6 (1.3)	4.4 (1.4)	4.5 (2.1)	3.8 (2.1)
1973～1979	4.9 (1.5)	4.7 (3.4)	8.2 (2.1)	10.1 (6.0)	10.2 (1.8)	14.7 (5.0)	15.5 (2.9)
1980～1996	2.8 (1.7)	3.2 (1.8)	4.7 (2.9)	2.0 (1.9)	5.2 (4.1)	6.1 (4.0)	8.6 (5.5)
根据报道 1996 年底币值(1949 年 =100)	27.3	23.8	15.2	13.3	6.7	5.3	4.2

注：*平均通胀率由几何平均数得出。

资料来源：Deutsche Bundesbank；作者整理计算。

各个时期的结果比较显示，德国联邦银行与瑞士国家银行在20世纪50年代甚至实现了平均价格上涨维持在约1%。直到60年代通货膨胀发展才在所有国家出现了程度不同的失控，确切地说——在所有国家——虽然程度不同。这一方面是因为1970年以来美国急剧增加的国际收支赤字导致的为保护美元而采取的全面干预，另一方面则是由于1973年石油危机引发的货币无限量的供给。直到80年代才在世界范围内实现让通胀趋势回归50、60年代的水平。为此，在欧洲货币体系中占据引导地位的德国联邦银行作出了巨大贡献。

2.2　作为货币政策之问题的价格水平上扬

过去近50年平均2.8%的物价上涨并不简单等同于通货膨胀，分析起来，物价上涨率可分为两个部分，一个是由于货币供应量过度增发引起的通货膨胀部分，另一个是比如由于提高增值税或者进口原材料涨价引起的价格水平一次性的上扬。像通货膨胀一样，价格水平上扬也会减少货币的购买力。但是这并不意味着，中央银行应该阻碍这种价格水平上扬。

价格稳定目标有各种不同的解读。如果价格稳定被定义为保持绝对的购买力稳定，那么中央银行则要致力于使得价格水平不要长期偏离一个恒定的目标值。因此，须限制价格水平上扬，使其回归。反对此理念者则宣称，价格上扬会产生严重的结构调整问题，并会导致生产和就业的衰退。货币政策紧缩性的反应会使得情况恶化。

如果价格稳定是被定义为避免通货膨胀，那就意味着，中央银行须致力于货币供应量增长与生产潜能中期增长相契合。就此，赞成购买力持续流失的历史上最重要的理由被排除了。尽管如此，即使没有出现货币引起的价格水平上扬，也会产生购买力流失。

可取的价格稳定理念可让非通胀性货币供应量增加的目标与抵消此种价格水平上扬的目标衔接起来。如此，无须忍受价格水平上扬，或者让其回归，则只需尝试对其进行抑制，使其不会成为工资上涨的契机。战略目标是阻止第二轮效应的发生。

联邦银行尝试按照此种理念行动。最重要的考验是 1973 年秋季的油价上涨。联邦银行在 1973 年 3 月通过取消与美元的挂钩引入了史无前例的紧缩性货币政策，以使得国民经济摆脱布雷顿森林体系的通胀影响。1972 年，基础货币和 M_1 货币供应量还在以 13% ~16% 的增长速度膨胀，而价格上涨率到 1973 年初增至约 7% 。在几个月内，联邦银行就事实上遏制住了这两个货币指标的增长。在这种情况下，石油价格在 1973 年 10 月暴涨 4 倍。显而易见，这会对要素价格关系的变化产生急剧影响，并且会造成生产和就业的衰退。大面积的价格调整和国内分配斗争的加剧呼之欲出。联邦银行与社会自由派的联邦政府一致以尽可能遏制更高的价格上涨为优先目标。因此，与大多数其他中央银行不同，联邦银行实施其紧缩政策直至 1974 年，并在此后只是逐渐放松。如此，巧妙地排除了价格上扬的危险性，并且即使在 1974 年物价上涨率也被限制在 7% 。与此相对的是，法国物价上涨率飙升至 13% ，英国为 16% ，意大利为 19% ，在日本甚至达 23% 。联邦银行让人印象深刻的成功的代价是生产与就业衰退的恶化。

即便回顾起来，也很难断定，较少紧缩的政策对于充分遏制石油价格引起的价格上涨及打消对价格和工资调整空间过高的期望是否已足够。关于与通货膨胀作斗争的代价如何，须考虑到，其他工业国家也同样陷入了类似的生产与就业危机。如只把国内生产总值缩减的绝对数，而不是增长的总体衰退算为直接损失，则英国和意大利的损失分别为 2.4% 和 2.1% ，而德国与日本的损失是它们的一半（1.2% ）。美国与法国的成绩让人更是印象深刻，他们的生产衰退分别只有 0.5% 与 0.3% 。

联邦银行决定的立场最终有了成效，它在随后的几年中减轻了与通货膨胀作斗争的压力。到 1978 年，价格上涨率降到了 3% 以下，而同时，法国的价格上涨率只是回落到了 9%。这在表 1 给出的 1973 ~ 1979 年数据中也得到清楚的体现。德国与瑞士的平均通货膨胀率维持在近 5%，而同时日本和法国为约 10%，英国和意大利则是约 15%。

2.3 价格稳定：增长刹闸？

由于后凯恩斯主义理念的影响，在学术界直到 20 世纪 60 年代末，并且在许多国家更长时间的政治实践中支持这样一种错误的观点，即认为借助于扩张性货币政策不仅可以暂时，而且可以长期降低实际利率，并且通过这种方式实现更高的经济增长路径。①

无需更精确的实证研究方法来辨明在通货膨胀和实际增长之间不存在宣称的正向关联。表 2 选取了人均实际国民生产总值增长数值。根据表 2，比如通胀国意大利的经济自 1950 年末始明显比价格相对稳定的瑞士增长要快（3.5% 对 1.9% 每年），但是并未超过（联邦）德国（3.5%）。与此相对的是，通胀率居于第二位的英国平均增长率只有 2%。此外，各个时期的比较显

表 2　人均实际国内生产总值增长，平均增长率*（括号中为标准偏差）

单位：%

整个时期/各个时期	德国	瑞士	美国	日本	法国	英国	意大利
1950 ~ 1994	3.5 (2.8)	1.9 (2.6)	1.8 (2.2)	无	3.0 (1.9)	2.0 (2.1)	3.5 (2.4)
1950 ~ 1959	7.0 (2.2)	2.9 (3.0)	1.7 (3.1)	无	3.9 (1.7)	2.1 (1.6)	5.1 (1.8)
1960 ~ 1972	3.7 (2.2)	3.2 (1.7)	2.4 (1.6)	8.6 (2.5)	4.5 (0.9)	2.5 (1.4)	4.5 (2.1)
1973 ~ 1979	2.8 (2.2)	0.3 (2.9)	1.9 (2.2)	3.0 (2.6)	2.6 (1.6)	2.3 (2.7)	3.4 (2.8)
1980 ~ 1994	1.5 (1.8)	1.0 (1.9)	1.2 (1.9)	2.7 (2.0)	1.4 (1.6)	1.5 (1.4)	1.8 (2.4)

注：* 平均增长率由几何平均数得出。

资料来源：Deutsche Bundesbank；作者整理计算。

① Tobin，Money，不同观点参见 Friedman，Role。

示，在所有被调查的国家中，在20世纪50、60年代的轻度及温和通胀下其实际平均增长要高于往后。最后，80年代初以来的发展表明，与通货膨胀率不同，这些国家的实际增长率相差无几。

总之，实证证据明确地驳倒了通胀会刺激经济增长的命题。但是，与此相反的假设，即价格稳定促进增长，也没能通过这些国家的比较得到证实。事实上，需要建立详细的实证模型，这个模型能精确地兼顾最重要的发展因素，使得稳定货币秩序对增长的正面影响能够被单独分析。就此而言，在内生增长新理论研究项目框架内的进行的调查才刚刚开始。

3 德国货币宪法的特殊性

20世纪几次大的通胀告诉我们，如果各国政府对货币供应量的干涉无法阻挡的话，币值稳定不可能被维持。货币主义者们因此提出了形形色色的货币供应量规则建议，来对中央银行作出规定。① 原则上另外一种可能性是设立一个独立的中央银行。这可被视为政府暨政治体系的一个自我约束。② 值得注意的是，这个解决方案长期被货币理论家所忽视，甚至摒弃。③ 德国与瑞士总体的正面的经验也更多是被归结于特殊的稳定文化的存在，而不是中央银行的制度保证。④

本文的主旨是，德国的稳定这一成功关键取决于联邦银行实际上很大程度的独立性。币值短期的发展受各种各样的因素影响，但是长期看来，则只取决于货币供应量的扩张度。最终还取决于，中央银行的领导层有能力并且有意愿，不顾各种社会力量的特殊利益而对货币供应量实施控制，以维持币值。为此，就需要中央银行作为机构拥有独立性之外，其领导层的独立性也是同样重要的。

---

① 参见 Friedman，Program，第90页和续页，以及 Meltzer，Overview。

② 参见 Neumann，Precommitment，第99页。博弈论指导下的宏观经济学认为，不存在完全绝对可信赖的自我约束，却忽视了取消（央行）独立性地位的政治代价会让人望而却步。

③ 参见 Friedman，Monetary Authoriy 和 Brunner，Tradition。两位都强调这种风险，即独立的中央银行家会滥用其自由裁量的活动空间而产生损害经济的行为。历史上的事例如帝国银行行长 Rudolf von Havenstein，其尽管根据在盟军赔偿委员会压力下颁布的《自治法》而拥有独立性，将帝国债务货币化，并因此导致走上了恶性通胀的道路。其死于1923年11月20日，这天是货币稳定日。

④ 稳定文化的重要性参见本文第7节。

3.1 联邦银行作为机构的独立性

联邦银行作为机构很大程度的独立性，其核心是基于《联邦银行法》第12条第2句规定的联邦银行不受联邦政府指令的约束。虽然法案是1957年由德国立法者颁行，但这个规定须感谢同盟国特别是美国的影响。联邦德国成立前的1948年，其已在由其颁布的《军政府法》关于建立德意志各邦银行的第1条第3句中规定，“银行不听命于除法院之外的任何政治团体或者公共部门”。这是一个里程碑式的原则决定。[①] 同盟国仅仅自己保留了通过命令限制德国货币政策的可能性。然而，这种权力从来没有被使用过。

《联邦银行法》中列举的联邦银行享有的权利，可不受指令约束。基本上包括货币发行、贴现政策，信贷政策，公开市场政策、存款准备金政策以及在银行和金融业领域获取统计数据的权力。联邦银行通过法律或者其他协议获得的其他任务，则不适用免于受指令约束的规定。这原则上意味着对独立性的限制。通过干预和其他措施来维持目前的货币平价，这个任务对于保证货币稳定来说最重要。而这个对独立性最严重的限制却对保证币值稳定目标产生潜在威胁，因此就会在联邦政府和联邦银行之间产生不可避免的矛盾。[②]

法律还含有其他规定影响中央银行作为机构的独立性程度。根据第13条第2款，联邦政府成员有权力列席中央银行理事会会议，并提交提案。他们没有表决权，但是有权要求延期（最长两周）做出决议。这个中止否决权，如不被滥用，则对于联邦银行的独立性不产生决定性的限制，即使在会造成损失的个别情况下。此外，根据第13条第1款，在对于货币政策来说相当重要的事务上，中央银行须向联邦政府提供咨询，并且根据第3款，政府在就对于货币政策来说重要的事务进行咨询时，应邀请联邦银行的行长参加。重要的是，中央银行常常具有攻击性的把其咨询的义务当做一种权力。在他们看来，咨询“不受联邦政府相应要求的约束。这意味着，联邦银

---

① 当此后这部法律1951年首次在德国职能部门修订时，这条规定仍保持不变。联邦经济部长艾哈德极力赞成。不过，一年之前的1950年2月22日，其在中央银行理事会的会议上表示，如果德意志各邦银行不为解决失业问题的计划预先融资，则他担心，“我们在联邦政府中，以及面对联邦议会时，要维持中央银行独立性的命题，形势会非常严峻”。Wortprotokoll der 53. ZBR-Sitzung vom 22./23. Februar 1950，第1页（HA BBk B 330/23）。

② 就此本文第5节有所论述。

行……可以并且必须主动向联邦政府提供建议！如联邦银行根据其合乎义务的权衡而认为有必要”。如果人们不认同这个解读，则“可以通过这种方式来阻止一个也许不可取的建议，即不向中央银行征询意见”。①

法律交给中央银行的任务只有一个，即“保护货币”（第3条）。其他目标无须考量。虽然根据第12条第1句联邦银行须“支持联邦政府的日常经济政策”，但是只能是在“履行其任务”的前提下。这个用语是几乎无法检验的，因此看来只不过具有泛泛而谈的意义。② 尽管如此，但是也为（通过指令）施加压力的尝试创造了灰色空间。为预防这一点，对于这个规定联邦银行也做了一个具有攻击性的解读，即由其“根据其合乎义务的权衡”来决定，支持日常经济政策的前提条件是否存在。③

联邦银行作为机构的独立性还包括，公共财政不能随心所欲地获取中央银行贷款。在1994年法律修订之前，公共管理部门可以获得现金贷款，但是只在法律规定的，很低的上限框架内。

3.2 人员独立性

作为机构，中央银行可能是相对独立的。但是这对于保障币值的目标作用不大，倘若政府可相对严格的控制领导机构成员，或者在任何情况下其大多数。是否是这种情况，根本上取决于任命程序的方式，任命时间及任期长短的分布。④

中央银行理事会由董事会成员和州中央银行行长组成。任命的前提条件是“特别的专业资格”。董事会成员的情况一直是如此，尤其是那些出身于中央银行暨帝国银行，或者来自大企业和联邦财政部领导岗位的行长们。即使对于州中央银行行长的人选，原则上也重视特别的专业资格。⑤

董事会成员的任命由联邦政府提议，而州中央银行行长由联邦参议院及与此相关的州政府提议。提议机关的多元化⑥符合德国的联邦架构，先天地削减了联邦政府的影响。此外，任命在时间上是交错进行的，以避免在某个

---

① Deutsche Bundesbank，Bundesregierung，第16页及续页。

② 参见 Lindner，Krise，第345页。

③ 参见 Deutsche Bundesbank，Bundesregierung，第16页。

④ 理论基础参见 Neumann，Precommitment。

⑤ 所有提议都须知会中央银行理事会，中央理事会只在极少数的情况下提出过异议。但是从没有阻碍过任命。还可参见 Woll，Unabhängigkeit。

⑥ 这归功于美国人在1948年根据《军政府法》建立德意志各邦银行中的绝对影响。

特定年份较多数量的中央银行理事会成员被替换，并在这个方面受政治影响。1960～1996年，只在其中的四年中有四名成员被替换。其他年份则少于这个数，原则上只有一名。各个联邦政府非常乐于在董事会的组成上施加自己潜在的政治影响力，在1991年《联邦银行法》修订之前董事会成员最多可达10名，修订之后为最多8名。在同一时期，针对董事会成员的新任命总计为20名。这意味着，在联邦政府四年的正常任期内新提议的人选平均不超过两位。

中央银行理事会所有的成员任期为8年，在例外情况下可缩短，但是至少为2年。这个与国际水平相比较长的任期有助于长远的考虑。首先这有助于个人的独立性，确切地说，被任命的时候年龄越大，独立性越大。此外，在上任时预计的实际任期会更长，因为还存在再次获得长达8年的任命的可能。一直以来，被再次任命几乎都是自动进行的，也就是说，与其个人声望及所持观点无关，只要在考虑通常的退休年限的基础上其寿命允许。分别考察1969～1993年因非死亡原因而离职的17位董事会成员和1972～1995年因非死亡原因而离职的24位州中央银行行长这两个群体显示，其首次被任命担任这一职务的平均年龄为52岁，在中央银行理事会中任职的平均年限为14年。如此一来，就与我所建构理论的理想理念之职业实践相符合，即上任年龄与任期应如此搭配，以保证上任时担任的职务将为职业生涯的最后一站，这样的话，进行政治考虑的动机就不再存在了（Thomas-Becket 效应）。[①] 联邦银行的6位行长被授予这一职位时，其平均年龄甚至为60岁。[②]

理论上还存在这种考虑，即中央银行家们的行为可被收入的高低所影响。虽然收入信息被披露的不多，但是并不支持这个观点，即收入具有如此吸引力，会使得例如人们从私人银行业的领导岗位转到中央银行理事会。重要的是，收入的增加依照公共部门的协议，并就此与通货膨胀率正向挂钩。另外再联系到联邦银行在稳定方面取得的国际瞩目的成功的事实，则可以得

---

① Neumann, Precommitment, S. 103：“合同与办公条件须如此设定，使得被任命者自身从以前所有的政治关系或关联中脱身出来，并接受捍卫货币价值的中央银行目标为其职业主轴。”我们可称之为“Thomas-Becket”效应。因为对预期效应的描述让人想起英国国王亨利二世的大臣 Thomas Becket，其作为大臣代表国王利益与教会作斗争，但是其被任命为坎特伯雷（Canterbury）大主教之后又代表教会利益与国王作斗争。还可参见 Issing, Perspektiven。

② Karl Otto Pöhl 是一个例外，他47岁被任命为副行长，三年后成为行长。

出结论，即所谓只有在会导致中央银行家收入相对通货膨胀率缩水的情况下才遏制通货膨胀的技术官僚式想法是得不到事实验证的。[①]

4 冲突领域

特殊利益对于以稳定为导向的货币政策来说常常有潜在的威胁。最终取决于，中央银行家们是否抗拒这些利益诉求。因此要研究，中央银行理事会的成员是怎样塑造了现实真相。一个主导问题是，中央银行理事会是否是一个被联邦和州政策用来实现不同类型政治利益诉求的“政治化的委员会”，或者说，由于其雇佣条件的性质而推导出来的个人巨大独立性假设是否可被证据确凿地证实。

4.1 支持选举利益?

从政府的连任利益出发，威廉·D. 诺德豪斯（William D. Nordhaus）创建的政治周期理论[②]推导出，政府会利用失业率和通货膨胀之间的短期取舍关系，在选举年通过刺激周期来降低失业率。关于这一点实证研究并没有得出明确的结论。虽然在一些国家和个别事件中，确实存在为保有权力而进行的投机行动，但并不是成体系的。[③] 假设经济主体可（有限制地）产生理性预期，则经济周期无法被政府或者说依赖于其的中央银行通过货币政策的操控来摆布，因为这可被预见，并且因此会通过相应的工资要求而被抵消。当然，通过财政与货币政策工具相应的改变来进行摆布的尝试，还是被证明存在的。[④]

这个理论运用于联邦银行，则中央银行不仅法律上，而且是事实上独立于联邦政府之外，因此，与此理论的关联无法被确认。一个间接并且因此非常薄弱的验证方式是检验中央银行是否系统性地与联邦政府的财政政策相适应。相关的研究得出了矛盾的结论。[⑤]

---

① 参见 Vaubel，Glaubensätze oder Walsh，Optimal Contracts。

② 参见 Nordhaus，Political Business Cycel。

③ 参见 Alesina，Comment，Alesina/Rubini，Political Cycles。

④ 参见 Rogoff/Sibert，Elections。

⑤ Frey 和 Schneider 认为 1957 ~ 1977 年，联邦银行滞后于联邦政府的财政政策半年。参见 Frey/Schneider，Central Bank Behaviour。Berger 则认为在 1950 ~ 1971 年这个假设不成立。参见 Berger，Independence。

此理论一个直接的关联是如下假设，即为支持各个时期的联邦政府，联邦银行在选战之前经常会降低贴现率。对 1953 ~ 1994 年所有联邦议会选举之前的贴现政策进行的简单评估显示，这种情况并不是成体系的。贴现率虽然在以下几年的选战之前被降低：1953 年、1957 年、1961 年、1976 年、1983 年、1987 年和 1994 年，与这七次选举相对的是五次选战，分别为 1965 年，1969 年，1972 年，1980 年和 1990 年，在这五次选战之前贴现率都被大幅度提高。7 比 5 的比率在统计学上并没有明显偏离均衡分布的 0 假设。此外，利率降低可能有经济上的原因。因此，贝尔格尔（Berger）与索尔文（Solveen）根据反应函数研究，中央银行过度降息这个更严格的假设是否成立。他们的研究结果是否定的。①

关于联邦银行通过降息政策在选战之前帮助各个时期的联邦政府再次当选的假设，并没有被证实。这充分说明了联邦银行事实上的独立性。不过，还存在表面上的结论。这个结论不是关于中央银行理事会的成员在进行决策行动时是否独立，或者说其是否尝试对政府和在野党的当选机会施加影响。在选战前也经常出现约束性利率决定的事实应该与此存在假设关联，即当时的中央银行理事会成员的多数在政治上倾向于在野党，并因此尝试通过货币政策来使得经济形势恶化，以改善其选战形势。这种对于时任联邦政府不利的局势将无法先验地被排除，因为政府只是对任命董事会成员可施加影响，而且时间上错开的雇佣合同也可以阻止所有董事会成员在政府一个任期内被全部替换。

瓦奥贝尔（Vaubel）最开始研究，联邦银行的货币政策是否可归因于中央银行理事会中对特定党派政治偏爱的主导地位。② 其遵循如下假设，即属于或者曾经属于某一政党的中央银行家服务于其政党，并因此在联邦议会选举之前，尝试通过对货币政策扩张度进行有利于相应目标的调整来改善其政党的选举态势。因此，政府一派的中央银行家致力于在选举前实施扩张性货币政策，而同时在野党一派的中央银行家则反向操作。通过比较选举之前狭义货币 M_1 供应量的增长率与其确定的中央银行理事会中“政治多数派”，其对这个有力的假设进行分析。他的结论是，党派政治优先占据支配地位的

① 参见 Berger，Independence sowie Solveen，Unabhängigkeit。

② 参见 Vaubel，Public-Choice-Analyse。

假设是成立的。[①]

如果这个结论是正确的，即中央银行理事会成员在进行决策时受制于政党政治考虑，则应该在其投票行为中表现出来。在这里对其进行首次分析。在中央银行理事会中就各种措施，具体而言是就利率和存款准备金率的调整以及 1974 年末之后每年的货币供应量目标进行表决。利率决定最适合进行投票行为的研究。总共可以对 1952 ~ 1994 年举行的 12 次联邦议会选举进行分析。与此相对的是，1987 年之后存款准备金政策就不再有特别的影响。引入货币供应量目标的时期则更短，只有约 20 年。

表 3 列举了每次联邦议会选举前存在于中央银行理事会中的政治派别关系及其就贴现率与抵押贷款利率进行的表决。倘若中央银行理事会的成员属于 CDU、CSU 或者 FDP 的非社会自由翼，则用字母 C 标记；倘若其属于 SPD 或者 FDP 的社会自由翼，则用字母 S 标记；倘若不归属于任何党派，则用问号标记。瓦奥贝尔沿用了这些标识，并更新了 1991 ~ 1994 年的数据。[②] 表决的结果则是由联邦银行提供。表 3 中只公布了 1952 ~ 1965 年的投票结果，因为最新的投票结果受 30 年保密期限制。不过在下面还是对他们进行了评估。基于瓦奥贝尔对“选举前时期”时间长短的划分，所有常规联邦议会选举举行前 15 个月内所做的决议都被考虑。而 1972 年和 1983 年两次提前举行的大选的“选举前时期”被缩减为 6 个月，因为在这两次情况中，导致提前选举的不信任提案都是在选举前 6 个月之内发起的。

瓦奥贝尔关于党派之争的揣测被归纳为如下假说。

连任假说：带有现任联邦政府执政党色彩的中央银行理事会成员，在联邦议会选举前赞成降低利率，反对提高利率。

替任假说：带有在野党色彩的中央银行理事会成员，在联邦议会选举前赞成提高利率，反对降低利率。

因为投票是以不记名的方式举行，这些假说无法直接检验。还有一个情况造成了其他的困难，即在所有的时间里，中央银行理事会的成员中都含有无党派人士。对于其投票行为，这些假说没有涉及。

---

① 不过，Vaubel 的结论在统计分析中并不显著。参见 Neumann，Deutsche Bundesbank，S. 82ff。

② 参见 Vauel，Public-Choice-Analyse. Vaubel 的数据由两点被更正了。一位在 1964 ~ 1988 年被 Vaubel 归入 S 组的人士，实际上为无党派；同样的，1990 年亦有一位无党派人士被瓦奥贝尔计入了 C 组。

表 3　中央银行理事会中关于利率政策的表决

年份	联邦政府 执政党(C 或者 S)	中央银行理事会 政治派别* C:S:?	政策措施 贴现率 = D 抵押贷款利率 = L H = 提高 S = 降低 同意:不同意:弃权
1952 年	C	5:5:3	
8 月 20 日			S D + L 10:3:0
1953 年		5:5:1	
1 月 7 日			S D + L 10:1:0
6 月 10 日			S D + L 8:2:0
9 月 15 日	选举日		
1956 年	C	3:7:1	
9 月 5 日			S D + L 9:2:0
1957 年		3:7:1	
1 月 9 日			S D + L 8:3:0
9 月 15 日	选举日		
1960 年	C	7:9:4	
6 月 2 日			H D + L 11:5:0
11 月 10 日			S D + L 全票通过
1961 年		8:8:4	
1 月 19 日			S D + L 18:1:0
5 月 4 日			S D + L 15:2:0
9 月 17 日	选举日		
1964 年	C	10:7:3	无相关措施
1965 年		10:8:2	
1 月 21 日			H D + L 16:0:4
8 月 12 日			H D + L 10:9:0
9 月 19 日	选举日		
1968 年	C – S 联合	11:7:2	无相关措施
1969 年		11:7:2	
3 月 20 日			H D + L
4 月 17 日			H D + L
6 月 19 日			H D + L
9 月 11 日			H D + L
9 月 28 日	选举日		
	提前选举		
1972 年	S	10:7:1	
10 月 6 日			H D + L
11 月 2 日			H D + L
11 月 19 日	选举日		
1975 年	S	9:9:1	
8 月 14 日			S D + L
9 月 11 日			S D + L
1976 年		10:9:1	无相关措施

续表

年份	联邦政府 执政党（C或者S）	中央银行理事会 政治派别* C:S:?	政策措施 贴现率=D 抵押贷款利率=L H=提高 S=降低 同意:不同意:弃权
10月3日	选举日		
1979年	S		
7月12日		9:8:2	H D+L
10月31日		8:8:2	H D+L
1980年		7:8:2	
2月28日			H D+L
4月30日			H D+L
9月18日			S L
10月5日	选举日		
	提前选举		
1982年	C	8:7:2	
10月21日			S D+L
12月2日			S D+L
1983年		8:7:2	
3月6日	选举日		
1986年	C	8:7:2	
3月6日			S D
1987年		8:7:2	
1月22日			S D+L
1月25日	选举日		
1989年	C	8:7:2	
10月5日			H D+L
1990年		10:6:2	
11月1日			H L
12月2日	选举日		
1993年	C	8:4:4	
7月1日			S D+L
7月29日			S L
9月9日		8:5:3	S D+L
10月21日		7:6:3	S D+L
1994年		7:6:3	
4月14日			S D
5月14日			S D+L
6月11日			S D+L
7月16日	选举日		

注：*C=CDU、CSU或者FDP的非社会自由翼；S=SPD或者FDP的社会自由翼。

资料来源：Deutsche Bundesbank；作者整理。

如此，只能根据在选举前中央银行历史会成员中执政党或在野党是否占据多数来进行利率决策的评估，则得出以下结论：再次当选假说符合 1983、1984 和 1994 年联邦议会选举前的决议，但是与 1965 年、1980 年和 1990 年选举前的决议相悖。替任假说则符合 1972 年选举前的决议，但是与 1957 年选举前的决议相悖。1953 年、1961 年、1969 年和 1976 年选举之前关于利率政策的决策无法评估，因为不存在某个政治方向的多数派，[①] 也或者因为，比如在 1969 年选举前执政的是联合政府。总之，根据这个按照瓦奥贝尔的方式实施的检验原理，两个假说都不成立。

不过，这样的检验方式在方法上并不合格，因为作为决策基础的投票情况由于仍未披露而无法使用。倘若列举的假说成立，则表 3 中罗列的政治色彩关系比例就会在同样关系的表决结果中反映出来。这是一个严格的检测，可对所有的决策进行评估。举例说，C 领导的联邦政府面对 1953 年的连任选举。中央银行理事会当时由 5 位 C 派成员，5 位 S 派成员和 1 位党派色彩未知的成员构成。如果假说成立，则取决于最后提到的那位成员如何做决定，降息和升息的可能性都存在。倘若中央银行理事会成员在表决中受其政治倾向主导，则投票结果应该是 6∶5∶0（同意：不同意：弃权）。实际上最终分别在 1953 年 1 月 7 日以 10∶1∶0 和 6 月 10 日以 8∶2∶0，做出了降低的决定。因此，在第一次表决中，中央银行理事会拥有 S 在野党色彩的 5 位成员中至少有 4 位赞成降息，在第二次表决中则至少有两位。这与党派之争矛盾。

通过对表 3 粗略的观察可以发现，瓦奥贝尔关于中央银行理事会成员的党派色彩分布始终与投票行为不相符。为进一步说明这一点，在表 4 中就贴现率决定详细进行分析。[②] 分析除 1969 年之外的所有联邦议会选举，因为当时 C 与 S 联合执政；上面提及的假说在这种情况下无法就预期的投票行为给出明确的判断。在其他的选举期之前，总共出现了 20 次降低贴现率的决议，和 10 次提高贴现率的决议。因为中央银行理事会的规模随时间变化，并且每次表决不是所有成员都在场，所以在表 4 中中央银行理事会的组成和投票结果以百分比例给出。

---

① 虽然考虑到，在票数相等的情况下行长的一票具有决定性意义，但是实际上并没有出现这样勉强的决定。不过有一次，联邦银行一位行长在投票中被绝大多数驳回。

② 就抵押贷款利率决定的相应评估可忽略，因为他们很少偏离。

表 4 联邦议会选举前中央银行理事会之表决*

单位：%

A)10 提高贴现率

位置	中央银行理事会构成			投票结果		
	党派色彩					
	执政党	在野党	中立	同意	不同意	弃权
均值	44.1	44.1	11.8	75.9	19.5	4.5
（标准偏差值）	(4.1)	(6.8)	(4.1)	(10.6)	(14.5)	(6.7)

B)20 降低贴现率

位置	中央银行理事会构成			投票结果		
	党派色彩					
	执政党	在野党	中立	同意	不同意	弃权
均值	42.8	42.4	14.8	85.8	12.2	1.9
（标准偏差值）	(6.4)	(8.8)	(5.8)	(11.0)	(11.1)	(3.6)

注：* 包括除 1969 年选举之外的，1972 年和 1983 年提前选举前最后 6 个月，以及 1953～1994 年所有常规选举前最后 15 个月的所有贴现率决议。

资料来源：Deutsche Bundesbank；作者整理计算。

在表格中，可以借助于平均结果对这两个政治经济学假说进行检验。显示的中央银行理事会构成与表决结果平均值首先表明，与在假说有效的情况下预计的相比，所有的决议平均上都得到更多成员支持。在提高贴现率的 10 个表决中，平均约 76% 的提案被通过，在降低贴现率的 20 个表决中，通过的提案约占 86%。

根据连任假说，带有执政党色彩的成员会反对提高贴现率。表 4 的 A 栏显示，在这样的决议中，其以平均 44% 的比例占据了与带有在野党色彩的成员差不多同样多数的投票权。然而，实际上带有执政党色彩的成员也同意了提高贴现率。在极端的假设情况下，即所有带有在野党色彩以及无党派色彩的成员赞成这个决议，结论则是，赞成票中最少有 20% 为带有执政党色彩的成员所贡献。这意味着，平均每两名带有执政党色彩的成员中至少一名同意提高贴现率。这个结论推翻了连任假说。

替任假说认为，带有在野党色彩的成员反对降低贴现率。这些决议平均获得了 86% 的投票。在极端的假设情况下，即带有执政党色彩以及无党派背景的成员赞成贴现率降低，结论则是，带有在野党色彩的成员中平均占所有投票权 28.2% 的成员支持这一决议。这意味着，每三位带有在野党色彩的成员中至少有两位也赞成贴现率降低。因此，替任假说也被推翻。

1957 年和 1965 年联邦议会选举前情况与替代假说的背离特别让人印象深刻。1957 年的选举前，在中央银行理事会的 11 名成员中占绝大多数的 7 名成员属于 SPD，其投票权合计约 64%。因此，根据替任假说，他们可通过提高贴现率和抵押贷款利率来减少当时阿登纳政府连任的机会。然而，情况却相反，多数成员致力于两次降低利率。在 1956 年 9 月 5 日的中央银行理事会会议上，7 人中最少有 5 人赞成降低利率，而在 1957 年 1 月 9 日的会议中则至少有 4 人。1965 年联邦议会选举的结果是艾哈德政府连任，在这次选举前利率两次上调，尽管当时的 20 名成员中带有执政党色彩的成员为 10 名，包括当时联邦银行行长在内，他们是可以在投票中阻止此决议的。

4.2 选取的冲突事件

基于这一事实，即中央银行理事会不遵循选举利益行事，也不能就认为，货币政策的实施是非政治化的。因为货币政策会影响经济运转，并因此最终影响人的生活状态，因此其并不纯粹遵循技术官僚模式。在进行货币政策决策时不能完全忽视其对其他政策领域的影响。只要中央银行坚持价格稳定的底线，则就一定要容忍临时的比如基于对外经济原因的损害。

然而，独立的中央银行不断陷入与本国政府以及重要贸易国政府利益述求的冲突中，是不可避免的。因此中央银行须始终考虑到外部为事实上限制其独立性而施加的政治压力甚至企图。如果中央银行家在这些情况下无法自持，则其就永远失败了。在联邦银行充满冲突的历史中，只需回忆两件事。

阿登纳的“断头台演讲”

政府总是很为难，如果中央银行基于保障价格稳定的考虑而采取更严格的货币政策导向。这并不是说政府低估了价格稳定目标的重要性，更多是因为经济周期每次衰退会导致税收减少以及对国家财政政策产生令人不快的调整压力。结果就是更艰难的国内政策环境。虽然，如果政府尝试阻止被证明是恰当的更严格的货币政策的实施无疑是目光短浅的。任何拖延都将在以后导致幅度更大的应对措施。但是，政治运作则推动对短期的关注。因此毫不惊讶，无论是基督教民主党还是社会民主党的联邦政府都尝试过，不是阻止就是拖延货币政策向更严格的方向调整。

改变联邦银行或者说德意志各邦银行利率上调的最引人注目的尝试是1956年由当时的联邦总理阿登纳进行的。这个事件具有特殊的意义，因为一方面阿登纳不惧怕通过公共权力干涉银行的自主性，另一方面中央银行理事会则赞同通过具有攻击性的政治策略来保证其独立性。早在1950年10月，鉴于朝鲜战争引起的价格急剧上涨，中央银行理事会就想让贴现率上调2个百分点，阿登纳当时就妄图阻止。但是当时银行还处于同盟国1948年颁布的法律保护之下。5年之后，在长期的降息之后，银行再次想上调贴现率，这次情况就有所不同了。这次阿登纳原则上可以通过在联邦议会的多数来修改关于德意志各邦银行的法律。此外，关于设立联邦银行的法律的准备工作也已经开始。这样为政治压力创造了操作空间。

银行于1955年8月首次谨慎地将贴现率与抵押贷款利率提高了半个百分点。基本说来，这个措施来得太晚了，因为经济繁荣始于1954年中期：在一年之内工业总产值增长15%，就业人数增加100万，通货膨胀从0上升到3%。尽管如此，产业界则公开指责货币政策的新导向损害增长。阿登纳让自己处于批评之下，并于1955年11月7日致信于董事会主席沃克："我将会感激您，如果德意志各邦银行在借贷政策领域会事先与联邦政府进行磋商再提议或实施严格措施的话。"① 沃克随即把球踢了回去。他在1955年11月8日明确回复道："……我想提醒，实施严格的借贷政策措施是中央银行理事会的权限。"②

因此毫无疑问，只要利率拟继续上调，就会导致权力斗争。在中央银行理事会1956年3月7~8日的会议上，联邦部长艾哈德与弗里兹·谢费尔（Fritz Schäffer）按指令行使了中止否决权，以反对利率的再一轮上调。③ 尽管如此，中央银行理事会一致赞成上调贴现率与抵押贷款利率1个百分点。中央银行理事以这一暂停否决权实际上已被使用过而驳回了中止否决权的有效性，因为在2月22日沙弗部长已通过电话请求在艾哈德部长从英国回来之后再做出决议。④

---

① 阿登纳1955年11月7日致沃克的信（HA BBk B 330/2011）。

② 沃克1955年11月8日致阿登纳的信（HA BBk B330/2011）。

③ 艾哈德表示赞成提高贴现率。他说道："我只能执行这个任务并且必须服从它。我肯定已表达过自己的个人意见。我不知道，否决权是否已经使用过了。" 参见 Wortprotokoll der 214. ZBR-Sitzung vom 7./8. März 1956，第18页（HA BBk B 330 -92）。

④ 联邦政府之前在内部就可能的利率提高提出的异议被视为使用中止否决权这一理由，银行在以后的冲突事件中仍然运用。因此，之后没有再出现过否决权的正式提交。

这样就导致了银行与两位部长之间的政治互动。一个稳定计划被两位部长起草，并在5月17日让内阁大吃一惊。数日后，在部长们在场的情况下，中央银行理事会以8票对2票再一次让利率上调了1个百分点，并且减少了再贴现配额。部长们支持这一决议。因此阿登纳实际上在与银行的权力斗争中输了。但是他又犯了另一个错误，导致自己输得更惨。5月23日，他在德国工业联邦协会的讲话中对这个决议持否定态度，并且批评了银行的独立性。他具体说道：中央银行理事会“自然只为自己负责，我们这有一个机关，不需对任何人负责，不管是议会还是政府”。“这对于德国经济形势来说是重重一击；小人物们失败了……他们被押上了断头台，因此我很痛心。”[①] 德国媒体的反应对阿登纳来说是毁灭性的。他们维护银行，银行借助这个有利时机在其随后的月报中对公众做出了回应。[②]

对于控股银行事实上的独立性，德意志各邦银行在1956年就利率政策与阿登纳交锋的成功有不可低估的意义。无论是银行得到政府两位核心成员的支持，还是联邦总理尖锐的攻击都被证明是幸运的。这导致了从今以后影响深远的公众与银行的团结。之后不再有联邦总理敢于以类似的方式公然攻击联邦银行，并质疑其独立性。虽然在1979年初联邦总理施密特时期发生了一次公开的冲突，莱恩斯坦（Manfred Lahnstein）部长于1月18日的中央银行理事会会议后令人惊讶地宣称提高抵押贷款利率和存款准备金为时过早。不过他谨慎地避免质疑银行的独立性。

德法财经委员会成立

因为在欧洲货币体系建立后，在与通胀作斗争方面联邦银行在欧洲担任主导角色，使其不可避免地同时习惯了担任这引导整个体系的角色。作为最坚挺和不受限制的国际流通货币，德国马克成为其他成员货币的稳定锚。在欧洲货币体系成立后的前几年，其他成员国货币不断贬值，特别是第二重要的货币法国法郎。弗朗西斯科·密特朗（Francois Mitterand）刺激法国国民经济的凯恩斯实验失败后，法国史无前例地转身，1983年之后视欧洲货币体系的稳定约束为正面挑战。尽管如此，他仍尽力争取联邦银行扩大干预资金规模，并且在1987年9月通过Basel/Nyborg的中央银行协定得以实现。

---

① Bank deutscher Länder，Rede von Bundeskanzler Dr. Adenauer，第1页。

② 在月报中银行详细回应了反对其决议的主要理由，并出现了不寻常的说教。比如：“……这属于国民经济学的常识……”或者“……这是鸵鸟政策，人们不能忽略……”。Bank deutscher Länder，Kreditpolitische Maβnahmen，第33页及续页。

但是德国马克的准霸权地位继续让其感觉如鲠在喉。法国开始寻求参与欧洲货币体系的领导。一个远期的选项是设立拥有共同中央银行的欧洲货币联盟。近期则是尝试让联邦银行牢牢整合进德法合作中。

因此，在1987年11月13日的德法磋商中完全让人惊讶的提议，在德法防卫委员会之外还设立一个包括两国财政部长和央行行长在内的“经济与货币委员会”。这个委员会应“对两国财政部长及央行行长权限范围内所有问题的决策负责”。特别是利率政策应该进行协调。如果这个提议得到落实，则联邦银行的独立性事实上就荡然无存了。

联邦政府接受了政府协定的提议，因为设立防卫委员会和经济货币事务委员会被绑定在一起。在双方财政部长进行的会谈中，法国的提议被修改了。德国经济部长加入了委员会，并且被更名为“财政与经济委员会”。最重要的是，涉及货币政策的事务仍被视为其任务，但是要“基于其自身方式”来“商讨”。修订过的文本于1988年1月13日被提交给银行。在董事会引发了一些担忧。随后，联邦财政部于1月14日提交了一份语气进一步软化的文本。据此，中央银行行长不应作为委员会成员，而只是作为嘉宾列席会议。

直到1988年1月21日，中央银行理事会才被委托就同意协定及请求表态。现在情况变得对银行不利。首先，递交的是一份语气再次强硬的文本。[①] 据此，行长再次应成为委员会的成员，并且货币政策不应“基于其自身方式”被商讨，而是“致力于尽可能广泛的一致”。其次，遵循法国的意愿，文本不应视为政府协定，而是作为德法1963年条约函待批准的附加议定书。这意味着，协定具有国际法约束力，并因此高于联邦银行法。

在中央银行理事会的讨论过程中对其的评价几乎一致是负面的。虽然承认，联邦德国整合进欧洲一体化进程以及与美国、日本的货币政策合作不可避免地会在事实上限制货币政策的活动自由。但是，人们并无须因此也要接受对中央银行独立性的法律限制。是否真是如此，联邦政府也根本不审查。虽然联邦银行不是合同方，但是银行行长在财经委员会中会被逼让步。如此，中央银行理事会中的决策将会相对化。

结果是，中央银行理事会在最后时刻巧妙地走出困境。理事会授权其行

---

① 为何没有保持1988年1月14日相对温和的文本，德国联邦银行的历史档案没有说明。

长“参加”委员会，这个同意是有条件的，即附加协定书在内容上不涉及《联邦银行法》中第3条、第6条第1款和第12款第2句概括的独立性。

最后，因为公众和议会的广泛支持，对联邦银行权限干预的企图在协定书批准的框架内被完全化解。联邦通过给法律附加一份“备忘率”并知会法国政府的方式给条约做出了一个约束力的解读。[①] 在这份备忘录中澄清，财经委员会是磋商而不是决策机构，其意见不具有直接的法律效力。联邦银行的法律地位则没有因为议定书而被涉及。虽然财经委员会仍会晤，但是完全从公众视野中淡出了。

5 汇率政策的约束

国内币值稳定目标难以与货币对外名义价值稳定目标相协调。对于一种汇率固定，并在流通中通胀的货币来说，此情况是显而易见的。同样也表现在各个国民经济体之间实际失衡的情况下。这会迫使相对价格调整，这种调整不可避免地以名义汇率变化的方式实现，除非可允许相关经济体国内的价格水平进行足够的变化。国内币值稳定目标与汇率稳定目标的内在矛盾导致在各国货币宪法的框架内需要一个基本决定，即哪个目标应优先。对联邦德国来说，最迟至1973年始，国内币值稳定目标具有至高无上的地位，是毋庸置疑的。这并不妨碍1957年在制定目标时立法者没有明确确定“保护货币”。[②] 当时许多人对于目标冲突的必然性还知之甚少。沃克在1957年简明扼要地表明：“我们不要升值，我们不要采取某些国家的通胀路线。”[③] 巨大的目标冲突还在后头，并且会不可避免地导致联邦银行和各个联邦政府的冲突。因为不是银行，而是政府被委托对外体现货币主权。

这样的权限规定意味着对于联邦银行独立性根本的限制。在联邦议会和联邦参议会的支持下，联邦政府有权让德国马克整合进一个固定汇率体系。每一个固定汇率体系因为其特殊的游戏规则会给银行的独立性带来限制，并

① 参见“Unabhängigkeit der Bundesbank sicher. Denkschrift zum deutsche-französischen Finanz-und Wirtschaftsrat”，in：Börsenzeitung vom 3. Dezember 1988。

② 联邦经济部就其1956年8月28日关于法律起草的考虑说道：“国内购买力的稳定具有最重要的地位，但是尽管如此，不应忽视对外购买力的稳定。”参见 Entwurf eines Gesetzes über die Deutsche Bundesbank vom 28. August 1956，Bundestagsdrucksache 2781。

③ Rede auf der Bankentagung vom 23. Mai 1957，zitiert nach Marsh，Bundesbank，第240页及续页。

且因此危及国内币值的维持。对于币值稳定的首要地位来说，从长期被接受的基本决定的逻辑出发，则得出结论，即政府不可如此整合汇率政策，使得事实上导致银行独立性被撬动。这意味着，汇率平价必须调整，以从事实上保证没有进行无限干预的义务。

5.1 对外经济保障问题

回顾布雷顿森林体系时代，值得注意的是，在相互关联的看法上，到20世纪60年代初期，阵营是颠倒的。不是联邦银行，而是联邦经济部长艾哈德认清，德国马克的升值不应是禁忌，如果要减少自50年代中期以来加剧的对外经济失衡和阻止价格水平的加速上扬。而除奥特玛·埃明格尔（Otmar Emminger）之外的中央银行理事会成员则相反，他们倾向于反对马克兑美元平价的任何调整。不仅沃克，同时还有接任其的首位行长，卡尔·布莱辛，如同仍生活在金本位时代一样，把货币平价视为神圣不可侵犯。因此导致，在经历联邦银行的长期阻挠后，才在1961年3月实现了德国马克的首次升值。

但是人们从中得到了经验教训。当此后的1968年因法国法郎引起的货币危机爆发时，在布莱辛领导下中央银行理事会的大多数成员支持德国马克的升值，但是同时，在银行家赫尔曼·约瑟夫·阿布斯（Hermann Josef Abs）的影响下，联邦总理库尔特·乔治·基辛格（Kurt Georg Kiesinger）和联邦财政部长弗兰兹·约瑟夫·施特劳斯（Franz Josef Strauβ）则转向反对。与此完全不同的是，作为联邦经济部长并且在1969年秋之后同时也担任财政部长的卡尔·席勒（Karl Schiller）在随后的纪念中总是反复鼓吹德国马克升值的基本开放和对美元的联合浮动。与其观点相左的是1970年被任命的联邦银行行长卡尔·克拉森（Karl Klasen）。克拉森是反对升值的关键人物，更遑论通过浮动汇率来让马克与美元脱钩。在其影响下，1971年5月，中央银行理事会的大多数成员反对席勒关于让德国马克浮动的提议，取而代之的是赞成通过应用《对外经济法》第23条实施“防御性外汇管制”。1972年6月，这一幕再次上演。1971年席勒还能违背联邦银行的意愿实施有时间限制的浮动汇率，但到1972年其内阁同僚便不再支持他。[①] 以德国

① 席勒随后辞职。拒绝浮动汇率是一个原因，但是主要的原因是席勒在预算政策中无法占据上风。此处参见 Emminger，D-Mark，p. 218。

马克的对内币值为代价，布雷顿森林体系又垂死挣扎了3个季度，联邦银行要对此负责。到1973年3月2日放弃对美元的支持和3月18日欧洲货币联合浮动开始，联邦银行共购进了高达约250亿马克的其他外汇。因此货币供应量保持两位数的增长，通货膨胀也从5%升值7%。

1973年2月初的外汇洪流以及一个历史性的偶然机遇，[①] 导致中央银行理事会中出现意见扭转。但席勒的继任者赫尔穆特·施密特（Helmut Schmidt）仍长达数周地反对浮动汇率。历史性偶然再一次相助。在最关键的3月1日，施密特因病缺席，因此埃明格尔可通过一次闪电行动获得联邦总理威利·勃兰特（Willy Brandt）的支持而关闭随后数日的外汇市场。[②]

布雷顿森林体系终结之后，中央银行理事会的大多数成员不再被这个错觉驱使，即联邦银行须不惜任何代价维持汇率平价，并还能履行其保护对内币值的任务。当此后的70年代末，联邦政府迫使联邦银行面对一个新汇率体系的建立时，中央银行理事会毫不怀疑，如果不能保证货币平价可调整，则银行将会失去其独立性，并因此失去对货币供应量和货币价值发展的控制。

5.2 欧洲货币体系（EWS）建立的批准

1978年极端的美元危机导致了热闹的讨论，即与所谓的德国马克集团货币拧在一起蛇形浮动的欧洲货币联盟是否有可能扩展。1978年6月底，时任联邦总理的施密特在《商业周刊》（*Business Week*）的采访中指明，他没有打算扩展长蛇，而是考虑对目前的长蛇进行小幅度的升级。[③] 在7月初欧洲理事会的会晤中，关于欧洲货币体系的蓝图首次被提交，其目标是，在半年内拟定一份可审议通过的提议。

对于联邦银行来说，本质上面对两个问题。其一，如何在技术上构建欧洲货币体系，以避免各国通货膨胀率一致走上扬的道路？其二，如何在政治上保证中央银行不会被欧洲货币体系长期阻碍履行其保护币值的任务？作为中央银行理事会进行讨论的准备工作，在1978年9月的一份草案中准备无

① 副行长埃明格尔领导董事会和中央银行理事会，因为行长克拉森因病于1973年1～3月不能视事。

② 参见 Emminger, D-Mark，第240页及续页。

③ Deutsche Bundesbank, What Germany will seek at the summit，第2页。

误地表明，对于联邦银行来说，针对欧洲货币体系货币篮的干预义务会产生比与平价网挂钩的双边干预义务更大的干预和调整压力。① 此外，篮解决方案会使得失去欧洲货币体系货币保护的货币声名狼藉。草案的核心内容是单方面进行评价调整以及退出和暂停的权力。最后，则希望能够把相互之间的信贷限制在一个小的范围内。

在随后的数周中，与欧洲伙伴国的艰难谈判表明，联邦银行的设想无法取得共识。终究，作为双边干预的基准点，平价网被实施，并因此使得偏离指标的意义相对化。鉴于谈判结果不理想，中央银行理事会清楚，获得联邦政府可靠的保证愈发重要，即联邦政府只能同意能保证联邦银行自主性的欧洲货币体系规则，并且为联邦银行抵御过多的干预义务。为实现这些保证，三个“原则”被提出。第三个原则是：

> 如果在将来的欧洲货币体系中，严重的失衡会产生过多的干预义务，这种干预义务会威胁国内的币值稳定，那么联邦银行的货币政策自主性将以特殊的方式受到危害。这将导致联邦银行无法履行其任务。根据联邦总理先生与联邦财政部长先生多次的口头保证，联邦银行可认为，在这种情况下，联邦政府将会让联邦银行免于此种类型的困境，即通过修正欧洲货币体系中的平价，或者在必要的情况下也通过至少临时解除联邦中央的干预义务。②

中央银行理事会在 1978 年 11 月 16 日让这些原则成为同意应用货币篮，以及为了货币政策合作临时把 20% 的黄金与外汇储备纳入基金，增强中短期的货币援助的前提条件。时任行长的埃明格尔在同一天向联邦总理书面知会了决议及中央银行理事会提出的原则，并请求获得完全遵守的确认。就第三个原则的书面确认联邦银行没有收到。

但联邦总理施密特已同意，在随后的会议中就其对事务的看法向中央银行理事会作出说明。他以非常令人印象深刻的生动方式详细地阐述了德国的欧洲政策动机及其特殊的政治形势和历史。同时他坚决地确认，在那些被传

① 篮解决方案意味着，因其在一篮货币单位中巨大的权重德国马克会达到其升值的界限，并因此可引发德国的干预义务，而同时其他货币则无须接近其贬值界限。

② Emminger, D-Mark, 第 361 页。

达的原则问题上，其与联邦银行意见完全一致，同时他强调，对于他来说，联邦银行的独立性不容置疑。[①] 中央银行理事会的成员进而利用这次机会，向总理指出他们针对最终谈判各个要点的担忧，确切地说是引发措施的偏离指标，借贷机制以及结算。

在总体评价中，第一，可确定，中央银行理事会关于欧洲货币体系建构的设想只有部分得到实现。这多少表明，联邦政府在最后的谈判中对此没有尽到全力。对于联邦总理来说，货币政策是外交政策的一个工具。他清楚欧洲货币体系带来的相关风险。如同公众意见认为的那样，他也特别清楚，货币体系将会强加给德国更高的通货膨胀率。但是这些风险须让步于强化欧洲共同体以及加强与美国关系的目标。

第二，可表明，中央银行理事会达成了维持银行独立性的目标。其从联邦政府处获得了就其独立性的明确确认，以及在国内币值受威胁时以解除干预义务的方式进行紧急刹车的具体保证。在欧洲货币体系的大危机中，这个保证被证明是非常有帮助的。[②]

6 通过控制货币供应量目标实现的战略保障

20 多年来，联邦银行在公共货币供应量目标的标签下实施其政策。在 1973 年过渡到对美元的浮动汇率之后，联邦银行发展出一套控制货币供应量的理念，并决定在 1974 年底首次向公众公布 1975 年的货币供应量目标。最终的推动力量来源于经济“五贤人”委员会 1974 ~ 1975 年的评估。这个评估让货币主义者中期导向的货币政策设想仿佛可登大雅之堂，而没有给出其“商标”（Ziff. 313 – 316，374 – 396）。[③] 但是在这之前，在联邦银行和中央银行理事会中就货币供应量政策的详细讨论早已进行，讨论的水平非常高。在 1968 年，董事会成员罗尔夫·高赫特（Rolf Gocht）讨论密尔顿·弗里德曼（Milton Friedman）设想的备忘录还被视为让人陌生的“黑夜中的异端思想”。

---

① Marsh 宣称，总理曾暗示，他也许被要求通过修订《联邦银行法》来限制联邦银行的独立性。这是不对的，并且在政治上也是非常不明智的。参见 Marsh，Bundesbank，第 258 页。

② 特意只是进行了口头保证。但是被制成文本记录，双方各留一份。

③ 之前 Neumann 把最重要的任务描述为“稳定稳定政策”，并建议，“从迄今的周期导向向趋势导向过度”。Neumann，Stablisierungspolitik，第 69 页。此外，鉴于联邦银行在 1974 年下半年引入的政策变化，他建议联邦银行对公众更加透明：“联邦银行因此也须对未来通货膨胀率应被限制在内的幅度界限做出说明。”Neumann，Auf leisen Sohlen，第 70 页。

到 1970 年中，中央银行理事会就已准备好，根据高赫特（赞成）与莱昂哈德·格雷斯科（Leonhard Gleske）（反对）的报告，而对弗里德曼的货币政策建议进行新思路的研究。[①] 越来越多的人认为，银行流动性导向的理念应最好被对基础货币的调控所替代。[②] 在 1973 年，出现了关于货币与借贷政策理念和中央银行调控工具的详细原则讨论。人们一致认为，银行体系须成为可支配流动性的缓冲区，因此，联邦银行不再仅仅是商业银行的“自助商店”；并且人们很快明白，德国马克与美元汇率的脱钩会促进增加基础货币的积极性恢复，这就需要更灵活的金融市场调控，以避免对市场参与者来说不确定的利率波动。

公共货币供应量目标遵循双重目标。对于中央银行来说这是个准则，其迫使中央银行要就单项措施的适当性及与未达成预定目标做出解释。最重要的是，其对于经济和政治来说还具有信息功能，因为这样一方面预期鉴于价格发展会受到影响，另一方面也将使得就更宽松的货币供应对中央银行施加压力变得困难。关于这方面，中央银行理事会早在就首个货币供应量目标进行决议时就已明确。然而，目标本身的文本却是非常模糊的：“从今天的角度（!）来看，基础货币供应量约 8% 的增长可（!）表明是适当的。”[③]

因为涉及货币供应量目标的推导，所以联邦银行在 20 世纪 70 年代仍未接受中期导向的建议。这个建议要求，只需考虑基于生产潜能和流通速度增长趋势的预期，而无须同时考虑基于利用率和流通速度短期变化趋势的预期。[④] 直到 1983 年，潜力导向的目标才被指定。[⑤]

货币供应量目标的理念在过去的两年中，在中央银行理事会中被严肃讨论。但是这个理念有两次几乎被放弃：1978 年底和 1987 年底。这两次，出现了极大超标：1978 年平均为 11%，而不是 8%；1987 年平均为 8%，而不是 3% ~6%。两次超标都是因采取利于美元或者欧洲货币体系货币的大幅度干预而引起。1978 年联邦银行对外净资产的增加超过同期的基础货币增

① 格雷斯科的言论很有特点：“高赫特先生一定程度上是须作为弗里德曼的律师在此出现，从心理学上来说，他的任务一定比我艰巨；因为弗里德曼的学说相当于导致了以下结论，即我们在此讨论是多余的。” Zitiert mit der Genehmigung von Gleske.

② 参见 Neumann1970 年在 Konstanz 的研讨会上的相关报告：Bank Liquidity und Willms, Evaluation。

③ Pressnotiz der Deutschen Bundesbank vom 5. Dezember 1974，本文作者概括。

④ 1979 ~1994 年货币供应量目标的批判研究参见 Neumann，Monetary Targeting。

⑤ 这个目标甚至仅建立在生产潜能预期的增长以及不可避免的价格上涨率基础之上。

量的20%，1987年甚至达到70%。

因此毫不惊讶，在关于是否继续执行公共货币供应量目标理念的两次讨论中出现了同样类型的观点。赞同货币供应量目标者认为，放弃目标如果不被视为对更宽松货币政策的特许状，就会被公众理解为联邦银行的屈服。这将会损害联邦银行币值导向的可信度。对此持怀疑态度者相反则认为，基于对外经济原因，实现这些目标是有难度的，这将损害联邦银行的可信度。因此解除这些目标的约束性，是更为可取的。但是，1978年和1987年有很重要的不同，确切地说在于联邦政府的立场。1978年时任联邦经济部长的奥托·格拉夫·兰布斯多夫（Otto Graf Lambsdorff）赞成坚持货币供应量目标，具体的理由是，须向新成立的欧洲货币体系的伙伴国发出信号，即此体系与稳定政策是兼容的，并且货币供应量控制发挥关键作用。[①] 1987年，其继任者马丁·班格曼（Martin Bangemann）则相反，其赞成将货币供应量目标降级为一个基准值，因为如此可避免联邦银行与联邦政府之间的信任及意见分歧问题。1978年联邦银行得到了来自联邦政府的支持，以继续落实其理念，遵循货币供应量目标；到了1987年，情况却不是这样。

总的来看，建立在中期导向的货币供应量政策基础之上的公共货币供应量目标理念经受住了考验。这里须着重强调的是其信息功能，其对于价格预期有正面的影响；同时还有屏蔽功能，这便于抵御来自国内外要求扩张性货币政策的政治压力。联邦银行证明了，货币供应量可以在一个足够小的幅度内调控，即使在个别年份出现较大的目标延误。长期来看，货币目标层次选择的重要性并不大。这不适用于短期。就这点来说，1987年底前后从基础货币向货币供应量 M_3 的转变是可以理解的。[②]

最后须强调的是，中央银行的理念还允许短期偏离预定的货币供应量增长路径，例如出于汇率政策的视角考虑。对联邦银行反应函数的分析表明，银行推行"顺风"的适度政策。[③] 但是如此的背离不能固定化，货币供应量的膨胀须始终回归中期的稳定路线，如果稳定导向的可信性不应被视为儿戏的话。即使在不利的环境下，联邦银行也始终履行这个艰巨的任务。其很高的国际声望首先源于此。

---

① 因此 von Hagen 在其文章中称欧洲货币体系为货币供应量目标的"救世主"。

② 参见 Issing，Stability。

③ 参见 Neumann/von Hagen，Germany，S. 311ff. Und Neumann，Monetary Targeting，第186页及续页。

7 稳定文化

中央银行的独立性是必要条件，但是不是保持币值稳定的充分条件。最终，中央银行只能在其目标被民众根本接受的情况下推行这样的政策。不考虑赫尔穆特·施密特1972年那句著名的格言，即5%的通货膨胀比5%的失业率更可取，在德国公众中从没有严肃地质疑过，维持货币价值是否是值得期望的，同时对于市场经济和社会和平的维护来说是否是至关重要的框架条件。赫尔穆特·施列辛格（Helmut Schlesinger）用稳定文化这个词来形容，导致外国观察者认为，德国的稳定成功更多归因于德国民众在1921～1923年恶性通货膨胀和1936～1948年被压制的通货膨胀中痛苦的体验，而不是联邦银行的体制。因为这种体验，在德国民众中产生了其他地方不可寻觅到的对于币值稳定的特殊偏爱。

关于这个关系的观点在以下情况下是可被认同的，即如果缺乏稳定文化，大多数民众对于维持币值对于其自身财富的重要性没有强烈的意识，币值稳定便不可维持。在这种情况下，中央银行独立性的制度合法性根本上缺乏，则稳定导向的货币政策会被打上工作岗位杀手的标签，民主程序便会合乎逻辑地取消其独立地位。

然而，即使在德国，稳定文化也不是常态。如同所有形式的文化，其是脆弱的，并且受知识老化的威胁。在此，中央银行独立性的地位是稳定文化保存的关键基础。面对特殊的政治利益，中央银行家只有如此才可能保护其特殊的权力地位，即不断在公众中为币值稳定目标进行宣传，并阐述，保证这一目标的实现为何需要中央银行的独立性地位。① 出于自身利益，中央银行家也是这个文化的传承者。如同其同路人一样，联邦银行从一开始就经营公共关系。这包括详细的运营和月度报告，统计小册，数据磁带和媒体文章摘录。这尤其包括中央银行理事会成员在各种机会下的不断演讲，并且首先是系统的公关。如果说在德国通货膨胀不普遍，不是因为大部分民众经历过大的通货膨胀，而是因为中央银行家们不辞辛苦地阐述其负面影响，并因此总是不断为价格稳定目标的特殊地位以及因此引导出来的中央银行的独立性说明理由。

---

① 如此则其不必担心“立法者的独立性”，而是可以，“如1997年关于黄金和外汇储备的重新评估产生的冲突最后表明的那样”，对公众支持其充满信心。

出口繁荣之缘由*

路德格尔·林德拉（Ludger Lindlar）**

1 概述

从世界贸易占比来看，随着西欧与日本逐渐强势起来，北美失去了“二战”后在世界贸易市场上所取得的领先地位（见图1）。即使在西欧各国之间，各国所占的世界贸易份额的变化也颇为明显。1947～1973年，联邦德国与意大利在世界贸易中所占的份额大幅上升，而英国则大幅下降，法国仅有小幅增长。20世纪50年代末，联邦德国第一次超越英国，成为欧洲最大的出口国，其世界贸易份额在70年代初达到法国、意大利或者英国的2倍之多。

从1938年起，至少至1954年，联邦德国世界贸易占比的迅速增长可归因为德国的经济重建。① 1960年联邦德国的世界贸易占比达到了1913年德意志第三帝国的水平。令人惊奇的是这股增长势头一直持续到了1973年，其间仅在1961年马克升值后有过三年的平缓期。1950～1973年联邦德国世界贸易占比的增长可归因于：相对于世界上其他国家，德国的开放度的增加（+75个百分点）、人均收入的增加（+50个百分点）以及占世界人

---

* 原文出处 Ludger Lindlar（1997）：Das missverstandene Wirtschaftswunder. Westdeutschland und die westeuropäische Nachkriegsprosperität. Tübingen. 6.2。Ursachen des Exportsbooms，第246～265页。译者为复旦大学经济学院丁纯教授领导的团队。

** 路德格尔·林德拉（Ludger Lindlar），经济学家。

① 1938年德国世界贸易占比为10.8%，其中联邦德国占2/3，见Milward（1984），第504页。

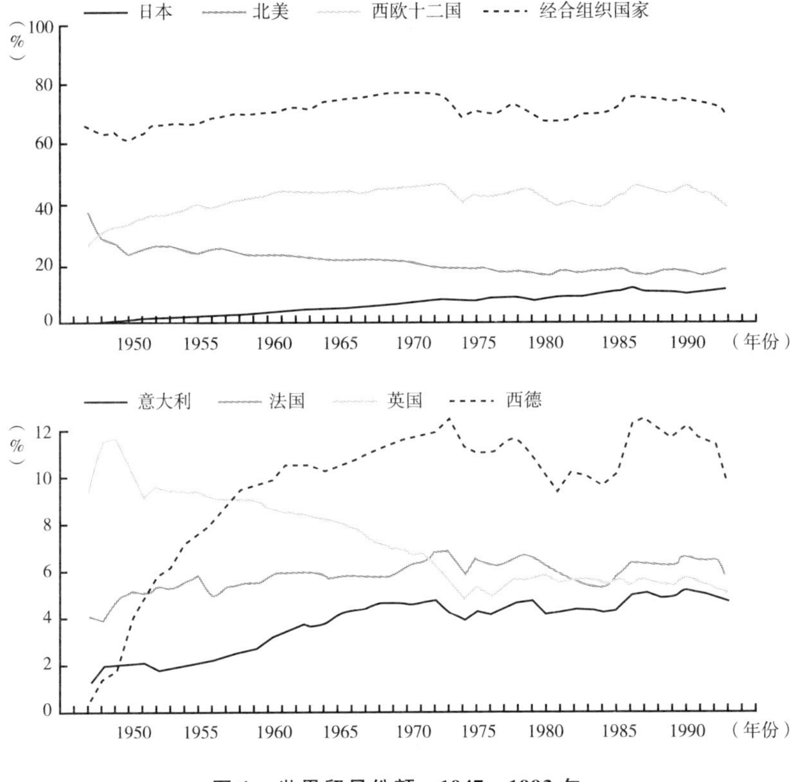

图 1　世界贸易份额，1947～1993 年

注：以美元计算的货物贸易。萨尔州被计入联邦德国，而不是法国。

资料来源：作者根据 UN 与 IMF 资料整理。

口比重的下降（－25 个百分点）。①

通过联邦德国与法国之间的比较可以显示，世界贸易占比的上升与劳动生产率的迅速增加间并没有密切的关联。然而，这样的联系其实是可以解释的：(1) 若出口领域中劳动生产率的快速增长能降低单位劳动成本，从而增强本国在出口领域的价格竞争力，则劳动生产率的上升可以导致世界贸易

① 一国出口（E）可分解为 E/Y · Y/P · P，其中 Y 为国内生产总值，P 为人口。相对于国内生产总值的出口（E/Y）越大，人均收入（Y/P）越高，或其人口越多，则该国的出口越多。若以世界出口量除以一国的出口，则得一国的世界贸易占比（e）。e 可分解为 e/y · y/p · p，其中 y 是一国占全球国内生产总值的比重，p 是全球人口占比。由此可得，e/y 为一国开放度，y/p 为人均国内生产总值，都是相对世界其余国家而言。取某年为基准年，则可研究各连续年的世界贸易占比变化情况；参见 Schumacher，1995，第 90～94 页，根据 IMF（a）/Heston/Summers（1991）、Maddison（1995），整理计算。

份额的增加。(2) 若强劲的出口需求能够提高劳动生产率，而劳动生产率的增加又可以提升本国的价格竞争力，则上升的世界贸易份额也可以引致劳动生产率的增加。两者的因果关系既可以是劳动生产率的增加导致了出口的成功，也可以是出口的成功导致了劳动生产率的增加。搞清两者之间的关系，也正是我们探索联邦德国出口繁荣缘由的动力所在。

研究背景

大量文献认为，联邦德国在1950~1960年单位劳动成本与出口品价格的有利变化、紧缩的货币与财政政策与出口品需求的激增存在着紧密的关系。在固定汇率体系下，由于其单位劳动成本水平相对较低，联邦德国相对较弱的国内成本压力持续增强了其出口行业的价格竞争力。通过低估马克币值，既使得联邦德国的世界贸易份额大大增加，也使其结构性的经常项目顺差得以持续，而这又促进了联邦德国经济在战后的迅速增长。[①] 尽管还存在着其他诸如世界贸易自由化与联邦德国出口品的高收入弹性等因素，而且以下推论也尚未经过数量化的论证，但有一点是被广泛认同的，那就是联邦德国的世界贸易占比的迅猛增长可归结于国内有利的供给条件与德国马克的币值低估。[②] 对此，里瑟（Riese）的言论一针见血：

> 由于币值低估，德国得以——或者至少更易于——在占领出口市场方面打造一个有着多样性、高质量标准以及高效市场地位的行业。由此，马克币值的低估推动了联邦德国劳动生产率的发展，也为其高生活水平打下了基础。其人均收入也正是由于几十年来的马克低估而迈向了世界顶尖水平。[③]

对此结论，有些文献则持更加怀疑和审慎的态度。[④] 币值低估削弱了国内市场的发展，有碍结构转型，而其对于经济增长的影响却无法明确论证。

---

① Borchardt（1966），第281~283页；Hardach（1976a），第224~225页；克艾勒（Kreile）（1977），第193~194页；Altvater/Hoffmann/Semmler（1979），第34，161~162页；Hennings（1982），Llewellyn/Potter（1982），第139页；Ambrosius（1984，1989），第40，274页；Wolter（1984），第99页；Carlin（1989），第60~65页；Klump（1989），第417页；Braun（1990），第238页；Herr（1991），第237~239页；Giersch/Paqué/Schmieding（1992），第108~116页，176~184页；Boltho（1996），第117~120页；Owen Smith（1994），第503~504页。

② Giersch/Paqué/Schmieding（1992），第68~71页。

③ 里瑟（Riese）（1978），第156页。

④ Schatz（1974），第216~217页；Emminger（1976），Horn（1976），第297~305页。

也就是说，德国马克的低估对于联邦德国经济所起的作用，与其说是一种“出口奇迹”，不如说它更多的是一种过度工业化。另外一部分文献则持中立态度：20 世纪 50 年代的马克低估是在当时的低通胀的情况下才显得有利的，而低通胀则是得益于资本流动的限制；然而 60 年代马克的持续低估则使得德国的货币政策一而再地面临调整的压力。[①]

研究假设

一国的出口增长可以分解为四个因素：(1) 相同程度影响所有国家的全球贸易趋势；(2) 影响当地销售市场发展的地区因素；(3) 影响本国优势产品需求发展的产品结构因素；(4) 相对于竞争对手实力变化而言的竞争力因素。而竞争力因子又可被分解为：相对于竞争国的出口价格、汇率变化以及非价格性竞争力三方面。本模型中含有一个假设，即每个国家的出口行业是在 k x n 的市场上竞争，其中，k 为出口品类别数、n 为国家数。在给定汇率下，价格与非价格竞争力决定了各个国家的销售成功度。当某些国家的某些产品的销售市场增长特别迅速时，那么主要在该地区销售该类产品的国家将获得额外的出口机会。

世界贸易份额分解

根据“固定市场占有率”（CMS）分析法，出口增长，或者说世界贸易份额的变化，可被分解为上述的几个因素。而其所需的数据与计算成本却很高。幸运的是，汉克纳（Henkner）[②] 的两篇使用 CMS 分析法分析 1954 ~ 1972 年 OECD 主要国家的论文（见表 1）使其成为可能。但汉克纳将产品与地区结构因素统一归纳为结构因素，故而，表中仅有世界贸易、结构与竞争力三个因素。它们从多角度解释了出口需求的变化，（其中）结构与竞争力因素解释了各国世界贸易占比的变化。在大多数国家，世界贸易的增长在很大程度上决定了出口的增长；而意大利与日本（的出口增长）更多地取决于其世界贸易占比的变化。联邦德国与荷兰世界贸易占比的增长强化了其世界贸易因素，然而英国与美国则因为其世界贸易份额的下降使得其世界贸易因素被削弱。与其他国家相比，联邦德国、荷兰和意大利的结构因素最为强大。法国作为唯一的欧共体创始国，它的结构因素却几乎没有什么正的解释力。竞争力因素方面，虽然德国的竞争力因素（对其出口）有正的解释力，但数值却远远

---

① Giersch/Paqué/Schmieding（1992）。

② Henkner，1971，1976。参见 Junz/Rhomberg，1965，第 227 ~ 230 页；Kindleberger（1967），第 122 页；Batchelor/Major/Morgan（1980），第 49 ~ 57 页；Kriegsmann/Neu（1982），第 118 ~ 122 页。

小于日本与意大利。由于到1954年联邦德国的初级产品份额已经很低（见表2），因此，结构因素对于联邦德国商品出口的解释力就会更大一些。意大利与日本是通过强大的正竞争力因素来达到超过平均水平的出口增长的典型例子，而英国与美国则是由于负的竞争力因素导致低于平均水平的出口增长的典型。在意大利，正的结构因素带动了其竞争力因素的增长，而在日本竞争力因素却因此受到抑制。这两者在英国与美国则双双（对其出口）造成负效应。

表1 世界贸易占比分解[a]，1954～1972年（工业品，初始年值=1.00）

单位：%

	1954～1972				1954～1972[b]			
	出口[c]	世界贸易[d]	结构[e]	竞争[f]	出口[c]	世界贸易[d]	结构[e]	竞争[f]
联邦德国	9.39	6.54	1.34	1.07	4.78	4.37	1.21	0.91
法国	7.02	6.68	1.06	0.99	4.55	4.37	1.21	0.91
意大利	16.47	6.89	1.25	1.91	7.77	4.50	1.18	1.46
英国	3.59	6.36	0.88	0.55	2.62	4.16	0.92	0.63
比利时—卢森堡	7.18	6.89	1.20	0.86	4.85	4.49	1.12	0.96
丹麦	—	—	—	—	5.34	4.58	1.11	1.05
荷兰	8.94	6.95	1.35	0.96	5.42	4.51	1.24	0.97
挪威	—	—	—	—	5.04	4.26	0.93	1.18
奥地利	—	—	—	—	4.73	4.54	1.22	0.85
瑞典	8.17	7.02	1.18	0.99	4.92	4.59	1.07	1.00
加拿大	—	—	—	—	4.91	4.64	1.03	1.03
美国	4.42	6.56	0.85	0.81	3.43	4.46	0.87	0.89
日本	19.53	6.92	0.74	3.85	8.92	4.52	0.82	2.42
总　额	6.98	6.98	—	—	4.56	4.56	—	—

注：a 出口增加 = 世界贸易 × 结构因子 × 竞争力因子；若结构因子不变，数值为0.5的竞争力因子将使得出口减半，若数值为2则出口倍增。

b 标准与1954～1972年标准不同。

c 各国出口的增加。

d 世界贸易的增加。

e 各国地区性与部门性结构变化对于出口的影响。

f 其他因子，主要包括价格性非价格性竞争力因子。

资料来源：Henkner，1971，第61～69页；Henkner，1976，第39页。

2 结构因素

“二战”后世界贸易的迅速增长使所有工业国家都大为受益。然而由于各国世界贸易占比的巨大变化，各个国家获益的程度也互不相同。欧洲大陆核心国家间的贸易有了最为显著的增长，很大程度上归因于欧洲大陆国家较高的正结构因素。另一个影响因素是产业结构，本文对此也会做出讨论。下一小节主要讨论价格与非价格竞争力因素。

1880～1950 年工业品与初级品的世界贸易处于同步发展阶段，1950～1973 年，工业品的世界贸易得到了迅猛的发展。[①] 在此期间，工业的贸易条件与农业相比也有了较大的改善。然而直至 20 世纪 60 年代末，工业的贸易条件较原材料却几乎没有变化。因此工业品在世界贸易的占比迅猛上升，而农产品则下降，原材料几乎无变化。

以上趋势由四个原因造成：第一，随着人均收入的大幅增加，食品支出在私人消费中占比有所下降，而工业成品的比重则上升；第二，贸易的迅速增长与贸易自由化进一步加深了各工业国之间的跨行业贸易；第三，与工业品相比，原材料保持了相对稳定的价格，因此原材料的需求量有所增加；第四，各个工业国可以改善他们的贸易条件，因为在集体工资协商的框架下，名义工资的增长会反作用于工业品，从而阻碍工业品的价格下降。如果像 19 世纪时那样，在名义工资适度增长的情况下，大幅上升的劳动生产率导致价格下降，那么贸易条件就难以得到改善。

这种趋势在高收入弹性产品行业内对占有比较优势的国家是有益的，尤其是在一些特别具有活力的产业部门，比如汽车制造、机械制造、电子技术以及化工行业。文献结论是，联邦德国是带着有利的先决条件迈入战后繁荣时期的。一方面，1950～1973 年联邦德国的贸易条件得到显著改善，贸易条件指数上升了 54 个百分点，同时人均收入也增加了 7.5 个百分点。[②] 另一方面，上述行业占 1955 年联邦德国出口品比重 1/2，而北美的相应数值仅为 1/3，欧洲大陆核心国家为 1/4，日本为 1/6（见表 2）。1950～1973 年，这些行业占联邦德国国内生产值增长的 1/4 以上。英国的出口结构起初与德国别无二致。[③] 但至 1971 年联邦德国各类产品的市场占有率都纷纷扩大，而英国的市场占有率却在缩小，尤其在汽车与机械制造领域。这就表明，[④] 联邦德国的结构性贸易顺差主要是得益于相对价格刚性而相对收入具有弹性的投资品出口。

---

① Lamartine Yates（1959），第 42 页；Rostow（1978），第 98 页；关税贸易总协定（GATT）（a），各版，作者计算整理。

② 此处总出口通过进口价格指数平价；根据联邦数据统计局（c），第 52～57 页整理计算。

③ DIW（a），作者整理计算。——此处人均收入增加数值与第一节数据不符，应是此处有误。译者注。

④ Adebahr（1971），第 145～154 页；Buchheim（1989），第 189～191 页；Buchheim（1990），第 179 页。

表 2 按产品分类的商品出口，1955～1971[a]

	联邦德国	英国	其他欧洲大陆核心国[b]	北美[c]	日本	总量
产业出口结构 1955 年(%)						
汽车制造	15.3	18.1	6.6	10.0	6.2	10.8
机械制造、电子技术	24.7	20.4	11.0	15.7	6.1	15.7
化工制品	11.1	8.3	7.5	7.6	4.7	8.0
其他成品	15.2	17.0	16.3	13.3	19.2	15.9
金属制造	9.5	8.2	13.8	8.7	16.3	10.6
纺织、服装	5.8	12.2	10.7	3.1	34.5	8.6
农业	2.8	6.5	15.6	18.4	7.7	13.2
原材料	11.5	8.6	18.6	23.1	5.2	17.2
产品分类偏差,1955～1971 年(1955 年=100)[d]						
汽车制造	29	-464	139	19	3.753	737
机械制造、电子技术	126	-275	246	-208	3.463	618
化工制品	152	-184	149	-186	1.069	514
其他成品	71	-128	100	-169	648	458
金属制造	220	-123	-28	-160	782	360
纺织、服装	329	-193	84	-155	31	334
农业	492	-48	88	-87	102	328
原材料	21	-83	1	4	188	2634
较该国出口总额偏差,1955～1971 年(1955 年=100)[e]						
汽车制造	140	-2	379	423	3.307	—
机械制造、电子技术	118	67	366	77	2.897	—
化工制品	40	55	165	-5	399	—
其他成品	-98	55	60	-43	-78	—
金属制造	-46	-39	-166	-133	-41	—
纺织、服装	36	-135	-80	-154	-819	—
农业	193	4	-81	-92	-753	—
原材料	-341	-97	-232	-64	-732	—
总发展趋势,1955～1971 年(1955 年=100)						
总出口	627	276	498	333	1.184	446

注：a 按各自价格与美元记；由于生产禁止与强制出口使得联邦德国出口结构扭曲，所以以1950 年作为起始年份是不合适的。

b 法国、意大利、比利时—卢森堡、荷兰、瑞典、瑞士。

c 美国、加拿大。

d 一国某类商品出口增长与其总趋势的区别。

e 各类商品出口增加与一国总体出口间的区别。

资料来源：Batchelor/Major/Morgan（1980），第 260 页；联合国（作者整理计算）。

3 竞争力因素

实际有效汇率

度量一个经济体的价格性竞争力常常运用实际有效汇率（REW），① 即测量一国价格或成本相对于其竞争对手国的发展。实际有效汇率通常是基于平均出口值、单位劳动成本、消费者价格或者国内生产总值的平减指数等基础之上的。正如附录 A3 将进一步说明的一样，对于本文所提出的问题的最佳答案就是研究基于平均出口值与单位劳动成本之上的实际有效汇率。如果实际有效汇率上升，则一国的价格性竞争优势下降，反之亦然。本文研究对象是至 1973 年的 12 个 OECD 国家（见表 3），以及至 1993 年的 OECD 前六大国家（见图 2a、图 2b），研究它们的工业品世界贸易占比变化是否可归结于其价格性竞争因素的变化。

表 3 世界贸易占比与实际有效汇率[a]，1950～1971[b]（工业品出口）

	世界贸易占比	实际有效汇率，平均出口价值		实际有效汇率，单位劳动成本	
	1950 年 =0	1950 年 =0	相关系数[c]	1950 年 =0	相关系数[c]
瑞典	294.4	29.5	0.59	19.7	0.56
日本	182.3	-20.2	-0.80	-19.2	-0.61
联邦德国	170.4	5.8	0.27	31.1	0.47
荷兰	123.4	-16.2	-0.70	28.3	0.87
丹麦	92.6	—	—	4.8	0.81
意大利	84.3	-34.1	-0.84	0.8	0.52
法国	-5.9	0.0	-0.84	-10.3	-0.23
加拿大	-7.7	5.7	0.42	-19.6	0.15
比利时—卢森堡	-8.6	-24.7	0.63	-12.3	0.15
瑞士	-16.5	-5.1	0.18	—	—
美国	-35.6	6.0	-0.93	-12.3	0.19
英国	-54.1	3.1	-0.74	16.8	-0.41

注：a 定义参见附 A3；国家顺序按其各自变化排序。

b 由于 1972/73 年汇率变动剧烈，本研究仅将时段限制在 1950 至 1971 年。

c 世界贸易占比的年均变化与当年实际有效汇率间的相关系数；为统一经济情况对其的影响，使用 5 年平均值计。

资料来源：附录 A. 5. 4。

① Posner/Steer（1979），第 145～154 页；Thirlwall/Gibson（1992），第 299～302 页；Bellendorf（1994），第 73～128 页；Trabold（1995）。

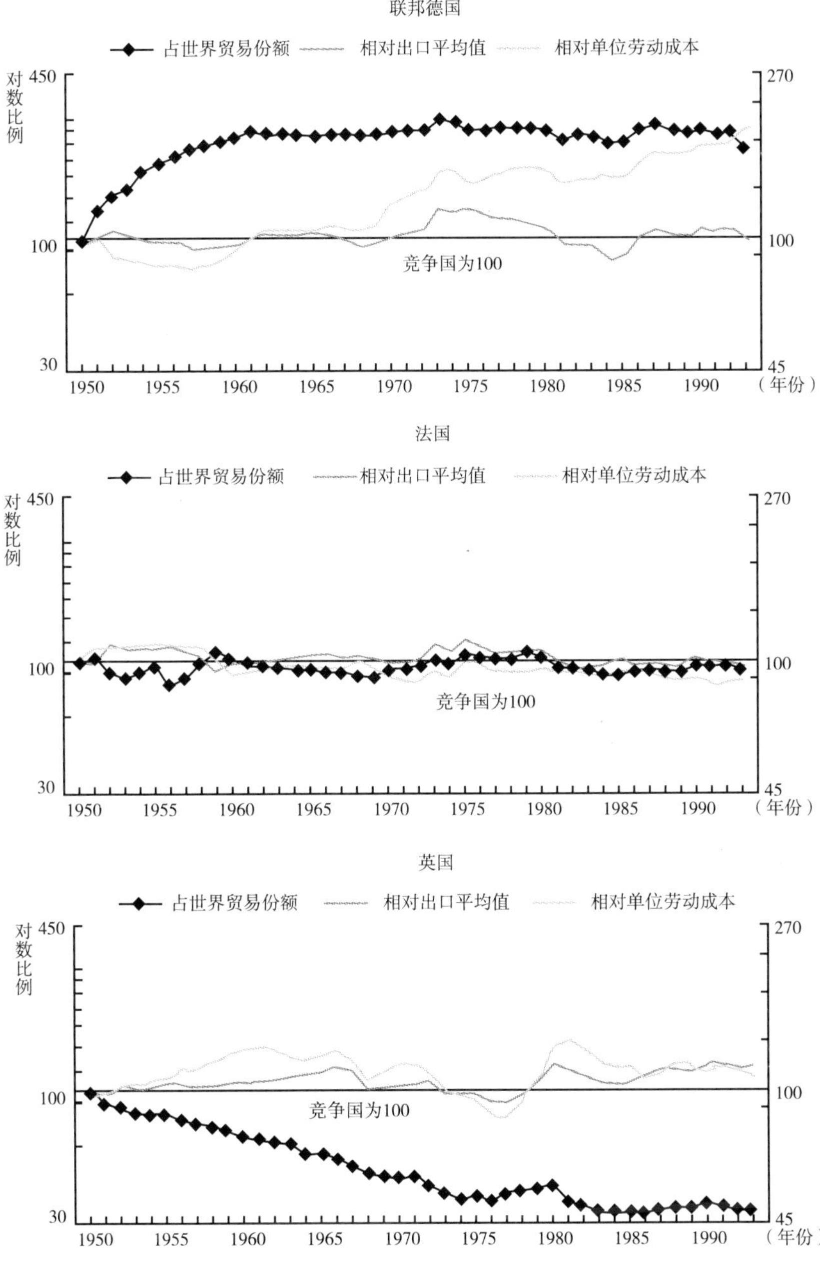

图 2a　世界贸易份额与实际有效汇率（1950 ~ 1993 年）

注：a 工业品出口 1950 = 100；世界贸易份额为左轴，实际有效汇率为右轴。

资料来源：附录 A. 3 和 A. 5. 4。

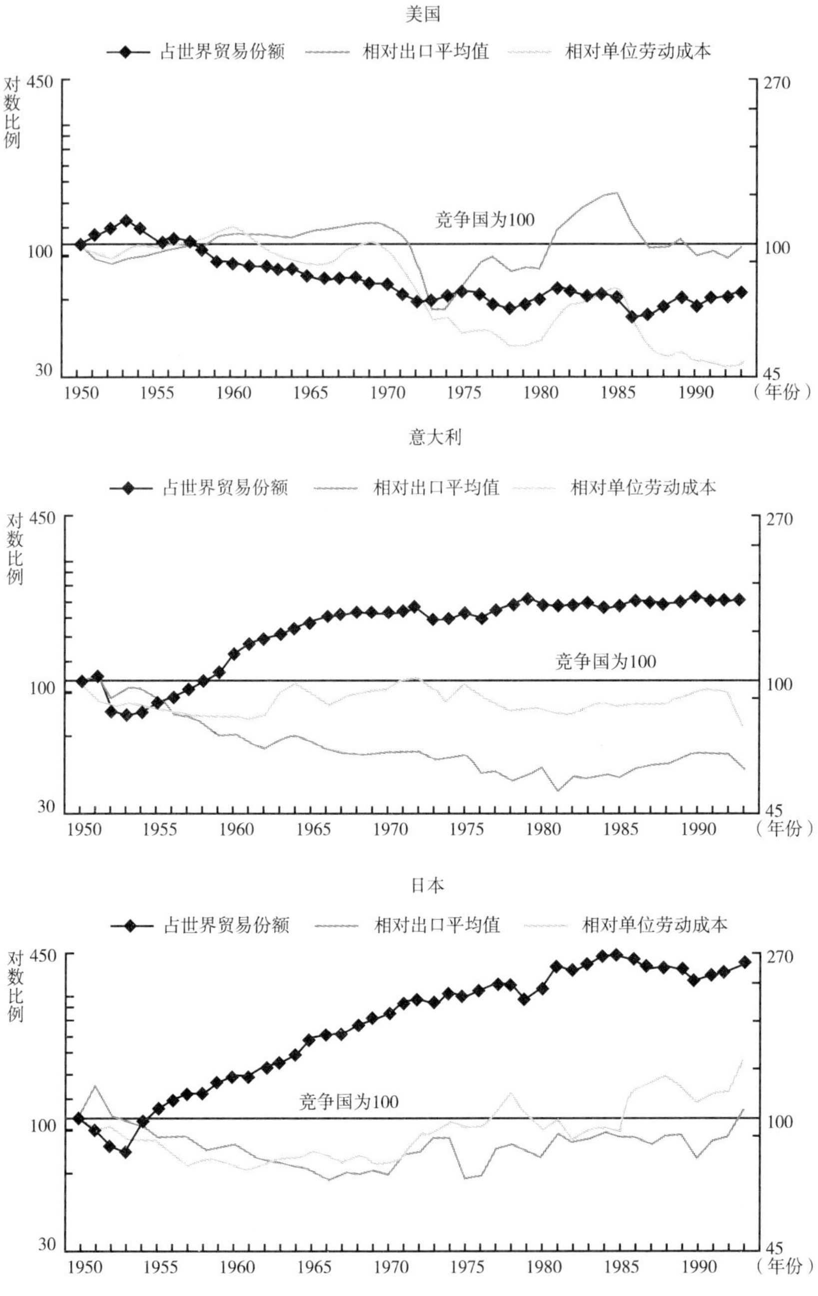

图 2b　世界贸易份额与实际有效汇率（1950～1993 年）

注：a 工业品出口 1950 年 =100；世界贸易份额为左轴，实际有效汇率为右轴。

资料来源：附录 A.3 和 A.5.4。

至1971年，瑞典、日本、联邦德国、荷兰、丹麦和意大利的世界贸易份额都有了大幅提升，而英国、美国和瑞士则明显下滑。对于大多数国家来说，其世界贸易占比都与其以平均出口值计算的价格性竞争力有着紧密的关系。[①] 然而对于一些国家来说，这两者是正相关的，也就是说，存在着其他决定市场占有率的影响因素。除了日本、法国和英国之外，都无法确定相对单位劳动成本与世界贸易份额之间存在关联。这可能是因为出口行业的生产力发展较其他加工业快许多，因此普通的单位劳动成本低估了（出口业的）价格性竞争力。而这似乎仅符合日本的情况。[②] 另一个可能的原因则是国内外市场上的不同价格。在国内市场上，企业可以通过限制市场准入来赚取垄断利润，继而他们在国外市场上就有了更大的定价空间。在这种情况下，通过压缩利润采取强势的国内成本压力就是必要的了。最后，创新或者灵活的交货时间等非价格竞争力也可以发挥重要作用。[③]

联邦德国是这些OECD大国中唯一不能用实际有效汇率变动来解释其世界贸易占比变化的国家。在20世纪五六十年代，联邦德国属于少数几个实际有效汇率水平保持稳定的国家。尽管如此，联邦德国的世界贸易占比至1961年增长了2.5倍，并在之后稳定在了这个水平。与此相反，英国与美国的世界贸易占比则随着价格性竞争力的减弱（以平均出口值计算）而下滑。若以单位劳动成本计算，则以上结论仅对50年代情况有效。法国的实际有效汇率和世界贸易占比基本保持稳定。自50年代中期起意大利的相对平均出口值与其世界贸易占比间呈明显负相关关系。而日本的两个实际有效汇率指数（相对单位劳动成本与相对平均出口值）也是如此。所以意大利与日本的出口繁荣更应该归功于其有利的价格性竞争力发展。

农业部门的大量劳动力储备则是另一常见的原因，正因如此，工业部门的工资变化才会明显落后于其快速的生产率增长。[④] 因此单位劳动成本下降。这不仅有利于融资，也使得出口市场上的价格下降，从而扩大市场占有率。但对于联邦德国来说这种用出口增长（来解释）的模式是不合适的。因

---

① Anders Kaldor（1978），第104~107页，他否定1963~1975年OECD几大强国的实际有效汇率与其世界贸易占比有关联。

② USDL（1977），第15页。

③ Fagerberg（1988）.

④ Beckerman（1962）；Fuá（1965），第32~33页；Kindleberger（1967），第3页；Cornwall（1977），第167~170页。

为西德的供应商有理由相信，即使价格是正常发展，他们也可以在世界市场上取得成功。因此无法证明联邦德国在世界贸易上取得的成功与其价格性竞争力的改善之间存在紧密联系。

1973 年后联邦德国的世界贸易占比与其以平均出口值计算的实际有效汇率共同趋于稳定。相反，以加工业单位劳动成本计算的实际有效汇率则大幅上升。这也证明了相较于以平均出口值及其他指标计算的实际有效汇率，以此为基数计算的指数无法很好地衡量联邦德国的价格性竞争力。[①] 大幅度震荡的美国价格性竞争力与持续实际升值的日元（以单位劳动成本计）都无法完全与其世界贸易占比的发展相吻合。

前人的文献

国际货币基金组织（IMF）曾对于价格性竞争力与 1953 ~ 1964 年的出口发展做过研究，[②] 却未受到重视，除此以外，当代文献多仅集中于 20 世纪六七十年代。[③] IMF 研究指出，以平均出口值计的实际有效汇率能够很好地解释主要工业国的出口发展，而以单位劳动力计的实际有效汇率的解释力则弱些。[④] 该报告指出，联邦德国市场占有率的短期价格弹性为 -2.7%，长期价格弹性为 -3.8%。该数值比意大利、日本、英国和美国的都要更大、更稳定并且更显著。[⑤] 然而这与联邦德国世界贸易占比的发展相矛盾，这意味着存在由于协整性时间序列而导致的统计数据错误。[⑥] 比较以平均出口值计的实际有效汇率指数与 CMS 分析法中的其他指数（同在 IMF 研究框架下）可以得出，对于大多数国家来说，其他指数变化都与价格性竞争力变化有关，而联邦德国却并非如此：联邦德国较高的竞争力因素一直与德国马克的实际有效升值如影随形。[⑦]

另一篇考查这个关联的文献来自汉克纳，其中提到了主要工业国家竞争力因素的时间序列。将此时间序列与 1954 ~ 1971 年以平均出口值[⑧]计的实际有效汇率相联系，得出以下结论：对于日本、意大利、英国、法国和美

① 德意志银行（1994），OECD（1995b），第 31 ~ 37 页。

② Junz/Rhomberg（1995）.

③ 概况见 Llewellyn/Potter（1982），第 141 ~ 149、158 页。

④ 同 Kravis/Lipsey（1971），第 16 ~ 17 页。

⑤ Junz/Rhomberg（1995），第 239 ~ 257 页。

⑥ 由于常数居多，价格弹性的参数可能仅涵盖了世界贸易占比的周期性变化。

⑦ Junz/Rhomberg（1995），第 228、268 ~ 269 页，计算整理。

⑧ 五年移动平均，Henkner（1971，1976），计算整理。

国，这两者呈显著负相关，对联邦德国仅呈现弱负相关，而对于荷兰、瑞典和比利时则找不到理论上预期存在的相关性（见表4）。

表4 汉克纳研究结论

	相关系数	CMS-其余因素	结构因素
日　本	-0.94	3.85	0.74
意大利	-0.94	1.91	1.25
英　国	-0.92	0.55	0.88
法　国	-0.79	0.99	1.06
美　国	-0.71	0.81	0.85
联邦德国	-0.42	1.07	1.34
荷　兰	0.33	0.96	1.35
瑞　典	0.41	0.99	1.18
比利时	0.99	0.86	1.20

经济“五贤人”委员会也在其第一份年度报告中指出，联邦德国出口的成功得益于其某些产品需求所具有收入弹性，这些产品都是它占有比较优势的产品。这也就解释了为何其他国家只能通过稳定价格才能获得相应的出口量增长，而联邦德国的出口价格与平均值却可以一路上扬。[①] 汉克纳认为，1955~1967年联邦德国的相对平均出口值、相对单位劳动成本与它的世界贸易占比间没有显著联系。[②] 即使是在更大的时间跨度（1899~1959年）梅采尔斯（Maizels）也得出了类似的结论[③]：相对出口价格的变化对于德国出口品需求无显著影响；非价格性竞争力因素应该发挥了更大的作用。

出口价格水平

以上指标仅仅是对价格性竞争力变化的讨论，并非关于价格性竞争力水平的讨论。可能联邦德国出口业初始时拥有一种价格性竞争优势，在这种优势下，实际有效汇率的微幅下降就会引起大幅度的联邦德国世界贸易占比的增加。克拉维斯（Kravis）和里卜锡（Lipsey）的研究对这个假设给出了他

① SVR（1964），第19页，同德意志各邦银行（BdL）（a：1956），第7~8页；Hoffmann（1967）；Donges（1984）。

② Henkner（1971），第93~94页。

③ Maizels（1963），第214页。

们的回答。他们比较了从 20 世纪 50 年代起至 60 年代初的大工业国加工行业的出口品价格。① 主要结论见表 5。

表 5 工业品出口价格（联邦德国 =100），1953 ~ 1964 年

	总额[a]	钢铁	有色金属	金属加工	机械制造	电子技术	汽车制造
1953 年							
美国	110	118	102	111	109	111	106
英国	99	108	94	108	97	108	90
欧共体[b]	102	104	98	108	100	100	109
1957 年							
美国	112	120	102	115	114	115	106
英国	100	102	95	109	102	108	93
欧共体[b]	102	105	95	110	101	99	106
1961 年							
美国	111	130	108	109	110	108	109
英国	100	103	100	105	99	110	98
欧共体[b]	100	99	98	105	100	98	104
日本	—	97	—	80	—	98	—
1964 年							
美国	109	128	100	111	108	103	108
英国	101	105	98	102	98	109	100
欧共体[b]	100	100	99	101	99	98	105
日本	—	90	—	81	—	94	—

注：供应与合同价格通过问卷调查形式，由相关行业工会发放给所属公司而得。以上数据涵盖了所有 OECD 国家 46% 的出口。

a 六个行业的加权平均。

b 包括联邦德国。

资料来源：Kravis/Lipsey（1971），第 20、24 页。

几乎在每一类产品中，美国的出口经济相对于联邦德国、英国和欧共体国家都存在价格性竞争劣势，而英国的出口经济相对于联邦德国则没有这种劣势。1954 ~ 1957 年，欧共体国家相对于联邦德国有一定的竞争劣势。在此需要注意的是欧共体国家的表现本身也受联邦德国的影响。但遗憾的是没有不包含联邦德国的欧共体数据。总体来说，其价格劣势约为不到 4 个百分

① Llewellyn/Potter（1982），第 138 页；Buchheim（1990），第 176 ~ 177 页中所使用的购买力平价不适用于该问题。

点。在钢铁与金属加工行业，联邦德国相对于所有竞争国具有明显优势。在机械制造行业，仅相对于美国具有优势。在电子技术行业，联邦德国产品较英国产品性价比更高，而汽车制造业相比欧共体平均水平更有价格优势。但欧共体其他国家也始终在拉近与德国的价格性竞争力之间的差距。自20世纪60年代起，日本进入了供应商市场，并且在金属加工领域提供的价格优惠了20个百分点。西欧国家在最贵和最廉价供应商间摆动。（现在）他们与联邦德国之间已无明显的价格差距。

但对此也可以提出反驳：（只要存在）足够的离散数据就可以有力地证明巨大的价格差异，并且证明联邦德国相应的竞争力优势。事实也的确如此。不过这点也并不奇怪，因为国际分工正是意味着一种在（本国）有相对竞争力的行业上的专业化。那么，关键就在于：是否联邦德国的价格性竞争力地位会加总成为一种整体优势，并且这种整体优势在固定汇率体系下不会因为后续的输入性通胀而改变。显然事实并非如此。

名义有效汇率

以下我们将讨论汇率问题。在布雷顿森林体系下，汇率几乎是固定的（见图3）。虽然在结构性失衡情况下，汇率的变化在原则上还是有可能的，但赤字国需实际承担调整压力。在顺差国出现的逐渐强大的出口利益集团会极力反对升值。因而，1961年尽管在外汇平衡表上存在显著的顺差，但是德国马克的有效升值仅为4.3个百分点。平价只有在特殊情况下才会发生本质变化，比如20世纪50年代末法郎的大幅贬值就是最好的例子。所以，国内成本变化的不同对价格性竞争力有很大的影响。如果单位劳动成本上升幅度超过竞争国，那么出口商就不得不提高价格或者压缩利润率。

许多西欧的货币在20世纪40年代末被高估币值。1947年瑞士货币市场将英镑从官方定价上压低了30个百分点，而法郎甚至被压低超过50个百分点。[①] 在这种情况下，出口商更倾向于用美元结算，于是美元在西欧变得更为紧缺。1949年9月西方政府间达成了普遍的汇率调整协议；英镑、法郎和大多数小国货币被强势贬值，而联邦德国与意大利间的名义有效汇率则几乎没有变化。由于其他竞争国的同步贬值，德国马克20.7%的贬值效果基本被抹平。美国实际升值了18个百分点。英镑自从经历了1967年的贬值与1969年的升值后，布雷顿森林体系开始动摇。在多次调整无果之后，

① Giersch/Paqué/Schmieding（1992），第92～93页。

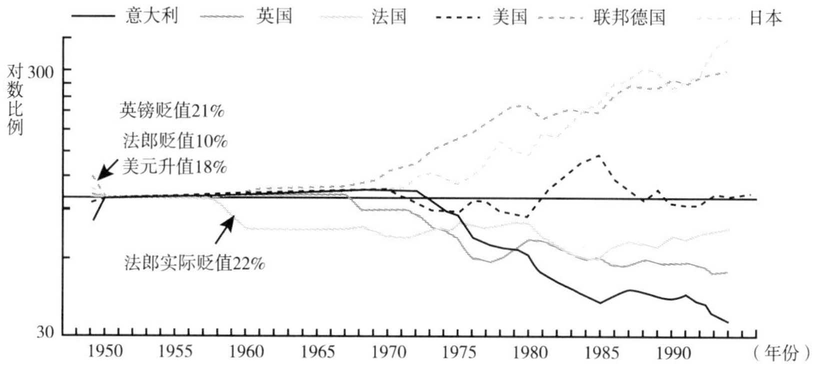

图 3　名义有效汇率 1949～1994（各国每一货币单位兑美元；1950 年 =100）

注：a 名义汇率相对其他主要 OECD 国家贸易加权汇率。
资料来源：附录 A.5.4。

1973 年该汇率体系解散。德国马克大幅升值。然而实际有效汇率的升值却并没有那么明显；1969～1973 年德国马克升值将近 23 个百分点，而接下去的一年则贬值了 4 个百分点；之后德国马克的实际有效汇率则保持稳定（见图 2a、图 2b）。从 1973 年起德国马克的名义有效汇率的升值则主要由相对较低的通胀率所决定。

然而这却无法说明，20 世纪 70 年代初德国马克是否有过大于 20% 的低估，以及这种币值低估是何时产生的。数值的整理结果始终无法和在趋势上相互靠近的通胀率相吻合，在固定汇率体制下，当资本自由流动时通胀率在趋势上就会变得相互适应。问题的关键在于，升值是否会抑制出口。虽然联邦德国的世界贸易占比在 1973 年后也的确有所下滑（见图 1），然而，其进口份额在 OECD 中却保持稳定。事实上，当时 OPEC 国家贸易条件的改善是世界贸易份额下降的主要原因，而联邦德国工业品在世界贸易占比中仍有小幅上升。这也就是说（正如一份当代研究中所指出的）“人们原本担忧的德国马克升值对于德国经济国际竞争力的损害到目前为止还没有显现。即使成本变化对于德国出口商价格性竞争力有所损害，但是其负面影响也能通过其他竞争参数得到抑制”。①

非价格性竞争因素

非价格性竞争因素包括：（1）生产尖端科技产品，并允许供应商获得

① Kriegsmann/Neu（1982），第 67 页。

垄断利润或在固定价格下扩大市场占有份额；（2）生产高质量或专业产品，能在设计、耐用度、功能与专业性方面通过客服等渠道超越竞争对手，同时能分割出一定市场份额，从而使得供应商有能力提价；（3）灵活的交货，这尤其在投资品行业的订单完成中是一大竞争优势。

关于联邦德国出口业的非价格竞争力的论据有以下三种。

■ 公司层面的竞争力因素。当被问及在国外市场销售成功的原因，1957年85%的德国生产品及投资品制造商、77%的消费品制造商提及了其产品的质量优势，而只有不到一半的公司提及了其价格上的竞争优势（见表6）。除此以外，生产品和投资品行业交货时间的灵活性与良好的售后服务也是德国产品脱颖而出的关键原因。[①] 广告宣传常以打响品牌或捍卫市场为目的，而德国企业在广告中则注重强调产品质量的重要性。

表6 联邦德国出口业眼中的成功因素

单位：%

	资本货物	重工业	消费品		资本货物	重工业	消费品
质量	85	86	77	宣传	29	17	22
客服	41	28	27	运输	21	44	21
价格	35	51	41	其他	7	21	4

资料来源：Ifo研究所公司问卷调查，发表于Ifo-Schnelldienst，9.1.1958。

■ 出口品的科技含量。产品的高科技含量也是非价格竞争力的主要因素之一。1953年与1962年，与加拿大和瑞典一样，联邦德国在高价值化工、电子机械及科学与光学仪器方面的出口专业化仅次于排名第一的美国。[②] 受“二战”影响，联邦德国在技术密集型投资品方面仅处于OECD诸国的中等水平，[③] 高技术密集度的军备投资品生产在联邦德国是被禁止的。[④]

■ 联邦德国塑料行业的例子。1950年后，塑料业一跃成为世界贸易中

① Maizels（1963），第216~217页。

② Balassa（1977），第331~332页。

③ RWA；计算整理自联合国欧洲经济委员会（UNECE）（1972），第108~109页，UN（b）。

④ Neebe（1989），第50~52页。

最为活跃的行业之一。[①] 20 世纪 50 年代，联邦德国的塑料业大肆扩张，侵蚀了美国、英国的市场份额。60 年代初，联邦德国已经成为继美国之后的世界第二大塑料出口国。然而，联邦德国的产品却并无普遍的成本优势。由于当时石油化学并不发达，天然气的储存也很有限，原材料成本方面反倒存在着劣势，并且由于高资本密集度和高原材料密集度，其工资成本也排到第二位。联邦德国塑料业出口的成功更多的是依靠其相对于其他竞争对手的科技进步：[②] 创新的塑料发明与现代的工艺。正是凭借这个，德国才得以在“二战”前与“二战”中扩展其领先地位：1931～1945 年，44% 的世界专利属于德国企业，其中，IG-Farben 集团就占了 36%。“二战”后，这一数字起先大幅下降，但后起之秀如拜恩、赫希斯特、巴斯夫等公司在 1960 年又重新加入世界最具创造力的 12 大公司。他们的成功得益于 IG-Farben 的知识积累，以及几十年的新产品研发周期。此外，联邦德国在塑料制造工艺上也占有领先地位。

① 《关税贸易总协定》（GATT）（b）表 A. 1 – A. 3。

② Freeman（1963），第 29～32、43 页；Freeman（1982），第 52～68 页。

缩写对照表

ABC	Allied Bank Commission 盟国银行委员会
Abgedr.	Abgedruckt 印刷
Abs.	Absatz （法律）款
AG	Aktiengesellschaft 股份有限公司
AKA	Ausfuhrkredit AG 出口信用有限公司
Anm.	Anmerkung 注释
Art.	Artikel （法律）条
Aufl.	Auflage 版
AöR	Archiv des öffentlichen Rechts 《公法档案》
AWG	Außenwirtschaftsgesetz 《对外经济法》
BAKred.	Bundesaufsichtsamt für das Kreditwesen 联邦银行监管局

Banz.	Bundesanzeiger 《联邦公报》
BayVBL.	Bayerisches Verwaltungsblatt 《巴伐利亚行政报》
BB	Der Betriebs-Berater 企业顾问
BbankG	Bundesbankgesetz 《联邦银行法》
Bd. /Bde.	Band/Bände 卷
BDI	Bundesverband der Deutschen Industrie 德国工业联邦协会
BdL	Bank deutscher Länder 德意志各邦银行
BGBl.	Bundesgesetzblatt 《联邦法律公报》
BGH	Bundesgerichtshof 联邦法院
BIP	Bruttoinlandsprodukt 国内生产总值
BIS	Bank for International Settlements 国际清算银行
BIZ	Bank für Internationalen Zahlungsausgleich 国际清算银行
Bl.	Blatt 页
BMF	Bundesministerium der Finanzen 联邦财政部
BminG	Bundesministergesetz 《联邦高官法》
BMWi	Bundesministerium für Wirtschaft 联邦经济部

BNB	Banque National de Belgique 比利时国家银行
BoE	Bank of England 英格兰银行
BRD	Bundesrepublik Deutschland 联邦德国
BRDrucks	Bundesrat Drucksache 联邦参议院印刷品
BRRG	Beamtenrechtsrahmengesetz 《公务员权利基准法》
BRSten. Ber.	Bundesrat Stenographische Berichte 《联邦参议院速记报告》
BSP	Bruttosozialprodukt 国民生产总值
BT-Drucks.	Bundestag Drucksache 联邦议会印刷品
BTSten. Ber.	Bundestag Stenographische Berichte 《联邦议会速记报告》
Bulis	Bundesbank-Liquiditäts-U-Schätze 联邦银行流动资金债券
BverfGE	Entscheidungen des Bundesverfassungsgerichts 联邦宪法法院裁判
BverwGE	Entscheidungen des Bundesverwaltungsgerichts 联邦行政法院裁判
bzgl.	bezüglich 关于
bzw.	Beziehungsweise 分别为/也就是说
CDG-Plan	Colm-Dodge-Goldsmith-Plan 科尔姆－道奇－戈德史密斯计划
CDs	Certificates of Deposits 存款证明

CDU	Christlich-Demokratische Union Deutschlands 德国基督教民主联盟（简称基民盟）
CSU	Christlich-Soziale-Union Bayern e. V. 巴伐利亚基督教社会联盟（简称基社盟）
DAFOX	Deutscher Aktienindex für Forschungszwecke 德国科研股票指数
DIHT	Deutscher Industrie-und Handelstag 德国工商联合会
Diss.	Dissertation 博士论文
DIW	Deutsches Institut für Wirtschaftsforschung 德国经济研究所
DKB	Deutsche Kreditbank AG 德国信贷银行股份有限公司
DM/D-Mark	Deutsche Mark 德国马克
DÖV	Die öffentliche Verwaltung 公共行政
DVBl.	Deutsches Verwaltungsblatt 《德国行政报》
e. V.	eingetragener Verein 注册协会
EAF	Elektronische Abrechnung Frankfurt 法兰克福电子清算系统
ECA	Economic Cooperation Administration (Marshallplanverwaltung) 经济合作总署（马歇尔计划管理署）
Ecofin-Rat	Rat der Wirtschafts-und Finanzminister 欧盟经济及财政部长理事会
ECU	European Currency Unit 欧洲货币单位
EEA	Einheitliche Europäische Akte 《单一欧洲法令》

EFWZ	Europäischer Fonds für Währungspolitische Zusammenarbeit 欧洲货币合作基金
EG	Europäische Gemeinschaft 欧洲共同体（欧共体）
EMS	European Monetary System 欧洲货币体系
EP	Europäisches Parlament 欧洲议会
ERF	Europäischer Reservefonds 欧洲货币储备基金
ESZB	Europäischer System der Zentralbanken 欧洲中央银行体系
etc.	et cetera (und so weiter) 等
EU	Europäische Union 欧洲联盟（欧盟）
EuR	Europarecht 《欧洲法》
EURATOM	Europäische Atomgemeinschaft 欧洲原子能共同体
EuZW	Europäische Zeitschrift für Wirtschaftsrecht 《欧洲经济法期刊》
EVG	Europäische Verteidigungsgemeinschaft 欧洲防务共同体
EWA	Europäische Währungsabkommen 《欧洲货币协定》
EWG	Europäische Wirtschaftsgemeinschaft 欧洲经济共同体
EWGV	Vertrag über die Europäische Wirtschaftsgemeinschaft 《欧洲经济共同体条约》

EWI	Europäische Währungsinstitut 欧洲货币管理局
EWRE	Europäische Währungs-Recheneinheit 欧洲记账单位
EWS	Europäische Währungssystem 欧洲货币体系
EWU	Europäische Währungsunion 欧洲货币联盟
EWWU	Europäische Wirtschafts-und Währungsunion 欧洲经济与货币联盟
EZB	Europäische Zentralbank 欧洲中央银行
EZU	Europäische Zahlungsunion 欧洲支付同盟
f. /ff.	folgende（Seite）/folgende（Seiten） 下一页/下几页
FDP	Freie Demokratische Partei 自由民主党
FN	Fortführungsnachweis 交割期限展期凭证
FRBNY	Federal Reserve Bank of New York 纽约联邦储备银行
GeschOBReg	Geschäftsordnung der Bundesregierung 《联邦政府工作章程》
GA	Gouverneursausschuß （欧洲经济共同体中央银行）理事会
GATT	Allgemeines Zoll-und Handelsabkommen 《关税与贸易总协定》
Gefi	Gesellschaft zur Finanzierung von Industrieanlagen 工业设备投资有限责任公司
HA BBk	Historisches Archiv der Deutschen Bundesbank 《德国联邦银行历史档案》

HdbStR	Handbuch des Staatsrechts 《国家法手册》
HGrG	Haushaltsgrundsätzegesetz 《财政预算基本法》
Hrsg.	Herausgeber 主编
HWWA	Institut für Wirtschaftsforschung, Hamburg (früher: Hamburgisches Weltwirtschafts-Archiv) 汉堡经济研究所
i. d. F.	in der Fassung 修订文本
i. d. R.	in der Regel 通常
i. V. m.	in Verbindung mit 结合
IfZ	Institut für Zeitgeschichte 当代史研究所
DDR	Deutsche Demokratische Republik 民主德国
GG	Grundgesetz 《基本法》
inkl.	inklusive 包括
inland.	inländisch 国内的
internat.	international (e) 国际的
IWF	Internationaler Währungsfonds 国际货币基金组织
JCS	Joint Chiefs of Staff 参谋长联席会议
JG	Jahresgutachten 年度鉴定

Jg.	Jahrgang 年度
JöR	Jahrbuch des öffentlichen Rechts der Gegenwart 《当代公法年鉴》
JuS	Juristische Schulung 《法律培训》
JZ	Juristenzeitung 《法学家报》
Kap.	Kapitel 章
KfW	Kreditanstalt für Wiederaufbau 德国复兴信贷银行
KOKO	Abteilung für Kommerzielle Koordinierung （民德）商业协调处
krit.	kritisch 评注
KWG	Kreditwesengesetz 《银行法》
lfd.	laufende 目前的
LIFFE	London and International Financial Futures-Exchange 伦敦国际金融期货交易所
LSE	London School of Economics 伦敦政治经济学院
lt.	laut 根据
LZB	Landeszentralbank 州中央银行
M	Mark der DDR 民德马克
m. w. Nachw.	mit weiteren Nachweisen 更多参考信息

MAE	Ministère des Affaires Etrangères （法国）外交部
MAP	Modifiziert Aktivistische Geldpolitik 经修正的积极货币政策
Mefo	Metallurgische Forschungs-GmbH 冶金研究有限责任公司
Mio.	Million（en） 百万
mit zust. Bespr.	mit zustimmender Besprechung 征得同意
Mrd.	Milliarde（n） 十亿
MRG	Militärregierungsgesetz 《军政府法》
NA	National Archives, Washington 华盛顿国家档案馆
NATO	North Atlantic Treaty Organzisation 北大西洋公约组织（北约）
NCE	New Classical Economics 新古典派经济学
NJW	Neue Juristische Wochenschrift 《新法学周刊》
NKE	New Keynesian Economics 新凯恩斯主义经济学
NKM	New Keynesian Macroeconomics 新凯恩斯主义宏观经济学
NÖSPL	Neues ökonomisches System der Planung und Leitung （民德）规划与管理的新经济体系
Nr. /Nrn.	Nummer/Nummern 号
NS	Nationalsozialismus/nationalsozialistisch 国家社会主义（的）

NSDAP	Nationalsozialistische Deutsche Arbeitspartei 国家社会主义德国工人党（国社党，纳粹党）
NvwZ	Neue Zeitschrift für Verwaltungsrecht 《行政法新刊》
o. D.	ohne Datum 无日期
o. J.	Ohne Jahr 无年份
o. O.	ohne Ortsangabe 无地点信息
o. V.	ohne Verfasser 无作者
OECD	Organization for Economic Co-operation and Development 经济合作与发展组织（经合组织）
OEEC	Organization for European Economic Co-operation 欧洲经济合作组织
OMGUS	Office of Military Government for Germany, United States 美国占领区军事政府办公室
OPEC	Organization of Petroleum Exporting Countries 石油输出国组织（欧佩克）
ÖSS	Ökonomisches System des Sozialismus 社会主义经济体系
p. a.	pro anno 每年
Rat	Rat der Staatsoberhäupter und Regierungschefs 欧洲理事会
RBG	Reichsbankgesetz 《帝国银行法》
REH	Rationale Erwartungshypothese 理性预期假说

RGBl.	Reichsgesetzblatt 《帝国法律公报》
RGW	Rat für gegenseitige Wirtschaftshilfe 经济互助委员会（经互会）
RGZ	Entscheidungen des Reichsgerichts in Zivilsachen 帝国最高法院民事裁判
RM	Reichsmark 帝国马克
RVO	Reichsversicherungsordnung 《帝国保险法》
SBZ	Sowjetische Besatzungszone 苏联占领区
SDR	Sepcial Drawing Rights (Sonderziehungsrechte des IWF) （国际货币基金组织）特别提款权
SED	Sozialistische Einheitspartei Deutschlands 德国统一社会党
SHAEF	supreme headquarters allied Expeditionary Forces 盟军远征军最高统帅部
SKV	Staats-und Kommunal-Verwaltung 《国家与市政管理》
SMAD	Sowjetische Militäradministration in Deutschland 在德苏联军事管理当局
SNB	Schweizerische Nationalbank 瑞士国家银行
SPD	Sozialdemokratische Partei Deutschlands 德国社会民主党（社民党）
StabG	Gesetz zur Förderung der Stabilität und des Wachstum der Wirtschaft 《经济稳定与增长促进法》
SWIFT	Society for Worldwide Interbank Financial Telecommunication 环球银行金融电信协会

SZR	Sonderziehungsrechte (des IWF) (国际货币基金组织) 特别提款权
Tab.	Tabelle 表
u. ä.	und ähnliche 和类似/等等
U. K.	United Kingdom 英国
UdSSR	Union der Sozialistischen Sowjetrepubliken 苏维埃社会主义共和国联盟（苏联）
UNO	United Nations Organization 联合国
US/USA	United States (of America) 美国
VE	Verrechnungseinheit 核算单位
vgl.	Vergleichsweise 相对来说
vH	vom Hundert 百分之
VVdStRL	Veröffentlichungen der Vereinigung der Deutschen Staatsrechtslehrer 《德国国家法教师协会会刊》
VWG	Vereinigtes Wirtschaftsgebiet 统一（联合）经济区
VwGO	Verwaltungsgerichtsordnung 《行政法院法》
VwVfG	Verwaltungsverfahrensgesetz 《行政程序法》
WA	Währungsausschuß (欧洲议会) 货币委员会
WM	Wertpapier-Mitteilungen 《证券消息》

WU	Währungsunion 货币联盟
WWSU	Wirtschafts-，Währungs-und Sozialunion 经济货币社会联盟
WWU	Wirtschafts-，und Währungsunion （欧洲）经济与货币联盟
z. T. Abw.	zum Teil abweichend 部分不同
z. Zt.	zur Zeit 当前
ZBR	Zentralbankrat 中央银行理事会
ZfK	Zeitschrift für das gesamte Kreditwesen 《综合银行》
Ziff.	Ziffer （法律）号
zust.	Zuständig 主管的

专业术语对照表

Agio	贴水
Akzept-und Garantiebank AG	承兑与担保银行股份有限公司
Allgemeines Zoll-und Handelsabkommen (GATT)	《关税与贸易总协定》
Alliierte Bankkommission (Allied Bank Commissionn, ABC)	盟国银行委员会
American Bank Note Company	美国钞票公司
Ankerwährung	锚货币，货币锚
Anlagevermögen	固定资产
Anpassungsinflation	调整型通货膨胀
Antizyklische Finanzpolitik	反周期财政政策
Arbeitsbeschaffungsprogramme	创造就业计划
Arbeitsmarkt	劳动力市场
Aufgeld	贴水
Advisory Committee on Labor and Management Policy	劳工和管理政策顾问委员会
Ausgleichsfonds	平衡基金
Auslandsvermögensposition	国际投资头寸
Ausschuß der Präsidenten der Zentralbanken der Europäischen Wirtschaftsgemeinschaft (Gouverneursausschuß; GA)	（欧洲经济共同体中央银行）理事会
Ausschuß für Haushaltspolitik der Europäischen Gemeinschaft	欧共体预算委员会
Ausschuß für Konjunkturpolitik der	欧共体经济政策委员会

Europäischen Gemeinschaft	
Ausschuß für Kreditfragen der öffentlichen Hand	公共部门信贷问题委员会
Ausschuß für langfristige Wirtschaftspolitik, für Fragen der Finanzen und Investionen des Europäischen Parlaments	欧洲议会长期经济政策、财政与投资问题委员会
Ausschuß für mittelfristige Wirtschaftspolitik der Europäischen Gemeinschaft	欧共体中期经济政策委员会
Außenwirtschaftliche Absicherung	对外经济保障
Auswärtiges Amt	德国外交部
Banca d'Italia	意大利中央银行
Bank deutscher Länder	德意志各邦银行
Bank für Internationalen Zahlungsausgleich (BIZ)	国际清算银行
Bank für Landwirtschaft und Nahrungsgü terwirtschaft	农业与食品工业银行
Bank of England	英格兰银行
Bank of Japan	日本银行
Bankakzepte	银行承兑汇票
Banque de France	法兰西银行
Banque National de Belgique	比利时国家银行
Bardepotpflicht	现款押金义务
Baseler Ausschuß für Bankaufsicht (Cooke-Ausschuß)	巴塞尔银行监管委员会
Bau-und Bodenbank	建筑与土地银行
Bauwechsel	建筑汇票
Beauftragter für den Vierjahresplan (Vierjahresplanorganisation)	四年计划全权总办
Beratender Währungsausschuß der Europäischen Gemeinschaft	欧共体货币委员会
Beratungsstelle für Auslandskredite	外国贷款咨询处
Berliner Stadtbank AG	柏林城市银行

Berliner Stadtkontor	柏林城市事务银行
Berliner Zentralbank	柏林中央银行
Bipartite Board	双轨委员会
Blessing-Milliarde	布勒辛十亿期票
Bretton-Woods-System	布雷顿森林体系
Bumerang-These	回旋镖理论
Bundesanstalt für Vereinigungsbedingte Sonderaufgaben	联邦统一特别任务局
Bundesaufsichtsamt für das Kreditwesen	联邦银行监管局
Bundesaufsichtsamt für das Wertpapierwesen	联邦证券监管局
Bundesausschuß für währungs-und wirtschaftspolitische Entscheidungen	联邦货币与经济决策委员会
Bundesfinanzhof	联邦财政法院
Bundeskanzler	联邦总理
Bundeskanzleramt	联邦总理府
Bundesministerium der Finanzen	联邦财政部
Bundesministerium für Ernährung und Landwirtschaft	联邦食品与农业部
Bundesministerium für Wirtschaft	联邦经济部
Bundesrat	联邦参议院
Bundesrechnungshof	联邦审计署
Bundestagsauschuß für Geld und Kredit	联邦货币与信贷委员会
Bundesverband der Deutschen Industrie (BDI)	德国工业联邦协会
Bundesverband des privaten Bankgewerbes	联邦私人银行协会
Bundesverband deutscher Banken	德国联邦银行协会
Bundesverfassungsgericht	联邦宪法法院
Bundesverwaltungsgericht	联邦行政法院
Christlich-Demokratische Union (CDU)	基督教民主联盟（简称基民盟）
Christlich-Soziale Union Bayern	巴伐利亚基督教社会联盟

e. V. (CSU)	(简称基社盟)
Commercial Paper	商业票据
Cooke-Ausschuß (Baseler Ausschuß für Bankaufsicht)	巴塞尔银行监管委员会
Counterpart Funds	对等基金
Darmstädter und Nationalbank KGaA (DANAT-Bank)	达姆施塔特国民银行
das extensive Wachstum	粗放型增长
das internationale monetäre System	国际货币体系
Delors-Ausschuß	德洛尔委员会
der deutsch-französische Finanz-und Wirtschaftsrat	德法财经委员会
der deutsch-französische Verteidigungssrat	德法防卫委员会
der europäische Devisenhunger	欧洲外汇荒
Der Geschäftsführende Direktor	总裁
Der Rat der EG, Der Rat der EU	欧盟理事会
Deutsche Arbeitsfront	德国劳工阵线
Deutsche Außenhandelsbank AG	(民德) 德国外贸银行
Deutsche Bank-Kreditbank AG	德意志银行信贷银行
Deutsche Bauernbank	(民德) 德国农民银行
Deutsche Bundesbahn	德国联邦铁路
Deutsche Bundespost	德国联邦邮政
Deutsche Emissions-und Girobank	(1948 年前) 德国投资与汇划银行
Deutsche Gesellschaft füröffentliche Arbeiten (Öffa)	德国公共工程协会
Deutsche Golddiskontbank	德国黄金贴现银行
Deutsche Handelsbank AG	(民德) 德国商业银行
Deutsche Investitionsbank	(民德) 德国投资银行
Deutsche Kreditbank AG (DKB)	德国信贷银行股份有限公司
Deutsche Notenbank	(民德) 德国银行 (央行, 货币发行银行)
Deutsche Rentenbank	德国退休金银行 (年金发放银行,

	地产抵押银行）
Deutsche Telekom AG	德国电信股份有限公司
Deutsche Terminbörse（DTB）	德国期货交易所
Deutsche Zahlungsbilanzkrise（Devisen-Krise）von 1950/51	1950/51 年的德国国际收支危机
Deutscher Bundestag	德国联邦议会
Deutscher Handelstag	德国商业联合会
Deutscher Industrie-und Handelstag	德国工商联合会
Deutscher Raiffeisenverband	德国赖夫艾森（小额贷款）协会
Deutscher Sparkassen-und Giroverband	德国储蓄银行及票据清算协会
Deutsches Institut für Wirtschaftsforschung（DIW）	德国经济研究所
Deutsch-französischer Finanz-und Wirtschaftsrat	德法财经理事会
Devisenbannwirtschaft	防御性外汇管制
Devisenmärkte	外汇市场
Devisenspekulationen	外汇投机
die Gemeinschaft zum Schutz der deutschen Sparer	德国储户保护协会
Dirigismus	国家干预主义
Diskont-und Lombardpolitik	贴现与抵押贷款政策
D-Mark als Leitwährung	德国马克作为储备货币
D-Mark-Akzepte von Ausländern	德国马克承兑汇票
D-Mark-Lücke	马克荒
Dollarlücke	美元荒
Dollar-Parität	美元平价
Dresdner Bank AG	德累斯顿银行股份有限公司
Dresdner Bank-Kreditbank AG	德累斯顿银行信贷银行
Economic Cooperation Administration（ECA）	美国经济合作署
EG-Währungsausschuß（WA）	欧共体货币委员会
Einfuhr-und Vorratstellenwechsel	进口汇票和储备部门汇票

Europäische Atomgemeinschaft (EURATOM)	欧洲原子能共同体
Europäische Gemeinschaft	欧洲共同体（欧共体）
Europäische Gemeinschaft für Kohle und Stahl (EGKS)	欧洲煤钢共同体
Europäische Kommission	欧洲委员会
Europäische Rechnungseinheit	欧洲核算单位
Europäische Verteidigungsgemeinschaft	欧洲防卫共同体
Europäische Währungsinstitut (EWI)	欧洲货币管理局
Europäische Währungsintegration	欧洲货币一体化
Europäische Wirtschaftsgemeinschaft (EWG)	欧洲经济共同体
Europäische Zahlungsunion (EZU)	欧洲支付同盟
Europäische Zentralbank (EZB)	欧洲中央银行
Europäischer Fonds für Währungspolitische Zusammenarbeit (EFWZ)	欧洲货币合作基金
Europäischer Parlament (EP)	欧洲议会
Europäischer Rat	欧洲理事会
Europäisches System der Zentralbanken (ESZB)	欧洲中央银行体系
expansive Geldpolitik	扩张性货币政策
Exportförderungsgesetz von 1951	德国《1951 年出口促进法》
Fakturierung	进销存
Fakturierungswährung	计价货币
Federal Reserve Bank of New York	纽约联邦储备银行
Federal Reserve System	联邦储备体系
Finanzinnovationen	金融创新
Finanzmarktderegulierung	放松金融市场监管
Finanzmärkte	金融市场
Finanzmarktförderungsgesetz	《金融市场促进法》
Finanzplatz Deutschland	德国金融中心
Finanzplatz London	伦敦金融中心

Finanzplatz Luxemburg	卢森堡金融中心
Finanzplatz New York	纽约金融中心
Finanzpolitik	金融政策
Französische Franc	法国法郎
Freie Liquiditätsreserven	（银行）可支配流动性
Fundamentales Ungleichgewicht	结构性失衡
Geldaggregate	货币层次
Geldbasis	基础货币（货币基数）
Geldfunktionen	货币的职能
Geldmarkt	货币市场
Geldmenge	货币供应量
Geldmengensteuerung	货币供应量调控
Geldmengenziele	货币供应量目标
Geldpolitik	货币政策
Geldpolitische Zwänge bei festen Wechselkursen	固定汇率下货币政策的制约
Geldpolitischer Merkantilismus	货币政策的重商主义
Geldpolitischer Spielraum bei flexiblen Wechselkursen	浮动汇率下货币政策空间
Geldvermögen	货币性资产
Gesetz zur Förderung der Stabilität und des Wachstums der Wirtschaft von 1967	《1967 年促进经济稳定与增长法》
gespaltener Wechselkurs	多重汇率
Gewerbekapitalsteuer	资本税
Gold-und Devisenreserven	黄金与外汇储备
Gold-Dollar-Standard	美元黄金本位
Gold-Trachen-Position	黄金份额头寸权
Gouverneursausschuß（GA）	（欧洲经济共同体中央银行）理事会
Grenzsteuersätze	边际税率
Group of Seven（G7；Siebenergruppe）	七国集团
Group of Ten（G10；Zehnergruppe）	十国集团
Grundbilanz	基本收支

Habenzinsverordnung	《存款利率规定》
Handelswechsel	贸易汇票
Hermes-Bürgschaft	德国出口信贷担保
Importierte Inflation	输入型通货膨胀
Importquote	进口配额
Indirekte Geldmengensteuerung	货币供应量间接性调控
Inflationsraten	通货膨胀率
Insiderhandel	内幕交易
Interest Equalization Tax	利息平衡税
Internationale Bank für Wiederaufbau und Entwicklung	国际复兴与开发银行
Internationale Leit-und Reservewährung	国际储备货币
Internationale Rolle	国际角色
Internationaler Währungsfonds（IWF）	国际货币基金组织
Internationalisierung	国际化
Interventionsverpflichtung der Deutschen Bundesbank	德国联邦银行干预义务
Investitionsgüter	资本货物
Investment Banking	投资银行
Investmentzertifikat	投资权证
Italienische Lira	意大利里拉
Juliusturm	联邦预算节余
Kapitalgüter	资本货物
Kapitalmarktförderungsgesetz	《资本市场促进法》
Kapitalverkehr	资本往来
Kapitalverkehrsbeschränkungen	资本流动限制
Kaufkraftparität	购买力平价
Keynesianismus	凯恩斯主义
Kompensationsprivileg	（存款准备金）抵消优惠
Konjunkturausgleichsrücklage	经济协调储备金
Konjunkturentwicklung	经济（景气）发展
Konjunkturlage	经济发展（景气）状况

Konjunkturpolitische Zollverordnungen	景气政策关税法规
Konjunkturprogramme	经济发展（景气）计划
Konjunkturrat	（德国）经济发展理事会
Konvertibilität	可兑换性
Koreaboom	（德国）朝鲜战争繁荣
Kreditanstalt für Wiederaufbau （KfW）	德国复兴信贷银行
Kreditplafondierung	信贷限制
Liquiditätsbasis	流动性基数
Lohnentwicklung	工资增长
Lohnstückkosten	单位劳动成本
Lombardsatz	抵押贷款利率
London and International Financial Futures-Exchange （LIFFE）	伦敦国际金融期货交易所
Kuponsteuer	证券交易税
Leistungsbilanz	经常项目收支
Lender of last resort	最后贷款人
Marktkapitalisierung	市场资本总额
Mengentender	（央票）数量招标
Merkantilismus	重商主义
Mindestreservepolitik	存款准备金政策
Ministerrat der EG, Der Rat der EG, Der Rat der EU	欧盟理事会
Mengenkonjunktur	经济繁荣
Marshallplan	马歇尔计划
Mobilisierungs-und Liquiditätspapiere	（德国）变现期票
Monetaristische Schule	货币主义学派
Monopolisierungsgrad	垄断程度
Mundellsche Theorie	蒙代尔最优货币区理论
Mundellscher policy mix	蒙代尔政策搭配/指派
Nettoauslandsforderung	国外债券
Nettoauslandsposition	对外净资产
Nettogläubigerposition	净债权国地位

Nettokapitalimport	资本净输入
nicht-tarifäre Handelshemmnisse	非关税壁垒
Notenbankzinsen	（央行）基准利率
Offenmarktoperation	公开市场业务
Offenmarktpolitik	公开市场政策
OEEC	欧洲经济合作组织
Ordoliberalisums	秩序自由主义
Organization for European Economic Cooperation (OEEC)	欧洲经济合作组织
Organization of Petroleum Exporting Countries (OPEC)	石油输出国组织（欧佩克）
Passivsaldo	借方差额
Pensionssatz	回购利率
Pfund Sterling	英镑
Portfolioansatz	投资组合理论
Potentialorientierung (Potentialorientierte Kreditpolitik)	潜力导向的信贷政策
Potentialwachstum	潜在增长率
Preisindex der Lebenhaltung	基本生活费用价格指数
Preisindex des Bruttosozialproduktes	GDP 价格指数
Preisstabilität	物价稳定
Presse-und Informationsamt	新闻与信息署
Quantitätstheorie	货币数量理论
Quellensteuer	预扣税
reale effektive Wechselkurse	实际有效汇率
Realvermögen	实物资产
Rediskontkontingente	再贴现配额
Rentenmark	地租马克
Rentenmarkt	债券市场
Reservewährung	储备货币
Risikoprämie	风险溢价
Roosa-Bonds	罗萨债券

Sachvermögen	有形资产
Sachverständigenrat zur Begutachtung der gesamtwirtschaftlichen Entwicklung	宏观经济发展评估专家咨询委员会（经济“五贤人”委员会）
Sanierungsprogramm	整顿计划
Schatzwechsel	国库券
Schleichende Inflation	温和通胀
Schlüsselwährung	关键货币
Schweizer Franken	瑞士法郎
Sichteinlagen	活期存款
Skalenerträge (economies of scale)	规模经济效益
Sonderabschreibung	特别折旧
Sondervermögen des Bundes	联邦特别基金
Sonderziehungsrecht	特别提款权
Sozialdemokratische Partei Deutschlands	德国社会民主党（社民党）
(SPD) Seigniorage	铸币税
Staats-und Regierungschefs der Europäischen Gemeinschaft	欧洲理事会
Staatsbank Berlin	柏林州银行
Staatsbank der DDR	民主德国国家银行（前身为德国银行）
Staatsvertrag	国家条约
Sterilisierungspolitik	外汇核销政策
Steuerreform von 1954	1954 年税制改革
Swap	（货币）互换/掉期
Swapvereinbarungen der sechziger Jahre	20 世纪 60 年代的货币互换协议
Taylor-Regel	泰勒规则
Termindevisen	期货外汇
Termineinlagen	定期存款
Terms of Payment	支付条款
Terms of Trade	贸易条件指数
Tinbergensche Paradigma	廷贝尔格最优经济政策范例
Transaktionskostenansatz	交易成本理论

Treuhandanstalt	托管局
Triffin Paradoxon	特里芬悖论/两难
Überschußguthaben	超额准备金
Umlaufsgeschwindigkeit	货币流通速度
United States Treasury	美国财政部
Universalbanken	全能型银行
Verbraucherpreise	居民消费价格
Vollbeschäftigung	充分就业
Vorstände der Landeszentralbanken	州中央银行理事会
Währungsausschuß (WA)	(欧洲议会) 货币委员会
Währungskrisen	货币危机
Währungsreserven	外汇储备
Währungszusammensetzung von Finanzanlagen	金融资产的货币组成
Wechselkursregime	汇率制度
Welthandelsanteile	全球贸易份额
Wertpapierportfolio	债券组合
Wettbewerbsfähigkeit	竞争力
Wirtschaftsrat für das Vereinigte Wirtschaftsgebiet	(美英) 双占区经济理事会
Wissenschaftlicher Beirat beim Bundesministerium für Wirtschaft	联邦经济部学术咨询委员会
Yen-Auslandsanleihen (Samurai-Bonds)	日本武士债券
Zahlungsbilanz	国际收支
Zahlungsbilanzungleichgewicht	国际收支失衡
Zentralbankgeldmenge	基础货币
Zentralbankrat	中央银行理事会
Zentralbankzinsen	(央行) 基准利率
Zinsentwicklung	利率增长
Zinstender	(回购) 利率招标
Zwanziger Ausschuß	二十国委员会
Zwei-Schlüssel-Regelung	(德国联邦银行) 双重钥匙原则

人名对照表

Aldewereld	阿尔德维热尔德
Alec Cairncross	阿莱克·凯恩克劳斯
Alex Möller	阿列克斯·穆勒
Alfred Müller-Armack	阿尔弗莱德·米勒－阿玛克
Alvin H. Hansen	阿尔文·H. 汉森
Arthur Burns	阿瑟·伯恩斯
Bad Kreuznach	巴特·克罗伊茨纳赫
Bender	本德尔
Blücher	布吕歇尔
Böventer	博温特尔
Carl-Lụdwig Holtfrerich	卡尔－路德维希·霍尔特福理希
Conrad Ahlers	康纳德·阿勒斯
Cramer	克拉莫尔
D. H. Macdonald	D. H. 麦克唐纳
Debelle	德贝勒
Dewey Daane	大卫·丹尼
E. Bernstein	E. 伯恩斯坦
Eduard Wolf	爱德华·沃尔夫
Egon Sohmen	埃贡·索门
Eichengreen	艾其格林
Ernst Baltensperger	恩斯特·巴尔腾施拜耳格
Fischer	费舍尔
Francois Mitterand	弗朗西斯科·密特朗

Frankel	弗兰克
Franz Etzel	弗兰茨・艾策尔
Franz Heinrich Ulrich	弗兰兹・海因里希・乌里希
Franz Josef Strauß	弗兰兹・约瑟夫・施特劳斯
Fred C. Bergsten	弗雷德・C. 伯格斯滕
Friedman	弗里德曼
Fritz Berg	弗里兹・贝尔格
Fritz Butschkau	弗里兹・布奇考
Fritz Leutwiler	弗里兹・罗伊特维勒
Fritz Schäffer	弗里兹・谢费尔
Fukuda	福田
Geheimrat Vocke	格海姆拉特・沃克
Giscard dˊEstaing	吉斯卡尔・德斯坦
Gustav Cassel	古斯塔夫・卡塞尔
Hahn	哈恩
Hajo Riese	海尤・里瑟
Hans Karl von Mangoldt	汉斯・卡尔・冯・芒格尔特
Hansen	汉森
Hans-Werner Sinn	汉斯－维纳尔・辛
Harold James	哈罗德・詹姆斯
Harold Macmillan	哈罗德・麦美伦
Harry Dexter White	怀特・德克斯特・怀特
Hatanase	哈塔内斯
Häuser	豪泽尔
Heinrich Irmler	海因里希・伊尔姆勒
Heinrich Tröger	海因里希・特罗格
Heinrich von Brentano	海因里希・冯・布伦塔诺
Helmut Lipfert	赫尔穆特・利普菲尔德
Helmut Schlesinger	赫尔穆特・施列辛格
Helmut Schmidt	赫尔穆特・施密特
Henkner	汉克纳
Henry Kissinger	亨利・基辛格

Henry Reuß	亨利·罗斯
Henry Wallich	亨利·瓦里西
Herbert Ehrenberg	赫伯特·艾伦贝尔格
Hermann Josef Abs	赫尔曼·约瑟夫·阿布斯
Holtrop	霍尔特罗普
Ivar Rooth	伊万·罗斯
J. Witteveen	J. 维特文
Jacob A. Frenkel	雅各布·A. 弗兰克尔
Jacques Léon Rueff	雅克·列昂·吕夫
James Baker	詹姆斯·贝克
Jelle Zijlstra	吉勒·齐尔斯特拉
John Connally	约翰·康纳利
John Maynard Keynes	约翰凯·梅纳德·凯恩斯
John McCloy	约翰·麦克罗伊
Judith Banister	朱迪斯·巴尼斯特
Jürgen Pfister	尤尔根·普菲斯特尔
Jürgen von Hagen	于尔根·冯·哈根
Karl Bernard	卡尔·贝恩纳德
Karl Blessing	卡尔·布莱辛
Karl Klasen	卡尔·克拉森
Karl Schiller	卡尔·席勒
Krajnak	克拉吉奈克等
Kravis	克拉维斯
Krelle	科列勒
Kurt Georg Kiesinger	库尔特·乔治·基辛格
L. Albert Hahn	L. 阿尔伯特·汉恩
L. Ingram	L. 英格拉姆
Leonhard Gleske	莱昂哈德·格雷斯科
Levy-Yeyati	列维－叶亚蒂
Lipsey	里卜锡
Lucius Clay	卢修斯·克雷
Ludger Lindlar	路德格尔·林德拉

Ludwig Erhard	路德维希·艾哈德
Lutz	鲁兹
Maizels	梅采尔斯
Manfred J. Neumann	曼弗里德·J. 诺曼
Martin Bangemann	马丁·班格曼
McCauley	麦考利
Montgomery	蒙哥马利
Morris Goldstein	莫利斯·格德施坦因
Neal Luna	尼尔·卢娜
Niehans	尼汉斯
Oeftering	厄夫特林
Oppers	奥伯斯
Otmar Emminger	奥特玛·埃明格尔
Otmar Issing	奥特玛·伊辛
Otto Graf Lambsdorff	奥托·格拉夫·兰布斯多夫
Otto Pfleiderer	奥托·弗莱德勒尔
Otto Uhlig	奥托·乌里希
Paritätsgitter	平价网
Pasteur	巴斯德
Paul A Samuelson	保罗·A. 萨缪尔森
Paul Volcker	保罗·沃尔克
Per Jacobsson	皮尔·杰科普森
Peter Jungen	彼得·荣根
Pierre-Paul Schweitzer	皮尔-保罗·施韦泽
Pompidou	蓬皮杜
Rainer Barzel	赖讷·巴策尔
Randy Henning	兰迪·海宁
Reimer Carstens	莱莫尔·卡尔斯滕斯
Robert Emmer	罗伯特·艾莫
Robert McCauley	罗伯特·麦考雷
Robert Mundell	罗伯特·蒙代尔
Robert Pferdmenges	罗伯特·普费尔德蒙格斯

Rodrik	罗德里克
Rolf Gocht	罗尔夫·高赫特
Röpke	罗珀可
Rose	罗泽
Rüdiger Pohl	吕迪格尔·珀尔
Sasaki	佐佐木
Slichter	斯里科特
Sturzenegger	和施图兹尼格
Stützel	斯图则尔
Subramanian	苏布拉马尼安
Toni Pierenkemper	托尼·皮伦肯珀尔
Toni Pierenkemper	托尼·皮伦肯珀尔
V. Roosa	罗萨
Volkmar Muthesius	沃克玛尔·马特乌斯
von Mangoldt-Reiboldt	冯·曼戈尔特－赖博尔特
Wallich	瓦里西
walter Scheel	瓦尔特·希尔
Westphal	威斯特法尔
Wilhelm Vocke	威廉·沃克
Wilhem Niklas	尼古拉斯
William D. Nordhaus	威廉·D. 诺德豪斯
Willy Brandt	威利·勃兰特
Wyplosz	韦普洛茨

作者简介

托尼·皮伦肯珀尔（Toni Pierenkemper），经济学家，1997～2010 年任科隆大学经济与社会史系主任。

Toni Pierenkemper, Ökonom, 1997 ～ 2010 Direktor des Seminars für Wirtschafts-und Sozialgeschichte der Universität Köln.

皮尔·杰科普森（Per Jacobsson，1894－1963），经济学家，1956～1963 年任国际货币基金组织（IMF）总裁。

Per Jacobsson（1894－1963），Ökonom，Direktor IMF 1956～1963.

奥特玛·埃明格尔（Otmar Emminger，1911～1986），曾任职德国联邦银行前身德意志各邦银行（BdL），1977～1979 年任德国联邦银行行长。

Otmar Emminger（1911 － 1986），Bank Deutscher Länder，Vorläufer der deutschen Bundesbank，1977～1979 Präsident der Bundesbank.

莱莫尔·卡尔斯滕斯（Reimar Carstens），曾任职德国基尔经济研究所（IWK），德国经济“五贤人”委员会成员。

Reimar Carstens，Ökonom am Institut für Weltwirtschaft in Kiel.

宏观经济发展评估专家咨询委员会（经济“五贤人”委员会）

Sachverständigenrat zur Begutachtung der gesamtwirtschaftlichen Entwicklung.

奥特玛·伊辛（Otmar Issing），生于 1936 年，经济学家，1973 年任维尔兹堡大学教授，1998～2006 年欧洲中央银行（EZB）董事会董事。

Otmar Issing（geb. 1936），Ökonom，seit 1973 Professor in Würzburg，Direktorium EZB 1998～2006.

赫尔穆特·利普菲尔德（Helmut Lipfert，1924－2008），经济学家及银行家，1962～1976年两任汉堡大学教授，1966～1975任莱茵票据交换所主席，1975～1982年任职巴黎欧洲工商管理学院（INSEAD/Paris）。

Helmut Lipfert (1924 – 2008), Ökonom und Bankier, Professor in Hamburg seit 1962 und erneut seit 1976, 1966 ~ 1975 Vorstand Rheinische Girozentrale, 1975 ~ 1982 INSEAD/Paris.

雅各布·A. 弗兰克尔（Jacob A. Frenkel），生于1943年，芝加哥大学博士，银行家。

莫利斯·格德施坦因（Morris Goldstein），经济学家，国际货币基金组织。

Jacob A.. Frenkel (geb. 1943), Ph. D. Chicago, Bankier und Morris Goldstein, Ökonom, IMF.

卡尔－路德维希·霍尔特福理希（Carl-Ludwig Holtfrerich），生于1942年，经济学家及历史学家，至2007年任柏林自由大学教授。

Carl-Ludwig Holtfrerich (geb. 1942), Ökonom und Historiker, bis 2007 Professor an der Freien Universität Berlin.

于尔根·冯·哈根（Jürgen von Hagen），生于1955年，经济学家，1996年始任波恩大学教授。

Jürgen von Hagen (geb. 1955), Ökonom, seit 1996 Professor in Bonn.

恩斯特·巴尔腾施拜耳格（Ernst Baltensperger），生于1942年，经济学家，伯尔尼大学教授。

Ernst Baltensperger (geb. 1942/Schweiz), Ökonom, Professor, Uni Bern.

曼弗里德·J. 诺曼（Manfred J. M. Neumann），生于1940年，经济学家，德国联邦银行，1981年始任波恩大学教授。

Manfred J. M. Neumann (geb. 1940), Ökonom, Deutsche Bundesbank, Professor in Bonn seit 1981.

路德格尔·林德拉（Ludger Lindlar），经济学家。

Ludger Lindlar, Ökonom.

鸣　谢

本书的出版得到以下机构的大力支持，特此鸣谢！

Wir bedanken uns herzlichst bei den folgenden Institutionen, deren Unterstützung das Erscheinen dieses Buches ermöglichthat.

中国社会科学院欧洲研究所

(Institute of European Studies, CASS)

中国社会科学院金融研究所

(Institute of Finance and Banking, CASS)

德意志银行

(Deutsche Bank)

阿登纳基金会

(Konrad-Adenauer-Stiftung)

博源基金会

(Boyuan Foundation)

德国法兰克福莱美两河地区国际投资促进会

(FrankfurtRheinMain GmbH - International Marketing of the Region)

埃森经济管理应用技术大学

(FOM Hochschule - University of applied Sciences)

彼得·荣根控股有限公司

(Peter Jungen Holding GmbH)

附录一 《德国马克与经济增长》新书发布会暨研讨会发言摘要

《德国马克与经济增长》简介

2012年3月16日，一本从历史经验角度探讨德国货币政策与经济增长关系的译著《德国马克与经济增长》，在中国社会科学院学术报告厅发布。这是中国社会科学院欧洲研究所所长周弘教授、德国企业家和经济学家彼得·荣根（Peter Jungen）先生及国际货币基金组织副总裁朱民博士共同主持的项目成果。项目得到中国社会科学院、德意志银行、阿登纳基金会、博源基金会、德国法兰克福莱美两河地区国际投资促进会、埃森经济管理应用技术大学、彼得·荣根控股有限公司等机构支持。

本书由导论和16篇相关文章组成。书中梳理了第二次世界大战后德国马克的国际化进程，以及在这个进程中德国货币政策与经济增长之间的多层复杂关系。在不同的历史阶段——固定汇率时期（1952～1973年）和浮动汇率时期（1973～2000年）——德国货币管理当局面对各种挑战，在制定货币政策时坚持独立与稳健的理念，为德国重新崛起成为世界领先的工业国，并在20世纪70年代中期后适应全球化浪潮的发展，奠定了基础。本书涉及的内容，为中国读者提供了从不同角度思考经济内外均衡问题的参考，有助于推动中国在货币政策与经济增长等领域的研究与讨论。

《德国马克与经济增长》新书发布会暨研讨会

2012年3月16日

2012年3月16日，《德国马克与经济增长》新书发布会暨研讨会在中国社会科学院举行。中国社会科学院副院长李扬、德国驻华大使施明贤、中国人民银行副行长胡晓炼等人出席会议。中国和德国的学界、政界、媒体等80多人参加了会议。会议由新书发布会和研讨会两部分组成。

新书发布会由中国社会科学院欧洲研究所所长周弘主持，中国社会科学院副院长李扬、德国彼得·荣根控股公司董事长彼得·荣根、德国驻华大使施明贤、中国驻德前大使梅兆荣出席会议并致辞，国际货币基金组织副总裁朱民由于工作原因不能到场，特意通过录像对大会进行致辞并表示了祝贺。

新闻发布会后举行了研讨会，国内外知名学者做了精彩发言。研讨会由中国社会科学院金融所副所长殷剑峰主持，国家外汇管理局国际收支司司长管涛、科隆大学教授托尼·皮伦肯珀尔、中国社会科学院学部委员余永定、中国银行首席经济学家曹远征等人做了发言。最后，与会者就相关问题进行了热烈讨论。

第一阶段：新书发布会

中国社会科学院欧洲研究所所长周弘（主持人）

我今天特别高兴主持我们这本新书的发布会。这本新书充分体现了中国速度。这本书从摘选、筹资、翻译、校对、出版到发布等一系列工作做完，仅仅用了不到5个月的时间。在中国速度的背后起到支撑的，一是我们和德国伙伴的精诚合作；二是我们欧洲学界和德国学界与我们中国金融学界的密切配合；三是欧洲学界、德国学界和我的同事们的努力工作与敬业精神。

今天我非常高兴来参加发布会和研讨会的有一直在支持我们这个项目的中国社会科学院的李扬副院长；有代表着对这本书关注的中国人民银行的副行长胡晓炼女士；有德国驻华大使施明贤（Michael Schaefer）博士和中国前任驻德国大使梅兆荣先生，他们见证了中国和德国之间各种各样的密切合作；还有我身边的这位德方的合作主编 Peter Jungen 先生；我也特别高兴，今天到来的有中国和德国的著名经济学家，包括我们大家尊敬的余永定研究员，有对这本书做出过杰出贡献、帮助我们编选了这些重要文章并写了导言的 Toni Pierenkemper 教授；还有一些著名的经济学家。衷心感谢各位光临！特别是要感谢我们金融研究所的同仁。此外，还有在座的所有的作者、译者、项目的资助者，我就不一一列举和致谢了。由于时间的关系，首先请我们社科院的李扬副院长致辞，给发布会开个头。谢谢李扬副院长！

中国社会科学院副院长李扬致辞

尊敬的各位嘉宾，女士们、先生们，早上好！

很高兴参加这个新书发布会。首先，我代表中国社会科学院，对国内外嘉宾的到来表示热烈的欢迎和衷心的感谢！

在休息室里，有人问我，今天似乎只是一部涉及一段历史的译著的出版发布会，搞得如此隆重，原因为何？我的回答是，那是因为，这部译著所讨论的论题，以及由这个论题可能引申出的宏大议题，值得我们花大气力进行研究。

就直接研究对象而论，《德国马克与经济增长》这部书针对的是一段历史。这段历史当然非常重要。它是世界历史不得忽视，而且必须经常去回顾的一个重要片段。因为它记载了一个国家从战争废墟中恢复，然后成长为一个世界强国的历史；记载了一个国家从曾经的世界“祸害”，转变成为如今世界稳定发展力量的历史；记载了一个国家促成欧洲合作和欧元问世等一系列重大事件，开辟了国际经济金融合作新篇章的历史。这段历史十分重要。我们所以对这样一个历史话题感兴趣，主要是因为，这页历史刚刚被翻过，它留下的遗产，仍然强烈地影响着今天的全球发展。这段历史所提供的丰富实践、展示的政策智慧以及产生出的深刻理论，对如今的全球发展和改革，仍有重大的现实意义；对于中国未来的发展，则可以提供有价值的借鉴。换言之，我们今天对“那时”的德国和“那时”的马克感兴趣，是因为：那时的德国和现在的中国，那时的马克和现在的人民币，存在颇多相似之处；那时的德国同现在的欧盟，那时的马克同现在的欧元，那时的欧洲货币体系同现在的国际货币体系之间，存在着剪不断的承继和关联关系。因此，就中国而言，要为未来的经济发展和改革寻找更多、更切近的经验借鉴和理论参考，我们需要进一步深入研究德国；就全球而言，要想探析今天欧债危机的深层原因，寻找可能的解决之道，我们也需要进一步深入研究德国。

应当说，如今中国面临的国内外形势和当年德国面临的国内外形势存在颇多相似之处。例如，我们的经济都经历了长达数十年的高速增长，并成为全球举足轻重的国家；我们的经济发展均以制造业稳步发展并在世界上占据重要地位为基本特征——如今是“中国制造”，当时则是“德国制造”以及“日本制造”；我们（包括日本）同世界其他国家的贸易关系主要是长期顺差，而且顺差对象国主要是美国；由于顺差长期存在，我们的外汇储备都经历了长期增长，并累积至巨大的规模，从而给国内带来长期持续的输入型通货膨胀压力；长期的经济增长、贸易顺差和外汇积累，使得我们货币的汇率长期处于升值的压力之下，汇率制度不得不逐渐向更为弹性化的方向转化；等等。

就我的研究兴趣而言，关于德国及德国马克，目前我主要关注的重点问题就是本币的国际化。如所周知，在本书覆盖的历史时期，即 1948～2000 年之间，德国的马克始终在走强。一国货币日趋强大，国际社会就会对它有国际化的要求，其国内也难免产生类似的期许。然而，我们注意到，尽管德国马克的国际货币角色自上世纪 50 年代始就在逐步强化，但是，迄今为止，德国朝野似乎都没有将马克国际化作为国策来讨论；当然，更没有将之确定为国家发展的目标之一。这背后的道理为何，需要认真探讨。在本书中，有几篇文章涉及这个问题。我们看到，当时的德国政府以及德国货币当局，更多关注的是保持马克的币值稳定；提升国内金融市场的开放度、深度、广度和活力；在提升经济规模之重要性的同时提升德国在国际政治中的重要性；不断增加本币汇率的弹性。更为重要的是，虽然种种因素都在将马克引向国际化的通道，但是，德国的货币当局却一直持消极态度。这是因为，德国货币当局始终将币值的对内稳定并据此保持国内经济稳定，作为不可更易的目标。在他们看来，一旦马克国际化，就会使来自国际资本市场的冲击不规则地干扰国内货币政策操作，从而危及马克币值的稳定，进而危及德国经济的稳定。所以，直至马克被并入欧元，马克的国际化从来就未成为德国货币当局的政策目标。

当然，需要指出的是，如今，虽然我们的一些政府部门和领导在公开场合大谈人民币国际化，但我国央行至今对此仍三缄其口。深入分析还可看到，我们的央行更多关注的是与人民币国际化密切相关的一些基本要素。例如，资本账户的开放、汇率形成机制的弹性化、人民币的可兑换等；在操作层面，人民银行则在努力推动人民币的跨境贸易结算、货币互换、人民币区域使用、在境外发展人民币离岸市场等。我认为，就此而论，我国央行堪称当年德国央行的知音。

与货币密切相关的是货币汇率。回顾“二战”后至上世纪末的 50 年时间中，德国马克基本上处于币值上升的压力之下。在布雷顿森林体系下，这种压力使得德国不断地提供真金白银为美元提供救助；布雷顿森林体系崩溃之后，则公开转变为马克升值的压力。我们看到，与日本相比，德国采取的是渐进式升值策略。正如本书导论的作者所指出的：“货币谨慎的升值不仅不会对增长与就业带来严重后果，而且还会对经济产生有益影响，强迫其持续面对国际市场的挑战并成功适应。”毋庸讳言，中国的人民币也长期处于升值的压力之下。在经历了人民币要不要升值、汇率形成机制要不要改革的最初讨论，并最终做出向市场化方向迈进的决策之后，人民币始终处在上升的通道上。应当说，汇率形成机制的逐步市场化，以及人民币的稳步升值，总体上给中国带来了正向的影响。这就是说，迄今为止，人民币走的基本是当年马克之路。果若如此，在未来的若干年里，我们还将如何继续？相信本书能够提供有益的借鉴。

说到这里，我们显然需要对借鉴国外经验的问题做些讨论。30余年来中国经济发展的成就，都是高举改革开放大旗而获得的。改革开放需要借鉴，这是题中应有之义。迄今为止，我们借鉴比较多的是美国经验，乃至我们案头常备的有关市场经济的参考书，也大都来自美国。然而，这次金融危机告诉我们：且不论市场原教旨主义已被蔓延的危机宣布为失灵，就是要搞市场经济，美国体制同样也需要反思。在这种情况下，我们必须对国际经验和自己的实践有新的认识。大致说来，一方面，我们需要认真总结自己的经验，确定哪些是行之有效的东西并在未来坚持下去；另一方面，我们更需放宽眼界，研究和借鉴更多国家的经验。讨论到这个问题，现在很多人都认识到：仅就发展市场经济体系而言，我们除了应借鉴美国经验之外，还需要借鉴欧洲和日本的经验，特别是要借鉴德国的经验。

刚才Peter提到了在德国流行的《社会市场经济》一书。作为研究者，我还记得，过去有一本艾哈德的《来自竞争的繁荣》。在这些著作中，市场经济，准确说，是社会市场经济，与美国式的市场经济存在差别。它不同于新自由主义的市场经济，它体现了欧洲的传统，体现了德国的传统。市场经济的多样性存在告诉我们，中国的社会主义市场经济道路不仅在实践中被证明是成功的，而且在理论上也是成立的。

简而言之，这次百年不遇的金融大危机是一剂清醒剂。它促使我们对现存的所有事物进行重新审视，包括经济体制、社会体制和政治体制；也包括经济理论、社会理论、政治理论、乃至意识形态。要抓住这项百年不遇的历史机遇，我们需要紧张地工作，需要展开多方位的深入研究。中国社会科学院作为中国社会科学研究的重镇，应当在这个历史进程中发挥领先作用。

借此机会，我想向大家通报一下我所主持的一项研究计划。这就是，在支持翻译出版这本书的同时，我支持启动了一个项目，就是在我主持的

“中国发展道路”大项目之下，分列一个研究德国经验的子项目。这个子项目将包括若干部著作和报告。我们争取于年内完成主要翻译和研究任务。届时，我们再向各位嘉宾求教。

中国社会科学院欧洲研究所所长周弘

非常感谢李扬副院长不同寻常的开幕词。这是十分坦诚的开幕词，又是开阔思路和启迪思维的开幕词。这给了我们今天的发布会一个非常好的气氛，提出了一些值得深思的问题。会议有一个小的调整，因为尊敬的经济学家余永定先生有重要事情需要提前离席，我们首先请他来发言。

中国社会科学院学部委员余永定发言

我认为欧洲所翻译这本书是有非常重要意义的。我与这本书有特殊的个人关系。2007 年当我与我的朋友德国驻华经济参赞探讨德国经验时，他向我推荐了《德国货币政策 50 年》一书，共 835 页。我通过读这本书深受启发。后来朱民和周弘说要翻译这本书，我就说一定要翻译这本书，虽然成本很高，非常难译，但是一定要翻成中文。他们在翻译过程中做了些选择，不是完全翻译的这本书。我觉得中国读者看这本书一定会有非常大的收益。我强烈建议大家一定要认真读这本书。

我在这里简单说几个问题。

首先，我对这本书的第一印象是央行的独立性，德国央行的独立性是非常特殊的。西方国家央行都有独立性，但是没有一个西方国家像德国央行这样，这种独立性至今依然如此，这点非常值得注意。李扬和我都担任过货币政策委员会委员，我们理解中国央行的许多困难处境。因为我们制度不同，我国央行没有这样的独立性，这种情况下有时央行要蒙受不白之冤。例如，2003 年夏天有很多人问周小川行长中国央行是否会生息，周小川予以否定，但是没多久就升息了，媒体就开始抱怨。实际根据我的了解央行早有打算升息，因为升息需要国务院批准，因此央行之前不能表态。升息的决策是完全正确的，但是因为央行只有在国务院批准之后才能够升息，于是央行有时要背负骂名。随着中国经济快速发展，中国政府应赋予中国央行更多的独立性，使得央行能够对市场的瞬息万变作出迅速反应；不要经过一系列复杂程序，从而丧失时机，最后给市场释放出不正确信号。

第二，德国央行有一个非常重要的特点就是只有一个政策目标，即物价稳定。日本和中国等国家的央行的最终目标都是多重的。有些欧洲国家央行货币政策目标是维持货币和物价稳定，但是否有责任维持金融稳定则比较模糊。在美国，央行作为最后贷款人是无可争议的；德国则认为央行不能作为最后贷款人，央行的责任是维持物价稳定。德国有一个非常重要的特点，就是两次世界大战之间，由于恶性的通货膨胀给纳粹上台创造了条件，最后给德国造成了灾难性的后果。所以在德国文化中，形成了一种非常强大的意识，就是不能形成严重的通货膨胀，因为它会毁掉这个国家。德国人把这种全民共识称为“稳定文化”。它有一个独立的中央银行，就是联邦银行。央行本身又有相当强的独立意识，而且德国政府和德国的宪法也赋予了它强大的独立性。在这个银行的信念里，稳定物价是最重要目标。“稳定文化”加上一个能保证这种文化得以变为政策的机构，这是德国与世界其他国家不一样的地方。从历史上看，德国联邦银行始终把抑制通货膨胀作为最重要的目标，或唯一的目标。而其他中央银行则至少在某些时期游移于不同目标之间。由此可见，德国所形成的传统是，经济增长和就业等问题由德国政府、特别是德国财政部来负责；对于联邦银行来讲，它要为物价稳定负责，其他事并不需要它去管。这是德国一个很重要特点。但我得指出，德国中央银行完全独立性这种说法是否太极端是值得讨论的。

在欧盟的一些规定中，央行似乎有维持金融稳定的职责，那么欧洲央行是否就可以更多的干预金融市场？例如，欧洲央行是否可以采取类似美国的 Q_1、Q_2 等政策？这在欧洲的争议是比较大的。德国很多人仍然坚持不采取这样的政策。从现在的趋势来看，政治家迫于形势可能会采取比较灵活的政策，一旦这种所谓比较灵活的政策被采用会产生怎样的后果，也是值得我们研究的。

第三，汇率问题。德国对汇率问题的处理是最好的。德国在一定时间内允许汇率升值，后来实行浮动汇率而没有对经济造成任何严重的冲击。我认为这些经验非常宝贵。在《德国货币政策 50 年》一书中有一个有趣的笑话：1973 年德国央行、经济部、财政部的官员一起讨论德国马克是否和美元脱钩。当时掌握经济大权的是施密特，他是坚决主张挂钩、反对脱钩的。讨论的当天正好施密特生病，没有参加这个会。支持自由浮动的人趁机说服了大家，政府正式决定马克对美元自由浮动。最后证明决议是正确的。因此机缘也是非常重要的。从德国的经验来看，中国一定要克服升值恐惧症。这点非常重要，德国等国的许多经验都证明了这一点。

我们误读了日本的经验。长期以来中国学者仍然普遍认为是《广场协议》后日元升值导致了泡沫经济，这是完全错误的。我们在学习西方经验的过程中，应当研读国家历史。我们对日本经验理解是犯了错误的，其实日本的泡沫经济并不是《广场协议》造成的，而是《广场协议》之后采取的极端扩张货币政策造成的。虽然现在取得了正确的共识，但是这对我们制定政策起到了不好的作用。

卢浮宫的经验也是非常重要的。卢浮宫的决议内容是遏制美元贬值，美元由于刚走出衰退不久而不愿提高利息率，因此只有迫使德国和日本降息。德国和日本采取了不同态度，德国呈现了大国姿态，坚持不降息；日本采取了降息，之后在综合因素的影响下日本的泡沫经济就非常严重了。因此，一个国家的央行与这个国家的独立自主性具有紧密联系。德国在坚持自己国家利益方面的坚定立场是值得别的国家学习的。中国在这方面做得也是挺好的，倒是不必向德国学习。

还有一个所谓蒙代尔“三难悖论”（open - economy dilemmas），即一国不可能同时实现维护固定的汇率制度、开放资本市场和实行积极有效的国内货币政策这三个目标。德国非常坚定的选择了独立货币政策。德国是在保持货币政策独立性、资本自由流动的同时，让马克自由浮动。在这方面德国取得了非常成功的经验。

但是也应该指出，汇率的变动会对企业造成很大的影响，因此，企业界人士都希望汇率稳定。我想说的就是，在德国的宏观经济政策史上，保持货币的对内稳定、抑制通货膨胀始终是最高目标。为了这个目标，可以牺牲汇率的稳定，而不是反之。这个问题对中国来讲是非常有现实意义的。因为，中国现在处于经济偏热时期，虽然通货膨胀目前并不严重，但如不加以控制就会恶化。通货膨胀是我们当前所面临的主要危险。所以现在我们也面临着德国当年（20 世纪 60 年代末 70 年代初）的问题。不能为了汇率稳定牺牲货币政策的独立性。汇率政策应该从属于货币政策。局部利益应该服从整体利益，近期、短期利益应该服从长期利益。就是说中国好不容易得来的一个稳定的通货膨胀预期，绝对不能由于政策的错误，而让它丧失掉。

没有一个稳定的通货膨胀预期（3% 左右），经济就丧失了进一步稳定发展的基础，市场机制就会丧失资源的优化配置作用。所以，关于“人民币不可以升值，应该让物价上涨导致人民币实际升值”的建议，是绝对错误的，是违背所有经济学基本原理的，是没有任何经验支持的。经济学一个最基本的原理就是所有国家货币政策的目标都是物价稳定。物价稳定并不是它不变，而是要保持一个比较低的通货膨胀率。因为在市场经济条件下，价格是一个最基本的信号，在物价普遍上涨（通货膨胀）的情况下，具体商品价格的变动就丧失了信号功能，资源就没办法合理配置了。为什么呢？例如，猪肉价格上涨了，在非通货膨胀环境下，你可以容易地判断，猪肉供不应求；在猪肉价格信号的引导下，养猪的投入就会增加，猪肉的供给也将随之增加。在通货膨胀环境下，没人知道猪肉涨价在多大程度上反映了猪肉供求关系的变化，多大程度上反映了价格的普遍上涨。通货膨胀把所有的价格信号都扭曲了，使所有的价格信号都失效了。

还有一个问题是，一旦形成通货膨胀加速的预期，那通货膨胀本身就是不稳定的。现在我说的通货膨胀是稳定的预期，比如3%。假如今天3%，明天4%，后天5%，大家会有一个通货膨胀加速的预期，整个经济就有问题了。为了保值，大家会拼命买东西，买房子，买股票。商品价格上涨、资产价格上涨，工资上涨，最后整个经济就会因恶性通货膨胀而崩溃。

所以，我认为那些建议用通货膨胀来解决人民币升值问题的建议，是完全错误的。而且还有一点，就是如果你之所以害怕升值是因为升值会导致出口减少、失业增加，而事实上通货膨胀导致的实际汇率升值的最后结果同名义汇率升值是一样的。因为，真正影响外贸的不是名义汇率，是实际汇率。实际汇率就是名义汇率除上一个中外物价的对比。所以，实际汇率升值，既可以通过名义汇率升值也可以通过通货膨胀实现。无论是通过什么途径，实际汇率升值的结果都将导致竞争力下降，出口减少。用通货膨胀来维持汇率稳定，完全是本末倒置。同我们在前面讨论的德国经验完全相反。这种主张的结果只能是“赔了夫人又折兵”，出口没有获得保护，国内物价稳定毁于一旦。如此，中国经济就会出现比单纯出口减少、失业增加大得多的问题。

我们还是回到德国的问题上。德国在上世纪70年代改为自由浮动汇率以后，马克的升值总体上来说速度还是比较快的，但德国的贸易顺差以及出口好像没有受到实质性或者说比较大的冲击。不可否认，德国的总体表现比较好，但也并不是一直都是贸易顺差。从2001年以后，出口对经济增长的贡献大部分都是正的。据我看的材料，有的说近年来德国经济80%都来自于进出口的增长。那么就是说，在这段时间内，它的汇率对于进出口的影响应该主要看它的实际有效汇率，最起码要看它的实际汇率，而不是名义汇率。

马克已经不复存在，看欧元也不行，因为我们是在讨论德国经济。由于欧元区各国通货膨胀率不同，实际汇率也不同。从德国来讲，它的实际汇率是在贬值。这很大程度上是因为职工的工资增长速度在下降。那么，实际汇率的贬值，对德国净出口的增加到底有多大作用？根据一些经验研究，实际汇率的贬值有一些作用，但作用不大，导致最近几年德国净出口增加的主要原因是德国主要贸易伙伴国经济的增长和地区性国际生产网络的发展。

对中国来讲，净出口对于汇率变动的弹性可能比较小一些，因为中国加工贸易的比例比较大。但是，也绝对不是没有效果。如果它没有效果，那为什么还要怕升值呢？现在学术界和媒体上时常主张两个自相矛盾的命题。第一个是升值不会减少贸易顺差，所以升值没用。第二个是不能升值，因为升值会对我们的出口造成重大的不利影响，造成失业。这两个论据是自相矛盾的，这不是自己打自己的耳光吗？到底哪个对呢？我们怎么那么不讲逻辑呢？

我自己感觉升值肯定对中国的经济增长在短期内会造成不利的影响，但是，这种影响的程度到底大到什么程度呢？可能比一般国家要小。一个例子就是，在东南亚金融危机期间，周边国家的货币都在贬值，中国没有，那就等于是人民币升值了；但是，中国的出口在美国、日本和其他国家所占的比重并没有显著的减少。

另外值得一提的是德国人把升值看作一个鞭子来鞭策企业。1973 年以后，德国是有管理的浮动汇率，基本上处于缓慢升值的过程中。对它来讲不是干预不干预外汇市场的问题，它是干预的，只是干预多和少的问题。干预了之后，必然会影响国内的货币政策。比如说它也采取冲销政策，这跟中国现在的做法差不多。但是干预的程度并不是特别大，其中具体的表现就是它的外汇储备并不是特别多。德国中央银行的原副行长曾说，德国人把升值看作一个鞭子来鞭策企业提高生产效率。这是一个非常有效的鞭子。但咱们不用这个鞭子，而且制造一种幻觉，就是人民币不会升值，中国会扛住的，那么企业就没有动力来提高效率了。所以说，对于升值，过多少年回头来看，我们可能会发现，升值不会对中国造成什么了不起的影响。恰恰由于不肯升值，采取其他一系列的措施，结果就等于升值了；但这种措施不是市场化的措施，付出的代价反倒可能更高。

在实践过程中，有的时候，也要在国内货币政策和汇率之间做某种平衡，并不是那么绝对的书呆子式的。德国当年在实践中也干预外汇市场，特别是在上世纪七八十年代，马克汇率属于蛇形浮动。在关于人民币升值问题上的最大误区就是：认为升值对美国有好处对中国没好处，升值是屈服于美国压力。我希望再次强调，尽管人民币升值会带来阵痛，但升值符合中国自身的长远利益。不能因为人家让你升值，你就偏偏不升值。当然，具体怎么升、升多少，这个问题可以另行讨论。

第四，人民币国际化、资本项目自由化。社科院和央行的关系是非常密切的，我们之间也是相互信任的。社科院对央行的政策方针是非常支持的，即便有不同的意见也是为了更好的配合央行工作。我们希望央行能够让我们更多的了解央行的政策走向，以便于我们对央行工作的支持与配合。我们知道，资本项目自由化是人民币国际化的先决条件。例如，美国成为世界强国之后几十年才实现了美元国际化，因此与其探讨人民币国际化不如探讨资本项目自由化，在资本项目自由化的过程中推动人民币国际化，如果不行也不要勉强。对于德国来讲，开放资本账户的主要指导思想是管制会造成扭曲，造成资源误配。为了减少对市场的扭曲，应该开放资本市场。但是，开放了资本市场、资本自由流动之后，又要想让货币政策独立，就必须让货币自由浮动。现在部分经济学家认为中国应该放松资本管制，鼓励外资流出，这样可以减轻对汇率的压力。我认为这是完全错误的。首先，作为一个原则，我们必须保持货币政策的独立性，同时我们又要保持币值的稳定。那么，我们就应该加强对资本流动的管制。实际上外管局也是这么做的。

今天谈了很多德国的经验，其中最值得借鉴的是：第一，坚持中央银行的独立性，不受任何外部压力的影响；第二，把抑制通货膨胀作为中央银行的中心目标，其他目标可以为这个目标而牺牲（或由其他部门负责）；第三，形成非常强的文化和制度保证，否则再好的政策也难于得到贯彻。我认为这最后一点是特别值得中国借鉴（但不是照搬）的。

中国社会科学院欧洲研究所所长周弘

这样一本翻译著作的发布会能够产生一石激起千层浪的效果，是我们始料未及的，我很高兴。同时，我想我们的工作能够对社会发展起到这样或那样的推动作用，这正是我们的目的。现在这个非同寻常的发布会还要回到原来的轨道上来，就这个问题进行深入讨论是会议的第二阶段。现在我们先请这本书的主编之一，远在华盛顿的IMF副总裁朱民给我们讲一段故事。他本来是要来参加会议的，发布会的日程也是按照他的时间确定的，但是他临时有事不能到会，他将通过录像来与我们共享他的一些思想。

国际货币基金组织副总裁朱民通过录像致辞

大家早上好！欢迎大家来到我们的新书发布会。很抱歉，因为我的工作日程改变所以不能来到现场参加活动，向大家致歉。特别是向我的合作者周弘所长和彼得·荣根（Peter Jungen）博士表示歉意，同时我也要再次感谢本书合作者周弘和Peter先生，他们两位花了大量的精力才把这本书编辑成功。特别是周弘所长，她承担了所有具体的翻译、出版、组织会议等工作，所以非常感谢！我也要感谢Tony，他为这本书写了很长的序，他花了很多精力挑选文章，没有他的经验和努力这本书也很难得以发行。更不用说要感谢今天参会的嘉宾，我们的梅大使和其他的代表。关于这本书的起源，我已把我这方面的故事做了一个简述，今天就不再重复，大家可以看书的序言。

我想今天借这个机会给大家讲一个德国马克的故事。在50年的历史里，从1950年到2000年，德国马克对美元的汇率从4.2马克/美元不断升值，最后到1999年转至欧元时马克的汇率升至1.67马克/美元。在50年内马克升值75%以上，也可以说马克的价值增加了1.5倍，是原来的2.5倍。这是有一个过程的，不是一步到位的。也就是在1960年代时马克比较稳，在布雷顿森林体系垮台时，1971~1972年马克出现大幅度波动（大幅度升值），以后马克和欧洲区一篮子货币相连时也有波动和升值，然后逐渐在1999年并入欧元时才达到1.67马克/美元的汇率水平。

这只是汇率水平。如果我们看马克的汇率体制也是很有意思的。1952~1971年马克是盯住美元的体制，基本上是一种盯住的汇率体制。1971年之后开始浮动，一直到1973年从美元脱离黄金金本位开始，整个世界货币体系从固定汇率走向浮动汇率。接着1973年布雷顿森林体系崩溃，所以世界进入一个新的货币体系。在这个期间内马克经过了一个浮动汇率，然后又盯住过一篮子汇率，直到1973年。之后1973~1999年马克是盯住一篮子欧洲货币，有一个浮动的区间，这就是学术史上讲的比较多的区间浮动（或者蛇形浮动）。当时欧洲货币联盟刚刚开始。1973~1999年马克进入一次大的调整，它整个盯住的还是欧洲的货币，但是篮子的结构，波动区间发生变化，波动空间从2.25扩大到15。所以，它这个体制是很有意思的。严格意义上说，在过去50年里，除了1971~1973年整个世界货币体系由于美元脱离金本位而产生波动时有一个浮动区间，大部分时间是一种盯住汇率体制。它先是盯住美元，后来是盯住一篮子的欧洲货币，它又调整了一篮子的欧洲货币，但它也有不断扩大浮动区间，所以这是一个有管理的浮动汇率。

如果我们再往前看，我们看到汇率的变化，看到汇率体制的变化，如果我们还要看呢，我们就会发现还是很有意思的。就是马克在对美元升值时，马克对欧洲内部的货币也在平衡。例如，马克对法郎的估值在不断升值，从最早的1.2马克/法郎升值到0.3马克/法郎，在货币比较的盯住锚的过程中，他的锚发生变化和估值发生变化，这个也是一件很有意思的事情。

如果我们把50年来德国经济增长速度和通货膨胀数据加进去的话，我们可以看到更有意思的事。马克的汇率波动其实是和整个国内经济增长需求和通货膨胀的制定要求是一致的。就是在通货膨胀比较高时，它会使得汇率升值比较多一些，这样可以压抑通货膨胀，来平衡国内的需求和国外的需求，就是把国际和国内两个的均衡平衡起来。这也是汇率的一个最根本的功能和作用。

回顾这50年的故事。第一，在这50年内马克不断升值，但是在马克升值的同时还在不断促进德国竞争力，并不断推进德国的出口，同时也通过货币政策支持德国经济的稳定增长。我想这个是很重要的一个方面。第二，马克的汇率体制是有管理的浮动汇率体制。早期德国经济和美国经济比较一致，所以德国马克开始盯住的是美元。美元和黄金脱钩以后，德国的经济和欧洲的经济往来更多，而且因为美元的波动更大，所以德国马克和欧洲的一篮子货币挂钩。1993年以后德国调整了一篮子货币结构，而且放宽了浮动的范围，也就是将浮动区间从2.25放大到15。这也是根据当时欧洲和德国经济往来关系，以及根据货币市场波动采取的措施。所以它是一种有管理的浮动汇率，但是这个管理是根据形势而变化的，是根据它的经济关联度采取挂钩的对象，根据经济结构的变化和经济交易对手的结构变化而改变它的挂钩结构，以及根据市场的波动改变汇率波动幅度的管理。这是根据整个形势变化而相应调整的有管理的汇率制度，与整个实际经济需求是一致的。

在整个汇率调整过程中，相当重要的参照是整个国内经济的平衡和对外的平衡的一致性，是怎样平衡通货膨胀，平衡货币升值和核心竞争力，是增长以及增长的稳定性之间的平衡。但是不容易做到。在过去的50年里，在德国历史上，在德国央行和财政部之间、德国央行内部、德国财政部内部，在德国不同学术界、央行、政府之间，关于马克要不要升值和怎样升值，从50年代中期德国由逆差国变为顺差国，外汇积累不断增加的时候，这个争论就没有停止过，这个争论有时相当激烈。而所有的争论，我们都尽可能收集在此书中。

这是一部关于马克升值的书，是一部关于德国马克国际化的书，是一部关于德国货币政策和货币体系的书。我们尽可能把在各个不同历史阶段德国国内关于汇率政策、货币政策，特别是马克政策的相关争议都收集在一起。虽然这本书很厚，但是我觉得德国马克的故事非常精彩。

所以，再次感谢我的合作者周弘所长和Peter先生，由于我们共同努力，特别是他们两位的努力，这本书才得以出版和发行。我觉得这个故事很精彩。我想任何对中国的货币体制、汇率政策改革有兴趣的人，任何对德国马克的变化、货币政策和汇率体制有兴趣的人，对今天整个世界国际货币体系、国际汇率变动和重构国际货币框架有兴趣的人，都会从这本书中得到启迪。我希望大家能够喜欢这本书。谢谢大家！

中国社会科学院欧洲研究所所长周弘

我们不知道朱民在那边是否能够听到我们的掌声（笑声）。我们前半期的新闻发布会非常精彩。我们发布会还有另外三位重量级的致辞人，他们分别是我们的合作者彼得·荣根（Peter Jungen）先生、德国驻中国大使施明贤（Michael Schaefer）先生和中国前任驻德国大使梅兆荣先生。我希望其余的致辞人能够按照我们原来的规划，每人按照5~6分钟的时间来致辞。现在请彼得·荣根（Peter Jungen）先生致辞。

德国荣根控股公司董事长彼得·荣根（Peter Jungen）致辞

谢谢！我们用了7个月的时间，如果没有朱民，我们就不可能有这个想法。目前经济形势是中国由一个农业经济转化为市场经济。中国减贫工作也非常成功。现在中国经济迅速发展，中国确实是一个很大的经济体。

三国集团已经通过了一些倡议，包括中国人民银行行长、美国财政部长。美国财政部说中国的人民币估值过低。我们看到“二战”后期德国、日本、韩国的经济增长与中国近似，都是出口导致的。我们当时货币的估值都比较低，而且我们都面临增值的呼声，当然我们并没有遂他们的意。

当然一个逐渐的升值会给生产效率的增长带来很多的压力，特别是对经济结构的改变带来压力。不是政府的政策原因，而是由于很多的企业家，这是一个地区的政策，他们被迫需要适应新的通胀等经济环境和形势。我们可以从其他国家中获得经验。不要害怕通胀本身，而是要警惕人民币大幅度的增长。如果货币出现每年20%~30%的增长，可能会使得一些投资失去竞争性；但是如果这种改变是渐进的话，对德国出口有长期的向上的压力。

我们曾经有过一些辩论。1961 年时，当时我是一个高中生。我经常读德国经济新闻，经常跟踪这个消息。当时是一个非常开放式的讨论。德国是一个出口推动国家，但历史上出口占 GDP 非常低，仅占 GDP 的 15% ~ 16%，“二战”时这一比例下降到 6%。

我们来看一下德国马克和美元的对比。25 年之后马克贬值 50% ~60%，政府建议重新估值，央行后来接受了浮动汇率。这与中国有很多相似点。例如，平均增长率 6.5%，我们经济在几年内翻了几番。40 年之后，欧元出台，并成为第二重要的货币。我们可以获得一个经验：经济的转型特别是行业的转型，如果是出口导向型经济的话，可以从货币、汇率得到支持，也会受到通胀影响；所以外汇汇率是非常重要的。这种说法是非常正确的，因为它对经济造成很大影响。

我们看到中国有很多投资，在中国也有很多论坛讨论这一主题。翻译这本书是在 10 月作出的决定，这可能需要我们 2 年才能真正的做好，但是仅几个月就做好了。我相信已经感谢了所有人，同时感谢出版社和中国社会科学院，感谢赞助商。未来我们还有很多合作，我们希望这将会进一步促进开放性讨论的进行。德国的一些出版社提出是否出一个德国的版本，好在原文已经是德语版。非常高兴看到中国驻德国和德国驻中国的两个大使来到这里，我们是很多年的好朋友。谢谢大家。

中国社会科学院欧洲研究所所长周弘

非常感谢 Peter 先生，您说出了我的心里话。现在我终于有机会来请我们不老的老朋友德国驻华大使施明贤先生来致辞，大家欢迎。

德国驻华大使施明贤（Michael Schaefer）致辞

非常感谢周教授，非常感谢央行副行长和所有的人，我非常高兴能够参加今天的新书发布会。我们现在面临全球经济和金融根本性的改变，我们需要反省历史经验，在经济发展中寻求其他国家经验是明智的。

我介绍一些个人的想法。中国这个国家迅速和持续的发展是我非常神往的，当然这些是经济改革开放的结果，是真正的经济奇迹。作为一位德国驻华大使，我有一些想法，那就是中国的发展与德国当年的经济发展类似。我不想过多的去说两个国家的相似之处，中国和德国是两个非常不同的国家，在历史、文化、政治系统方面都有很多不同，当然我们也有很多相似之处。

我主要讲两点。第一点是我们的经历恰巧见证了德国的发展。1948 年，德国联邦政府还没建立起来，我们看到了马克的诞生，这是在国际系统的监督下发生的，我们跟紧了美元，当时美元是与黄金挂钩。马克面世 1 年后大幅度贬值，到 1961 年马克才开始重新升值，也是第一次升值，经济的框架当时有了根本性的变化。我认为有两个条件促进了德国的发展，即欧盟和区域化、加入关贸总协定。不容低估的是一个政治现象，不能进行国际化，先考虑欧洲一体化。我们充分利用了制度。

德国马克升值由政府决定，而不是由央行决定，这与中国很像。当时德国有很多的争吵，对出口有影响，当时没有造成很大波动。由于我们采取缓慢进程，尤其 8 年后再次升值，之后采用欧元。币值低估和自由市场。德国企业态度和国家精神是勇往直前的精神。

我不想过多的去讲两国的相似性，两个国家都是出口导向型国家。人民币兑美元持续升值，需要一个逐渐的进程，不能一蹴而就。这也是中国需要认识到的一个理念。

第二点是中国朋友看到德国在战后发生的一切，以及欧洲在战后发生的一切，这是非常值得的。这可以提供很多的教训，可以提供货币、经济发展等问题的经验，这是非常值得的。

在学术等方面，此书既新又旧。正如刚才李扬等致辞人提到的，社会市场经济是一个非常有意思的现象。中国有悠久的历史，中国也有很多值得别国学习的经验。随着经济进一步发展，还会有更多挑战。感谢中国社会科学院提供大量的资金，以及将继续促进中德合作项目的发展。中德合作至今已经达到了前所未有的发展，我认为中国社会科学院在发展中做出了卓越的贡献。感谢副院长及其同事，非常感谢大家的倾听。

中国社会科学院欧洲研究所所长周弘

感谢大使的致辞。您刚才谈到了德国的历史，特别是德国市场经济的发展、德国的货币政策以及它的广泛背景，这些对我们来说是非常重要的。下一位致辞人是我们的老朋友梅兆荣大使。梅兆荣大使不仅仅从一开始就支持、关心这个项目，而且还帮助我们完成了一部分的翻译，亲自翻译了一篇文章。梅兆荣大使在我们这个项目里扮演的角色是一位长辈、践行者，是一位多方位的支持者，有了他的支持我们就感到心里很有底。

中国驻德前大使梅兆荣致辞

我非常高兴出席这本新书的发布会。我首先向周弘、Peter 和朱民表示祝贺，在这么快的时间内出版和发行《德国马克和经济增长》，用了不到半年时间，质量很好，又快又好，值得称赞。

金融和货币领域我是门外汉。我赞成出版此书，因为最近几年在研究国际金融时，特别是2008年，国际金融对国际关系的影响，迫使我有了学习国际金融知识的愿望；所以当朱民和周弘提出翻译这本书的想法时，我表示支持。我认为马克当时的争论和相关的结论介绍给读者是非常有意义的。因为德国的发展与目前中国的发展有很多相似之处，所以我们可以借鉴。这是我从自身了解德国经验角度来考虑。

他们总的想法是介绍德国的经验。借鉴外国经验历来是我们中国改革开放和现代化建设取得成就的重要条件。1978年十一届三中全会作出改革开放历史性决议之前，国务院副总理率领一个庞大的代表团去西欧五国考察，学习欧洲的经验。我作为代表团的一员参加了行程。我深深感受到，当时我国了解西方发达国家经济发展经验的心情非常迫切。至今我国已经改革开放30多年，改革开放的广度和深度达到了非常高的程度，中国面貌发生了翻天覆地的变化。即使在这样的情况下，我国仍然需要借鉴发达国家的经验，可以避免或者使我们少走弯路。这是决定我们进一步取得成功的一个不可缺少的方面。

我曾经在德国工作学习了25年，我对德国相对了解一些。我觉得德国是战后欧洲国家重建比较成功的一个典型，借鉴德国在正反两方面的经验对我国具有现实意义，所以我觉得这个项目是值得提倡的。半个世纪的外事工作经验使我深深感到，中国的国情与德国有很大差异，因此必须吃透欧洲国家当时的条件和时代背景，只有这样才能够真正学到问题的实质。例如，翻译工作也需要了解时代背景。借鉴别国经验应用到中国必须要考虑中国的国情，了解我们的条件，只有在这样的基础上才能够在借鉴别国经验时见效。叶利钦完全是照搬西方经验推行休克疗法的结果是休克发生了，却没有疗效。因此要在掌握别国经验的精神实质上来加以运用。

昨天我和Peter Jungen先生谈到了社会市场经济。德国对社会市场经济这个概念仍然是有不同看法的。包括艾哈德这个创始者本人也不喜欢用这一概念，他认为社会市场经济内涵本身包含了“社会”因素。如何运行社会市场经济有成功的经验和不成功的经验。我听说社科院将会对社会市场经济这个题目进行研究，我认为这是一个非常有意义的事情。德国对这个问题仍有争议，我们有了30多年的实践经验之后可能会有更多更好的体会。这也可以使中德关系进一步深化发展，对我们两国关系的发展有很大好处。

中国社会科学院欧洲研究所所长周弘

谢谢梅大使代表我们中国的德国学界、欧洲学界的一番致辞。我必须说我是一个不称职的主持人，因为我们的发布会超时太多；但是我要说我是一个特别幸运的主持人，因为我们在这个发布会上听到的不仅是对合作者、出资者、出版者的祝贺，而且还有很多深层次的思考，提出了大量的问题，特别是与我们中国目前发展相关的一些问题，这为我们下一部分的讨论提供了一个比较好的背景。现在我把主持人的身份交给一个更加年轻、更加专业、更加能够掌控时间的金融所副所长殷剑锋先生。

第二阶段：研讨会

中国社会科学院金融所副所长殷剑峰（主持人）

金融所为这个项目提供了资助，没有提供研究。我对这个问题也很感兴趣，因为德国的经验与其他国家不同，非常值得我们学习和研究。

科隆大学教授托尼·皮伦肯珀尔（Toni Pierenkemper）发言

我只想谈一点我的想法。我们作为经济的历史学家注重以史为鉴，这是非常重要的一点。几年前我与 Jungen 碰面，当时我选择了一些德国重要的经济历史文章，包括货币政策，特别是在“二战”后的货币政策。如何以史为鉴，从这些讨论中获益呢？

我们可以从经验中获得益处，这是非常重要的资源，帮助我们增长知识。科学知识与经验不同，我们需要方法论从经验中获益，但是在社会学中没有明确的方法论。我认为进行比较非常有用，比较研究有助于我们以史为鉴，深入分析现在的问题。如何以史为鉴进行比较呢？在这个具体案例中，为了能够获得科学知识，一位著名法国历史学家 50 多年前引入的一个新概念，即历史比较法，就很有用。他区分了两种比较：通行比较和个别比较。前者是比较社会历史，后者是比较某一个具体的元素。我们在这个具体的案例中要进行后一种比较，因为我们不是比较两国的宏观经济，而是只想比较两国经济中某些方面的东西。

中国和德国有哪些重要的元素需要比较呢？这其中包括了内外部的变化和体制的变化。20 世纪 50 年代初，德国的货币政策是我们的主体，第一个阶段是固定汇率系统，是基于布雷顿森林系统之下的，这也是“二战”后全球货币政策的主导系统。我们从德国历史中了解到我们进行了一个重新的整合，后来情况发生了变化，国际比较也发生了变化。我们首先是升值，也就是1961年的升值，升值的结果就是在所有不同方面和所有不同的德国改革元素中，这些东西都需要我们比较。其中一个要素就是就业和失业，这是两个非常重要的货币政策结果；第二个是金融结构和资本流动；第三个是国际竞争；第四个是外贸。由于所有这些因素，经济增长的表现，所有不同情况都是非常有意思的。我相信大家可以从书中获得一些体会。第二个阶段是1973年在布雷顿森林体系崩溃后变为浮动汇率，出现新的不同元素，但是这些元素改变并不大。正如Peter提到过的，我的观点是外汇体制并没有很大程度上干扰德国经济发展情况，短期可能会有震动，但是长期并没有发生变化。这是我的观点，也是我从这段历史中获得的体会。这也可能是中国经济从德国历史中获得的体会和经验。

中国社会科学院金融所副所长殷剑峰

谢谢Toni Pierenkemper先生，下一位发言人是国家外汇管理局国际收支司司长管涛先生。

国家外汇管理局国际收支司司长管涛发言

我很荣幸参加今天的新书发布会。我与这本书有一些特殊的渊源，应朱民行长和周弘所长的邀请参加对这本书的审校工作，有幸先睹为快。这本书非常的好，以史为鉴，对中国有很好的借鉴作用。我们在对中国进行相关方面的改革时非常关注日本和德国的经验，较早以前外汇局就委托世经所的何帆、张斌帮我们做过日本和德国汇率改革经验的研究。我本人以前也研究过德国方面的经验，但是还不够系统和深入。去年初做相关研究时，我也进行过德国和日本的对比，发现德国马克汇率的调整始于1960年代初，而日元汇率是从1970年之后才开始调整的。我当时的结论是，德国用了更长的时间消化结构性的汇率失衡压力，所以在汇率改革方面德国比日本更为成功。当然，这只是从数字方面比较研究得出的结论，对于数字背后的过程，特别是发生了哪些事件并没有涉猎。这本书很好地弥补了我在这方面研究的空白。这本书深入浅出、通俗易懂，我起初准备与其他审校者分头进行，但看起来一发不可收拾，把全书的所有译文都看了，受益匪浅。我建议大家都读一读。下面我主要谈自己的四点读书体会。

1. 关于德国马克升值的争论是非常激烈的。例如书中第64~65页，在“五贤人”小组撰写的一篇报告中，归纳了当时反对马克升值的一些论据。如认为：德国不存在结构性的进出口顺差；现在即使调整汇率也不应该迫于投机的压力进行；应由逆差国调整汇率，而非顺差国调整；升值不能解决通货膨胀的问题，因为1961年马克升值后通货膨胀依然存在，用改变汇率水平的方法无法解决当前的货币政策问题；一国货币一旦开启升值，就会不断地升值；货币升值对农业等实体经济部门有损害；等等。书中当事人记录的很多讨论，与中国现在正在发生的争论都有很多似曾相识的感觉。

2. 汇率水平调整是经济发展绕不过的坎儿。现在国际上要求人民币汇率调整的压力很大，但当时德国面临的情况恰恰相反。当时，国际货币体系以固定汇率安排为主，各国货币与美元挂钩、美元与黄金挂钩。汇率固定是法定义务，浮动是例外安排。而且，逆差国普遍反对顺差国家的汇率升值，因为这可能意味着本国政策的失败，引发资本外流、政局动荡。当时的国际货币基金组织总裁也明确反对德国马克升值，德国政府就以此为理由多次否决了德国央行的相关建议。所以，当时的德国没有国际上要求马克币值重估的压力。但为什么德国马克的汇率从1961年就开始频繁调整了呢？一个重要原因就是德国不能摆脱“三元悖论”的宿命，货币政策的内外均衡目标——既要稳物价、又要稳汇率——发生冲突。20世纪50年代末，随着货物贸易逐渐由逆差转为顺差，资本流入越来越多，德国央行为同时实现物价稳定和汇率稳定目标采取了很多措施。当德国央行几次迫于国内物价上涨压力提高利率时，往往又遭遇其他国家尤其是美国因为国内经济低迷而降低利率，这导致套利资金大量涌入德国，极大地对冲了德国央行的调控效果。德国也采取过控制资本流入和扩大资本流出的措施，但这些措施的效果都非常有限。控制资本流入不符合资本账户开放的市场化改革方向，扩大资本流出一定程度上又会带来更多的出口，因为资本可能会直接用于到国外去开拓市场。当汇率稳定和物价稳定的目标冲突越来越尖锐，而资本管制的效果越来越弱时，德国最终选择了让马克升值或浮动，以换取货币政策的独立性。

3. 德国和日本是国际上应对汇率结构性失衡压力两个正反典型案例。1971年美元和黄金脱钩、1973年各国货币和美元脱钩，以及1985年的广场协议，日元和马克都受到巨大冲击，但因为马克调整比较早，相对所受冲击较小。1985年9月广场协议之后到1986年底，日元一年多时间升值近一倍，给日本经济带来了较大负面影响。这导致之后日本政府采取了许多错误的宏观经济应对策略，包括长期实行低利率政策，日元流动性泛滥，引起房地产和股市泡沫。1980年代末1990年代初泡沫破灭后，日本经济陷入了长期的停滞。而同期德国马克只升值了约40%，同时德国央行拒绝了国际上的压力，不仅没有降息反而加息，防止了升值过程中可能的资产泡沫化风险。因此，我非常同意刚才一位到发布会现场的德国专家的观点，即汇率波动不可怕，可怕的是短期内汇率水平大幅度波动。日本就是一个很好的教训。

4. 国家利益要靠谁维护。有很多人引用日本的教训，认为美国正在发起第二次广场协议，压迫人民币币值重估，以遏制中国经济的崛起。正如余永定教授刚才谈到的，由于日本没有解决好日元汇率问题，宽松的货币政策导致了泡沫经济，泡沫经济崩溃导致了经济停滞。但是，有人可能会说，日元不升值是不是就什么事都没了。然而，汇率是一国货币与另一国货币的比价关系，汇率升不升值不仅取决于日本、德国，更取决于美国。实际上，自1950 年代后期起，受财政赤字和贸易赤字"双赤字"的影响，美国陷入了特里芬两难，美元经历了从美元荒到美元泛滥的演变。美元信誉下降，美元危机频频爆发，美国黄金储备频遭挤兑，1971 年美国不得不停止了美元与黄金的兑换安排。起初，各国还努力试图确定新的平价，维系固定汇率安排，但最终于 1973 年牙买加协议宣布让美元与各国货币脱钩，从此国际货币体系进入固定汇率与浮动汇率并行的无体系时代。迄今为止，美国虽然不再承担维系特定美元汇率水平的义务，但仍未解决前述特里芬难题，使得全球经济失衡加剧并变得不可持续，一定程度上引发了本轮国际金融危机。另外，书中还谈到一个情节，即 1971 年尼克松政府实行"新经济政策"之前，为安抚德国，还专门派人打招呼说"我们绝不会改变美元与黄金的比价"。结果，美国单方面调整黄金比价，令德国央行持有的美元资产缩水。这进一步告诉我们，国家利益不能寄托于他人的承诺或施舍，而要靠自己来维护。

总之，我认为这本书非常值得一读，可以发现很多有趣的东西。当然，仁者见仁、智者见智，各人的看法也可能有所不同，我的上述意见仅供大家参考。

中国社会科学院金融所副所长殷剑峰

从这次债务危机也可以看出，德国与其他陷入危机的国家也有观念的差异，例如，德国有严格的信贷控制。下面有请中国银行首席经济学家曹远征为我们演讲。

中国银行首席经济学家曹远征发言

1967 年德国颁布《促进经济稳定增长法》法令，确定了经济增长、物价稳定、促进就业、国际收支平衡等目标，其中联邦银行起到重要作用。前面的嘉宾已经谈了很多，我想从另外一个角度谈另外一个问题，也就是德国马克是怎样被国际接受，并逐步变成欧元的，它的经验对中国有何借鉴。

1. 德国马克当年是否有真实的国际需求，这也可以使我们考虑到人民币在国际市场上是否有真实的需求。我曾经在德国联邦央行工作，当时可能由于历史原因，东欧国家对马克的需求量远远大于对美元的需求量，当时美元是主要国际货币，德国马克仅是一种小货币。后来研究发现，德国马克在东欧国家需求量大的重要原因是德国是贸易大国，因此德国的主要贸易国对马克需求很大，具有交易和贸易需求，而且马克相对稳定，用于结算和计价很好。反观中国的现状，中国第一大出口国、第二大进口国，中国的很多周边国家与中国贸易往来密切。金融危机发生后发现，中国的很多贸易国中有相当多的国家使用的是第三国货币——美元。金融危机发生后美元流动出现问题，美元的计价、支付手段等都发生了问题。目前来看，国际支付货币仍然是美元，但是中国是贸易大国，其实人民币的国际需求是存在的。我们可以看看德国的经验，1973 年布雷顿森林体系崩溃后，特别是 1989 年两德统一后德国马克广泛应用，其内在经济逻辑是什么值得我们深思。这不是政治逻辑，而是一个精确的经济逻辑。这本书在这方面可以提供很多的参考和价值。

2. 资本项目开放。很多发展中国家对资本项目开放感到恐惧。这是因为如果资本项目开放就使得本币可自由兑换，国际短期资本就会大量流入，进而会造成经济不稳定。其实，亚洲金融危机就是一个教训，很多亚洲国家资本项目开放，但是本币不可兑换。为了避免这些问题就需要资本项目管制，德国的经验可以值得借鉴。2011 年 8 月 19 日，李克强副总理在香港的相关政策中指出，中国金融不对外币负债，但是可以对人民币负债，在人民币项目下放松管制。也就是中国资本市场不对外币开放，但是对人民币开放。中国过去资本管制的墙很厚，现在削薄这堵墙，至少对人民币项目下管制放松，为资本项目开放创造条件。这也许可以成为一种程式，也可以是从德国历史中获得的新鲜经验，可能取得事半功倍的效果。

3. 德国马克在国际化过程为何会变成欧元。德国本身从欧元中获得了什么利益？其实任何一种本币在国际化中必然形成货币联盟，本币在国际化过程中得到充分的保证，本国和他国都获得各自的利益。反观人民币，人民币现在是双边的机制安排，人民币下一步可以在对华贸易中使用人民币，随着贸易的日趋复杂必然需要多变的机制安排。例如，欧元是第三大贸易货币，它就一定需要多边的安排，而不是双边安排，欧元就是一种多边安排机制。德国的过程也是这样，当德国的贸易日趋复杂就需要多边的机制安排，最后采用了欧元。从狭义上讲，人民币在第三国使用时才是国际货币，这就需要多边机制，例如东盟自由贸易区。东盟自由贸易区一定需要一个稳定的货币体系。通过对德国历史的回顾，除了关注德国通过稳定的货币政策促进经济增长和就业，以及德国马克如何在国际市场所接受，而且在德国马克国际化过程中，德国的央行成为承担国际责任的央行，最后成为欧洲的央行，德国的这些经验对于中国这样一个新兴市场经济国家，特别是对中国这样具有重要贸易地位的国家，具有借鉴意义。

提问和讨论：

第一财经记者

马克通过欧元实现了国际化，我想问，当前人民币的思路是否否定了人民币通过亚元走向国际化道路？为何 2008 年和 2011 年当国际货币贬值时，央行维持了人民币在国际市场的升值，是出于什么考虑。当前人民币贬值是否改变了这一思路？

中国银行首席经济学家曹远征

德国做了很多调整和安排。日本最大问题是调整困难，日本通过对外援助和贷款进行调整。关于人民币汇率问题，第一，相对价格的影响，是美元变动的影响。美元现在金融新的升值周期，人民币贬值是最小的。第二，人民币具有内在升值倾向，如何释放出来，德国经验可以借鉴。第三，升值幅度取决于货币供求关系，无法预测，似乎进入均衡区间，2011 年 9 月，双向波动。希望央行放宽波动的幅度，对未来货币机制改革有好处。

对外经济贸易大学教授史世伟

德国当时的讨论与中国很像，开始缓慢调整，而非一次升值。从整个宏观经济考虑调整货币政策。请教一个问题，货币国际化有三个要素：汇率调整、可自由兑换、货币国际化，这就有一个步骤问题。德国于中国情况不完全一样，德国 1957 年开始自由兑换，有紧迫的国际市场压力，这点与中国类似。德国货币自由兑换，然后资本市场就开放了，与人民币的问题不完全一样，我想请问人民币是什么步骤。

中国社会科学院金融所副所长殷剑锋

资本项目开放、汇率自由浮动的先后步骤是类似鸡和蛋的关系。没有资本项目的自由开放就不可能有市场化的自由竞争和外汇的供求关系，也就不可能形成一个反映具有均衡价值的人民币汇率。反过来，没有人民币的弹性，资本项目开放就会有很大冲击，所以这个关系有点类似鸡和蛋的关系。

中国社会科学院欧洲研究所所长周弘

非常感谢所有到会的领导、同事、各界人士。今天的讨论是有交锋的，很前沿的，请记者在发布消息之前要和专家沟通，在专家认可的情况下再发布。

附录二
德国经济治理中的稳定文化

郑春荣*

《德国马克与经济增长》一书汇聚了德国货币政策领域知名学者和实践家的智慧，向读者重构了围绕德国货币政策制定与调整过程的讨论，清晰揭示了战后德国的经济增长与其货币政策之间的密切关系。我本人并不是专门研究德国经济的，但是阅卷拜读此著，获益良多，诸多此前的困惑也理出了一些头绪。此书的三位主编分别是欧洲研究领域、企业界和经济学领域的重量级人物，他们对众多德语文献进行了缜密挑选和梳理，在此对他们的付出与贡献我表示深深的敬意。

应该说，本书的出版正当其时。这主要有两方面的原因。

首先，正如编者所指出的，目前我国人民币面临着不断升值的压力，德国马克升值的应对措施和国际化路径或许可以成为人民币汇率改革的有益借鉴。特别引人关注的是，德国马克的升值并未导致德国出口的萎靡，相反，渐进的升值增加了德国制造业的竞争压力，反而促使它通过不断地提高劳动生产率和改善研发来保持竞争优势。

其次，在当前欧债危机持续发酵的背景下讨论这个议题更具其现实意义。欧债危机发生之后，德国人无限怀恋曾经给他们带来经济增长与富裕的德国马克。在2011年9月的一次民意调查中，有近一半的德国人希望恢复德国马克。[①] 虽然默克尔总理的“欧元亡，欧洲亡”的告诫并非过于危言耸听，但是，危机发生以来，在德国，始终有要求德国退出欧元、恢复德国马

---

* 郑春荣，教授、博士，同济大学德国问题研究所副所长。

① http：//www. focus. de/finanzen/news/eu - umfrage - jeder - zweite - will - die - d - mark - zurueck_ aid_ 670457. html，lastaccessed at 12 June，2012.

克的呼声。

在笔者看来，德国国内的这种声音，固然与德国民众不愿意为南欧国家里的人的“懒散”买单有关，但是，也与他们对德国马克的信任有关。这种信任也常常被称作“稳定文化”或“反通胀文化”，这是一种在德国社会深深扎根的、对币值稳定目标的认同。[①] 默克尔总理在欧债危机应对中坚持紧缩计划和整肃财政纪律，虽然为此她在欧盟其他成员国饱受批评，但事实上，她的这一行为也是受到了这种稳定文化的影响，[②] 得到了德国民众的拥护。

由此可见，德国的稳定文化不仅有着深刻的历史渊源，而且对德国精英的政策选择产生了巨大影响。以下我想借用简·库曼（Jan Kooiman）提出的对治理的分阶分析法，[③] 来重点阐述德国的稳定文化。在库曼看来，治理可以区分为一阶治理（first order governing）、二阶治理（second order governing）和三阶治理（third order governing）或者元治理（meta governing）这三个层阶。其中，三阶治理指的是形成判断治理是否恰当的一组规范标准；二阶治理涉及的是制度的建立和维持，主要关注治理互动的结构性因素；一阶治理指的则是治理的行为体是如何在日常解决实际问题的。这一分析框架的优点在于，它不仅能很好地剖析每一个治理层阶的特点（包括公私行为体的互动方式），而且可以剖析这些层阶之间的相互关系。与这一分析框架相对应，笔者以下从理念层面、制度层面、日常政治层面谈一谈德国的稳定文化，以期获得对这一文化更为全面的认识。

1 理念层面

德国1967年颁布的《促进经济稳定与增长法》第1条对德国宏观经济目标做了如下规定：德国的宏观经济需在市场经济的框架内实现持续、适度的经济增长，同时确保物价稳定、高就业率和外贸收支平衡。[④] 这也就是人

---

① http://wirtschaftslexikon.gabler.de/Definition/stabilitaetskultur.html, last accessed at 12 June, 2012.

② Sebastian Dullien and Ulrike Guérot, “The long shadow of ordoliberalism: Germany's Approach to the Euro Crisis”, *ECFR*/49, February 2012, Europran Council on Foreign Relations, Policy Brief, http://www.ecfr.eu/page/-/ECFR49_GERMANY_BRIEF_AW.pdf, last accessed at 12 June, 2012.

③ Jan Kooiman, *Governing as Governance*, London et al.: Sage, 2003.

④ Gesetz zur Förderung der Stabilität und des Wachstums der Wirtschaft, Art. 1, http://www.gesetze-im-internet.de/bundesrecht/stabg/gesamt.pdf, last accessed at 12 June, 2012.

们常说的德国社会市场经济的魔力四角。

如何实现上述目标是任何一个国家宏观经济政策都必须面对的难题。这是因为这些目标之间并不是和谐统一的关系，而是互有制约和掣肘，而其中与其他目标最易产生冲突的就是物价稳定。

物价稳定理论上的定义是指货币的价值没有发生改变。[①] 在实际应用中，德国联邦银行规定：当物价的涨幅处于0% ~2%之间的时候，就可以视作为物价稳定。[②] 与之相类似，欧洲中央银行也如此定义物价稳定：在欧元区，消费者物价调和指数相较于上一年增长在2%以内的，可认定为物价稳定。[③]

在德国学者看来，物价稳定是最为重要的经济政策目标，维系着社会安宁和市场经济的运转。[④] 对于个人来说，如果物价稳定不能维持，其创造的财富和积蓄将会受到侵蚀；而对于市场经济的运转来说，物价是商品生产的信号器，在总体物价水平稳定的情况下，某商品如果价格上升，则会刺激该商品的生产，反之则限制该商品的产量。但在通货膨胀的局面下，上涨的物价会带来错误的需求量上升的信号，最终导致生产过剩，社会资源遭到浪费。

但具体落实到经济政策方面，“二战”后由于西方国家深受战争创伤，所以它们大都通过大规模的国家投资，人为地刺激经济发展，创造就业岗位；由此，财政政策，尤其是积极的财政政策一直放在许多西方国家宏观经济政策的首位，而货币政策成为财政政策的补充手段。在很长的一段时间里，人们普遍认为温和的通货膨胀能够促进经济的发展，因此，在许多国家，政府总是容忍一定程度的通货膨胀率。但遭受战争创伤最深的德国却与之相反，其社会市场经济理念非常警惕积极的财政政策所造成的赤字，因为为了弥补赤字所通常采取的印钞票和发债券的方式，最终都将导致通货膨胀。因此，德国总是将稳定的物价置于头等重要的位置。

出现这种情况，一方面是出于德国民众曾经遭受过两次恶性通货膨胀的

---

① Christian - Uwe Behrens, *Makroökonomie Wirtschaftspolitik*, München: Oldenbourg, 2004, p. 221.

② Deutsche Bundesbank , *Deutsche Bundesbank*, Frankfurt am Main, 1998, p. 60.

③ Europäische Zentralbank, *Europäische Zentralbank*, Frankfurt am Main, 1999, p. 51.

④ Claus Köhler, *Preisstabilität und Vollbeschäftigung in einer globalen Wirtschaft: Der Beitrag einer potentialorientierten Geld - u. Kreditpolitik*, München: Verlag Moderne Industrie, 1996, p. 53.

切肤之痛；另一方面则是基于影响经济政策制定的一些经济学家的理念。

首先，“一战”后，德国元气大伤，生产水平急剧衰退。同时，战败让德国不得不承受远超其偿还能力的战争赔款。面对国内财政赤字和国外巨额外债的巨大压力，德国政府只能以印钞票来缓解局势，这导致德国马克迅速贬值。1921 年 6 月，美元兑马克的比价是 1∶60，到了 1923 年 9 月，这一数字就变成了 1∶160000000，普通民众顷刻间失去了他们所有的财富。[①] 此次通货膨胀更是在一定程度上导致了希特勒的上台。而“二战”后，德国再次经历了恶性通胀的梦魇，经济的混乱让帝国马克成为废纸，黑市猖獗，香烟代替纸币成为了实际意义的货币，喜爱存钱的德国老百姓的毕生积蓄再次化为乌有。可以说，这两次德国历史上罕见且时间间隔如此之短的恶性通胀深深扎根于包括阿登纳、艾哈德这些后来联邦德国建国者的整整一代人苦涩的集体记忆中。

其次，深深影响德国二战后经济政策的弗赖堡学派及其秩序自由主义理念也发挥了极其重要的作用。弗赖堡学派领军人物瓦尔特·欧肯的核心理念所依据的一项重要原则即是货币币值的稳定。欧肯的一句话深入人心：一种稳定的货币不是一切，但一切都是由于有了一种稳定的货币。对于欧肯来说，市场经济适用如下原则：如果一定的币值稳定不能保证，那么所有落实竞争秩序的努力都是徒劳的。因此，对于竞争秩序来说，货币政策占有首要地位。[②] 稳定政策的成败不仅关乎单个经济政策目标的实现，更关乎着社会市场经济的维持。社会市场经济基于的前提是完全自由竞争的市场，而完全竞争理论分析的基本前提之一就是稳定公正的市场秩序，稳定公正的市场秩序最重要的一环就是物价总体水平保持不变。完全竞争模式中所分析的产品与生产要素价格实际都是在物价总水平不变条件下的价格，即相对价格水平。要使完全竞争理论中所说的价格起到调节经济的作用，就必须保持物价总体水平稳定。正因为如此，秩序自由主义者把自动保持物价总体水平的稳定作为竞争秩序的一个重要组成部分，而稳定物价的关键又是货币制度。保持币值稳定是保证价格体系正常发挥作用的必要条件。有一套机制来自动稳定币值的货币制度是使竞争秩序具有内在均衡倾向的前提。另外，欧肯还认

---

① 埃里克·艾克：《魏玛共和国史》，商务印书馆，1994 年，第 220 页。

② 奥特玛·伊辛：《经济政策目标冲突下的货币政策》，周弘、彼得·容根、朱民主编《德国马克与经济增长》，社会科学文献出版社，2012 年，第 95 页。

为，货币制度还应该像竞争秩序本身一样，尽可能自动地发挥作用。这不仅是因为“体制的公平性”要求货币的活动与一般经济活动遵循同一原则——只有这样，货币制度才能适应整个经济体制。而且，“因为经验表明……不了解情况、对利益集团和公众舆论表现软弱以及错误的理论等，所有这些都会极大地影响这些领导者去完成交给他们的任务”。[①] 社会市场经济之父艾哈德深受欧肯思想的影响，把物价稳定放在不容置疑的首要位置。他说，“经济问题并不在物价该不该稳定，也不是在某些条件下该不该听凭物价上升。物价水平必须在任何情况下保持稳定。问题只在于我们该用什么方法来做到这一点”。[②]

综上所述，可以说，德意志民族不堪回首的沉重记忆及其政治与经济精英的深刻思想，造就了德国坚定不移的币值稳定和反通胀理念。

2 制度层面

德国马克因其币值的稳定而享有盛誉，而作为德国央行的德意志联邦银行因其一直有效地维护着德国马克币值的稳定而备受推崇。但在如何维护币值稳定的问题上，事实上，德国历来的中央银行走过了一条蜿蜒曲折的道路。

德国最早的中央银行——德意志帝国银行于1876年成立。在组织制度上，帝国银行的董事局直接受国家领导，帝国政府通过成立一个由五人组成的“银行管委会”监督帝国银行，帝国首相任管委会主席。这一组织架构确保了国家对中央银行的决定性影响。随着第二帝国走上对外扩张的道路，中央银行成为其筹集资金的急先锋，最后不可避免地走上了通货膨胀的道路。这一时期，中央银行实际上已经变成财政部的一个下属机构。

1923年灾难性的恶性通胀促使魏玛政府进行货币改革。有了第二帝国的惨痛教训，1924年通过《银行法》明确规定帝国银行是独立机构，不受政府约束。同时，严格限制政府向银行借款。这些规定都可看作是为了避免通胀所做的努力。

① 瓦尔特·欧肯：《经济政策的原则》，上海人民出版社，2001年，第309页。

② 路德维希·艾哈德：《来自竞争的繁荣》，中译本，商务印书馆，1983年，第75页。

但这些举措随着希特勒的上台而失去意义。1933 年的《银行法修正案》将委任银行行长和董事会的权限交给了帝国政府总理。1937 年，帝国银行的独立地位正式被取消，银行董事会直接由政府总理领导，在此期间，帝国银行再次沦为希特勒实现个人野心和德国侵略扩张的工具。1939 年，由于帝国银行行长沙赫特警告希特勒无休止的扩大支出将导致通货膨胀的后果，连银行董事会都被希特勒废除了。

"二战"结束后的 1948 年，随着货币改革的实施，德国马克取代已成废纸的帝国马克，兑换比例是 100 帝国马克换 6.5 德国马克。同年，德意志帝国银行也取消了，取而代之的是德意志各邦银行（BdL）——德意志联邦银行的前身。有过两次前车之鉴，中央银行的独立性毫无争议地成为了最根本的原则。1948 年的《军政府法》第 1 条第 3 句明确规定：（中央）银行不听命于除法院之外的任何政治团体或者公共部门。[①]

此时，德国中央银行体系还是由各州中央银行和德意志各邦银行所组成的两级体制。直到 1949 年《基本法》第 88 条规定，联邦应设置一发行货币及币券之银行为联邦银行。由此，统一的中央银行筹建工作开始展开。至 1957 年，《德意志联邦银行法》将之前的银行体系合并、改组，建立了一个完全统一的中央银行——德意志联邦银行。

在德国中央银行曲折的发展历程中可以看到，贯穿其发展变迁的一根主线就是中央银行的独立性问题。对于独立的中央银行的重要性，德意志各邦银行董事会主席威廉·沃克一语中的：货币的根本问题是中央银行的独立性！[②]

显然，在德国学者看来，中央银行一旦不能独立于政府，那么政府可以在任何需要资金的情况下求助于中央银行；而中央银行也必须遵从政府的指令提供资金；若资金需求量较大，或者自身资金不充足，印发钞票将是唯一的选择。这种做法的实质就是向所有的人征收了一种税，即通货膨胀税，通过悄无声息的方式掠夺民众的财富，同时造成市场秩序混乱。而独立的中央银行则可以完全不听命于政府，严格执行控制货币供应量的政策。

赋予德国央行独立地位的《德意志联邦银行法》里有几个重要条款值

---

① 曼弗雷德·J·诺曼：《币值稳定：威胁与考验》，周弘、彼得·容根、朱民主编《德国马克与经济增长》，社会科学文献出版社，2012 年，第 407 页。

② 曼弗雷德·J·诺曼：《币值稳定：威胁与考验》，周弘、彼得·容根、朱民主编《德国马克与经济增长》，社会科学文献出版社，2012 年，第 401 页。

得认真研读。该法第3条规定：联邦银行依此法令赋予的货币政策职权，以稳定货币为目标，调节货币流通总额和国民经济的信贷供应，同时负责国内外收支往来的银行清算工作。该条款明确规定了德意志联邦银行的基本任务就是稳定货币。

此外，联邦政府和联邦银行的互动关系也值得注意。该法第12条规定：联邦银行有义务在完成其任务的前提下支持联邦政府的一般性经济政策。在根据本法令行使职权时，不受联邦政府指令的约束。第13条规定：联邦银行和联邦政府在重大货币政策问题上需进行磋商，联邦政府有权出席联邦银行的理事会会议，有权提出议案，但无权表决。可以看到，联邦政府和联邦银行之间的关系是建立在相互独立基础上的协商合作的关系，双方共同致力于实现经济增长的目标，而联邦银行最根本的使命是保护货币。

此外，《联邦银行法》第20条对联邦银行对联邦政府的最高贷款额度也做出了限定：60亿马克，以避免联邦银行成为联邦政府的永久提款机而出现财政赤字，危及货币的稳定。

除了法律上独立的地位和拥有独立的货币政策外，德意志联邦银行最高程度的独立性还体现在其领导层的完全独立。

从组织架构和人员组成来看，德意志联邦银行理事会（Zentralbankrat）由其董事会成员和各州中央银行行长组成。在资质方面，要求相关人员有极其专业的从业资格，以保证其领导层的去官僚化（第7条第2款）。在法律地位方面，联邦银行拥有联邦层面直接的公法法人地位，理事会和联邦各部同级，[①] 州中央银行和联邦银行设置的主要办公室也具有联邦行政机构的地位（第29条第1款）。在任期方面，理事会所有成员的任期为8年，可连任（第7条第3款）。较长的任期有助于个人决策的独立性，而且一般来说，进入联邦银行理事会是职业生涯的最后一站，这样就可以排除影响以后职业生涯的政治因素。[②] 在任命方面，理事会成员由联邦政府提名，由联邦总统任命（第7条第3款），而各州中央银行行长则由联邦参议院及各联邦州的州政府提名（第8条第2款）。这种制度安排也体现出德国联邦制的

---

① Deutsche Bundesbank, *Die Geldpolitik der Bundesbank*, Frankfurt am Main, 1995, p. 17.

② 曼弗雷德·J·诺曼：《币值稳定：威胁与考验》，周弘、彼得·容根、朱民主编《德国马克与经济增长》，社会科学文献出版社，2012年，第409页。

特点，多元化的提名机关弱化了联邦政府的影响力。此外，成员替换时间也交错进行，以避免某一时期集中大规模替换而受到政治的影响。正是这样完善的法律规定赋予了联邦银行有效的独立地位，由独立的公职人员所领导的独立的中央银行执行独立的货币政策，这为德国物价稳定创造了制度上的前提。

3　日常政治层面

为了维护货币稳定，法律赋予了联邦银行独立的地位和实施独立的货币政策的权限。由此，物价的稳定是否就能高枕无忧?

在德国经济发展过程中，屡次出现联邦政府经济发展目标和联邦银行物价稳定目标的冲突。这些冲突是以何种方式解决的则耐人寻味。

上世纪50年代，德国经济开始腾飞。鉴于德国产品可靠的质量、世界市场的旺盛需求和德国马克较低的对外币值，德国从1952年起就产生并累计了大量的贸易顺差。连年的巨额顺差导致德国经济出现了一个三角矛盾：容忍贸易顺差会产生大量外汇，大量外汇涌入导致“输入型通胀”，危及币值对内稳定。为了维护物价稳定必须减轻“输入型通胀”的影响，实现外贸收支平衡。当时实现外贸收支平衡的唯一途径就是让马克对外币值升值；而马克升值又会极大削弱德国出口产品的竞争力，这对极度依赖出口的德国经济有不容小觑的负面影响。这样，在经济增长和物价稳定这两个目标之间就产生了无法两全的矛盾。在这种情况下，早在1953年，德意志各邦银行就在其业务报告中表明了鲜明的立场：如果出现冲突情况，内部稳定具有优先权。① 但此后的几年里，经济增长和物价稳定得到了极佳的兼得。这主要得益于朝鲜战争结束和贸易进一步自由化导致的国际市场价格回落；在普遍稳定的气候下，工会遵循温和的工资政策。在这样的情况下，联邦银行不难通过货币及利率政策保持国际收支平衡。②

但到了1957年，“输入型通胀”再次成为困扰德国经济的问题。经济部长艾哈德从1956年起就一直主张通过马克升值来解决这个两难问题，但

① 奥特玛·埃明格尔：《内外（经济）平衡冲突下的德国货币与汇率政策》，周弘、彼得·容根、朱民主编《德国马克与经济增长》，社会科学文献出版社，2012年，第112页。

② 奥特玛·埃明格尔：《内外（经济）平衡冲突下的德国货币与汇率政策》，周弘、彼得·容根、朱民主编《德国马克与经济增长》，社会科学文献出版社，2012年，第116页。

以总理阿登纳为首的其他政府官员则反对这一做法。尤其是 1956 年 5 月，为了控制日益增长的通胀威胁，德意志各邦银行将贴现率提高了 1 个百分点（4.5% 到 5.5%），践行了自己优先考虑内部稳定的诺言。对此阿登纳极为不满，甚至在公共场合发表了著名的“断头台演讲”。他说：“德国经济景气遭到了一次沉重的打击，……受重锤打击的是小人物，我为此感到极为悲伤。”① 但由于此前德意志各邦银行在稳定物价方面做出的成就，阿登纳的这番演讲并没有得到公众的支持。② 在这场争论中可以清晰地看到，深受弗赖堡学派影响的艾哈德坚持物价稳定的目标，而阿登纳更加倾向于经济发展而忽视通货膨胀的后果，最终艾哈德赢得了这场争论。1961 年 3 月，德国马克对美元的比值由 4.2∶1 上升了 5%，提高到 4∶1，缓解了外贸收支失衡和通胀压力，走上了德国马克的升值之路。德国马克的首次升值清晰地表明了对内币值稳定的优先权，并由此将通过货币升值实现内部稳定的对外经济保障原则引入了国际货币政策中。③

1963 年阿登纳下台后，艾哈德继任其总理职位。这位新自由主义的经济学家手握政治大权后更是一切以物价稳定为目标，奉行紧缩政策，不惜以牺牲其他经济目标为代价。但随后到来的德国战后第一次经济危机让他的政策失去了支持，即使是他一直看重的通货膨胀率也在 1965 年和 1966 年连续两年超过 3%。这是二战后的头一次，艾哈德不得不黯然辞职。此时，“经济奇迹”从严格意义上讲已经走到尽头，德国经济进入下行通道。在经济部长卡尔·席勒的领导下，德国经济政策全面转向凯恩斯主义。④ 对包括物价稳定在内的几大宏观经济目标进行通盘考虑，这种理念的结果就是 1967 年 6 月制定的《促进经济稳定与增长法》。此法试图以“启蒙”的市场经济取代社会市场经济，开始推动全面经济调控、制定目标方案设想、建立协调联邦、各地区实体和各行业协会之间行为的机构和编制多年的财政

---

① 奥特玛·埃明格尔：《20 世纪 50 年代德国马克的困境：欧洲通货膨胀的差异》，周弘、彼得·容根、朱民主编《德国马克与经济增长》，社会科学文献出版社，2012 年，第 167 页。

② Robert L. Hetzel, “German Monetary History in the Second Half of the Twentieth Century: From the Deutsche Mark to the Euro”, *Economic Quarterly*, 88 (Winter 2002), Federal Reserve Bank of Richmond, pp. 29 - 64, here 37.

③ 奥特玛·埃明格尔：《内外（经济）平衡冲突下的德国货币与汇率政策》，周弘、彼得·容根、朱民主编《德国马克与经济增长》，社会科学文献出版社，2012 年，第 112 页。

④ 朱宇方：《德国“社会市场经济”反思——一个秩序政策的视角》，《德国研究》，2009 年第 4 期，第 60 页。

计划。[①] 这是一部具有时代转折意义的法律，标志着德国从之前的稳定压倒一切的方针转向稳定和增长并重。其第1条（见前文）就表明，德国政府应该对几个比较主要的宏观经济目标进行综合权衡，物价稳定依然重要，但不是唯一。在这样的思想主导下，联邦政府采取了一系列经济刺激政策和积极的财政政策，经济危机随即克服，通货膨胀率也成功地回落到2%以内。

尽管如此，1965年以来的“输入型通胀”的压力一直存在。1968年9月，德国联邦银行董事会向席勒建议调整汇率以保持稳定，被席勒拒绝。但对马克再次升值的预期使得在德国国内掀起了一轮又一轮的投机行为，大量外币的涌入加剧了通货膨胀的风险。最终，马克升值直到1969年10月新的社民党/自民党联合政府上台才得以实现，德国马克对美元的比值再次上升9.3%，由4∶1调整为3.66∶1。但这次经过漫长内政斗争后姗姗来迟的升值没能挽回局面，全面的通货膨胀已经铺开，1970年的通货膨胀率由一年前的1.8%翻番至3.6%，1971年又飙升至5.1%，1973年到达7.1%的顶峰，[②] 联邦德国迎来了其成立后至今最为汹涌的一波通胀狂潮（当然，也必须看到，此次通胀也深受世界性通货膨胀影响）。直到1973年，布雷顿森林体系崩溃，德国对美元实施浮动汇率制后，通胀才逐渐缓解。

从德国上世纪五六十年代的经济发展历程可以看出，尽管德国央行在致力于稳定物价方面一直不遗余力，但中央银行的独立性是物价稳定的必要条件而并非充分条件。因为联邦银行只有独立的货币政策，可以通过控制货币发行量来控制流通的货币规模，进而保持物价稳定。随着“二战”后世界经济联系日益紧密，尤其是欧洲经济一体化的发展，越来越多的外币会进入本国市场。这既有国际贸易导致的。也有投机导致的，这种方式所产生的国内货币供应量增加无法通过央行的货币政策解决，只能通过联邦政府的财政政策，尤其是汇率政策来平衡；而一旦政府倾向于经济增长，物价稳定的目标就会产生偏差。所以说，以货币稳定为首要目标的德国宏观经济政策是在国内外宏观经济条件下联邦政府和联邦银行合力的结

① 克里斯蒂安·瓦特林：《全面经济调控和收入政策——对〈促进经济稳定和增长法〉的考验》，何梦笔主编《秩序自由主义——德国秩序政策论集》，中国社会科学出版社，2002年，第431页。

② http：//de. wikipedia. org/w/index. php？ title = Datei：Inflation1951 – 2007. svg&filetimestamp = 20111009165853, last accessed at 20 June, 2012.

果，这也是联邦政府和联邦银行各自相互独立和协商合作互动关系的真实体现。

尽管德国的稳定目标出现过几次偏差，导致过几次较严重的通胀周期，[①] 但从纵向的历史来看，德国大多数年份的通货膨胀率一直都控制在较低的水平。从 1950 至 1995 年，德国的平均通货膨胀率低至 2.87%，[②] 这在 23 个主要工业国家里是最好的水平。反观其他欧洲国家，英国在战后一直饱受高企而又起伏不定的通胀率困扰，尤其是 1975 年和 1980 年通胀率分别达到了 26.9% 和 21.7% 的高位；法国在 1973 ~ 1983 年的十年间，通胀率也浮动在 8.5% 至 15% 之间；意大利则从 1960 年开始长期处于通货膨胀状态。[③] 相比这些国家，可以说，德国基本上保持了半个世纪的物价相对稳定。

4 结语

"二战"结束后，德国经济取得了令人惊叹的成就，而币值的坚挺也给德国马克带来国际声誉。德国马克成为仅次于美元的第二大国际货币，在国际外汇储备中的比重常年保持在 15% 左右[④]。德国经济所取得的成就主要是基于其所一贯推行的以稳定为导向的货币政策。

正如本文分析所指出的，德国形成这种稳定文化的深层次原因在于德国民众及其精英对历史上两次恶性通货膨胀的刻骨铭心的记忆，以及经济思想家的经济治理理念。这种稳定文化不仅落实到了制度保证中，而且也反映在日常的政策选择和经济治理的决策中。试想，若无此深植于德国社会之中的稳定文化，德国历史上或许就不会对通货膨胀采取近乎零容忍的态度，也不会对维持币值稳定有如此强烈的意识；危机袭来，民众可能反而会要求政治精英为了经济发展而对通货膨胀抱以侥幸的态度。这将导致中央银行的独立性受到侵蚀，稳定文化的制度性因素被瓦解。

---

① 1971 ~ 1975 年、1980 ~ 1982 年和 1991 ~ 1993 年，分别与战后西方国家历次经济危机相对应，1991 ~ 1993 年还有两德统一后大规模支持东部建设导致财政赤字升高的因素。

② 雅各布·A·弗兰克尔、莫利斯·格德施坦因：《德国马克的国际角色》，周弘、彼得·容根、朱民主编《德国马克与经济增长》，社会科学文献出版社，2012 年，第 228 页。

③ 陈湘永：《西欧主要国家控制通货膨胀的措施及其比较》，《现代国际关系》，1996 年第 1 期，第 50 ~ 52 页。

④ 雅各布·A·弗兰克尔、莫利斯·格德施坦因：《德国马克的国际角色》，周弘、彼得·容根、朱民主编《德国马克与经济增长》，社会科学文献出版社，2012 年，第 228 页。

在此，我以德国联邦银行前行长汉斯·蒂特迈尔的一番表述，来结束本文："1923 年的通货膨胀对我们国家未来命运的走向有着恶劣的影响……以稳定的货币为目标，这已经深深植根于我们的社会。这基于社会各阶层民众广泛的共识，这基于一种稳定的文化。这就是为什么德国民众——尤其是在特殊时期——一次又一次坚定地拥护以稳定为导向的货币政策的原因所在。"①

① Hans Tietmeyer, "Fifty Years of the Deutsche Mark-a currency and its consequences", J. Holscher, *Fifty Years of the Deutsche Mark*, London: Palgrave Publishers, 2001, pp. 7 - 12.

附录三
如何从历史中学习

——20世纪的德国给21世纪的中国之经验教训

托尼·皮伦肯珀尔（Toni Pierenkempe）*

对于每一位史学家来说，思考过去无疑是理解当下的基础，哪怕过去多半看起来是那样模糊。正如一句常被引用的名言所说：每一代人都须重新书写自己的历史。不过，如此对于历史的解读，是否会直接显示出某种“意义”和内在关联，[①] 甚至可能推导出对未来而言的教训，在业界存在激烈的争议。但是，如果不从历史，不从经验，不从我们的成功与失败中学习，我们应从哪里学习呢？

很明显，不是我们是否能从历史中学习，而是我们该如何学习的问题。正是这个问题，让作为经济史学家和经济学家的笔者被朱民和彼得·荣根（Peter Jungen）共同发起的关于二战后西德货币政策的项目所吸引。值得注意的是，联邦德国20世纪六七十年代货币政策领域的争论与目前中华人民共和国是如此类似。[②] 如个人一样，政治家的行动也依赖于基于过去经验产生的实用知识。这一点同样适用于经济学领域以及在此作为核心问题的货币政策。过去的经验，以及对其意义和普遍性的分析，对于我们的经验知识来说，是最重要和最有价值的源泉。

---

* 托尼·皮伦肯珀尔（Toni Pierenkempe），经济学家，1997～2010年任科隆大学经济与社会史系主任。

① Emil Angehrn, Vom Sinn der Geschichte, in: Volker Depkart u. a., Wozu Geschichte（n）Geschichtswissenschaft und Geschichtsphilosophie im Widerstreit, Stuttgart 2004，第15～30页。

② Peter Jungen, Vorwort, in: Zhou Hong u. a.（Hg.）, Währungspolitik und Wirtschaftsentwicklung in Nachkriegsdeutschland, Peking, 2012，第5～6页（中文版）。

科学知识与通过各种途径获得的日常经验最大的不同之处在于，科学知识是建立在一种独特的经验获取模式（科学方法）基础之上。不同的学科，其方法也有明显区别。但科学知识不是“永远”的终极真相，其有效性始终只是暂时的，直至其被证伪。与此同时，“科学”错误的例子举不胜举，以至于其很难得到人们毫无保留的信任；并且，一些事物，例如“爱”或者“对上帝的信仰”，也在挑战科学的说服力。因此，科学不是全部，但却是在这个现代社会中，我们面对复杂世界获取知识不可或缺的源泉。

科学知识远远不只是实用经验，因为其建立在一个理性的、检验的以及反馈的方法论基础之上。经济科学以及经济史毫无疑问应该属于社会科学的范畴。那么，社会科学的方法论是什么呢？自然科学依赖于控制实验，显而易见，这种方法在社会科学领域的适用性极其有限。在我看来，类比与比较工作对于研究不同货币政策的后果大有裨益。而分析错综复杂的历史关联和经济体系，历史分析则是一个行之有效的方法。[①]

法国著名历史学家与“年鉴”学派创始人之一的马克·布洛赫（Marc Bloch）早在1928年就指出，比较历史形势可延伸与锐化对历史的理解与阐释，尤其是把握不同历史形势之间的异同，可产生各种可能的解释。[②] 德国历史学家奥托·欣策（Otto Hintze）也从历史比较中看到发掘出超越于各个被比较历史对象之上的普遍性的巨大机会。[③] 然而，应当指出，比较并不是随意的，而须注意到历史形势的相似性。除历史时期的可比性之外，还应考虑地理环境与社会形态，如此就能很快确定历史比较研究的界限。

历史比较还特别呈现出各种各样的形式与类型。首先涉及以下问题，即历史比较应着眼于普遍化还是个体化？其目标是突出常见及普遍的特征？还是强调具体及典型化的特征？当然，这两个目标不过是在研究结果的特别侧重中得到体现，因为任何比较研究都必然要梳理相同点与不同点。尽管如此，比较研究还是可被分为两种不同的类型，即仅仅展示不同点的“对比类型”

① Allgemein dazu Hartmut Kaelble, Der historische Vergleich. Eine Einführung zu 19. und 20. Jahrhundert, Frankfurt a. M. 1999 und Ulrich Peter Ritter, Vergleichende Volkswirtschaftslehre, München 1992.

② Marc Bloch, Pour une histoire compare des sociétés euroéennes (1928), in: ders., Mélanges historiques, Bd. 1, Paris 1983, S. 17.

③ Otto Hintze, Soziologie und Geschichte. Gesammelte Abhandlungen, Bd. 2, Göttingen 1964, S. 251.

（contrasting type）和突出共同点的“平行示范”（parallel demonstration）。[①]

比较1960～70年代西德的货币政策与中国当下的相关形势，是我们的目的。在具体的比较中，货币政策的基本要素（尤其是汇率政策）被凸显，同时，其对经济体系核心指标的重要性得到评估。但是，我们没有就中华人民共和国和当时的德国之间的经济乃至整个社会进行比较。因为鉴于问题的复杂性和两国间文化、政治以及社会不同的多样性，这个任务对于我们的研究框架来说过于雄心勃勃。即便是比较两国的经济，也很快就碰了壁。

因此，我们经过协商一致赞成将主要精力放于这本书的主题，即“德国马克与经济增长”及其对于当下中国可能的借鉴意义。作为一个具体的、典型化的比较研究，我们首先须确定一个如此的比较研究的关键要素。那么，这些关键要素是什么呢？

对于这样一个比较研究来说，最核心的要素首先是德国的货币制度。[②]1948年一种新的货币（德国马克）被引入德国后，通过1944年就已建立的布雷顿森林国际体系，这个制度在德国被确立，并导致德国直到1952年才成为国际货币基金组织（IMF）的成员国。这个货币制度的特点是固定汇率体系。据此，所有加入的货币以一个固定的平价与美元挂钩，并在美元可兑性的基础上同时与黄金平价间接挂钩。只有在出现结构性失衡，并在成员一致同意的情况下，才可再有限的幅度内调整平价。在一定时期内，这个体系运作良好。因为本币被低估，年轻的联邦德国获得了相当有利的出口条件。但是，另外，联邦德国的出口爆炸产生了可观的外汇盈余。人们一开始对外汇盈余的积累满心充满欢喜，但在后来却视之为稳定政策的威胁。外汇流入增加了国内的货币供应量，并因此产生不乐观的“输入型”通胀。对此，联邦中央银行却束手无策，因为联邦政府是负责德国马克汇率的确定与调整的唯一机关。

如此形势在德国引发了关于适当汇率政策的广泛讨论，以及作为货币稳

① Zu diese beiden Konzepten vgl. Theda Skocpol und Margaret Somers, The use of comparative history, in: Comparative Studies in Society and History, Bd. 22, 1978. Theodor Schieder, Möglichkeiten und Grenzen vergleichender Methoden in den Geschichtswissenschaften, in: ders., Geschichte als Wissenschaft. Eine Einführung, München 1968, S. 195ff.

② Zum Folgenden vgl. auch Toni Pierenkemper, Währungspolitik und Wirtschaftswachstum in Westdeutschland 1948 - 2000 in: Zhou Hong u. a. (Hg.), Währungspolitik und Wirtschaftsentwicklung in Nachkriegsdeutschland, Peking 2012, S. 1 - 22. (in chinesischer Sprache)

定监护者的联邦银行与担心汇率调整会对就业和经济增长带来更多负面效应的联邦政府之间严重的冲突。最终，联邦经济部长路德维希·艾哈德（Ludwig Erhard）突破了政治经济阻力，在1961年首次让德国马克升值，并进一步数次升值，直至20世纪70年代初。这表明，货币谨慎与渐进的升值没有对德国经济形势和增长产生反对者所担心的后果。其影响可借助几个指标进行追踪。

1. 德国经济的出口能力没有因升值而被严重削弱。特别是对欧洲邻国以及海外工业国的出口继续强力增长。其重点日趋移向高附加值工业品领域，并受惠于GATT框架内关税的明显降低。

2. 这个起初贫困的国家的资本输出很快再次达到一个可观的规模。这个进程得益于金融市场的自由化和金融产品的创新。

3. 升值也没有损害就业。虽然不再感觉劳动力短缺如此紧迫，同时，外国劳工的大量涌入也受到限制，但是20世纪70年代末以来再次不断攀升的失业率更多是源于其结构性肇因，而不是汇率。

所有一切证明，德国货币直至1973年（即固定汇率制的崩溃）的逐步升值，对德国经济的国际竞争力没有产生本质上的损害。这表现在：虽然德国经济无法继续保持战后“经济奇迹”时期平均4%的年增长率，但却一直长期稳定在约2%的增长水平。所有这些指标都表明，长期来看，汇率对一国经济增长与就业的影响即使存在，也是相当微小的。人们从德国的经验可以反过来得出结论，即间或的升值有助于促进经济效率的提高。对于中国来说，从中可以得出的教训是：不要害怕重估（汇率）！

如同就德国汇率调整的经验进行的讨论所显示的一样，德国在经济其他领域的经验也有助于重要经济政策问题的决策。由此产生的各种各样视角，为继续中德之间卓有成效的交流提供了契机。在此，只做粗略罗列。

1. 欧元当前的经验可以作为设立货币联盟的范例。通过设立欧洲经济共同体（EWG）和建立欧洲联盟，这个货币联盟经历了漫长的准备期，并且在经济因素之外还受到政治考量的强烈影响。

2. 联邦德国1949年建立后的制度选择也颇有意思，因为这奠定了这个新国家复兴与长期繁荣的基础。这主要涉及社会市场经济以及莱茵资本主义作为社会模式的特殊性。

3. 在20世纪，德国有经历过两次特征迥异的大通胀的经验。与20世纪20年代的恶性通货膨胀在德国人民的集体记忆中留下了无法磨灭的痛苦经验不同，20 世纪 40 年代同样严重的“停滞性”通胀却没有产生如此的影响。

4. 1989 ~ 1990 年的两德统一导致德国面临两个根本不同经济体制整合的艰巨任务挑战。民主德国经济融入联邦德国导致了极大的成本，至今仍困扰德国经济。

5. 最后，“一战”后世界经济的解体也是一个让人可能感兴趣的比较对象。《凡尔赛和约》使得德国背上了无法承受的沉重负担，并且以损害所有受货币贬值和关税战争影响的国家而收场。

兴许，召开一个小型会议，让德国专家向中国同行介绍这些相关问题，然后来决定，哪些问题有更深入讨论的价值，以及如货币政策一样有梳理的必要。借助于此，历史比较的实效性会再次得到证明。

图书在版编目（CIP）数据

德国马克与经济增长/周弘，（德）荣根（Jungen，P.），朱民主编. —修订本. —北京：社会科学文献出版社，2014.4
ISBN 978-7-5097-5562-4

Ⅰ.①德… Ⅱ.①周… ②荣… ③朱… Ⅲ.①货币政策-关系-经济增长-研究-德国 Ⅳ.①F825.160 ②F151.64

中国版本图书馆 CIP 数据核字（2014）第 001872 号

德国马克与经济增长（修订增补版）

主　　编／周　弘　〔德〕彼得·荣根（Peter Jungen）　朱　民

出 版 人／谢寿光
出 版 者／社会科学文献出版社
地　　址／北京市西城区北三环中路甲 29 号院 3 号楼华龙大厦
邮政编码／100029

责任部门／全球与地区问题出版中心（010）59367004
电子信箱／bianyibu@ssap.cn
项目统筹／祝得彬
经　　销／社会科学文献出版社市场营销中心（010）59367081　59367089
读者服务／读者服务中心（010）59367028
责任编辑／仇　扬　张素芳
责任校对／师军革
责任印制／岳　阳

印　　装／北京鹏润伟业印刷有限公司
开　　本／787mm×1092mm　1/16
印　　张／34.25
字　　数／593 千字
版　　次／2014 年 4 月第 1 版
印　　次／2014 年 4 月第 1 次印刷
书　　号／ISBN 978-7-5097-5562-4
定　　价／119.00 元